DRAMATY ZEBRANE
COLLECTED PLAYS

▶ ▼ ◀

TOM 4
VOLUME 4

▶ ▼ ◀

TEATR PAMIĘCI
THEATER OF MEMORY

DRAMATY ZEBRANE
COLLECTED PLAYS

▶ ▼ ◀

Kazimierz Braun

▶ ▼ ◀

TOM 4
VOLUME 4

TEATR PAMIĘCI
THEATER OF MEMORY

▶ ▼ ◀

Moonrise Press

Copyright Information

Dramaty Zebrane. Collected Plays. Tom 4. Volume 4. Teatr Pamięci. Theater of Memory by Kazimierz Braun is a bilingual collection of plays published by Moonrise Press. P.O. Box 4288, Los Angeles – Sunland, CA 91041-4288, www.moonrisepress.com.

© Copyright 2025 by Kazimierz Braun.
All Rights Reserved 2025 by Moonrise Press for this collection only.

Cover design, layout, and proofreading by Maja Trochimczyk, Ph.D.
Fonts Book Antiqua and Times New Roman.

This is the fourth volume of the collection that includes also:
   Tom 1. Volume 1. Teatr Jednego Atora. Plays for One Actor.
   Tom 2. Volume 2. Teatr Niezgody. Theater of Discord.
   Tom 3. Volume 3. Teatr Artystek. Theater of Women Artists.

No part of this book may be reproduced or utilized in any form or by any means, electronic or mechanical, including photocopying and recording, or by any information storage and retrieval system, without permission in writing from the author and publisher.

Manufactured in the United States of America

The Library of Congress Publication Data:

Kazimierz Braun (b. 1936), author and translator.
   [Collected Plays, Polish and English.]

Dramaty Zebrane. Collected Plays. Tom 4. Volume 4. Teatr Pamięci. Theater of Memory / Kazimierz Braun, author and translator.

416 pages (vi pp. prefatory matter, and 410 pp.); 8.5 in x 11 in. Written in Polish and in English. With the authors' biographic notes.

ISBN 978-1-945938-71-9 (hardcover)

ISBN 978-1-945938-72-6 (paperback)

ISBN 978-1-945938-73-3 (eBook, PDF)

10 9 8 7 6 5 4 3 2 1

We Wstępie do swego dramatu *Pierścień Wielkiej-Damy* pisze Cyprian Norwid: „...idzie dziś o dzieła dramatyczne, które by nie mniejszy dla osobnego czytania i dla gry scenicznej przedstawiały interes". Tak i ja myślę. Ofiarowuję te dramaty zarówno czytelnikom, jak ludziom teatru: reżyserom, aktorom, scenografom, producentom.

K.B.

In the Introduction to his drama *The Ring of a Great Lady*, Cyprian Norwid writes: "... as I see it, today we're in need of dramatic works that would be no less interesting for a private reading as well as for a stage performance." So do I think. I am offering these dramas both to readers and to people of the theater: directors, actors, set designers, producers.

K.B.

SPIS TREŚCI

Teatr Pamięci ――――――――――――― 1

Niewyznane Zwierzenia ――――――――― 3
Promieniowanie. Rzecz o Marii Skłodowskiej-Curie ― 17
Dzieci Paderewskiego ―――――――――― 37
Paderewski Wraca ――――――――――― 77
Płonący Anioł. Rzecz o Leonie Schillerze ――――― 121
*Szkło Bolesne. Opowieść Matki o Powstaniu
Warszawskim* ――――――――――――― 161

Nota o autorze ―――――――――――― 409

CONTENTS

Theater of Memory ――――――――――― 207

Unconfessed Confession ―――――――――― 209
Radiation The Story of Maria Skłodowska-Curie ― 219
Paderewski's Children ――― ―――――――― 239
Paderewski's Return ――― ―――――――― 277
An Angel in Fire. A Story of Leon Schiller ――― ―― 321
The Warsaw Uprising. A Mother's Story ――――― 363

Note About the Author ―――――――――― 409

▶ ▼ ◀

TOM 4.

TEATR PAMIĘCI

▶ ▼ ◀

NIEWYZNANE ZWIERZENIA

KOMEDIA W JEDNYM AKCIE

▶ ▼ ◀

POSTACI

Sylvia – aktorka włoskiej trupy Commedii dell arte
Pierre – Pierre Marivaux, francuski literat

MIEJSCE

Garderoba teatralna włoskiej trupy Riccobonich w Paryżu. Drzwi; stolik, a na nim lustro obstawione świecami; duże lustro stojące; wieszak z kostiumami; dwa manekiny krawieckie; dwa krzesła; półka z różnymi rekwizytami i perukami.

CZAS

Około roku 1720. Wieczór.

▶ ▼ ◀

Gwiazda zespołu, Sylvia, kończy charakteryzację. Jest w bieliźnie. Do garderoby wdziera się, najwyraźniej pokonując jakiś opór, Pierre Marivaux, z obnażoną szpadą w jednej dłoni i egzemplarzem sztuki teatralnej w drugiej.

PIERRE: Bezczelny! Bezczelny szmirus! On śmie zagradzać mi drogę! Mnie, który przynoszę ci, Pani, skarb tak przez ciebie upragniony! Ale już nigdy nie ośmieli się podnieść na mnie ręki.

Zamyka drzwi łańcuchem i zabarykadowuje je meblami.

SYLVIA: Zabiłeś go!

PIERRE: Nie. Tylko wychłostałem klingą!

SYLVIA: Kogo?

PIERRE: Jak to kogo? Tego natręta, który zagradzał mi drogę do twoich drzwi! Niech się tu tylko spróbuje pokazać!

SYLVIA: Włosy czarne, kręcone?

PIERRE: Czarne. I co z tego?

SYLVIA: Nos wydatny, a nawet więcej niż wydatny?

PIERRE: Wydatny. I co z tego?

SYLVIA: Kolczyk w lewym uchu?

PIERRE: Kolczyk. I co z tego?

SYLVIA: To mój mąż.

PIERRE: To mój mąż! I co z tego?

SYLVIA: Nie powtarzaj za mną jak Brighella za papugą w scenie rabunku skarbczyka doktora Grazziano. Jak śmiesz wdzierać się siłą do garderoby damy. Wyjdź natychmiast. Jestem nieubrana. To był mój mąż, maestro Riccoboni.

PIERRE: Przepędziłem zbira.

SYLVIA: Niechybnie będzie tu zaraz z powrotem, a wtedy biada ci. Jak mogłeś zachować się tak niedyplomatycznie wobec dyrektora teatru?

PIERRE: Nie poznałem go. Nie miał maski i kostiumu jak zawsze na scenie. Był w szlafroku.

SYLVIA: Przecież to on decyduje o repertuarze. On kupuje lub odrzuca scenariusze.

PIERRE: Myślałem, że ty tu rządzisz. Przecież jesteś gwiazdą tego zespołu. Napisałem dla ciebie całą sztukę, z dialogami i monologami. Nie żaden scenariusz, opisujący tylko działania. Stworzyłem tę sztukę specjalnie dla ciebie. Z najczystszej i najpłomienniejszej miłości. Oto ona...

SYLVIA: Sztuka z dialogami?

Słychać dobijanie się do drzwi; trwa ono przez następne parę kwestii. Słychać też głos męski (Żywy lub nagrany).

GŁOS MĘSKI: Otwórz natychmiast! Sylvio, otwórz! Ten pisarczyk Marivaux ukrył się tutaj! Wypruję z niego flaki! Śmiał podnieść na mnie rękę w moim własnym teatrze. Nie potrzebujemy tu żadnych dramatopisarzy. Otwieraj bez zwłoki! Otwieraj natychmiast!

SYLVIA: Mówiłam ci! Już wrócił. Pryncypał! Na pewno ma ze sobą służących. A ci mają tęgie pały. Wyważą drzwi. Połamią ci kości. Wyrzucą przez okno. Skończysz karierę dramatopisarza zanim ją jeszcze zacząłeś.

PIERRE: Kilku włoskich komediantów? Przekonają się co znaczy obrażać francuskiego szlachcica! Dalej! Otwórz im drzwi. Ta szpada nie zawiodła mnie jeszcze nigdy.

SYLVIA: Cicho! Ucisz się Pan. Schowaj się tutaj.

Wbrew protestom chowa go za kostiumami. Woła

SYLVIA: To ty Ricardo? Zaraz otworzę ci drzwi, ale jestem nieubrana, a ty, zdaje się w kompanii. Zaczekaj chwilę.

Narzuca na siebie kostium i idzie do drzwi, odsuwa sprzęty, które je blokowały, ale nie zdejmuje łańcucha. Uchyla drzwi lekko i mówi:

Ricardo, wiem, wiem, ten bezczelny Mariavaux śmiał podnieść na ciebie szpadę. Nie poznał cię. Nie byłeś w kostiumie i masce, które zna ze sceny. A teraz, gdy usłyszał, że wróciłeś, aby go ukarać, po prostu wyskoczył ze strachu przez okno! Już go nie ma. To tchórz. Muszę się przebierać. Kocham cię. Ciao. Zamyka drzwi.

GŁOS MĘSKI: Otwórz natychmiast! A wy dwaj – biegnijcie na dół, pod okno, i jeśli ten tchórz leży tam z połamanymi nogami, to złamcie mu jeszcze na dokładkę kark. Otwórz, Sylvio.

PIERRE: Ja – tchórz! *Wychodzi z ukrycia*. I kochasz jego!

SYLVIA: Cicho! Ukryj się pan!

PIERRE: Ja – tchórz! *Zmierza do drzwi*. Pokażę mu tego tchórza.

SYLVIA: *Do Pierre'a*: Cicho bądź! *Zatyka mu usta i woła w stronę drzwi:* Nie ma go tutaj, tego tchórza, pewnie leży pod oknem w jakiejś kałuży, albo zdążył umknąć i ukryć się gdzieś w mroku. A ja właśnie się przebieram. Zobaczymy się zaraz na scenie! Ciao! Kocham cię, Ricardo. Kocham tylko ciebie, ciao.

GŁOS MĘSKI: Tylko się nie spóźnij na scenę. Ciao, bellissima! Cara mia!

PIERRE: Kochasz go? Doprawdy? A mnie? No, to sobie idę. A tę sztukę, to arcydzieło, cisnę do Sekwany, albo w ogień.

SYLVIA: Pewnie, że kocham jego, a nie ciebie. To mój mąż.

PIERRE: I co z tego, że to twój mąż? Jesteś zepsuta jak wszystkie Włoszki. Kochać męża! A czy on kocha ciebie?

SYLVIA: Jestem jego żoną.

PIERRE: Ale ja jestem twoim kochankiem!

SYLVIA: Co to, to nie. Nie jesteś moim kochankiem i nigdy nie będziesz.

PIERRE: No, to ty będziesz moją kochanką. A że ja kocham ciebie, to już się stało. To fakt. Nie zmieni go choćby i cały regiment zazdrosnych mężów.

SYLVIA: W wypadku męża rzecz polega na tym, że jest jeden, a nie regiment. To kochanków można mieć regiment. Jak się jest ulicznicą. Ale nie mężów.

PIERRE: Rozwiodę cię! Będę twoim jedynym mężem i jedynym kochankiem.

SYLVIA: Do tego też daleko. Chudy literat. Czy ty wiesz jakie wymagania musi spełnić kandydat na kochanka wielkiej gwiazdy? Nie mówiąc o kandydacie na męża.

PIERRE: Jestem szlachcicem. A literatem będę tłustym i ociekającym złotem, jak tylko zaczniesz grać moje sztuki. Cały Paryż będzie walił drzwiami i oknami. Przekonasz się, jakim jestem dramatopisarzem, gdy pozwolisz mi przeczytać sobie moją sztukę. To nie potrwa dłużej niż godzinkę. Jakim jestem kochankiem możesz się przekonać jeszcze szybciej. A twego męża po prostu skłuję jak befsztyk. Szkoda, że tego dotąd nie zrobiłem. Trzeba to natychmiast powetować. *Rusza do drzwi.*

SYLVIA: Zaklinam cię! Zaczekaj choć do końca spektaklu. Nie zabijaj mi partnera przed zapadnięciem kurtyny. Czy rzeczywiście przyniosłeś mi swoją sztukę?

Na wzmiankę o sztuce, Pierre natychmiast zapomina o wszystkim innym.

PIERRE: Tak. To sztuka o miłości. O mojej miłości do ciebie. Jest tam dla ciebie wielka rola. Rola kochanki.

SYLVIA: Czyjej?

PIERRE: Mojej! No, nie występuję pod własnym imieniem... Ale miłość Celia – to imię, które sobie nadałem – to jest miłość moja. Bezmierna jak otchłań, wielka jak morze, gwałtowna jak burza. Posłuchaj...

SYLVIA: Nie jesteś pan przecież aktorem. Nigdy nie występowałeś na scenie.

PIERRE: Co w tym trudnego?

SYLVIA: Co w tym trudnego? Drogi panie, aktorstwo to profesja, której trzeba się uczyć latami!

PIERRE: No, to ktoś to zagra. Ktoś z waszego zespołu.

SYLVIA: Mój mąż zatem. On gra często role kochanków w naszej trupie.

PIERRE: Twój mąż? Ten rogal? Znów ta włoska perwersja. Mąż w roli kochanka!

SYLVIA: Drogi panie, on jest aktorem! Aktorem zawodowym. Potrafi zagrać każdą rolę. Zresztą, nie zamierzam mu wcale przyprawić rogów, zwłaszcza z panem, który drogę na scenę zacząłeś sobie torować szpadą.

PIERRE: Dobrze. Chowam szpadę czynu. Wyciągam miecz słowa. Posłuchaj jakie w mojej sztuce są niezrównane dialogi i monologi. Zachwycisz się.

SYLVIA: Słowa? To twoja sztuka ma dialogi i monologi?

PIERRE: Oczywiście!

SYLVIA: Zapomniałeś, że nam, włoskim aktorom Commedii dell'arte, nie wolno jest mówić na scenie, grając tu, w twoim Paryżu. Jeśli to jest sztuka ze słowami, z dialogami, to dobra jest dla Comédie Française. My działamy bez wypowiadania słów. Wolno nam tylko śpiewać. Do naszych bezsłownych akcji, scen, tańców i pantomim, dokładamy jedynie piosenki, a i to w ilości ściśle wymierzonej, nie może ich być więcej niż pięć w całym widowisku, i muszą być po francusku. Cenzor czuwa. Zresztą, nie potrzebne nam słowa. Żar namiętności czy piekło nienawiści potrafimy wyrazić skłonem głowy, wejrzeniem oczu, poruszeniem ręki. Potrafimy samym gestem namotać intrygę, której nie powstydziłby się spiskowiec Fiesco z Genui. Ach, a takie sceny jak badanie lekarskie chorego na epilepsję, kradzież sakiewki słodko chrapiącego pijanicy, ucieczka męża przed żoną-sekutnicą, bójka niezgrabnych służących czy zaloty nieśmiałych kochanków, to nasze popisowe numery. Niezmiennie przyprawiają widzów o dreszcze zachwytu lub drgawki śmiechu, a ich ręce składają do powodujących opuchliznę dłoni oklasków. Nie potrzebujemy dialogów, monologów, całej tej czczej gadaniny. Porozumiewamy się ze sobą na scenie bezbłędnie bez słów i bezbłędnie też przekazujemy widzom wszystko, to co nam myśl podsunie i uczucie nakaże.

PIERRE: To prostactwo. To teatr dla gawiedzi. To nie jest aktorstwo, tylko pantomima, taniec, akrobatyka, lub żonglerka. To umiejętności dobre dla ulicznych linoskoczków.

SYLVIA: Pantomima to bardzo szlachetny rodzaj sztuki. Nasze etiudy fizyczne wymagają lat treningu, a mimo to są wciąż niebezpieczne

PIERRE: Ja niosę ci słowa. Słowa tak subtelne jak tchnienie przedwieczornego wiatru, tak delikatne jak wczesnowiosenny śpiew ptaka, tak tajemnicze jak leśne źródło, a zarazem tak ścisłe jak zawiązka twego gorsetu...

SYLVIA: Gorsetu... Gorset! Prędko. Zaciśnij mnie. Mam zaraz scenę.

PIERRE: Jaką scenę? *Pomaga jej zasznurować gorset, a potem włożyć suknię.*

SYLVIA: Nie pamiętam. Ale w kulisie wisi kartka z wykazem scen przedstawienia. Zdążę przeczytać wchodząc. Szybko. Teraz suknia.

PIERRE: Więc spojrzysz na kartkę i już będziesz wiedziała co grać, tak?

SYLVIA: Oczywiście. Będzie tam napisane skąd wchodzę, kogo spotykam i co mi się wydarza. Cóż trzeba więcej?

PIERRE: Treści. Głębi. Myśli. Uczucia. Słowa! Słowa!

SYLVIA: Jeszcze czego? Żebym się uczyła tekstu na pamięć przed wejściem na scenę? A któżby sobie robił taki kłopot? Zaimprowizuję moje działania i tyle!

PIERRE: Słowa, które napisałem, a które wypowiesz, przemienią ciebie i twoje aktorstwo. To są słowa piękne, wyszukane, subtelne, delikatne, zwiewne. Utkane z muślinów mgły i przelotnych cieni, wydobyte z kropel tęczy i lśnień zwierciadeł, wysłuchane w szumie konch muszli i w ciszy zatrzymanego w nagłym zachwycie serca. W dźwięku tych słów zabrzmi jak harfa twoja dusza. Nie będziesz potrzebowała rzucać głową, przewracać oczami, mrugać powiekami, uśmiechać się od ucha do ucha, wyginać się, skakać, tańczyć. Powiesz „Kocham cię, Celio..." A potem zwierzysz mu się najbarwniejszymi i najbardziej wyszukanymi słowami jak go kochasz, co dzieje się z tobą, gdy na niego czekasz, co podpowiada ci serce, gdy go ujrzysz z daleka, co odczuwasz, gdy się żegnacie... Przeczytam ci...

SYLVIA: Muszę pędzić na scenę. Jak wrócę, to posłucham. Choć nie wiem, czy mnie przekonasz do uczenia się kwestii na pamięć. Acha, zamknij się tu i nie otwieraj nikomu. Gdyby ktoś pukał, udaj Lizettę, wiesz, ona grywa w naszej trupie stare matrony. Ubierz się w tę suknię i włóż maskę. Jak wrócę, to zapukam cztery razy. Dwa i dwa, dwa i dwa. O tak.

Pokazuje ten sposób pukania.

PIERRE: Mam przebrać się za kobietę? Ja, tygrys Paryża? Ja, twój kochanek? Nie jestem jednym z tych zniewieściałych lalusiów, faworytów królewskich! A może to ty lubujesz się w kochankach tej samej płci?

SYLVIA: Nie masz żadnych praw ani do mnie, ani do sekretów mojej alkowy. Nie jesteś jeszcze moim kochankiem, zapamiętaj to sobie!

PIERRE: Nie przebiorę się! Wolę zginąć!

SYLVIA: Szanuję twoje męskie skrupuły, ale przebranie się za kobietę może właśnie uratować twoją męskość, nie licząc twojej głowy. Dalej! Ukryj się pod tym przebraniem. Jestem już spóźniona.

PIERRE: Chwilę... Zatrzymaj się ... Pomyśl co czujesz opuszczając mnie? Jakie słowa przychodzą ci do głowy?

SYLVIA: Słowa? Że spóźnię się na scenę. Ciao.

Rusza ku wyjściu. Pierre zatrzymuje ją.

PIERRE: Myślisz w tej chwili, że mnie kochasz i nie możesz się z mną rozstać, ale wzywa cię obowiązek. Rozdarta pomiędzy uczuciem a powinnością, wybierasz powinność. Ale wystarczy jeszcze tylko jedna próba i uczucie nie pozwoli ci oderwać się od ukochanego, opuścić go lekkomyślnie. Wybierzesz uczucie, wybierzesz miłość, wybierzesz mnie. Posłuchaj, jak moja bohaterka mówi o miłości...

W czasie tych słów Pierre'a Sylvia wyrwała mu się i wyszła. Pierre został sam. Zamyka drzwi.

PIERRE: Nie chciała słuchać. A przecież to perły! Ten monolog dla niej, dla Sylvii, bohaterki mej sztuki, wzbudziłby pożądanie każdej aktorki Czyta z kart swej sztuki, nadając głosowi – o ile potrafi – brzmienie kobiece

„O, Celio... Czy to miłość? Spojrzałeś na mnie i zadałeś mi ranę. Au... Au... Prędko, trzeba zatrzymać krwotok. Kocham cię. Nic innego niż twoja miłość mnie nie uleczy. Jeśli mnie nie pokochasz – umrę. A gdy ja umrę, umrze wraz ze mną cała miłość świata. Świat bez miłości spotka katastrofa. Pokryje się lodem. Twoja miłość jest balsamem na moją ranę i słońcem wschodzącym nad biegunem zimna. Topnieją szare lody. Wytryska z ziemi zielona trawa. Pod wpływem miłości okrutnik staje się łagodny, próżniak pilny, lubieżnik wstydliwy, brutal taktowny, niegodziwiec sprawiedliwy..."

Czytając swoje własne słowa, nie mogę uwierzyć, że ktokolwiek, kto ich posłucha, nie wpadnie zaraz w zachwyt...

Wynajduje w stercie kostiumów suknię Lizetty, wkłada ją niezdarnie i z wściekłością; twarz przykrywa maską. Śpiewa pod nosem, starając się naśladować duet mężczyzny i kobiety.

    Czy kochasz Celia piękna pani?
    O tak, o tak, o tak.
    A jak?

    Kocham go w sadzie i w altanie.
    O tak, o tak, o tak.
    A jak?

    Kocham go w słońcu i w pomroce.
    O tak, o tak, o tak.
    A jak?

    Kocham go we dnie, kocham w nocy.
    O tak, o tak, o tak...

Pukanie do drzwi – tak jak zapowiedziała Sylvia dwa i dwa, dwa i dwa pukania. Pierre mówi kobiecym głosem.

PIERRE: Sylvia poszła na scenę. Tu nie ma nikogo. To znaczy, jestem tutaj ja, Lizetta. Do mnie z pewnością pan nie przyszedł. Bo jeśli to pan, panie Mariavaux, to niech pan co prędzej zmyka z teatru. Tu się gra włoską komedię improwizowaną i nie potrzeba nam żadnych dramatopisarzy. Tu nikt się nie uczy tekstu na pamięć. Pan dyrektor Riccoboni przysiągł na Jowisza, że jak tylko pana dopadnie, to wychłosta pana batem, wygarbuje pana kijem, posieka pana na serdelki mieczem, a potem posoli i rzuci na gotujący olej...

Potok jego słów stara się przerwać zza drzwi Sylvia, szepcząc

SYLVIA: To ja, Sylvia, Pierre, otwórz, to ja... *Pierre wreszcie ją słyszy i otwiera drzwi. Sylvia wchodzi. Wybucha śmiechem na jego widok.*

SYLVIA: Spójrz na siebie! I tak ma wyglądać mój kochanek!? Prędzej już oddałabym się własnemu mężowi.

PIERRE: Sama mi kazałaś się przebrać. Spóźniłaś się na swoją scenę, czy co? Tak szybko wróciłaś... *Z wściekłością zdejmuje maskę i suknię, co zresztą nie idzie tak prędko.*

SYLVIA: Byłam w porę! Ale to Vittorio, który miał mi partnerować w tej scenie, spóźniał się haniebnie. Ostatecznie wcale nie przyszedł. Czekałam na niego na próżno w kulisie. Arlekin z Brighellą szaleli na scenie. Musieli przedłużyć improwizację, podczas gdy reszta zespołu szukała po całym teatrze Vittoria, żeby go wepchnąć na scenę, albo Riccoboniego, żeby coś zdecydował. Vittorio chyba poszedł na wino. Ricoboniego znaleźli w podsceniu z Ottoliną. Wiesz, grywa służące.

PIERRE: Zdradził cię! Widzisz jaki on jest! Rzuć go! Weź mnie.

SYLVIA: Nie pierwszy raz. Gdybym po każdej jego niewierności miała sobie brać nowego kochanka, to już bym dawno skończyła pod latarnią na Boulevard Italien wraz z innymi córami

Koryntu, to jest Paryża. Nie przerywaj! Więc stałam w kulisie, gotowa wejść na scenę, gdyby tylko Vittorio się zjawił.

A na scenie dwaj Zanni, Arlekin i Brighella, przedłużający improwizację w nieskończoność, posyłali mi rozpaczliwe znaki zapytania, jak to jeszcze długo potrwa. Na szczęście mieli natchnienie. Szło im świetnie. Widzowie zaśmiewali się, gwizdali, tupali i klaskali. Arlekin posłużył się swym starym numerem oświadczyn nieśmiałego kochanka. Brighella zagrał kochankę. Gdybyś widział, jak umiejętnie splatał i rozplatał dwa warkocze, które wyczarował na swej łysej głowie, jak wzdychał i odwracał twarz, jak przewracał oczami, niby ze skromności, gdy Arlekin klęknął przed nim przykładając rękę do serca, oświadczając miłość. A wszystko to pantomima. Arlekin ofiarował Brighelli kwiat. Naturalnie posłużył się wiecznie zwisającym, za długim końcem swego rzemiennego pasa z czarną klamrą. Wyobrażasz sobie jak to sprośnie wyglądało. Na ten widok Brighella spłonił się, ale zapragnął zapoznać się bliżej z ofiarowanym mu kwiatem. Był zaskoczony jego wyglądem. Widzowie spadali z krzeseł ze śmiechu. Brighella chciał wziąć kwiat, ale on wciąż wymykał mu się z ręki, przywiązany przecież do brzucha Arlekina. Teatr wył z uciechy.

PIERRE: Prymityw, prostactwo, wulgarność, nieokrzesanie, nieprzyzwoitość, dno.

SYLVIA: Ale publiczność to lubi! Arlekin i Brighella tak się rozochocili, że mogliby ciągnąć tę pantomimę w nieskończoność. Ale właśnie wtedy w kulisie zjawił się Riccoboni. Vittoria nadal nigdzie nie było, więc kazał opuścić moją scenę z nim i sam wszedł jako Pantalone, aby rozprawić się z leniwymi służącymi. Zaczął ich okładać kijem. Ci w kwik! Kwiczeli jak zarzynane prosięta. Publiczność dosłownie oszalała.

PIERRE: A ty wróciłaś do mnie. W moje objęcia.

SYLVIA: Nie. Nie w objęcia. Wróciłam po twoją sztukę. Chcę ją poznać. Wiesz, patrząc na niewybredną, prawdę mówiąc, pantomimę Arlekina i Brighelli, pomyślałam, że gdyby mieli tekst, a raczej, gdybym ja w scenie oświadczyn nieśmiałego kochanka miała tekst i gdyby on też mógł mówić, to z pewnością taka scena nabrałaby subtelności, wdzięku, czaru. Może byłaby mniej śmieszna, ale byłaby zapewne bardziej wzruszająca. Więc gdybyś pan napisał dla mnie taką scenę, to, kto wie, może nauczyłabym się jej na pamięć. Może nakłoniłabym do tego i mych partnerów. Może uzyskalibyśmy od pana cenzora zezwolenie, aby mówić na scenie. Bo mówilibyśmy po francusku, nie po włosku, prawda? Przecież ty napisałeś swoją sztukę w swoim języku. Kto wie... Gdzie masz tę sztukę?

PIERRE: Jest w niej taka scena! Ale zaraz, zaraz, czy ty aby umiesz czytać?

SYLVIA: Umiem. Po włosku umiem czytać bez trudu. Francuskie słowa składam, co prawda, dość powoli.... Może sam mi przeczytasz?

PIERRE: To chwila, o której marzyłem. Siądź tu, wygodnie, oprzyj się, zezuj pantofle, rozpuść gorset, pomogę ci, zapomnij o świecie. Słuchaj... Rzecz rozpoczyna się w wiejskiej gospodzie, gdzie piękna oberżystka pod koniec dnia przygotowuje się, aby zamknąć swój interes. Zamiata podłogę, ustawia stołki, wyciera kieliszki. Do gospody wchodzi wędrowiec. Jest najwyraźniej znużony. Może ranny? Siada w ciemnym kącie. Oberżystka podchodzi do niego, nierada, że opóźnia jej zakończenie pracy. Jej imię jest Sylvia.

SYLVIA: Sylvia? Jak ja?

PIERRE: Naturalnie. To jest najpiękniejsze imię na świecie. Bohaterka sztuki o miłości nie mogłaby mieć innego.

SYLVIA: To to jest sztuka o miłości?

PIERRE: A o czymże innym warto pisać?

SYLVIA: O ludzkich ułomnościach i śmiesznostkach. O starym skąpcu, o rozpustnym świętoszku, o tchórzliwym żołnierzu, o doktorze-szarlatanie, o zazdrosnym mężu...

PIERRE: A widzisz? O zazdrosnym mężu – zazdrosnym o miłość, której poskąpiła mu żona. Dlaczego? Bo ma kochanka.

SYLVIA: Mężowi może się tylko wydawać, że ona ma kochanka, a w gruncie rzeczy jest cnotliwa.

PIERRE: Kochanek też może być zazdrosny o męża. Mąż o kochankę. Kochanka męża o żonę. Żona o kochankę męża. Ilość kombinacji jest nieskończona. Rzecz w tym, że nie ma tematu bardziej frapującego niż igraszki miłości, pułapki miłości, intrygi miłości; niż kiełkowanie i wzrastanie miłości. Posłuchaj, jak zaczyna się moja historia, nosi tytuł *Niewyznane zwierzenia*. Oto co mówi Sylvia, oberżystka, gdy zjawia się spóźniony gość.

> „Właśnie zamykam gospodę. Kuchnia jest już wygaszona, a kubki zawieszone na kołkach. Ale, o nieba, pana ramię zbroczone jest krwią. Panu potrzeba posługi cyrulika, a nie oberżystki. Pan strasznie cierpi."

On mówi „Nie wzywaj cyrulika, bądź mi siostrą miłosierdzia. Zresztą czuję, że sam twój widok, koi mój ból i przywraca siły."

Oboje zakochali się od pierwszego wejrzenia, ale nie wystarczą im banalne i pocieszne gesty, jak w waszej komedii. Muszą o swojej miłości mówić.

Posłuchaj, to jej kwestia „Opatrzę panu ranę. Ach, ale i czoło ma pan zimne, w oczach gorączkę. Czy napadli pana zbójcy? Pan musi być bardzo chory. Przyniosę panu wina na wzmocnienie i miskę z ciepłą wodą do obmycia rany. Ta chustka z mojej głowy będzie opatrunkiem. Moj fartuch porwiemy na bandaże." Mówi to, i krząta się, i coraz to popatruje na rannego.

Na to on „Nie oddalaj się, piękna pani. Tak, napadli mnie rabusie. Twoja obecność ma jakiś balsamiczny wpływ na mnie. Już mi lepiej. W świetle świec twoje oczy zdają się skupiać i zarazem promieniować światło."

Już płoną ku sobie, ale nic nie jest proste w miłości. Ona właśnie wczoraj przyjęła oświadczyny bogatego rejenta z sąsiedniego miasteczka. On jest w drodze do zamku swego wuja, gdzie oczekuje go niekochana narzeczona, wyznaczona mu w układzie majątkowym zawartym pomiędzy dwoma sąsiadującymi rodami. Oboje są w potrzasku. Miłość pcha ich ku sobie. Nieśmiałość odsuwa. Honor nie pozwala zerwać złożonych przyrzeczeń...

Ktoś znów chce wejść do garderoby. Ponieważ łańcuch nie puszcza – rozlega się kołatanie i słychać gniewny głos męski.

GŁOS MĘSKI: Sylvia? Sylvio, znów się zamknęłaś, szukamy cię po całym teatrze. Vittorio wrócił. Jest pijany, ale przysięga, że może dalej grać. Jesteś natychmiast potrzebna na scenie. Presto!

SYLVIA: Jestem zajęta... To jest – jestem niedysponowana. Wyślijcie Ottolinę, aby zagrała z Vittoriem scenę szukania zgubionego naszyjnika.

Pukanie nie ustaje.

GŁOS MĘSKI: Publiczność domaga się ciebie. Musisz się ukazać na scenie, bo zrobią burdę i jeszcze nam teatr podpalą.

SYLVIA: No, dobrze, dobrze. Ale to chwilę potrwa. Muszę się ubrać. Już myślałam, że więcej tego wieczora nie wystąpię, więc zdjęłam suknię...

PIERRE: O tak, zdejm tę suknię!

SYLVIA: Do *Pierre'a:* Cicho! *Do Ricarda:* Ubiorę się i zaraz przyjdę. Wyślij najpierw Ottolinę na scenę, tylko jej powiedz, żeby nie znalazła tego naszyjnika, którego szukam w scenie ze Vittoriem. Niech zacznie szukać w swoich i jego kieszeniach. Ja go znajdę jak przyjdę. W swoim własnym dekolcie. Publiczność to lubi.

Pukanie ustaje.

GŁOS MĘSKI: Tylko się pospiesz! Biegnę wydać dyspozycje. Ciao, carissima.

SYLVIA: Sam pan widzisz. Publiczność kocha te proste, bezsłowne lazzi ze starej komedii i nie tak łatwo dałaby się przekonać do twoich subtelnych dialogów. Chcę jednak poznać pana sztukę do końca. Wrócę. Czekaj na mnie. W razie czego schowaj się do szafy, czy wyskocz przez okno. Tylko nie wdawaj się w bójkę! Chcę cię jeszcze zobaczyć żywego.

PIERRE: Doprawdy? Chcesz, abym żył dla ciebie?

SYLVIA: Tego nie powiedziałam. Ale chcę wysłuchać do końca twojej sztuki.

PIERRE: Dla ciebie narażę się na wszelkie niebezpieczeństwa. Wróć jak najszybciej. Będę czekał.

Sylvia wychodzi. Pierre starannie zamyka i blokuje za nią drzwi. Stawia wieszak z jej suknią na środku garderoby. Śpiewa, akompaniując sobie na szpadzie jak na gitarze

> Lubisz słuchać muzyki, lecz słuchasz jej z żalem.
> Śmiejesz się łzami, nagle wśród śmiechu zapłaczesz.
> Czy potępisz na wieki, czy wiecznie przebaczysz?
> Pragniesz mojej miłości, czy nie chcesz jej wcale?
> Alchemii uczuć czarne, śmiertelne sekrety
> Lekkomyślny kochanek - ochotnie ci zwierzę.
> Kochasz – chcę wierzyć – kochasz – nie kochasz – nie wierzę.
> Nikt niż ja nigdy mocniej nie kochał kobiety.   [Wg Szekspira, Sonet 8]

Pierre ustawia teraz naprzeciwko wieszaka z suknią Sylvii drugi wieszak – z męskim kostiumem Arlekina. Gra pantomimiczną walkę na szpady z Arlekinem. Po chwili rzuca szpadę i woła:

Prostactwo! Prostactwo! Oto do czego prowadzi gra bez słów. Cóż mogę wyrazić samym ruchem i gestem? Tylko proste, podstawowe, prymitywne, jednoznaczne uczucia! Nienawiść – miłość – zazdrość – gniew – strach – pogarda. Bez słów mogę zabić rywala. Proszę bardzo. Sztych, sztych. I sztych. Trup. To łatwe. Gawiedź to lubi. Mogę spędzić noc z kochanką. Też słów nie potrzeba. No, tego się na scenie nie robi. Ale gawiedzi się sugeruje, że to się dokona za chwilę poza sceną, w kulisie. Wulgarny prymityw. A ja właśnie na scenie chcę wyznać głębię, pełnię, niezwykłość, nowość, świeżość moich uczuć. Olśnienia miłości. Rozterki miłości. Upojenia i zawody miłości... Chcę zastawiać pułapki miłości. Chcę motać sidła miłości. Sylvio, posłuchaj mnie...

Odzywa się znajome pukanie. Pierre słyszy je, klęka przy drzwiach i mówi szeptem:

Sylvio, posłuchaj mnie... Przyniosłem ci tę sztukę jako zakład mej miłości. Ale to nie parę kartek papieru. To jestem ja sam, wpisany w słowa, ubrany w zdaniania, rozebrany w dialogach, ofiarowany tobie w każdym wykrzykniku. Posłuchaj...

SYLVIA: *Zza drzwi, starając się mu przerwać:* Dobrze już dobrze. Chętnie pana posłucham, tylko niech mnie pan wpuści. Bo jeszcze kto usłyszy. Bądź grzeczny, Pierre. Otwórz. Przecież nie chcesz, żeby mąż zastał mnie przed drzwiami mojej własnej garderoby, w której zabarykadował się mój kochanek i nie chce mnie wpuścić...

PIERRE: Powiedziałaś – kochanek!

SYLVIA: Doprawdy?

PIERRE: Doprawdy!

SYLVIA: Nie słyszałam.

PIERRE: Ale ja słyszałem. Uczyniłaś mnie najszczęśliwszym człowiekiem na świecie.

SYLVIA: To tylko słowo.

PIERRE: Właśnie. Słowo ma siłę przemieniania rzeczywistości. Tworzenia jej. Chodź, kochanko moja, już otwieram ci bramę raju! Otwieram ci drzwi i otwieram ci serce.

Pierre otwiera drzwi z pośpiechem. W drzwiach ukazuje się mężczyzna – jest to Sylwia w masce Pantalone, w czarnym kapeluszu i czarnym płaszczu, ze szpadą. Sylwia mówi męskim głosem.

SYLVIA: Mam cię pisarczyku! Teraz mi nie ujdziesz, tchórzu! Dalej! Dobądź szpady i broń się! Bo każę cię wygrzmocić kijami służącym, a potem własnoręcznie wyrzucę przez okno!

PIERRE: Pryncypał? Riccoboni? A gdzie Sylvia? To ty, rogalu? Broń się! Napotkałeś francuskiego szlachcica włoski przybłędo. Pożałujesz stawania na przeszkodzie największej miłości, jaką zna światowa literatura!

Następuje parę złożeń. Sylvia przerywa walkę, zrzuca płaszcz i maskę.

SYLVIA: Uważaj, o mało co byś mnie skaleczył!

PIERRE: Sylvia?

SYLVIA: Zapomniałeś, że jestem aktorką. Mogę zagrać cokolwiek sobie zażyczę lub wyobrażę. Nawet mężczyznę. Nawet własnego męża.

PIERRE: Więc i miłość do mnie?

SYLVIA: Także. Bez trudu. Ale nie mam na to na razie ochoty. Miałabym jednak może ochotę zagrać rolę kochanki w twojej sztuce. *Zamyka drzwi i przekręca klucz w kłódce.* Mam nadzieję, że teraz będziemy mieli trochę spokoju. Chcę słuchać dalej twojej sztuki...

PIERRE: A mnie się już nie chce czytać, chyba, że...

SYLVIA: Nie chce się Panu? To wynoś się Natychmiast.

PIERRE: Zaraz, zaraz. Zupełnie nie znasz się na grze miłosnej prowadzonej słowem – słowem giętkim, subtelnym, dwuznacznym. Jesteś przyzwyczajona do płaskiego, jednoznacznego gestu. Nie znasz się na naciąganiu struny, ale nie zrywaniu jej. A przecież słowa można wywracać jak rękawiczki z oślej skóry. Słowem można otwierać tajemnicze szkatułki o siedmiu dnach. Dotknij słowa lekko, bardzo lekko, a przekonasz się jak delikatnie pulsuje w nim krew uczuć, a przecież to jest puls wulkanu. Wsłuchaj się w szept miłosny, który ma siłę rozdzierającego krzyku...

SYLVIA: Czy chce pan dać mi wykład z poetyki, czy też chce pan abym zagrała w pana sztuce? Jestem aktorką, łaskawy panie. Zapewne nie brak mi ani wrażliwości, ani intelektu, aby wyczuć i zrozumieć zapisane przez pana słowa, ale uprzedzam pana, że gdy raz przyjmę pana słowa za własne, gdy nauczę się ich na pamięć, one stracą pański literacki polor i słowotwórczy blask. Ja tchnę w nie mój własny oddech – i staną się fajerwerkiem, jak w ustach połykacza ognia. Zmieszam je z moją własną krwią jak wino – i upiję nimi publiczność. Położę je jak strzały na cięciwach moich gestów – i sprawię spustoszenie na widowni. Pan nie docenia energii aktorstwa.

PIERRE: Brawo! Jakaż jesteś w tej chwili piękna. Marzę tylko o tym, abyś udzieliła swej energii moim słowom. Posłuchaj! Posłuchaj monologu Sylvii, to jest monolog „na stronie," napisałem go specjalnie dla ciebie, posłuchaj

„Czy wiesz co to miłość? Spojrzałeś na mnie i zadałeś mi ranę. Au... Au... Prędko, trzeba zatrzymać krwotok. Kocham cię. Nic innego niż twoja miłość mnie nie uleczy. Nie ma innego lekarstwa. Jeśli mnie nie pokochasz – umrę. A gdy ja umrę, umrze wraz ze mną cała miłość świata. Świat bez miłości spotka katastrofa. Pokryje się lodem. Twoja miłość jest balsamem na moją ranę i słońcem wschodzącym nad biegunem zimna. Topnieją lody. Wytryska z ziemi trawa. Pod wpływem miłości okrutnik staje się łagodny, próżniak pilny, lubieżnik wstydliwy, brutal taktowny, niegodziwiec sprawiedliwy..."

SYLVIA: *Przerywając mu:* Tere fere. Nie znasz pan życia. Posłuchaj prawdziwych opowieści. Miłość wydaje starca na pastwę młodej hultajki. Pod wpływem miłości pobożna dziewica staje się rozpustna. Szacowny ojciec rodziny porzuca domowe ognisko lecąc za byle ćmą, jeśli tylko jest o dwadzieścia lat młodsza od jego żony. Książę rzuca się na służącą, którą zobaczył przypadkiem w kąpieli. Służąca czatuje w malinach na młodego ogrodnika...

PIERRE: Ach, pani! Znów życie! Życie z jego realizmem i dosłownością. Sztuka winna nas porywać w rejony wyższe, idealne. Historie miłosne, jakie pokazujemy na scenie, winny widzów podnosić ku obłokom, a nie spychać do rynsztoka. Każdy nosi w sobie tęsknotę za szlachetnością i za nieskalanym pięknem, nawet jeśli o tym nie wie lub nie chce się do tego przyznać. Zbyt długo grałaś w farsach, w których aktor porozumiewa się z publicznością za pomocą sprośnego gestu albo grubo szytej intrygi. Posłuchaj... Przeczytam ci teraz scenę z zakończenia mej sztuki.

Sylvia i Celio postanowili ukrywać przed sobą swą miłość – do czasu, gdy uda się im wywikłać z przeszłych zobowiązań, jeśli to w ogóle jest możliwe. I oto udało się. Sylvia obiecała swemu narzeczonemu-rejentowi sowitą rekompensatę za zaniechanie małżeństwa. Celio zaś zrzekł się połowy swego spadku, aby zapewnić posag swej niechcianej narzeczonej i wyswatał ją z przyjacielem. Oto oboje są wolni. Ale oboje są tak nieśmiali, że nie potrafią sobie wyznać swej miłości i grozi im rozstanie na zawsze. Weź te karty, czytaj sama rolę Sylvii, jest to wyraźnie wykaligrafowane. Ja będę czytał Celia.

SYLVIA: Czytać? A vista? Nigdy tego nie robiłam. Może raczej zatańczę?

PIERRE: Błagam cię, spróbuj. Czytaj powoli, lecz z uczuciem. No, proszę... *Daje jej kilka kartek. Staje na przeciw niej. Czyta:* „Przyszedłem się pożegnać, pani".

SYLVIA, *czytając:* „Skąd ten nagły pośpiech, panie?"

PIERRE, *czytając:* „Ogłoszono, że jutro twe zaślubiny. Nie byłbym w stanie patrzeć jak idziesz za innego. Musimy się więc rozstać raz na zawsze. I już zawsze będę cierpiał na samo twoje wspomnienie."

SYLVIA: „Cóż, każdy ma swoje zgryzoty".

PIERRE: „Pani także?"

SYLVIA: „Nie mówmy o tym". *Sylvia czyta głośno również uwagi „na stronie", jakie napotyka w swojej roli. Podobnie czyni Pierre.*

SYLVIA: „Na stronie: Szaleństwo we mnie wzbiera. Czyżbym miała go na zawsze utracić, i to w chwili, gdy mogę go poślubić?"

PIERRE: „Nie wiem, jak uda mi się żyć z dala od pani. Moje serce przestanie bić pozbawione twego widoku, tak jak kwiat więdnie bez słońca".

SYLVIA: „Więc nie usuwaj się... Zamieszkaj gdzieś pobliżu... Na stronie Jestem bliska wyznania, ale lękam się, że okazując mu swą namiętność ośmieszę się w jego oczach i stracę go na zawsze".

PIERRE: „Na stronie: Jakież pomieszanie odbija się na jej twarzy. Czy to wstręt, czy może skłonność do mnie? Nie. Nie łudźmy się. Jutro jej zaślubiny. Z innym. Honor nakazuje mi usunąć się natychmiast. Choć serce tego nie zniesie i niechybnie pęknie".

SYLVIA: „Panie Celio... Gdyby przygotowania do moich zaślubin, które, jak mniemasz, nakazują ci wyjechać, okazały się powodem, który miałby cię zatrzymać...? Na stronie: Za dużo powiedziałam. Co on sobie pomyśli? A jednak, nie mogę się powstrzymać... Jeśli mnie kocha, to muszę spowodować jego wyznanie. Do Celia Czy zaślubiny moje jutrzejsze są powodem twego nagłego wyjazdu? Czy nie zastanowiłeś się, że właśnie z ich powodu powinieneś zostać? Na stronie I jakaż będzie jego odpowiedź? Drżę cała..."

PIERRE: „Zostać? Pani? Gdybyś mi to nakazała, to by znaczyło, że mnie kochasz i chcesz wziąć ślub ze mną. Cóż za myśl dzika!"

SYLVIA: „A przecież tak jest".

PIERRE: „Śmierć i szaleństwo! Życie i szczęście!" *Pada na kolana.* „Kocham cię".

SYLVIA: „Moja miłość jest twoja".

PIERRE: „Nie zasługuję na nią".

SYLVIA: „Skoro mnie kochasz, to muszę ci przebaczyć wszystko coś uczynił, aby zdobyć moje serce".

PIERRE: „Nie uczyniłem nic".

SYLVIA: „Właśnie to ci przebaczam".

PIERRE: No i co? Czyż nie warto mówić o miłości? Czy nie trzeba nazywać słowem swoich uczuć? Mojej miłości do ciebie...

SYLVIA: Wzruszyłeś mnie. Aż sama sobie się dziwię.

PIERRE: Czy dałaś się przekonać? Czy weźmiesz mnie na kochanka?

SYLVIA: Wezmę cię na dramatopisarza. Basta.

PIERRE: Więc weźmiesz mnie!

SYLVIA: Nie, nie wezmę ciebie. Wezmę twoją sztukę. Basta e basta.

PIERRE: Czy to nie idzie w parze?

SYLVIA: Nie. Przyznaj się, w gruncie rzeczy chodziło ci o wystawienie sztuki, a nie o zdobycie kochanki? Chodziło ci o interes, a nie o miłość? Powiedz prawdę.

PIERRE: Dramatopisarz musi kochać aktorów dla których pisze sztuki. Aktorów i aktorki. Och, nie musi – chce ich kochać, pragnie... Bez tej miłości jego postaci pozostają papierowe, są tylko cieniami wyobraźni, czy konstrukcjami mózgu. Pozostają literaturą. Nie ma w nich życia. Tylko miłość dramatopisarza do aktorów daje postaciom życie, daje im prawdę i tajemnicę, światło i światłocień, prostotę i skomplikowanie, gęstość i przezroczystość, zmysłowość i duchowość. Miłość dramatopisarza do aktorów, jak każda wielka miłość, jest zarazem wyłączna i niepodzielna, jak i wszechobejmująca i nieskończona...

SYLVIA: I tak właśnie mnie kochasz?

PIERRE: Właśnie tak.

SYLVIA: Za dużo słów, jak na mnie. Pogubiłam się. Więc jak mnie kochasz? Nie mógłbyś tego powiedzieć krócej i prościej?

PIERRE: Nie, pani. Można by to zastąpić gestem albo uczynkiem – pocałunkiem, objęciem, miłosnym splotem. Ale przed tym się wzbraniasz. Więc pozostanie ci jednak nauczenie się tych wszystkich słów na pamięć. Nie przyjdzie ci to trudno. To są wszystko słowa miłości.

SYLVIA: Zastawiłeś więc na mnie pułapkę miłości. Wpadłam w nią. Ale nie żałuję. Powiedz mi jednak, czy to była tylko pułapka? Czy nie zależało ci choć trochę na mnie samej?

PIERRE: Dla nikogo więcej na całym świecie nie siliłbym się zastawiać takiej pułapki!

SYLVIA: Więc jednak... kochasz...

W tym momencie odzywa się znów walenie do drzwi.

SYLVIA: Riccardo, to ty? Nie musisz się dobijać. Zaraz ci otwieram. Będziemy mieli sztukę od mistrza Marivaux.

GŁOS MĘSKI: Sztukę? Ze słowami? Z tekstem do nauczenia się na pamięć? Nigdy! Jakem aktor komedii dell'arte!

SYLVIA: Te słowa są bardzo piękne. O miłości. Cała sztuka jest doskonała. Bardzo mi się podoba. Na pewno będzie miała wielkie powodzenie. Trzeba się będzie tylko nauczyć kwestii na pamięć.

GŁOS MĘSKI: Na pamięć? Przenigdy! Zgodziłaś się to zagrać? Zgodziłaś się nauczyć tekstu na pamięć?!

SYLVIA: Zgodziłam się. I ty się nauczysz! Zagrasz mojego kochanka. Już ci otwieram. Idzie do drzwi i otwiera kłódkę. Chodź, Ricardo...

Za drzwiami rozlega się jakiś straszny hałas.

Ricardo?

Sylvia otwiera dzwi. Widać nogi leżącego Ricarda.

Ricardo? Co tobie? Do Pierre'a Biedaczek. Zemdlał z wrażenia, jak usłyszał, że będzie się musiał nauczyć tekstu na pamięć. To było za dużo, jak na aktora komedii dell'arte. Szybko. Pomóż mi go ocucić. Nie bój się, zagramy twoją sztukę o miłości. Widzowie, nie aktorzy, będą mdleli z wrażenia.

Światło gaśnie.

► KONIEC ◄

► ▼ ◄

▶ POSŁOWIE ◀

Uczyłem się – latami – historii teatru, a potem, nadal się jej ucząc, latami ją wykładałem. Szczególnie zastanawiały i fascynowały mnie okresy wielkich przemian. Napisałem kilka książek o dwóch wielkich falach przemian teatru XX wielu – o dwu Reformach Teatru.

Sięgając w głąb historii teatru, szczególnie zainteresowała mnie przemiana religijnego teatru średniowiecznego – w świecki teatr renesansowy, a potem barokowy, teatru granego w kościołach, przed nimi i w pochodach przez miasta – w teatr tworzony w zamkniętych salach uniwersyteckich i dworskich, oraz w osobnych budynkach przeznaczonych na widowiska – te procesy dokonywały się poczynając od ostatniej ćwierci XVI wieku, by całkowicie przeobrazić sztukę teatru w ciągu XVII i XVIII wieku.

Jednym wątków tych dokonujących się w całej Europie przemian było przeistoczenie się włoskiej Commedii dell arte, a także jej francuskiej odmiany, w teatr literacki. We Włoszech dokonało się to za sprawą Carlo Goldiniego i Carlo Gozziego, zaś we Francji przemianę tę spowodował Pierre Marivaux. Teatr ruchu, gestu i maski, działań fizycznych, prostych i oczywistych, uczuć elementarnych i manifestowanych ekspresyjnie, nie posługujący się w ogóle słowem, albo wprowadzający je w bardzo ograniczonej w formie – w piosenkach, przekształcił się w teatr, w którym postaci mówią o swoich uczuciach, analizują swoje uczynki, ubierają w słowa swoje pożądania, pragnienia, marzenia.

Wszystko wskazuje na to, że Pierre Marivaux (1688-1763) wtedy początkujący literat, zakochał się we włoskiej aktorce Sylvi Baletti (1701-1758), gwieździe włoskiej trupy Commedii dell arte Luigi Riccoboniego (1676-1753), która występowała w Paryżu w latach 1716-1753. Aktorzy włoscy grali tradycyjne scenariusze Commedii – bez słów. Jednakże Marivaux zaczął pisać dla Sylvi Baletti sztuki. Wyrastały one z tradycji Commedii i posługiwały się jej tradycyjnymi postaciami, ale ogromnie je pogłębiały, wyposażały w skomplikowane psychochogie i kazały im mówić, wyrażać kunsztownym słowem swoje uczucia. Sztuki Marivaux spodobały się zarówno aktorce jak i dyrektorowi teatru. Zapragnęli je wystawiać. A to wymagało – po raz pierwszy w historii ich zespołu – uczenia się tekstu na pamięć. Wygłaszania kwestii i monologów. Teatr fizyczny i wizualny przemienił się w teatr literacki i intelektualny. Słowo zaczęło dominować nad ruchem.

Wyobraziłem sobie, że udało mi się wkraść do garderoby Comédie Italien w Paryżu i stać się świadkiem zalotów Pierre'a Marivaux do pięknej Sylvi, której przyniósł on swoją sztukę i stara się ją namówić aby w niej zagrała. Jego sztuka nosi tytuł *Niewyznane zwierzenia* – tak też zatytułowałem moją sztukę osnutą na tym – wyobrażonym – zadarzeniu.

Kazimierz Braun

▶ PROMIENIOWANIE ◀

▶ RZECZ O MARII SKŁODOWSKIEJ-CURIE ◀

▶ DRAMAT ◀

OSOBY
    Maria
    Ewa

MIEJSCE
    Taras sanatorium przeciwgruźliczego w Sancellenoz w Alpach francuskich oraz miejsca retrospekcji

CZAS
    Lato 1934 roku

▶ ▼ ◀

Sztukę tę składam w hołdzie wielkiej Polce i uczonej, Marii Skłodowskiej-Curie. Praca moja oparta jest o jej biografię i dzieło. Nie należy wszakże do gatunku „teatru faktu", ale korzysta z praw fikcji literackiej.

Za zachętę do napisania tej sztuki dziękuję gorąco Marii Nowotarskiej, a za cenne inspiracje i dyskusje, mojej żonie Zofii

.

Autor

▶ ▼ ◀

► CZĘŚĆ I ◄

Lato. Taras sanatorium przeciwgruźliczego w Sancellemoz w Alpach francuskich. Popołudnie. Duży stół a na nim parę kamieni; krzesło. Stolik ogrodowy i dwa foteliki. Kosz napełniony jakimiś kocami, częściami garderoby.

Wchodzi Ewa, w letniej sukience. Wnosi naręcz książek, papierów, notatek, albumów fotograficznych, fiszek w pudełkach – układa to wszystko na stole.

EWA: Co mam o niej napisać? Że jest genialna? To prawda, a zarazem truizm. Że odkryła polon i rad? To można znaleźć w każdej encyklopedii? Że jest uczoną światowej klasy? Wszyscy o tym wiedzą. Że jej imieniem nazywają szkoły, instytuty, uniwersytety, place i ulice? Widzi to każdy przechodzień.

Rozmawiając z nią godzinami – teraz zwłaszcza wiele jest na to czasu – staram się dotrzeć do tego, kim ona jest jako... człowiek... kobieta... Gdy zadaję jej pytania – raczy mnie opowieściami o znanych faktach, rzuca anegdoty. Zamyka się szczelnie. Jak w zbroi. To jej własne określenie. Jeśli nawet napiszę tę książkę o niej, to kroi się, że pokażę ją od zewnątrz. Biografia – okraszona zabawnymi historyjkami, wzruszającymi cytatami z listów, sensacyjnymi nagłówkami z prasy. Fotografia – starannie wyretuszowana. A ja chciałabym pokazać ją bez retuszu. Taką, jaka była naprawdę.

Zasoby jej intelektu wydają się nieograniczone. Bez przerwy pisze, wykłada, podsuwa pomysły badawcze innym. A jakie są zasoby jej serca? Czy kocha ludzi, czy tylko naukę? A może męża kochała, jako uczonego, starszą córkę Irenę, bo stała się uczoną, tych wszystkich młodych fizyków, z powodu zalet ich mózgów, rannych żołnierzy, których prześwietlała tysiącami, bo potwierdzali wyniki jej badań? Mnie?

Ja, młodsze dziecko, byłam wyrzucona z obszaru jej zainteresowań, bo nie zostałam fizykiem, chemikiem, czy matematykiem. Byłam brzydkim, ach, może raczej zbyt pięknym, kaczątkiem. A jednak właśnie dla mnie była zawsze najbardziej czuła, najbardziej o mnie zatroskana.

W głębi duszy zawsze chciałam naśladować jej pracowitość, systematyczność, sumienność, punktualność. A ponieważ tego nie potrafiłam – buntowałam się i manifestowałam swój bunt. Grymaszeniem – jako dziecko. Zaniedbywaniem lekcji – jako podlotek. Ekstrawagancją – jako kobieta.

— „Ewciu, nie chlap kaszką, patrz jak Irenka wszystko ładnie spałaszowała".
— „Ewuniu, wracaj z ogrodu, Irenka już siedzi nad lekcjami".
— „Ewko, dość tego brzdąkania na fortepianie, zabierz się teraz do palcówek".
— „Ewko, już wychodź, nie spóźnij się do szkoły".
— „Ewo, nie za dużo tego pacykowania policzków?"
— „Ewo, czy nie zaziębisz sobie płuc tymi dekoltami z przodu i z tyłu?"
— „Ewo, czy nie za szybko prowadzisz samochód?"
— „Ewo, wróciłaś tak późno z koncertu, na dodatek wionie od ciebie szampan..."
— „A ty, mamo, ciągle nad swoimi wyliczeniami? Nie możesz usiąść przy biurku, jak poważna pani profesor, tylko musisz rozkładać na podłodze te papiery, książki, suwaki, notatki, wykresy, zeszyty..."

— „Ty, Francuzka od czterdziestu lat, liczysz ciągle po polsku?"

— „Czy nie mogłabyś się dzisiaj spóźnić do laboratorium? Choć raz? Czy mogłabyś nie pójść w tym tygodniu na zebranie Akademii Medycznej? Kazać raz zaczekać studentom?"

Niemożliwe. Wykluczone. Jak można nie przyjść na czas? Jak można zaniedbać korektę książki? Jak można nie dokończyć obliczenia?

Nieraz chciałam ją wręcz sprowokować. Żebyśmy się pokłóciły ostro. Na próżno. Może sama mając bardzo silną wolę, instynktownie cofała się przed zderzeniem z wolą kogoś innego? A może nie rozumiała, że moje awantury w gruncie rzeczy były wołaniem o pomoc? A może ktoś silny w ogóle nie jest w stanie zrozumieć słabego?

Zawsze, jak daleko sięga moja pamięć, była zamknięta, skryta, nosiła maskę, ponad tą wieczną żałobą, która przecież też była kostiumem. Czy jest możliwe, że ta maska i ten kostium to była ona sama? Że po prostu ona taka była: tylko uczona i tylko żałobnica? Nie. To musi być inaczej. Ta wielka uczona ma na pewno wielkie serce. Serce równie wrażliwe i delikatne, jak przenikliwy i błyskotliwy jest jej umysł. Jak dostać się do jej serca? Do jej duszy? Jak to w niej jest? Kim ona jest?

No, jesteśmy gotowe do popołudniowej sesji...

Wychodzi i zaraz wraca wprowadzając pod rękę Marię. Maria ubrana jest w długą, ciemną, letnią suknię. Jej dłonie okrywają rękawiczki i co pewien czas wstrząsa nimi nerwowy tick. Pod pachą ma gruby maszynopis. Ewa sadza Marię na foteliku naprzeciw – domniemanej – panoramy Alp.

EWA: Tak dobrze?

MARIA: Tak. Choć lepiej byłoby w pokoju.

EWA: Nie po to przyjeżdża się do sanatorium.

MARIA: Tu wiatr wieje. Jeszcze mi kartki pokradnie.

EWA: Oddaj termometr.

MARIA: *Wyjmuje z pod pachy termometr. Ogląda go zakładając grube okulary.* Spadła mi gorączka. Widzisz? Sama popatrz.

EWA: Ledwie 34. To za nisko... *Odkłada termometr.*

MARIA: Jestem trochę osłabiona, ale ustąpił ten stały szum w uszach. Czuję się lepiej. To nie lekarstwa doktora Tobé. To te góry, przestrzeń, powietrze. Myślę, że kryzys mamy poza sobą i teraz będzie już tylko lepiej. Trzeba będzie skrócić pobyt i wracać do laboratorium. Sancellemoz jest piękne, ale dość tego leniuchowania.

EWA: Jest piękne!

MARIA: *Zmienia okulary na „do patrzenia na odległość".*

EWA: Znowu?

MARIA: Tak. W tych okularach widzę chociaż gdzie są plamy lasów, gdzie śnieg, a gdzie niebo. No, dalej, powiedz.

EWA: Powiem. Jak mi obiecasz...

MARIA: Obiecuję, obiecuję.

EWA: A potem nie dotrzymujesz.

MARIA: Dziś dotrzymam. No, dalej.

EWA: Alpy. Panorama. Od prawej jest Augille de Bionassay, Augille du Goûter i Dome de Goûter, Augille du Midi, Mont Jolie i Mont Joux, i wreszcie ona sama, królowa, Mont Blanc, „Biała Góra," w śnieżnej szacie. Dalej, ku lewej...

MARIA: Dość. Augille de Bionassay, Augille du Goûter i Dome de Goûter, Augille du Midi, Mont Jolie i Mont Joux, Mont Blanc. Widzisz, pamięć mnie nie zawodzi. Tylko te oczy.

EWA: I jeszcze parę innych kłopotów. Te góry wyciągną cię ze wszystkiego. A pamiętasz co jest po lewej od Mont Blanc?

MARIA: Pamiętam.

EWA: Powiedz.

MARIA: Nie powiem.

EWA: Więc nie pamiętasz.

MARIA: Augille du Drut! Poniżej Prairion. Tą ścieżką, której oczywiście nie widać, ale wiem, że zaczyna się w dolnym Saint-Gervais, tą ścieżką szliśmy kiedyś z Albertem...

EWA: Einsteinem?

MARIA: Tak. Ścieżka wspina się łagodnie, wśród świerków. Łagodnie, ale to jest wielogodzinne podejście – przeszło tysiąc metrów wzwyż. Lasy się kończą. Jeszcze pół godziny na szczyt. Prairion. Ukazuje się cudowny widok na cały łańcuch zwieńczony Mont Blanc w śniegu. Odpoczynek. Posiłek. Z Prairion łagodne zejście do Col de Voza i znów nieco w górę do Bellevue. I już wieczór. Stamtąd można zjechać kolejką linową do Les Houches. Tam nocleg. Widzisz tę ścieżkę?

EWA: Nie...

MARIA: A jednak ona tam jest. Na pewno.

EWA: Tak jak z twoim radem. Tak? Latami wiedziałaś, że jest, ale nie widziałaś. Chciałaś zobaczyć. Po to przerzuciłaś łopatą dziesięć ton rudy.

MARIA: Osiem. Przez cztery lata wiedzieliśmy, że jest. Nie można było go zobaczyć, zważyć, dotknąć. Jednak był. To wynikało z wyliczeń. Wierzyliśmy, ze istnieje. Nie. To nie była wiara. To była wiedza.

EWA: Mówisz o tych czterech latach w starym laboratorium?

MARIA: Tak. Najcięższe i najpiękniejsze lata mojego życia.

EWA: *Siada do notowania.* A powiedz mi, Mé, jak to było z tymi laboratoriami? Po kolei. Chcę to sobie uporządkować. Najpierw pracowałaś w laboratorium taty? W jego szkole? Tak?

MARIA: Jeszcze kolory. Tych gór.

EWA: Przecież wiesz.

MARIA: Kolory.

EWA: Och, dobrze. Mont Blanc już się lekko żółci, bo popołudnie się przechyla.

MARIA: A potem?

EWA: Potem żółć przejdzie w pomarańcz, następnie w róż, a potem w fiolet, by wreszcie wchłonąć granat nocy... Zadowolona. To do roboty. Więc twoje laboratoria...

MARIA: To dawne czasy. *Zmienia okulary na te „do czytania." Otwiera tekturową teczkę z maszynopisem.* Nie czas na wspomnienia. Ja też nam robotę.

Uwaga dla aktorki: Maria ma dwie pary okularów – bardzo grube „do czytania" i lżejsze „do patrzenia na odległość". Posługuje się nimi zgodnie z logiką swych czynności.

EWA: Obiecałaś mi.

MARIA: Może jutro. Mam jeszcze ze dwieście stron tego maszynopisu do poprawienia.

EWA: Obiecałaś.

MARIA: Ostro. Czemu się napierasz? *Zabiera się do korekty.*

EWA: Jak zawsze – dla twojego dobra.

MARIA: Jesteś dla mnie niedobra, niedobra!.

EWA: Muszę być niedobra dla ciebie, aby moja książka o tobie była dobra.

MARIA: Moja książka o promieniowaniu też musi być dobra. Daj mi spokój.

EWA: Zrozum, twoją książkę o promieniowaniu przeczyta może kilkuset uczonych, no, może jeszcze parę tysięcy studentów. A moja książka o tobie będzie bestsellerem. Już rozmawiałam z Gallimardem. Pierwszy nakład pół miliona. Równoczesne wydanie po francusku i po angielsku. Dla Amerykanów. Nasza niezawodna Maloney je sprzeda.

MARIA: To sobie pisz. I zarabiaj na mnie. Ja się nigdy nie dorobiłam.

EWA: Wiem. Odrzuciłaś, odrzuciliście oboje z ojcem, amerykańską ofertę opatentowania waszej metody uzyskiwania radu. Fanaberia.

MARIA: Nie. Zasady.

EWA: Wasza legendarna decyzja zrezygnowania z tego patentu, a zatem wyrzeczenia się fortuny! Powiedz mi, tak szczerze, dlaczegoście to zrobili? Przecież przyszła ta oferta z fabryki przetwórstwa uranu w Buffalo, w Stanach Zjednoczonych. Kontrakt leżał na stole. Tylko go podpisać. Miliony leżały na stole. Mając pieniądze moglibyście zbudować i wyposażyć tyle laboratoriów, ufundować tyle stypendiów... Moglibyście ustanowić nagrodę Curie, bardziej prestiżową od nagrody Nobla.

MARIA: Nie czuliśmy się właścicielami tajemnicy radu. Rad należy do natury. A technologie wymyślane przez ludzi – do ludzkości.

EWA: A jednak tak robią wszyscy. Eksploatują naturę dla swoich zysków. Czerpią korzyści ze swoich wynalazków.

MARIA: Znasz Żeromskiego?

EWA: Kto to? Żeromski?

MARIA: Stefan Żeromski – wielki polski pisarz. Masz poważne braki w oczytaniu w literaturze polskiej. Otóż, jeden z jego bohaterów, zapytany dlaczego podjął bardzo dziwną, a altruistyczną, decyzję odpowiada po prostu „Bo takie są moje obyczaje."

EWA: Nie czytałam. Więc to po prostu był wasz kaprys?

MARIA: Decyzja.

EWA: Ojca?

MARIA: Moja też.

EWA: Podjęłaś tę decyzję pod jego wpływem?

MARIA: Nie. Mieliśmy jednakowy wpływ na siebie. Podejmowaliśmy wszelkie decyzje wspólnie.

EWA: To też wygląda jak legenda. Legenda waszego idealnego małżeństwa. Ja bym się chciała dowiedzieć jak było naprawdę?

MARIA: Naprawdę? O prawdzie mówią fakty, dokumenty, wzory chemiczne. I tyle. Naprawdę zrezygnowaliśmy z tego patentu. Kropka.

EWA: No, Nobla nie odrzuciliście. Ani we dwójkę, ani ty sama. Później przyjmowałaś jednak nagrody, dyplomy, doktoraty honorowe, te dwa amerykańskie gramy radu, każdy wart sto tysięcy dolarów...

MARIA: Nie dla siebie! Przyjęłam je nie dla siebie! Wiesz przecież, że pierwszy gram oddałam Instytutowi Curie w Paryżu. Drugi oddałam Instytutowi Radowemu w Warszawie. A dyplomy, czy doktoraty... Uświadomiłam sobie, że tak naprawdę, to nie są one nadawane mnie... Honorowano w ten sposób naukę. Każdy doktorat honorowy, którego rulon ściskałam z zażenowaniem podczas gdy ktoś przemawiał do mnie po łacinie, nie przydawał się mnie samej na nic, ale sprzyjał rozwojowi fizyki, chemii, medycyny... Przynosił pożytek dziesiątkom, setkom uczonym i rzeszom studentów. Ułatwiał im pracę, torował drogę. Nie mogłam im rzucać kłód pod nogi. Odwrotnie, chciałam im pomagać. Paradując w pociesznych togach byłam tylko symbolem. Niewdzięczna rola.

EWA: Zaczęto ci nawet stawiać pomniki...

MARIA: Zły omen. Jeszcze za życia! Och, jak bardzo mnie zawsze te wszystkie uroczystości męczyły psychicznie, fizycznie. Jak musiałam się za każdym razem zmuszać do uśmiechów, wygłaszania mów, pozowania do fotografii, udzielania wywiadów. Odbyłaś ze mną obie, tak zwane „podróże triumfalne," po Ameryce, to wiesz o czym mówię.

EWA: Wiem, mamo. Wiem jak te podróże były dla ciebie męczące, podczas gdy dla mnie i Irki były wręcz bajkowe. Drapacze Nowego Jorku. Otchłań Wielkiego Canyonu. Potęga wodospadu Niagara... Marmury Białego Domu... Jakaż byłam dumna, gdy wiwatowały na twoją cześć tłumy, gdy kłaniali ci się uczeni i prezydenci... A ty, w tym wszystkim... byłaś taka jakaś wyobcowana... Czemu cię to nie cieszyło? Wciąż mi się wydawało, że cię nie rozumiem do końca...

MARIA: I ja nie zawsze rozumiałam samą siebie.

EWA: A teraz? Czy już teraz siebie rozumiesz?

MARIA: Teraz? Masz na myśli – na progu śmierci?

EWA: Nie!

MARIA: Teraz ty powiedz mi prawdę. Pomyślałaś tak? Pomyślałaś, że jestem śmiertelnie chora i jest czas zmierzyć się z prawdą o sobie samej?

EWA: Wyjdziesz z tego. Sama mówisz, że czujesz się lepiej!

MARIA: Odpowiedz!

EWA: Tak.

MARIA: Dziękuję ci za szczerość. Odwdzięczę ci się. Widzisz, nie ta choroba – to następna, choć pewnie już ta. Tak, myślę w tych dniach wiele o sprawach, o których od dawna nie myślałam.

Zadaję sobie pytania, jakie dotąd rzadko przychodziły mi do głowy.

EWA: Z dziedziny fizyki?

MARIA: Z dziedziny fizyki też. Tyle jest do postawienia i rozwiązania konkretnych problemów. Myślę także ogólnie o przyszłości nauki. Widzisz, badania, które zapoczątkowaliśmy wraz z Piotrem, prędko przyniosły dobre owoce. Ale przygotowały też grunt... który może wydać owoce trujące.

EWA: Nie rozumiem...

MARIA: Rozpad atomów może wyzwalać niesłychane ilości energii. Ta energia ma potencję destrukcji na skalę dotąd nie znaną ludzkości. Rozmawialiśmy o tym z Piotrem jeszcze przed... To są niepokojące perspektywy. Wręcz groźne.

EWA: Twoje badania miałyby przynieść złe skutki?

MARIA: Tak.

EWA: Nigdy nie uwierzę.

MARIA: Dalsze doświadczenia mogą jednak potwierdzić te obawy. Wielu uczonych nad tym pracuje. Ciekawe do czego dojdą? *Pauza.* Nie wyciągaj mnie na rozmówki. Nikt za mnie tej korekty nie zrobi.

EWA: Nie uciekaj od rozmowy.

MARIA: Ty chcesz ze mną rozmawiać o mnie. To mnie zupełnie nie ciekawi. Ja myślę o nauce. Ważne są dziś pytania o sens badań w ogóle. Jeszcze ważniejsze – o sens życia. Najważniejsze – o sens śmierci.

EWA: To dlaczego nie chcesz ze mną rozmawiać?

MARIA: O śmierci?

EWA: O życiu!

MARIA: O życiu? O moim życiu stanowiła praca. Nigdy nie ustawała. Pracą przezwyciężyłam śmierć Piotra. Wiele było śmierci w moim życiu. Każdą... każdą z nich przezwyciężałam pracą. *Po chwili.* Muszę zrobić tę korektę.

Zagłębia się w poprawianiu maszynopisu.. Ewa, zrezygnowana, zasiada przy stole i porządkuje notatki.

MARIA: *Odrywa się od korekty.* Siadywałam godzinami przy łóżku umierającej matki. Nie wiedziałam wtedy ani czym jest śmiertelna choroba, ani nie rozumiałam sensu cierpienia... Miałam jedenaście lat... Ale rozumiałam, że choremu trzeba pomóc. Choćby samym siedzeniem przy jego posłaniu. Latami matka niedomagała. Potem był ten strasznie długi czas rozstania. Ojciec mówił, że mama pojechała się leczyć i wróci zdrowa. Na warszawskim dworcu, gdy jakaś pani wysiadła z wagonu z Nicei, a ojciec ruszył ku niej szybkim krokiem, przez ułamek sekundy nie rozumiałam dlaczego on tak się spieszy. Zaraz potem zrozumiałam. A w następnej chwili strasznie się wystraszyłam – że w pierwszej chwili jej nie poznałam. Ta pani to była moja mama. Coś stało się z jej twarzą. Jakby ktoś inny w niej zamieszkał. Już więcej leżała, niż krzątała się po domu. A było co robić. Nas pięcioro, a na dodatek tych czterech chłopców przyjętych na stancję. Żeby podreperować budżet.

I nagle jeden z nich zachorował. Diagnoza lekarza tyfus. Niebawem w łóżkach znalazły się Zosia i Bronia. Zarażone.

Po paru dniach jacyś czarno ubrani panowie wynieśli z niego trumnę. W niej Zosia – ubrana na biało, bez włosów, ściętych w czasię choroby, z twarzą jakby przeźroczystą, jasną, gładką, spokojną. Pomyślałam, że tak wygląda anioł. Bo tak powiedział ojciec „Już ona u Pana Boga, z aniołami." Najgorszy był moment, gdy ci czarno ubrani mężczyźni łopatami sypali piasek na trumnę Zosi. To była pierwsza śmierć – tak blisko.

Potem Broni zaczęło się polepszać, a mamie pogarszać. Wieczorami klękaliśmy na progu jej pokoju. Codziennie. Różaniec. Litania Loretańska. Pod Twoją Obronę. Dziesięcioro przykazań. Bolały mnie kolana. Było gorąco. Pierwsza fala wiosennych, za wczesnych upałów. Któregoś dnia, tak klęcząc, usłyszałam dzwonek i poczułam na ramieniu rękę. Wzdrygnęłam się. Obejrzałam. To był zakrystian w białej komży. Za nim stał ksiądz. Też w komży, w birecie. Zakrystian rozsunął nas, klęczących. Ksiądz wszedł do mamy i zamknął za sobą drzwi. Jakby nam ją ukradł. Ojciec powiedział, że mama się spowiada i przyjmuje Pana Jezusa.

Klęcząc tak przed zamkniętymi drzwiami ofiarowałam Bogu moje życie za życie mamy. Nie przyjął. Znowu czarno ubrani panowie. To już druga śmierć tak blisko. Jeszcze bliżej. Pogrzeb. Długie klęczenie w kościele. Zimna posadzka. To klęczenie wydało mi się wtedy – po raz pierwszy – daremne. Cmentarz. Krzyże stłoczone. Sypanie piachu na trumnę. Jakby mamie na twarz. I Pan Bóg na to pozwala? Jego po prostu nie ma. *Pauza.*

EWA: Mamo... Wróć...

MARIA: *Podejmuje korektę.*

EWA: L' homonde to była twoja czwarta pracownia? Tak? Mé?

MARIA: *Nie przerywając korekty.* Trzecia.

EWA: Więc jak to było z tymi laboratoriami? Po kolei. Chcę to sobie uporządkować. Najpierw pracowałaś w laboratorium taty w jego szkole? Tak?

MARIA: Nie. Gdy otrzymałam zlecenie na zbadanie właściwości magnetycznych różnych gatunków stali, to zaczęłam prowadzić eksperymenty w pracowni profesora Lippmanna. Ale tam po prostu zabrakło miejsca na półkach na moje próbówki, a potem samych półek. Wtedy znajomi przedstawili mnie profesorowi Curie z Przemysłowej Szkoły Fizyki i Chemii, a on uprzejmie zgodził się udzielić mi miejsca i aparatury do kontynuowania tych badań w swojej pracowni.

EWA: To było twoje drugie laboratorium? U taty? Pracowaliście w nim pięć lat, od roku 1893 do 1898. Czy tak?

MARIA: Nie pamiętam dat. Lepiej spytaj mnie o ciężar atomowy jakiegokolwiek pierwiastka...

EWA: Mam tu wszystkie daty. W fiszkach. W 1898, ta mała pracownia przestała być wystarczająca i szkoła taty dała wam starą szopę w podwórku przy ulicy L'homonde numer 12. Poprzednio służyła jako prosektorium. Tak? Był to gest dobroczynny, a zarazem pogardliwy. Nikt waszych badań nie traktował poważnie, mimo, iż już oboje odkryliście rad. Teoretycznie. Uczeni wyśmiali wasze „odkrycie." Dowiedzieliście się, że „to odkrycie nie ma żadnej mocy, dopóki nie zostaną zademonstrowane próbki nowego pierwiastka." Szopa na L' homonde, to była twoja trzecia pracownia? Tak?

MARIA: Cieknący na jesieni i w zimie dach. Szklany. Więc w lecie łaźnia parowa, albo inspekty... Jak było zimno, to nie wystarczał jeden piecyk żelazny z długą rurą. Jak było gorąco, to brak było wentylacji. Kochana szopa. Nie oddałabym jej za żaden pałac. Tam zobaczyliśmy po raz pierwszy nieziemskie światło radu.

EWA: *Notując* ...L'homonde... trzecie laboratorium... 1898... zimno... gorąco... *Kontynuuje notowanie.*

MARIA: Rad... Po ostatniej krystalizacji, była to krystalizacja numer 5677, tak, 5677, prowadziliśmy dokładny rejestr kolejnych krystalizacji... Więc po krystalizacji numer 5677, najpierw czekaliśmy przez całą noc w laboratorium, drzemiąc niespokojnie, ja na kanapce, a Piotr, z głową na stole, opartą na otwartej książce, którą mu podsunęłam, aby było ciut miękcej... Gdy pochyliliśmy się nad miseczką o wczesnym świcie – była pusta. Pusta. Tylko mała plamka na dnie. Klęska.

Wyszliśmy z laboratorium jak z pobojowiska. Pobici. Wróciliśmy do domu bez słowa. Po raz pierwszy od czterech lat nie mieliśmy nic do roboty. Po raz pierwszy nie ciągnęło nas do laboratorium, które z arki nadziei i kołyski marzeń przemieniło się nagle w miejsce nienawistne, wrogie, świadka naszego upokorzenia. Wałęsaliśmy się z kąta w kąt. Z poczuciem tej strasznej klęski. Niepojętej. A jednak realnej. Cztery lata przerzucania łopatą ton blendy. Cztery lata podkładania drewna pod gotującą się ciecz. Cztery lata mieszania jej w kadzi. Te pięć tysięcy sześćset siedemdziesiąt siedem krystalizacji. I pusta próbówka. Rozpacz. Kompromitacja w środowisku naukowym. Zawiedzione osobiste nadzieje. Klęska, tak, na całej linii klęska...

Nie mogłam się z nią pogodzić. Następnej nocy – strasznej, bezsennej – pomyślałem nagle, że radu zostało z ostatniej krystalizacji tak mało, że go w dzień nie widać, tylko ta plamka. Ale on tam jest. Jest. Nie może go nie być. Nie mogliśmy się oboje tak strasznie pomylić w naszych wyliczeniach. Musi tam być.

Zbudziłam Piotra. „Musimy sprawdzić jeszcze raz!" Ubieraliśmy się pospiesznie, rozumiejąc się bez słów. Pobiegliśmy do pracowni. Podwórze. Klucz. Przez szybę w drzwiach majaczyło jakieś światło.

♪ *Odzywa się „muzyka radu."*

Weszliśmy. Struchlali ze szczęścia, zobaczyliśmy, że nad miseczką, zdałoby się pustą, unosiła się łagodna poświata. Promieniowanie... Jakież piękne... Najpiękniejszy widok i najszczęśliwszy moment mojego życia. To był rad.

Potem dokonywaliśmy dalszych eksperymentów. Próbówki, zlewki, moździerze, wszystko, czegokolwiek dotknął rad wydawało światło. Gdy wchodziliśmy wieczorem do pracowni, to na półkach, na stołach witało nas świecenie. Nazwaliśmy je „robaczkami świętojańskimi."

Rad... Cudowne, niepojęte ciało. Jego promieniowanie to stała, dramatyczna, rozrzutna twórczość. Jest dwa miliony razy silniejsze niż promieniowanie uranu, przeszywa najbardziej nieprzenikliwie ciała.

Rad... Wytwarza ciepło oraz szczególne ciało gazowe, emanację. Działa na kliszę fotograficzną. Nadaje powietrzu przewodnictwo elektryczne. Zbliżony do przeróżnych substancji udziela im zdolności fosforyzowania. Aktywizuje wszystko do czego się zbliży przedmioty i rośliny, zwierzęta i ludzi...

Rad... Samorzutnie powoduje nieustanne kataklizmy przemiany atomowej. Pulsuje rytmem niepowstrzymanych narodzin i nieuchronnych zgonów. Jest stale w ruchu.

EWA: *Z nad swoich notatek.* Udowodniliście, że rad istnieje. Obroniłaś doktorat o promieniotwórczości. Zaraz potem dostaliście Nobla. Zaraz potem dostaliście nowe, wspaniałe laboratorium.

MARIA: Nie! Nie dostaliśmy żadnego laboratorium! Choć kołataliśmy, błagaliśmy, pisaliśmy podania do władz, składaliśmy niezliczone wizyty na uniwersytecie, w różnych urzędach... Na próżno. Dopiero gdy Piotr został wreszcie profesorem Sorbony przydzielono mu dwa małe pokoiki jako pracownię. Łaskawie pozwolono i mnie z nich korzystać.

EWA: Więc to było wasze trzecie wspólne laboratorium? A twoje – czwarte? Tak?

MARIA: Za małe. Nędznie wyposażone. Miano nam dać jeszcze dwa pokoiki. Piotr nigdy ich nie zobaczył. Dopiero ja... Gdy objęłam katedrę po Piotrze. Jak tak liczysz, to to było moje piąte laboratorium. Niegodne pamięci Piotra. Niewystarczające dla moich badań. Dopiero później...

EWA: Mam tę datę, rok 1909...

MARIA: ...zaczęto budowę nowego laboratorium, wreszcie, z prawdziwego zdarzenia. Cały Instytut Radowy imienia Curie.

EWA: To ten, który otwarto w 1914 r.

MARIA: Tak. Ale jeszcze przed tym postanowiono wybudować dla mnie laboratorium w Warszawie.

EWA: Mam. W 1912 roku.

MARIA: Chyba tak... *Przerywa.* Słyszysz te dzwonki?

EWA: : Tak, to z hal...

MARIA: Muzyka sfer. Ile razy patrzyłam w ciemności na świecenie radu, to wydawało mi się, że słyszę muzykę... jakieś granie... *Po pauzie.* O czym to mówiłyśmy?

EWA: O laboratorium w Warszawie.

MARIA: Ta sprawa się ciągnęła. Najpierw – w Warszawie wciąż rządzili Rosjanie. Potem — wolna Polska miała ważniejsze sprawy: obronę niepodległości i zbudowanie państwa. Ważniejsze wydatki broń, żywność. Kamień węgielny...

EWA: Wmurowałaś w 1925 roku. Idźmy tym tropem...

MARIA: Byłaś tam ze mną. Wiesz. Instytut Radowy przy ulicy Wawelskiej otwarto dwa lata temu. Ale tylko połowę, tę medyczną. Mają być dwie połowy, jak w Paryżu. Połowa laboratoryjna jeszcze w budowie. Niepokoję się o postępy budowy. Dawno nie miałam od nich wiadomości. Kradniesz mi listy.

EWA: No, wiesz!

MARIA: Przyznaj się.

EWA: Listonosz chyba coś przyniósł dziś rano.

MARIA: Przyznałaś się.

EWA: Chcę ci oszczędzić denerwowania się jakimiś głupstwami.

MARIA: Pokaż.

EWA: Niewiele tego. *Podaje Marii listy.*

MARIA: *Przegląda zachłannie.* Izolujesz mnie od świata. A przecież jestem potrzebna. W Paryżu. W Warszawie. Pocztówka z Zakopanego... Od cioci Broni... życzenia zdrowia... Z Paryża... Od Cotelle... Powiedziałam jej wyraźnie przed wyjazdem, aby przechowywała aktyn X aż do mojego powrotu w tym stanie w jakim go zostawiłam. Żadnych nowych eksperymentów, bo sama muszę kontrolować aparaturę. Aby otrzymać aktyn w stanie czystym i całkowicie wolnym od emanacji czas odwirowywania musi być przestrzegany co do ułamka sekundy. Niech raczej bada promieniowanie alfa... *W trakcie tej kwestii Marii zrobiło się słabo. Stara się tego nie okazać.* Z Warszawy... Wiesz co, przeczytaj mi ten list...

EWA: Niedobrze ci?

MARIA: Nie, nic. Zaraz przejdzie. Przeczytaj...

EWA: Od dyrektora Łukaszczyka... *Czyta, opuszczając wiele tekstu.* Część kliniczna działa na pełnych obrotach, a pawilon fizyczny już jest w stanie surowym... Mury stoją, gmach pod dachem... Już założyliśmy rury gazowe i wodociągowe oraz przewody elektryczne do wszystkich pracowni. Będziemy mieli stały prąd przemienny... Do końca roku powinniśmy wprawić szyby, zacząć ogrzewać... W zimie zaczniemy instalować w laboratoriach aparaturę... To będzie najlepiej wyposażona placówka na świecie. Wkrótce rozpoczniemy angażować personel, w tym asystentów, doktorantów, czterech szkoli się w tej chwili u Pani... To jest u ciebie... Na 11 listopada 1935 roku powinniśmy być gotowi do uroczystego otwarcia. Z Pani udziałem, naturalnie. Na święto niepodległości Polski. Jest Pani jednym z symboli niepodległości...

MARIA: No i masz! Znowu. Jestem symbol, nie człowiek...

EWA: ...dokonywała Pani wielkich odkryć w całkowitej wolności, gdy kraj jeszcze cierpiał w niewoli. Podtrzymywała Pani w ten sposób niepodległość narodowego ducha. Przybliżała Pani niepodległość Polski. Nie tracimy przy tym nadziei, że – gdy laboratoria będą już gotowe – rozważy Pani przeniesienie się do Warszawy na stałe. W pierwszym pawilonie jest już przecież Pani mieszkanie. Zna je Pani, podobało się ...

MARIA: Zieleń przed oknami... Jasne, przestronne pokoje. Chciałabym... Chciałabym zamieszkać znowu w Warszawie...

EWA: Co? Zamieszkać w Warszawie?

MARIA: Urodziłam się w Warszawie. Może tam trzeba umrzeć?

EWA: A nasz nowy dom w Sceaux?

MARIA: Nie pozwalasz starej matce pomarzyć... Kraj... Nie chciałam w ogóle wyjeżdżać z kraju... Ale w Warszawie, pod Rosjanami, kobiet nie przyjmowano na studia wyższe. Jeden z tych ruskich sposobów zapobiegania tworzeniu się polskich elit... Więc, jeśli chciałam studiować, a bardzo chciałam, ach jakże pragnęłam wiedzy, to musiałam studiować za granicą. Stąd Paryż. Ale tylko na czas studiów. Nie chciałam zostać we Francji! Wierzyłam, że moim obowiązkiem jest praca w rodzinnym kraju. Pozostanie za granicą uważałam za zdradę ojczyzny.

EWA: A jednak zdradziłaś...

MARIA: Poznałam mężczyznę... Był Francuzem. Fizykiem. Profesorem. Dobrze nam było ze sobą... rozmawiać... o fizyce... pracować razem... Okazywało się stopniowo, że mamy podobne charaktery... Bo oboje byliśmy uparci, pracowici, dokładni. A to, co w nas było różne, jakoś się cudownie uzupełniało. Ja byłam przebojowa i pełna pomysłów. On był nieśmiały i skrupulatny. Oświadczył mi się. Powiedział, że nasz związek będzie jak chloryn sodowy, $NaClO_2$ – substancja, w której sprzeczne elementy pozostają w stałej, niezmąconej harmonii. Ale fakt, że był Francuzem wykluczył dla mnie możliwość poślubienia go. Bo to równałoby się właśnie pozostaniu z nim we Francji. Odmówiłam.

Powiedziałam mu dlaczego odmawiam Muszę wrócić do Polski, zostać nauczycielką, opiekować się ojcem. „A nauka?" Zawołał. „Nie złożę ideałów na ołtarzu nauki! Nie można z nauki robić bożka." Zraniłam go. Strasznie tego żałowałam. Zrozumiałam, że dla niego nauka była nie bożkiem, ale Bogiem. Ale stało się. Wróciłam do kraju.

Po kilku tygodniach, on, ten Francuz, napisał do mnie, że zdecydował się porzucić swoją uniwersytecką karierę, jest gotów przyjechać do mnie do Polski, podjąć pracę nauczyciela języka francuskiego, ach, napisał nawet parę zdań po polsku, przyrzekł nauczyć się polskiego, dla mnie...

To było niesamowite. Dla mnie? Porzucić swój kraj? Ale skoro on decyduje się porzucić swój kraj dla mnie, to czy ja nie mogę porzucić mojego kraju – dla niego. A przy tym, on, przenosząc się z Francji do Polski, musiałby istotnie zaprzestać badań, w ogóle przestać być uczonym. A ja, przenosząc się z Polski do Francji, przeciwnie, mogłabym znów podjąć badania, służyć nauce, nawet lepiej niż jako nauczycielka fizyki w Warszawie. Jego wyrzeczenie byłoby większe. Jakże straszną byłam egoistką! Uświadomiłam sobie, że miłość dwojga ludzi może być większa niż miłość tego, czy innego kraju. Uczony służy całej ludzkości. Nie pociąga to za sobą rezygnacji z kraju pochodzenia. Miłość wszystkich ludzi nie wyklucza miłości jednego narodu. Wyjdę za niego! Przeniosę się do Francji!

Choć, przyznaję, strasznie mi się zrobiło przykro, gdy Piotr zarządził, że nie będę miała na ślub białej sukni, z białym welonem... że nie będzie obrączek... że nie będzie księdza... Okazało się, że był ateistą. Potem... nie pozwolił mi nawet ochrzcić dzieci... Ciebie... Ja byłam wychowana po katolicku. Ale po śmierci matki zerwałam z Kościołem. Nie ma nieba. Jest tylko ziemia. Jej bogactwa i tajemnice, które czekają na odkrycie. *Wraca do korekty.*

EWA: Nie tęskniłaś? Za ojcem, za bratem, za siostrami, za Warszawą, i za Wisłą...

MARIA: Później... Później... Rodacy zapraszali mnie do Warszawy... Już byłam profesorem Sorbony... Już otrzymałam drugą Nagrodę Nobla... Serce stale ciągnęło mnie do kraju. Powrót byłby także spełnieniem patriotycznego obowiązku. Obowiązku! Zawsze w moim życiu kierowałam się poczuciem obowiązku. Sercu kazałam zamilknąć. Obowiązki poddałam analizie. Doszłam do wniosku, że moim najważniejszym obowiązkiem jest służba nauce. W Warszawie nie mogłabym prowadzić takich badań jak w Paryżu. Zostałam we Francji.

Nieraz, w naszym życiu pojawia się konflikt pomiędzy sercem a rozumem. Trzeba wybierać. Ale czasem to jest jeszcze bardziej skomplikowane. Gdy stajemy wobec wyboru dwóch miłości. Ja kochałam kraj i kochałam naukę. Która miłość większa?

EWA *Z nad notatek.* Planowałaś wrócić do kraju na stałe zaraz po zakończeniu studiów na Sorbonie, a więc w 1894. Mordercze tempo początek studiów w 1891, licencjat z fizyki w 1893, licencjat z matematyki w 1894. Teraz mamy rok 1934. Równo czterdzieści lat. Skatalogowałam całą twoją przeszłość. Mam cię w tych fiszkach.

MARIA: Artystka, pianistka, literatka, dziennikarka – a umysł jednak ścisły! Więc to już czterdzieści lat? *Długa pauza.* Nie. Nie będziemy się oglądać wstecz. Liczy się przyszłość. Pamiętasz Asnyka?
„Trzeba z żywymi naprzód iść,
Po życie sięgać nowe...
A nie w uwiędłych laurów liść
Z uporem stroić głowę!"

EWA: Brawo.

MARIA: Iść z żywymi to znaczy pracować. *Wraca do korekty.*

EWA: Pytałam cię o kolejne laboratoria...

MARIA: Moja korekta!

EWA: Obiecałaś. Proszę cię, jeszcze tylko sprawdź, czy ja mam to dobrze poukładane... Posłuchaj... *Sięga do notatek.* Mam jeszcze jeden rozdział niedopracowany... „Mamdame Curie w

Panteonie nauki". *Posługuje się maszynopisem* „Albert Einstein odkrył nierozerwalny związek czasu i przestrzeni. Madame Curie – nierozerwalny związek materii i energii. Maria Curie przyszła po Koperniku, Galileuszu i Newtonie. Kopernik „wstrzymał słońce – wzruszył ziemię", a Maria Curie wzruszyła atomy. Galileusz..."

MARIA, *przerywa*: Co ty za głupstwa wypisujesz!

EWA: Mam odpowiednie fiszki! Tak pisano o tobie.

MARIA: Nie waż się tego cytować. W ogóle nie podoba mi się ten twój pomysł. Pisać o mnie książkę, jeszcze za mojego życia? Jak umrę, to nie będę już mogła protestować, słać sprostowań do gazet. Wtedy będziesz mogła pisać co ci się spodoba. Największe fantazje. Najbardziej absurdalne brednie!

EWA: Nie złość się, mamo. To, co spisuję, to nie są brednie ani fantazje. Opieram się na źródłach, na autentycznych wypowiedziach, na cytatach z prasy. Powyciągałam twoje stare listy, zapiski ojca. Weryfikuję to wszystko z tobą... Obiecałaś mi autoryzację.

MARIA: Nic ci nie autoryzuję!

EWA: Dlaczego?

MARIA: Bo to są opowiastki, anegdoty, wspominki, ktoś może coś pamiętać tak, ktoś inny inaczej. Ja mogę podpisywać się tylko pod faktami. Pod sprawdzonymi wynikami badań.

EWA: Nie rozumiesz, że tekst twojej biografii autoryzowany przez ciebie będzie miał trzykrotną, co ja mówię, dziesięciokrotną, wartość.

MARIA: Rynkową?

EWA: Tak.

MARIA: Wiesz, że nigdy nie liczyłam pieniędzy!

EWA: Nie zdajesz sobie sprawy, że już raz, nie patentując radu nie tylko wyrzekłaś się sama fortuny, ale wydziedziczyłaś mnie, Irenę. Nasze dzieci. Nasze wnuki! Dlaczego!

MARIA: Już ci mówiłam, że to była decyzja wspólna. Ojca i moja.

EWA: Głupia, egoistyczna decyzja.

MARIA: Nie waż się tak mówić o ojcu.

EWA: Mówię o tobie! Autoryzując tę biografię możesz to choć częściowo naprawić!

MARIA: Nie mogę naprawić wielu ważniejszych błędów.

EWA: Możesz choć mnie nie wydziedziczać! *Wychodzi gwałtownie.*

Maria zostaje sama. Pracuje nad korektą.

MARIA: Nie zostałaś fizykiem, jak Irena. Nie zostałaś lekarką, jak ciocia Bronia. Nie zrobiłaś doktoratu jak wujek Józef. No, to zostałaś pisarką. Tylko do tego twojego Panteonu nauki musisz włączyć ojca! On już się nie upomni. Nigdy się o nic nie upominał... dla siebie... *Zamyka oczy. Może zasypia. Odzywa się łagodna muzyka gór..*

PRZERWA

► CZĘŚĆ II ◄

♪ *Muzyka gór jak przed przerwą. Maria na fotelu – jak poprzednio. Może śpi. Odzywa się nagle inna muzyka -- gwałtowna, dramatyczna. Maria zrywa się.*

MARIA: Piotr! Gdy go przyniesiono na noszach i położono na stole w salonie zrozumiałam co się stało sercem, ale nie mogłam zrozumieć umysłem. „Piotr nie żyje? Czy Piotr zupełnie nie żyje?"

Nieruchomy, z obwiązaną głową... Twarz ze strugami błota i krwi na policzkach... Oczy szeroko otwarte. Nieruchome. W nich jakby zaduma. Bandaże okrywają tylko czoło i to, co było ponad nim, co było, bo bandaż osłania tę część jego głowy, której już nie ma. Tak ktoś powiedział. Że został uderzony w głowę kołem wozu. Okutym kołem. Rozłupana czaszka... Jak to możliwe? Nie ma? Czego nie ma? Głowy Piotra?

Fakty mówiły, że jest martwy. Ja jednak nie chciałam, nie mogłam przyjąć tego do wiadomości. A gdy, co chwila, co skurcz serca uświadamiałam sobie, że tak jest, i to się nie zmieni – on nie żyje i nie będzie żyć – osuwałam się w rozpacz. Tym głębszą, że nie wierzyłam też w zmartwychwstanie po śmierci. A skoro wiara w życie mimo śmierci była dla mnie nie do przyjęcia, to nie pozostawało nic. A raczej było tylko nic. Nicość. Pustka. Brak. Czerń. Śmierć.

♪ *Kończy się muzyka.*

Ktoś położył mi dłoń na ramieniu. Ktoś podniósł. Ktoś wyprowadził z pokoju. Nie stawiałam oporu – fizycznego, choć wszystko się we mnie buntowało. Bo ja żyłam, podczas gdy on... Poczucie krzywdy. Jego. Mojej. Niezasłużonej. Krzywdy strasznej...

Gdy wprowadzono mnie z powrotem Piotr leżał spokojnie. Jak ranny żołnierz. Wyglądał jakby odpoczywał... Był to zupełnie nowy widok, bowiem nie odpoczywał nigdy...

♪ *Pojawia się muzyka lekka, „francuska," może akordeon.*

MARIA: W czasię naszych wycieczek – albo gnał mocno naciskając pedały roweru, albo, gdy szliśmy pieszo, idąc przede mną, nieustannie gadał, stawiał problemy, które sam głośno rozwiązywał, albo odwracał się do mnie na chwilę z pytaniem i, nie przerywając szybkiego marszu, wysłuchiwał mej odpowiedzi, analizował ją, czasem polemizował, czasem chwalił. Ciągle był czynny umysłowo, fizycznie, emocjonalnie... Nigdy nie odpoczywał...

Jego twarz, poniżej bandaża, była teraz łagodna. Tylko wargi wygięte w jakimś nieznanym mi łuku surowości.

Ach, te łakome wargi... Przez wszystkie lata małżeństwa... Łakomość twych ust na moim ciele... I moich na twoim. Oddawałeś mi swoje ciało z taką samą bezgraniczną ufnością jak ja tobie moje. Jakże często szeptałeś, że kochasz moje włosy. Zastanawiałeś się, udając naukową powagę, jakiego są koloru „Złote? Płowe? Po prostu, blond? Nie złote, bowiem, to mogłoby znaczyć, iż wpadają w rudość, a tak nie jest. Nie płowe, bo to by sugerowało, iż spłowiały, a przecież ich kolor jest nader intensywny. Nie blond, bo ich kolor jest bardziej intensywny niż blond."

Tak szeptałeś rozkładając pasma moich włosów na poduszce, jak promienie wokół mojej głowy. „Trzeba wynaleźć nazwę dla koloru twoich włosów, Mario, tak jak nadałaś nazwy naszym odkryciom polon, rad. Może twoje włosy mają domieszkę radu? Bo emanują światło..."

♪ *Koniec muzyki.*

Jak to możliwe, że już nigdy nie pójdziemy razem do laboratorium? Że nie będę mogła od czasu do czasu rzucić wzrokiem z nad kadzi z roztworem, na ciebie, pochylonego nad wyliczeniami przy stole. Ileż razy czując mój wzrok, podnosiłeś swój z nad zeszytu i wymienialiśmy spojrzenia, jak wiązki promieniowania, zapewniając się bez słów o trwaniu w miłości i wracając, już w następnej sekundzie, do pracy, będącej także wyrazem naszej miłości. Byliśmy dla siebie stworzeni. Nasz związek był konieczny. Jak rezultat właściwie przeprowadzonego doświadczenia. Jak pierwiastek o określonej i niezmiennej budowie...

Zamknięto trumnę. Cmentarz. Nie było księdza. Nie było mszy żałobnej. Tak jak kiedyś nie było mszy ślubnej. Złożenie trumny do grobu. Zaszlochałam. Raz jeden. Chciano mnie wyprowadzić z cmentarza. Nie pozwoliłam. Patrzyłam na zamurowywanie Piotra.

Zostałam sama. Jak ja będę żyła? Sama? Jak ja będę pracowała? Bez ciebie? Nagle przypomniały mi się słowa Piotra „Gdyby któregoś z nas zabrakło, to drugie musi prowadzić dalej badania." Nazajutrz po pogrzebie pojechałam do laboratorium...

Po chwili.

Latami rana była otwarta. Nie zabliźniała się. Tamowałam krew pracą. Zapamiętywałam się w pracy. Byle nie pamiętać. Byle nie wracać do... Byle opanowywać ten paroksyzm rozpaczy, który wywołuje każda myśl o nim, każde wspomnienie, przedmiot, którego używał, książka, którą czytał, sam dźwięk jego imienia...

Mówiono o mnie: Dzielna wdowa – godnie nosi żałobę... Szlachetna uczona – wykłada bez względu na osobistą tragedię... Niezłomna badaczka – kontynuuje eksperymenty, mimo straty swego najlepszego współpracownika...

♪ *Pojawia się jakiś nowy motyw muzyczny.*

MARIA: Paweł... On jeden dostrzegł pod moją grubą żałobą, pod maską skoncentrowanego na swym temacie wykładowcy, te powtarzające się skurcze serca. Zranionego serca kobiety. Ofiarował serdeczność, tam gdzie inni tylko uprzejmość. Okazał tkliwość, tam gdzie inni tylko zrozumienie. Dał poznać, że wierzy we mnie – we mnie, a nie tyko w moje teorie i odkrycia. A przy tym był tak ujmujący, przystojny, elegancki, męski. Uświadomiłam sobie, że potrzebuję mężczyzny. Jakbym go nagle odkryła, bo przecież znaliśmy się od lat. Paweł zatrzymał moje spadanie w otchłań samotności.

Byliśmy sobie równi na gruncie naukowym. Szanowaliśmy się nawzajem. Albert... Albert Einstein – z którym spędziłam tyle dobrych chwil i tyle odbyłam fascynujących dyskusji – więc Albert powiedział kiedyś, że gdyby on, Albert, nie ogłosił w 1905 roku teorii względności, to Paweł zrobiłby to w roku 1906. Dochodzili do tych samych rezultatów.

Po raz pierwszy od straty Piotra miałam partnera do rozmów na tematy naukowe. Paweł słuchał i rozumiał. Kompetentnie zwracał mi uwagę na niedopracowane jeszcze problemy. Zadawał inspirujące pytania. Stale mieliśmy okazje do spotkań. Nasze pracownie sąsiadowały ze sobą. Korzystaliśmy z tych samych bibliotek. Mieliśmy najbliżej do tego samego *bistro* na pospieszne *dêjeuné*.

Wkrótce, przypadki zaczęliśmy zamieniać w plany. Wychodzić na kawę i *croissanta* o tej samej porze. Było nam dobrze ze sobą.

♪ *Koniec muzyki.*

Przerwał to anonim. Wprawił mnie w osłupienie. Znalazłam go na biurku. Ktoś pisał, że bezwstydnie narzucam się żonatemu mężczyźnie z czwórką dzieci, że jestem podła, że kradnę żonie męża, a dzieciom ojca. Mam się opamiętać. Zgniotłam. Cisnęłam do śmieci.

Zaczęłam jednak unikać Pawła. Wtedy on zaczął do mnie pisać listy. Nie mogłam nie odpowiadać. Nagle poprosił o spotkanie. Nie mogłam odmówić. Był załamany. Powiedział, że żona zagroziła mu rozwodem. „Więc stanie się wolny!" – pomyślałam odruchowo. Bo ja byłam wolna.

"Żona będzie dążyła do orzeczenia przez sąd mojej winy" – mówił – "Chce mnie zrujnować... Zniszczyć moją reputację..." Poczułam, że muszę go ratować. Wynajęliśmy mieszkanie, gdzie spotykaliśmy się ukradkiem. Wymienialiśmy listy. Coraz bardziej czułe.

Nagle stała się rzecz straszna. Jakaś brukowa popołudniówka opublikowała moje listy do niego. Ze zjadliwym komentarzem. Czy to Paweł dał je dziennikarzom, chcąc zrzucić winę za rozkład swego małżeństwa na mnie? Czyżby był tak niewyobrażalnie lichym człowiekiem? Może po prostu zgubił te listy? Może ktoś mu je wykradł? Nie wiem. Nie wiem do dziś. Choć podejrzewam najgorsze.

Straszny brzęk wybijanych szyb! W moim domu. To samo w mieszkaniu naszych schadzek.

Panika! Żona Pawła zaczepia mnie na ulicy i grozi, że mnie zabije!

Opuszczają mnie przyjaciele.

Maria porywa plik gazet z kosza. Czyta nagłówki. Rozrzuca gazety.

MARIA: W prasię rusza nagonka. "Tajemniczy romans laureatki Nobla!" – "Skandal w sferach uniwersyteckich!" – "Awanturnica z doktoratem!" Już nie tylko jestem kobietą rozpustną, ale na dodatek cudzoziemką – "Polką? Rosjanką? Niemką? Zapewne..." Z "chluby francuskiej nauki..." stałam się jej zakałą. Jestem teraz... "uzurpatorką, która wkradła się w obszar badawczy Bequerela i Curie, i przywłaszczyła sobie część należnej tylko im nagrody Nobla, wywindowała się do doktoratu na plecach Curie, z łaski otrzymała w spadku po nim profesurę, a teraz ujawniła wreszcie swoje prawdziwe oblicze złodziejki na gruncie naukowym i gorszycielki na gruncie moralnym. Niszczy francuską rodzinę. Rozkłada francuską nauką. Jest zagrożeniem dla honoru Francji. Niech się wynosi z Francji!"

Tak pisano o mnie na pierwszych stronach gazet. Na trzeciej czy czwartej stronie, małym drukiem... "Sztokholm. 6 grudnia 1911. Obsługa własna. Szwedzka Akademia Nauk przyznała nagrodą Nobla w dziedzinie chemii Madame Curie za wyodrębnienie pierwiastka radu w stanie metalicznym."

Gdy już siedziałam w pociągu gotowym do odjazdu z Gard du Nord do przedziału wepchnął się sprzedawca gazet wykrzykując "Curie zdemaskowana jako kochanka Langevina!"

Zabiłam Pawła. Zabiłam Pawła w swoim sercu...

Już nigdy więcej nie zamieniłam z nim ani jednego słowa. Widywałam go na korytarzach uniwersytetu, na konferencjach naukowych. Pozostał kimś obcym, nieznanym. Uznałam go za umarłego. A ja sama, wtedy, postanowiłam, że już nigdy nie będę miała żadnego mężczyzny. Jakbym zabiła w sobie kobietę.

To był już siódmy, nie, ósmy pogrzeb. Po kolei siostra, matka, dziecko – to które poroniłam, potem ojciec, potem mąż, następnie ojciec męża, a wreszcie i ten – jak go nazwać, przecież nie "kochanek", jak w brukowym piśmidle, może "niedoszły drugi mąż"?... I na koniec ja sama. Jako kobieta. Serce. Moje biedne serce... Tak strasznie zranione śmiercią Piotra... Tak strasznie sponiewierane wiarołomstwem Pawła...

Za dużo jak na jedno małe serce. Bo jest pewna granica odporności serca. Na ból. Jest taki moment, kiedy serce nie jest w stanie absorbować już więcej cierpienia. Wtedy kamienieje.

Maria zasypia. Wchodzi Ewa z podwieczorkiem na tacy. Spogląda na Marię, która ma zamknięte oczy. Okrywa ją kocem. Maria otwiera oczy. Wymieniają uśmiechy. Maria pije herbatę. Wraca do korekty. Ewa siada przy stole. Pracują obie chwilę w ciszy.

EWA: Ten rozdział... "Panteon nauki"... Kto z wielkich współczesnych uczonych był ci bliski?

MARIA: Nikt.

EWA: A jednak?...

EWA: Powtarzam nikt. Choć to była cała menażeria.... Wspaniałe typy! Spotkania i wspólne prace na sesjach Międzynarodowej Komisji Intelektualistów w Genewie, w Komitecie Solvaya w Brukseli, na niezliczonych zjazdach naukowych... Wspólne wakacje w Bretanii. Seingnobos był najbardziej atletycznym wioślarzem z pośród uczonych i najwybitniejszym uczonym z pośród wioślarzy... Oczywiście, najwybitniejszym uczonym, jakiego kiedykolwiek poznałam, był twój ojciec.

EWA: A poza nim?... Paweł?

MARIA: Już powiedziałam – nikt.

EWA: Wszystko trzeba z ciebie wyciągać! Więc jednak – kto?

MARIA: Albert Einstein, jeśli już chcesz koniecznie. Nie łączyło nas nic osobistego. Ale wyróżniały go i umysłowość, i podejście do życia. Był świetnym partnerem i dyskusji, i wycieczek...

EWA: Wiesz co? Jesteś okropna. Opowiadasz mi dyrdymałki o Einsteinie, że jest turystą, o Seingnobosią, że jest wioślarzem... Och, zresztą, możemy sobie ich darować... Ale nie zrezygnuję z pytania ciebie – o ciebie samą. Inaczej... ta książka będzie na nic... Muszę się dowiedzieć czegoś istotnego o tobie. O twojej duszy.

MARIA: Psychoanaliza? Kanapka doktora Freuda?

EWA: Może ja nie jestem taka głupia, jak myślisz, mimo, że nie jestem fizykiem!

MARIA: Chcesz się czegoś dowiedzieć o mojej duszy? Mnie bardziej interesuje w tej chwili mój organizm. Moja choroba... Najlepsi paryscy lekarze wysłali mnie do tego sanatorium dla gruźlików, bo niby miałam zapalenie płuc…

EWA: Ale tutaj, specjaliści wykluczyli chorobę płuc…

MARIA: Więc to nie to. Analizy krwi wykazują katastrofalny spadek krwinek czerwonych, a ostatnio i białych.

EWA: Doktor Tobé mówi o złośliwej anemii.

MARIA: Anemia? Nie. To też nie to. A zaćma na obu moich oczach? A nagłe osłabnięcia? Gwałtowne wahania temperatury? I tak dalej, i tak dalej...

EWA: Więc co?

MARIA: Przemyślmy te wszystkie objawy... Mamy tu do czynienia z pewnym cyklem, narastającym latami. Moje poparzone dłonie po miesiącach dotykania minerałów radioaktywnych. I potem już stale. Albo nadmiernie wysychają, albo ropieją. Cztery wojenne lata ciągłej ekspozycji mojego organizmu na promienie Roentgena, prawdopodobnie nawet bardziej niebezpieczne niż rad. Ach ileż razy zapalałam swoją rentgenowską lampę nad rannym żołnierzem i wyszukiwałam w jego ciele szrapnele. Lekarze operowali wedle moich wskazówek. Tylu chłopców udało się uratować. Tylu umarło. Umarło także tylu moich współpracowników, asystentów. Wszyscy na białaczkę. Ale w moim wypadku to nie białaczka. Jednakże, mój obecny stan nie może nie pozostawać w logicznym związku z latami naświetlań…

EWA: Ale rad przecież leczy. To już cała dziedzina medycyny Curie-terapia. Terapia radem.

MARIA: Tak, ale rad leczy zabijając. Zabija chore komórki. Wiemy też, że niewłaściwie dozowany i stosowany zabija komórki zdrowe.

EWA: Więc to jest choroba wynikła z nadmiernego napromieniowania?

MARIA: Choroba popromienna? Tak ją nazwiemy. „Choroba popromienna." Świetnie! Jestem chora na „chorobę popromienną." Doskonale! Jak ją leczyć? Należałoby opracować procedury usuwania energii promieniotwórczej z organizmu, tak jak już potrafimy ją w organizm wprowadzać. To jest doskonały materiał na parę doktoratów. Asystenci się ucieszą. Nauka na tym zyska. No i wymyśliłam kilka tematów na prace doktorskie.

EWA: I tak nie zrozumiem ich tytułów. To są dla mnie za wysokie rejony nauki. Mam do ciebie następne pytanie...

MARIA: Nie teraz... Proszę... Nauka... Przyszłość nauki... Przeczytałam niedawno w dzienniku niemieckiej Akademii Nauk komunikat doktora Otto Hahna. Znam go dobrze. To solidny uczony. Dowiódł on doświadczalnie, że atom uranu podddany działaniu neutronów rozpada się, wyzwalając wielką energię oraz wiązki nowych neutronów, które z kolei są w stanie rozbijać następne jądra atomu uranu. Nazwał to „reakcją jądrową." To sprawa wielkiej wagi. Hahn idzie moim śladem. Wraz z Piotrem Curie wykazałam, że atomy nie są nieruchome, niezmienne – jak dotąd sądzono. Rad, wedle naszych badań, wysyłał cząstki skrajnie małe naładowane elektrycznością ujemną, a ich energia potencjalna stopniowo się rozpraszała. Jak do tego dochodziło? W wyniku przekształceń atomu. Puściliśmy atomy w tan!

Kolejne doświadczenia Hahna będą zapewne zmierzać do obliczenia ilości wyzwalanej energii atomowej. Już obecnie jednak można przewidywać, że ta energia jest ogromna. Niewyobrażalnie większa, od wszelkich erupcji energii wywoływanych sztucznie, jakie są dotąd znane. Stanowi to zagrożenie. Bardzo poważne. Piotr Curie mówił o tym już wtedy, gdy przyjmowaliśmy Nobla. Wskazał na dwa możliwe zastosowania radu jako dobrodziejstwa i jako przekleństwa dla ludzkości.

MARIA *zwraca się do Ewy*:

Czy masz gdzieś pod ręką przemówienie Piotra w Sztokholmie?

EWA: Poszukam... *Szuka w dokumentach.* Tak... Mam... Przemówienie doktora Curie wygłoszone dnia 6 czerwca 1905 roku na posiedzeniu specjalnym Szwedzkiej Akademii Nauk. Tak... Najpierw mówił o skutkach odkrycia radu dla fizyki... tak... rewizja wielu podstawowych praw fizycznych... dla chemii... wskazanie na nowe źródła promieniowania... dla meteorologii... wytłumaczenie wielu dotąd niezrozumiałych zjawisk... dla biologii... perspektywa leczenia raka... tak... Tutaj!

„Zważywszy wszelkie, doprawdy nieskończone i dziś nie do ogarnięcia umysłem, dobrodziejstwa radu, należy wyrazić także obawę, że w rękach zbrodniczych rad stanie się narzędziem bardzo niebezpiecznym, i – w związku z tym – trzeba się zastanawiać, czy poznawanie tajników natury przynosi pożytek ludzkości? Czy dojrzała ona do tego, by z nich korzystać, czy też przeciwnie, ta wiedza jest dla niej szkodliwa? Znaczący jest tu przykład odkryć Nobla: potężne środki wybuchowe pozwoliły ludziom dokonać prac wspaniałych, lecz są one zarazem straszliwym narzędziem zniszczenia w rękach wielkich zbrodniarzy, którzy wciągają narody w wir wojen. Jestem jednym z tych, którzy – tak jak Nobel – sądzą, że ludzkość więcej dobra niż zła wyciągnie z nowych odkryć."

Przerywa czytanie.

Ależ bez nitrogliceryny, a potem dynamitu Nobla nie byłoby kolei transamerykańskiej i transsyberyjskiej, Kanału Suezkiego i Kanału Panamskiego, tuneli pod Alpami!

MARIA: I nie byłoby tych strasznych zniszczeń jakie przyniosła wielka wojna... Piotr to przewidział... Nie raz myślałam o tym, jadąc ku linii frontu z moim aparatem Roentgena, oglądając te kompletnie zrujnowane miasta... Gorzkie owoce noblowskiego dynamitu... A gdyby pociski, które obracały te miasta w perzynę posiadały na dodatek moc wyzwalania reakcji jądrowej? Gdyby to były pociski jądrowe?

EWA: Pociski jądrowe?

MARIA: Tak. To przecież my we dwoje z Piotrem zapoczątkowaliśmy tę reakcję łańcuchową odkryć, które prowadzą aż tu... Aż do otwarcia drogi ku nowej, przerażająco destruktywnej broni... Jest wielce prawdopodobne, że znajdą się szaleńcy, którzy zechcą po nią sięgnąć. Niemcy Hitlera... Rosyjscy komuniści Stalina. Na dodatek, Japończycy, którzy właśnie podjęli podbój Chin. Wiadomo, że te wszystkie reżimy mają uczonych na swych usługach. A przecież, nauka nie może być podległa dyrektywom rządów. Musi pozostawać niezależna. Inaczej, przestaje być nauką.

EWA: Czy ty wygłaszasz referat na jakiejś konferencji pacyfistycznej?

MARIA: Nie przeszkadzaj... Zagrożenia nauki... Nauka jest zagrożona od zewnątrz. Jest zagrożona przez rządy, które pragną kontrolować badania, korzystać z nich. Ale jest i drugie zagrożenie. Od wewnątrz. Ono rodzi się w sumieniach uczonych. Obok pytań o zastosowanie odkryć naukowych – czy mają służyć złu, czy dobru – pojawiają się pytania na temat samej moralności badań w pewnych dziedzinach. Tam mianowicie, gdzie wkraczają one w podstawowe prawa natury i dążą do ich zawieszenia bądź zmiany. Tak. Nie wolno uprawiać nauki w oderwaniu od moralności. Moralność znaczy więcej niż intelekt! Myślał już o tym Afred Nobel. Myślał Piotr Curie. Nie wolno uprawiać nauki wbrew naturze. Tak. Nauka stoi na rozdrożu. Uczeni muszą dokonać wyboru. Tak. Trzeba z całą bezwzględnością wybrać czy będziemy z naturą współpracować, czy też się jej sprzeciwimy. Czy nadal będziemy pojmować naturę jako mechanistyczną materię, czy jako rozumną kreację. A jeśli to kreacja, to zakłada ona twórczość kreatora...

♪ *Odzywa się „muzyka hal" — jak na początku.*

MARIA: Trzeba się zmierzyć się z problematyką samego sensu uprawiania nauki. I, być może, wskazać, że badania mają swe granice. Ustawić znaki ostrzegawcze...

EWA: Mamo... Nie chciałam ci przerywać... Ale... Spójrz... To jest widok, który trwa tylko parę chwil.

MARIA: Spójrz? Przecież prawie nic nie widzę.

EWA: Przepraszam.

MARIA: Opowiedz.

EWA: To jest chwila, w której światło dnia przeistacza się w światło wieczoru. Śnieżny szczyt Mont Blanc jakby przeczuwa nadciągającą noc. Już znika zeń pomarańcz. Szczyt obleka się w róż, a już niedługo zacznie emanować fiolet. Potem indygo... Wreszcie... granat...

♪ *Słychać głośniej dzwonki.*

MARIA: Piękno... Czyste piękno... I wiedza winna być czysta. Ten widok podpowiada, że pomiędzy pięknem natury i pięknem nauki o naturze winna być harmonia. Nie można jej zakłócać. Nie można sprowadzać nauki, tego wykwitu ludzkiej kultury, do utylitarnej, bezdusznej cywilizacji. Trzeba bronić nauki. Ewo, czy mogłabyś coś zanotować... Mam pewien pomysł...

EWA: Tylko nie dyktuj mi wzorów chemicznych, bo się i tak pomylę.

MARIA: Nie, to coś więcej niż chemia. Więc tak... To jest moja ostatnia wola...

EWA: Ostatnia wola?

MARIA: Należy zorganizować światowy kongres uczonych w obronie nauki.

EWA, *notując:* ...kongres uczonych...

MARIA: Światowy kongres uczonych w obronie nauki... Należy go zorganizować w Warszawie, z okazji otwarcia Instytutu Radowego. W 1935 roku. Czasu mało. Trzeba podjąć działania natychmiast. Odwagi. Program kongresu... Trzeba zadać na nowo fundamentalne pytania. Czym jest materia? Jaki stosunek łączy istnienie i kreację istnienia?

EWA: Nie tak szybko, błagam...

MARIA: Jak podmiotowość badacza ma się do bandanego przedmiotu? Co to jest etyczne uprawianie nauki? Czy wartości moralne określają pole badań? Odwagi. *Zaczyna się spieszyć.* Trzeba na nowo przedyskutować pojęcie prawdy. Ja wygłoszę referat wprowadzający. Odwagi.

Głos jej słabnie. Tematem mojego wystąpienia będzie... *Przerywa.* Tematem mojego wystąpienia będzie... *Po chwili* Jakoś się nagle źle poczułam...

EWA: Daj mi rękę. Zbadam ci puls. *Mierzy Marii puls. Przykłada jej rękę do czoła.* Trzeba do lekarza. Ostrożnie...

Pomaga Marii wstać. Powoli... Ta twoja niespożyta energia...

MARIA: Energia promieniotwórcza?

EWA: Twoja energia...

MARIA: Może to to samo?

EWA: Tak. Do lekarza...

MARIA: A nie do Warszawy?

EWA: Do Warszawy... *Wyprowadza Marię.*

♪ *Odzywają się dzwonki z hal – dalekie, bliższe, następnie dzwony, a potem zostaje pojedynczy dzwonek sygnaturki cmentarnej. Światło przygasa.*

EWA: *W ciemnym płaszczu – wchodzi na taras i zbiera papiery.* Ta książka o mojej matce... Trzeba będzie uporządkować te papiery, część wyrzucić, całość poprawić, coś dopisać... Nie mogę nawet zrelacjonować naszej ostatniej rozmowy. Nikt by mi nie uwierzył... A matka nie zdążyła autoryzować tekstu. Jakoś dokończę. Wydam. Ale czy ktoś się z tej książki dowie jaka naprawdę była... kim była... Maria Skłodowska-Curie?

Zwraca się do widzów:

EWA: Maria Skłodowska-Curie zmarła dnia 4 lipca 1934 roku w sanatorium Sancellemoz we francuskich Alpach. Została pochowana na cmentarzu w Sceaux pod Paryżem. Pogrzeb był skromny. Tylko najbliżsi. W 1935 roku, w obecności Prezydenta Rzeczypospolitej, Ignacego Mościckiego, odsłonięto uroczyście jej pomnik w Warszawie, na dziedzińcu w pełni ukończonego Instytutu Radowego. W 1995 roku jej prochy, wraz z prochami Piotra Curie, zostały przeniesione do paryskiego Panteonu, gdzie złożono je obok Victora Hugo i innych bohaterów narodowych Francji, w ceremonii z udziałem prezydentów Republiki Francuskiej i Rzeczypospolitej Polskiej.

W ostatnich godzinach przed śmiercią Maria myślała o powrocie do kraju i zamieszkaniu w Warszawie. Pochowana jest we Francji. Jednak żyje w Polsce. W pamięci i sercach Polaków.

► **KONIEC** ◄

Buffalo – Warszawa 2006

▶ DZIECI PADEREWSKIEGO ◀

▶ DRAMAT W DWÓCH CZĘŚCIACH ◀

▶ ▼ ◀

OBSADA
CZĘŚĆ I

    Pułkownik LePan
    Porucznik Jan Chwalski
    Podporucznik Zygmut Dygat, pianista
    Sierżant Mazur
Żołnierze Armii Kościuszki
    Żołnierz 1
    Żołnierz 2
    Żołnierz 3
    Żołnierz 4
    Żołnierz 5
    Żołnierz 6
Dziewczęta – Zespół wokalno-taneczny Towarzystwa im. Mickiewicza w Buffalo
    Marysia
    Dziewczyna 1
    Dziewczyna 2
    Dziewczyna 3

CZĘŚĆ II

    Profesor Zygmut Dygat – poprzednio ppor. Dygat
    Pułkownik Jan Chwalski – porzednio por. Chwalski
    Zofia, żona prof. Dygata
Członkowie Tajnego Teatru:
    Mieczysław, reżyser
    Danuta, aktorka
    Halina, aktorka
    Basia, aktorka
    Leon, pianista
    Bogdan, aktor
    Syn Haliny, lat 5
Niemcy:
    Tajniak
    Gestapowiec 1
    Gestapowiec 2

MIEJSCA I CZASY AKCJI

Część I: Obóz wojskowy w Niagara-on-the-Lake w Ontario w Kanadzie, wiosna 1918 r.
Część II: Willa podmiejska, Kraków, lato i jesień 1941 r.

UWAGI

Postać Ignacego Paderewskiego przedstawiona jest w formie marionety wysokości ok. 90 cm.

♪ Muzyka fortepianowa wykonywana na żywo w widowisku jest jego niezbędnym elementem. Z tego powodu postać por. Dygata (później prof. Dygata) winien grać aktor – pianista.

► ▼ ◄

► **PROLOG** ◄

♪ *Projekcja początkowej sekwencji filmu „Sonata księżycowa" (około 3 minuty) – koncert Ignacego Paderewskiego.*

► **CZĘŚĆ I** ◄

Obóz wojskowy polskiej Armii Kościuszki w Niagara-on-the-Lake, Ontario, Kanada, wiosna 1918 r. Brama wjazdowa do obozu wojskowego z napisem:

**Obóz wojskowy. Polska Armia Kościuszki.
Niagara-on-the-Lake, Kanada, 1918
Za wolność naszą i waszą**

Fragment placu apelowego.

Sala kantyny żołnierskiej w obozie. W niej mała scenka i pianino.

Kwatera Pułkownika LePana, dowódcy obozu, biurko pułkownika oraz biurko Sierżanta Mazura. Stojak z trzema flagami – polską, kanadyjską i amerykańską.

► ▼ ◄

► SCENA 1 ◄

♪ *Orkiestra wojskowa gra za sceną jakiś marsz. Projekcja wodospadu Niagara widzianego od strony kanadyjskiej. Pułkownik telefonuje. Sierżant grzebie w papierach. Oddział żołnierzy odbywa poranną gimnastykę.*

PUŁKOWNIK: Tak, tak, tak... Już to słyszałem sześć razy. Tak, panie Generale. Prowadzę ścisłe notatki z rozmów telefonicznych. Obiecał mi pan już sześć razy przysłać dodatkowe 4 tysiące karabinów i 280 tysięcy sztuk amunicji. Dodatkowo... Obiecał mi Pan.. ile to razy? Tak, mam. Obiecał mi pan dziewięć razy transport 22 tysięcy masek gazowych, tak 22 tysiące. Tak, panie generale, rozumiem wszelkie trudności wojenne, rozumiem, że Amerykanie w pierwszym rzędzie wyposażają swoje wojsko, ale jest przecież porozumienie na piśmie, prezydent Wilson poświęca osobistą uwagę tej polskiej armii i ja nie zgodzę się na jakąkolwiek dalszą zwłokę. Ci chłopcy musza być odpowiednio wyćwiczeni i wyekwipowani zanim poślemy ich do okopów w Europie. Nie dopuszczę...

♪ *Wchodzi por. Chwalski, salutuje, i czeka. Pułkownik prowadzi dalej rozmowę. Orkiestra wojskowa oddala się.*

Nie dopuszczę do tego, aby zaskoczył ich niemiecki atak gazowy. Po prostu odmawiam wysłania ich do Francji. Tak, panie Generale, może pan to nazwać niesubordynacją. Może mnie pan postawić przed sądem wojennym. Biorę na siebie pełną odpowiedzialność. Oczekuję, że zadzwoni pan do mnie w przeciągu kilku godzin z jednoznaczną informacją kiedy otrzymam te maski gazowe. Co? Zaokrętowanie wojska na statki w Montrealu wyznaczone jest za cztery tygodnie? I pan mi mówi, abym był gotów? To ja panu mówię, żeby pan mi umożliwił gotowość. Nie będę gotowy bez tych karabinów, a w szczególności bez tych masek. Jeśli nie otrzymam ich w przyszłym tygodniu to zatelefonuję do mistrza Paderewskiego, a on z pewnością zwróci się do prezydenta Wilsona. A prezydent zadzwoni do pana z zapytaniem co się stało. Do pana. Nie do mnie. Żegnam pana, sir.

Odkłada słuchawkę. Porucznik Chwalski?

PORUCZNIK: Tak jest, panie Pułkowniku. Wedle rozkazu. Pan mnie wezwał, sir.

PUŁKOWNIK: Proszę meldować.

PORUCZNIK: Rozkazał mi pan przygotować plan wizyty mistrza Paderewskiego, który przybędzie na przegląd wojska przed zaokrętowaniem do Francji, sir.

PUŁKOWNIK: Nie będzie wizyty mistrza jeśli nie dostaniemy tych masek gazowych.

PORUCZNIK: Czy mam zaniechać przygotowań do wizyty, sir?

PUŁKOWNIK: Nie. Ale niech się pan nie zdziwi jeśli wizyta zostanie odwołana w ostatniej chwili.

PORUCZNIK: Tak jest, panie Pułkowniku. Czy zechce pan zapoznać się z przygotowanym przeze mnie planem, sir? Na wypadek jeśli wizyta dojdzie do skutku.

PUŁKOWNIK: Proszę meldować. Tylko szybko. Mam jeszcz parę telefonów.

PORUCZNIK: Tak jest, panie pułkowniku. Mistrz Padrewski, zapewne z małżonką, i jego świta przyjedzie automobilami z Buffalo około południa. Proponuję, A, wystawić łuk trimufalny przed bramą wjazdową do obozu z odpowiednim napisem. B, postawić na placu apelowym całe wojsko w rynsztunku bojowym...

PUŁKOWNIK: Brakuje nam 4 000 karabinów. Nie mówiąc o maskach gazowych. Proszę kontynuować.

PORUCZNIK: W momencie, gdy samochód wiozący mistrza zatrzyma się, całe wojsko zakrzyknie „Hurra!" i „Niech żyje mistrz Paderewski" i będzie krzyczeć tak długo, aż mistrz nie wysiądzie z samochodu i zostanie powitany przez Pana, panie Pułkowniku.

PUŁKOWNIK: Zgoda. Dalej.

PORUCZNIK: Potem wojsko dostanie rozkaz „Rozejść się " i pan, panie pułkowniku zaprosi mistrza i jego świtę na obiad w kasynie oficerskim.

PUŁKOWNIK: Zgoda. Dalej.

PORUCZNIK: Po obiedzie mistrz odbierze defiladę. Grać będzie orkiestra. Mistrz wygłosi mowę.

PUŁKOWNIK: Defilada? Mówiłem już – brak nam uzbrojenia. Dalej.

PORUCZNIK: Po południu, pan, panie Pułkowniku, zaproponuje mistrzowi i jego świcie wycieczkę do wodospadu Niagara. Będzie pan towarzyszył Mistrzowi.

PUŁKOWNIK: Zgoda. Dalej.

PORUCZNIK: Po powrocie odbędzie się kolacja wojskowa, z udziałem Mistrza Paderewskiego, pani Paderewskiej, przedstawicieli rządu amerykańskiego i prasy. Pan, panie Pułkowniku, wygłosi toast. Mistrz Padrewski, jak spodziewam się, odpowie przemówieniem.

PUŁKOWNIK: Zgoda. Akceptuję. Dziękuję, panie Poruczniku.

PORUCZNIK: Wedle rozkazu, sir. Dziękuję, sir. Ale to nie wszystko, sir.

Żołnierze zakończyli gimnastykę na placu apelowym, odeszli.

PUŁKOWNIK: Po kolacji capstrzyk i spać. Wojsko do koszar. Goście do hotelu. Dziękuję, panie Poruczniku.

PORUCZNIK: Wedle rozkazu, sir. Dziękuję, sir. Ale proponuję jeszcze jeden punkt programu, po kolacji.

PUŁKOWNIK: Co jeszcze? Meldować.

PORUCZNIK: Proponuję, sir, aby na cześć Mistrza Paderewskigo przygotować przedstawienie teatralne.

PUŁKOWNIK: Przedstawienie? Nie mamy tutaj teatru. Nonsens.

PORUCZNIK: Proszę mi pozwolić wyjaśnić...

PUŁKOWNIK: Czy ma pan tu jakąś scenę? Czy ma pan sztukę? Czy ma pan aktorów?

PORUCZNIK: Panie Pułkowniku...

PUŁKOWNIK: Niech pan mówi. Ale szybko. Jestem zajęty.

PORUCZNIK: Teatr można zaaranżować w kantynie. Co do sztuki, to, tak się składa, że ja jestem poetą. Nigdy o tym nie mówiłem, bo to nie ma nic wspólnego ze służbą. Ale, no tak, jestem pisarzem i, prawdę mówiąc, napisałem już sztukę o mistrzu Paderewskim, o jego życiu i dziełach. Są tu żołnierze, którzy mogliby w niej zagrać. Co do kobiet, to już się rozejrzałem... Ponieważ w tej sztuce występują też kobiety... Są tu w okolicy kobiety do dyspozycji...

PUŁKOWNIK: Do dyspozycji? Kobiety? W obozie wojskowym? Nigdy na to nie zezwolę. Koszary to nie burdel.

PORUCZNIK: Panie Pułkowniku, ja nie mówię o kobietach... no, wie pan, tego typu kobietach...

Mam na myśli aktorki i tancerki. Przeprowadziłem rekonensans. Nieopodal, w Buffalo, jest zespół teatralno-taneczny imienia Mickiewicza.

PUŁKOWNIK: Mickiewicza? *Wymawiając kaleczy.* Nigdy o niej nie słyszałem.

PORUCZNIK: To był poeta, sir. Mężczyzna, sir. Największy polski poeta, sir. Mickiewicz.

PUŁKOWNIK: Mickiewicz? No, to co, z tym Mickiewiczem, poetą? Mieszka w Buffalo? Jak to największy polski poeta, to niech on napisze dla nas sztukę.

PORUCZNIK: To niemożliwe, sir. On już nie żyje.

PUŁKOWNIK Nie żyje? Co się stało?

PORUCZNIK: Umarł na cholerę. Został pochowany we Francji.

PORUCZNIK: We Francji? Wielu naszych chłopców tam padnie... Musimy dostać tę broń i maski. Intensywne ćwiczenia zmniejszą straty...

PORUCZNIK: Tak jest, panie Pułkowniku. Wracając do mego planu. Dziewczęta z z tego zespołu Mickiewicza mogą zagrać w mojej sztuce, oczywiście, jeśli otrzymam pana zgodę, sir.

♪ *Dzwoni telefon. Pułkownik podnosi słuchawkę.*

PUŁKOWNIK: LePan. *Słucha.* Tak jest, panie Generale. Będę gotów, panie Generale. Dziekuję, panie Generale.

Odkłada słuchawkę.

Karabiny zostaną dostarczone z arsenału z Buffalo już jutro, na specjalny rozkaz prezydenta Wilsona. Dobre, co? Maski gazowe zostaną dostarczone za trzy dni. Dobre? Lepsze! Mistrz Paderewski zaofiarował, że zapłaci za nie z własnej kieszeni. Jego przyjazd zostaje potwierdzony. Przybędzie w tę sobotę. Ma pan pięć dni na przygotowania.

PORUCZNIK: Tak jest, sir. Ale, co z moją propozycją, sir? To przedstawienie teatralne, sir?

PUŁKOWNIK: Niech pan robi, co pan chce, poruczniku. Składam to na pana. Ale jeśli mistrzowi Paderewskiemu nie spodoba się pańskie przedstawienie to przekona się pan, czym pachnie służba w kompanii karnej.

PORUCZNIK: Tak jest, panie Pułkowniku. Nie zawiodę pana, sir. Czy zechce pan zapoznać się z moją sztuką i zatwierdzić ją, sir?

PUŁKOWNIK: Nie. Nie mam czasu. Pan jest odpowiedzialny. Już powiedziałem.

♪ *Dzwoni telefon.*

PUŁKOWNIK: Odmaszerować.

Por. Chwalski salutuje i wychodzi.

♪ *Dzwoni telefon. Pułkownik podnosi słuchawkę.*

PUŁKOWNIK: Poeta w mundurze... Nie! Nie żaden poeta! Pułkownik LePan. Słucham. Nie. Nie mogę przyjąć ani jednego ochotnika więcej, panie Generale. Nie. Już się dosłownie dusimy. Brak prycz. Brak uzbrojenia. Niech pan uruchomi drugi obóz, panie Generale, dla tych nowych ochotników. Teraz, kiedy Ameryka już jest formalnie w stanie wojny, może go pan ulokować na waszym terytorium, w Stanach Zjednoczonych. W Lewiston, po drugiej stronie rzeki, albo gdzie indziej. Tak? *Długo słucha.* Jeżeli nastąpiło w tej sprawie porozumienie Wielkiej Brytanii, Kanady, Stanów Zjednoczonych Francji i Komitetu Narodowego Polskiego, to niech mnie pan nie pyta. Tak, panie Generale. Utworzę dla nich podobóz. Ale pan przyśle mi mundury, te niebieskie od

Francuzów, i uzbrojenie. I proszę nie zapomnieć o maskach gazowych. Przetelegrafuję panu cyfry jak tylko zobaczę tych rekrutów. Lekarz ich zbada, dokonam wyboru. Mogę ich przerobić na żołnierzy w trzy miesiące. Nie krócej. Ci, co przeżyją ćwiczenia, będą gotowi na wrzesień. Tak, tego roku. 1918. *Rzuca słuchawkę.* W Wszyngtonie brak im pieniędzy, ale ochotników wciąż do mnie kierują.

SIERŻANT: *podchodzi do Pułkownika.*

Co tam, sierżancie?

SIERŻANT: Panie Pułkowniku, ten porucznik Chwalski, ten poeta... On nam narobi wstydu i zamieszania w obozie.

PUŁKOWNIK: A to w jaki sposób?

SIERŻANT: Chłopcy muszą ćwiczyć do ostatniego potu, mają się czołgać tutaj, w kanadyjskim błocie, żeby przeżyć, tam, w błocie francuskim, w okopach, sir. A nie zabawiać się w teatr, Chwalski może ich reklamować z ćwiczeń. On chce także sprowadzać kobiety do obozu. Tego się nie robi, sir. Od tego są specjalnie burdele wojskowe. Będą kłopoty, sir.

PUŁKOWNIK: Dopilnujecie osobiście, sierżancie, żeby ten teatr nie wpłynął ujemnie na ćwiczenia, musztrę, morale i tak dalej.

SIERŻANT: Czy to rozkaz, panie pułkowniku?

♪ *Dzwoni telefon. Pułkownik odbiera.*

PUŁKOWNIK: Co? Wypadek na ćwiczeniach? Amputacja? Dziękuję, doktorze. Już idę do szpitala. Biedny chłopak. Trzeba go jakoś podtrzymać. Nie zobaczy Francji.

Wychodzi wraz z Sierżantem.

♪ *Okiestra wojskowa gra marsza.*

► SCENA 2 ◄

Pięć dni później. Oddział żołnierzy w umazanych błotem mundurach polowych, z karabinami, plecakami, maskami gazowymi wpada do kantyny. Wszyscy zdejmują rynsztunek i zabierają się do roboty – przysposabiają kantynę do próby. Stają w szeregu na baczność przed sceną. Wchodzi por. Chwalski niosąc marionetę Ignacego Paderewskiego.

PORUCZNIK: Spocznij. Wszystko gotowe do próby?

ŻOŁNIERZE: Tak jest, panie Poruczniku.

ŻOŁNIERZ 1: Panie Poruczniku, czy moge o coś zapytać?

PORUCZNIK: Gadaj.

ŻOŁNIERZ 1: Panie Poruczniku, my tu przygotowujemy przedstawienie, ale sierżant Mazur mówi, że nigdy do niego nie dopuści. Mówi, że to obóz wojskowy a nie burdel.

PORUCZNIK: Sierżant Mazur, jak każdy inny, musi słuchać rozkazów. A my dostaliśmy rozkaz od pukownika żeby przygotować ten spektakl. Mistrz Paderewski przybywa jutro. To jest nasza ostania próba. Pamiętacie swoje kwestie?

ŻOŁNIERZ 1: Ja pamiętam.

PORUCZNIK: Inni?

ŻOŁNIERZE: Tak jest, panie Poruczniku.

ŻOŁNIERZ 2: Panie Poruczniku, mam pomysł. Ja gram nauczyciela muzyki, który daje lekcje mistrzowi Paderewskiemu. Jest mi głupio mówić do niego „Ty tępaku, nigdy nie będziesz pianistą." Może ja bym powiedział „Pan, dostojny Mistrzu, pan nigdy nie będzie pianistą." To by było grzeczniej. Albo, nawet lepiej „Pan, zrobi wielką pianistyczną karierę, dostojny Mistrzu."

PORUCZNIK: Ale rzecz w tym, że Mistrz nie był wtedy jeszcze Mistrzem i nikt nie wierzył, że zrobi wielką karierę. Rozumiesz?

ŻOŁNIERZ 2: Nie rozumiem. Mistrz to Mistrz. Nie chciałbym go obrazić.

PORUCZNIK: Nie mędrkuj. Po prostu, mów co ci każę.

ŻOŁNIERZ 2: Tak jest, panie Poruczniku. „Ty dostojny tępaku nigdy nie będziesz pianistą."

PORUCZNIK: Nie teraz. I nie mów „ty dostojny tępaku." Tylko, po prostu „ty tępaku." Zrozumiałeś?

ŻOŁNIERZ 2: Tak jest, „ty tępaku."

Wszyscy żołnierze się śmieją.

ŻOŁNIERZ 3: Panie Poruczniku, czy to prawda, że Mistrz Paderewski jest prawdziwym milionerem?

PORUCZNIK: Bo co?

ŻOŁNIERZ 3: Bo jakby był prawdziwym milionerem, to by nam nie kupił tych masek gazowych.

PORUCZNIK: Mógł nam kupić maski właśnie dlatego, że jest milionerem. Kupił je dla naszego bezpieczeństwa i dla dobra kraju.

ŻOŁNIERZ 3: Jakiego kraju, panie poruczniku?

PORUCZNIK: Polski, oczywiście.

ŻOŁNIERZ 3: A nie Ameryki?

PORUCZNIK: Także dla dobra Ameryki. Ameryka i Polska, to są teraz dwaj alianci. Kapujesz?

ŻOŁNIERZ 3: Nie kapuję, sir. Po mojemu, to prawdziwi milinerzy nie wydają pieniędzy dla dobra kraju. Ani Ameryki, ani Polski. Trzymają forsę dla siebie.

PORUCZNIK: Nie. To są fałszywi milionerzy. Prawdziwi są szczodrzy. Pomagają swoim krajom. Dosyć tych głupich pytań.

ŻOŁNIERZ 1: Panie Poruczniku...

PORUCZNIK: Co tam jeszcze?

ŻOŁNIERZ 1: Panie Poruczniku, co pan tam ma pod pachą, sir? Czy to jest kukła Mistrza Paderewskiego?

PORUCZNIK: To nie jest kukła. To jest marioneta.

ŻOŁNIERZ 1: Ale Mistrza wyobraża, co? To on ma takie rude włosy? Jak rudy lis?

Wszyscy żołnierze się śmieją.

PORUCZNIK: Spokój. Mistrz nie ma rudych włosów. Ma złotą grzywę.

ŻOŁNIERZ 1: Ale ten tutaj jest rudy. Wojsko będzie miało ubaw. *Wszyscy żołnierze się śmieją.*

PORUCZNIK: Spokój. Cisza.

ŻOŁNIERZ 4: Panie Poruczniku, jeszcze jedno pytanie, proszę.

PORUCZNIK: Gadaj.

ŻOŁNIERZ 4: Czy to prawda, że pani Paderewska ma w Szwajcarii fermę kurzą i wysyła mistrza kury macać? *Naśladuje kurę.* Ko... Ko... Ko... *Wszyscy żołnierze się śmieją.*

PORUCZNIK: Cisza! Baczność! Powinniście być dumni, że będziecie mieli zaszczyt wystąpić przed mistrzem i jego szanowną małżonką!

Wchodzi Podporucznik Dygat.

PODPORUCZNIK: Spóźniłem się?

PORUCZNIK: Spóźniłeś się, rzeczywiście. Miałeś przyprowadzić dziewczęta z wartowni do kantyny. Gdzie one są?

PODPORUCZNIK: Wartownicy nie chcieli ich wpuścić. Ale są. Czekają...

Porucznik Chwalski idzie do wejscia i woła:

PORUCZNIK: Proszę panienki... Przepraszam... Aktorki... Tancerki… Śpiewaczki... Po uważaniu... Proszę tędy.

Ukazuje się grupa dziewcząt w tradycyjnych strojach krakowskich. Są onieśmielone i trzymają się razem. Dygają i biegną gdzieś do kąta.

PORUCZNIK: Dziękuję, że przyszłyście na próbę. No, to co? Jesteście gotowe?

Dziewczęta patrzą po sobie i nagle rozpoczynają śpiew i taniec – „Jeszcze jeden mazur dzisiaj..."

PORUCZNIK: *Przerywa im delikatnie.* To wspaniale, że przygotowałyście tę piosenkę i taniec, ale wszystko po kolei... Ten numer jest później. Wszyscy – proszę na miejsca.

Dziewczęta zajmują miejsca w kulisach scenki. Żołnierze stoją nieporuszeni na baczność.

PORUCZNIK: Co to? Na miejsca! Co się z wami stało?

ŻOŁNIERZ 4: Sir...

PORUCZNIK: Czego chcesz?

ŻOŁNIERZ 4: Nie wydał pan rozkazu spocznij, sir.

PORUCZNIK: Och, już dobrze. Spocznij. Na miejsca.

Czterej Żołnierze biegną na scenę, a dwaj inni – wyznaczeni do zadań technicznych – zajmują miejsca przy kurtynie i nastawni elektrycznej.

PORUCZNIK: Zygmunt, do pianina.

♪ *Ppor. Dygat siada do pianina i natychmiast zaczyna grać skoczną polkę.*

PORUCZNIK: Nie polka! Nie teraz! Przerwij tę polkę! Przygotuj się do pierwszego numeru, a potem do „Marsza Sokołów." Ale czekaj na znak. Wiesz kiedy masz zacząć?

PODPORUCZNIK: Wiem, wiem...

PORUCZNIK: *Głośno.* Uwaga, zaczynamy próbę. To jest nasza ostania próba, więc się skupcie i róbcie wszystko, co było ustalone. Muzyka! Światło! Kurtyna!

♪ *Dygat gra jakiś marsz wojskowy. Reflektory oświetlają kurtynę. Kurtyna się otwiera. Żołnierze wmaszerowują i stają na baczność z jednej strony sceny. Wmaszerowują dziewczęta i stają po drugiej stronie sceny. Porucznik Chwalski ukazuje się w centum sceny. Po chwili zaczyna wołać:*

PORUCZNIK: Stop! Stop! Przerwij tego marsza! *Dygat przerywa.* Jak ja wchodzę na scenę, to ty przerywasz granie. Ja teraz będę miał przemówienie. Rozumiesz?

PODPORUCZNIK: W porządku.

PORUCZNIK: Wielce szanowny Mistrzu, wielce szanowna Pani Małżonko, panie Pułkowniku, dostojni goście, panie i panowie, żołnierze! Jesteśmy niezmiernie szczęśliwi, że odwiedził nas nasz najukochańszy ojciec i przywódca, Mistrz Ignacy Paderewski, twórca tej Polskiej Armii, która pomaszeruje, aby wyzwolić Polskę z potrójnej niewoli ruskiej, germańskiej i austriackiej. Mistrzu, witamy!

PORUCZNIK: *Spogląda na Dygata, który spokojnie patrzy na niego i uśmiecha się, po chwil Chwalski woła* Dygat! „Masz Sokołów!" Zapamiętaj! Teraz!

♪ *Dygat gra „Marsz Sokołów", a wszyscy na scenie go śpiewają. Po zakończeniu, por. Chwalski kontynuuje przemówienie.*

PORUCZNIK: Na cześć dostojnego Mistrza, dostojnej małżonki i dostojnych gości, a także dla pouczenia wojska, chcieliśmy przygotować skromne widowisko o życiu Mistrza. Pojawiła się jednak przeszkoda nie do pokonania. Nikt nie chciał się poważyć zagrać roli Mistrza na scenie. Zaiste, najwspanialsi aktorzy umieraliby ze strachu na samą myśl, że mają zagrać tak wielką postać. My, ze swej strony, jesteśmy tylko amatorami. Cóż było robić? Tak zrodził się pomysł, aby posłużyć się marionetą, która wyobrażałaby Mistrza. Marioneta to starożytna, szlachetna i artystyczna froma. Mamy nadzieję, mistrzu, że zechce pan zaakceptować i pobłogosławić nasze wysiłki.

Po pauzie woła: Kurtyna! „Nasze wysiłki" to jest końcówka na kurtyną!

Kurtyna się zasuwa. Oto chodziło! Dygat, muzyka! Mazurek.

♪ *Ppor. Dygat gra nostalgiczny Mazurek Chopina A-moll, Op. 59, No. 1, podczas gdy porucznik Chwalski wychodzi przed kurtynę i rozpoczyna narrację.*

UWAGA: *Scena, która teraz następuje to dość niezdarny, teatrzyk amatorski. Wykonawcy, Żołnierze i Dziewczęta, posługują się nadekspresyjnymi gestami i mówią przesadnie głośno. Porucznik Chwalski prowadzi narrację i operuje marionetą Paderewskiego.*

PORUCZNIK: Mistrz Ignacy Paderewski urodził się w 1860 roku na wschodnich kresach Polski, wtedy, pod rosyjskim zaborem. Przyszedł na świat w szlacheckim, choć zubożałym dworku.

♪ *Kurtyna się otwiera. Widzimy kołyskę poruszaną przez kobietę (Dziewczyna 3). Mężczyzna (Żołnierz 4) wpatruje się w kołyskę. Dwaj Żołnierze wnoszą napis Majątek Kuryłówka, Polska, 1860.*

PORUCZNIK: Niestety, matka mistrza zmarła wkrótce po wydaniu go na świat, a ojciec został uwięziony przez Rosjan za niesienie pomocy Powstaniu 1863 r.

♪ *Kobieta pada i umiera. Dwóch sołdatów (granych przez Żołnierza 1 i Żołnierza 3) zakuwa w łańcuchy ojca i wyprowadza go. Kuryna się zamyka. Muzyka ustaje. Por. Chwalski kontynuuje przed kurtyną.*

PORUCZNIK: Po wyjściu z więzienia, ojciec mistrza nauczał go w domu i zatrudnił też dla niego nauczyciela gry na fortepianie. Widząc muzyczny talent syna, posłał go do szkoły muzycznej w Warszawie.

Kurtyna się otwiera. Na środku stoi mały (lalkowy) fortepian. Dwaj Żołnierze ukazują napis „Warszawa 1872".

Porucznik wprowadza na scenę marionetę Paderewskiego i sadza ją przy fortepianie.

♪ *Dygat gra „Koncert włoski" J.S. Bacha. Marioneta, animowana przez por. Chwalskiego „gra" – robiąc pocieszne ruchy Uderza klawisze bardzo mocno i myli się co parę taktów. Ukazuje się Nauczyciel muzyki (Żołnierz 2) i słucha.*

NAUCZYCIEL MUZYKI: Nie, nie, nie. Grasz okropnie. Ty, dostojny mistrzu, nigdy nie będziesz pianistą. To jest, ty tępaku, ty rudzielcu, nigdy nie będziesz pianistą. Przepraszam, panie Poruczniku, nie zdzierżyłem...

PORUCZNIK: A mówiłem ci! I nie „ty tępaku, ty rudzielcu" – tylko „ty tępaku." Powtórz i jedź dalej.

NAUCZYCIEL MUZYKI: Nie, nie, nie. Grasz okropnie. Ty tępaku, nigdy nie będziesz pianistą. Lepiej przerzuć się na puzon albo trąbę. A od fortepianu wara. Nigdy nie będziesz pianistą. Nigdy.

♪ *Paderewski (marioneta) wali głową w klawiaturę – Dygat uderza kilka klawiszy naraz. Kurtyna się zasuwa. Porucznik ukazuje się przed kurtyną.*

PORUCZNIK: Młody Paderewski był zawstydzony i zdruzgotany. Jednak uwagi profesora nie zniechęciły go. Pracował przy klawiaturze jeszcze ciężej niż poprzednio. Zmobilizował całą swoją siłę woli – swoją słynną później siłę woli, która zaprowadziła go na szczyty. Wkrótce ukończył, i to ze złotym medalem, Akademię Muzyczną, został tam profesorem i zaczął dawać koncerty.

♪ *Kurtyna się otwiera. Dwaj Żołnierze trzymają napis „Warszawa, 1878". Paderewski (marioneta) gra Scherzo b-moll, Op. 20 Chopina – Porucznik operuje marionetę, a Dygat gra na pianinie. Po kilku taktach kurtyna się zamyka a muzyka ucisza.*

PORUCZNIK: Paderewski wiedział, że gra już dobrze, ale wiedział też, że musi poprawić technikę. Był biedny i nie miał pieniędzy na studia zagraniczne. Opatrznościowa pomoc nadeszła ze strony słynnej aktorki, Heleny Modrzejewskiej, która po błyskotliwej karierze w kraju, wyemigrowała do Ameryki i została gwiazdą scen na tym kontynencie. Odwiedzając kraj usłyszała grę Paderewskiego. Była zachwycona.

♪ *Kurtyna się otwiera. Dwaj Żołnierze trzymają napis „Kraków 1884". Paderewski (marioneta) gra Scherzo b-moll, Op. 31 Chopina – Porucznik operuje marionetą, a Dygat gra na pianinie. Helena Modrzejewska (gra ją Marysia) stoi zasłuchana przy fortepianie.*

HELENA MODRZEJEWSKA: Panie Ignacy, pan ma talent jak płomień. Musi go Pan rozdmuchać w pożogę. Ma pan doskonałą technikę. Musi ją pan uczynić nieskazitelną. Damy wspólny koncert. Ja zagram kilka moich popisowych scen, a pan Chopina i Liszta. Publiczność przyjdzie na mnie, oczywiście. Ale bilety będą drogie. Za te pieniądze, no, ja jeszcze coś dołożę, pojedzie pan do Wiednia, do najlepszego w Europie pedagoga, Leszetyckiego. Podbije pan Wiedeń. Potem Paryż i Londyn. A potem przyjedzie pan do mojej Ameryki. Widzę przed panem wielką przyszłość. Wierzę w pana. Odwagi i pracy!

Marioneta podchodzi do Modrzejewskiej i klęka przed nią.

Kurtyna się zamyka. Porucznik ukazuje się przed kurtyną.

PORUCZNIK: Tak więc Modrzejewska opłaciła Paderewskiemu wyjazd na studia do Wiednia. Ale, ponownie, musiał tam pokonać wielkie przeszkody...

♪ *Kurtyna się otwiera. Dwaj Żołnierze trzymają napis „Wiedeń 1885". Paderewski (marioneta) gra Sonatę b-moll, Op. 27 Bethovena. Profesor Leszetycki (Żołnierz 1) przysłuchuje się. Ponownie – porucznik operuje marionetę, a Dygat gra na pianinie.*

LESZETYCKI: *Przerywając Paderewskiemu.* Ma pan pewną technikę, panie Paderewski, ale robi pan też okropne błędy. Poprzedni nauczyciele niewłaściwie ukształtowali pana dłonie. Ma pan już dwadzieścia pięć lat. Jest pan za stary aby zaczynać naukę techniki od zera. Nigdy nie zostanie pan prawdziwym pianistą. Nie mam dla pana czasu. Do widzenia.

Kurtyna się zamyka. Porucznik ukazuje się przed nią.

PORUCZNIK: Co za cios! Jeszcze raz, przyszły mistrz zmobilizował całą siłę woli. Przekonał profesora Leszetyckiego, aby mu jednak udzielał lekcji. Ćwiczył dniami i nocami, po dwanaście, a nawet po siedemnaście godzin na dobę. Po dwóch latach zadebiutował na estradzie w Wiedniu. Został przyjęty entuzjastycznie przez publiczność i krytykę. Ale był to zaledwie pierwszy krok. Muzyczną stolicą świata był wtedy Paryż.

♪ *Kurtyna się otwiera. Dwaj Żołnierze trzymają napis „Paryż 1888". Paderewski (marioneta) gra Preludium B-moll No. 16, Chopina (z „24 Preludiów"). Ponownie – porucznik operuje marionetą, a Dygat gra na pianinie.*

♪ *Paderewski kończy grać. Żołnierze i Dziewczęta gromadzą się wokół fortepianu i oklaskują ektuzjatycznie. Gazeciarz (Żołnierz 4) rozdaje im gazety. Żołnierze i Dziewczęta czytają fragmenty recenzji, wykrzykując do publiczności i przekrzykując się nawzajem, a Dygat podkreśla każdy fragment mocnym akordem:*

- Paryż, 4 marca 1988. Wczorajszy koncert Ignacego Paderewskiego w Sali Erarda był oszałamiającym zwycięstwem młodego polskiego pianisty. Publiczność była w ekstazie...
- Jego palce roztaczają tajemniczą magię muzyki. Jest on czarodziejem fortepianu. Jak szekspirowski Prospero panuje on nad duchami i naturą...
- Nuty spływają z jego palców jak łzy mitycznej Niobe, to znów kapią z nich krople krwi walczących ze sobą olimpijskich bohaterów. Jego muzyka nasuwa na myśl nieskończone wędrówki Odyseusza po wzburzonych morskich falach, to znów spokojną przystań Itaki...
- Jego muzyka wspina się na najwyższe szczyty nieba i wyzwala stamtąd gromy. A potem, z nagła, owija zachwyconych słuchaczy w chmury, to lekkie, to nabrzmiałe deszczem...
- Mistrzostwo Paderewskiego, jego cudowne uderzenie, jego całkowicie nowe połączenie intelektualizmu ze zmysłowością, jego nieprawdopodobna siła – wszystko to powala słuchaczy...
- Pod jego dłoniami fortepian śpiewa...
- Paderewski jest poetą fortepianu, a zarazem posługuje się fortepianem jak całą wielką orkiestrą symfoniczną...
- Padrewski to geniusz, który, na dodatek, gra na fortepianie...

Kurtyna się zamyka.

PORUCZNIK: Po Paryżu, Paderewski podbił Londyn. Królowa Wiktoria zaprosiła go do swej siedziby w Windsorze. Damy, artyści, arystokraci, politycy ubiegali się o poznanie go. Słynni malarze błagali go, aby im pozował do portretów. Był jednak jeszcze jeden krok, który trzeba było postawić w drodze do gwiazd. Ameryka.

♪ *Kurtyna się otwiera. Dwaj Żołnierze trzymają napis „Nowy Jork 1891". Paderewski (marioneta) gra Etudiudę No. 12 C-moll, Op. 10 Chopina. Ponownie – porucznik operuje marionetą, a Dygat gra na pianinie. Paderewski kończy grać. Żołnierze i Dziewczęta oklaskują. Steinway (Żołnierz 3) podchodzi do fortepianu. Mówi z okropnym „akcentem" – wymawia „Padrusky".*

STEINWAY: Nazywam się Steinway. Tak, to ja, we własnej osobie. Właściciel i dyrektor słynnej firmy Steinway. Mój drogi Paderewski, przybyłeś, zagrałeś, podbiłeś. Ameryka jest u twych stóp. Co więcej, u twoich stóp jest bardzo dużo pieniędzy. Proponuję ci wielkie tournée. 109 koncerów w 130 dni. Tysiąc dolarów za koncert. Nieźle, co? Warunek Będziesz grał wyłącznie na moich fortepianach. Znak firmowy Steinway i pana oświadczenie, że to „najlepszy fortepian na świecie," ukaże się na każdym afiszu i w każdym programie każdego koncertu, a pan wspomni firmę Steinway w każdym wywiadzie jakiego pan udzieli. Zgoda?

Kurtyna się zamyka.

PORUCZNIK: Pierwsze tournée Paderewskiego po Stanach Zjednoczonych uczyniło go gwiazdą. Drugie, w dwa lata później, legendą. Ale podczas drugiego tournée, ćwicząc, jak zawsze długimi godzinami we dnie w nocy, Paderewski nadwyrężył sobie palec. Serdeczny palec prawej ręki. Natychmiastowa pomoc lekarska nie pomogła. Kolejny koncert, już był wysprzedany, zbliżał się szybko.

♪ *Kurtyna się otwiera. Dwaj Żołnierze trzymają napis „Boston 1893". Paderewski (marioneta) przy fortepianie – jego prawa ręka okręcona jest białą szmatą. Usiłuje grać, ale ciągle się myli, co demonstruje na swoim pianinie Dygat. Ukazuje się Lekarz (Żołnierz 4).*

LEKARZ: Kategorycznie zabraniam panu grania. Jeżli pan zagra, to straci pan główny mięsień prawej dłoni. Na całe życie. Nakazuję panu absolutną abstynencję od fortepianu na co najmniej trzy miesiące.

Kurtyna się zamyka.

PORUCZNIK: Wbrew ostrzeżeniom lekarza, pianista zdecydował się grać. I wystąpił. Ale w czasię koncertu na klawiszach zaczęła się pojawiać krew. Pod koniec koncertu cała klawiatura była zalana krwią. Kolejny rys charakteru mistrza. Nigdy się nie poddał. Nigdy...

♪ *Nagle, na zewnątrz odzywa się głośno gwizdek, a zaraz potem wybucha wojskowa orkiestra. Wpada Sierżant.*

SIERŻANT: Alarm! Alarm! Zbiórka na placu apelowym w pełnym uzbrojeniu! Natychmiast! Wychodzić! Wychodzić!

PORUCZNIK: My tu mamy próbę, panie Sierżancie.

SIERŻANT: Już po próbie. Rozkaz dowódcy obozu, sir. Alarm. Ostatnie ćwiczenia przed zaokrętowaniem do Europy.

PORUCZNIK: Ale Mistrz Paderewski przyjeżdża jutro. Członkowie obsady sztuki zostali zwolnieni z ćwiczeń.

SIERŻANT: Nie, panie Poruczniku. Nikt nie został zwolniony. Rozkaz dowódcy.

PORUCZNIK: Podporucznik Dygat i ja zostaliśmy osobiście zwolnieni przez pana Pułkownika z wszelkich ćwiczeń.

SIERŻANT: Nic o tym nie wiem. To jest alarm! *Patrzy na dziewczęta.* Ale – zaraz, zaraz – wszyscy cywile muszą natychmiast opuścić obóz. Już! *Zwraca się do żołnierzy.* Na plac apelowy! Pełne oporządzenie. Pięć minut. Rozejść się! *Wychodzi.*

Bez słowa żołnierze porywają swój rynsztunek i wybiegają. Zostali porucznik Chwalski, podporucznik Dygat i dziewczęta – wszyscy są zdezorientowani.

PORUCZNIK: Bardzo panie przepraszam... Jest mi bardzo przykro... Ale nie możemy kontynuować próby... Proszę przyjść jutro po południu. Postaram się zorganizować próbę tuż przed przedstawieniem.

DZIEWCZYNA 1: Jeśli w ogóle pozwolą nam zagrać.

PORUCZNIK: Pozwolą. Moja w tym głowa.

DZIEWCZYNA 2: Obawiam się, że nie pan o tym decyduje, panie poruczniku.

PORUCZNIK: Jakoś przekonam pułkownika. Jemu zależy na królewskim przyjęciu mistrza. A jak można godniej przyjąć artystę, jeśli nie sztuką...

DZIEWCZYNA 3: Oj, nie pozwolą nam, nie pozwolą... Chodźmy...

MARYSIA: Pozwolą! A czy mogłybyśmy chociaż raz spróbować nasze numery?

PORUCZNIK: Czemu nie... Naturalnie. Zygmunt – do pianina.

PODPORUCZNIK: Z przyjemnością. *Siada do pianina.*

PORUCZNIK: Od czego chcecie zacząć?

DZIEWCZYNA 1: Od tej piosenki, którą mamy w scenie powitania mistrza w Buffalo, wie pan, gdy on przybywa do miejscowej Polonii i na stacji wita go tłum... „Wojenko... Wojenko..."

PORUCZNIK: Świetnie. Zygmunt, pamiętasz? Trzy, cztery...

♪ *Dygat gra, a dziewczęta rozpoczynają śpiew i taniec. Po chwili ukazuje się Sierżant i przerywa im.*

SIERŻANT: Powiedziałem, że wszyscy cywile muszą natychmiast opuścić obóz! Zapytałem dowódcę. Nikt nie jest zwolniony! Oficerowie maja się natychmiast zameldować w swoich jednostkach. To rozkaz! To jest obóz wojskowy i jesteśmy w stanie wojny, sir.

Wychodzi.

PORUCZNIK: Bardzo mi przykro, ale rozkaz to rozkaz.

Dziewczęta zabierają się do wyjścia.

PODPORUCZNIK: Tędy, proszę. Odprowadzę do wartowni przy wyjściu.

PORUCZNIK: *Do Marysi.* Czy może pani zostać na chwilkę?

MARYSIA: Ja? Po co?

PORUCZNIK: Tak, pani. Proszę... Odprowadzę panią do bramy. *Do Dygata* No, idźcie.

Ppor. Dygat i dziewczęta wychodzą. Marysia zostaje. Pauza.

PORUCZNIK: Nigdy nie rozmawialiśmy na osobności... Pani ma na imię Maria, prawda?

MARYSIA: Marysia. I teraz też pewnie nie będziemy rozmawiali. Pan ma alarm. A ja muszę lecieć. Bo mnie ten sierżant zaaresztuje.

PORUCZNIK: Nie mogłem się doczekać, żeby pani powiedzieć...

MARYSIA: Chciałabym to usłyszeć... Ale nie teraz...

PORUCZNIK: A jednak... Proszę... Bo mam przeczucie, że nie zagramy naszej sztuki jutro... że się w ogóle już nigdy nie zobaczymy. „Jak myślisz, miła, czy się znów ujrzymy?"

MARYSIA: Wierszem pan do mnie mówi?

PORUCZNIK: Więc muszę to pani powiedzieć... Teraz... Gdy zobaczyłem panią pierwszy raz, w tańcu... Pani uśmiech...

MARYSIA: Mój uśmiech?

PORUCZNIK: „Blask twego lica zawstydziłby gwiazdy."

MARYSIA: Pan poeta...

PORUCZNIK: Ja tylko cytuję Szekspira... „Romea i Julię."

MARYSIA: Nie jestem Julią...

PORUCZNIK: Dla mnie jesteś...

MARYSIA: Ja?

Trzymają się za ręce. Pauza. Chcą się pocałować, ale powstrzymują się .

MARYSIA: Ja muszę opuścić obóz. Ty musisz stawić się do swego oddziału. Jest wojna. Pogadamy jak wrócisz.

PORUCZNIK: Po wojnie? Nie wiem czy wrócę.

MARYSIA: Nie, po zakończeniu tego alarmu. Albo po przedstawieniu, jutro. Jeśli je zagramy.

Całują się delikatnie.

PORUCZNIK: Teraz, to już musimy je zagrać. Przyjdź koniecznie jutro. Przyprowadź koleżanki. Musimy się pospieszyć oboje.

Wybiegają.

▶ SCENA 3 ◀

♪ *Następnego dnia. Okiestra wojskowa gra marsza. Żołnierze zawieszają na bramie obozu napis Witamy mistrza Ignacego Paderewskiego. Pułkownik i Sierżant przy swoich biurkach. Wchodzi por. Chwalski. Salutuje. Staje na baczność.*

PORUCZNIK: Porucznik Chwalski, na rozkaz, panie Pułkowniku.

PUŁKOWNIK: Spocznij. Pan spóźnił się do oddziału na alarm. Pan przygotował przedstawienie ośmieszające mistrza Paderewskiego. Pan wyłudził przepustki do bazy wojskowej dla grupy kobiet. Pan wykorzystał próbę teatralną jako pokrywkę dla swego niewłaściwego zachowania. To jest, będę otwarty, dla swoich amorów. Dość na sąd wojskowy. Przed którym pan stanie. Jest wojna. To będzie sąd wojenny. Na razie jest pan obłożony aresztem domowym. Proszę udać się do swej kwatery. Odmeldować się .

PORUCZNIK: Panie Pułkowniku, czy mogę coś powiedzieć, sir?

PUŁKOWNIK: Byle krótko. Mistrz Paderewski spodziewany jest lada chwila.

PORUCZNIK: Panie Pułkowniku, tak jest, spóźniłem się na alarm. A to dlatego, że najpierw myślałem, że alarm mnie nie obowiązuje, a potem musiałem eskortować do bramy jedną z artystek. Co do przedstawienia, to zdecydowanie odrzucam pomówienie, że chciałem ośmieszyć mistrza Paderewskiego. Kto to powiedział? Pan, panie Pułkowniku, nie widział przedstawienia, mimo, że zaprosiłem pana na ostatnią próbę, a wcześniej zaproponowałem panu zapoznanie się z moją sztuką. Moje prywatne sprawy nie mają nic wspólnego ze służbą i – z pełnym szacunkiem – proszę, sir, o nie dawanie posłuchu plotkom na mój temat.

PUŁKOWNIK: Zostanie pan niewątpliwie ukarany za naruszenie dyscypliny. To należy do rutynowego porządku służby. Ale ta pana sztuka, to sprawa poważniejsza. Czy rzeczywiście przedstawił pan Mistrza Paderewskiego jako kukłę? Mamy świadka.

PORUCZNIK: Nikt nie widział przedstawienia.

PUŁKOWNIK: Sierżant Mazur!

Sierżant wstaje od swego biurka.

Czy widzieliście kukłę mistrza Paderewskiego?

SIERŻANT: Tak jest, panie Pułkowniku. Kukła. Rudowłosa. Rusza ręcami. Boki zrywać.

PUŁKOWNIK: Dziękuję, panie Sierżancie. *Sierżant siada za swoim biurkiem.* Słyszał pan, panie Poruczniku? Pan chciał ośmieszyć, zdyskredytować, obrazić mistrza, naszego wielkiego przywódcę i dobroczyńcę. Przecież on nie tylko przekonał prezydenta Wilsona do zgody na stworzenie tej armii, ale nieustannie czuwa nad nią. Nie dalej jak tydzień temu zakupił dla nas 22 000 masek gazowych – z własnych funduszy.

♪ *Dzwoni telefon. Pułkownik podnosi słuchawkę.*

Tak, panie Generale. Jesteśmy gotowi, panie Generale. Dziękuję, sir.

Odkłada słuchawkę.

Generał Davis dzwonił z komory celnej na moście na rzece Niagara. Już są w drodze z Buffalo. Mistrz Paderewski, pani Paderewska, świta, trzy automobile dziennikarzy z całego świata. Będą tu za około dwadzieścia minut. Co pan chciał podpowiedzieć prasie, panie Poruczniku? Co pan chciał puścic w świat? Że mistrz Paderewski to kukła? Może kukła rządu amerykańskiego? A może kukła amerykańskiej Polonii? A może nawet kukła w rękach wroga? Jakaś kukiełka? Toż to horror. Paderewski – kukiełka!

PORUCZNIK: Panie Pułkowniku, to nie była kukła. To była marioneta. Szlachetny i starożytny środek wyrazu artystycznego. Sir, już w klasycznym teatrze greckim aktorzy, w usztywnionych kostiumach, maskach, w oknosach, na koturnach – przypominali ogromne marionety. Marionety znają wysublimowane teatry Wschodu. Nie tak dawno temu, wizjoner i reformator teatru w Europie, słynny Brytyjczyk, Gordon Craig, wezwał do przywrócenia praw marionecie, aby podnieść teatr w wyższe rejony sztuki...

PUŁKOWNIK: *Przerywając.* Co? O czym pan gada? Czy pan oszalał, panie poeto? Co Grecy, Azjaci i ten, no, ten Anglik, Braig czy Craig, mają wspólnego z przedstawieniem, które pan przygotował tutaj, w Niagara-on-the-Lake? Nie mam czasu na pana fantazje. Oficjalna wizyta już tuż! Proszę krótko czy przedstawił pan Mistrza jako kukłę? Tak, czy nie?

PORUCZNIK: Nie. Nie kukłę. Marionetę.

PUŁKOWNIK: Nie kijem go to pałką. Więc przyznaje pan. A co do amorów? Czy pan zaprzeczy, że całował się pan z kobietą – w koszarach?

PORUCZNIK: Panie pułkowniku, honor oficera nie pozwala mi...

PUŁKOWNIK: Sierżant Mazur!

Sierżant wstaje od swego biurka. Milczy ponuro.

Czy byliście świadkiem? Widzieliście przez okno? No i co teraz, panie Poruczniku? Zaprzeczy pan?

PORUCZNIK: Nie.

PUŁKOWNIK: No, to jesteśmy w domu. Ta kobieta może być szpiegiem. Nie tak dawno temu Francuzi rozstrzelali niejaką Matę Hari, niemieckiego szpiega. Ta kobieta może być... kobietą... Kazałem ją zaaresztować gdyby się tylko pojawiła przy wartowni. Odmeldować się.

PORUCZNIK: Kazał ją pan aresztować?

PUŁKOWNIK: Właśnie. Zostanie aresztowana, przesłuchana i uwięziona. Wezwę ją na świadka w pana procesię przed sądem wojennym, a potem postawimy ją samą przed sądem. *Odmeldować się, powiedziałem.*

PORUCZNIK: Yes, sir. Panie Pułkowniku, jeszcze tylko jedno słowo?

PUŁKOWNIK: Jedno.

PORUCZNIK: Panie Pułkowniku...

W tym momencie dwaj Żołnierze wprowadają Marysię w kajdankach.

PUŁKOWNIK: Co to?

ŻOŁNIERZ 1: Panie Pułkowniku, melduję, że zaaresztowaliśmy tę kobietę przy bramie obozu. Zgodnie z rozkazem. Mówi, że przyszła na próbę teatralną. Doprowadzona, sir.

PUŁKOWNIK: W samą porę. Dawać ją tutaj. Zdjąć kajdanki. Odmaszerować.

Żołnierze zdejmują Marysi kajdanki, salutują i wychodzą.

PUŁKOWNIK, *nagle bardzo uprzejmy*: Przepraszam, za te kajdanki, mademoiselle, ale takie przepisy. Sierżant, krzesło! *Sierżant przynosi swoje krzesło.* Proszę usiąść, mademoiselle.

MARYSIA: Dziękuję panu. Jest pan bardzo uprzejmy. Czy mogę zapytać czemu zostałam zatrzymana?

PUŁKOWNIK: Oczywiście! To jest, w żadnym wypadku. To jest, naturalnie... Proszę wybaczyć staremu żołnierzowi, ale będę szczery. Mamy świadka, że winna jest pani nierządu, z oficerem, w koszarach.

MARYSIA: O, Boże! To nieprawda!

PORUCZNIK: Sir, protestuję!

PUŁKOWNIK: Milczeć, poruczniku. Pani wybaczy, Mademoiselle, ale mamy niewiele czasu. A więc zaprzecza Pani? Może mi pani powiedzieć co pani robiła w obozie wojskowym i jaki związek łączy anią z obecnym tu oficerem?

PORUCZNIK: Sir, to jest faux pas! Zadawać damie takie pytanie...

PUŁKOWNIK: Nie pytam pana o zdanie, poruczniku. *Po pauzie.* Sierżant! Zawiadomić oficerów, że mistrz Paderewski, generał Davis, i cała delegacja już jadą. Będą tu za około piętnaście minut. Pełna gotowość.

SIERŻANT: Yes, sir. *Wychodzi.*

PUŁKOWNIK: A teraz, madame, mademoiselle, chciałbym usłyszeć pani odpowiedź.

MARYSIA: Tak, panie Pułkowniku, odpowiem.... Ale najpierw...

PUŁKOWNIK: Krótko i węzłowato, proszę. Służba wzywa, to jest, mistrz Paderewski przybędzie lada chwila.

MARYSIA: Panie Pułkowniku, porucznik Chwalski jest wspaniałym poetą i wielkim dramatopisarzem, a także doskonałym reżyserem. Jego sztuka o mistrzu Paderewskim zaczyna się lekko i śmiesznie...

PUŁKOWNIK: Wiem. Jest tam śmieszna, to jest ośmieszająca mistrza, kukła. Proszę przejść do meritum.

MARYSIA: Tak. *Mówi szybko, gorączkowo.* Porucznik przedstawił mistrza jako marionetę, ponieważ, jak nam powiedział, nie ma na świecie aktora, który ośmieliłby się zagrać tak wielką postać jak mistrz Paderewski. Zrobił więc marionetę mistrza. Wspaniały pomysł. Wesoły i zachwycający. Świetnie się sprawdza w pierwszym akcie. A w drugim akcie, my, cała obsada, żołnierze i dziewczęta z Buffalo i okolic, my opowiadamy takie różne historie o mistrzu, opowieści zasłyszane od dziadków i rodziców, i to, co sami wiemy o nim. Porucznik Chwalski spisał nasze opowieści, nadał im piękną, literacką formę.

Gdy mówiłam mój kawałek, to się nie mogłam powstrzymać od łez. Usłyszałam to od ojca. Urodzony tutaj, już ledwo mówi po polsku. I on poszedł na koncert mistrza Paderewskiego w Buffalo. Słuchając mistrza grającego Chopina mój ojciec uświadomił sobie, że jest Polakiem, ten Chopin grany przez Paderewskiego... Ta muzyka przenosi go do spowrotem do kraju... Jakby Chopin kierował palce Paderewskiego, a te jego palce rozdawały szczodrze miłość do ojczyzny, Polski, i Paderewski rozdawał tę Polskę jak chleb...To była miłość Chopina do Polski, pomnożona miłość Paderewskiego do Polski.

I po tym koncercie, po niekończących się owacjach, mistrz wygłosił mowę o dzisiejszej sytuacji w Polsce, o jej cierpieniach pod trzema okrutnymi zaborcami, i powiedział, że Polska musi być wskrzeszona, i że Ameryka musi do tego wskrzeszenia się przyczynić, i wszyscy Amerykanie, a najpierw to Amerykanie polskiego pochodzenia, i że oni muszą dla sprawy Polski dać swe serca, pieniądze, a jak by trzeba, to i krew. Sir, ojciec wpadł w zachwyt. Publika stała i klaskała. Ludzie skandowali Pa-de-re-wski, Pa-de-re-wski.

Sir, dwaj moi bracia i dwóch kuzynów są pana żołnierzami. Usłyszeli wezwanie mistrza i zaciągneli się, na ochotnika. Porucznik Chwalski to spisał. Z czystej miłości do Polski i do mistrza...

PUŁKOWNIK: Taki pani miała monolog w tej szuce? Czy inni też mówili z miłością i szacunkim o mistrzu? No, ze sceny? Myślałem, to jest, doniesiono mi, że to tylko taka lalkowa burleska.

MARYSIA: O, nie. Pierwszy akt jest wesoły, ale pełen szacunku. A drugi poważny i wzruszający. Ale próba generalna została przerwana z powodu alarmu i kto tam oglądał przedstawienie, to zobaczył tylko pierwszy akt...

PUŁKOWNIK: Rozumiem.

MARYSIA: Sir, czy mogę jeszcze coś dodać?

PUŁKOWNIK: Proszę.

MARYSIA: Sir, zapytał mnie pan jaki związek łączy mnie z obecnym tu oficerem. Mogę panu powiedzieć, panie Pułkowniku. Ja go kocham.

PORUCZNIK, *do Marysi:* Mnie tego nigdy nie powiedziałaś...

SIERŻANT *wbiega:* Mistrz Paderewski przyjechał! Automobile już przed bramą!

PUŁKOWNIK: Już idę. *Do Porucznika Chwalskiego:* Panie Poruczniku, proszę zameldować się w swoim oddziale. Po defiladzie proszę poczynić ostatnie przygotowania do przedstawienia. Przybędę na nie wraz z mistrzem po kolacji, zgodnie z planem.

PORUCZNIK: Panie Pułkowniku...

PUŁKOWNIK: To jest rozkaz. *Do Marysi* Jeśli ten oficer wróci z wojny, i jeśli pani zechce na niego czekać, to ja się zaofiaruję być świadkiem na waszym ślubie. Idziemy.

SIERŻANT: Moje powinszowania, panie Poruczniku.

Wszyscy ruszają do wyjścia. Porucznik Chwalski i Marysia zatrzymują się i pozostają.

PORUCZNIK: Powiedziała pani Pułkownikowi, no, że mnie pani kocha, ponieważ chciała pani uratować moją skórę, albo i głowę, prawda? Dziękuję pani. To było z pani strony bardzo ładne. Naturalnie, to nie było na serio, prawda?

MARYSIA: To było serio.

PORUCZNIK: Serio? Czy pani naprawdę...

MARYSIA: Naprawdę. Ale pan... Pan nie powiedział mi nigdy, że mnie pan...

PORUCZNIK: Tak. Tak. Od zawsze do zawsze.

Całują się delikatnie.

MARYSIA: Zawsze? Przynajmniej do końca tej wojny. Będę na ciebie czekała.

PORUCZNIK: Wrócę. *Całują się namiętnie.*

Spóźnię się na powitanie mistrza Paderewskiego.

Znów się całują i wybiegają.

♪ *Orkiestra wojskowa gra marsza. Pojawia się oddział żołnierzy w maskach gazowych. Dwóch z nich trzyma transparent „Mistrzu dziękujemy za maski gazowe". Dołączają do nich dziewczęta w strojach krakowskich. Wszyscy klaszczą.*

♪ *Światło nagle gaśnie. Pozostaje tylko punktowiec na pianinie. Podporucznik Dygat podchodzi do pianina i gra całą Etiudę c-moll, No.12, Op.10 Chopina.*

Światło powoli gaśnie.

▶ ▼ ◀

▶ CZĘŚĆ DRUGA ◀

Kraków, 30 czerwca 1941 roku. Późny, ciemny wieczór..

Projekcja panoramicznego widoku Krakowa z napisem „Kraków 1941".

Salon w willi w Krakowie fortepian koncertowy Steinway, fotele, krzesła, półki z książkami, stół, kredens; wyjścia do kuchni i do korytarza.

Furtka do ogrodu otaczającego dom, a przy niej domowa skrzynka na listy.

Kawałek chodnika i słup z nazwą Ulica Królowej Jadwigi, Dzielnica Bielany, Kraków

► SCENA 1 ◄

Tajniak pojawia się pod tabliczką z nazwą ulicy. W ciemności zapala zapalniczkę i w jej świetle sprawdza coś w notesie, a potem zapala papierosa. Słychać bombowce lecące gdzieś wysoko. Dużo ich. Ten dźwięk będzie powracał wiele razy.

♪ *Profesor Dygat gra na fortepianie Menuet G-dur, Op. 14, No. 1 Paderewskiego. Dźwięk jest cichy, bo na fortepianie leży parę koców. Tajniak wsłuchuje się muzykę. Odchodzi.*

Przy furtce pojawia się Danuta. Wyjmuje ze skrzynki na listy kartkę i czyta. Idzie do drzwi domu. Puka trzy razy – pauza – trzy razy. Profesor nie słyszy, więc Danuta ponawia pukanie kilka razy. Zofia otwiera. Danuta wchodzi. Sciskają się.

DANUTA: Wszystko u państwa w porządku? Mam nadzieję, że się nie spóźniłam.

ZOFIA: Jeszcze nie ma nikogo. Jesteś pierwsza.

DANUTA: Słyszałam o łapance od ludzi uciekających z miasta. Szłam na piechotą z jednego przedmieścia na drugie, omijając Rynek. I te bombowce nad głowami. Wszystkie na wschód. Fala za falą.

ZOFIA: Lecą nad Rosję. Słyszałam w radio, że Niemcy robią szybkie postępy. Podbili całą Europę, teraz biją Sowietów.

DANUTA: Niedawno szli z nimi ręka w rękę. *Pauza. Słuchają samolotów.* Niepokoję się o aktorów i reżysera.

ZOFIA: Przyjdą. Pan Bóg miłosierny. Daj mi tę kartkę „Zielone światło." Zaniosę do skrzynki – dla innych. Zaraz wracam.

Wychodzi na zewnątrz, rozgląda się i wkłada kartkę do skrzynki na listy. Danuta zbliża się do profesora.

DANUTA: Paderewski? Teraz to już tylko Paderewski?

PROFESOR: Tak... Paderewski. *Wstaje, wita się z nią i zaraz siada znów do fortepianu. Tym razem gra Krakowiaka Fantastycznego, Op. 14, No. 1 Paderewskiego.*

DANUTA: Dlaczego tyko on jeden?

Profesor nie odpowiada, tylko się uśmiecha. Wraca Zofia.

W czasie sceny, która nastąpi Tajniak pojawia się przy skrzynce pocztowej, wyjmuje kartkę, czyta i wkłada z powrotem. Wychodzi.

ZOFIA: Co to się dzieje w mieście?

DANUTA: Nie wiem. Może biorą znowu zakładników? Albo do wywózki na roboty do Niemiec? Strach.

♪ *Pauza. Słychać – z bardzo daleka – serie z broni maszynowej.*

ZOFIA: Znowu uliczna egzekucja?

DANUTA: Albo przypadkowa strzelanina z naszymi?

♪ *Nasłuchują. Serie trwają chwilę. Cichną. Profesor cały czas gra.*

ZOFIA: Ludzie gdzieś giną.

DANUTA: A pan Profesor gra... W środku tego piekła...

ZOFIA: Mąż odmówił przyjęcia do wiadomości, że jest wojna, że kraj jest pod okupacja niemiecką i sowiecką, że Akademia Muzyczna została zamknięta, że tylu jego studentów i kolegów gdzieś przepadło. Właściwie przestał mówić. Daje prywatne lekcje, co pozwala nam jakoś przeżyć, a resztę czasu spędza przy fortepianie. Gra tylko Paderewskiego. Jakaś obsesja. Powtarza, że muzyka Paderewskiego jest najdoskonalszym wyrazem polskiej duszy, anielskiej i rubasznej, że Paderewski służył Polsce, służąc muzyce, a służąc muzyce służył Polsce.

♪ *Obie słuchają fortepianu.*

ZOFIA: Mąż mówi, że grając utwory Paderewskiego przenosi pałeczkę nadziei.

DANUTA: Paderewski? Jest tak daleko, w Ameryce. Nic nam już nie pomoże.

ZOFIA: Mąż mówi, że w ten sposób sprowadza go do kraju.

DANUTA: Więc pan profesor żyje zamknięty w swoim świecie. Może dobrze wybrał.

ZOFIA: Obawiam się, że pewnego dnia świat rzeczywisty wtargnie do świata jego wyobrażeń. Ten dzień będzie po prostu końcem świata. Dla nas obojga.

DANUTA: Mieszkacie Państwo na spokojnej uliczce. Gestapo nie szuka konspiratorów w takich okolicach.

Pauza.

ZOFIA: I tu chodzą niemieckie patrole. Mogą usłyszeć muzykę. Położyłam kilka koców na fortepianie, ale i tak ktoś może podsłuchać. Wszędzie szwędają się tajniacy. A ostatnio miewamy tylu gości. To też może się wydać podejrzane.

DANUTA: Może trzeba przenieść nasze próby gdzie indziej? Nie powinniśmy Państwa tak narażać. Jeśli zostalibyśmy nakryci w czasie próby, a co gorzej, w czasie przedstawienia, zabraliby wszystkich. Oświęcim niedaleko.

ZOFIA: Uczestniczymy w konspiracji na naszą skromną skalę oddajemy wam dom na próby, na przedstawienia. Drobnostka, wobec tego, co robią inni. Są ci, co walczą z bronią w ręku i ci, co walczą słowem, jak wy. My, po prostu, chcemy się przydać.

Pauza.

DANUTA: Nikt nie przychodzi.

Pauza.

ZOFIA: Przyjdą. Trzeba wierzyć. Pan Bóg miłosierrny.

Pauza.

ZOFIA: Chcesz herbaty, Danusiu? Nie mam prawdziwej, ale mam znakomitą macierzanką.

DANUTA: Proszę. Proszę bardzo. Jakoś tak spokojnie u państwa.

ZOFIA: Przyniosę.

♪ *Zofia wychodzi. Danuta zbliża się do profesora, ciągle grającego. W tym czasie Mieczysław i Hala pojawiają się na ulicy przed domem. Mieczysław wyjmuje kartkę ze skrzynki i zabiera ją. Idą do wejścia do domu.*

DANUTA: Panie Profesorze... Panie Profesorze... Tylko Paderewski? Chopinowi też coś się należy...

♪ *Specjalne pukanie. Danuta idzie do drzwi, ale nie potrafi otworzyć. Zofia podbiega i otwiera drzwi. Wchodzą Mieczysław i Hala, oboje w szoku.*

ZOFIA: Dzięku Bogu, jesteście. Co się stało?

Bez słowa, Mieczysław prowadzi Halinę do fotela. Klęka przed nią i ściska jej dłonie. Zwraca się do obecnych.

MIECZYSŁAW: Stało się coś strasznego. Olek zginął.

ZOFIA: Jezus...

DANUTA: Kiedy? Gdzie?

MIECZYSŁAW *do Haliny:* Powiedz im. Opowiedz wszystko. Wszyscy muszą widzieć. Pan Profesor też.

Podchodzi do profesora Dygata i delikatnie kładzie ręce na klawiaturze. Profesor przerywa grę.

Panie Profesorze, proszę mnie wysłuchać. Pan musi to wiedzieć. Pana najlepszy student został zabity. Olek.

Profesor patrzy na niego, zrywa koce okrywające fortepian. Podnosi pokrywę fotepianu. Siada.

♪ *Gra Wariacje i Fugę e-moll, Op. 23 Paderewskiego. Dźwięk jest bardzo głośny. Tajniak ukazuje się na ulicy i słucha. Mieczysław, Zofia i Danuta starają się powstrzymać profesora. Mieczysław zamyka pokrywę fotepianu, a Danuta kładzie na niej koce. Tajniak znika. Wszyscy zwracają się do Haliny, która zaczyna mówić zrazu głosem monotonnym.*

HALA: Stałam o parę kroków od niego. Leżał w kałuży krwi. Najpierw była mała, wąska stróżka. Torowała sobie wolno drogę po wyżłobieniach bruku. Upadł na twarz. Ta krew wydobywała się z pod jego brzucha. Stopniowo strumyk się poszerzał. Powstawała kałuża. Coraz większa. Byłam zahipnotyzowana tym jej powiększaniem się. Nie mogłam się poruszyć. Mogłam. Czułam, że powinnam. Ale obezwładniał mnie strach. Wiedziałam, że jeśli się ruszę, oni zastrzelą mnie także. Trwałam zdrętwiała. Nieruchoma. A on umierał tam, w zasięgu mojej ręki. Ta krew wciąż wypływała. Jego palce, widziałam wyraźnie, poruszały się lekko, jakby drapał kamienie, albo, tak właśnie pomyślałam, jakby deliktanie dotykał klawiszy.

Przerywa. Po chwili mówi głośno, niemal wykrzykując słowa.

Nie mówcie mi, że nie jestem winna. Jestem. Nie zatamowałam tej jego krwi. Nie obroniłam go.

Wybucha płaczem. Zofia i Danuta starają się ją utulić.

♪ *Nowa fala samolotów przelatuje gdzieś w górze.*

ZOFIA: *Tuli Halinę.* Proszę... Już cicho... Dosyć... Cicho...

HALA: *Znów mówi jakby nieobecna, ale stopniowo się ożywia.* Nie. Muszę wam opowiedzieć. Szliśmy na próbę, tu, do was. Przecinaliśmy akurat plac Matejki. Tłumy ludzi wracających z pracy, zakupów, zmierzających do domów, na stację autobusową, na stację kolejową... Zwykły tłum, spieszący we wszystkich kierunkach. Byliśmy akurat koło miejsca gdzie stał Pomnik Grunwaldzki, wysadzony przez Niemców, bo obwieszczał ich klęskę. Zawsze, przechodząc tam wspominaliśmy jego twórcę, Paderewskiego.

Olek powiedział „Jaki zbieg okoliczności. Przechodzimy obok pomnika ufundowanego przez Paderewskiego i idziemy do domu jego ucznia." A potem dodał. „Patrz, Halu, tu jest puste miejsce po pomniku, a ja się zastanawiam ile to nam zajmie czasu, nam dwojgu, jego odbudowa?" — „Nam dwojgu?" Spytałam. „No pewnie," odpowiedział, „bo są dla mnie dwie pewne rzeczy na świecie to, że będziemy zawsze razem" — wiecie, że pobraliśmy się trzy miesiące temu — „i to, że odbudujemy ten pomnik, po wojnie, po zwycięstwie."

W tym momencie zauważyłam, że przechodnie nie spieszą już we wszystkich kierunkach, bo nagle jakby wszyscy rzucili się nam na przeciw. Ludzie biegli i wołali

„Zawracać, zawracać, Niemcy zamykają plac od Plantów. Łapanka!" Natychmiast zawróciliśmy. Ale wyrósł przed nami ruchomy rząd mundurów i automatów, i ujadajacych nieprzytomnie psów. Byliśmy w pułapce.

♪ *Światła przygasają, zostaje tylko punktowiec na Halinie. Słychać ujadanie psów i głosy: Halt! Halt! Hände hoch! Scheneller! Schneller! Alle raus! Raus! Hala kontynuuje.*

Żołnierze niemieccy i tajniacy, bijąc, popychając i kopiąc, szybko podzielili tłum na kilka grup i ustawili je pod ścianami budynków otaczających plac. Wszyscy musieliśmy trzymać ręce w górze. Potem zaczęli systematycznie sprawdzać dokumenty. Rewidując niektórych, a niektórych odprowadzając do bud, pakując ludzi jak bydło. Psy ujadały, dzieci płakały, Niemcy ryczeli. Pandemonium.

Stałam z Olkiem pod ścianą, blisko rogu ulicy zamkniętej tyralierą żołnierzy. Poza nimi ulica wydawała się pusta, a zaraz dalej było skrzyżowanie z inną. Czekaliśmy na tych, którzy legitymowali. Miałam mocne, oczywiście fałszywe, dokumenty. Pracownica magistratu. Nie wolno jej zatrzymać. Wiedziałam, że Olek ma takie same.

Nagle wyszeptał „Mam pistolet w kieszeni. Zbiórka na akcję wyznaczona była zaraz po próbie." Zmartwiałam. Jeśli znajdą przy nim pistolet, to – smierć. Znów szepnął „Będę szybszy." Uśmiechnął się. „Nie ruszaj się. W razie czego mnie nie znasz. Obiecaj." Serce biło mi jak obłąkane. „Obiecuję." Zobaczył jak jestem blada i dodał, to były jego ostatnie słowa „Zobaczymy się na próbie."

Poczułam, że mdleję. Może to moja wczesna ciąża? Zaczęłam się desperacko modlić. Gestapowcy byli tuż. Ja pierwsza. Wyciągnęłam kenkartę. Sprawdzali długo, bez słowa. Oddali. Byłam wolna. Przeszli do niego. A potem to jest jak zwolniony, niemy film.

Olek sięga prawą dłonią do kieszeni na piersi, jakby po kenkartę. Wsadza rękę do kieszeni. Wymuje ją. W jego dłoni jest pistolet. Strzela z bliska w piersi Gestapowca. Ciało Niemca wstrząsa jakby dreszcz. Jakby nie mógł czegoś przełknąć. Zaczyna się osuwać w dół. Olek natychmiast odwraca się, nurkuje w rząd niczego nie spodziewających się żołnierzy, przedziera się i znika za rogiem ulicy. Uratował się. Dzieki ci Boże. W następnej sekundzie – strzały. Serie. Serie. Olek ukazuje się znowu, cofa się powoli, tyłem, już ranny, a zza węgła wychodzi grupa żołnierzy. Strzelają do niego z automatów.

DANUTA: Słyszeliśmy te strzały aż tutaj.

HALA: Widzę jak w jego ciało biją kule. Pistolet wypada mu z dłoni. On sam wolno osuwa się na bruk. Podciąga kolana do piersi. Jak embrion. Ja ciągle żyję. Czemu?

♪ *Znów odzywa się dźwięk przelatujących samolotów.*

DANUTA: Nie mogłaś mu pomóc. Zastrzeliby cię na miejscu. I twoje dziecko. Musisz żyć. Bo ono musi żyć.

HALA: Bez niego?

♪ *Wraca normalne światło. Profesor zaczyna grać – tym razem delikatnie – Wariacje i Fugę e-moll, Op. 23 Paderewskiego. Zofia przynosi Halinie szklankę wody. Mieczysław dialoguje z Danutą.*

MIECZYSŁAW: Gdy już dokonali selekcji zatrzymanych, kazali kilku mężczyznom zanieść ciało Olka do budy. Nie dowiemy się nawet gdzie jest jego grób. Nie możemy mieć próby, po tym co się stało.

DANUTA: Oczywiście. Ale Karol także nie przyszedł. Może wpadł w tej samej łapance?

ZOFIA: Zaniosę dla Karola znak „zielone światło" do skrzynki na listy.

MIECZYSŁAW: On nie przyjdzie.

ZOFIA: Dlaczego?

MIECZYSŁAW: Nie został zatrzymany. Jest bezpieczny.

DANUTA: Co się z nim stało?

MIECZYSŁAW: Powiem wam w odpowiednim czasie.

DANUTA: Konspiracyjne tajemnice? Powiedz mi chociaż czy przyjdzie na następną próbę?

MIECZYSŁAW: Nie.

DANUTA: Czy odchodzi z naszego teatru?

MIECZYSŁAW: Już odszedł.

DANUTA: Najlepszy aktor zespołu. Czy naprawdę nie możesz powiedzieć co się stało?

MIECZYSŁAW: Nie. Przepraszam. Poinformuję wszystkich niedługo. Ale nie dziś.

DANUTA: Jednego dnia straciliśmy dwóch czołowych aktorów. Trzeba będzie zamknąć teatr.

MIECZYSŁAW: Zamknąć teatr? Co ty mówisz?

DANUTA: Jak zastąpimy dwóch najlepszych? To koniec.

MIECZYSŁAW: Znajdziemy kogoś na ich miejsce. Trzeba grać.

DANUTA: Nie wiem... Brak mi nadziei.

MIECZYSŁAW: To jest nasza droga do zwycięstwa w tej wojnie. Mamy obowiązek robić teatr. Na przekór śmierci, trudnościom, zagrożeniom, a zwłaszcza na przekór naszym własnym słabościom.

DANUTA: Jesteś naiwnym idealistą.

MIECZYSŁAW: Nie. Ja po prostu wierzę, że w czasach niewoli właśnie sztuka czyni nas wolnymi. Nas i naszych widzów. Dlatego musimy robić teatr. Musimy.

DANUTA: Słowa przeciw kulom?

MIECZYSŁAW: Tak. Słowo jest naszą bronią. Słowo jest sztandarem ducha. Duch zwycięży barbarzyństwo. Piękno...

Zofia przerywa im nagle.

ZOFIA: Już prawie dziewiąta. Czas na wieczorne wiadomości. Wiecie, że ukryliśmy radio. Godzina policyjna o dziesiątej. Za chwilę musicie się rozejść. Zygmunt, chodź posłuchaj wiadomości.

♪ *Idzie do kredensu i otwiera skrytkę, w której ukazuje się radio. Wszyscy – z wyjątkiem Haliny – zbliżają się. Zofia włącza radio. Słychać krótki fragment marsza wojskowego, a potem charakterystyczny sygnał B.B.C. z Londynu Bum, bum, bum, bum... Powtarza się on kilka razy, a następnie odzywa się radio:*

RADIO B.B.C.: Godzina dwudziesta czasu Greenwich. Bi Bi Ci z Londynu. Wiadomości wieczorne. Ubiegłej nocy, 29 czerwca 1941 roku o godzinie dwudziestej trzeciej czterdzieści pięć, w Hotelu Buckingham w Nowym Jorku zmarł Ignacy Paderewski.

♪ *Wiadomość poraża słuchających. Speaker kontynuuje:*

Paderewski był światowej sławy pianistą i kompozytorem, mężem stanu i dyplomatą, Prezydentem polskiej rady ministrów w 1919 roku, przywódcą Polonii amerykańskiej, najwyższym autorytetem politycznym i moralnym narodu polskiego. Pogrążeni w smutku Polacy w kraju i na całym świecie oddają mu hołd. Rząd Rzeczypospolitej Polskiej z siedzibą w Londynie na specjalnym posiedzeniu i uczcił pamięć Paderewskiego. Prezydent Stanów Zjednoczonych, Franklin Roosevelt, wydał oświadczenie, w którym podkreślił nieocenione zasługi zmarłego i jego wkład w zwycięstwo Aliantów w Wielkiej Wojnie oraz ustanowieniu pokoju po jej zakończeniu. Prezydent Roosevelt zarządził też, że zwłoki Paderewskiego zostaną pochowane na wojskowym cmentarzu Arlington w Waszyngtonie z najwyższymi wojskowymi honorami należnymi głowie państwa. Przywódcy wolnych narodów swiata przesyłają rządowi polskiemu kondolencje. Przedstawiciele amerykańskiej Polonii wyrażają swój najgłębszy smutek. Wiadomości Bi Bi Ci z Londynu. Dalszy ciąg wiadomości. Już dziewiąty dzień narasta konflikt zbrojny pomiędzy Niemcami i Związkiem Sowieckim. Napływają wiadomości o szybkich postępach wojsk niemieckich na wszystkich frontach. Niemcy panują w powietrzu i...

Zofia wyłącza radio. Wszyscy trwają nieporuszeni. Słychać kolejną falę bombowców.

DANUTA: To trzecia katastrofalna strata tego dnia. Nic jej nie wyrówna. Ja się poddaję.

HALA: Nie. Trzeba się z tym zmierzyć. Mimo wszystko.

♪ *Po chwili zaczyna nucić „Marsz Sokołów." Profesor idzie do fortepianu i gra melodię. Stopniowo wszyscy gromadzą się wokół fortepianu i bardzo cicho nucą. Tajniak pojawia się na ulicy i słucha. Światło gaśnie.*

► SCENA 2 ◄

♪ *Trzy miesiace później. Noc. Gdzieś z wysoka słychać warkot samolotu. Pojawiają się reflektory przeciwlotnicze i przeszukują niebo. Słychać wystrzały dział i syreny alarmowe.*

♪ *W salonie profesor Dygat gra Album Tarzańskie, Op. 12, No. 1 Paderewskiego. Dźwięk samolotu i hałasy nikną. Profesor gra nadal. Światło gaśnie.*

► SCENA 3 ◄

Dzień później. Projekcja panoramy Krakowa. Wokół stołu w salonie siedzą Pułkownik Chwalski (w cywilu), Mieczysław, Zofia, Danuta, Hala (jej ciąża jest widoczna) i trzy nowe postaci Barbara, Bogdan i Leon. Profesor Dygat siedzi w fotelu przy fortepianie. Na kolanach ma stertę nut. Przeglada je i od czasu do czasu jakby dyryguje orkiestrą.

♪ *Słychać, gdzieś z daleka niemiecką orkiestrę wojskową grającą marsze. Ten dźwięk towarzyszy akcji przez jakiś czas.*

MIECZYSŁAW: Otwieram zebranie. *Do Pułkownika Chwalskiego.* Witam pana serdecznie jako gościa honorowego. Proszę jednak, aby pan pozwolił nam najpierw omówić sprawy teatru.

PUŁKOWNIK: Ależ proszę. To będzie dla mnie na pewno ciekawa lekcja, demonstracja jak działa konspiracja w kraju.

MIECZYSŁAW: Dziękuję bardzo. Punkt pierwszy przyjęcie nowych członków. Barbara, Bogdan i Leon złożyli prośby o przyjęcie do naszego teatru. Jeśli zostaną zaakceptowani to złożą przysięgę. Dwaj obecni członkowie muszą wprowadzić kandydata. Barbarę wprowadzają Zofia i Hala. Zosiu, czy popierasz prośbę obecnej tu Barbary o przyjęcie i zaprzysiężenie?

ZOFIA: Popieram. Znam Basię od lat. Znam też jej rodziców. Oboje są nauczycielami i uczciwymi ludźmi. Basia została zaangażowana do Teatru imienia Słowackiego tuż przed wojną. Zdążyła zagrać tylko jedną małą rolę zanim teatr został zamknięty przez Niemców. Jest prostolinijna, pracowita. Można na niej polegać. Będzie dobrym nabytkiem naszego zespołu. Popieram jej przyjęcie.

MIECZYSŁAW: Dziękuję. Hala?

DANUTA, *przerywając*: Czy naprawdę potrzebne nam są te śmieszne ceremonie...

MIECZYSŁAW: Potrzebne. I nie są wcale śmieszne. Są niezbędne w tym czasię wojny. Hala? Czy popierasz kandydaturę Barbary?

DANUTA: Dziecinada...

HALA: Basia jest moją przyjaciółką, ze szkoły, z harcerstwa, z duszpasterstwa akademickiego. Możemy na nią liczyć. Wierzę jej. Popieram.

MIECZYSŁAW: Dziękuję. Wprowadzającymi Bogdana są Danuta i ja sam. Danuta, czy popierasz kandydaturę Bogdana?

DANUTA: Wstrzymam się od głosu.

MIECZYSŁAW: O, to problem. Bogdan powiedział mi, że zgodziłaś się być jego osobą wprowadzającą...

DANUTA: Czy musimy się tak spieszyć z zastępstwami za tych, których straciliśmy?

MIECZYSŁAW: A więc odmawiasz zgody na przyjęcie Bogdana do zespołu?

DANUTA: Po co takie mocne słowa? Powiedzmy, że to ja jeszcze nie dojrzałam do zmian w zespole... A w ogóle... Niedobrze mi się robi. Te twoje uroczyste zaprzysiężenia... te...

MIECZYSŁAW: Bogdan, przepraszam cię. Będziesz musiał nas opuścić.

HALA: Nie rozumiem cię, Danka. Mieczysławie, ja nieźle znam Bogdana. Ja mogę...

BOGDAN: Dziękuję, Halu. Ale jeśli jestem niepożądany... Raczej sobie pójdę... *Wstaje od stołu.*

MIECZYSŁAW: Zostań. *Bogdan siada.* Hala, czy popierasz kandydaturę Bogdana?

HALA: Tak. Znam go jako dobrego aktora i niezawodnego przyjaciela. Przed wojną był w Starym Teatrze. Choć młody, zagrał parę głównych ról. Uczciwy i uczynny. Lubiany przez kolegów i publiczność. Potrzebujemy go w zespole. Popieram jego kandydaturę. Ufam mu.

DANUTA: Ja też mu ufam. Ale mam wątpliwości co do tego całego procederu...

MIECZYSŁAW: To ja przewodniczę zebraniu. Udzielę ci głosu później. Jestem drugim wprowadzającym Bogdana. Znam go od lat. Jest prawy i troszczy się o innych. Był instruktorem skautowym. Popieram jego kandydaturę. Leona wprowadzają Zofia i, ponownie, ja. Zosiu, czy popierasz prośbę obecnego tu Leona o przyjęcie i zaprzysiężenie?

DANUTA: Znowu te formułki...

ZOFIA: Tak. Leon jest uczniem mojego męża. Był w tej samej mistrzowskiej klasię co Olek... Jest pracowity. Zawsze przygotowany do lekcji. Obok Olka, był najlepszy w grupie. Nigdy nie słyszałam jakiejkowiek skargi na niego. Popieram.

MIECZYSŁAW: Dziękuję. Teraz ja. Poznałem Leona niedawno, już w czasie wojny. W konspiracji. Nie będę więc o tym mówił. Tylko, że przekonałem się już o jego słowności i odwadze. Popieram jego kandydaturę. Czy ktoś z obecnych ma jakieś pytania do osób wprowadzających lub do kandydatów? *Cisza.* Danuta? Udzielam ci głosu.

DANUTA: Mnie? Na jaki temat? To wszystko jest chore.

MIECZYSŁAW: Tylko tyle chciałaś powiedzieć?

Danuta nie odpowiada.

Ktoś jeszcze? *Cisza.* Przystępujemy zatem do zaprzysiężenia. Barbaro, Bogdanie i Leonie, powstańcie i podnieście prawą rękę.

Barbara, Bogdan i Leon wykonują polecenia, a potem powtarzają za Mieczysławem.

MIECZYSŁAW: Przysięgam uroczyście...

BARBARA, BOGDAN, LEON: Przysięgam uroczyście...

MIECZYSŁAW: Pracować niestrudzenie i odważnie dla dobra kraju i dla dobra teatru...

BARBARA, BOGDAN, LEON: Pracować niestrudzenie i odważnie dla dobra kraju i dla dobra teatru..

♪ *Odzywa się nagle huk kilku samolotów przelatujących bardzo nisko nad dachem, tak, że zmusza mówiących do przekrzykiwania go, a i tak ich nie słychać.*

MIECZYSŁAW: Przestrzegać wszystkich praw jakimi rządzi się ta organizacja, które to prawa znam i akceptuję...

BARBARA, BOGDAN, LEON: Przestrzegać wszystkich praw jakimi rządzi się ta organizacja, które to prawa znam i akceptuję...

MIECZYSŁAW: Jak również rozkazów przełożonych...

BARBARA, BOGDAN, LEON: Jak również rozkazów przełożonych...

MIECZYSŁAW: Tajemnicy nie wydam...

BARBARA, BOGDAN, LEON: Tajemnicy nie wydam...

MIECZYSŁAW: Nawet w obliczu śmierci...

BARBARA, BOGDAN, LEON: Nawet w obliczu śmierci...

MIECZYSŁAW: Tak mi dopomóż Bóg.

BARBARA, BOGDAN, LEON: Tak mi dopomóż Bóg.

MIECZYSŁAW: Gratuluję, Basiu. Gratuluję, Bogdanie. Gratuluję, Leonie.

Ściska ich ręce.

DANUTA: *Naśladuje Mieczysława. Nie tylko ściska ich dłonie, ale także salutuje każdemu.* Gratuluję, Basiu. Gratuluję, Bogdanie. Gratuluję, Leonie.

MIECZYSŁAW: Danka! Przestań! Nie dość, że Niemcy mają na Rynku kolejną defiladę zwycięstwa, zdaje się, że tym razem po zdobyciu Smoleńska. Orkiestry, samoloty, czołgi, kolumny...

♪ *Nad dachem przelatuje nisko kolejna grupa samolotów. Hałas jest ogłuszający. Odlatują.*

Czy ktoś z zaprzysiężonych chce coś powiedzieć?

BARBARA: Ja wam po prostu dziękuję. To wielka radość być znowu w teatrze. Gdy Niemcy zamknęli mój teatr, to jakby świat się skończył. Na nic tyle lat terminowania. Nic z moich marzeń. Wejście na scenę było dla mnie zawsze świętem. Ciepło reflektorów. Oddech widowni – żywej, to skupionej, to roześmianej. Zawsze starałam się na scenie dać ze siebie wszystko. Wszystko, co najlepsze. I nagle – nie ma sceny. Zostałam jak bez domu. Zgłosiłam się do szpitala dziecięcego, jako opowiadacz bajek. Zarabiałam na życie jako salowa. To było jak hibernacja. A teraz wy ofiarowujecie mi znowu teatr, choć podziemny. Znów żyję.

DANUTA: Ja tam nie wiem, czy jeszcze żyję...

♪ *Znów przelot samolotów – nisko i głośno.*

MIECZYSŁAW: Bogdan?

BOGDAN: Jestem aktorem, pokój czy wojna. Wojna uniemożliwiła mi granie. Wy dajecie ci szansę znów grać. Dla mnie wojna się dziś skończyła. Dziękuję.

MIECZYSŁAW: No, nie tak szybko. Mamy jeszcze wiele do zrobienia zanim wojna się skończy, a raczej, zanim my ją doprowadzimy do końca.

W tym momencie cichnie niemiecka orkiestra wojskowa.

ZOFIA: Nareszcie. Chyba Niemcy skończyli już swoją defiladę.

BOGDAN: Następna może być, jak wezmą Moskwę. Rosjanie wciąż się cofają.

Cisza.

LEON: Czy ja mogę też coś powiedzieć?

MIECZYSŁAW: Naturalnie. Stop! Zdaje mi się, że słyszałem coś na ulicy. Proszę o ciszę.

Pauza. Nie. Mów, proszę.

LEON: Jestem świadomy, że mam zastąpić w waszym zespole Olka. To bardzo trudne zadanie. Ale obiecuję wam, że będę pracował ciężko i będę tak dzielny jak on. Hala, przysięgam to tobie osobiście, ja pomszczę Olka. Ja...

DANUTA: *Przerywając* Nie mów tak. Karol nigdy by nie zniósł nawet wzmianki o zemście. Mówił zawsze o miłości nieprzyjaciół. Nie rozumiałam tego, prawdę mówiąc. Ale nawet gdy go wśród nas nie ma, musimy szanować jego zdanie.

BOGDAN: Kochać morderców?

DANUTA: Był uparty w tej sprawie. Powtarzał, że zabijaniem nie powstrzyma się zabijania, nienawiścią nie zatrzyma się nienawiści. Tylko miłością. Mieczysławie, czy Karol dziś przyjdzie?

MIECZYSŁAW: Nie. Ale dzisiaj mogę wam już powiedzieć coś o nim. Za chwilę. Cieszę się, że mimo niepowetowanych strat, nasz zespół przetrwał, a nawet się powiększył. Możemy kontyuwać zebranie. Mamy jeszcze dwa punkty – powitanie pułkownika Chwalskiego i jego pogadanka o Paderewskim. Następnie informacja na temat Karola, potem próba.

DANUTA: Nie możesz nam tego powiedzieć, zaraz – o Karolu?

MIECZYSŁAW, *do pułkownika*: Panie Pułkowniku, zgodzi się pan na zamianę tej kolejności?

PUŁKOWNIK: Oczywiście. Ale, proszę, nie zwracaj się do mnie wciąż per „panie Pułkowniku." Konspiracja!

DANUTA: Dziękuję bardzo, panie Pułkowniku! To jest, dziękuję panu. Więc?

MIECZYSŁAW: Karol jest bezpieczny i zdrowy. Opuścił teatr, bo zdecydował wstąpić do seminarium duchownego.

DANUTA: Przecież seminarium jest zamknięte przez Niemców, tak jak wszystkie szkoły. Coś tu nie gra.

MIECZYSŁAW: Nie będę wchodził w szczegóły. Ale sama pomyśl – uniwersytet, licea, nawet szkoły powszechne powyżej czwartej klasy są zamknięte. Wszystkie teatry są zamknięte. A my jednak przygotowujemy przedstawienia pod ziemią i gramy je tajnie. Tajne nauczanie idzie pełną parą na wszystkich poziomach. A więc...

DANUTA: Więc to samo dotyczy tajnego seminarium?

MIECZYSŁAW: Ja tego nie powiedziałem.

DANUTA: Nie wygłupiaj się. Nie masz do nas zaufania?

MIECZYSŁAW: To nie jest kwestia zaufania, ale konspiracyjnych reguł. Gramy wszyscy w bardzo niebezpieczną grę. Nie zapominaj – błąd to śmierć.

DANUTA: Czy on... Czy on nie kazał ci czegoś przekazać... dla nas... dla mnie...

MIECZYSŁAW: Prosił mnie, żeby wszystkich pozdrowić...

DANUTA: Pozdrowić...

MIECZYSŁAW: Tak. I powiedzieć, że jego wybór jest ostateczny. Jest szczęśliwy, że go dokonał. Będzie się za nas modlił. I nas prosi o modlitwę za siebie.

DANUTA: Świetnie. No, to będziemy mieli niedługo kapelana w naszym teatrze.

HALA: Jest tak inteligentny i pracowity, że na pewno zostanie biskupem. Mówię wam.

DANUTA: A może nawet papieżem!

Ogólny śmiech.

MIECZYSŁAW: Możemy wrócimy do porządku dziennego naszego zebrania?

DANUTA: Do porządku! To najważniejsze!

Gwałtownie wybiega do ogrodu.

MIECZYSŁAW: Co się jej stało?

ZOFIA: Nie wiesz co się jej stało? Mężczyźni są tak nieuważni... *Wychodzi za Danutą.* Zaraz wrócę.

MIECZYSŁAW: Wróć szybko. Bez was nie mamy quorum. Wracamy do obrad. *Wstaje.* Panie Pułkowniku, to jest szanowny panie... Jesteśmy szczęśliwi, że zgodził się pan z nami spotkać. Słyszeliśmy o panu wiele od profesora. To wielki zaszczyt poznać osobiście bohatera Wielkiej Wojny. Nie mogę mówić o przyczynie pana pobytu w kraju. Może tylko to, że przybył pan do nas posługując się niecodziennym środkiem komunikacji, na spadochronie...

Zofia i Danuta wracają. Mieczysław kontynuuje.

Pierwszy kontakt w kraju wiódł pana do starego przyjaciela i towarzysza broni, profesora Dygata. Tak się składa, że profesor i pani profesorowa zaoferowali nam swój dom na próby. Dzięki temu spotykamy się z Panem. Witam pana gorąco.

PUŁKOWNIK: Dziękuję. Dobrze jest wrócić do kraju po tylu latach. Nawet w warunkach wojennych. Jak wiecie, służyliśmy razem w profesorem w Armii Kościuszki stworzonej przez Paderewskiego w Ameryce, potem popłynęliśmy do Francji i tam mielismy coś do załatwienia z Niemcami, potem pojechaliśmy do Polski i tu biliśmy się z bolszewikami. Poza kilkoma zadraśnięcami jakoś przeżyliśmy...

ZOFIA: Janku, nie wspominasz, że dzięki odwadze i talentom dowódczym szybko awansowałeś z porucznika na pułkownika. Zygmunt pozostał porucznikiem.

PUŁKOWNIK: Ale po wojnie Zygmunt awansował do stopnia profesora słynnej Akademii Muzycznej w Krakowie, a ja, pułkownik, pracowałem jako reporter skromnej gazety w Buffalo, w stanie Nowy Jork. No, i jako kierownik zespołu teatralnego imienia Mickiewicza. Tak czy siak, nasze drogi rozeszły się po wojnie, po tamtej wojnie. Zygmunt zakochał się w Polce i został w Polsce. Ja wróciłem do mojej ukochanej Polki w Ameryce. Ale gdy zaczęła się ta obecna wojna chciałem się zgłosić znów na ochotnika do służby. Jak kiedyś. Ale tym razem nie było polskiego wojska w Ameryce. Skracając opowieść... Zostałem adiutantem mistrza Paderewskiego, gdy zeszłego roku przyjechał do Ameryki... Słuchałem jego ostatnich przemówień. Potem szedłem za jego pogrzebem.

BARBARA: Panie Pułkowniku... My tu słuchamy czasem B.B.C., ale niewiele wiemy... Proszę nam powiedzieć... Czy wygramy tę wojnę... Niemcy panują w całej kontynentalnej Europie, a teraz biją Sowietów... Japończycy zajmują Chiny... Ameryka jest nadal neutralna... Czy Ameryka przystąpi do wojny? Kiedy?

PUŁKOWNIK: Nie wiem kiedy. Ale Ameryka się obudzi. Jak w czasię poprzedniej wojny. I przeważy szalę.

DANUTA: Czy Ameryka znowu zażąda wolnej Polski? Paderewski już tam nie puka do wszystkich drzwi w naszych sprawach.

PUŁKOWNIK: Strata Paderewskiego jest niepowetowana. Ale to wy zadecydujecie o losię Polski. Wasze pokolenie. Tutaj. W kraju.

MIECZYSŁAW: Mamy tego świadomość. Dlatego robimy teatr.

Chwila ciszy.

HALA: Pan oczywiście wie, panie Pułkowniku, że profesor Dygat był uczniem Paderewskiego? W latach trzydziestych, w Szwajcarii.

PUŁKOWNIK: Wiem świetnie.

HALA: Ale może pan nie wie, że Paderewski uważał go za swego najlepszego ucznia. Mówił o nim jako o „adoptowanym synu-pianiscie." Mój zmarły mąż był uczniem profesora... dobrym uczniem...

PUŁKOWNIK: Pani zmarły mąż...?

MIECZYSŁAW: Mąż Hali poległ z bronią w ręku trzy miesiące temu.

PUŁKOWNIK: Więc był Paderewskiego adoptowanym wnukiem...

HALA: Paderewski był ideałem mego męża. Olek chciał go naśladować zarówno w absolutnym oddaniu muzyce, jak też w całkowitym oddaniu krajowi...

ZOFIA: Tak go zapamiętamy.

PUŁKOWNIK: Paderewski byłby z niego dumny.

MIECZYSŁAW: Panie Pułkowniku...

PUŁKOWNIK: Znowu – pułkowniku...

MIECZYSŁAW: Proszę pana... Czy mógłby pan nam opowiedzieć więcej o Paderewskim... Znał go pan blisko.

PUŁKOWNIK: Na pewno wiecie od profesora, że wszystko zaczęło się od naszego przedstawienia teatralnego na cześć Mistrza Paderewskiego, które przygotowaliśmy w naszym obozie wojskowym, w Niagara-on-the-Lake, blisko wodospadu Niagara. Było to dość cudaczne i śmieszne widowisko. Bo przedstawiłem mistrza w formie marionety. Ryzykowny pomysł. O mało nie stanąłem za to przed sądem wojennym. Ale mistrzowi bardzo się to spodobało. Stare dzieje...

Zofia wychodzi bez słowa i wraca z jakimś dużym przedmiotem owiniętym w chustę i kładzie go na kolanach profesora – w czasie gdy Pułkownik kontynuuje.

Profesor grał na pianinie w tym przedstawieniu. Paderewski ocenił wysoko jego grę. Pamiętał, gdy Zygmunt poprosił mistrza o lekcje, po latach. Bo wtedy, na wiosnę 1918 roku popłynęliśmy na wojnę, ale ja wziąłem tę marionete Paderewskiego do Fancji, stamtąd do Polski. Dawalismy wspólnie z Zygmuntm przedstawienia dla żołnierzy... Ja animowałem marionetę i opowiadałem o Paderewskim. A Zygmunt grał, oczywiście, jeśli znalazł się jakiś fortepian blisko linii frontu.

Profesor i Zofia podchodzą do pułkownika niosąc przedmiot, który przyniosła przed chwilą Zofia.

ZOFIA: Janku... Przepraszam, że ci przerywam... Ale mamy dla ciebie niespodziankę... Pamiętasz? Zostawiłeś coś Zygmuntowi wyjeżdżając z Polski...

PROFESOR: Właśnie to...

Zofia odwija przedmiot. Ukazuje się marioneta Paderewskiego – ta sama, co w częsci pierwszej.

PUŁKOWNIK: Co za niespodzianka. Moja stara marioneta.

Zaczyna operować marionetą.

ZOFIA: Strzegliśmy jej jak skarbu. To była pamiątka pierwszego spotkania Zygmunta z Paderewskim... Przetrwała bombardowania.

PUŁKOWNIK: Wracają wspomnienia.
Zaczyna animować marionetę. Prowadzi ją do fortepianum i sadza na taborecie. Marioneta zaczyna „grać" na fortepianie.

Zygmunt! Co byś powiedział na concert na cztery ręce.

♪ *PROFESOR przystawia krzesło do fortepianu, siada i gra Krakoviaka Op. 5, No. 1 Paderewskiego, podczas gdy Pułkownik operuje marionetką. Wygląda to jak koncert na cztery ręce. TAJNIAK ukazuje się na ulicy i słucha. Po zakończeniu utworu wszyscy oklaskują. PUŁKOWNIK prowadzi marionetę do stołu, sam wchodzi na stół i animuje ją nadal. Paderewski (marioneta) wygłasza przemówienie.*

PUŁKOWNIK: Panie i Panowie, zaprosiliście mnie tutaj, abym opowiedział wam o moim życiu i pracach. To ogromnie zobowiązujące zadanie. Mogę je wykonać tylko w duchu prostoty i prawdy. No cóż, najpierw było dwadzieścia pięć lat studiów i przygotowań. Potem było dwadzieścia pięć lat kariery pianisty i kompozytora...

LEON, *delikatnie wtrącając*: To była wspaniała, niepowstrzymana, swiatowa kariera. Paderewski zyskał szacunek, uznanie i podziw krytyków i znawców, miłość i uwielbienie publiczności. Stał się idolem i sławą. Grał dla monarchów i prezydentów. Przyznawano mu odznaczenia i doktoraty honorowe. Podróżował po całym świecie...

PUŁKOWNIK: Jestem świadom tego, że moje wystepy, a także moje kompozycje były łaskawie przyjmowane. Sam wiedziałem, że po prostu muszę pracować nieustannie nad sobą...

MIECZYSŁAW, *nagle przerywa*: Przepraszam na chwilkę... Prosze o ciszę. *Nasłuchuje*. Nie... Proszę kontynuować...

LEON: Jego fenomenalna technika stanowiła niewzruszony fundament dla odkrywczych i osobistych interpretacji, koronowanych grą natchnioną i ekstatyczną...

PUŁKOWNIK: Prawdę mówiąc, wielokrotnie byłem zawstydzony zainteresowaniem, które wzbudzałem...

LEON: Był przystojny i postawny. Jego niezwykłe, złote włosy nadawały mu anielski wygląd. Stał się przedmiotem kultu, zwanego „paddymania." Pewnego razu dwie młode damy zakradły się do jego garderoby i ucięły mu kosmyk włosów, mimo jego rozpaczliwego oporu...

PUŁKOWNIK: W czasie Wielkiej Wojny poświęciłem się polityce. Zostałem wyniesiony na pozycję przywódcy Polaków w Ameryce, a wkrótce potem, wszystkich Polaków. Wróciłem do Warszawy i objąłem urzad Prezydenta Rady Ministrów.

LEON: Prezydent Wilson powiedział o nim „Paderewski podbił Amerykę swą muzyką, a potem przekonał mnie do konieczności wskrzeszenia Polski. Stało się dla mnie bowiem jasne, że skoro Polska wydaje tak znakomitych artystów, ludzi tak światłych i pracujących jak Paderewski, to z pewnością zasługuje na poczesne miejsce w rodzinie cywilizowanych narodów świata."

♪ *Nagle wybucha huk dział przeciwlotniczych i odzywają się syreny alarmowe. Po chwili słychać także daleki warkot silnika samolotu. Reflektory przeciwlotnicze przeszukują niebo.*

PUŁKOWNIK: Może to jakiś mój kolega z Anglii. Następny cichociemny.

♪ *Wszystkie dźwięki powoli cichną.*

PUŁKOWNIK: Wracam do mojej opowieści. Gdy Polska została wskrzeszona i moja polityczna misja spełniona mogłem powrócić do fortepianu... Ale poświęcając się polityce zaniedbałem ćwiczenia…

LEON: Było wiadomo, że przygotowując się do koncertów, Paderewski ćwiczy dniami i nocami, od dwunastu do szesnastu godzin przy klawiaturze.

PUŁKOWNIK: Palce, położone na klawiaturze, nie słuchały mnie. Rozważałem porzucenie koncertowania. Zdecydowałem jednak ostatecznie wrócić do sal koncertowych.

LEON: Jego pierwszy, po sześcioletniej przerwie, koncert odbył się w Carnegie Hall w Nowym Jorku 22 listopada 1922 roku. Ten koncert opisywany jest jako jeden z najwspanialszych momentów w historii muzyki. Może w ogóle najważniejszy? Powszechnie szanowany mąż stanu wszedł na estradę. Publiczność powstała z uszanowaniem. A potem wirtuoz dał koncert, grając z absolutnym mistrzostwem. Słuchacze, koledzy artyści, krytycy, impresariowie, wielbiciele byli zachwyceni, zafascynowani, uszczęśliwieni. To było całkowite zwycięstwo.

PUŁKOWNIK: Grałem i podróżowałem ponowie...

LEON: Paderewski grał i zyskał przyjaźń wszystkich prezydentów Ameryki swojego czasu Theodore Roosevelt, Woodrow Wilson, Calvin Coolidge, Franklin Delano Roosevelt...

PUŁKOWNIK: Jednak atak Niemiec i Sowietów na Polskę w 1939 roku, zmusił mnie do powrotu do służby krajowi. Jeszcze raz pojechałem do Ameryki, aby mobilizować tam opinię publiczną dla sprawy Polski.

LEON: Ale napięty plan spotkań, konferencji i przemówień nadwątliły siły starego człowieka.

Mówiono o nim „współczesny nieśmiertelny". Ale i on nie uszedł śmierci. Zmarł 29 czerwca 1941 roku.

Marioneta, obsługiwana przez Pułkownika, odgrywa scenę pantomimiczną: kroczy, przemawia, odczuwa ból w piersiach, osuwa się, umiera.

♪ *Od początku pantomimy, profesor Dygat, najwyraźniej rozumiejąc intencje Pułkownika, gra delikatnie Wariacje i Fugę E-dur, Op. 23 Paderewskiego. Cisza. Zofia podchodzi do fortepianu.*

ZOFIA: Zygmunt zna wszystkie utwory Paderewskiego na pamięć. Zygmunt, proszę, zagraj tego słynnego *Menueta a l'Antique*...

Profesor kiwa głową.

PROFESOR: Ten utwór sumuje wszystko to, co w muzyce Paderewskiego było najlepsze szlachetność i elegancję, godność i wdzięk, lekkość i grację, jest rzewny, ale nie smutny, jest taneczny, ale pełen zadumy, jest w nim energia i siła...

♪ *PROFESOR gra Menueta G-dur, Op. 14, No.1 Paderewskiego – podczas gdy Zofia mówi.*

TAJNIAK pojawia się na ulicy i słucha, a potem znika.

ZOFIA: Menuet zaczyna się jakby ktoś próbował gładzi posadzki lekką stopą... raz i dwa... raz i dwa... Już w pierwszych taktach pojawia się podstawowy temat – prosty, wdzięczny, melodyjny... Potem narasta opozycja pomiędzy delikatnością, wstrzemięźliwością i skromnością a pokusą by śpiewać głośno, tańczyć prędko, wybuchnąć radością. To cały Paderewski – nie przepuściłby też okazji do szalonego biegu po klawiaturze i popisania się swą zadziwiającą techniką. W części środkowej Menuet przetwarza się w – niemal – chopinowskiego mazurka. Echa Chopina budzą echa polskiego krajobrazu wczesną jesienią, to tu, to tam, przetykanego promieniem zachodzącego słońca, otulonego w tajemniczy, polski smutek. Krajobraz wiejski zda się powiększać, obejmuje salę balowa w jakimś pałacu, gdzie wirują cienie tańczących par. Śpiew przemienia się w muzyczny szept, w którym pojawiają się jakieś niejasne pytania, powtarzane i przetwarzane, a nigdy nieznajdujące odpowiedzi. Pozostajemy z uczuciem uczestnictwa w tajemniczym rytuale piękna, ku któremu mogliśmy spojrzeć, ale tylko przez chwilę, jak przez na wpół uchylone drzwi...

Pauza.

PUŁKOWNIK: Dziękuję Zosiu, dziękuję Zygmuncie...

Pauza.

Zaskoczyliście mnie tą marionetą. Tym menuetem. Ja mam dla was także niespodziankę.
Z ukrytej kieszeni wyjmuje mały magnetofon.

Spójrzcie na to cudo. To jest magnetofon. Wojsko już się nimi posługuje. Pewnie za jakieś dwadzieścia lat takie pudełeczna znajdą się w masowej produkcji. Przywiozłem wam głos Paderewskiego.

♪ *Naciska guzik. Z taśmy słyszymy głos Paderewskiego.*

GŁOS PADEREWSKIEGO. NAGRANIE OSTATNIEGO PRZEMÓWIENIA PADEREWSKIEGO ZABIEGAJĄCEGO O POMOC POLITYCZNĄ I MATERIALNĄ DLA POLSKI (NAGRANIE DOSTĘPNE W INTERNECIE)

Gdy taśma się kończy – Pułkownik komentuje: To ostatnie zarejestrowane nagranie Paderewskiego. Jeszcze na parę dni przed śmiercią ubiegał się o pomoc dla Polski.

Pauza.

Mieczysławie, chciałeś żebym coś powiedział o Paderewskim. Mógłbym jeszcze długo... A wy macie następne punkty...

DANUTA: Porzadku dziennego…

MIECZYSŁAW: Dziękuję panu z całego serca, dziękujemy wszyscy... *Nagle.* Proszę o ciszę! Leon, wyjrzyj ostrożnie przez drzwi – i wracaj.

Leon natychmiast kieruje się do drzwi, ale na kłopot z otwarciem zamka. Zofia widzi to i idzie mu pomóc.

ZOFIA: Zacina się nam zamek w drzwiach. Nie chce się otwierać. Teraz tak trudno o rzemieślnika. Tylko ja daję sobie z nim radę. *Otwiera drzwi. Leon wychodzi. Wszyscy czekają w ciszy. Leon wraca.*

LEON: Nikogo.

MIECZYSŁAW: Dziękuję. Wróćmy do porządku naszego spotkania.

DANUTA: Nie mówiłam? Porządek dzienny nade wszystko...

MIECZYSŁAW: A żebyś wiedziała. Teraz punkt czwarty – decyzja na temat następnego przedstawienia. Obsada „Króla Ducha" Słowackiego rozpadła się. Olka nam zabrano... Karol odszedł... Hala spodziewa się dziecka... Mamy nowych aktorów gotowych do zastępstw. Ale trzeba rozważyć także inne możliwości. Czy mamy wznowić „Króla Ducha" w nowej obsadzie, czy zabrać się za coś innego?

DANUTA: Jeśli mamy w ogóle nadal istnieć...

MIECZYSŁAW: Będziemy istnieć!

DANUTA: Jeśli mamy robić cokolwiek, to tylko „Króla Ducha." Jesteśmy to winni Olkowi i Karolowi. A Hala na pewno wróci do obsady, po porodzie... Potem mogą grać na zmianę z Basią. Basia na pewno się zgodzi. Mam rację?

BARBARA: Jasne. Chętnie przejmę rolę Hali, a potem oddam, gdy będzie już mogła grać.

HALA: No, nie. Wtedy będziemy grały na zmianę.

BOGDAN: Ja mogę podjąć rolę Karola w „Królu Duchu." Ale może jednak trzeba się zabrać za coś innego, zaczynając od zera. Na przykład Szekspir.

MIECZYSŁAW: Szekspir? W naszym teatrze koncentrujemy się nie na akcji, ale na tekście. Nie na tworzeniu postaci, ale na głoszeniu słowa w imieniu postaci. Jeśli chodzi o nowy materiał, to pracuję właśnie nad adaptacją „Pana Tadeusza."

HALA: Świetnie!

DANUTA: Gdyby Karol był z nami to by grał Pana Tadeusza. Może by wrócił, gdybyś mu zoproponował taką wielką rolę?

MIECZYSŁAW: On już dokonał wyboru.

DANUTA: Ja tylko żartuję. *Śmieje się głośno – nikt jej nie wtóruje.*

LEON: Ja byłbym za „Królem Duchem." Zadedykowalibyśmy to przedstawienie Olkowi, a zarazem podtrzymalibyśmy niejako obecność Karola wśród nas.

MIECZYSŁAW: Inne pomysły? Ja mam inną propozycję. Słyszeliśmy od pana pułkownika opowieść o Paderewskim. Profesor był jego uczniem. Olek był, a Leon jest – jego kontynuatorem... Pan Profesor i Leon mogliby grać na fortepianie w przedstawieniu o Paderewskim. Coś podobnego do tego co pułkownik i profesor przygotowali kiedyś w Ameryce. Ja mogę napisać scenariusz jeśli tylko pan Pułkownik zechce mi pomóc. Nasi widzowie na pewno z radością posłuchają o Paderewskim, posłuchają jego muzyki.

LEON: Jestem z całej duszy „za."

DANUTA: Ja mogłabym zagrać panią Paderewską. Ostatecznie, kto jest gwiazdą tego teatru...

BARABARA: Paderewski miał wiele wielbicielek i entuzjastek. Mogłabym być jedną z nich.

BOGDAN: A jaka rola dla mnie?

MIECZYSŁAW: To będzie zależało od scenariusza. Może będzie tam postać Sylwina Strakacza, wiernego osobistego sekretarza mistrza.

ZOFIA: Sztuka o Paderewskim? Dobry pomysł. Miałabym nawet tytuł „Dzieci Paderewskiego."

HALA: Może „Dzieci i wnuki Paderewskiego?"

ZOFIA: Nie. „Dzieci Paderewskiego" – to jest krócej, dobitniej, a zarazem ogólniej. Chodzi o wszystkich, którzy uznawali, i uznaja nadal, jego duchowe przywództwo, jego artystyczne mistrzostwo...

MIECZYSŁAW: Masz rację. „Dzieci Paderewskiego."

PUŁKOWNIK: „Dzieci Paderewskiego." Ostatecznie, jestem jednym z nich. Dobry tytuł. Dobry pomysł. Ja chętnie pomogę, tylko, że nie zostanę tu długo. Mam swoje zadania.

MIECZYSŁAW: Poproszę tylko o kilka godzin. Przyjdę z notesem. A może skrzystamy z magnetofonu?

PUŁKOWNIK: Świetnie. To pudełeczko i odtwarza głos i może go nagrać.

MIECZYSŁAW: Z góry dziękuję.

ZOFIA: A ja przechowam to cudeńko w mojej skrytce.

MIECZYSŁAW: No, to mamy plan. Inne głosy. *Czeka chwilę. Nikt się nie odzywa.* Zatem decyzje są takie: w niedługim czasie wznowimy „Króla Ducha." Zabierzemy się do pracy nad „Panem Tadeuszem." Jednak naszym najbliższym przedstawieniem będą „Dzieci Paderewskiego." Czy jeszcze coś? *Pauza. Cisza.* Dziękuję. Zamykam zebranie.

DANUTA: Ja też zamykam zebranie! Dziękuję wszystkim za owocne obrady!

MIECZYSŁAW: Godzina policyjna blisko. Musimy się pospieszyć. Wychodzimy, jak zawsze, pojedynczo, albo w małych grupkach. Hala z Barbarą pierwsze. Ja będę ostatni. Panie Pułkowniku, to był wielki zaszczyt poznać Pana. Przyjdę jutro z notesem. Zosiu, Zygmuncie, dziękuję za gościnę.

Wszyscy ściskaję się i wychodzą w ustalonej kolejności.

♪ *Profesor gra Mazurka E-moll, Op. 5, No. 2 Paderewskiego. Tajniak obserwuje z cienia wychodzących. Światło gaśnie. Cichnie muzyka.*

▶ SCENA 4 ◀

♪ *Noc. Gdzieś z wysoka dochodzi warkot samolotu – jak w Scenie 2. Pojawiają się reflektory przeciwlotnicze i przeszukują niebo. Słychać wystrzały i syreny alarmowe.*

♪ *W salonie profesor Dygat gra Album Tarzańskie, Op. 12, No. 1 Paderewskiego. Dźwięk samolotu i hałasy nikną. Światło gaśnie. Cichnie muzyka.*

► SCENA 5 ◄

Dwa miesiące później. Późna jesień 1941 r. Popołudnie. Ta sama panorama Krakowa. Zofia i profesor przygotowują pokój do przedstawienia teatralnego. Zofia jest w sukni wieczorowej, a profesor we fraku. Marioneta Paderewskiego — w kącie salonu.

ZOFIA: Dziś premiera!

Zofia i profesor krzątają się — wyjmują ze skrytki polską flagę. Przynoszą duży wazon z białymi czerwonymi różami, gromadzą dodatkowe krzesła dla widzów. Dialogują w czasie tych czynności.

Falga narodowa. Skarb narodowy sercu drogi. Zabroniony przez wroga. Kiedyś na maszcie przed domem na uroczyste dni. Teraz przechowywany głęboko ukryty. W przedstawieniu o Paderewskim będzie najlepszym elementem dekoracji. Co jeszcze? Zygmunt, mógłbyś przynieść róże z kuchni.

PROFESOR: Róże...

Profesor przynosi w wazonie dwie róże — białą i czerwoną. Zofia stawia wazon na stole.

ZOFIA: W barwach narodowych. Ilu osób się spodziewamy?

PROFESOR: Ze trzydziestu.

ZOFIA: Mieczysław wszystkich zaprosił osobiście. Jeśli ludzi przyjdzie więcej, to mogą usiąść na podłodze. Coś jeszcze? Nie było afiszy i ogłoszeń... Ale to będzie bardzo uroczysta prapremiera. „Dzieci Paderewskiego." Jestem autorką... no, tylko tytułu... Aktorzy zaczną się schodzić niedługo. Potem widzowie. Napilibyśmy się herbatki w międzyczasie?

♪ *Wychodzi do kuchni. Profesor siada do fotepianu. Gra Krakowiaka B-dur, Op. 5, No. 4. Tajniak ukazuje się na ulicy — słucha — znika. Zofia wraca z herbatą. Stawia filiżankę dla profesora i sama siada — słucha muzyki siorbiąc herbatę.*

Tajniak, z towarzyszeniem dwóch Gestapowców w pełnym uzbrojeniu, pojawia się przy skrzynce na listy. Tajniak sprawdza notę „zielone światło". Wychodzą.

ZOFIA: Tak się cieszę na tę sztukę o Paderewskim. Mieczysław świetnie ją skonstruował w oparciu o rozmowy z pułkownikiem. Kraj jest odcięty od informacji. Nie wszyscy maja gdzieś pochowane radia, nie do wszystkich dociera prasa podziemna. Ludzie są spragnieni wiadomości. Teatru też. Otrzymają jedno i drugie. *Pauza.* Jeśli tylko aktorzy dotrą szczęśliwie. *Pauza.* Mam nadzieję, że Pułkownik jest już tam, gdzie miał dotrzeć. W takie popołudnie, jak dziś, niemal można zapomnieć o wojnie. O niebezpieczeństwie. *Pauza.* Czuję się tak bezpieczna i szczęśliwa. *Pauza.* Wojna się skończy. Wrócisz na uczelnię. Teatr Mieczysława wyjdzie z podziemia i będzie grał dla tysięcy. A ja zorganizuję komitet odbudowy Pomnika Grunwadzkiego. Życzenie Olka musi być spełnione. *Pauza.* Pójdziemy znowu w Tatry. Spokojne i ciche. Bez syren alarmowych. *Pauza.*

Pamiętasz, Zygmunt, nasz ostatni poranek w Riond-Bosson w Szwajcarii? Paderewski zaprosił mnie, nie znaną nikomu żonę, znanego już młodego pianisty na twój koncert — po celującym zakończeniu wszystkich czterech stopni kursu mistrzowskiego. Pamiętam świetnie: doskonalenie techniki, praca nad budową utworu, cyzelowanie poszczególnych części, połączenie wszystkich elememtów, a zarazem zapomnienie o nich. Bo celem ostatecznym była gra dynamiczna, ekstatyczna, emocjonalna, własna. Poznałam metodę Paderewskiego z twoich listów. Klasa mistrzowska kończyła się koncertem w gabinecie mistrza. Długi, radosny, spokojny wieczór.

Świętowanie zakończenia kursu, a zarazem rozpoczęcia nowego rozdziału w twoim życiu. W naszym życiu. Jako ulubiony uczeń Paderewskiego, polecany przez niego, miałeś na jesieni pojechać na wielkie tournée po całej Europie. Ja z tobą. Mieliśmy zacząć od Paryża we wrześniu 1939 roku. Wojna. Naloty, bombardowania, zabici, ranni, zrozpaczeni. Horror. *Pauza.*

Ale wtedy, w Riond-Bosson, była wczesna wiosna. Wczesny ranek. Staliśmy na balkonie rezydencji Paderewskiego patrząc na płaty śniegu malowane na pomarańczowo przez wstające słońce na alpejskich szczytach. Mgła nad Jeziorem Genewskim unosiła się w górę lekkimi churkami, jakby wzlatywały w niebo pióra aniołów. Było coś przenikająco spokojnego i tajemiczego w całej naturze. W nas. Powiedziałam „Chwilo, trwaj." Zrozumiałeś mnie. Powiedziałeś „Trwa. Od zawsze do zawsze."

I w tym momencie znaleźliśmy się poza czasem. Trwaliśmy tylko dla siebie. Czas przestał płynąć, uciekać, znikać, zderzać przeszłość z przyszłością. Zatrzymał się. Nie, raczej stał się wiecznością. Czasem bez czasu.

Zofia uśmiecha się do swoich wspomnień. Odzywa się charakterystyczne pukanie do drzwi.

ZOFIA: Kto to może być tak wcześnie?

Idzie do drzwi. Otwiera je. Wydaje stłumiony okrzyk. Podnosi ręce do góry. Cofa się. Wchodzi Tajniak i dwóch Gestapowców.

TAJNIAK: Cicho... Spokój. Żadnych gwałtownych ruchów, żadnych krzyków. Alles wird in Ordnung sein. Idź do tego krzesła – *wskazuje* – siadaj i załóż ręce na kark. Ruszaj! Schnell!

Zofia wykonuje polecenie. Tajniak zatrzaskuje drzwi i podchodzi do wciąż grającego profesora.

TAJNIAK: Guten Abend. Dobry wieczór, Herr profesor. Gramy Paderewskiego? Genung! Dosyć.

♪ *Profesor przerywa grę.* Siedź, gdzie siedzisz. Nie ruszaj się. *Do Gestapowców, wskazując gdzie mają zająć pozycje:* Hier. Hier. *Przechadza się po wnętrzu.*

Proszę, proszę... Wszystko przygotowane. Ale teatru nie będzie. Flaga. Zakazana. Przestępstwo. Nie ma czegoś takiego jak Polska. Nielegalne przedstawienie teatralne. Jeszcze gorzej. Krzesła dla widzów. Ilu to osób się spodziewamy? Dla wszystkich znajdzie się dość miejsca w Auschwitz.

Zrywa flagę z drzewca, zgniata ją w kulę i rzuca Zofii. Trzymaj. Możesz włożyć do schowka. Tam gdzie trzymasz radio i magnetofon.

ZOFIA *rozprostowuje flagę na kolanach.* TAJNIAK *bierze dwie róże, białą i czerwoną z wazonu.* Lubię róże. Z własnego ogródka? Ale te mają nieładne kolory. *Łamie obie róże.* Zaczekamy. Wszyscy będą mogli wejść. Będziemy gościnni. Tyle, że potem sam nikt nie wyjdzie. Zaczekamy.

TAJNIAK zauważa marionetę.

TAJNIAK: Co za niespodzianka. Mistrz Paderewski? Naturalnie, Mistrz Paderewski. Byłem na jego koncercie w Hamburgu. Potem w Dreźnie. Kocham muzykę. Świetnie grał Bethovena i Liszta. Chopina też, choć ja Chopina nie lubię. Paderewski – wielki pianista. Niestety, okazał się wrogiem Trzeciej Rzeszy. Führer zaproponował mu prezydenturę Polski pod protektoratem Niemiec. To był wyraz ogromnej szlachetności Adolfa Hitlera, a zarazem gwarancja pokoju dla Polski, dla całej Europy, dla świata. Ale stary, głupi, uparty pianista odmówił.

Zwraca się do profesora. Panie Profesorze, proszę mi coś zagrać...

♪ *Profesor zaczyna grać Mazurka e-moll, Op. 5, No. 2 Paderewskiego.*

TAJNIAK: Nie! Nie to! Nienawidzę tych polskich lunatyków Chopin, Paderewski, Opieński, Szymanowski... Nie, nie to. Niech pan zagra mi jakiegoś wielkiego niemieckiego mistrza. Wagnera, Bethovena, Händla, Bacha. Tak, proszę o Bacha. Wróćmy do zdrowych, germańskich korzeni. No, dalej! Palce na klawisze!

♪ *Profesor zaczyna grać „Koncert Włoski" Bacha.*

Dobrze. To lubię. Ta muzyka ma formę, strukturę... Jest czysta, jasna, precyzyjna, uporządkowana.

♪ *Siada w fotelu i słucha. Profesor kontynuuje.*

Danuta, Barbara, Bogdan, Leon i Hala ukazują się na ulicy. Hala pcha wózek dziecinny. Danuta sprawdza notę w skrzynce na listy. Wszyscy idą ku wejściu do domu. Leon nagle ich zatrzymuje.

LEON: Stańcie! Słuchajcie... Czy słyszycie co gra profesor?

DANUTA: Gra na fortepianie, jak zwykle, od świtu do nocy.

LEON: Nie. Nie chodzi o to, że gra. Chodzi o to, co gra.

DANUTA: Co? Jakiś utwór. Chodźmy.

LEON: Nie, nie, nie. To jest Bach. Ostatnio profesor gra wyłącznie Paderewskiego. Nigdy teraz nie gra kompozytorów niemieckich. Mimo, że przed wojną był wielkim specjalistą od Bacha. Zerwał z nim. A teraz gra Bacha „Koncert Włoski." To jest Bach. Na pewno Bach.

DANUTA: No, to co? Zmienił na dzisiaj repertuar.

LEON: Nie, nie... W tym musi coś być... Nie wiem co.

BOGDAN: Paderewski czy Bach, trzeba wejść. Kartka „zielone światło" jest na miejscu. Droga wolna. Idziemy.

LEON: Stójcie. Nie wchodźcie. Tam musi się dziać coś niezwykłego. Ja wam to mówię.

BARBARA: Ja pójdę pierwsza i dowiem się. Wy czekajcie. Wrócę, jesli wszystko jest w porządku. A jeśli nie wrócę, to nie wchodźcie.

HALA: Pójdę z tobą. Jesli by coś było nie tak, to niemowlak będzie stanowił alibii. Niby, że wpadłam na chwilę do przyjaciółki pokazać dziecko...

BOGDAN: Co ma być nie tak? Bzdura.

BARBARA: Może i bzdura. Ale, po prostu, bądźmy ostrożni. Pójdę, zobaczć i powiem wam. *Do Hali* A ty zostań. Musisz być ostrożna za dwoje.

HALA: Jeśli muszę...

DANUTA: Nie każ nam za długo czekać. Zimno.

BARBARA: Wrócę za chwilę.

♪ *Idzie do drzwi i puka umówionym kodem. Tajniak, Gestapowcy i Zofia podnoszą się. Profesor kontynuuje grę.*

TAJNIAK *do Zofii*: Siadaj i siedź cicho. Jak to miło. Mamy już pierwszych gości...

Wyciąga pistolet i idzie do drzwi. Chce otworzyć drzwi, ale nie daje sobie rady z zamkiem.

Co jest? *Do Zofii, szeptem.* Zaciął się zamek. Pani gospodyni zechce otworzyć. Otwórz. No, już. I nie próbuj jakichś sztuczek.

ZOFIA bardzo powoli otwiera zamek. TAJNIAK odsuwa ją brutalnie na bok i otwiera drzwi. Ukazuje się Barbara. Tajniak mówi do niej szeptem:

;

Hände hoch! Ciii... Chodź tutaj. Zamknij drzwi za sobą. Powitać. No, proszę do środka. Zamknij za sobą drzwi, mówię ci. Profesor może się zaziębić.

BARBARA nagle odwraca się i ucieka, zatrzaskując drzwi. Tajniak strzela i rzuca się za nią, ale natyka się na zatrzaśnięte drzwi. Mocuje się z zamkiem. Gestapowcy dołączają do niego. Profesor przerywa granie. W tym czasię Barbara ukazuje się przy furtce do ogrodu. Jest ranna.

BARBARA: Uciekajcie, uciekajcie. Niemcy w domu. Uciekajcie.

Osuwa się na kolana. Hala kleka przy niej, chcąc pomóc.

Ratuj dziecko. Uciekaj. Zostaw mnie.

DANUTA: O, nie! Nie zostawimy cię tak... *Pomaga jej wstać.* Oprzyj się ...

BOGDAN: *Sięga do skrzynki pocztowej, wyciąga kartkę „zielone światło" i drze ją na kawałki.* Biegiem! W różne strony!

Rozbiegają się na wszystkie strony, Hala – pchając wózek. Danuta i Leon pomagają Barbarze.

We wnętrzu Tajniak zmusza Zofię do otwarcia drzwi. Wybiega wraz z Gestapowcami na ulicę.

TAJNIAK: Fuszerka. Gonić! Zatrzymać! Stać! Stać!

Rozbiegają się w różne strony. Słychać strzały.

Zofia biegnie do korytarza i wraca ubrana w płaszcz, w ręku ma płaszcz profesora.

♪ *Profesor patrzy na nią i zaczyna grać Etiudę No.12, c-moll, Op. 10 (Rewolucyjną) Chopina.*

Zofia powoli zsuwa koc z fortepianu, podnosi klapę, dźwięk bucha. Zdejmuje płaszcz, rzuca płaszcz mężą na krzesło. Umieszcza marionetę Paderewskiego na fotelu i sama siada na innym fotelu. Z uśmiechem słucha muzyki.

MIECZYSŁAW *ukazuje się przy skrzynce na listy. Szuka kartki „zielone światło." Nie znajduje. Rozgląda się i znajduje strzępy noty na ziemi. Pospiesznie wychodzi.*

Światło skupia się na profesorze, który ciągle gra.

Światło gaśnie.

▶ ▼ ◀

▶ EPILOG ◀

Profesor gra nadal.

Mieczysław, Danuta, Barbara, Bogdan, Leon i Hala ukazują się na widowni teatru. Hala trzyma za rekę pięcioletniego chłopca, który ma ręku dwie róże – białą i czerwoną.

Pułkownik Chwalski wprowadza na scenę marionetę Paderewskiego. Marioneta słucha muzyki. Dookoła marionety ukazują się Żołnierza i Dziewczęta (z I aktu). Wokół nich grupują się wszyscy aktorzy.

Gdy profesor kończy grać, oklaskują go.

Chłopiec ofiarowuje róże Profesorowi.

Profesor bierze chłopca za rękę i prowadzi do marionety. Daje róże chłopcu. Chłopiec wręcza róże marionecie Paderewskiego.

▶ **KONIEC** ◀

Buffalo – Niagara-on-the Lake 2003

▶ ▼ ◀

► **UTWORY MUZYCZNE** ◄

CZĘŚĆ I
Frydery Chopin
    Mazurek a-moll, Op. 59, Nr 1
    Scherzo Nr 1, h-moll, Op. 20
    Scherzo Nr 2, b-moll, Op. 31
    Preludium b-moll, Op. 28, Nr 16
    Etiuda rewolucyjna, c-moll, Op. 10, Nr. 12.

Johann Sebastian Bach
    Koncert włoski, BWV 971

Ludwig van Beethoven
    Sonata h-moll, Op. 27

CZĘŚĆ II
Paderewski
    Menuet G-dur, Op. 14, Nr 1
    Krakowiak fantastyczny, Op. 14, Nr 1.
    Wariacje i Fuga es-moll, Op 23.
    Album Tarzański, Op. 12, Nr 1.
    Krakowiak, Op. 5, Nr 1
    Mazurek e-moll, Op. 5, Nr 2.
    Krakowiak b-moll, Op. 5, Nr 3.

Johann Sebastian Bach
    Koncert włoski, BVW 971

Frydery Chopin
    Etiuda rewolucyjna, c-moll, Op. 10, Nr 12.

Akompaniament do pieśni
    Jeszcze jeden Mazur dzisiaj...
    Marsz Sokołów
    Wojenko, wojenko...

► ▼ ◄

▶ PADEREWSKI WRACA ◀

▶ DRAMAT ◀

POSTACI

Ignacy Paderewski

Józef Piłsudski

Helena Paderewska

Miss Gloria, właścicielka hotelu *Pod gwiazdą* w Paso Robles w Kaliforni

Miss Wonderwrite, krytyk muzyczny

Sylwin Strakacz, sekretarz osobisty Paderewskiego

Burmistrz miasta Ciężkowice

Stefan Trojanowski, plenipotent Paderewskiego

MIEJSCE AKCJI

Hotel Pod gwiazdą, w Paso Robles w Kalifornii

W akcie I: hall hotelowy

W akcie II: apartament Ignacego Paderewskiego

CZAS AKCJI

Widowisko jest historią jednej nocy z 21 na 22 maja 1922 roku

UWAGI

* Dramat ten oparty jest na faktach i rzeczywistych zdarzeniach; wykorzystuje prawdziwe wypowiedzi i dokumenty. Jest jednakże fikcją literacką.

* Akcja części I i początku części II toczy się symultanicznie.

* Ignacy Paderewski zwany jest w tej sztuce Prezydentem, takie było bowiem jego stanowisko w 1919 r. w Polsce „Prezydent Rady Ministrów" – tytułem Prezydenta obdarzano Paderewskiego przez następne lata życia. Wyjaśnijmy, że urzędu Prezydenta Rzeczypospolitej wtedy w Polsce nie było. Głową państwa był natomiast Józef Piłsudski, który posługiwał się tytułem „Naczelnik" – w nawiązaniu do tradycji Naczelnika Tadeusza Kościuszki.

► PROLOG ◄

♪ Słyszymy „Menueta à l'Antique" Paderewskiego.

Ignacy Paderewski ukazuje się w reflektorze punktowym i słucha. Po chwili kładzie palec na ustach. Muzyka cichnie.

PADEREWSKI: To było... Mówiono o nim, że muzyka śpiewa przez jego ręce... że jest czarodziejem fortepianu, poetą fortepianu, to znów, że gra na fortepianie tak, jakby brzmiała cała orkiestra symfoniczna. Istotnie, wypracował – doprawdy wypracował, ćwicząc godzinami, dniami, latami – swój własny, jemu jedynie znany zabieg, którego nikomu innemu nie udało się nigdy osiągnąć. Oto, gdy jego prawa ręka grała jedną melodię, a lewa inną, to – przyspieszając lub opóźniając o nieskończenie drobny ułamek sekundy tempo jednej lub drugiej ręki – był w stanie obie melodie grać osobno, ale zarazem łączył je, lub rozdzielał. To było jego słynne „Tempo rubato". To właśnie nadawało jego grze owo ogromne bogactwo melodyczne, sprawiające wrażenie całej orkiestry. I mówiono o nim, że jest geniuszem. Stary Camille Saint-Saëns, zażartował „Pan Paderewski to geniusz, który na dodatek gra na fortepianie"... Porównywano go do Prospera, który włada i duchami, i naturą. To znów pisano, że w jego grze jest dramatyczna tułaczka Odyseusza i spokojne fale bezpiecznej przystani Itaki, a nagle przez fortepian przelatują prometejskie porywy ognia i tryskają zeń zeusowe grzmoty... Chwalono jego niezwykłe połączenie intelektualizmu z uczuciowością, zderzanie szeptu pianissimo z tytaniczną siłą uderzenia... Tak było...

Pauza.

Na wiosnę 1922 roku Ignacy Paderewski znalazł się w małej miejscowości, Paso Robles w Kalifornii, położonej mniej więcej w pół drogi między San Francisco a Los Angeles. Zamieszkał w hotelu *Pod gwiazdą* – wynajmując zresztą cały hotel – w pobliżu dwóch majątków ziemskich, które tam posiadał, Ranczo San Ignacio i Ranczo Santa Helena. Ziemia ich obu rodziła piękne winorośle i zdawała się kryć bogactwo ropy naftowej. Miał już wtedy za sobą ćwierćwiecze szalonych światowych sukcesów jako wirtuoz gry na fortepianie i kompozytor, oraz kilka lat działalności politycznej, w tym przywództwa amerykańskiej Polonii i kierowania rządem Rzeczypospolitej po odzyskaniu przez Polskę niepodległości w 1918 roku. Karierę pianistyczną sam zarzucił dla polityki. Od polityki został przez rodaków w kraju odsunięty. Stanął na rozdrożu.

Ukazuję się kolejne postaci.

MISS WONDERWRITE: Jestem Miss Wonderwrite, krytyk muzyczny. Mistrzu, wciąż czekają na pana sale koncertowe całego świata. Królestwo sztuki, gotowe jest znów poddać się twemu panowaniu. Krytycy, impresariowie, melomani, wielbiciele, wielbicielki czekają na twój powrót...

PADEREWSKI: Ale po wieloletniej przerwie w koncertowaniu palce pianisty utraciły sprawność. Czy udałoby się je znowu wyćwiczyć?

STRAKACZ: Jestem Sylwin Strakacz, osobisty sekretarz pana Prezydenta Paderewskiego. Panie Prezydencie, urząd Prezydenta Rzeczpospolitej Polskiej czeka na pana w Warszawie. Jest pan na ten urząd kandydatem najlepszym i najgodniejszym. Współpracownicy, przyjaciele, zwolennicy, tłumy wzywają pana do kraju! Niech pan znów stanie na czele narodu!

PADEREWSKI: Ale rządy w Warszawie sprawowuje Naczelnik Józef Piłsudski. Czy zgodziłby się – ponownie, jak w 1919 roku – podzielić władzą?

TROJANOWSKI: Jestem Stefan Tojanowski, plenipotent pana Prezydenta. Żyzna ziemia kalifornijska obiecuje anu obfite zbiory winorośli i kryje niezmierzone zasoby ropy naftowej. Tylko pędzić wino i pompować ropę.

PADEREWSKI: Zamiast pianisty i kompozytora mam zostać winiarzem i nafciarzem?

MISS GLORIA: Jestem Miss Gloria, właścicielka Hotelu *Pod gwiazdą* w Paso Robles. Nasze miasto oferuje mistrzowi ogromne zniżki podatkowe od produkcji wina, od wydobycia ropy... za samo zamieszkanie u nas... za przyciąganie turystów...

PADEREWSKI: Mam być do końca życia rentierem? Żyć tylko z procentów od dawnej sławy?

PANI HELENA: Jestem Helena Paderewska, tak to ja. Kochanka, a potem żona mistrza. Niuńcio nie zapomina, mam nadzieję, że w Szwajcarii czeka na nas nasz pałacyk, no, i moja farma kurza... moje kurki...

PADEREWSKI: Nie. Nie zapominam. To piękne miejsce nad Jeziorem Genewskim to spokojna przystań. Ale utrzymanie Riond Bosson wymaga ogromnych pieniędzy. A tych brak. Rozdane, darowane głodującym w czasie wojny rodakom... Wydane na koszty Sprawy Narodowej... Nie brałem rządowej pensji w Warszawie, sam pokrywałem wydatki prezentacyjne w Paryżu na konferencji pokojowej...

BURMISTRZ: Jestem Burmistrz miasta Ciękowice pod Tarnowem. Panie Paderewski, niech pan wraca do kraju. Nie na warszawski Zamek, ale do swego dworu w Kąśnej. Pomożemy panu zagospodarować się, a pan nam pomoże dźwignąć całą okolicę.

PADEREWSKI: Ach tak, jest przecież kraj, nie Warszawka, ale po prostu kraj – za którym tęsknota... Więc – co? Muzyka? Przemysł? Prezydentura? Serce? Obowiązek? Co przyniesię ta noc?

Ściemnienie.

► **CZĘŚĆ I** ◄

Recpcja i salon hotelu „Pod gwiazdą".

Miss Wonderwrite pisze w zeszycie w twardej oprawie. Stefan Trojanowski przegląda dokumenty. Miss Gloria sprawdza rachunki w recepcji. Sylwin Strakacz przynosi dwie wielkie walizy, płaszcz, parasol. Oddaje klucz Miss Glorii.

STRAKACZ: Klucz od mojego pokoju, miss Gloria. Zwalniam. Może już tutaj nigdy nie przyjadę. A niedługo zwolni się też apartament pana Prezydenta. Za trzy-cztery tygodnie przyjdzie depesza z Warszawy wzywająca go...

MISS GLORIA: Wszystkie depesze adresowane na hotel listonosz przynosi do mnie. A ja nie przekażę panu Prezydentowi takiej depeszy.

STRAKACZ: To by było przestępstwo. W Ameryce nie ma cenzury korespondencji. Pani żartuje...

MISS GLORIA: Żartuję. Sama mu natychmiast zaniosę pana depeszę i sama polecę na pocztę z odpowiedzią, że zostaje tutaj. Bo wiem, jak go tu zatrzymam. A pan, panie Sylwinie, pan niech wraca do tej swojej Warszawy. Dobrej drogi. Raczej, dobrej pogody na oceanie.

STRAKACZ: Dziękuję. Będzie dobra. Pan Prezydent także będzie miał dobrą pogodę. Zdąży się przeprawić do Europy przed jesiennymi burzami.

MISS GLORIA: Aby natrafić na burze polityczne w Polsce! Nigdzie nie pojedzie. Tu mu dobrze. A będzie jeszcze lepiej.

STRAKACZ: Pan Prezydent nigdy nie wybiera tego, co dobre dla niego. Kieruje się dobrem ogółu. No, pójdę się pożegnać z panem Prezydentem. Są jacyś interesanci na posłuchanie? Kto mnie tu zastąpi w obowiązkach sekretarza...

MISS GLORIA: Ja. Ja pana zastąpię. Tym niech się pan nie martwi.

STRAKACZ: Właśnie tym martwię się najbardziej. Czy są jacyś interesanci?

MISS GLORIA: Czeka pan Trojanowski. I już od południa czai się ta sławna dziennikarka, Miss Wonderwrite. *Uśmiecha się do Miss Wonderwrite, która spogląda na nią z nad notatek. Miss Gloria zniża głos*: Wie pan, ta wariatka, co to zawsze za panem Prezydentem się ugania... Oczywiście, zakochana po uszy, jak wszystkie te melomanki... paddymanki...

STRAKACZ: A pani nie zaraziła się paddymanią, co?

MISS GLORIA: Ja jestem kobietą businessu. Kalkulacja. Koszty i dochody. Straty i zyski. Ale jeśli to się opłaci, to jestem gotowa nawet i w paddymanię popaść.

STRAKACZ: Obawiam się, że już pani przeprowadziła swoją kalkulację. Tym bardziej niespokojny o pana Prezydenta wyjadę...

MISS GLORIA: Zadbam o niego. Nie będę dopuszczała do niego żadnych niepożądanych intersantów, ani interesantek... Zwłaszcza tej...

STRAKACZ: Jednak pan Prezydent może sobie życzyć przyjąć Miss Wonderwrite. Ceni jej pióro. Udzielił jej wielu wywiadów.

MISS GLORIA: Niech czeka. Przed nią jest pan Trojanowski, plenipotent.

STARKACZ: Proszę zawsze skrupulatnie indagować wszystkich interesantów kto, po co, dlaczego, w jakiej sprawie. Wprowadzać przed oblicze tylko te osoby, które pan Prezydent wyraźnie zażyczy sobie przyjąć. I nie kto pierwszy przyszedł, tylko kogo pan Prezydent chciałby widzieć pierwszego.

MISS GLORIA: Ona chyba będzie tu siedzieć do północy. A ja sama mam do pana Prezydenta ważną sprawę.

STRAKACZ: Osobistą?

MISS GLORIA: Publiczną! Miejską! Jestem członkiem Rady Miejskiej Paso Robles!

STARKACZ: Wiem. Ale nie wiem, czy umie pani oddzielać sprawy osobiste od publicznych. A takiego misz-maszu pan Prezydent nie znosi. Proszę to zapamiętać. I proszę pamiętać, że sprawy publiczne są dla pana Prezydenta zawsze pierwsze.

Zwraca się do Miss Wonderwrite. Hallo, Miss Wonderwrite. Jestem Sylwin Strakacz. Witam panią. Jak zdrowie? Jak podróż z Nowego Jorku? Co słychać w wielkim świecie muzyki?

MISS WONDERWRITE: To pan Sylwin Strakacz! Nareszcie pana poznaję. Tyle o panu słyszałem. To pan jest tym słynnym niewidzialnym sekretarzem osobistym mistrza, który pociąga za wszystkie sznurki, a sam stoi zawsze w cieniu? Jakiż przystojny mężczyzna. Chciałabym z panem zrobić wywiad. Pan wyjeżdża?

STRAKACZ: Wywiadów nigdy nikomu nie udzielam. Z tym proszę zwracać się tylko do pana Prezydenta. Tak wyjeżdżam. Niecierpiące zwłoki sprawy w Warszawie. Pan Prezydent zlecił mi tę podróż. Własnie idę go pożegnać.

MISS WONDERWRITE: Pq co pan jedzie?

STRAKACZ: To delikatna misja.

MISS WONDERWRITE: Tajna? Pan emisariusz? Znam to z waszej zwariowanej historii. Emisariusz z kraju wymyka się za granicę. Emisariusz z zagranicy wkrada się do kraju. Jeszcze ciągle w Polsce konspiracja? Jak pod zaborami?

STRAKACZ: To nie konspiracja, to dyplomacja. W wolnym i niepodległym kraju. Przepraszam, pan Prezydent czeka...

MISS WONDERWRITE: Niech mu pan powie, że ja też czekam. *Do Miss Glorii* I nie wyjadę bez zobaczenia go. *Do Strakacza:* Mam mu do przekazania bardzo ważne dokumenty.

STRAKACZ: Dokumenty? To może ja je przekażę?

MISS WONDERWRITE: Nie, muszę osobiście. Będę czekała.

Strakacz odchodzi.

TROJANOWSKI: Pani wie, że jestem w kolejce przed panią?

MISS WONDERWRITE: Nie ustąpi pan damie? Mamy z mistrzem do omówinia ważne sprawy muzyczne. Ja, i Euterpe.

TROJANOWSKI: Teraz u niego interesy pierwsze. Euterpe? Muza muzyki?

MISS WONDERWRITE: Pan plenipotent wykształcony! Proszę, proszę... Tak, Euterpe tęskni do jego uścisków.

TROJANOWSKI: Zanim zostałem ekonomem byłem impresariem. Organizowałem koncerty mistrza w Buffalo. Był u nas równo dziesięć razy. A przedtem byłem nafciarzem.

MISS WONDERWRITE: W Buffalo? Byłam! Byłam za każdym razem. Ach, pamiętam ten słynny koncert w 1917 roku, po którym mistrz wezwał Polonię amerykańską do zaciągu do Armii Kościuszki.

TROJANOWSKI: Wielu usłuchało wezwania...

MISS WONDERWRITE: Tak! Tak, pamiętam... Wielkie plakaty, a na nich tylko PADEREWSKI – wiekimi literami. I tylko godzina i sala...

TROJANOWSKI: Ja to wymyśliłem. PADEREWSKI. Samo nazwisko mówiło dość.

MISS WONDERWRITE: Największa sala w ratuszu przepełniona. Polacy, Amerykanie, robotnicy z huty, księża, wojskowi, starzy, młodzi...

TROJANOWSKI: Tak. Wielu młodych...

MISS WONDERWRITE: Wszyscy rozentuzjazmowani. Wchodzi mistrz. Niemilknąca owacja. Mistrz siada do fortepianu. Głucha cisza. Mistrz gra Chopina. Wybuchy płaczu. To było tak... jakby Chopin napełnił dłonie Paderewskiego miłością do waszej ojczyzny, Polski, i Paderewski dawał tę miłość wszystkim słuchaczom...Tę wielką, bezgraniczną, ofiarną, mistyczną miłość... I po tym koncercie, po niekończących się owacjach, mistrz wygłosił mowę o sytuacji w Polsce, o jej cierpieniach pod trzema okrutnymi zaborcami, i powiedział, że Polska musi zostać wskrzeszona, i że Ameryka musi do tego wskrzeszenia się przyłożyć, że wszyscy Amerykanie polskiego pochodzenia muszą dla sprawy Polski dać swoje serca, pieniądze, a jak by trzeba, to i krew...

TROJANOWSKI: Dali... krew...

MISS WONDERWRITE: Że otwarty zostaje zaciąg ochotniczy do polskiej armii w Ameryce...

TROJANOWSKI: Pierwszy punkt werbunkowy był w Buffalo. Zaraz po koncercie ustawiła się długa kolejka.

MISS WONDERWRITE: Zachwyt. Wszyscy powstali. Skandowali Pa-de-re-wski, Pa-de-re-wski...

TROJANOWSKI: Wiem. Byłem tam. I mój syn też. Poszedł do tej kolejki...

MISS WONDERWRITE: I co? Zaciągnął się?

TROJANOWSKI: Na ochotnika. Potem organizowałem jeszcze kolejne meetingi mistrza w Buffalo.

MISS WONDERWRITE: Meetingi?

TROJANOWSKI: Więcej wtedy mówił niż grał. Ale do fortepianu też siadał. Zawsze musiał mieć Stainway'a. Woził ze sobą. Ale co to była za delikatna robota przetransportować taki grzmot ze stacji. Zawsze i tak pół dnia strojenia. Mistrz zawsze sam sprawdzał nim siadł do klawiszy.

MISS WONDERWRITE: To pan jest bratnia duszą. Pan mnie rozumie. Niech mi pan pomoże przekonać mistrza, aby wrócił na estrady.

TROJANOWSKI: Nie pomogę. Za dobrze go znam. To by go teraz za wiele kosztowało. Dość się nacierpiał przy klawiaturze.

MISS WONDERWRITE: Był w tym szczęśliwy.

TROJANOWSKI: Płacił za to wielką cenę.

W wejściu ukazuje się Burmistrz z walizami. Podchodzi do recepcji.

BURMISTRZ: Zimmer?... Bitte...

MISS GLORIA: You don't speak English, sir?

BURMISTRZ: Niks. Deutch sprechen. Albo po polsku.

MISS GLORIA: Po polsku? Proszę bardzo. My tu wszyscy po polsku, bo cały hotel wynajęty przez pana Prezydenta Ignacego Paderewskiego.

BURMISTRZ: Paderewskiego!

MISS GLORIA: Paderewskiego.

BURMISTRZ: Ignacego!

MISS GLORIA: Ignacego.

BURMISTRZ: Prezydenta!

MISS GLORIA: Prezydenta.

BURMISTRZ: No, to trafiłem jak ślepa kura ziarno! Do niego zjechałem.

MISS GLORIA: Skąd pan wiedział, że pan Prezydent Paderewski jest tutaj?

BURMISTRZ: Wujek mi napisał, co to w Los Angeles mieszka, że pan Paderewski teraz w Paso Robles urzęduje, to ja w pociąg, na statek i do niego.

MISS GLORIA: Do niego? Pisał pan z prośbą o audiencję?

BURMISTRZ: Nie...

MISS GLORIA: Telegrafował pan?

BURMISTRZ: Nie...

MISS GLORIA: Zarezerwował pan pokój telefonicznie?

BURMISTRZ: Nie...

MISS GLORIA: No, to niech pan szuka innego hotelu. A audiencji u pana Prezydenta szybko pan nie otrzyma. Jest bardzo zajęty. Wiele osób czeka na posłuchanie.

BURMISTRZ: Ale ja przyjechałem, a raczej przypłynąłem, z bardzo daleka. Z Europy. Z Polski. Z Kąśnej.

MISS GLORIA: Z Kąsznej? Nigdy nie słyszałam.

BURMISTRZ: Z Kąśnej Dolnej. A raczej z Ciężkowic. Niech mu pani tylko powie, że przyjechał do niego pan burmistrz z Ciężkowic z deputacją, to jest – z poselstwem, to jest – z pokorną prośbą... Już on będzie wiedział skąd. Zaraz mnie przyjmie.

MISS GLORIA: Najpierw – to ja pana muszę przyjąć. Albo nie przyjąć. Jestem włascicielką tego hotelu.

BURMISTRZ: Pani łaskawa, to pokornie proszę o pokoik... Może jaka malutka izdebka?

MISS GLORIA: Pokój może się i znajdzie. Ale musi pan mnie najpierw całą sprawę przedłożyć. Ja teraz pełnię obowiązki sekretarza pana Prezydenta. Ja mu zaraportuję. Albo nie zaraportuję. A jak zaraportuję, to wtedy dopiero pan Prezydent rozważy, czy pana burmistrza przyjąć.

BURMISTRZ: Jak to tak? To ja najpierw trzy dni pociągiem z Tarnowa, przez Kraków, do Bremen, przez całą Europę, potem dziewięć dni przez wodę do Nowego Jorku, potem znów trzy dni pociągiem do Los Angeles, u wujka długo nie zabawiłem, tyle co jedną flaszką obalić, i znów w pociąg, i jeszcze cały dzień tutaj, do Paso Robles, razem prawie dwa tygodnie, nawet w niedzielę na Mszy świętej nie byłem, a tu „zaraportować" albo „nie zaraportować", to jakby jakaś wiedeńska maszyneria. Koszty podróży wielkie, wprawdzie gmina na siebie bierze, a tu na rozkurz! Myślałem, że Ameryka to wolny kraj, więc każdy z każdym spotkać się może...

MISS GLORIA: Po co tyle gadania? Po co te nerwy? To właśnie jest nasza wolność, że my możemy się spotkać z kim chcemy, a z kim nie chcemy, to nie! I żaden nam wiedeński urzędnik nic nie każe.

BURMISTRZ: To mam się zabierać? Znów dwa tygodnie? I po nic? Dobrze, wrócę do Ciężkowic i w gazecie w Krakowie ogłoszę jak to mnie pięknie Prezydent Paderewski potraktował. Jakie to ma sekretarki, gadziny jakie! Jaka to jest ta amerykańska demokracja!

MISS GLORIA: Amerykańska demokracja i w Polsce by się przydała!

BURMISTRZ: Szlachcic na zagrodzie równy wojewodzie. A burmistrz równy pezydentowi.

MISS GLORIA: No już, dobrze. O demokracji i wolności jeszcze sobie pogadamy. I o Ameryce też.

BURMISTRZ: Ja przyjechałem o Polsce mówić. Ja przyjechałem, żeby panu Prezydentowi przedłożyć prośbę pokorną o powrót do Kąśnej. Rada Miejska Ciężkowic mnie wysłała, a i mieszkańcy namówili, niech pan Prezydent wróci, letnisko urządzi, tak jak kiedyś chciał, mam tu petycję. Sanatorium wybudować. Most rzucić od dworu, aż do Skamieniałego Miasta. Stawy oczyścić i zarybić...

MISS GLORIA: Nie tak szybko... Przedstawi mi pan to potem... Teraz dam panu klucz. Rozpakuje się pan, odświeży. A potem niech pan zejdzie. Zobaczę, co się da zrobić. Może pan Prezydent przyjmie pana burmistrza jeszcze tej nocy.

MISS WONDERWRITE: Najpierw ja. Ja czekam już od rana.

MISS GLORIA: Wszystko zależy od pana Prezydenta. Proszę, panie Burmistrzu, pokój numer cztery. Po schodach i na lewo.

Daje klucz Burmistrzowi, który wychodzi. Z fotela podnosi się Stefan Trojanowski.

TROJANOWSKI: Mnie pan Prezydent chciał widzieć bardzo pilnie. Ja pójdę przed tą panią, za przeproszeniem.

MISS GLORIA: Teraz pan Prezydent rozmawia z panem sekretarzem Strakaczem. Ostatnia narada przed kampanią. Trzeba czekać.

MISS WONDERWRITE: Przed jaką kampanią?

MISS GLORIA: To pani nie wie, że Pan Strakacz jedzie do Warszawy kampanię elekcyjną pana Prezydenta Paderewskiego na Prezydenta Polski zainaugurować?

MISS WONDERWRITE: Nic mi pan Strakacz nie powiedział...

MISS GLORIA: Pani nie powiedział. Ale wszystkie wróble na dachu o tym ćwierkają. Raczej kolibry. Ale niech się pani nie boi. Pana Strakacza wysyłamy do kraju, żeby nam tu nie bruździł. A pan Paderewski zostaje z nami. W Ameryce. Nie damy mu nigdzie wyjechać. Tutaj jest potrzebny.

MISS WONDERWRITE: Tutaj? W tej kalifornijskiej dziurze? On zostanie w Ameryce, tak, ale nie tu. Zostanie na estradach sal koncertowych wielkich miast!

MISS GLORIA: Przecież wiadomo, że nie koncertował już – od ilu to lat? – siedmiu, ośmiu...

MISS WONDERWRITE: Nie dawał wielkich, solowych koncertów od siedmiu lat, czterech miesięcy i – *zagląda do notatek* – czternastu dni, tak, czternastu. Ale grał w Białym Domu, na wiecach, a i w gronie przyjaciół,. Słuchałam go tyle razy...

MISS GLORIA: Od czasu wyjazdu do Europy w 1918 w ogóle nie grał. Aż do dziś. Więc już przeszło trzy i pół roku. A przecież przyjechał tutaj już prawie rok temu. A dlaczego nie koncertuje? Pani tego nie wie? A ja wiem. Ściany mają uszy. Nieraz do fortepianu siada, ale co zagra, to się pomyli. W tym rzecz. Palce nie te. Już on nie będzie pianistą, wirtuozem. Już się wasza paddymania skończyła. Teraz on nasz.

MISS WONDERWRITE: Zawłaszczyła go pani? A szanowna małżonka, pani Helena?

MISS GLORIA: Nie ja. Nie ja. Cała społeczność miasta Paso Robles jest mu teraz rodziną. Tu z nami zostanie. Zobaczy pani. Mamy dla niego ofertę nie do odrzucenia.

TROJANOWSKI: Nie wiem jaką pani ma ofertą, panno Glorio, ale wiem czego ja pilnuję dla pana Prezydenta. Wino dookoła. Ropa pod stopami. „Paderewski Zinfandel" podbije rynek. I smakiem i marką. A ropa nawet nazwy nie potrzebuje. Czarne złoto.

MISS WONDERWRITE: Nie zostanie tutaj. Znam go. Wyrwie się z klatki. Choćby i złotej. Poszybuje. Jak dawniej. Na skrzydłach muzyki... On, współczesny nieśmiertelny...

MISS GLORIA: Poetyzowanie. I to kiepskie, dziennikarskie. A my tu mistrzowi szykujemy konkrety. Przeliczone na dolary. Zawsze zarabiać lubił.

MISS WONDERWRITE: Ależ nie to było jego celem! Nigdy. Przenigdy. Jeżeli zarabiał, to natychmiast rozdawał.

MISS GLORIA: I dobrze, że rozdał wszystko. Teraz będzie musiał znów zgromadzić. A my mu pomożemy. Damy mu zarobić. Prawda, panie Stefanie?

TROJANOWSKI: Potwierdzam. Taki jest rachunek. A pan Prezydent zna się na reklamie. Sam umie rachować.

Ukazuje się Strakacz.

MISS WONDERWRITE: Rachunki! Arytmetyka! To poniżej poziomu wielkiego artysty.

MISS GLORIA: Już nie jest artystą.

MISS WONDERWRITE: Nie wolno tak o nim mówić. Nie wolno!

STRAKACZ: Jakieś emocje? Może by tak ciszej? Pan Prezydent pracuje. Ten hotel ma chyba ściany z tektury, Miss Gloria. Wszystko słychać na górze.

MISS GLORIA: To najlepszy hotel w całej okolicy. Tylko panu się nie podoba.

STRAKACZ: Nie chodzi o mnie, tylko o pana Prezydenta. O jego spokój i warunki do pracy. Ja już wyjeżdżam. Pan Prezydent prosi pana Trojanowskiego.

MISS WONDERWRITE: A ja? Czy pan mnie zaanonsował?

STRAKACZ: Tak. Pan Prezydent jest pani bardzo wdzięczny za przyjazd i będzie starał się znaleźć czas dla pani. Najpierw jednak musi podjąć pewne decyzje gospodarcze. Proszę, panie Stefanie, pan Prezydent czeka.

Trojanowski wychodzi.

STRAKACZ: Nie zajechał jeszcze po mnie automobil?

MISS GLORIA: Nie. *Do Miss Wonderwrite* Nie mówiłam? Teraz u niego na pierwszym miejscu gospodarka, ekonomika, pieniądze. A nie muzyka.

MISS WONDERWRITE: Więc mam czekać? Nie cofnę się przed żadną ofiarą.

Wchodzi Burmistrz – przebrany, odświeżony.

BURMISTRZ: *Do Miss Glorii* No, jak tam? Mogę się zobaczyć z panem Prezydentem?

MISS GLORIA: Nie tak zaraz. Trzeba czekać. Ta pani także czeka.

BURMISTRZ: No, to i ja poczekam.

STRAKACZ: *Do Miss Glorii* Kto to?

MISS GLORIA: Przedstawił się jako burmistrz miasta Ciężkowice, gdzieś pod Tarnowem, w Europie. Słyszał pan kiedyś o jakimś Tarnowie?

STRAKACZ: Słyszałem. Sławne miasto. *Do Burmistrza* Miło mi powitać pana Burmistrza. Z Ciężkowic, prawda? Jestem Sylwin Strakacz, sekretarz osobisty pana Prezydenta Paderewskiego. Czym mogę panu służyć?

BURMISTRZ: Ta pani mówiła, że ona jest sekretarką.

MISS GLORIA: Bo pan sekretarz właśnie wyjeżdża.

STRAKACZ: Jeszcze nie wyjechałem. Więc czym mogę służyć?

BURMISTRZ: Już mówiłem tej pani. Przyjechałem, żeby panu Prezydentowi przedłożyć prośbę pokorną o powrót do Kąśnej Dolnej. Rada Miejska Ciężkowic mnie wysłała, a i mieszkańcy namówili, niech pan Prezydent wróci, letnisko urządzi, jak kiedyś chciał. Tu mam petycję. Tu mam wyliczenia jakie by potrzebne były wkłady, bo potrzebne by były. Sanatorium wybudować. Most rzucić od dworu, aż do Skamieniałego Miasta. Stawy oczyścić i zarybić. Obecni właściciele, państwo Kodrębscy dwór nazad odprzedadzą. Już są namówieni. Skamieniałe Miasto gmina sprzeda. Sanatorium tam można zbudować. O, tu jest uchwała. Kiedyś, ojcowie miasta głupi byli i tępi, nic nie rozumieli, jaki to się postęp na całym świecie szykuje. To gruntu panu Paderewskiemu sprzedać nie chcieli, ani wydzierżawić. Mówili, że pastwiska dla gminy potrzebne, a jak letnicy przyjadą, to wydepczą. A jeszcze, mówili, w bieliźnie po polu chodzić będą, a co po krzakach, to już nawet myśleć się nie godzi, zgorszenie tylko. Moralność w okolicy upadnie. Więc się zaparli przeciw panu Paderewskiemu. On się pogniewał. Kąśnę sprzedał. I figa z tego była. Ale teraz rada inna, inne czasy. Postęp! Postęp wielki. Postęp szybki. Krynica pod bokiem nam głowę podnosi, a u nas przecie wody lepsze, widoki piękniejsze. Tośmy się zebrali i uradzili, żeby pana Paderewskiego napowrót do Kąśnej namówić. Tu mam wszystkie dokumenty. Tu rysunki i wierszyki dzieci na cześć pana Paderewskiego... Tutaj...

Strakacz przerywa mu grzecznie.

STRAKACZ: Rozumiem. Rozumiem, panie Burmistrzu. To bardzo piękny plan i bardzo ciekawa propozycja. Trzeba ją panu Prezydentowi przedstawić. Może rozważy. Bo gdyby się tak złożyło, że on do kraju wróci, no, do Warszawy... nie do Kąśnej... Ale mógłby może dziełu rozwoju Kąśnej patronować, dziełu podniesienia, unowocześnienia... postępu, jak pan Burmistrz był uprzejmy zauważyć... To by się dało odpowiednio ukierunkować... Właściel posiadłości ziemskiej w kraju... Ziemianin... Byłby w tym pewien symbolizm... Miałoby to wagę polityczną... Dobrze, dobrze... Tak, musi pan porozmawiać z panem Prezydentem.

♪ *Odzywa się klakson samochodu.*

To już pewnie po mnie automobil. *Wychodzi szybko, wraca.* Tak. To po mnie. Ale skoczę jeszcze do pana Prezydenta...

MISS GLORIA: Ja to załatwię. Spóźni się pan na pociąg do Los Angeles.

STRAKACZ: To ważna sprawa, narodowa. Zaraz będę z powrotem.

MISS GLORIA: Nie dowierza mi pan?

STRAKACZ: Więc dobrze. Jak tylko zejdzie pan Trojanowski, proszę zaanonsować panu Prezydentowi pana Burmistrza.

BURMISTRZ: Z Ciężkowic.

STRAKACZ: Tak. Z moją rekomendacją. Rozumie pani? Ja wyraziłem zgodę na tę rozmowę.

MISS GLORIA: Rozumiem. A jak będą się zgłaszali inni interesanci, to będę za każdym razem telegrafowała do pana do Warszawy z zapytaniem, czy pan ich rekomenduje.

STRAKACZ: Panno Glorio, proszę nie żartować. Pełnienie obowiązków sekretarza przy panu Prezydencie proszę traktować z całą powagą. Sam załatwię tę ostatnią sprawę. *Wychodzi.*

MISS GLORIA *woła za nim*: Nieładnie! Brak zaufania do współpracowników! *Do Burmistrza* Pewnie miał rację. Załatwi panu tę audiencję od ręki.

BURMISTRZ: Ostry pan. Jak jaki starosta, albo i minister. Strach.

MISS GLORIA: A pan nie ostry? W swojej gminie?

BURMISTRZ: No, u siebie... Cała gmina za mną stoi.

MISS GLORIA: A za nim pan Prezydent.

BURMISTRZ: Pan Prezydent Paderewski, znaczy. To mam być przed jego oczy dopuszczony?

MISS GLORIA: Po to pan przyjechał.

BURMISTRZ: Strach.

Wraca Strakacz z Trojanowskim.

STRAKACZ: Pan Prezydent pana przyjmie, panie Burmistrzu. Zaraz. Proszę mówić jasno i zwięźle. Przywiózł pan dokumenty, prawda? To proszę je okazać i objaśnić. Należy się zwracać do pana Prezydenta per „panie Prezydencie." Życzę powodzenia. Mam nadzieję, że zobaczymy się niebawem w Kąśnej. Dam panu znać z Warszawy telegramem. A wtedy, to trzeba się dobrze przygotować na państwową wizytę: banderia konna na granicy gminy, dzieci szkolne na rynku z kwiatami, orkiestra strażacka, chór kościelny spiewa „Gaude Mater Polonia", mowy powitalne, nie długie, ale trzy, co najmniej proboszcz, burmistrz, nauczyciel. Przyjęcie w kasynie. Rozmowy o interesach w urzędzie gminnym...

BURMISTRZ: Wizyta państwowa?

STRAKACZ: Pan Prezydent przyjechałby jako Prezydent Rzeczypospolitej Polskiej. Po schodach, na górę.

BURMISTRZ: Do Prezydenta Polski?

STRAKACZ: Niech pan nie zmarnuje okazji. No, to do widzenia. *Żegna się skinieniem głowy*: Panie Burmistrzu. Panie Plenipotencie. Miss Wonderwrite. Miss Gloria. Liczę na panią. Proszę dokładnie przeglądać pocztę. Zwłaszcza telegramy z Warszawy. Żegnam państwa.

Wychodzi zabierając walizy.

MISS GLORIA: Sekretarz idealny. Służbista, ale w gruncie rzeczy dusza człowiek. Dałby się posiekać za pana Prezydenta. Ale teraz nasze rządy. No, niech pan idzie. Pan Prezydent czeka.

TROJANOWSKI: Schodami na górę. Drzwi zaraz na prawo. Zapukać i czekać.

BURMISTRZ: Muszę tam iść?

MISS GLORIA: Prosił pan o audiencję.

BURMISTRZ: Ale jakoś niesporo. Do samego Prezydenta? Może jutro rano?

MISS GLORIA: Teraz. Tak wyznaczył.

BURMISTRZ: Do Prezydenta Rzeczypospolitej?

MISS GLORIA: Do Prezydenta!

BURMISTRZ: Kiej się boję.

MISS GLORIA: Bo pan Prezydent jeszcze się rozmyśli i nie udzieli panu posłuchania! Tędy.

BURMISTRZ Już idę. Lecę.

Burmistrz wychodzi.

MISS GLORIA: Prowincjusz. Żeby nam tylko pana Prezydenta nie przekabacił.

TROJANOWSKI: Pan Prezydent jest dziś w złym usposobieniu. Coś mu dolega. Jakieś mysli waży. Nie będzie go słuchał łaskawie.

MISS GLORIA: A jak panu poszło?

TROJANOWSKI: Sprawozdania i z winnic, i z odwiertów, są pomyślne. Nakazał trzy nowe wieże. Ale nie chce się ze mną na razie wybrać na obchód pól naftowych. Wie pani, ropę można poczuć pod stopą... Raz, pamiętam, w Teksasie wyszedłem o świcie, idę ku szybom, mieliśmy ich tam cały las... Piękny. Słońce pomarańczowe wschodzi. Z nim upał. Kratownice wież falują w jasnym promieniu. Idę ku słońcu. Horyzont ogromny. A ja nagle czuję, że muszę się odwrócić i iść w drugą stronę. Nie do słońca, ale od niego. Ruszam na zachód. Upał rośnie na karku, na plecach. Idę długo. I nagle staję. I wiem, że to tu. Ropa. Jak tam zrobiliśmy odwiert, to chlusnęło tak wysoko, jak jeszcze nigdy nie widziałem. Znajdę i tu.

Wchodzi pani Helena Paderewska. Jest w szlafroku, niesie jakieś pudełko.

PANI HELENA: Panno Glorio, czym się karmi takie ptaki? Znalazłam na balkonie. Ma złamane skrzydełko. Jakiś taki czerwony. Niech pani popatrzy. Żeby tylko nie uciekł...

MISS GLORIA *zagląda do pudełka*: To kardynał.

PANI HELENA: Kardynał? Cóż za nazwa? To jakoś nie wypada. Książę Kościoła Świętego?

MISS GLORIA: Kardynał. Ptak kalifornijski.

TROJANOWSKI: Kardynał. Gdzie indziej w Ameryce też ich sporo. Zwłaszcza na wschodnim wybrzeżu. W południowej Kalifornii też. Kardynał. Tak go nazwali, bo cały czerwony. Skrzydło złamał?

PANI HELENA: Szamotał się na balkonie. Rzuciłam na niego chustę. Złapałam. I do pudełka. Ale trzeba mu jakoś to skrzydło przewiązać, nakarmić. Co taki kardynał jada?

MISS GLORIA: Ziarenka różne. Z krzewów. Trzeba by nazbierać w ogrodzie.

TROJANOWSKI: I wody mu dać trzeba.

MISS GLORIA: Przyniosę szklaneczkę. Proszę zaczekać, pani Heleno.

Pani Helena siada.

PANI HELENA: Biedne maleństwo. Byłby zginął beze mnie. *Rozgląda się.* Czy to panna Wonderwrite?

MISS WONDERWRITE: Tak, madame, to ja. Miło mi panią widzieć.

PANI HELENA: Tak późno?

MISS WONDERWRITE: Wcześnie. Przyjechałam wcześnie rano. Ale nie mogę się doczekać ma posłuchanie u mistrza.

PANI HELENA: Pewnie nie chce Panny w ogóle widzieć. Po co? Już on nie koncertuje. Już panna nie ma o czym pisać. Właśnie szykujemy się do powrotu do Szwajcarii. Troszkę spokoju od dziennikarzy. I moje kurki czekają.

MISS WONDERWRITE: Nigdy nie będzie spokoju od wielbicieli muzyki mistrza.

Wraca Miss Gloria ze szklanką wody. Pani Helena bierze ją i odruchowo wypija.

PANI HELENA: Dziękuję. I od wielbicielek też nie będzie spokoju, co? Po co panna męża nachodzi? Po co panna za nim jeździ? Tolerowałam to, gdy koncertował. Tolerowałam, bo wiedziałam, że to sprzyja jego karierze. Ktoś musiał szerokiej publiczności donosić jakim jest wspaniałym pianistą. Ale teraz? Dosyć tego. Niech się panna zabiera. Już ja mu powiem, żeby Panny nie przyjmował. Dobranoc.

MISS WONDERWRITE: O pani akcjach charytatywnych też pisałam, pani Heleno. Była pani taka dobra, taka tkliwa... Była pani matką dla tych młodych żołnierzy z Armii Kościuszki, dla sierot, dla pogorzelców, dla głodnych. Zawsze panią podziwiałam. Czciłam panią.

PANI HELENA: Doprawdy?

MISS WONDERWRITE: Jest pani cudowna kobietą. Dzielną. Tkliwą. Teraz zajęła się pani tym ptaszkiem. Jakież serce.

PANI HELENA: Ja? Moje serce?

MISS WONDERWRITE: Najczulsze. Najtroskliwsze. Matczyne. Pisałam o pani sercu. I jak pani pięknie wyglądała w tym mudurze Polskiego Białego Krzyża, ze srebrnym orłem na piersi. A na piersiach orła ten biały krzyż. Jakaż głęboka symbolika.

PANI HELENA: Pani o mnie pisała? Jaka pani miła...

MISS WONDERWRITE: Reportaże. Artykuły.

PANI HELENA: Już nie ma o czym. Już się wojna skończyła. Ranni się wyleczyli. Zabitych pogrzebano. Nic już po mnie w Ameryce. A w Polsce nas nie chcą. Politycy. Posłowie. Pospólstwo. Więc Szwajcaria. Niebawem wyjeżdżamy do Riond Bosson.

MISS WONDERWRITE: Chciałabym jednak przedstawić mistrzowi pewne propozycje... Są bardzo kuszące. Może mistrz zechce się zastanowić.

PANI HELENA: Co ma Niuńcio do zastanawiania? Ja chcę do Szwajcarii. A panna działa mi na nerwy. Niech się panna wynosi! Panno Glorio, proszę zawołać portiera, żeby wyprowadził tę pannę. Zaaresztować ją! Proszę jej pod żadnym pozorem nie dopuścić do męża. Przepędzić! Przepędzić! Nienawidzę was. *Zgniata trzymane w rękach pudełko.* To wy ukradliście mi męża. To ta właśnie. Proszę mi ją zabrać z przed oczu! Nie, sama sobie pójdę, żeby na nią więcej nie patrzeć. Dziennikarka! Paddymanka!

MISS WONDERWRITE: Pani Heleno, niech się pani pohamuje... Pogniotła pani... to... pudełko...

Pauza. Pani Helena uchyla wieko pudełka.

PANI HELENA: Ptaszek... Nie rusza się ...

Pani Helena wychodzi szlochając. Pauza.

Ukazuje się Burmistrz.

BURMISTRZ: Rozmówiliśmy się. Papiery przyjął. Zanocować kazał. Dobra nasza. Jutro znów rozmowa, żeby wszystko szczegółowo objaśnić. Kąśna się uraduje! Ciężkowice urosną!

♪ *Odzywa się telefon w recepcji.*

MISS GLORIA: Tak, panie Prezydencie. Zaraz. Ze śmietanką? Jak zawsze. Już posyłam.

Odkłada słuchawkę. Pan Prezydent zamówił wieczorną kawę. To znaczy, że zapowiada się długa noc. *Wychodzi.*

TROJANOWSKI *do Miss Wonderwrite*: Może teraz panią przyjmie. *Do Burmistrza*: Pan Burmistrz niech po podróży wypocznie. Ja pójdę już do swego numeru. Późno. Dobranoc. *Wychodzi.*

BURMISTRZ: Zawsze pan Prezydent tak późno w noc urzęduje?

MISS WONDERWRITE: Zawsze. Tylko, że dawniej to w nocy grał na fortepianie. Teraz ludzi przyjmuje. Papiery przerzuca. Myśli...

♪ *Zza sceny odzywa się fortepian. Jest to długa sekwencja: słyszymy początek Wariacji i fugi es-mol, opus 23 Paderewskiego – ale zaraz po rozpoczęciu pianista, najwyraźniej, myli się. Po chwili zaczyna od nowa. Tym razem gra wolniej, zbyt wolno wobec właściwego tempa, ale za to udaje mu się grać dłużej bez pomyłki. Gdy przyspiesza tempo – myli się znowu, chwilę walczy z klawiaturą, przerywa.*

MISS WONDERWRITE: Wrócił do fortepianu! Dzięki ci Apollinie!

BURMISTRZ: Wróci do Kąśnej. Ja to pani mówię. No, przejdę się chwilę po polu. Powietrza zaczerpnę. *Wychodzi.*

♪ *Zza sceny odzywa się znów fortepian. Znów słyszymy poczatek Wariacji i fugi es-mol, opus 23 Paderewskiego – ale, tak jak poprzednio, pianista zaraz po rozpoczeciu myli się. Przerywa. Po chwili zaczyna od nowa.*

Wchodzi Miss Gloria z tacą, na której zastawa filiżanka na spodku, cukiernica, dzbanek z kawą, dzbanuszek ze smietanką, łyżeczka.

♪ *Miss Gloria i Miss Wonderwrite słuchają. Pianista gra bardzo wolno. Gdy przyspiesza tempo – myli się znowu, chwilę walczy z klawiaturą, przerywa.*

MISS WONDERWRITE: Słyszy pani? Znów ćwiczy. Wróci!

MISS GLORIA: Ciągle się myli. Nic z tego nie będzie. Zaniosę kawę. Dobry początek obowiązków osobistej sekretarki.

MISS WONDERWRITE: Może ja zaniosę. *Chwyta za tacę.*

MISS GLORIA: Co to, to nie. Niech pani puści. Potłucze pani porcelanę!

MISS WONDERWRITE: A jednak, chciałabym usłużyć mistrzowi. Niech pani nie szarpie! Wszystko się wyleje!

MISS GLORIA: Puść tę tacę, wariatko!

MISS WONDERWRITE: Nie puszczę!

Wchodzi Burmistrz – panie go nie zauważają.

MISS GLORIA: Paddymanka obłąkana!

MISS WONDERWRITE: Sekretarka ochotniczka!

MISS GLORIA: Puść.

MISS WONDERWRITE: Nie puszczę.

Chwilę mocują się w ciszy.

MISS GLORIA: Pojdziemy obie.

MISS WONDERWRITE: Proszę bardzo.

MISS GLORIA: Zobaczymy od kogo pan Prezydent zechce przyjąć kawę.

MISS WONDERWRITE: Zobaczymy. Niech sam mistrz zdecyduje.

MISS GLORIA: Tylko ostrożnie.

MISS WONDERWRITE: Bardzo ostrożnie.

Wychodzą wspólnie niosąc tacę. Miss Woderwright po drodze sięga po swoją torbę podróżną.

BURMISTRZ: Czyste histeryczki. Jak bym był panem Paderewskim to bym obie spuścił ze schodów. Albo obie pod pierzynę. Pogodziłyby się. *Wychodzi.*

Scena jest przez chwilę pusta. Wchodzi Pani Helena z pudełkiem.

PANI HELENA: Trzeba kardynałowi urządzić pogrzeb. Książę ptaków. Co pasuje do tej czerwieni? Tylko biel. *Okrywa pudełko szalem. Teraz co? Świece. Winny być w hotelu pod ręką, na wypadek awarii prądu. Znajduje dwie świece w recepcji. Zapala je i stawia z dwóch stron pudełka.*

To ja go udusiłam? Przecież nie chciałam. Chciałam go opatrzyć, odkarmić, odleczyć, ochronić. *Pauza.* Nigdy nie miałam syna.

▶ ▼ ◀

▶ CZĘŚĆ II ◀

Apartament Ignacego Paderewskiego w hotelu „Pod gwiazdą" w Paso Robles.

Paderewski siedzi przy fortepianie. Wieko klawiatury jest zamknięte. Paderewski porusza na nim palcami – jakby próbując grać.

PADEREWSKI: Głuche drewno. Głuche palce.

Pukanie.

PADEREWSKI: Proszę.

Ukazuje się Sylwin Strakacz.

STRAKACZ: Przeszkadzam panu Prezydentowi?

PADEREWSKI: Nie. Pan mi nigdy nie przeszkadza, panie Sylwinie.

STAKACZ: Przyszedłem się pożegnać.

PADEREWSKI: Błogosławię pana misję i pana samego.

STRAKACZ: Dziękuję. A Bóg pobłogosławi panu Prezydentowi.

PADEREWSKI: Działać trzeba ostrożnie i dyskretnie. Tak jak mówiłem.

STRAKACZ: Dostosuję się ściśle.

PADEREWSKI: W Paryżu, po drodze spotka się pan z panem Prezesem Dmowskim. Ma pan mój list do niego, prawda?

STRAKACZ: Oczywiście.

PADEREWSKI: Proszę nic do tego listu nie dopowiadać. Tylko wysłuchać odpowiedzi. Przekazać mi telegrafem. W Warszawie wizyty dokładnie we właściwej kolejności Jego Ekscelencja Ksiądz Arcybiskup Prymas Edmund Dalbor, pan Naczelnik Piłsudski, pan Prezes Witos, pan Prezes Daszyński, pan Genrał Józef Haller, pan Generał Władysław Sikorski, pan Premier, profesor Julian Nowak. W czasie każdej wizyty będzie pan posługiwał się moim memoriałem, który pan otrzymał. Może go pan nawet cytować z pamięci. Proszę go jednak nikomu nie wręczać, nic nie zostawiać na piśmie. Po każdej wizycie telegram do mnie. Będę nadsyłał dalsze instrukcje.

STRAKACZ: Pamiętam całość pana memoriału, panie Prezydencie. Pan wie, że mam pamięć fotograficzną.

PADEREWSKI: Zawsze pana podziwiałem.

STRAKACZ: „Paragraf pierwszy Chwila dziejowa. Niepodległa Ojczyzna stoi przed wyborem swego pierwszego Pana Prezydenta. W oparciu o Konstytucję uchwaloną dnia 17 marca Roku Pańskiego 1921 odbędą się wybory do Sejmu w dniu 5 listopada 1922 r. i wybory do Senatu w dniu 12 listopada tegoż Roku Pańskiego. Sejm i Senat, wedle konstytucji, utworzą wspólnie

Zgromadzenie Narodowe, które wybierze Pana Prezydenta. Ciąży na nas historyczny, patriotyczny, polityczny, narodowy, i owszem, święty obowiązek, aby dokonać wyboru właściwego i godnego..."

Bez pukania wchodzi Pani Helena z pudełkiem w ręku.

PANI HELENA: Spójrz Ignasiu, znalazłam takiego ptaszka na balkonie. Cały czerwony. Musi mieć skrzydełko złamane. A, pan Sylwin. Niech pan popatrzy...

STRAKACZ: Biedactwo. To jakiś dziwny ptak. Piórka takie czerwone. Nigdy takiego nie widziałem. Trzeba go opatrzyć, nakarmić, napoić. Może ja go wezmę i zniosę do Panny Glorii. Na pewno znajdzie jakąś radę.

PANI HELENA: Jaki pan dobry... Sama się nim zajmę. A Niuńcio niech za długo po nocy nie gada.

PADEREWSKI: Zaraz, Helenko, zaraz się kładę...

PANI HELENA: Panie Sylwinie, pan się żegna? Prawda?

STRAKACZ: Wyjeżdżam do Warszawy.

PANI HELENA: A nie do Riond Bosson?

PADEREWSKI: Do Riond Bosson pan Sylwin także zajrzy, z pewnością...

PANI HELENA: To szczęśliwej drogi. Proszę pozdrowić moje kurki. Adieu.

Wychodzi.

PADEREWSKI: Wróćmy do mego memoriału.

STRAKACZ: „Paragraf drugi Główne siły narodu. W historycznej kolejności, wymienię najpierw ruch narodowy pod przewodem pana Pezesa Romana Dmowskiego, który zaszczepiał i umacniał w sercach i umysłach Polaków program odbudowy Wielkiej Polski i wydał ze siebie pierwszą, uznaną przez aliantów, reprezentację narodu w Paryżu rezydującą, Komitet Narodowy Polski, a potem na barki swe mocarne wziął pracę nad wytyczeniem granic Niepodległej na konferencji pokojowej w Wersalu, mnie, jako Prezydentowi Rady Ministrów, umiejętnie sekundując. Choć imperialna buta angielska oraz międzynarodowe masoństwo i żydostwo nie dały zyskać dla Polski wszystkiego, o co się słusznie ubiegała. Dalej, ruch socjalistyczny, socjalne mający cele, a politycznie niepodległościowy, który wydał pierwsze polskie oddziały wojskowe, Legiony, dowodzone przez pana Józefa Piłsudskiego, brygadiera. Siła wojskowa szła tam w parze z siłą ducha, co, gdy czas przyszedł, uczyniło z pana Piłsudskiego Naczelnika Państwa. Następnie idzie ruch ludowy, włościański i robotniczy, który mądrze kierowany, przyczynił się do obrony niepodległości, dając hojną daninę rekruta, z żył którego wypłynęła rzeka krwi zatrzymując bolszewików. Fakt, że pan Wincenty Witos stanął w chwili decydującej próby na czele rządu i lud polski do walki z najazdem poderwał, pozostanie jednym ze słupów milowych historii narodu. Przywódca robotniczy, pan Ignacy Daszyński, jest również człowiekiem godnym i krajowi oddanym, czego dowiódł zwłaszcza jako wicepremier tegoż rządu; ulega on jednak mocno wpływom żywiołów radykalnych. Do sił liczących się ..."

PADEREWSKI *delikatnie przerywa*: Zapamiętał pan słowo w słowo... To dość będzie...

STRAKACZ: A teraz to, co zamierzam dodawać od siebie. Ale chcę to z panem Prezydentem uzgodnić. To byłoby tak: Ponad tymi wszystkimi ruchami i ugrupowaniami jest wreszcie ruch moralny, ruch ponad polityczny, ponad klasowy, ponad dzielnicowy, i, doprawdy, wszechpolski i wszechświatowy nawet, jaki reprezentuje pan Prezydent Ignacy Paderewski. Jest on – tak będę mówił o panu – człowiekiem bezinteresownym, nawet swej własnej fortuny dla sprawy narodowej nie żałował...

PADEREWSKI: O tym zakazuję panu mówić.

STRAKACZ: Stanie się wola pana Prezydenta. Kontynuuję: Pan Prezydent Paderewski jest człowiekiem, który, mimo iż niewdzięcznością części – tak, tylko części – rodaków, nakarmiony, nie uchylił się następnie o sprawę Polski zabiegać jako dyplomata, gdy czerwony potop wlewał się w jej granice. Jest to człowiek wielki, mąż stanu, artysta sławy niebotycznej, duch najwyższy...

PADEREWSKI: Za dużo o mnie. Trzeba wiecej o sprawie.

STRAKACZ: Dobrze. A oto projekt pierwszego wstępniaka do gazety „Rzeczpospolita", którą zacznę wydawać natychmiast gdy stanę w Warszawie. „Zastanówmy się, drogi Czytelniku, jakie cechy winien posiadać Prezydent Rzeczypospolitej. Winien to być człowiek charakteru nieposzlakowanego, bezinteresownie stawiający zawsze sprawę narodu na pierwszym miejscu. Człowiek pracy nieustannej. Woli żelaznej. Prawości kryształowej. Powagi uznanej. Tylko taki prezydent zdolny będzie zespolić to, co w Polsce najlepsze, najszlachetniejsze, najbardziej światłe, przezwyciężyć bieżące rozbicie, wyrugować korupcję, zdemaskować demagogię. To musi być jednostka o najwyższym autorytecie moralnym. Nie ta, która się najbardziej podoba, nie ta, którą popiera jakaś partia, ale ta, która..."

PADEREWSKI: Dobrze, panie Sylwinie. Mam do pana mądrości i taktu pełne zaufanie, jeszcze nawet większe niż do pana pamięci... Niech pan jedzie.

STRAKACZ: Jadę z nadzieją. Wiem z depesz, że grono entuzjastów pana Prezydenta stale się powiększa, zwłaszcza, że miejscowe stosunki w Warszawie układaja się jak najgorzej i ogół wzdycha do zmiany Sejmu, rządu, kierownictwa państwa. Wszyscy mają dosyć obecnego układu, korupcji, afer, awantur w Sejmie. Właśnie teraz, przed wyborami parlamentarnymi i wyborami prezydenckimi, jest najlepsza chwila, aby pan Prezydent wrócił do kraju. Kandydata zgłoszą narodowcy, choć pewnie pan Dmowski sam nie wystąpi, ale swego kandydata wskaże, i tym kandydatem może być tylko pan, panie Prezydencie. Ludowcy wysuną Witosa, a raczej on sam się wysunie. No, i naturalnie są ludzie Naczelnika. Sam Piłsudski daje znać, że jest kandydatem najlepszym, a zarazem, że kandydować nie będzie. Po swojemu taką politykę prowadzi i z tego może wyniknąć, że nagle swego kandydata jednak wyciągnie z rękawa, a potem będzie nim zza kulis kierować. Ludzie panu wierni twierdzą, że odrazu kampanię energicznie rozkręcą, jak tylko będą uwiadomieni, że prezydent istotnie przed wyborami w kraju stanie. Wybór pewny. Już widzę te na dworcu witające, jeszcze większe niż w 1919...

PADEREWSKI: Ale czy w tym tłumie nie odezwałyby się gwizdy Legunów Piłsudskiego?

STRAKACZ: Piłsudski musi pamiętać, że pan Prezydent z nim nie walczył, że uznawał pan jego autorytet. Choć lubi on grać za kulisami. Nie zawsze fair.

PADEREWSKI: A chłopi? Może usłyszałbym wrogie skandowania chłopów Witosa?

STRAKACZ: Witos jest zaprawiony do partyjniactwa w parlamencie. Na ulicę chłopów nie wyprowadzi.

PADEREWSKI: Kto wie? Ale pan Daszyński demonstracją robotniczą to pokierować umie jak nikt.

STRAKACZ: Na demonstrację można odpowiedzieć kontr-demonstracją. Jeśli tylko mnie pan Prezydent upoważni...

PADEREWSKI: Nie będę patronował walkom ulicznym! Jeśli bym przyjechał to nie dzielić, ale jednoczyć naród. A komuniści?

STRAKACZ: Zdemaskowali się jako agentura – w czasir bolszewickiej inwazji. Ucichli. Nie maja znaczenia. Choć antypolskiej roboty podziemnej nie zaprzestali. Są wciąż niebezpieczni.

PADEREWSKI: Z Anglii do Gdańska płynąłem przez pola minowe. W Poznaniu Niemcy mi do okien hotelu strzelali. Nie boję się.

STAKACZ: Wszycy znają pana niezłomność... Jeśli się pan zdecyduje... Mam już gotowy szkic artykułu powitalnego w „Rzeczpospolitej". Ogłoszę go tuż przed pana przyjazdem. *Czyta* „Wszechświatowy autorytet, wielki Polak, wielce szanowny pan Prezydent Ignacy Paderewski wraca jutro do Warszawy. Czysta miłość Ojczyzny wiodła go od jednego wielkiego czynu do drugiego, a każdy z nich prywał serca, jednoczył umysły, napinał muskuły. Te czyny pamiętamy wszyscy: budowa, owszem, ufundowanie pomnika grunwaldzkiego w Krakowie, zjednoczenie Polaków na tułaczkę do Ameryki rozproszonych w ofierze pieniądza i krwi danej ojczyźnie w postaci Armii Kościuszki w Ameryce powołanej oraz namowa Amerykanów, aby sprawie polskiej sprzyjali..."

PADEREWSKI: Nie... Nie. Nic jeszcze nie jest zdecydowane. Niech pan z tym czeka, drogi panie Sylwinie. Dobrze pan to pomyślał, ale ja nie jestem jeszcze gotów... Pytanie, czy w ogóle powołamy taki dziennik, „Rzeczpospolita"? Na razie nie ma na to środków...

STRAKACZ: Potrzebna nam gazeta. Jak nie ma gotówki, to weźmiemy pożyczkę. Mam już gotowe dalsze wstępniaki. Będziemy to dozować, aż do pana przyjazdu, panie Prezydencie. Proszę posłuchać. *Czyta z notatek*: „Pan Paderewski wezwany do kraju wolą ogółu i wolą sił przywódczych, zgodził się powrócić i kandydować na urząd Prezydenta Rzeczypospolitej. Jeżeli zostanie wybrany, to zamierza pozostać ponadpartyjnym arbitrem, znanym i czczonym w całym świecie reprezentantem Ojczyzny, ogniskem miłości mas i motorem duchowego rozwoju Narodu. Pan Paderewski zamierza oprzeć swe rządy na przyznaniu należnych miejsc najlepszym i sprawdzonym synom narodu. Pan Dmowski, mąż stanu wprowadzony jak nikt w arcana polityki swiatowej powołany zostanie na ministra spraw zagranicznych..."

PADEREWSKI: Nie... To za wcześnie...

STRAKACZ: Ale ja mam wiadomości, że pan Dmowski stanowczo pana Prezydenta zamierza poprzeć, więc i jego, i jego ludzi, trzeba zapewnić o politycznej opłacalności tej decyzji.

PADEREWSKI: Pan Roman był zawsze wobec mnie lojalny. Ale jego partyjne doły mogą wierzgnąć.

STRAKACZ: Pan prezes Dmowski doły partyjne spacyfikuje. Pana Prezydenta na prezydenturę poprze, bo pan jest Polakiem, uosobieniem i najwyższym wcieleniem polskości. Bo jest pan człowiekiem, który żyje życiem zbiorowym narodu, który z najwyższym oddaniem spełnia swoje obowiązki polskie. W obecnej konfiguracji, tylko pan Prezydent może zdobyć w Zgromadzeniu Narodowym większość polską, bez przymilania się mniejszościom. To dla Dmowskiego jest decydujące.

PADEREWSKI: A Witos? To on obalił mój rząd w grudniu 1919 roku. Osobiście. Bo chociaż włościaństwo najliczniejszej reprezentacji w Sejmie nie miało, to było najliczniejsze w narodzie. Więc ja wziąłem Witosa za mandatariusza wszystkich chłopów, a zatem większości narodu. A wbrew większości narodu – narodu, a nie Sejmu – rządzić nie mogłem.

STRAKACZ: To go nawet zaskoczyło. Bo nawet bez głosów partii ludowej mógł się pan jeszcze utrzymać. Witos zderzył się z pana szlachetnością. Nie sięgał nigdy tak wysoko. Obraził się na pana, obrazą jaką tylko miernota może starać się dorównać zasłudze. Straszne rzeczy o panu Prezydencie wygadywał. Że pan szkody krajowi porobił, aliantom ulegał, porządku w kraju nie przestrzegał, zajęty polityką zagraniczną, że pan dyscypliny finansowej rządu nie pilnował, zakupy zagraniczne przepłacał. Że przez pana w Wersalu straciliśmy Śląsk Cieszyński, część Górnego i Gdańsk, że pan był za mięki, za grzeczny w dyplomacji... Chłopski rozum jego... Prostak.

PADEREWSKI: To wszystko było konieczne i pilne – mąka, zboże, broń, amunicja. Beze mnie nikt nic Polsce za granicą by nie sprzedał. Groził nam głód. A w Wersalu, Bóg widzi, uzyskaliśmy wraz z panem Dmowskim, co tylko się dało uzyskać. Ja się zresztą na Witosa nie obraziłem. Ja się do niego rozczarowałem. Gdy zaś stanął na czele rządu ocalenia narodowego w Warszawie, broniąc Polski przed Bolszewikami, to współpracowałem z nim lojalnie, jako jego reprezentant w Genewie...

STRAKACZ: Witos rozpuszczał nawet wiadomości, że szanowna małżonka pana Prezydenta kurnik na Zamku Królewskim w Warszawie założyła, jak u siebie w Szwajcarii, a pana Prezydenta, strach powiedzieć, ale tak Witos mówił, do macania kur z posiedzeń rządu wyciągała... Sam słyszałem.

PADEREWSKI: Jak z takimi ludźmi współpracować?

STRAKACZ: Jeśli jednak Witos zobaczy, że szykuje się dla pana Prezydenta większość w Zgromadzeniu Narodowym, to się dołączy. I jeszcze o posadę premiera poprosi.

PADEREWSKI: Ale czy ta większość powstanie?

STRAKACZ: Po to jadę, aby powstała.

PADEREWSKI: Niech pan jedzie. Proszę mnie o wszystkim informować. I proszę pamiętać, że decyzję o kandydowaniu podejmę sam.

STRAKACZ: Do widzenia, panie Prezydencie. Do rychłego zobaczenia w Warszawie.

Strakacz wychodzi.

Odzywa się pukanie.

PADEREWSKI: Proszę.

Wchodzi Stefan Trojanowski.

TROJANOWSKI: Pan Prezydent mnie wzywał, jestem.

PADEREWSKI: Tak, panie Stefanie. Późno pana wezwałem, przepraszam, ale decyzje nie cierpią zwłoki... Więc odrazu do rzeczy... Ale, ale, czy dostał pan już odpowiedź z Warszawy w sprawie renty po synu?

TROJANOWSKI: Dostałem.

PADEREWSKI: Proszę powiedzieć.

TROJANOWSKI: Odmowa.

PADEREWSKI: To być nie może.

TROJANOWSKI: Odmowa definitywna. Mam to pismo. *Wyciąga z kieszeni kopertę.* Piszą, że syn był obywatelem amerykańskim, więc się za niego nic nie należy. Mam się do rządu amerykańskiego udać.

PADEREWSKI: Poszedł na ochotnika do polskiego wojska, bo czuł się Polakiem, choć urodzony w Ameryce. Był żołnierzem polskim. Zginął na polskiej ziemi.

TROJANOWSKI: Tak przecie do nich napisałem, tak mi pan Prezydent podyktował. I pana Prezydenta list własnoręczny z poparciem mojego podania dołączyłem. Nie uszanowali nawet pana.

PADEREWSKI: Nie o mnie chodzi. Chodzi o sprawiedliwość. Chodzi o pana krzywdę na teraz i chodzi o pamięć o pana synu na całą długą przyszłość historii Polski! Staszek?

TROJANOWSKI: Staszek. Z pierwszego zaciągu. Z Buffalo. Całą zimę w obozie w Niagara-on-the Lake pod namiotami. Na ćwiczeniach tak byli zawzięci, że śnieg topniał, gdy się czołgali.

PADEREWSKI: Wiem. Wizytowałem. Dwa razy. Ach, jak oni szli na defiladzie. Polskie wojsko. Po wieku niewoli znów widzieć polskie wojsko... Piechurzy, w tych szaro-błękitnych mundurach, na nogach owijacze, na plecach tornistry, karabiny z bagnetem... A ja w nich husarię widziałem.

TROJANOWSKI: Stawali nie gorzej niż husaria. We Francji. Potem na Podolu. Tam padł.

PADEREWSKI: Niech pan po nim nie płacze. On dał życie za Polskę. I Polska jest.

TROJANOWSKI: Ja to wiem, panie Prezydencie. Ale ciężko, że za obcego go w Polsce mają. Takie tam porządki nastały, jak pan wyjechał.

PADEREWSKI: Niech Pan posłucha... Przyrzekam panu, że jeżli do kraju wrócę, to ja tę polską rentę wojskową dla ojca polskiego żołnierza z pod ziemi wydobędę. Może nawet tylko po to winienem wrócić do kraju... Tak... stanowczo... Muszę wrócić do kraju i upomnieć się o sprawiedliwość dla pana, dla pańskiego syna, dla tych dziesięciu tysięcy, co padli, dla wszystkich poniżonych, oszukanych, skrzywdzonych...

TROJANOWSKI: Niech pan już nigdzie nie jedzie, panie Prezydencie. Za przeproszeniem, w Warszawie pana nie chcą. A Ameryka pana szanuje. Ziemię pan tutaj ma. Własną ziemię. Szczepy winne panu owoc wydadzą. Ropa z pod nóg panu tryśnie. To szczodry kraj.

PADEREWSKI: Tak pan radzi? Ale sprawa Staszka nie może tak zostać, nie załatwiona. Jak ja się panu, jak ja się wam wszystkim wypłacę, wam, którzy wysłaliście dzieci w pole, na śmierć, na kalectwo, wam, którzyście kalekami z kraju wrócili...

TROJANOWSKI: Mnie pan Prezydent na plenipotenta zaangażował, innym sam pan zapomogi wysyła, wiem, ludzie wiedzą... Pozostał pan nam wszystkim ojcem najlepszym.

Całuje Paderewskiego w rękę.

PADEREWSKI: Ludzie wiedzą?

TROJANOWSKI: Wiedzą. Tu, w Ameryce, jest Pan wśród swoich. Swoi są, rodacy, Polonusy. Już na zawsze zamieszkał Pan w ich sercach. Swoi są i Amerykanie. Od nich pan szkody nie dozna. Tutaj niech pan gospodarzy. W Ameryce.

PADEREWSKI: Pokochałem Amerykę, tak. Piękny kraj. Ludzie wolni. Pokochałem Amerykę dla niej samej, i z powodu Polski. Wie pan, panie Stefanie, że w czasach zaborów Ameryka była jedynym krajem na świecie, w którym swobodnie żyły tysiące, miliony Polaków. Cieszyli się wolnością. Taką samą jak Amerykanie. Ameryka umocniła ich dumę i wiarę w niepodległość Polski. I wolę walki o niepodległość. Dlatego pana syn poszedł w Ameryce do polskiego wojska.

TROJANOWSKI: Tak wierzył. To, że był Amerykaninem nie przeszkodziło mu oddać życie za Polskę.

PADEREWSKI: Więc i ja mogę zostać Amerykaninem nie wyrzekając się mojej polskości? To chce pan powiedzieć?

TROJANOWSKI: Tak, panie Prezydencie. Jest pan sobą, to znaczy Polakiem, a w Ameryce jest pan u siebie. Nie ma w tym sprzeczności. Proszę zajrzeć w księgi rachunkowe, w raporty z winnic i odwiertów. To pana ziemia — amerykańska.

Trojanowskiego otwiera wielką torbę. Wyciąga księgi rachunkowie. Przeglądają je razem z Paderewskim w czasie dialogu, który następuje.

PADEREWSKI: Trzydzieści beczek czerwonego „Paderewski Zinfandel" do San Francisco... Trzydzieści beczek czerwonego „Zinfandela" do Los Angeles... Dziesięć beczek do portu w San Louis Obispo... francuska bandera... „Princess Margot"... do Tulonu... Czy to nie za śmiało – kalofornijskie wina do Francji posyłać?

TROJANOWSKI: Czerwony „Paderewski Zinfandel" wytrzyma konkurencję!

PADEREWSKI: Nawet jeśli jest dobry, to Francuzi nie zechcą go uznać.

TROJANOWSKI: Posyłamy na światowe tragi win w Aix-en-Provence. Z międzynarodowym jury. Degustacja w ciemno. Będą myśleli, że to jakiś nowy szczep prowansalski. A tu niespodzianka. Kalifornia! „Paderewski Zinfandel." Wierzę w złoty medal. Francuzi będą musieli kupić te dziesięć beczek, i więcej!

PADEREWSKI: No dobrze. A biały „Zinfandel"?

TROJANOWSKI: Jego do Francji na razie nie posyłam. Pracujemy we dnie i w nocy. Ale to musi potrwać. Za pięć lat będziemy go pewni, może wcześniej. Niech pan Prezydent sam oceni. Czy mogę nalać?

PADEREWSKI: Proszę.

Trojanowski sięga po butelki stojące na osobnym stoliku, otwiera, nalewa do czterech kieliszków, obaj wąchają bukiet, kosztują.

TROJANOWSKI: Najpierw czerwone.

PADEREWSKI: Bez zarzutu. Podbijemy Francję.

TROJANOWSKI: O, pan Prezydent zna się na tym.

PADEREWSKI: A białe?

TROJANOWSKI: Służę panu Prezydentowi.

Trojanowski nalewa. Paderewski podnosi kieliszek.

PADEREWSKI: Nie jest to wino białe... Ma barwę burszytnową, jakby z przymieszką kory kalifornijskiej sekwoi z Yelowstone...

TROJANOWSKI: Nie sekwoi, panie Prezydencie, tylko złota, szczerego, ciemnego, kalifornijskiego złota...

Paderewski wącha, smakuje.

PADEREWSKI: Za słodkie...

TROJANOWSKI: Ma pan Prezydent rację. Ale dojdziemy do swego. A takiego wina nie ma ani we Francji, ani na całym świecie. To właśnie będzie nasza żyła złota. Na zdrowie. Za nasze płynne złoto.

Obaj piją po łyku.

PADEREWSKI: Płynne złoto? A jak tam nafta?

TROJANOWSKI: Ropa wnet bluźnie. Szyby na sąsiednich polach już pompują na potęgę. Szczęśliwy traf u nas jest kwestią dni, dosłownie. Najlepiej, aby pan Prezydent sam przeszedł się po terenie. Na pewno by pan wyczuł ropę pod stopą.

PADEREWSKI: Wolę spacery po winnicach.

TROJANOWSKI: Mimo to, radziłbym jeszcze, tak, z pięć odwiertów, aby przyspieszyć trafienie?

PADEREWSKI: Ile kosztuje jeden odwiert?

TROJANOWSKI: W granicach pięciu tysięcy dolarów.

PADEREWSKI: Niech pan zarządzi na razie dwa nowe... Musimy być ostrożni z pieniędzmi...

TROJANOWSKI: Jak pan Prezydent każe. Ale w głębi tej ziemi jest złoto. Czarne. Gwarantuję.

PADEREWSKI: Nie myli się pan, aby?

TROJANOWSKI: Złoto na kiściach winorośli. Złoto w głębi gleby. Tylko zbierać.

PADEREWSKI: No, dobrze... Niech pan zainwestuje w trzy odwierty. I niech pan mi raportuje natychmiast, co się wydarzy.

TROJANOWSKI: Tak jest, panie Prezydencie. Natychmiast. Idziemy ku złotu...

Pukanie.

PADEREWSKI: Proszę wejść.

Wchodzi Strakacz.

STRAKACZ: Przepraszam, panie Prezydencie, to jeszcze raz ja... Przyjechał do pana Burmistrz miasta Ciężkowice, Pan wie, na terenie gminy Ciężkowice leży Kąśna Dolna.

PADEREWSKI: Kąśna... Tyle lat... Czegóż on chce?

STRAKACZ: Przywiózł, ni mniej ni więcej, propozycję powrotu pana Prezydenta do Kąśnej.

PADEREWSKI: Cóż za pomysł. To sprawa dawno zapomniana. Wykluczone.

STRAKACZ: A jednak, w pewnej konstelacji, to mogłoby być użyteczne politycznie. Posiadanie znowu majątku ziemskiego na terenie kraju...

PADEREWSKI: Kochałem to miejsce... dwór... lasy...

STRAKACZ: Mogłoby by to być zatem dla pana Prezydenta również korzystne emocjonalnie. A także zdrowotnie – klimat dobry, wody mineralne lepsze nawet niż w Paso Robles. Proszę rozważyć, czy zechce pan Prezydent przyjąć tego Burmistrza. Doradzam. A sam muszę się już spieszyć na pociąg.

TROJANOWSKI: Ja bym nie doradzał. Pan Prezydent ziemię ma tutaj. Żyzną. Finansowo, Kąśna była beczką bez dna.

STRAKACZ: Rozumiem stanowisko pana plenipotenta, ale niech pan Prezydent zważy, że mamy tutaj na wadze z jednej strony straty finansowe, a z drugiej zyski polityczne. Trzeba też położyć na szali rzecz tak ulotną, jak miłość do ojczyzny.

PADEREWSKI: Dziękuję obu panom za radę... Proszę go wezwać, tego Burmistrza, panie Sylwinie. I jeszcze raz szczęśliwej drogi.

STRAKACZ: Dziękuję, panie Prezydencie.

TROJANOWSKI: To i ja już pójdę. Wszystko panu Prezydentowi zaraportowałem.

PADEREWSKI: Dziękuję, panie Stefanie. Panie Sylwinie – z Bogiem.

Strakacz i Trojanowski wychodzą. Paderewski znów siada przy – zakrytej klapą – klawiaturze.

Pukanie. Padrewski wstaje od fortepianu.

PADEREWSKI: Zapraszam, zapraszam...

;

Nieśmiało wchodzi Burmistrz.

Pan Burmistrz miasta Ciężkowice, tak? Uwiadomił mnie pan sekretarz. Proszę, proszę... Taki świat drogi... Cóż tam w Kąśnej? Jak państwo Kordębscy?

BURMISTRZ: Biedują. Majątek chcą sprzedać.

PADEREWSKI: Sprzedać?

BURMISTRZ: Panu Prezydentowi!

PADEREWSKI: Mnie? Ja jestem za ubogi. Nie chciałbym się znów użerać z krajowymi krukami, faktorami, pośrednikami, dostawcami. Kiedyś dotkliwie się na nich poparzyłem. Nie będzie bisu.

BURMISTRZ: Bisu?

PADEREWSKI: Drugiego razu. A piękne to okolice... Kąśna Dolna, Ciężkowice, Bukowiec, Jamna, Skwierczyna... Lasy, pola, dwór... Ale po paru latach przekonałem się, że nawet moje długie i lukratywne tournées...

BURMISTRZ: Turnes?

PADEREWSKI: To jest objazdy – objazdy po Ameryce – nie wystarczą na utrzymanie tego majątku... Musiałem, musiałem sprzedać.

BURMISTRZ: My wiemy, że wtedy, to coś się zepsuło. Pan Prezydent ino pieniądze łożył, a nic się nie zwracało. Wiemy, wszystko zapisane. Pan Prezydent dwór wyremontował. Dach nowy położył. Kominki eleganckie wymurował. Wodociąg podciągnął. Łazienki zainstalował. Kanalizację wykopał. Elektrykę doprowadził. Telefon nawet. Krośniankę dwa jazy przegrodziły. Prąd z trubiny! Pan Prezydent cegielnię sfabrykował, mleczarnię zmechanizował, kuźnię powiększył, kamieniołom wydrążył, stawy zarybił. A maszyny, a krowy, a konie! A ogrody, a inspekty, a melioracje, a winnice! A chlewy, obory, stajnie, a kurniki...

PADEREWSKI: Bez kurników by się nie obyło...

BURMISTRZ: Wszystko wiemy. Wszystko zapamiętane. Za wszystko wdzięczność – i za kasyno w mieście, i za ochronkę, i za bibliotekę, i za dzwon na kościele. Za te dożynki huczne, co łaskawie pan Prezydent w Kąśnej urządzał i cała okolica się schodziła... Te kiełbasy, te polędwice, te kołacze, te wódeczki... Za wszystko jesteśmy wdzięczni!

PADEREWSKI: Coś późno ta wdzięczność przychodzi...

BURMISTRZ: Mea culpa! Nostra culpa! Nasza wina! Ale to było dwadzieścia lat temu. Tamci, dziadowie nasi i ojcowie, byli niewdzięczni. My wdzięczność okażemy. Wiemy, że gdy pan Prezydent chciał letnisko rozhulać, to rajcowie z Ciężkowic nie pozwolili. Głupi byli i tępi, i nic nie rozumieli, jaki to postęp toczy się po świecie, jak się po nowemu interesy robi. To się panu Prezydentowi sprzeciwili. A my teraz upraszamy. Chcemy letniska i letników. Niech nawet na golasa chodzą, ale niech u nas grosz swój sieją. Dobrobyt z niego wzejdzie. Tu są dokumety, uchwały, petycje. *Wyjmuje plik papierów.* A pan Prezydent niech se w Kąśnej siedzi przy pianinie i gro. Dzieci z całej okolicy też proszą o powrót pana Prezydenta, bo pamięć przechowała, jak to pan Prezydent wszystkie dzieci z okolicy zabrał raz do cyrku do Tarnowa. Nauczycielka to nawet konkurs urządziła na wierszyk dla pana Prezydenta, i rysunek. *Znów okazuje plik papierów.* O, tu jest ten wiersz, co pierwszą nagrodą nagrodzony:

    Babcia mówiła,
    Że Paderewski
    Zabrał raz dzieci
    Na cyrk tarnewski.

My też do cyrku
W Tarnowie chcemy,
Więc taką oto
Petycję ślemy
Panie Burmistrzu
Pojedź za morze,
Przywieź nam Mistrza
W swym nesysorze.

PADEREWSKI: Przednia poezja... Bardzo dziękuję...

BURMISTRZ: Ja tu przyjechałem, żeby panu Prezydentowi przedłożyć tę prośbę pokorną o powrót do Kąśnej. *Klęka, podejmuje Paderewskiego pod kolana.* Najpokorniej. Niech pan Prezydent do nas wraca...

PADEREWSKI: Panie Burmistrzu... Co to za takie obyczaje. Tuśmy w Ameryce. Demokracja! Niech pan wstanie!

BURMISTRZ: Póty klęczęć będę, póki pan Prezydent swego miłosiernego przyzwolenia nie wypowie...

PADEREWSKI: Nie wypowiem. Na razie... No, dosyć tego. Niech pan siada. Bardzo to jest dla mnie wielka radość, że mnie w Kąśnej, w Ciężkowicach dobrze pamiętają.

BURMISTRZ: I w Bukowcu! I w Tuchowie! I w Tarnowie nawet! O Krakowie już nie mówiąc!

PADEREWSKI: Dziękuję bardzo. Jak pan wróci do swoich, to niech im pan ode mnie podziękuje.

BURMISTRZ: A pan wróci?

PADEREWSKI: To nie jest wykluczone. Musiałaby jednak powstać specjalna konstelacja. Gdybym wrócił do kraju... Jako... No, gdybym wrócił do Warszawy... Może Kąśna stałaby się moją letnią rezydencją...

BURMISTRZ: Deo gratias! Więc możemy mieć nadzieję?

PADEREWSKI: Wiele elemetów, zresztą niezależnych ode mnie i od pana, musiałoby się w jedną całość złożyć. Kąśna... Tarnów... Kraków... A czy reszta Galicji by mnie poparła?

BURMISTRZ: Kraj cały!

Bez pukania wchodzi Pani Helena.

HELENA: Dobranoc panu Burmistrzowi. Dosyć tego zawracania głowy. Do żadnej Kąśnej nie jedziemy. *Do Paderewskiego.* Niuńcio niech nie markuje. Niech się zbiera. Czas spania. Reszta interesantów może zaczekać do jutra. A ja czekam obok. *Do Burmistrza* Powiedziałam dobranoc.

BURMISTRZ: Dopraszam się łaski łaskawej pani?

HELENA: Dobranoc.

Wychodzi.

PADEREWSKI: Niech mi pan zostawi te dokumenty. Wierszyki i rysunki też. Jutro znów pogadamy. Dobranoc panu Burmistrzowi.

BURMISTRZ *zostawia stertę papierów*: Pokornie dziękuję jaśnie wielmożnemu panu Prezydentowi. Najpokorniej.

Burmistrz wychodzi.

Paderewski idzie na balkon. Noc jest ciemna. Wraca do wnętrza. Zapala świece przy fortepianie. Otwiera klapę. Siada przed klawiaturą i kładzie na niej ręce, ale tylko porusza palcami.

♪ *Otwiera klapę. Zaczyna grać – jest to Wariacja i fuga es-mol, opus 23 Paderewskiego – ale zaraz po rozpoczęciu, myli się. Po chwili zaczyna od nowa. Tym razem gra wolniej, zbyt wolno wobec właściwego tempa, ale za to udaje mu się grać dłużej bez pomyłki. Gdy przyspiesza tempo – myli się znowu, chwilę walczy z klawiaturą, przerywa. Wstaje od fortepianu. Kieruje się do półki z książkami. Wyciąga jedną. Kartkuje. Otwiera tuż przy końcu. Czyta.*

PADEREWSKI: ...„wtedy z ambony odezwało się warczenie bębna. Zdumieli się słuchacze. Ksiądz Kamiński zaś bił w bęben jak na trwogę; nagle ustał i nastała cisza śmiertelna. Po czym warczenie odezwało się po raz drugi, trzeci; nagle ksiądz Kamiński cisnął pałeczki na podłogę kościelną, podniósł obie ręce w górę i zawołał – Panie Pułkowniku Wołodyjowski! Larum grają! nieprzyjaciel w granicach! a ty się nie zrywasz! szabli nie chwytasz? co się stało z tobą?... Alarm dla Rzeczypospolitej... Wstań, leć, broń.." *Paderewski zamyka książkę.*

Nikt nie woła. Rzeczpospolita jest. Tylko mnie w Rzeczypospolitej nie ma. O co wołał Sienkiewicz nad trumną pana Wołodyjowskiego? O bezgraniczne poświęcenie ojczyźnie. Stanąłem na apel. Chciałem wskrzeszenia Rzeczypospolitej obojga narodów, ba, wszystkich narodów dla których wiekami była matką. Tu rozumieliśmy się z panem Piłsudskim. Ale on chciał ku temu iść sam, z nazwy naczelnik, z treści dyktator. I szedł drogą pokrętną, mroczną, konspiracyjną, innymi manipulując, albo ich podporządkowując, albo unicestwiając. W wolnym państwie nie potrafił wyjść z podziemia, z konspiracji. W awanturę wojenną z Bolszewikami się wdał.

Ja wytyczałem drogę w słońcu. Jasną, jawną, publiczną. Chciałem Polskę urządzić sprawiedliwą, demokratyczną i bezpieczną. Sprawiedliwą dla wszystkich – swoich, obcych, większości narodowych i mniejszości; demokratyczną, ale nie partyjną; bezpieczną, ale nie w strachu przed władzą, tylko nawykiem szacunku do prawa. Oddałem ojczyźnie wszystko co miałem. Dobre imię, twórczy zapał, osobisty majątek, wpływy w świecie. Nie zostawiłem sobie nic.

Z niczym też mnie zostawiono. Imię opluli. Zapał zmarnowali. Majątek rozgrabili. Wpływy roztrwonili. Kto? Motłoch uliczny, dziennikarskie gawrony, sejmowi analfabeci, wojskowe tępogłowie. W złe strony kraj pchają. Prywata, pycha, gra o stołki, partyjne interesy i partyjne nienawiści, upychanie publicznego grosza po własnych kieszeniach, pogarda dla biedy...

Więc może naprawdę trzeba raz jeszcze stanąć w szranki? Rzucić na szalę wszystko, co zostało. Wrócić do kraju! Podjąć, jak kiedyś w Ameryce, wielki objazd kraju z tym moim, i mnie jedynie dostępnym sposobem wpływania na masy – najpierw koncert, a potem wiec. Ludzie przyjdą, no, trzeba by poćwiczyć na fortepianie, to szkopuł, ale jakoś bym jeszcze dał radę, nie ten najtrudniejszy repertuar, to zresztą nie byłoby dla melomanów, to byłoby dla słuchaczy w powiatowych miasteczkach, w gminach, jak choćby i Ciężkowice. Zaczarować ich muzyką. Potem porwać przemówieniem. Ukazać im samym, co w nich jest dobre i szlachetne. Wytyczyć drogę do Polski ich marzeń, Polski sprawiedliwej, bezpiecznej i zasobnej. Pójdę. Powieść ich tam.

A gdy kraj się ruszy, gdy się odmieni, gdy naród stanie mocno na nogach jako pełnoprawny gospodarz... ach... ileż dobra, ileż ładu w sercach... Nie zwracać uwagi na potwarców i szkodników. Nie mocować się z przeciwnikami. Raczej ich też włączyć w budowanie tego wielkiego gmachu... I ja, jako Prezydent, nie jako zwierzchnik, ale jako zwornik...

Siada przy – zamkniętej znowu – klawiaturze. Porusza palcami.

Moje palce są niesprawne. Drzwi na estrady świata są zatrzaśnięte. Najlepiej będzie odesłać to pudło do jego właściciela, do pana Williama Steinwaya. Katafalk by tu postawić zamiast fortepianu, samemu położyć się do trumny. Nie czekać że ktoś, choćby i po śmierci, wezwie. Kim jestem – teraz, tej nocy? Mężem stanu? Pianistą? Przemysłowcem? Jestem nikim. To kim mam być? Jutro? Za rok? Do końca życia? Jak ma żyć wirtuoz, który nie koncertuje? Tony muzyki, cisza widowni i jej owacje są dlań niezbędnymi dawkami tlenu. Bez tego się dusi. I jak tu porzucić fortepian – jedynego dyskretnego powiernika, jedynego wroga, którego do tej pory zawsze zwyciężałem, jedynego przyjaciela, który mnie dotąd nigdy nie zawiódł?

Pukanie.

Paderewski wstaje od fortepianu i przechodzi na balkon. Woła stamtąd.

PADEREWSKI: Proszę.

Wchodzą Miss Gloria i Miss Wonderwrite wspólnie niosąc tacę z zastawą.

MISS WONDERWRITE: Pan zamawiał kawę, Mistrzu.

PADEREWSKI: W recepcji...

MISS GLORIA: Tak, w recepcji. U mnie. Oto kawka.

MISS WONDERWRITE: Chciałam wyręczyć Pannę Glorię...

MISS GLORIA: Pan Strakacz wyjechał, więc ja przejęłam jego obowiązki. A kawę sama przygotowałam.

MISS WONDERWRITE: A ja przyniosłam.

MISS GLORIA: Nieproszona.

PADEREWSKI: Dziękuję paniom. Dziękuję najuprzejmiej. Proszę tę tacę gdzieś postawić...

MISS WONDERWRITE: Ponieważ pan Strakacz wyjechał, więc może ja mogłabym bym go zastąpić. Mistrz potrzebuje sekretarki, dla której sprawy sztuki nie stanowią tajemnic. Pisałam już tyle o mistrzu... Nasze wywiady... Zawsze stawiałam się na każdy koncert mistrza...

PADEREWSKI: Nie będzie już koncertów.

MISS GLORIA: Panu Prezydentowi potrzebna jest teraz pomoc fachowa, businessowa, że tak powiem. Pan Strakacz mnie przekazał obowiązki sekretarzowania panu Prezydentowi. Właśnie chciałam przedstawić propozycje jakie...

MISS WONDERWRITE: Będą, będą koncerty, mistrzu. Ja wierzę w to święcie. Nie mogłam nie przyjechać tutaj, do Paso Robles. Oddychać tym samym powietrzem, co mistrz... Może spisać pana nowe refleksje... artystyczne... Przywiozłam też niezwykle ciekawe propozycje od pana Steinwaya...

MISS GLORIA: Niech pani nie przerywa! Pana Prezydenta to w ogóle nie interesuje. Ja natomiast mam bieżące wiadomości z posiedzenia rady miejskiej Paso Robles. Zwycięstwo na całej linii! Wszystkie moje wnioski przyjęte i uchwalone. Jednogłośnie. Na republikanów liczyłam, sami swoi, ale i demokraci, zazwyczaj tępi w sprawach finansowych, zrozumieli, że tu się kroją wielkie rzeczy. Inwestycje. Infrastruktura. Turystyka. Napływ dolara. Niech pan posłucha. *Posługuje się notatnikiem.*

Po pierwsze, rada uchwaliła zaoferowanie Mistrzowi znacznych ulg podatkowych na lat dwadzieścia pięć w razie gdyby rozbudował w Paso Robles produkcję wina. Niech „Zinfandel Paderewski" leje się strumieniami. Zalejemy Kalifornię. A potem i Francję. Tylko winnice sadzić, piwnice powiększać. To samo dotyczy wydobycia ropy naftowej. Ulgi podatkowe. Już widzę nieskończone pociągi z cysternami. Z winem. Z ropą.

MISS WONDERWRITE: Niech jej pan nie słucha, Mistrzu. To poniżej pana poziomu. Porozmawiajmy raczej o muzyce... Pana słynne „tempo rubato!" Ja pierwsza zrozumiałam jak Pan się nim posługuje. Ja pierwsza to opisałam. Czytał pan, mistrzu, prawda?

PADEREWSKI: „Tempo rubato"? Tak, wyjaśniłem pani kiedyś, że ten włoski termin znaczy po polsku dosłownie „czas ukradziony". Tłumaczenie nie do przyjęcia, bo nikt tu nikogo z niczego nie okrada. A jednak stosowanie „tempo rubato" jest odejściem od ogólnie uznanych właściwości rytmu i tempa. Chopin używał go często, koncertując. Podobnie Liszt.

MISS WONDERWRITE: A po nich pan, Mistrzu.

MISS GLORIA: Coś pan nie pije kawy... Proszę... Mleczko? Cukier? Wracam do businessu.

Po drugie, miasto Paso Robles, licząc na osiedlenie się pana u nas, pragnie zorganizować wszechświatowy, doroczny festiwal muzyki i winobrania. Miasto prosi, aby podjął się pan roli honorowego gospodarza tego festiwalu i zapraszał na koncerty najwybitniejszych witruozów, melomanów, krytyków – swoich przyjaciół z całego świata. A zarazem będzie to okazja do robienia znakomitych transakcji winiarskich i naftowych. Za samo użyczenie nazwiska mistrza do reklamy, miasto proponuje sto tysięcy dolarów od jednego festiwalu. Do tego udział w zyskach z imprezy, zależnie od frekwencji, od dziesięciu do dwudziestu procent. Im więcej gości i wypitych butelek wina, tym większy procent dla pana. Co pan na to?

PADEREWSKI: Co ja na to? Zawsze sądziłem, że „tempo rubato" jest wspaniałym środkiem wyrazu. Rytm to życie. Grany przeze mnie utwór musi żyć moim życiem. Co pani mówiła, panno Glorio?

MISS GLORIA: Sto tysięcy za samo użyczenie nazwiska mistrza do reklamy festiwalu. Udział w zyskach, od dziesięciu do dwudziestu procent.

PADEREWSKI Sto, dziesięć, dwadzieścia...

MISS WONDERWRITE Wróćmy raczej do „tempo rubato"! Był pan początkowo za nie krytykowany. Sam George Bernard Shaw w 1890 roku napisał, że pana „tempo rubato" przechodzi w dowolność interpretacji.

PADEREWSKI Nie zawsze zgadzałem się w poglądach z panem Shaw... Choć to dobry dramatopisarz... „Tempo rubato" było moim, powiedzmy – powiem tak, bo znajdujemy się w Ameryce, i w rozmowie uczestniczy Miss Gloria – otóż, „tempo rubato" było moim znakiem firmowym. Albo też „specialité de la maison."

MISS GLORIA: Znak firmowy? Proszę bardzo. Nazwijmy nasz festiwal „Tempo Rubato Paderewskiego w Paso Robles."

MISS WONDERWRITE: Jak można tak trywializować sztukę! Mistrzu, niech pan jej nie słucha. Niech mi pan powie dlaczego przywiązywał pan taką wagę do swego „tempo rubato", mistrzu?

PADEREWSKI: Bowiem przy pomocy „tempo rubato" mogłem nadawać utworom innych kompozytorów swoją własną interpretację. „Tempo rubato" to precyzyjne rozdwojenie tempa prawej i lewej ręki. O ułamek ułamka sekundy. Ale właśnie ja panuję nad trwaniem tej chwili. Teraz myślę, że istotnie, stosując „tempo rubato" w pewien sposób „kradłem" kompozytorom ich utwory. Tak, gdy je grałem – tak, stawały się moje. Widzi pani, to jest ta subtelna, trudno uchwytna, a jednak absolutnie klarowana granica między wykonawcą a wirtuozem. Wykonanie może być świetne, ale pozostaje wykonaniem. Wirtuozeria jest twórczością.

MISS GLORIA: Wracając do festiwalu „Tempo Rubato Paderewskiego w Paso Robles"... Ach, byłabym zapomniała. Rada uchwaliła także nadanie panu honorowego obywatelstwa miasta Paso Robles. Ogłosimy – jak pan się zgodzi przyjąć nasze propozycje.

MISS WONDERWRITE: Tak! Wirtuozeria jest twórczością! Krytycy stopniowo zrozumieli, że pańskie „tempo rubato" nie niszczy granych utworów, a odwrotnie daje im nowy, olśniewający blask.

MISS GLORIA: Po trzecie, w moim hotelu jest już jedna, niewielka, sala koncertowa. Jak tylko się pan zgodzi na wejście do spółki z miastem – miasto wybuduje nową, osobną, wielką salę koncertową na dwa tysiące miejsc. A jak będzie trzeba, to wybuduje się całą filharmonię? A potem może operę? Pieniądze przypłyna!

MISS WONDERWRITE: Pieniądze!

MISS GLORIA: No, co, panie Paderewski? Takich warunków nie dostanie pan nigdzie na swiecie. Tylko w Paso Robles! Ja, naturalnie, będę dyrektorem festiwalu. Pan będzie prezesem honorowym. Zgoda?

PADEREWSKI: To rzeczywiłcie wspaniałomyślna propozycja.

MISS GLORIA: Korzystna! Przede wszystkim, korzystna!

PADEREWSKI: I korzystna. Przyznaję.

MISS GLORIA: Zorganizujemy jutro konferencję prasową i wszystko ogłosimy!

PADEREWSKI: Chciałbym nieco czasu do namysłu...

MISS WONDERWRITE: No właśnie! Jak można mistrza tak przypierać do muru! Zmuszać do pospiechu! Business! Procenty! Dolary! To nie są sprawy godne uwagi mistrza... wirtuoza... Mistrzu, cała pana przeszłość wiąże pana ze sztuką...

MISS GLORIA: Niech pan się nie ogląda w przeszłość, panie Paderewski. To jest Ameryka. Tu się patrzy w przyszłość.

PADEREWSKI: Podziwiam, i zawsze podziwiałem Amerykę, Amerykanów...

MISS GLORIA: Jest pan już jednym z nas!

MISS WONDERWRITE: Mistrz jest artystą! Rządcą dusz. Niech pan nie słucha zewu materii.

PADEREWSKI: Była pani dla mnie zawsze bardzo łaskawa, Miss Wonderwrite. Bardzo ceniłem sobie pani opinie o mojej grze, ciekawiły mnie pani mysli na temat moich interpretacji... Ale to właśnie jest przeszłość...

MISS GLORIA: A nie mówiłam!

MISS WONDERWRITE: Od niej rzuci pan most w przyszłośc. Mistrzu, musi pan wrócić do klawiatury.

PADEREWSKI: To wykluczone.

MISS GLORIA: Widzi pani!

MISS WONDERWRITE: Bez pana światowa scena muzyczna jest chroma, anemiczna, niedopełniona. Bez pana nie może żyć życiem pełnym, witalnym. Jest wielu dobrych wykonawców, jest nawet kilku wirtuozów, ale jest tylko jeden Paderewski!

PADEREWSKI: Znajdą się następcy. Już zostałem zapomiany.

MISS WONDERWRITE: Nie. Oto dowód!

Wyciąga z torby plakat. Podaje Paderewskiemu.

PADEREWSKI *nie biorąc*: Co to?

MISS WONDERWRITE: Firma Steinway przedstawia do akceptacji plakat reklamowy z podobizną mistrza – najwybitniejszego ze swoich klientów. Widzi mistrz te dwa napisy „Steinway instrument nieśmiertelnych" oraz „Paderewski i jego Steinway". Firma życzy mistrzowi zdrowia i pokornie zapytuje kiedy też mistrz zapragnie ponownie dać koncert w Nowym Jorku. Oni proponują listopad 1922 roku. Biorą na siebie wszelkie koszty organizacji. Podpisano Steinway & Sons, Steinway Hall, 109 East Fourteen Street, New York.

Paderewski bez słowa bierze plakat i wolno przedziera go, kawałki rzuca na podłogę.

MISS GLORIA: Brawo, Maestro! To się nazywa człowiek czynu!

MISS WONDERWRITE: Mistrzu... Tak nie wolno.

PADEREWSKI: Ja już nie myślę o muzyce. To rozdział napisany do końca, a księga zamknięta.

MISS WONDERWRITE: Tak nie może mówić mistrz, bożyszcze publiczności, ulubieniec krytyki, faworyt impresariów. Był pan noszony na rękach przez wielbicieli, zapraszany i faworyzowany przez monarchów i prezydentów, czczony przez wielbicielki...

MISS GLORIA: Dekonspiruje się pani. Zwariowana paddymanka...

MISS WONDERWRITE: A pani już się zdekonspirowała. Bezduszna businessmanka.

PADEREWSKI: Miss Gloria, nie zdążyłem... nie dano mi... podziękować pani za propozycję, za otwarcie przede mną nowych horyzontów, nowych kierunków... Jestem pani niewymownie wdzięczny...

MISS GLORIA: Cała przyjemność po mojej stronie.

PADEREWSKI: Nie dojrzałem jednak jeszcze do decyzji, aby w te nowe strony się udać... Miss Wonderwrite, byłem z panią zawsze szczery. Więc i tym razem powiem pani prawdę. Moje palce są niesprawne. Za długo nie koncertowałem. Raczej – za długo nie ćwiczyłem. Pani przecież rozumie, może pani jedna, że ćwiczenia wirtuoza, te osiem, czasem dwanaście, czasem aż siedemnaście godzin na dobę, to jest praca przy łopacie. I tak codziennie. To jest niewyobrażalna harówka. Okrutny haracz czasu i sił. Tak, zdarzało się, że musiałem pracować przy klawiaturze po siedemnaście godzin na dobę. Jedna godzina na posiłki, sześć na sen. Owa konieczność stałego ćwiczenia stanowi ciemną, wręcz tragiczną stronę życia artysty wirtuoza. Publiczność o tym nie wie. A bez tego nie ma sukcesów na estradzie. Bez tego w ogóle nie wolno wejść na estradę.

MISS WONDERWRITE: Wiem... mistrzu... Tak, może ja jedna pana rozumiem...

PADEREWSKI: Ja nie ćwiczyłem w ten sposób już od prawie ośmiu lat. Każdy występ wymaga niewiarygodnej wprost ilości pracy i natężenia umysłu, a na dodatek niezliczonej ilości palcowek, niezbędnych do właściwej techniki – techniki, która jest zresztą dopiero podstawą interpretacji. Będę z panią jeszcze głębiej szczery, panno Wonderwrite, i z panią też, panno Glorio. Ja mam już prawie sześćdziesiąt dwa lata. Ja mam atretyzm. Mój czwarty palec lewej ręki od czasu przepracowania w czasię drugiego amerykańskiego tournée, prawie trzydzieści lat temu, w 1893, jest ciągle nie w pełni sprawny...

MISS WONDERWRITE: Wiem... widziałam krew na klawiaturze po pana występie w Bostonie. Gdy zeszedł pan już z estrady po serii niekończących się bisów, ach, wiedziałam, że każdy z nich był dla pana nową torturą, więc gdy już pan zniknął i oklaski ustały, przepchnęłam się przez tłum wychodzycych, wdrapałam się na estradę i chusteczką zebrałam z klawiszy pana krew... Potem, jadąc za panem krok w krok, robiłam tak jeszcze dwadzieścia dwa razy po kolejnych koncertach... Najcenniejsze relikwie... Mam je dotąd...

PADEREWSKI: Wzrusza mnie pani... Wiedziałem, że moje młode wielbicielki zdolne są do czatowania na mnie godzinami po autograf... Raz dwie wdarły się do garderoby i ucięły mi pukiel włosów... Ale zbierać moją krew... Tamtą turę można chyba określić jako heroiczną – najwiazując oczywiscie do Bethovena...

MISS WONDERWRITE: Pana gra była zawsze heroiczna. Słyszałam w niej cierpienie. Pana zraniony palec wywoływał cierpienie fizyczne. Ale to było cierpienie metafizyczne! Walka ludzkiego ducha z oporem materii – zawsze zwycięska. I opłakiwanie pana nieszczęśliwej ojczyzny. Ojczyznę już pan wkrzesił. Teraz pora zmartwychwstać samemu. Jako wirtuoz.

PADEREWSKI: Jako wirtuoz... A jako kompozytor?

MISS WONDERWRITE: Także jako kompozytor, oczywiście. Publiczność czeka na pana nowe utwory, dyrygenci czekają, dyrekcje oper, śpiewacy... Wiem, że nie stawało panu po prostu czasu na komponowanie, gdy pan intensywnie koncertował, gdy pan podjął zadania polityczne. Ale teraz, po wycofaniu się z polityki i po powrocie na estrady...

PADEREWSKI: Nic mi o tym powrocie na razie nie wiadomo...

MISS WONDERWRITE: ...po triumfalnym powrocie na estrady! Jako wirtuoz pan przyszedł po Liszcie i Rubinsteinie. I pan ich przewyższył. Jako kompozytor przyszedł pan po Mozarcie i Chopinie. Ich także może pan przewyższyć. Pan wszedł już na szczyty, ale może pan nowe szczyty wznosić swą wulkaniczną energią...

PADEREWSKI: Zbyt się pani entuzjazmuje...

MISS GLORIA: Właśnie! Ośmiesza się pani!

MISS WONDERWRITE: Nie. A kto skomponował Menueta à l'Antique, to jest Menueta G-dur, Opus 14, Numer 1? Gdy pan go zagrał po raz pierwszy, wytrawni znawcy Mozarta wzięli go za nieznany im utwór samego Mozarta. Nie chcieli wierzyć, że to pana dzieło. Szopeniści twierdzili, że to jakieś zagubione dzieło Chopina – odnalezione. A to był najbardziej „Paderewski" utwór Paderewskiego, natchniony Mozartem, prześwietlony Chopinem. Niepowtarzalna synteza stylu i piękna. Znam go na pamięć. A może by go pan zagrał?

PADEREWSKI: Nie. Nie potrafię.

MISS WONDERWRITE: Ach, przecież jest nagrany na tak wielu płytach. Mistrzu, na pewno jest gdzieś tutaj taka płyta...

♪ *Nie czekając na odpowiedź znajduje płytę, uruchamia patefon. Odzywa się Menuet à l'Antique. Miss Wonderwrite mówi.*

MISS WONDERWRITE: Menuet zaczyna się jakby ktoś próbował gładzi posadzki lekką stopą... raz i dwa... raz i dwa... raz i dwa... Już w pierwszych taktach pojawia się podstawowy temat – prosty, wdzięczny, melodyjny, elegancki, spiewny... Wita serdecznie i zaprasza gościnnie... Potem narasta opozycja pomiędzy delikatnością, ściszeniem, wstrzemięźliwością i skromnością, a chęcią by spiewać głośno, tańczyć żywiołowo i śmiać się w radosnym uniesieniu. To cały Paderewski – nie przepuściłby okazji do szalonego biegu po klawiaturze i popisania się swą zadziwiającą techniką. Menuet wybucha na chwilę serią eksplozji muzycznych fajerwerków, to istna kanonada, lecą jeden za drugim świetne pociski i wybuchają gdzieś na niebotycznej wysokości. Zaraz potem jednak muzyczna narracja wraca do szeptu, zawiesza w powietrzu jakieś pytania, odpowiada przetwarzając te pytania, a więc nie odpowiadając. W części środkowej menuet przechodzi w postchopinowski wręcz mazurek. Echa Chopina budzą echa polskiego, wiejskiego krajobrazu wczesną jesienią, otulonego w tajemniczy smutek, to tu, to tam przetykanego promieniami zachodzącego słońca. Krajobraz wiejski zda się powiększać, obejmuje salę balową w jakimś pałacu, gdzie wirują tańczące pary i ich cienie. Głośny śpiew przemienia się znów w muzyczny szept, powracają echa nieodpowiedzianych pytań, niewyznanych zwierzeń. Pozostaje uczucie uczestnictwa w tajemniczym rytuale piękna, ku któremu można spojrzeć jak przez wpół uchylone drzwi, podnieść oczy, by polecieć gdzieś na wypiętrzających się chmurach, a z nich zstąpić na skrzącą diamentami rosy poranną łąkę...

♪ *Po zakończeniu muzyki.*

PADEREWSKI: Młodzieńcza wprawka...

MISS WONDERWRITE: Nie! Młodzieńczy błysk geniuszu. Menuet à l'Antique opublikowany został po raz pierwszy w Berlinie w 1888 roku przez wydawnictwo Bote i Bock.

PADEREWSKI: I to pani pamięta?

MISS WONDERWRITE: Tak, tak, wiem wszystko o panu... Znajdował się często w pana reperuarze koncertowym, albo wykonywał go pan na bis. Ach, słyszałam go tyle razy. A teraz, mistrzu, druga niespodzianka dla pana...

Wydobywa z torby i podaje Paderewskiemu oprawny w skórę album, na którego okładce wybito:
Ignacy Paderewski – Menuet à l'Antique
Theodor Pressler
Publisher
Philadelphia, 1921.
A Homage to Great Man and Great Artist
Published in Memoriam of Maestro Paderewski's
Return to the World Concert Halls

MISS WONDERWRITE: Firma Theodor Pressler z Filadelfii wydała na pana cześć tego Menueta ponownie, w ozdobnym albumie. W dołączonym liście Pressler błaga pana o przyjęcie tego skromnego upominku w nadziei, że będzie mógł go panu wręczyć publicznie, gdy się pan znów ukaże na estradzie.
Paderewski bierze album i przegląda.

PADEREWSKI: To zorkiestrowana kampania. Steinway, Pressler, pani... Czy ktoś jeszcze?

MISS WONDERWRITE: Tłumy. Cały muzyczny świat z zapartym tchem czeka na pana powrót na estrady. Pierwszy koncert zorganizujemy w Carnegie Hall w Nowym Jorku...

Miss Wonderwrite klęka i zbiera rozdartego kawałki plakatu, składając je jak puzzle w całość i układając na podłodze. Mówi:

Niech pan przyjme propozycję Steinway'a. Niech pan wysłucha błagania Presslera. Niech pan zawierzy mnie. Odniesie pan znów oszałamiający skuces. Przewyższy pan swoje dawne triumfy. Proszę mi powiedzieć, że się pan zgodził, Mistrzu.

PADEREWSKI: Nie mogę.

MISS GLORIA: Kalifornia górą!

PADEREWSKI: W każdym razie nie w tej chwili. Niech pani zrozumie, że decyzja koncertu oznaczałaby zaprzągnięcie się znów do jarzma ćwiczeń, co zresztą, tym razem, wcale nie gwarantowałby powodzenia. Może jest już za późno. Nie wiem czy mam jeszcze na to dość sił... Nie wiem czy mam jeszcze na to dość woli...

MISS WONDERWRITE: Ma ją pan! Jestem pewna.

MISS GLORIA: I ja jestem tego pewna. Ale tę wolę skierujemy w inne strony. Fama festiwalu „Tempo Rubato Paderewskiego w Paso Robles" rozejdzie się po całym świecie. Sława wina „Zinfandel Paderewski" przyćmi blask wszystkich innych win. Miss Wonderwrite, ten plakat nie przyda się na nic. Śmieci! Pan Paderewski nigdzie już będzie potrzebował koncertować, jeździć po pieniądze. Pieniądze przyjdą same. Tutaj. No, jak będzie pan chciał, to zagra Pan czasem u nas, w Paso Robles, w czasie naszego festiwalu, albo na pikninku. O, to jest nawet dobry pomysł...

PADEREWSKI: Tak, to byłby bardzo dobry pomysł, gdyby był wykonalny. Moje palce...

MISS GLORIA: Palce? To, wie Pan co? Mam inny pomysł. Zatrudnimy jakiegoś pianistę, niech nagra pańskie utwory na mechaniczny fortepian – wie pan, są takie urządzenia – i potem pan będzie siadał przy tym fortepianie na estradzie, aparatura w ruch, fortepian sam bębni, a pan tylko udaje, że gra, tylko przebiera palcami. Nikt się nie pozna.

MISS WONDERWRITE: Barbarzyństwo...

PADEREWSKI: Świetny pomysł. Czysto amerykański. Pani ma głowę do interesów, panno Glorio.

MISS GLORIA: Razem dorobimy się milionów. Pan i ja...

MISS WONDERWRITE: A co ze mną? A raczej... co z muzyką? Proszę mnie upoważnić abym zadepeszowała do Steinwaya...

PADEREWSKI: Do niczego panią nie upoważniam...

MISS WONDERWRITE: On proponuje listopad. Teraz jest maj. To dopiero za pół roku...

PADEREWSKI: Tylko pół roku? Po ośmiu latach nie grania?

MISS WONDERWRITE: Błagam pana, mistrzu. W imię muzyki... I w imię miłosci... którą otaczają pana wszyscy wielbiciele... muzyki... Niech pan to chociaż jeszcze raz rozważy...

PADEREWSKI: Dobrze. Rozważę. Ale niech się pani uzbroi w cierpliwość. A teraz chciałbym zostać sam, proszę pań.

MISS GLORIA: Ależ proszę... Ja spełnię każde pana życzenie... Nawet tak ekscentryczne... Do jutra, zatem. Na dziesiątą zamówiłam dziennikarzy. Konferencja prasowa na temat naszego festiwalu... Ach, nie dopił pan kawy. Już zimna. Zabiorę.

MISS WONDERWRITE: I ja zaczekam do jutra. Oka nie zmróżę. Niech czuwa nad panem bóg Apollo, mistrzu... I Morfeusz... Dobranoc...

Obie panie wychodzą. Paderewski siada przy fortepianie, otwiera wieko. Uderza jeden akord.

W nierealnym świetle ukazuje się Piłsudski.

PADEREWSKI: Pan Naczelnik...

PIŁSUDSKI: To pan znów przyjechał po władzę? Po prezydenturę? Już po raz drugi?

PADEREWSKI: Przyjechałem na służbę.

PIŁSUDSKI: Mnie niech pan oczu nie mydli. Po władzę. Ja się tam do władzy w Polsce nie rwałem. W listopadzie 1918 r. bardzo zwyczajnie pociągiem na dworzec wiedeński w Warszawie przybyłem, w takim samym szarym i zwykłym mundurze, w jakim mnie tu teraz pan widzi. Wracali wtedy z innych obozów dla internowanych i inni. Zwyczajna rzecz. Ale ze mną stała się rzecz niesłychana. Bez żadnych z mej strony starań, bez gwałtów, bez podkupu, bez agitacji, bez koncesyj, bez praw, które by to stanowiły, historia zrobiła ze mnie dyktatora, i pani tej, historii, sługami zostały miliony Polaków.

Dlaczego tak się stało? Bo ja byłem wtedy jedyną wartością realną i jedyną duchową siłą, bo ja byłem Komendantem Pierwszej Brygady Legionów. Dlatego moje imię zostało wysunięte w górę. Dano mi imię „Naczelnika," imię, które łzy wyciska, imię człowieka, który pomimo, że umarł, żyje zawsze, wielkie imię Kościuszki. Nowa Polska uznała mnie za swój symbol, choć byłem tylko zwykłym człowiekiem w szary, dość obszarpany mundur ubranym, zaplamiony w więzieniu magdeburskim, ale dla rodaków moich niepokalanie czysty. Polska mnie wysunęła. Miliony ludzi władzę mi oddały.

Dumny byłem z tego faktu, nie tylko dlatego, że mnie ten zaszczyt spotkał, ale dumny byłem również z mego narodu. Tym aktem Polska okazała czym jest naprawdę. Okazała, że Polska, to jest wielki zbiorowy obowiązek.

PADEREWSKI: Obowiązek? Tak. To poczucie obowiązku w panu zawsze szanowałem.

PIŁSUDSKI: Ale następnym pociagiem, na ten sam dworzec, pojechał. Jak sokół wypuszczony z rękawicy amerykańskiego prezydenta na polowanie dla amerykańskiego businessu gdzieś w puszczach wschodniej Europy, co? Jak dowódca kolonialnego korpusu na angielskim okręcie wojennym przerzucony do Gdańska, by tu brytyjskie interesy robić. W odwodzie miał pan swą armię we Francji – francuskie porządki miała u nas zaprowadzać.

Wylęgło na pana powitanie nawet więcej luda niż na moje. Wszystko mi doniesiono. Entuzjazm. Ludzie spodziewali się po panu sprowadzenia do ojczyzny doborowego wojska, skierowania do Polski zachodnich pieniędzy, zapewnienia krajowi szerokich granic. A pan byłeś po prostu znanym pianistą.

PADEREWSKI: Byłem człowiekiem, który bezinteresownie służył krajowi wyłącznie z miłości do Ojczyzny. Człowiekiem, który jak kwestarz zbierał dla wygłodniałych rodaków żywność za granicą...

Jeśli znów do Warszawy przyjadę, to nie po dostojeństwa, ale aby służyć ogółowi. Szanuję wszystkie stronnictwa, ale nie będę należał do żadnego, żadnej też jednostce ulegać nie będę. Panu także nie. Stronnictwo powinno być jedno Polska – i temu jednemu służyć będę do śmierci.

Tak, wtedy w 1919 roku, miałem za sobą mandat poczwórny wolę większości Polaków w kraju, wolę większości Polaków po świecie rozproszonych, upoważnienie paryskiego Komitetu Narodowego Polskiego, poparcie zwycięskich aliantów. Tak było. A teraz...

PIŁSUDSKI: A ja miałem tylko ten szary mundur. Stanąłem w Belwederze. Pan w swoim własnym luksusowym hotelu, w Bristolu. A potem na Zamku Królewskim. Prezydent? Nie prezydent a król!

PADEREWSKI: Przyjechałem z gałązką oliwną.

PIŁSUDSKI: Przyjechałeś pan z ultimatum: mocarstwa zachodnie polskiego rządu nie uznają jak pan nie staniesz na jego czele.

PADEREWSKI: Chciałem zjednoczyć wszystkie siły polskie. Respektowałem pana pozycję w narodzie.

PIŁSUDSKI: Przeciwstawiłeś mi się pan. Zstąpiłeś ze lśniących posadzek salonów zachodnich stolic. Ja twardo stąpałem po błocie na polu bitwy i po warszawskim bruku. Karmiłeś pan aliantów pochlebstwami, naród obiecankami. Ja mówiłem prawdę. Jeśli jednak można było się łudzić, że się krajowi przysłużysz, to trzeba było cię do roboty zaprządz. Tak zrobiłem. Mianowałem cię Prezydentem Rady Ministrów.

PADEREWSKI: Mądrze pan zrobił. Choć przymuszony okolicznościami.

PIŁSUDSKI: To był błąd. Bo pan rzuciłeś na mnie cień. Nie chcę cię oskarżać o podstępy. Ale samą swoją innością, to żeś był artysta, a ja żołnierz, to żeś był człowiekiem ze świata, a ja z zaścianka, to żeś był ogładzony i wygadany w wielu językach, a ubrany zawsze jak na występ, a ja, co tu gadać... mowa prosta... szary mundur... Tak. Padł na mnie twój cień.

PADEREWSKI: Współpracowałem lojalnie. Nieraz pana pytałem o zdanie. Okazywałem kurtuazję.

PIŁSUDSKI: Do dupy z twoją kurtuazją!

PADEREWSKI: Panie Naczelniku...

PIŁSUDSKI: Za twoim cieniem poszły inne. Całe ich mnóstwo, chodzące za mną krok w krok, śledzące mnie i przedrzeźniające. Czy na polu bitew, czy w nocnej pracy w Belwederze, czy w pieszczotach dziecka – jakiś cień stale mnie ścigał i prześladował, jakiś zapluty, potworny karzeł na krzywych nóżkach, wypluwający swoją brudną duszę, opluwający mnie, nie szczędzący nie tylko mojej pracy państwowej, ale i niczego, nawet rodziny, nawet bliskich mi ludzi.

Okrzyczano mnie w sejmie, żem złodziej. Okrzyczano mnie, żołnierza, żem tchórz. Nie będę wymieniał więcej tych faktów dzikich, potwornych. Wylewano na mnie nieczystości. Wdeptywano mnie w błoto. Wtedy tom pomyślał, żem się co do ciebie pomylił, a, co gorzej, żem się co do narodu swego pomylił. Że Polska to jest prywata, zła wola, anarchia, samowola.

PADEREWSKI: Tego pan chyba nie mówi o mnie?

PIŁSUDSKI: Nie. A jednak, pan się za mną nigdy nie ująłeś. A kto to wobec mnie robił tę potworność? Te brudy wychodziły z Sejmu, ociekały farbą drukarską w gazetach – a mówię to jako stary drukarz-konspirator, nie w metaforze więc, ale znając materialną lepkość gazetowej farby. Lano ją na mnie kubłami. A co który z Panów posłów rękę podniesie, to z niej gruda błota w mundur ten szary leci, albo jaki stinkgrant, śmierdzący, duszący.

PADEREWSKI: Ja pana nigdy nie atakowałem! Ale to nie pan sam niepodległość wywalczył. To Bóg pokierował historią i przebiegiem wielkiej wojny tak, że trzej zaborcy Ojczyzny, nie tylko broń swą obrócili przeciwko sobie, ale też żaden z nich zwycięsko z zapasów nie wyszedł, owszem, wszyscy trzej upadli, czy to pod wpływem pobicia na frontach, czy rozchwiania się wewnętrznego. Niepodległość wywalczył sam Naród, który w samym swoim jestestwie zarys gmachu niepodległej przechował. Dopiero po tym idą emanacje narodu – wielkie ruchy mas i ich przywódcy. Był pan jednym z nich. Ja także.

PIŁSUDSKI: Ale był pan po przeciwnej stronie! Więc po tej samej, co moi prześladowcy. Wszystko nas dzieli. Pan jest człowiekiem kompromisu. Ja jestem człowiekiem decyzji. Pan ma lekką rękę, od głaskania klawiszy. Moja ciężka, od szabli. Do rządzenia potrzeba siły, a nie patyczkowania. Pan starał się być ponad partiami i podziałami. A ze mnie pan czynił partyjniaka, socjalistę, lewicowca. Nie jestem nim i nie będę. Ja z tramwaju zwanego socjalizm wysiadłem na przystanku niepodległość.

PADEREWSKI: Tę niepodległość trzeba teraz umocnić. Poryw przekuć na spiż. Konglomerat aspiracji i dążeń zamienić w pańtwo prawa. Obwarować instytucjami. Urząd prezydenta winien być instytucją najwyższa. Prezydent wienien niepodległość gwarantować i niepodległosci strzedz.

PIŁSUDSKI: Winien ja trzymać w garści!

PADREWSKI: To niech pan urząd prezydenta weźmie.

PIŁSUDSKI: Albo niech go dam tobie? Taki wybór?

PADREWSKI: Wybór należy do narodu. Nie do pana.

PIŁSUDSKI: Co pan wie o narodzie? Pan wie jak palcami po klawiszach przebierać. Nie jak serca otwierać, aby krwią serdeczną bluznęły. Choćby i do wykrwawienia. Dla sprawy.

PADEREWSKI: Ja wiem jak serca otwierać by dla sprawy biły – żywe.

PIŁSUDSKI: W takt pianina?

PADEREWSKI: To lepiej niż werbla.

PIŁSUDSKI: My się już ze sobą nie porozumiemy. Jestem człowiek szczery, więc powiem, że dobre i złe wydawałem decycje jako Naczelnik państwa. Jedną z pierwszych było powołanie pana na Prezydenta Rady Ministrów. Dobra to była decyzja. A druga moja dobra decyzja, to było odwołanie pana. Na tym się nasze związki skończyły. Na zawsze.

PADEREWSKI: Na zawsze?

PIŁSUDSKI: Na zawsze.

Piłsudski odchodzi.

PADEREWSKI: Chciałem, chciałem, Bóg widzi, że chciałem resztę życia poświęcić znów sprawie narodowej. Dla niej porzuciłem fortepian. Ale nie, politykiem już nie będę, nie pozwoli mi na to duma. Ani też realna ocena układu politycznego w kraju... niestety.

W ciszy słychać szloch kobiecy. Paderewski stuka w ścianę..

PADEREWSKI: Helu... Heleno... Czy coś się stało? Czy mnie potrzebujesz, duszko?

Wchodzi Pani Helena w rozwichrzonej peruce.

PADEREWSKI: Helenko... serce moje... Dlaczego nie śpisz. Już noc późna...

PANI HELENA: Jak mogę spać, kiedy mi tu Niuncio hałasy urządza? Nie można spać z powodu tych ciągłych rozmów. A o czym Niuncio rozmawia? Z tymi kobietami? Ci jacyś goście? Jakieś śmiechy? A z czego te śmiechy? Ze mnie? Z moich psów? Z moich papug? Czy z moich kur? Te ściany hotelowe są chyba z tektury czy z dykty, już pora wrócić do naszego pałacyku w Szwajcarii. Czemu Niuncio znowu noc zarywa? Po co znowu otworzył klawiaturę. *Zamyka wieko klawiatury.* Nic nie wysiedzi przy tym fortepianie. Przecie nie ma żadnych koncertów. Nikt na niego nie czeka! A moje kurki w Riond Bosson czekają. Muszę jechać i wreszcie o nie zadbać. Osiądziemy już na stałe nad Jeziorem Genewskim. Kurki nas wykarmią. Goście nas rozerwą. Znów Niuncio będzie miał czas na kinematograf, na pasjansa, na brydżyka. Wreszcie będziemy u siebie, nie w tych wszystkich hotelach, wagonach kolejowych, co z tego, że wagon własny, ale trzęsie i hałasi, i ciasno, albo te wszystkie kajuty okrętowe! Zachciało się Niunciowi koncertować na antypodach, Australia, Nowa Zelandia, sami dzicy ludzie, i po co im grać?

A już najgorzej było na Zamku Królewskim w Warszawie, wszystko rozgrodzone, schody za szerokie, drzwi za wysokie, wszędzie komnaty, a nie pokoje mieszkalne. Każdy wchodzi gdzie i kiedy mu się podobna, a wszyscy do Niuncia po decyzję, po podpis, po radę, najwięcej tych, co po pieniądze. Jakieś narady, obrady, deputacje, posłowie, ministrowie, ambasadorowie, a dajcie mi wszyscy święty spokój! Niuncio musi się zdrzemnąć i obiadek strawić.

A teraz ta baba tutaj, nie, dwie baby, przecież słyszałam obie. Jedna czyha na Niuncia w każdej sali koncertowej, u drzwi garderoby waruje, na widowni siada w pierwszym rzędzie i pierwsza się do oklasków wyrywa. Druga w portierni stale waruje, telefony podsłuchuje, gości do Niuńcia indaguje. Już dzwoniłam do niej, żeby tu nikogo do Niuncia już tej nocy pod żadnym pozorem nie wpuszczać. A sam Niuncio niech się zbiera, i do łóżka. Czekam. Niech nie marudzi. Czekam.

Wychodzi.

Paderewski siedzi chwilę w milczeniu. Wreszcie mówi

PADEREWSKI: Tak, Helenko. Tak wrócimy do Riond Bosson. Do cichej i spokojnej Szwajcarii. Będziemy razem oglądać z okna sypialni różowe świty i pomarańczowe zachody na śniegach Mont Blanc... Ciemne chmury zasłaniające szczyty Alp... Mgły zaciągające delikatne zasłony nad jeziorem. Nikt i nic nas już nie rodzieli. Ani muzyka, ani polityka, ani ludzie. Już tylko śmierć.

Pamiętam, gdy jeszcze byliśmy młodzi, tak, kiedyś byliśmy młodzi, choć dzisiaj trudno w to uwierzyć, to było przed naszym ślubem, jeszcze byłaś żoną... nie moją... Odwiedziłem cię wieczorem... To znaczy przyszedłem odwiedzić mego syna, którym ty się tak pięknie opiekowałaś... Ale on już spał... A twego męża nie było w domu... Gdzieś koncertował na swych śpiewających skrzypcach... Przyniosłem ci wiersz na prędce ułożony... Bałem się zostać z tobą sam na sam... Zaproponowałem ci przechadzkę...

Zatrzymaliśmy się w mroku na brzegu Sekwany... Światła lamp gazowych chwiały się na wodzie... w dole, jakby ogromnie głęboko... Gdzieś z za naszych pleców dobiegała muzyka akordeonu... Paryż... więc akordeon... coś na wskroś banalnego... a jednak o przemożnej sile nastroju... Był wczesny maj... zapach kasztanów... oczywiście...

Zapragnąłem cię pocałować i objąłem cię delikatnie za ramię, a ty zwróciłaś się ku mnie i wiedziałem, że chcesz tego samego... i więcej... chcesz wrócić ze mną do domu... odprawić służbę... A ja, zamiast cię pocałować, powiedziałem... Heleno, przyszła pora, abyśmy zatrzymali uciekający czas... A ty spojrzałaś na mnie promiennie, w górę, ku moim oczom, więc białka twoich oczu zajaśniały w mroku jak dwie monety na dnie fontanny Trevi, gdy wrzuciliśmy je przy księżycu, powiedziałaś: Tak, już pora... Przecież jesteśmy ze sobą od zawsze, więc musimy pozostać do zawsze...

Nie zrozumiałem twoich słów, bo przecież nie byliśmy ze sobą od zawsze... ale zrozumiałem co chciałaś przez nie wyrazić... Ta chwila wydobyła cię z czasu dla mnie, tylko dla mnie, i napowrót zamknęła cię w czasie. Czas przed tą chwilą płynął, był w ruchu, uciekał, mijał, dał się odmierzać dniami tęsknoty, chwilami widzeń, a czas tej jednej chwili zatrzymał się, nie, nie zatrzymał się, raczej złączył się z wiecznością, więc stał się czasem bez czasu... czasem mojej miłości do ciebie...

Miłość? Tamta była niepodzielna, obejmowała i ciebie, i muzykę, i kraj. A potem to zaczęło się rozchodzić, sobie nawzajem przeciwić... Muzyka i kraj były wciąż jednym akordem, ale ty wprowadzałaś dysonanse... A potem muzyka i kraj poszły w dwie różne strony, jak prawa i lewa ręka, które nie łapią harmonii... Dla pianisty to groza... Pot zimny... To już nie tempo rubato, ale kakofonia... Więc rozpaczliwa próba wyrównania rytmów, odbudowania wielobarwnej polifonii... I to się nie udaje... Jest coraz gorzej... Palce ogarnia mróz... Muzyka... Kraj... Ty... Która miłość?

Ty już nie jesteś tamtą – z przed lat. Kraj zmienił się – z marzenia o niepodległej w niepodległości karykaturę. Muzyka? Tylko ona jest wieczna. Trwa. Można znów zejść w jej otchłań... Która zarazem jest drogą ku szczytom... Lecąc w głąb, wstępuje do nieba. Czy podołam?

Paderewski idzie to telefonu.

PADEREWSKI: Miss Gloria? Tak. Czy byłaby pani tak dobra wpaść do mnie na chwilę? Tak, zaraz. Czy jest tam jeszcze Miss Wonderwrite? Tak? Proszę i ją zaprosić. Czy pan Strakacz już wyjechał? Acha... A pan Trojanowski? Proszę zadzwonić do jego numeru. Niech będzie uprzejmy stawić się natychmiast. Proszę go przeprosić, że znów go wzywam, ale to koniczne. O, zapomniałem... Proszę też zadzwonić do pokoju tego przybysza z kraju. Proszę go pięknie przeprosić, że go budzimy, ale jest potrzebny. Nie. Żony proszę nie budzić. Tak... Czekam...

♪ Paderewski idzie do patefonu i nastawia płytę. Odzywa się „Etiuda rewolucyjna" Chopina przez niego grana. Siada na fotelu i słucha. Wchodzą Miss Gloria i Miss Wonderwrite. Paderewski zaprasza gestem, aby usiadły. Po chwili pojawia się Stefan Trojanowski, a po jeszcze następnej chwili wchodzi Burmistrz. Ich również Paderewski zaprasza gestem, aby usiedli i słuchali. Gdy utwór się kończy – wstaje.

PADEREWSKI: Przepraszam Panstwa najmocniej, że fatygowałem was tej nocy ponownie. Mam jednak do przekazania nie cierpiące zwłoki decyzje.

Miss Gloria, jest pani tak dobra pełnić obecnie obowiązki mojej sekretarki... Proszę, aby zechciała pani zaraz, to jest, jak tylko skończymy tę rozmowę, wysłać depeszę do pana Sylwina Strakacza na kolej Pan-American, do dostarczenia w pociągu, proszę zanotować „Misja warszawska odwołana. Stop. Kontynuować podróż do Europy. Stop. Z Bremen udać się prosto do Riond Bosson. Stop. Przygotować dom na przyjazd mój i małżonki w przyszłym roku. Stop. Szczegółowe instrukcje w liście." Mój podpis. Panno Glorio, skoro już jesteśmy przy pani... Proszę podziękować radzie miejskiej Paso Robles za wielkoduszne propozycje. Pani zaś dziękuję za jej staranie i dobroć. Jednakże nie będę z nich więcej korzystał. Moje przeznaczenie jest inne. Równocześnie proszę panią o kontynuację wynajmu hotelu dla moich potrzeb na... tak... na następne pół roku, licząc od tej chwili.

Panie Plenipotencie, moja decyzja o dokonaniu trzech nowych odwiertów zostaje anulowana. Proszę przygotować ogłoszenie o wystawieniu obu majątków na licytację, pod młotek zarówno rancho San Helena, jak rancho San Ignatio. Ziemia łącznie z winnicami, winiarniami, szybami naftowymi. Rozpocznie pan poszukiwanie odpowiednich kupców. Cena musi być korzystna.

Panie Burmistrzu, dziękuję panu, że się pan fatygował do mnie aż za morze. Było mi bardzo miło poznać pana. Pan Plenipotent wypłaci panu koszty podróży, aby gmina Ciężkowice na tym nie straciła. Jestem panu niewymownie wdzięczny za zaproszenie do Kąśnej. Pan Bóg jeden wie, jak bardzo kochałem, i kocham nadal, to miejsce. Pan Bóg to wie – a pana proszę, aby pan o tym powiedział mieszkańcom Kąśnej, Ciężkowic, Bukowca, całej krainy... Zwłaszcza dzieciom... Kiedyś, jak pan mi przypomniał, zorganizowałem wycieczkę dzieci z całej okolicy do cyrku w Tarnowie... Proszę powiedzieć dzieciom, że bardzo za nimi tęsknię, ale nie mogę do nich teraz przyjechać. Jednakże zasyłam podarek – sumę tysiąca dolarów na wycieczkę dzieci z Kąśnej, i z okolicznych wsi, do Tarnowa. Jak tylko tam cyrk znowu przyjedzie. Pan Plenipotent przygotuje dla pana Burmistrza czek.

Miss Woderwright, dziękuję pani za poselstwo – w imieniu muzyki, w imieniu amerykańskich melomanów, w imieniu firmy Steinway i Wydawnictwa Pressler. Ale to nie pani namowy, ale moje własne poczucie najwyższego obowiązku, każe mi wrócić na estrady. Tak się stanie. Proszę powiadomić pana Steinwaya, że przyjmuję jego propozycję. Niech zorganizuje mój koncert w Carnegie Hall w Nowym Jorku. Kiedy? Ustalmy odrazu datę. Dziś jest 21, nie, już 22 maja... potrzebuję pół roku na przygotowanie... Pani wie, co to znaczy, prawda? A więc pół roku. To będzie 22 listopada. Tak, zobowiązuję się wystąpić w Carnegie Hall 22 listopada 1922 roku. Może pani podać, na razie wstępnie, repertuar. Zacznę od Schuberta, naturalnie będzie coś z Chopina, może walc, może któraś etiuda, koniecznie coś z Liszta, zapewne „Druga Rapsodia Węgierska." Co jeszcze? Wagnera „Liebestod," no i koniecznie mój „Menuet." Bisy ustalę później, będzie wśród nich „Sonata księżycowa"... Pani wie, że bisy także ćwiczy się godzinami, miesiącami... Chociaż udaje się przed publicznością, że podsuwa je natchnienie chwili... Acha, proszę powiadomić o mojej decyzji pana Presslera. Po koncercie, po bisach, z wdzięcznością przyjmę jego album na estradzie. No, i sama pani może powiadomić publiczność... że Paderewski wraca...

Nie proszę was, drodzy państwo, o opinię na temat mojej decyzji. Wiem, że jednych zasmucam, a innych raduję. Mnie samemu ciężko. Podejmuję tę decyzję, tak jak zawsze, z obowiązku. Ale, wierzcie mi, czynię to dziś nie tylko z obowiązku. Czynię to z miłości. Teraz chciałbym zostać sam.

Zebrani, którzy przyjmowali słowa Paderewskiego – każdy na swój sposób uśmiechem, płaczem, zdziwieniem, radością, smutkiem – wychodzą bez słowa.

♪ *Paderewski nastawia płytę – słyszymy znów „Menueta." Siada na fotelu i słucha.*

▶ ▼ ◀

▶ EPILOG ◀

Paderewski idzie do fortepianu i otwiera jego klapę. Otwiera też wieko klawiatury. Staje z tyłu fortepianu. Wchodzi Młody Pianista. Siada przy klawiaturze. Zaczyna grać „Menueta" Paderewskiego. Paderewski po chwili schodzi na widownię, siada i słucha. Pianista gra cały utwór. Potem wstaje i kłania się publiczności. Paderewski dołącza do niego.

▶ KONIEC ◀

▶ ▼ ◀

▶ POSŁOWIE ◀
▶ ŻYWOT I DZIEŁA IGNACEGO PADEREWSKIEGO ◀

Ignacy Paderewski jest dumą Polaków. Jest jednym z trzech najważniejszych działaczy i polityków polskich, którzy wypracowali i wywalczyli niepodległość Polski w 1918 r. Ci trzej wielcy to właśnie Ignacy Paderewski, Roman Dmowski, Józef Piłsudski. Paderewski był celowo zapominany przez obóz rządzący w dwudziestoleciu międzywojennym, a po wojnie wręcz tępiony przez komunistów. Również i dzisiaj w Internecie krąży o nim wiele błędnych, albo niepełnych informacji. Aż do dziś brak jest jego pełnej, obiektywnej monografii.

Ignacy Paderewski był wyjątkową i niezwykłą osobowością. W głęboki i szczególny sposób wpłynął na historię Polski, historię Polonii amerykańskiej, historię muzyki i historię kultury w skali globu. Był pianistą, kompozytorem, mężem stanu i filantropem. Ponad wszystko zaś był szlachetnym, wielkodusznym, pracowitym, dobrym człowiekiem. Współcześni nazywali go „nieśmiertelnym", a jako artysta był niewątpliwie geniuszem. Kim naprawdę był Paderewski? Kim jest dla nas dzisiaj? W jaki sposób może nam on pomóc lepiej żyć? Jaka była jego wizja Polski? I co my jesteśmy mu winni? Próbując odpowiedzieć na te pytania musimy najpierw przypomnieć najważniejsze fakty dotyczące jego życia i dzieła.

Żywot Ignacego Paderewskiego (1861-1941) dzieli się wyraźnie na cztery okresy.

Pierwszy (1861-1888), obejmuje dwadzieścia osiem lat nauki, przygotowań, pierwszych publicznych występów pianistycznych, pierwszych kompozycji.

Drugi (1888-1915), rozciąga się na przeszło ćwierćwiecze olśniewającej, światowej kariery pianistycznej, a także intensywnej twórczości kompozytorskiej.

Trzeci (1915-1921), to sześć lat czynnego uprawiania polityki. Objęcie przywództwa Polonii amerykańskiej i doradztwo prezydentowi USA Wilsonowi; Prezydentura Rady Ministrów w Polsce; zmagania na Konferencji Pokojowej w Wersalu oraz pełnienie obowiązków reprezentanta Polski w międzynarodowych gremiach.

Czwarty (1922-1939), trwający siedemnaście lat, to czas królowania na estradach świata, a zarazem piastowania pozycji najwyższego narodowego autorytetu.

Potem był już tylko krótki epilog tego długiego i pięknego żywota, ostatnie dwa lata (1939-1941) znów oddane bez reszty służbie publicznej.

W okresię pierwszym, wzrastał w skromnym szlacheckim dworku na Podolu. Matki nie znał. Osierociła go gdy miał parę miesięcy. Odebrał w domu podstawową edukację ogólną i podstawy gry na fortepianie, oraz formację patriotyczną – jego ojciec był przez rok więziony przez Rosjan za udział w Powstaniu 1863 r. Młody Paderewski wzrastał w atmosferze pamięci o wielkiej Polsce niepodległej, słuchał opowieści o heroicznych zwycięstwach i tragicznych powstaniach, odczuwał ciężar niewoli Polski zniewolonej przez trzech zaborców – Rosję, Niemcy i Austrię. W wieku 12 lat zaczął kształcić się muzycznie w Warszawie. Profesorowie nie uważali go za specjalnie zdolnego, a jeden z nich wręcz odradzał mu kontynuowanie gry na fortepianie. Mając lat osiemnaście ukończył jednak z bardzo dobrymi stopniami Konserwatorium Warszawskie (1878) i zaraz potem podjął tamże obowiązki nauczyciela fortepianu w niższych klasach. Zarazem też komponował i to, niebawem, utwory bardzo dojrzałe.

W tym czasię ożenił się, ale jego żona zmarła niebawem po ślubie i urodzeniu syna, Alfeda, dziecka bardzo słabego zdrowia, które umarło młodo.

Karierę młodego muzyka przyspieszyła znakomita aktorka Helena Modrzejewska, której został przedstawiony w czasię jednego z jej powrotów z Ameryki na gościnne występy w kraju. Modrzejewska rozpoznała ogromny talent Paderewskiego, zorganizowała dla niego koncert w Krakowie (1884) i ściągnęła nań publiczność, sama na początku recytując. Uzyskane wpływy, oraz jej własna zapomoga, umożliwiły Paderewskiemu studia w Wiedniu (1885), u słynnego pedagoga Teodora Leszetyckiego, przedłużone o serię lekcji dwa lata później. Paderewski równocześnie stale, niezmordowanie sam pracował nad sobą.

Koncerty w Paryżu (1888), zakończone szalonym sukcesem, otworzyły przed nim drogę do sławy. Niebawem koncertował w Belgii, Londynie, Berlinie, a wreszcie w Stanach Zjednoczonych (pierwsze tournée, 1891), zyskując coraz większe sukcesy, przekonując do siebie krytyków, ogniskując na sobie uwielbienie publiczności. Jego fenomenalna technika pianistyczna była niezachwianym fundamentem osobistych i nowatorskich interpretacji, koronowanych grą natchnioną, ekstatyczną, porywającą. Był przy tym pięknym, postawnym mężczyzną, a jego złota, lwia czupryna nadawała mu wygląd niezwykły i aurę piękna. Od czasu podboju stolic Europy i wielkich miast Ameryki, Paderewski stał się wirtuozem najwyższej światowej sławy, obiektem kultu, zwanego „padymanią." Budził i szacunek, i zainteresowanie, jako kompozytor. Nieraz grał na koncertach swoje własne utwory, zwłaszcza na bis. Bodaj najczęściej grał na bis swego *Menueta à l'Antique, Opus 14, Numer 1* (utwór skomponowany w 1884 r.). Jest to jedna z najbardziej typowych dla twórczości Paderewskiego kompozycji demonstrujących jego oryginalny styl, niejako podsumowujących to, co najlepsze w Paderewskim – ten utwór jest smutny, ale nie żałosny; jest szlachetny i elegancki; jest lekki i pełen wdzięku. Jest równocześnie popisem jego fenomenalnej techniki pianistycznej.

Przygotowując się do koncertów Paderewski ćwiczył dniami i nocami, stale narzucając sobie bezwzględny rygor pracy. Właśnie ciężka praca była zawsze podstawą jego sukcesów. Na przestrzeni ćwierćwiecza był nieustannie na szczytach sławy, jako wirtuoz, oraz powodzenia towarzyskiego i finansowego. Grał na dworach królewskich i w rezydencjach prezydenckich, odznaczano go orderami, zaszczycano doktoratami honorowymi. Podróżował po całym świecie, dając m.in. dziesięć wielkich tournées po Stanach Zjednoczonych, wyprawiając się do Ameryki Południowej, Australii i Nowej Zelandii. Zakupił majątek ziemski w Kąśnej pod Tarnowem, dwa rancza w Kalifornii w okolicach Paso Robles i pałacyk w Riond-Bosson w Szwajcarii.

Stale ogromnie szczodry, przeznaczał wielkie sumy na dobroczynność, stypendia, fundacje, akcje charytatywne. Ta struna jego działalności zabrzmiała donośnie gdy ufundował Pomnik Grunwaldzki w Krakowie, na pięćsetlecie zwycięskiej bitwy z Krzyżakami (1910). Był to wielki narodowy czyn, który po raz pierwszy ukazał Polsce, a także jej zaniepokojonym zaborcom, Paderewskiego wirtuoza i kompozytora – jako płomiennego mówcę, niezłomnego patriotę, przywódcę zdolnego porwać serca i wyobraźnię mas. Odsłonięcie pomnika grunwaldzkiego zgromadziło tysiące Polaków, którzy przybyli do Krakowa ze wszystkich trzech zaborów. U stóp pomnika doświadczyli jedności – jako jeden naród.

W tym szczęśliwym dla artysty okresie były też chwile żalu i smutku. Jego ojciec Jan zmarł w 1894 r. Syn Alfred zmarł w 1901 r. Sam Paderewski związał się z Heleną Górską, mężatką. Jej małżeństwo rozpadło się i po rozwodzie Paderewski ożenił się z nią w 1899 roku. Nie mieli dzieci. Stała się nieodłączną towarzyszką jego życia, podróży, zajęć. Początkowo, była z pewnością źródłem radości, później, w oczach wielu, zaczęła negatywnie wpływać na twórczość męża i jego relacje z ludźmi.

Fundując Pomnik Grunwaldzki w Krakowie, gromadząc rzesze na jego odsłonięciu i przemawiając do nich, przywoływał Paderewski świetną przeszłość narodu i ogniskował jego nadzieje na lepszą przyszłość, na niepodległość. Powtórzył swe posłanie w mowie na lwowskich uroczystościach stulecia urodzin Chopina (1910). Coraz żywiej wczuwał się w cierpienia Polaków w kraju i nawiązywał coraz ściślejsze kontakty z amerykańską Polonia. Polacy na całym świecie byli z niego dumni i stopniowo wysuwali go na pozycję przywódczą.

W latach następnych Paderewski znów podjął, wymagający nadludzkiej zaiste energii, reżim częstych koncertów. Właściwie stale był w drodze.. W czasię I wojny światowej Paderewski, poczynając od 1914 r. najpierw w Szwajcarii, a następnie w USA, podął ogromną i energiczną pracę charytatywną i polityczną na kilku frontach na raz. W tym czasię przeprowadził również intensywne, bardzo szczegółowe, samouckie studia historii i geografii Polski, które przygotowały go do wielkiego zadania, które się podejmował – doprowadzenia do odzyskania przez Polskę niepodległości. Przebywając od 1915 t. w USA Paderewski:

(1) Pomagał Polakom materialnie – stworzył Polski Komitet Ratunkowy, zbierając dlań pieniądze i sam kierując do niego swoje zarobki. W ten sposób pomagał Polakom w kraju dewastowanym przez przesuwające się fronty.

(2) Podjął działania polityczne zmierzające do wskrzeszenia niepodległego państwa polskiego wszedł w skład utworzonego w Paryżu przez Romana Dmowskiego Komitetu Narodowego Polskiego, jako jego członek i delegat na Stany Zjednoczone. KNP był zalążkiem polskiego rządu za granicą i za taki został też z czasem uznany przez aliantów (1917).

(3) Podjął pracę zjednoczenia wszystkich organizacji polonijnych w Stanach Zjednoczonych, co mu się prawie w pełni udało, a dzięki czemu Polonia przemawiała w sprawach ojczystego kraju jednym głosem. Sam Paderewski stał się, nieformalnym, przywódcą całej Polonii amerykańskiej.

(4) Rozwinął szeroką akcję propagandową na rzecz Polski w Stanach Zjednoczonych. I to na dwóch poziomach jednocześnie. Z jednej strony, odwoływał się do opinii publicznej i mobilizował ją na rzecz Polski. Wymyślił niezwykły sposób działania, sobie jedynie dostępny koncert pianistyczny połączony z politycznym zgromadzeniem. Najpierw grał na fortepianie, swym nazwiskiem światowej sławy wirtuoza ściągając tysiące, a potem wstawał od fortepianu i wygłaszał przemówienie o konieczności wskrzeszenia niepodległej Polski. Dał trzysta takich koncertów-wieców. Z drugiej strony, nawiązał współdziałanie z amerykańskim rządem i Prezydentem Wilsonem, którego znał osobiście. Na zlecenie Prezydenta, Paderewski przygotował memoriał w sprawach Polski, wykładając racje, dla których Polska musi odzyskać niepodległość, oraz ukazał jej sprawiedliwe granice, z dostępem do Bałtyku. Dzięki Paderewskiemu, w oparciu o jego memoriał, prezydent Wilson włączył do swego programu pokojowego słynny punkt 13 stawiający, jako warunek powojennego pokoju, Polskę zjednoczoną, niepodległą, w sprawiedliwych granicach, z dostępem do morza (styczeń 1918). Właśnie ten memoriał Paderewskiego i oparty o niego postulat Wilsona, wprowadziły sprawę polską w orbitę celów wojennych i powojennych państw koalicji walczącej z Niemcami – USA, Wielkiej Brytanii, Francji, potem Włoch. Państwa te określiły odzyskanie przez Polskę niepodległości jako jeden z ważnych elementów powojennego porządku światowego.

(5) Na wiosnę 1916 r. Paderewski wysunął projekt (oparty o wcześniejsze polskie starania dokonywane we Francji) utworzenia Armii Polskiej walczącej u boku Stanów Zjednoczonych. Po różnorodnych opóźnieniach, armia taka zaczęła powstawać już na jesieni 1916 r., a formalnie została stworzona 6 października 1917 r. Osiągnęła siłę ok. 22 tysięcy żołnierzy. Wszyscy oni byli ochotnikami pochodzącymi z rodzin polskich imigrantów. Była to armia Paderewskiego. Błękitne umundurowanie i broń zapewniła Francja. Szkolenie odbywało się na terytorium Kanady, będącej dominium walczącej z Niemcami Wielkiej Brytanii. (USA nie brały formalnie udziału w wojnie aż do 6.IV.1917 r.). W maju 1918 r. armia ta została przerzucona do Francji i od razu weszła do walki. Jej zwierzchnictwo polityczne zapewnił paryski Komitet Narodowy Polski Dmowskiego, który 4

października 1918 r mianował jej dowódcą gen. Józefa Hallera. Armia ta szybko wchłonęła Polaków – alianckich jeńców i dezerterów z armii zaborców, rozrosła się do ok. 100 000, zapewniła Polsce udział w alianckiej defiladzie zwycięstwa w listopadzie 1918 r. w Paryżu. Potem zaś miała w decydujący sposób zasilić wojska odrodzonej ojczyzny.

Te wszystkie prace i ich widoczne owoce w naturalny sposób desygnowały Paderewskiego do następnego, najwyższego zadania – objęcia przywództwa wszystkich Polaków, ponad granicami zaborów i ponad różnicami partyjnymi, zjednoczenia wszystkich najlepszych sił polskich w kraju i na całym świecie. Paderewski zdecydował się na powrót do Warszawy, co ułatwili mu alianci.

Po wylądowaniu na angielskim okręcie wojennym w Gdańsku 25 grudnia 1918 r., Paderewski przybył już następnego dnia, 26 grudnia, do Poznania, gdzie samo jego pojawienie się wywołało powstanie, a w konsekwencji przyłączenie ogromnej części zaboru pruskiego do Macierzy. 1 stycznia 1919 r. Paderewski stanął w Warszawie. Powitano go jak zbawcę. Może jeszcze bardziej entuzjastycznie, niż sześć tygodni wcześniej Piłsudskiego wracającego z niemieckiego więzienia, bo Paderewski, poza legendą artysty światowej sławy, płomiennego patrioty i szczodrobliwego filantropa, zapowiadał sprowadzenie do ojczyzny doborowego wojska skoncentrowanego na razie we Francji i skierowania do Polski zachodnich pieniędzy, a także pomocy gospodarczej, oraz zapewnienia krajowi szerokich granic i pokoju. Miał za sobą mandat poczwórny: wolę Polonii amerykańskiej, nadzieję większości Polaków w kraju, formalne upoważnienie paryskiego Komitetu Narodowego Polskiego, oraz poparcie zwycięskich aliantów.

W Warszawie rządził już Józef Piłsudski. Sprawował on urząd Naczelnika Państwa (tak nazwany wzorem Kościuszki) i patronował socjalistycznemu rządowi Jędrzeja Moraczewskiego. Piłsudski początkowo nie chciał dzielić się władzą z Paderewskim. Wkrótce jednak realistycznie ocenił osobiste wartości i polityczny posag, jaki oferował Paderewski. Powołał go na Prezydenta Rady Ministrów i Ministra Spraw Zagranicznych, co stało się 16 stycznia 1919 r. Stojąc na czele rządu, Paderewski podjął gigantyczna pracę porządkowania prawa, administracji, gospodarki, szkolnictwa, transportu, a przede wszystkim zjednoczenia ziem i ludności trzech byłych zaborów.

Potem uczestniczył w Konferencji Pokojowej w Wersalu, gdzie delegatem Polski był dotąd Dmowski. Paderewski uznawał przywódca pozycję Dmowskiego w paryskim Komitecie Narodowym Polskim i jego ogromny wkład dyplomatyczny w dzieło odzyskania i umocnienia niepodległości Polski, a Dmowski mądrze rozumiał jak wielki jest osobisty autorytet Paderewskiego i jakim kapitałem jest zaufanie, jakim cieszył się on wśród aliantów zachodnich. Dmowski oddał więc lodjalnie Paderewskiemu miejsce Pierwszego Delegata Polski na Konferencji pokojowej, sam zostając Drugim Delegatem.

Było coś porywającego, niezwykłego, symbolicznego i wręcz mistycznego, w tym, że zmartwychwstałą Polskę reprezentował na światowej Konferencji Pokojowej wielki artysta; wszyscy wiedzieli, że jako artysta stoi na szczycie. Ale w walce politycznej, jaka cały czas toczyła się na Konferencji, dominowało coś innego: jego wyjątkowa, potężna osobowość, w której nierozdzielnie splatały się żelazna wola z delikatną wrażliwością; uporządkowana wiedza historyczna z twórczym natchnieniem mówcy; dar nawiązywania osobistego kontaktu, otwarcia na rozmówcę i szukania z nim wspólnego gruntu, połączone z umiejętnością zachowania swego własnego zdania. Wszystko to było ugruntowane na fanatycznej pracowitości, wyrafinowanej kulturze i nienagannych manierach, a poparte znajomością języków, historii, geografii i zagadnień gospodarczych. Zarówno wobec przedstawicieli mocarstw, jak i małych narodów, Paderewski zachowywał szacunek i komunikował się z nimi na poziomie wartości uniwersalnych, dobra ogólnego, sprawiedliwości powszechnej. Nierzadko zderzał się z innym systemem wartości drugiej strony, z bezwzględnością i cynizmem politycznym, z interesem silniejszego, siłą narzucanym słabszemu. Ale on nie ustępował.

Na Konferencji w Wersalu Paderewski wraz z Dmowskim wywalczyli dla Polski, co tylko wywalczyć się dało, niewątpliwie więcej niż mógłby to sprawić ktokolwiek inny. Dla nich samych było to za mało, ale rozumieli uwarunkowania zapadłych decyzji. W czasię Konferencji Pokojowej Paderewski prowadził starania o przetransportowanie swej armii do kraju. Mimo kłód rzucanych mu pod nogi przez Niemcy, a także Anglię, doprowadził do tego, że Armia Błękitna (jak ją zwano z powodu błękitnego umundurowania dostarczonego przez Francję) została przerzucona do niepodległej już Polski i jej żołnierze stali się zasadniczą siłą w wojnie z Bolszewikami w 1920 r.

Po powrocie do Warszawy w lipcu 1919 r. Paderewski został oskarżony o uleganie aliantom. Stopniowo tracił poparcie – i Piłsudskiego, i partii politycznych. Wycofał mu zaufanie Wincenty Witos, przywódca ludowy, który, latami kształtowany w austriackim parlamencie, nie rozumiał ponadpartyjnej pozycji i politycznego stylu Paderewskiego, ani jego programu jednoczenia sił narodowych ponad wszelkimi podziałami i partykularyzmami. Dmowski pozostał lojalny, ale był daleko, w Paryżu. Przed Paderewskim otwarło się polskie piekło. Dnia 10 grudnia 1919 r. złożył dymisję ze swoich urzędów.

W lutym 1920 r. wyjechał z kraju do Szwajcarii. Do Warszawy miał już nigdy nie wrócić. Gdy jednak Bolszewicy stanęli w 1920 r. u wrót Warszawy, Paderewski zgłosił ponownie gotowość służenia Polsce. Przyjął stanowisko delegata Polski przy Radzie Ambasadorów i w Lidze Narodów w Genewie. Walczył o Polskę jako dyplomata. Po wygranej przez Polskę wojnie, znów przestał być potrzebny rządzącym.

Na początku 1921 r. wyjechał do Ameryki i osiadł w swoim rancho w Paso Robles w Kalifornii. Podjął tam decyzję powrotu do fortepianu. Przez pół roku narzucał sobie, jak dawniej, katorżniczy program ćwiczeń.

Jego pierwszy po latach występ w Carnegie Hall w Nowym Jorku (22 listopada 1922 r.) opisywany jest jako jedno z największych wydarzeń w historii muzyki XX w. Może największe? Na estradzie pojawił się powszechnie znany i szanowany mąż stanu. Sala uczciła go powstaniem. Potem dał koncert wielki wirtuoz, grając z absolutna doskonałością. Słuchacze, świat muzyki, koledzy artyści, krytycy, impresariowie byli oczarowani, zachwyceni, porwani.

Paderewski wrócił więc na estrady i przez następne kilkanaście lat królował na nich bezdyskusyjnie, odbywając kolejne tournées. Okresy odpoczynku spędzał w Szwajcarii. Zaczęto go zwać „nieśmiertelnym." Istotnie, książka pod tytułem *Patedrewski, historia współczesnego nieśmiertelnego* (*Paderewski, The Story of a Modern Immortal*) pióra Charlesa Phillipsa została opublikowana w Nowym Jorku w 1933 r.

Już od 1920 r. rozciągnięto nad Paderewskim w Polsce – bo nie w Ameryce – kurtynę milczenia. Traktowany był przez obóz rządowy jako – wciąż potencjalny – konkurent do władzy i dlatego trzymany był z daleka od kraju. Przepaść pogłębiła się, gdy w drugiej połowie lat 1930, już po śmierci marszałka Piłsudskiego, Paderewski patronował wysiłkom gen. Władysława Sikorskiego, gen. Józefa Hallera i Wincentego Witosa (wtedy już nie tylko pozbawionego wpływów, ale i prześladowanego), którzy wysuwali program uzdrowienia polskiej polityki, tworząc wraz z Paderewskim tzw. Front Morges (1936).

Pędził życie jako *de facto,* wygnany ze swego kraju mąż stanu i wciąż aktywny wirtuoz. Tylko od czasu do czasu wiadomości o jego sukcesach przedostawały się do Polski. W 1937 r. wyświetlano w kraju *Sonatę księżycową,* angielski film z udziałem Paderewskiego. Chętnie dzielił się swym warsztatem i wiedzą z młodszymi muzykami, zapraszając ich na szkoleniowe pobyty do swej szwajcarskiej rezydencji w Riond Boisson, opiekował się pomnikowym wydaniem dzieł Chopina.

Przegrana wojna z Niemcami i agresja sowiecka na Polskę 1939 r. stworzyły znów potrzebę odwołania się do autorytetu Paderewskiego. Mając siły bardzo już nadwątlone, nie przyjął proponowanego mu urzędu Prezydenta Polski. Nie uchylił się jednak od przewodnictwa Rady Narodowej RP w Paryżu w 1940 r. Niebawem, jako emisariusz narodowy pojechał do USA mobilizować na rzecz Polski opinię amerykańską, światową i polonijną. Tu zmarł w 1941 r., po roku morderczego dlań już wtedy programu podróży, rozmów, konferencji, przemówień. Na podstawie osobistej decyzji Prezydenta Roosevelta, Paderewski został pochowany z najwyższymi honorami państwowymi, jakie Ameryka może zaofiarować głowie państwa, na cmentarzu wojskowym Arlington w Waszyngtonie.

Po raz drugi kurtynę milczenia zaciągnął nad Paderewskim, a raczej nad pamięcią o nim, powojenny rząd komunistyczny. Paderewski zapisał się bowiem na tych kartach historii Polski, które komuniści wydarli z podręczników i starali się wydzierać z serc Polaków. Nie wolno więc było mówić o jego niezwykle ważnej roli we wskrzeszeniu Polski. O Paderewskim można było mówić tylko jako o muzyku – i to jak najmniej.

Pamięć o Paderewskim była niewygodna dla komunistów również z tego powodu, że jej głównym depozytariuszem był Sylvin Strakacz, wtedy emigrant. Był on przez ponad 30 lat osobistym sekretarzem Paderewskiego, któremu służył z absolutną lojalnością i całkowitym oddaniem, towarzyszył mu w podróżach, reprezentował w Polsce, współpracował politycznie za granicą. Strakacz był człowiekiem kryształowego charakteru i nieskazitelnej reputacji. W czasie wojny zyskał szacunek i miłość amerykańskiej Polonii służąc jako Konsul Generalny Rzeczypospolitej w Nowym Jorku. Po wojnie bronił dobrego imienia Paderewskiego, jego testamentu i pozostałości po jego majątku przed władzami komunistycznymi, które wyrzuciły go z jego urzędu w Ameryce. Ataki komunistów na Strakacza uwłaczały również pamięci o Paderewskim. Tylko dla amerykańskiej Polonii Paderewski był nieustanną dumą. Jego serce przeniesiono uroczyście w 1986 r. do Narodowego Sanktuarium Matki Bożej Częstochowskiej w Doylestown w Pensylwanii.

Dopiero zmiany 1989 r. umożliwiły powrót Paderewskiego do kraju. W 1992 r., prochy Wielkiego Polaka sprowadzone zostały do Polski i uroczyście złożone w krypcie katedry warszawskiej. W 2001 r. Sejm RP podjął uchwałę o specjalnym uczczeniu 60-tej rocznicy jego zgonu.

Żywot Paderewskiego był dla milionów Polaków źródłem otuchy i nadziei, wzorcem prawości i patriotyzmu, oraz pracowitości osobistej i bezinteresownej służby dla kraju. Przed Papieżem-Polakiem, Janem Pawłem II, był Paderewski Polakiem najbardziej znanym i szanowanym na świecie. W kraju, przez wiele lat Paderewski ogniskował miłość milionów Polaków i nienawiść elit politycznych. Dla wielu był wielkim mężem stanu. Dla innych nieskutecznym politykiem. Dla miłośników muzyki i znawców – był mistrzem fortepianu i wielkim kompozytorem. Jednak z czasem pamięć o nim gasła.

W Polsce – znów niepodległej – dobrze jest przypominać Paderewskiego, który wiek temu odegrał decydującą rolę w przywróceniu niepodległości naszego kraju. Do Paderewskiego możemy ciągle wracać z dumą i wdzięcznością – po umocnienie i natchnienie. Jest naszym szlachetnym, narodowym obowiązkiem oddanie sprawiedliwości Ignacemu Paderewskiemu.

Kazimierz Braun

▶ ▼ ◀

► PŁONĄCY ANIOŁ ◄

► RZECZ O LEONIE SCHILLERZE ◄

► DRAMAT ◄

OSOBY

    Pan Leon, reżyser

    Pani Profesor, scenograf

    Pan Wiktor, aktor

    Tomek, maszynista teatralny

    Pułkownik

    Sekretarz

    Prezydent

    Zakonnik

    Młody Aktor

    Chór

UWAGI

1. Dramat ten odnosi się do historii Polski i do rzeczywistych działań ludzi; wykorzystuje autentyczne wypowiedzi i utwory. Nie jest jednak kroniką historyczną i korzysta z praw „Licentia poetica".

2. Chór – złożony z mężczyzn i kobiet – gra role aktorów, zakonników, maszynistów teatralnych, tajniaków, obstawy Prezydenta.

3. Scenografia winna być skompletowana ze starych, używanych elementów dekoracji, mebli i rekwizytów. Anioł – to ogromna, wysoka marioneta.

► CZĘŚĆ I ◄

*Scena teatralna w ruinie. Połamane i popalone dekoracje. Nagie ściany z dziurami po pociskach i ze śladami kul. Zakonnik, Pan Leon, Pani Profesor, Tomek; zakonnicy ze świecami w rękach; aktorzy w kostiumach i maskach z **Jasełek**; wśród nich Anioł, Śmierć, Turoń i Kolędnik z gwiazdą; kilku aktorów ma instrumenty muzyczne, na których grają towarzysząc Chórowi.*

ZAKONNIK: Bracia i siostry, zgromadziliśmy się dzisiaj na uroczystość szczególną. Oto wielki artysta sceny polskiej — jego nazwisko z powodów konspiracyjnych nie będzie tu wymienione — przyjmie za chwilę śluby Trzeciego Zakonu Ojca naszego świętego Franciszka. Życzeniem artysty było, abyśmy uroczystości tej dokonali tutaj, na tej zrujnowanej teatralnej scenie, na której przed laty, w wolnym kraju, tworzył on wielkie dzieła. Dogodne to miejsce, bowiem, miejmy nadzieję, szpiclom niemieckiego okupanta nie przyszło do głowy kluczyć po tych ruinach. Brat nasz za chwilę złoży śluby, będące widzialnym znakiem jego duchowej przemiany. Chce on jednak, aby ta przemiana stała się udziałem całej polskiej sztuki. Towarzyszymy mu w tym pragnieniu. Niech ta uroczystość, odprawiona pośrodku strasznej wojny, na gruzach miasta i w ruinach teatru, zapowie przyszłe zmartwychwstanie i tego gmachu, i całego kraju.

♪ CHÓR:
> Anioł pasterzom mówił,
> Chrystus się nam narodził.
> W Betlejem, nie bardzo podłym mieście.
> Narodził się w ubóstwie.
> Pan wszego stworzenia.

ZAKONNIK: Proszę się zbliżyć. Kościół wraz z Rodziną Franciszkańską cieszy się z postanowienia każdej duszy pragnącej prowadzić doskonałe życie ewangeliczne. Jakie imię pragniesz przyjmiesz jako członek naszej Rodziny?

PAN LEON: Pragnę przyjąć imię Gloriusza.

ZAKONNIK: Bracie Gloriuszu, czy jesteś gotów dokonać profesji?

PAN LEON: Jestem gotów.

ZAKONNIK: Bracie Gloriuszu, o co prosisz?

PAN LEON: Proszę o przyjęcie mnie do świeckiej Rodziny Franciszkańskiej, abym mógł prowadzić życie ewangeliczne wśród świata, wedle ducha i przykładu świętego Ojca Franciszka oraz jego świętych naśladowców.

ZAKONNIK: Czy obecni tu bracia i siostry przyjmują tę prośbę?

CHÓR: Przyjmujemy.

ZAKONNIK: Bogu niech będą dzięki. Prośmy Boga o światło słowami świętego Franciszka wypowiedzianymi w dniu jego nawrócenia.

CHÓR I PAN LEON:
> Najwyższy, chwalebny Boże,
> rozjaśnij ciemności mego serca.
> Daj mi, Panie, prawdziwą wiarę,
> niezachwianą nadzieję,
> doskonałą miłość,
> aby mógł pełnić

Twą świętą wolę.
Amen.

ZAKONNIK: Połóż rękę na Ewangelii i powtarzaj: Na chwałę Boga wszechmogącego...

PAN LEON: Na chwałę Boga wszechmogącego...

ZAKONNIK: Na cześć świętego Ojca naszego Franciszka....

PAN LEON: Na cześć świętego Ojca naszego Franciszka....

ZAKONNIK: W obecności braci i sióstr...

PAN LEON: W obecności braci i sióstr...

ZAKONNIK: Przyrzekam....

PAN LEON: Przyrzekam...

ZAKONNIK: Przez cały czas życia mego....

PAN LEON: Przez cały czas życia mego...

ZAKONNIK: Postępować według Ewangelii...

PAN LEON: Postępować według Ewangelii...

ZAKONNIK: Zachowując znaną mi regułę Trzeciego Zakonu świętego Franciszka...

PAN LEON: Zachowując znaną mi regułę Trzeciego Zakonu świętego Franciszka...

ZAKONNIK: A Bóg niech mnie wspomaga i Jego Ewangelia, na której trzymam rękę...

PAN LEON: A Bóg niech mnie wspomaga i Jego Ewangelia, na której trzymam rękę...

ZAKONNIK: Amen.

CHOR I PAN LEON: Amen.

ZAKONNIK: Władzą, która jest mi dana, w imieniu Kościoła i Zakonu przyjmuję twoją profesję. W imieniu całej naszej Rodziny witam cię z radością jako brata. Weź te symbole. Tę szatę białą. Włóż ją na siebie teraz, a zawsze noś ją w duchu, jako znak czystości, prawdomówności i wytrwałości.

Pan Leon wkłada komżę. Ten sznur. Zawieś go na swoich biodrach jako znak męstwa.

PAN LEON: *przewiązuje się sznurem.*

Pamiętaj o swych zobowiązaniach. Odejdź w pokoju.

♪ CHÓR: Gdy się Chrystus rodzi
i na świat przychodzi,
ciemna noc w jasności
promienistej brodzi.
Aniołowie się radują,
pod niebiosy wyśpiewują,
Gloria, Gloria, Gloria
in excelsis Deo!

PANI PROFESOR: Gratuluję ci, Leonie, to wielka chwila.

PAN LEON: Już nie Leonie... Bracie Gloriuszu...

PANI PROFESOR: Podziwiam cię bracie Gloriuszu... Uosabiasz wielką przemianę polskiego teatru... Wybacz mi, nigdy nie byłam na żadnej uroczystości kościelnej i nie wiem jak się zachować. My też nie braliśmy ślubu. Przepraszam. Coś chlapnęłam nie à propos... No, można cię pocałowac?

PAN LEON: W policzek... w policzek... Tak, siostro, teatr polski będzie wielkim gmachem ducha.

PANI PROFESOR: Jaka ja ci siostra. Dla mnie pozostaniesz Leonem.

PAN LEON: Od dziś będę Leonem przemienionym. Wyrwanym z paszczęki lwa.

TOMEK: W imieniu pracowników technicznych, składam powinszowania, panie Dyrektorze. Ile liści na kapuście, ile Żydów na odpuście, ile palców w rękawicy, tyle panu Dyrektorowi szczęścia życę.

PAN LEON: Dziękuję, bracie Tomaszu, przytulam cię do serca. I ty będziesz potrzebny w służbie narodowego ducha.

CHÓR: Sto lat, sto lat..

PAN LEON *Przerywając i uciszając*: Dziękuję, dziękuję wam bracia i siostry. Dziękuję z serca. Pan z wami. Ale cicho, sza! Rozchodźmy się, jak zawsze, konspiracyjnie. Małymi grupkami. Idźcie w pokoju.

Wszyscy wychodzą. Pan Leon – w komży nałożonej na garnitur – został sam.

▶ UPŁYW CZASU ◀

Wchodzą Pułkownik i Sekretarz.

PUŁKOWNIK: Wiedziałem gdzie szukać Mistrza! W teatrze, oczywiście. Na scenie. Myszkuje się po starych śmieciach? Do roboty już się Mistrz zabiera? Chwali się taka gorliwość. Chwali. Poznaje mnie Mistrz przecież. Tak, to ja.... Przed wojną chudy literat, a teraz kierownik resortu. Minister, powiedziałoby się w burżuazyjnnej terminologii. Ale burżuazyjne treminy, tak jak burżuazyjne treści, teraz do lamusa. Witam Mistrza.

PAN LEON: Poznaję pana. Co za mundur. Co za cera. To chyba na amerykańskich konserwach?

PUŁKOWNIK: Plus radziecka aqua vitae.

PAN LEON: Witam... Tak, pamiętam pana. Lwowski kongres kultury!

SEKRETARZ: Lwowski?

PUŁKOWNIK: To była postępowa impreza, towarzyszu.

SEKRETARZ: Są instrukcje, żeby o Lwowie w ogóle nie wspominać, zapomnieliście towarzyszu? Skreślać i już.

PUŁKOWNIK: Widzi pan, dyrektorze, mamy nie tylko nowe słownictwo, ale nawet nie mamy w ogóle pewnych słów. Tworzymy nie tylko nowy ustrój ale i nowy język. Poznajcie się z towarzyszem sekretarzem.

PAN LEON: Witam pana sekretarza. Ja istotnie jak najszybciej moją scenę uruchomić chciałbym. Nad tym dumam na tych gruzach.

SEKRETARZ: My właśnie w tej sprawie, towarzyszu Mistrzu. Choć ta scena teraz państwowa jest, ludowa, wicie. Ale nieźle się zachowała. Choć dziurawa.

PUŁKOWNIK: Teatry wszystkie, Mistrzu, tak jak ziemia, woda, powietrze, fabryki i te pe i te de, zostały dekretami kolejnymi upaństwowione. To, żebyśmy mieli pełną jasność.

SEKRETARZ: Do szczętu upaństwowione. Do szczętu.

PAN LEON: To i mój teatr – już nie mój?

PUŁKOWNIK: Żebyśmy mieli pełną jasność. Państwowy on teraz. Ale my potrzebujemy Mistrza, aby ten teatr odbudował i poprowadził, po mistrzowsku, Mistrzu, jak dawniej. Choć po nowemu.

SEKRETARZ: Po nowemu, wicie.

PAN LEON: Kto daje i odbiera, ten się w piekle... A wy mi tu, Panowie, odbieracie, a potem dajecie. Więc tak wygląda ten wasz komunistyczny raj?

PUŁKOWNIK: Fideistyczny kalambur... He... He...

PAN LEON: Miałem na myśli paradyz. Raj teatralny.

SEKRETARZ: Nie słyszałem o takowym, ki diabeł?

PUŁKOWNIK: A to dobre. Raj teatralny. To jest ostatni balkon w teatrze, towarzyszu sekretarzu. Ale girlasków tam musi był pełno, co?

SEKRETARZ: Kogo to? Girlasków?

PUŁKOWNIK: Kurwów, towarzyszu, kurwów, mówiąc po naszemu.

SEKRETARZ: Acha. Niech cię nie znam. To Mistrz też nie gardzi jak na ząb podleci?

PUŁKOWNIK: Na ząb? Dobrze towarzysz to ujął. He... He... Ale do rzeczy.

PAN LEON: Właśnie. Ja bym chciał teatr choć jutro uruchomić. Potrzebne są jednak pewne środki. Sam nie dysponuję. Zresztą, jak pan wspomniał, to już nie mój teatr.

PUŁKOWNIK: Nie pana, ale i pana. Przynieśliśmy panu nominację na dyrektora pańskiego teatru. Nie ma godniejszego, nie ma bardziej zasłużonego niż Mistrz. Dokument został podpisany przez samego prezydenta.

PAN LEON: Przez prezydenta? To wielki zaszczyt. Nie wiem czy podołam. Zaiste... Zdobędę się na wielki czyn... Jestem gotów.

PUŁKOWNIK: Chwali się. Oto pismo. Zaraz je uroczyście wręczymy. Przedtem jednak jest pewien drobiazg... My nie stawiamy żadnych warunków, ale stanowisko dyrektora pierwszej narodowej sceny zobowiązuje. Byłoby dobrze widziane... przez najwyższe czynniki, przez prezydenta... aby dyrektor tej sceny był członkiem partii komunistycznej, robotniczej.

PAN LEON: Pojmuję... Ale ja, niestety, nie jestem...

PUŁKOWNIK: Ale już przed wojną do partii pan należał sercem. I przekonaniem. A kogo to sanacyjna policja aresztowała za kolportowanie w teatrze komunistycznych ulotek? Pana, Mistrzu. A kogo napadali burżuazyjni recenzenci za bolszewizujące inscenizacje? A kto wygłosił to płomienne przemówienie na kongresię we Lwowie... przepraszam... no, na tym zgromadzeniu lewicowych działaczy? A kogo to przesłuchiwano po wizycie w Moskwie na jubileuszu jednego z dyrektorów moskiewskich teatrów? Pana, Mistrzu!

PAN LEON: To był jubileusz Stanisławskiego, starego przyjaciela...

PUŁKOWNIK: Wasze przekonania, Mistrzu, już dawno były postępowe, więcej, były lewicowe, więcej, były bolszewickie. I teraz trzeba to tylko, że tak powiem, sformalizować. Wstąpić w szeregi. Krok zrównać. Przyjąć światłe kierownictwo ideologiczne partii. Podporządkować się jej niezłomnej woli.

PAN LEON: Rozważmy... Nie tak trudno komuś, kto swej adhezji do proletariatu walczącego nigdy się nie wypierał, przyjmował w duchu kierownictwo ideologiczne partii, stającej dziś na czele Polski robotniczej i chłopskiej. Nie trudno mu podporządkować się autorytetowi partii, która przewodzi historycznym przemianom. Był on bowiem zawsze gorącym zwolennikiem mas ludowych i postępu, entuzjastą przodującego kraju rad, orędownikiem rewolucji. Zaiste, jeśli nie przynależał on formalnie do partii, to sercem do niej przylgnął, a teraz przejrzawszy ostatecznie, resztki burżuazyjnego bielma z oczu zdziera i gotów jest karnie w szeregi się włączyć, jak pan to powiedział, krok zrównać, ba, sztandar czerwony wysoko podnieść.

SEKRETARZ: O, żesz go... Ale ma gadane...

PUŁKOWNIK: Świetnie. Tak więc, towarzyszu dyrektorze, aby sprawy załatwić po porządku, tu jest deklaracja partyjna. Podpiszcie. Tak, dziękuję. Spodziewaliśmy się, że się zapiszecie, więc uchwała o przyjęciu was została już podjęta. Tu jest legitymacja partyjna. Podpiszcie się na niej. Tak. I podpiszcie pokwitowanie. Dziękuję. A tu jest czerwony krawat. Najpierw pokwitujcie odbiór. Tak. A teraz go zawiążcie.

Pan Leon podpisał po kolei wszystko co mu Pułkownik przedłożył, a teraz z trudem zawiązuje czerwony krawat.

SEKRETARZ: Ja pomogę... O tak, tu przełożyć... tu naddać... pod kołnierzyk... A co to białego macie na marynarce? Nawet pasuje.

PUŁKOWNIK: To się nazywało komża, wedle dawnej, fideistycznej terminologii, towarzyszu sekretarzu. Ale w sytuacji braków rynkowych można używać jako koszuli. Byle pod marynarką nosić, nie na wierzchu. I ten sznurek. Rozumiem. Okupacyjna bida. Ale się wkrótce odkujecie jako dyrektor. Pasek sobie kupicie. I nowe buty. Teraz krawacik podciągnąć...

SEKRETARZ: Nieźle, nieźle... Gotowe.

PUŁKOWNIK: Tu jest nominacja na dyrektora teatru. Proszę. Podpiszcie towarzyszu na kopii. Otrzymałem... I data... Tak. Dziękuję. A tu jest pierwsza dyrektorska gaża, w tej kopercie. Przeliczcie. Suma, jak na liście płac. Zgadza się? To podpiszcie się i na liście płac. Dziękuję.

PAN LEON *znów podpisuje.*

SEKRETARZ: Sekretarskie pobory, sam prezydent przydzielił.

PUŁKOWNIK: No, tośmy formalności załatwili. Za tydzień zgłosicie się do mnie, towarzyszu dyrektorze, do resortu, z planem repertuarowym, składem osobowym załogi i propozycją budżetu. Sztuki grać socjalistyczne. Angażować ludzi pewnych ideologicznie. Budżetu nie limitujemy. Zatwierdzimy. I do roboty. Prezydent się interesuje. Zapowiedział, że złoży roboczą wizytę w waszym teatrze. No, to lecimy.

SEKRETARZ: Partia będzie zawsze z wami, towarzyszu dyrektorze. W razie jakichkolwiek problemów, dzwońcie do mnie. Bezpośrednio. Cześć pracy.

PAN LEON: Dziękuję, panom... towarzyszom... Zaufania nie zawiodę. Jak na Zawiszy. Zaiste. Cześć pracy.

Pan Leon został sam. Rozwiązuje sznur i zdejmuje komżę.

▶ UPŁYW CZASU ◀

Wchodzi Tomek, za nim Pani Profesor.

TOMEK: Tędy, pani profesor, znaleśliśmy tego anioła z *Dziadów*.

PANI PROFESOR: Ależ tu ciemno... Gruzy... Nogi połamać można...

TOMEK: Ja pomogę... Tędy... Jak się magazyn dekoracji zapalił to chłopaki zaczęli co się da przenosić na scenę. Tego anioła... Wtedy bomba trafiła w scenę. Anioł cały w płomieniu stanął. W jednej chwili. Ale zadziałała jeszcze deszczownia. Lalismy wodę aż miło. Anioł tak namókł, że się nie skopcił. I scenę żeśmy uratowali. Dopiero potem strop poleciał...

PAN LEON: Nie było żadnego anioła w *Dziadach*! Coś się koledze pomieszało. Isia... Jak się cieszę...

PANI PROFESOR: Leon! Oczywiście już na scenie. Witaj.

TOMEK: Jak to nie było, panie dyrektorze? Był. Był gotowy i dany na scenę w terminie. Pani profesor bardzo chwaliła.

PANI PROFESOR: Ale potem go dyrektor wyrzucił ze sceny. Nie pamiętasz? Na trzeciej generalnej.

TOMEK: Pewno, że pamiętam. Cała stolarnia klęła. A rekwizytorzy to wręcz płakali. Ludzie się narobili, a tu na trzeciej generalnej nagle krzyk dyrektora z widowni „Zabrać tego anioła! Wynieść ze sceny!" Tyle roboty na nic.

PAN LEON: Nie pamiętam wcale. To chyba pani profesor kazała go wynieść. Mnie się nawet podobał.

PANI PROFESOR: Co ty gadasz, Leon! Wstydu nie masz? Ja go kazałam wynieść? Ja? To ty się uparłeś.

TOMEK: Chłopaki się tak wściekli, że potem na premierze zmiany na złość robili dwa razy dłużej. Trwało do trzeciej rano. Połowa sali wyszła. A tego anioła przechowali i nie dali rozebrać nawet jak sztuka już zeszła i przerabiało się dekoracje z *Dziadów* na *Wesele Fonsia*.

PANI PROFESOR: Gdzie on jest? Pokaż.

TOMEK: A tu, pod tymi gruzami. Chyba tylko trochę przetrącony i okopcony. Ale raczej cały. O widzi pani? Tu leży.

PANI PROFESOR: Trzeba go wydobyć...

TOMEK: Panowie maszyniści, niech mi paru pomoże.

PANI PROFESOR: Zdejmujcie ostrożnie te kawałki... żeby nie uszkodzić... Pomalutku... Mój anioł...

PAN LEON: Nie rozumiem czemu się tak entuzjazmujesz. Kawałek starego praktykabla i tyle.

PANI PROFESOR: Ależ to z naszych *Dziadów*! Na pewno zechcesz je znowu wystawić. Tym razem trzeba koniecznie tego anioła wykorzystać. Już się nie zgodzę żeby go wyrzucić.

PAN LEON: Ja *Dziady* chcę wystawić, ale w nowym ujęciu. To był twój anioł. I Jowisz mnie ustrzegł, że go nie pozwoliłem zostawić na scenie. Jak ja bym się teraz wytłumaczył? A fideistyczne były te *Dziady* i tak... Te twoje trzy krzyże. Ja chciałem trzy dęby.

PANI PROFESOR: Dziękuję, że choć teraz mi przyznajesz autorstwo tych krzyży. Przed wojną, we wszystkich wywiadach, mówiłeś, to to był twój pomysł.

PAN LEON: Nie pamiętam. Przed wojną? To było przed wiekami. W każdym razie teraz takie mistycyzujące interpretacje nie byłyby właściwe. Obecnie trzeba *Dziady* materialistycznie zinterpretować, tak jak, oczywiście, zostały napisane.

PANI PROFESOR: Możesz sobie swoją interpretację nazywać jak chcesz, ale byłbyś głupcem, gdybyś nie wziął wszystkiego co najlepsze z naszej dawnej inscenizacji.

PAN LEON: Właśnie! Tego anioła nie było w tamtym przedstawieniu.

PANI PROFESOR: Był! Był do drugiej generalnej. Wyrzuciłeś go na trzeciej. Spektakl ci się walił. Chciałeś skracać na siłę. Kazałeś wynieść anioła, żeby zmiany szły szybciej. Albo mnie na złość. Przemówiłby potężnie. A co dopiero teraz. Wszystko w gruzach. Ten anioł będzie symbolem przetrwania. Nadziei na zmartwychwstanie.

PAN LEON: Feniks z popiołów? Apollo na wozie ognistym? Salvator? „Pokłońcie się o ziem czołem, ma przyjechać z archaniołem?" No, jak tam Panowie maszyniści? Spróbujcie postawić tego anioła!

TOMEK: Już się robi, panie dyrektorze. Powolutku, chłopaki. Pomalu...

PANI PROFESOR: Stawiajcie go ostrożnie...

PAN LEON: To ten sam anioł, mówisz Isiu?

PANI PROFESOR: Tomeczku, nie masz tu jakiego reflektora pod ręką?

TOMEK: Przechowało się kilka. Wyfasowałem już parę żarówek.

PAN LEON: Poświeć. Poświeć na tego anioła...

Na środku sceny, wśród gruzów i połamanych dekoracji, stoi ogromny, nieco uszkodzony, oświetlony punktowym reflektorem anioł.

PAN LEON: Wystawimy znów wielki narodowy arcydramat na tej scenie.

PANI PROFESOR: Mój anioł... stróż...

► UPŁYW CZASU ◄

Ci sami. Wchodzi Pan Wiktor.

PAN WIKTOR: Ten sam anioł... Leon, witam! Dziękuję ci, że mnie wyciągnąłeś z mojej wiejskiej kryjówki. Nie bardzo chciało mi się wychodzić... Mizerny jesteś... A to Isia? Witam panią profesor. Zawsze ta sama. Urodliwa...

PANI PROFESOR: Nie zawsze i nie ta sama. Zniszczona jak wszyscy. A ty kokiet, jak dawniej. Leon trzyma się dobrze. Przetrwał u gościnnych zakonników. W klasztorku...

PAN LEON: Pościłem. Rozmyślałem. Ale i tobie wagi nie przybyło, Wiku... Najważniejsze, że żyjesz. Przechowałeś się.

PAN WIKTOR: Przechowali mnie dobrzy ludzie, obszarnicy, jakby to się dzisiaj powiedziało. Trochę płuca reperowałem. Dykcji uczyłem w seminariach. Pisałem...

PAN LEON: A my tu mamy wielką scenę, dwadzieścia kroków wszerz i wzdłuż... Ocalała z pogromu. Tylko strop się zawalił. Magazyny dekoracji spalone. Odbudujemy. Trzeba grać. Jak najszybciej.

TOMEK: Tego anioła śmy ocalili z pożaru. Przedwojenny.

PAN WIKTOR: Tomek? Toż ja cię pamiętam chłopcze... I was, Panowie maszyniści... I ciebie... I ciebie...

TOMEK: Pamięta mistrz? Byłem tylko na posyłki. Nieraz mistrzowi flaszkę przynosiłem.

PAN WIKTOR: No, tego się teraz nie przypomnina. Teraz pełna abstynencja. Ale pamiatam cię. Żyjesz. Gdzie byłeś? Tu? W lesie?

TOMEK: I w mieście i w lesie, i potem znów w mieście, w Powstaniu. A potem w oflagu. Ale wróciłem. Teatr otwieramy. Mistrz dołączy?

PAN WIKTOR: O tym pogadamy z panem dyrektorem...

PAN LEON: Panowie maszyniści, na razie dziękuję. Przerwa na papieroska.

TOMEK: Na skręta, panie dyrektorze, na skręta. I to w ruskiej gazecie. Tańsza.

Maszyniści wychodzą.

PAN LEON: Przystaniesz do nas?

PAN WIKTOR: Musimy się poważnie rozmówić. Ja w czasie tych lat wiele przemyślałem...

PANI PROFESOR: Zostawię was tête a tête...

PAN WIKTOR: Przeciwnie, to sprawy pospólne.

PAN LEON: I ja dumałem wiele. Bania z projektami i planami. A teraz to wszystko w łeb. Wszystko jest inaczej niż się marzyło. Ale grać trzeba.

PAN WIKTOR: Brnąć w bagno moralne jak dawniej?

PAN LEON: Po nowemu. Dla nowego widza.

PAN WIKTOR: I dla nowego mecenasa? Tak?

PAN LEON: Tak. Jest czas ludowej rewolucji. Przewodzi jej nowa ludowa władza. Trzeba robić teatr dla mas ludowych, więc z tą władzą, a nie przeciwko niej.

PAN WIKTOR: Nie żadna władza ludowa, ale władza obcych. Wjechali tu na ruskich czołgach. Obstawili się ruską tajną policją, założyli garnizony ruskiej armii.

PAN LEON: Dla ścisłości czołgi mieli amerykańskie. Nawet z pod czerwonych gwiazd pięcioramiennych, białe, sześciorogie prześwitywały na ich pancerzach. To dowodzi wspólnoty alianckiego wysiłku.

PAN WIKTOR: Antypolskiego spisku aliantów! Teheran! Jałta! Jałta!

PAN LEON: Mamy rząd polski! Prezydenta. Sam podpisał moją nominację.

PAN WIKTOR: Winszuję zaszczytu. Mamy rząd przywieziony z Moskwy. Ten prezydent jest ruskim agentem!

PANI PROFESOR: Panowie, my tu mamy teatr robić, nie politykę. Teatr!

PAN WIKTOR: Ale zanim go robić zaczniemy, musimy wiedzieć dla kogo go robimy i po co.

PAN LEON: Będziemy robić teatr dla mas i będziemy go robili po to, aby kraj odbudować duchowo. Już trwa wielki wysiłek odbudowy fizycznej, materialnej. Ludzie pracują gołymi rękami, z najwyższym poświęceniem. Musimy ich umocnić. Musimy im służyć. Przyjdą zwartymi kolumnami do teatru, prosto od kilofa i pługa!

PAN WIKTOR: Chcesz się zaprząc do umacniania w Polsce władzy bolszewików? Ale ty przecież już dawniej komunizowałeś...

PAN LEON: A ty, co chcesz? Walczyć z bolszewikami? Strzelać? Mało ci ofiar tej wojny? Komunizm to wielka postępowa idea. Tak. Byłem o tym przekonany już dawno.

PAN WIKTOR: Ale w czasie wojny zmieniłeś przekonania! Wstąpiłeś do zakonu. Byłem zbudowany.

PAN LEON: Najpierw mi wypominasz lewicową przeszłość, a potem katolicką konwersję. Przestań się wtrącać do mego sumienia. Sam odpowiadam przed sobą.

PAN WIKTOR: Jako artysta jesteś osobą publiczną. Tak jak my wszyscy, teatralnicy. Twoje słowa i czyny mają walor przykładu i symbolu.

PAN LEON: Chcę pociągnąć innych w słuszną stronę.

PAN WIKTOR: W niesłusznej sprawie!

PANI PROFESOR: Panowie... Do rzeczy... O ideach porozmawiamy przy wódce... Teraz chodzi o sprawy praktyczne. O uruchomienie teatru.

PAN WIKTOR: Ja już nie piję. Sama się z Leonem napij. A mnie dajcie spokój. Wracam do mojej nyży.

PANI PROFESOR: Nie damy ci spokoju. Potrzebujemy cię. Leon chce zacząć robotę od *Dziadów*. Ja zrobię scenografię. Jak kiedyś. Mamy już tego anioła. A ty musisz zagrać Konrada. Też jak dawniej. Nie odmówisz przecie?

PAN LEON: Tak, to teraz najważniejsze. Robota. Wzniesiemy się nad wszelkie spory. Teatr, teatr przemoże. Prędko teatr otworzyć. I odrazu od górnego C. Czasy są wielkie. Więc wielkie dzieło. *Dziady*.

PAN WIKTOR: Mogę być z wami szczery?

PAN LEON: Z serca do serca.

PANI PROFESOR: Wik! Kogo o to pytasz...

PAN WIKTOR: Więc szczerze. Mam wątpliwości czy powinno się otwierać teatry. Czy powinno się w ogóle grać publicznie. Obowiązuje bojkot. Niewystępowanie publiczne. Sami uczestniczyliście w jego uchwaleniu.

PANI PROFESOR: Ależ to był bojkot niemieckiego okupanta!

PAN WIKTOR: A teraz jest okupant sowiecki!

PAN LEON: Armia radziecka wyzwoliła nasz kraj.

PAN WIKTOR: Leonie, nie zakłamuj się. Jedna okupacja została zamieniona na drugą. Uwięziono podziemne kierownictwo. Miliony ludzi zesłano w głąb Rosji. Tysiące ludzi siedzi w więzieniach w kraju. Gromady ukrywają się po lasach jak dzika zwierzyna. Na Podlasiu, na Podkarpaciu trwają walki z najeźdźcą. Kogo tam się zabija? Polaków. Jak poprzednio. Tyle, że ci, którzy ich zabijają też mówią po polsku. Ale broń mają sowiecką.

PAN LEON: To ty się zakłamujesz. Nabrałeś upodobania w teatrze konspiracyjnym, tajnym. Boisz się wyjść na wielką scenę i znów stanąć przed legionem widzów. Powiem ci dlaczego. Bo nie rozumiesz tego co nowe. Bo się boisz, że masy ludowe nie zaakceptują twojej sztampowej deklamacji w salonie u księżnej cioci.

PAN WIKTOR: A tobie się znów marzy Cyrk Olimpijski. Wielki teatr inscenizacji. W którym są pustki bo ludzi nie interesują igraszki artysty teatru. Więc teraz chcesz, aby ci na tę pustą widownię zagnano siłą widzów, na komunistyczną komedę.

PAN LEON: A ty chcesz nadal swoje misteria eleuzyńskie odprawiać w wąskim gronie wtajemniczonych. I wielbicielek, które aż piszczą, byle tylko dotknąć choć skraju twojej szaty. Książę niezłomny świętoszek!

PAN WIKTOR: Pan obraża wielką poezję i jej kapłanów.

PAN LEON: Niech pan nie będzie śmieszny, panie deklamatorze!

PAN WIKTOR: A teraz mnie pan obraża osobiście, panie przechrzto!

PAN LEON: Pana nawet obrazić nie można, panie lekkoduchu. Bo policzek się i tak po panu ześlizgnie!

PAN WIKTOR: Niech pan spróbuje, mistrzu!

PAN LEON: A jakże, proszę, mistrzu!

Pan Loen uderza Pana Wiktora w twarz.

PAN WIKTOR: Jak mogłeś...

PANI PROFESOR: Leon! Przeproś, przeproś natychmiast! Wiktor! Nie wychodź. On nie chciał. Leon, odezwij się ... Wiktor, wróć!

PAN LEON: Nerwy mam zepsute... To on zaczął...

PANI PROFESOR: Obaj macie nerwy zszarpane... I ja także... Musimy się jednak jakoś porozumieć...

PAN WIKTOR: Osobistą zniewagę mógłbym przebaczyć... Ale w sprawach teatru. Proszę... Stawiam formalny wniosek o zwołanie Tajnej Rady Sceny Polskiej.

PAN LEON: Bardzo dobrze. Przekonamy się jak myśli i czuje większość środowiska.

PANI PROFESOR: To się nie da tak nagle... Ludzie się rozpierzchli... Już teatry po całym kraju uruchamiają...

PAN WIKTOR: A jednak to jest konieczne. Jesteś przewodniczącą. Ja żądam. A przedtem noga moja tu nie postoi.

PAN LEON: Idź się urżnąć. Jak dawniej. Ja też pójdę na wódkę. Sam.

Pan Wiktor i Pan Leon wychodzą w dwie przeciwne strony. Pani Profesor została sama. Patrzy na anioła.

PANI PROFESOR: Tomek! Tomku... *Wchodzi Tomek.* Trzeba tego anioła naprawić... oczyścić... żeby znów zrywał się do lotu... Pamiętasz...

TOMEK: Skrzydła... Skrzydła miał tak rozczapirzone... To się da zrobić.

PANI PROFESOR: A co ty myślisz o otwieraniu teatrów? Bądź ze mną szczery.

TOMEK: Tak prywatnie?

PANI PROFESOR: Po koleżeńsku. Jakby nas nigdy nic nie łączyło.

TOMEK: Ja wcale nie zapomniałem...

PANI PROFESOR: Więc pamiętasz... Chodź tu bliżej, Tomeczku...

TOMEK: Pani potrzebowała mnie tylko czasem... Jak nie było kogo lepszego w pobliżu.

PANI PROFESOR: Nie bocz się. Ty byłeś najlepszy.

TOMEK: A pani to była prędka.

PANI PROFESOR: Nigdy czasu nie było na ceregiele. Największe premiery robiliśmy w miesiąc.

TOMEK: Czasem nawet na scenie. Strach mi było.

PANI PROFESOR: A teraz też był się bał?

TOMEK: Pani Isia to się nic nie zmieniła...

PANI PROFESOR: Zmieniłam się. Siwych włosów mi przybyło. Wagi na wojennych pyrach mi przybyło. Przedwojenną bieliznę wydarłam, tak, że teraz nawet wstydziłabym się rozebrać. No, dosyć wspomnień. Więc co, grać czy nie grać? Oto jest pytanie.

TOMEK: Po mojemu, to grać.

PANI PROFESOR: Z serca to mówisz?

TOMEK: Z serca i z głowy. Ja zdałem tajną maturę w podziemiu. Potem leśna podchorążówka... Na akademię sztuk pięknych się wybieram, niech tylko otworzą. Może i scenografem zostanę, jak pani. Teraz wróciłem do teatru, bo żyć z czegoś trzeba. Więc mówię tak: Przez te wszystkie lata wojny... była jedna myśl... wygrać wojnę... i dwa słowa... Teraz trudno wypowiedzieć... święte... Żeby na śmiech ich nie podać... Wolność... i Polska. Nie wygraliśmy wojny, nie odzyskaliśmy wolności... Ale Polska jest. Nie taka... Ale jest. Jakiś jej skrawek, przyczółek. Trzeba się na nim umocnić. Okopać. A nie oddawać go obcym. Powiększać. Nie będzie łatwo. Nie szybko. Może drugie pięć lat?

PANI PROFESOR: Może więcej...

TOMEK: Ale to, co mamy, trzeba trzymać. Ten teatr mamy. To grać. Po polsku.

PANI PROFESOR: Ale jak każą nam po polsku kłamać? Za okupacji ogłosiliśmy bojkot właśnie dlatego, aby nie plamić ust aktorów kłamstwem. Więc to nie takie proste – grać. Czasem trzeba zejść ze sceny. Zamilknąć.

TOMEK: Ale czasem trzeba wołać. Nawet tuż przed zagipsowaniem ust.

PANI PROFESOR: Ja widziałam takich wołających ludzi pod ścianą na warszawskiej ulicy.

TOMEK: Ja też widziałem. A potem krzyczy cisza. Jeszcze głośniej.

PANI PROFESOR, *po chwili*: A tego anioła znów trzeba nauczyć latać.

► UPŁYW CZASU ◄

To samo miejsce. Pan Leon, Pan Wiktor, Pani Profesor oraz jeszcze parę osób.

PANI PROFESOR: Otwieram zebranie Tajnej Rady Sceny Polskiej. Dziękuję wszystkim kolegom za przybycie. Nieobecnych usprawiedliwia opłakany stan komunikacji. Porządek dzienny przewiduje tylko jeden punkt, zgłoszony przez kolegę Wiktora. Domaga się on uchwały o przedłużeniu bojkotu. Zapewne zechcecie omówić jeszcze inne problemy. Ale proponuję odłożyć je do drugiej części posiedzenia.

PAN LEON: Ja rezerwuję sobie prawo do zgłoszenia innego wniosku. Przedstawię go potem.

PANI PROFESOR: Pozostali? Nie widzą sprzeciwów. Udzielam głosu Wiktorowi.

PAN WIKTOR: Bez wstępów. Bo nie czas na krasomóstwo. Parę lat temu, w obliczu zagrożenia egzystencji narodu i w warunkach zniewolnenia wszelkiej ekspresji narodowego ducha postanowiliśmy zakazać sobie i wszystkim ludziom polskiego teatru publicznych występów na scenach licencjonowanych przez niemieckiego okupanta. Uchwaliliśmy bojkot. W ten sposób dołączyliśmy nasze skromne siły do heroicznego wysiłku ogółu narodu. Przechowaliśmy godność teatru. Trwaliśmy w konspiracji. Dawaliśmy tajne przedstawienia. Deklamowaliśmy. Uczyliśmy aktorstwa. Na zebraniach tej rady snuliśmy plany budowy teatru w wolnej Polsce.

Ja się was teraz pytam czy Polska jest wolna, a zatem czy możemy realizowac te plany? Ja się was pytam czy egzystencja narodu nadal nie jest zagrożona, a więc czy nasza misja już została wypełniona? Ja się was pytam czy swobodna ekspresja narodowego ducha jest teraz możliwa? Milczycie.

Powiem wam jakie jest moje zdanie. Ja widzę wokół siebie nadal niewolę. Widzę Polaków zabijanych, zsyłanych, więzionych, opluwanych. Widzę dookoła kłamstwo i podłość. Wśród nas samych także. Straszny czyściec wojny nie wypalił w nas niewolnika. Znów czekamy, aż nas ktoś wynajmie. Już wdziewamy lokajskie liberie. Sumienia więc nam trzeba. Nadal musimy nieść pochodnię narodowego ducha. Nieskalani. Stawiam wniosek o przedłużenie bojkotu oraz nie otwieranie teatrów pod komunistyczną okupacją.

PANI PROFESOR: Dziękuję. Pierwszy do głosu zapisał się Leon.

PAN LEON: Kolega Wiktor mówi, że widzi dookoła siebie to czy tamto. On nie widzi. On sobie coś wyobraża. Bo jest przerażony. Bo zawalił się jego stary świat. Bo oślepił go blask tego, co nowe, postępowe. Zakochany w mistycyzmie i cierpiętnictwie, niewolę chciałby przedłużyć, tajny teatr jedynym terenem swojej misyjnej działalności uczynić, a tworzenia publicznego, ludowego teatru nam wszystkim zakazać. Komu obca jest proletariacka prostota, kto nadal w dekadentyzmie tkwi po uszy, ten nie jest w stanie ujrzeć ogromu i potęgi rewolucji, która się wokół nas toczy. A my pracownicy polskiej sceny musimy wziąć w niej udział. Inaczej historia wyrzuci nas na śmietnik. Musimy zerwać z dyletantyzmem, deklamatorstwem, deklaratywnością...

PAN WIKTOR: Protestuję! To są wycieczki osobiste. Prywata!

PANI PROFESOR: Kolega Wiktor niech nie przerywa. Kolega Leon niech unika osobistych akcentów.

PAN LEON: Uderzyć w stół... Nas, obywateli nowej Polski stać na teatr lepszy niż przed wojną. Jeśli tylko pamiętać będziemy, że dla ludowych mas go tworzymy i o socjalizm nim walczymy, a to więcej niż Hekuba dla elsynorskich komediantów. Przeżytki myślenia burżuazyjnego odrzucić! Bardów Polski piłsudczykowskiej czy andersowskiej w niebycie zapomnienia zostawić! Agentury anglo-amerykańskie ośmieszać! Dramaturgię radziecką lansować! Dziedzictwo romantyczne interpretować ze stanowiska marksistowsko-leninowsko-stalinowskiej krytyki!

PAN WIKTOR: Brednie.

PANI PROFESOR: Nie przerywaj.

PAN LEON: Musimy ukazać nową rzeczywistość w widowiskach teatru walczącego o pokój, o socjalizm, o międzynarodowe braterstwo poletariatu! Teatr mas pracujących! Teatr nowych treści i nowej, ludowej formy. Oto zadania. A nie tkwić w podziemiu i mroku. Wniosek kolegi Wiktora powinniśmy stanowczo odrzucić. Ja stawiam inny wniosek – wniosek o uchwalenie apelu do wszystkich ludzi teatru w kraju i zagranicą o natychmiastowe zgłaszanie swego entuzjastycznego akcesu do nowej rzeczywistości, podejmowanie publiczngo działania, uruchamianie teatrów.

PANI PROFESOR: Otwieram dyskusję nad zgłoszonymi wnioskami.

► UPŁYW CZASU ◄

PANI PROFESOR: Dziękuję wszystkim kolegom za wypowiedzi. Dyskusja jest wyczerpana. Wykazała ona dobitnie, że w gruncie rzeczy oba zgłoszone wnioski są do siebie podobne. Kolega Wiktor postuluje trwanie w podziemiu i bojkocie. Kolega Leon domaga się bezwarunkowego wotum zaufania dla nowej władzy. Oba te wnioski pragną podporządkować teatr temu co go otacza...

PAN WIKTOR: Ja domagam się podporządkowania teatru moralności.

PAN LEON: Ja żądam otwarcia teatru na wielkie historyczne przemiany.

PANI PROFESOR: Nie przerywałam wam koledzy... Dziękuję. Otóż, czy chce się teatr poddać jakimś kodeksom moralnym...

PAN WIKTOR: Jakimś!?

PANI PROFESOR: Czy chce się teatr podporządkować bieżącej polityce...

PAN LEON: Historii! Historii!

PANI PROFESOR: ...to w obu wypadkach uznaje się teatr za sługę, za narzędzie. Za zwierciadło w najlepszym razie. A czyż teatru nie stać na samodzielność? Czy my, teatralnicy, nie powinniśmy najpierw samemu teatrowi służyć, a potem dopiero wszystkiemu co dookoła? Co wam mówią wasze artystyczne sumienia?

Teraz przystąpimy do głosowania. Starym zwyczajem głosowanie jest jawne, każdy bierze pełną odpowiedzialność za swój głos.

Kto jest za przedłużeniem bojkotu i nie wychodzeniem z podziemnia? Proszę podnieść rękę. Jeden głos. Wiktor.

Kto jest przeciw? Wszyscy pozostali. Ja też jestem przeciw.

Kto się wstrzymał. Nikt. Wniosek upadł.

Kto jest za podejmowaniem publicznej działalności i za natychmiastowym uruchamianiem teatrów? Liczę głosy. Ja także.

Kto jest przeciw. Wiktor.

Kto się wstrzymał. Nikt. Wniosek przeszedł.

PAN WIKTOR: Jako karny członek teatralnej społeczności podporządkuję się decyzji Rady. Jako chrześcijanin wybaczam tym, którzy nie wiedzą co czynią.

PANI PROFESOR: Są jakieś wolne wnioski?

PAN LEON: Są. Stawiam formalny wniosek o samorozwiązanie naszej Tajnej Rady. Okupacja się skończyła. Wszyscy się ujawniają.

PAN WIKTOR: Nie wszyscy!

PAN LEON: Ale my, ludzie teatru, wychodzimy w pełne światło rampy. Dalsze funkcjonowanie Rady nie ma sensu.

PAN WIKTOR: Uważam, że powinniśmy zachować wszelkie tajne struktury na wypadek...

PAN LEON: Kolejnej wojny?

PAN WIKTOR: Narodowej potrzeby!

PAN LEON: Wszelkie konspiracyjne struktury są teraz ipso facto nielegalne. My zaś, zgodnie z naszą własną uchwałą, podejmujemy działalność publiczną. Nie możemy działać w rozdwojeniu. Sumień i czynów. Tu działalność jawna, a tam tajna. Tu współpraca z reżimem, a tam jego zwalczanie. Tu występy na wielkich scenach dla masowej publiczności, a tam przedstawienia dla wtajemniczonych, w klasztorach, w kościołach, po domach prywatnych. Musimy się w pełni zadeklarować po stronie nowego. Domagam się głosowania nad moim wnioskiem.

PANI PROFESOR: Znów dwa skrajne stanowiska. Czy ktoś chce zabrać głos. Nie widzę. Więc ja sama...

Koledzy, gdy inne narody, zwłaszcza zachodnie, po zlikwidowaniu okupacji niemieckiej odzyskują rzeczywistą wolność i przystępują do urządzania sobie życia wedle własnych praw i zasad, Polska, w wyniku wojny, w której poniosła największe ofiary – a nie ominęły one i polskiego teatru – znalazła się pod nową okupacją, z rządem narzuconym przez Sowiety. Jednak rząd ten uznały mocarstwa zachodnie i wielu ludzi dobrej woli podejmuje z nim współpracę. Także i my postanowiliśmy włączyć się do odbudowy kraju pod tego rządu auspicjami. Ja sama, a wiem, że nie tylko ja, czynię to pełna obaw. Logiczną konsekwencją takich decyzji jest jednak rozwiązanie naszej Rady. Niestety. Czy jeszcze ktoś chce zabrać głos?

Z ciężkim sercem poddaję wniosek kolegi Leona pod głosowanie. Kto jest za rozwiązaniem Tajnej Rady Sceny Polskiej? Liczę głosy.

Kto jest przeciw. Wiktor. Jeden głos. Kto się wstrzymał? Ja. Jeden głos. Nasza Rada przestała istnieć.

PAN LEON: Chciałbym tylko jeszcze kolegów poinformować, że zgodnie z uchwałą naszej byłej Rady, co podkreślam, zgodnie z tą okupacyjną uchwałą, zamierzam na inaugurację tej sceny wystawić *Dziady*. Naturalnie w nowej interpretacji.

PANI PROFESOR: Wykorzystamy jednak najlepsze dawne doświadczenia. Zachował się ten anioł z naszej inscenizacji z przed wojny...

PAN WIKTOR: Czy bolszewicy zgodzą się na *Dziady*? Bardzo wątpię... I jeszcze z aniołem...

► UPŁYW CZASU ◄

Wchodzą Prezydent, Pułkownik, Sekretarz, obstawa. Towarzyszą im Pan Leon i Pani Profesor.

PAN LEON: Tędy, panie Prezydencie...

PUŁKOWNIK: Mówi się towarzyszu prezydencie...

PAN LEON: Tędy, panie towarzyszu prezydencie...

PUŁKOWNIK: Towarzyszu.

PAN LEON: Towarzyszu, proszę, o tutaj...

PUŁKOWNIK: Towarzyszu Prezydencie.

PAN LEON: Towarzyszu Prezydencie.

PUŁKOWNIK: No, wreszcie. Coś powoli się Mistrz uczy nowego.

SEKRETARZ: A co to stoi, tutaj, na środku?

PAN LEON: Anioł.

SEKRETARZ: Anioł?

PAN LEON: Anioł.

SEKRETARZ: Nie rozumiem. Tego tu nie było, jak angażowaliśmy dyrektora. Towarzyszu kierowniku resortu, co to?

PUŁKOWNIK: Chyba dekoracja... Co to jest, towarzysze artyści?

PANI PROFESOR: Chcieliśmy panu Prezydentowi pokazać tego anioła, aby praktycznie zorientować w monumentalnym kierunku jaki zamierza obrać inscenizacja. W sensie środków wyrazu scenicznego, rozumie Pan?

SEKRETARZ: Naturalnie. Bynajmniej. Rozumiem.

PUŁKOWNIK: No, to się wyjaśniło. Tak więc, towarzyszu prezydencie, zwiedziliśmy już cały teatr. Mury zdrowe. Dachy się załata. Kierownictwo wypróbowane. Pozostaje tylko przedyskutować sprawę pozycji na inaugurację. Może wrócimy do gabinetu dyrekcyjnego?

PREZYDENT: Mnie się tu podoba. Jeszcze nigdy, wicie, nie byłem w teatrze. I to na scenie. To wy tu gracie, towarzysze artyści? To jest scena? A tam widownia, nieprawdaż?

PUŁKOWNIK: A na widowni loża dla kierownictwa. Towarzysz prezydent tam zasiądzie na premierze. Tam, w środku. Pełne zabezpieczenie. Możnaby tylko dodać szyby kuloodporne od frontu. Zaraz zlecę.

PREZYDENT: Żadne szyby. Wystarczy paru striełków z pepeszami na górnych balkonach. Bezpośredni kontakt z masami pierwsza rzecz. Narady odbywać w terenie. Problemy rozwiązywać na miejscu. To moje zasady.

PAN LEON: To może sprawę naszego inauguracyjnego przedstawienia przedyskutujemy od razu tutaj?

PUŁKOWNIK: Nie wiem czy tu wygodnie... Przydałyby się chociaż jakieś fotele... Jakieś dywany... Zresztą, jak towarzysz prezydent...

PREZYDENT: A wicie, to mi się nawet podoba. Ja sobie siądę na scenie, a nie w żadnej loży. Loża to burżuazyjny przeżytek.

PANI PROFESOR: Tomek, Panowie maszyniści, migiem, parę foteli, najlepiej te z salonu Senatora z *Dziadów*. I dywany, o, z *Rewolucji w Pikutkowie*.

Maszyniści wnoszą dywany i fotele. Zebrani zasiadają.

PREZYDENT: No, co tam macie, towarzyszu dyrektorze, za pazuchą, że tak powiem? Ważna rzecz otwarcie nowej sceny w nowej ojczyźnie, pod nową władzą.

PUŁKOWNIK: Towarzysz dyrektor złożył mi już plany produkcyjne. Skład załogi nie budzi większych zastrzeżeń. Skreśliliśmy tylko parę nazwisk ludzi związanych z reakcyjnym podziemiem. Budżet jest reprezentacyjny. Nie będziemy skąpić. Wątpliwości jednak budzi repertuar. Są tam pozycje radzieckie, co się bardzo chwali. Są współczesne sztuki polskie, odzwierciedlające socjalistyczne przemiany. Co się zaleca. Ale dyrektor upiera się także przy *Dziadach* na inaugurację.

PREZYDENT: Dziady? Co za dziady? To pewnie o klasie robotniczej i chłopstwie pracującym. Z daleka prowokacją śmierdzi.

PUŁKOWNIK: *Dziady* to taki tytuł tej sztuki. Dawno napisana.

PREZYDENT: Kto to napisał? Partyjny pisarz, czy drobnomieszczanin?

SEKRETARZ: Mickiewicz. Adam. Ten od *Pana Tadeusza*.

PREZYDENT: Od *Pana Tadeusza*? To bardzo dobrze. Popieramy, prawda towarzysze?

SEKRETARZ: Ale towarzysz kierownik resortu zwraca uwagę na antyradzieckie treści u tego Mickiewicza.

PREZYDENT: Tego od *Pana Tadeusza*?

SEKRETARZ: Tego samego.

PREZYDENT: To nie popieramy. Jeśli są tam treści antyradzieckie, to zakazać. I po ptokach.

SEKRERTARZ: Ale to ten sam Mickiewicz. Od *Pana Tadeusza*.

PREZYDENT: Wyjaśnijcie mi to towarzyszu kierowniku.

PUŁKOWNIK: W *Dziadach* są treści antycarskie. Ale mogłyby był one odczytane dzisiaj jako treści antyradzieckie. Aluzyjnie.

PREZYDENT: Jak?

PUŁKOWNIK: Aluzyjnie. To znaczy, że cara jakiś drobnomieszczanin mógłby wziąć za przywódcę ludzkości, ojca narodów... A tak... tak... A powiedzmy senatora o nazwisku Nowosilcow przyrównać do... nie przymierzając... Włos się jeży na głowie... jak się pomyśli do kogo...

PREZYDENT: A do kogo?

PUŁKOWNIK: Muszę tę informację zarezerwować wyłacznie dla towarzysza prezydenta.

Szepcze Prezydentowi do ucha.

PREZYDENT: I kto jeszcze? Ten też? Tak? I ja także? Takie buty...

PUŁKOWNIK: To jest w ogóle niepewna ideologicznie pozycja, te *Dziady*.

PREZYDENT: To po co się patyczkować? Rąbnąć.

PUŁKOWNIK: To jednak Mickiewicz.

SEKRETARZ: Ten od *Pana Tadeusza*.

PREZYDENT: Towarzyszu dyrektorze, jak to jest z tym Mickiewiczem. Jest to pisarz partyjny, czy też antypartyjny. To musi był jasno postawione.

PAN LEON: Teatr polski był zawsze w swoich postępowych tradycjach księgą walki narodu o lepszą i piękniejszą przyszłość. Teatr polski od lat dążył do tego, aby wielkie idee przeszłości, proste słowa teraźniejszości i potężne idee komunizmu, jako nadziei przyszłości, stanowiły jeden wielki łuk rozwojowy, który pomaga człowiekowi rozumieć życie i jego obiektywną, materialistyczną prawdę, pomaga tworzyć samego siebie, jako współtwórcę socjalistycznego narodu. Zalążki tych idei kształtowały się już od czasów renesansu, a rozbłysły zwłaszcza w wielkim romantyzmie emigracyjnym...

PREZYDENT: Emigracyjnym?

PAN LEON: *Dziadów* część trzecia istotnie, niestety, ubolewam, na emigracji powstała, ale *Dziady* wileńskie...

PREZYDENT: Wilno? Stolica Litewskiej Republiki Radzieckiej? Towarzyszu kierowniku, czy te wasze *Dziady* czytali w ogóle towarzysze z cenzury? Emigracja? Wilno? Ja się muszę bliżej przyjrzeć działalności waszego resortu.

PUŁKOWNIK: Ja was, towarzyszu dyrektorze, przestrzegałem żebyście nie wyjeżdżali z tymi *Dziadami*. I to nie tylko *Dziady* wileńskie, ale jeszcze na dodatek *Dziady* emigracyjne! Zawiedliście zaufanie partii.

PAN LEON: O co ostatecznie chodzi? O Wilno? O Drezno? O duchy zmarłych? O aniołów? Czy o carskich katów!

PUŁKOWNIK: Jeżli już tak po szczególe, to i o Wilno, i o aniołów, i w ogóle o duchy, o procesy polityczne, i o księdza Piotra zwłaszcza!

SEKRETARZ: Ja czytałem tę sztukę, towarzyszu prezydencie. Jest wierszem. Ciężko się czyta, choroba. Cały dzień zmitrężyłem. Do szczętu. Ale trzeba być w kursie dzieła. Występują tam anioły i jest dwóch księży, z tego jeden Piotr. Ten jest groźniejszy. Reszta to chłopi, aresztanci, skazańcy, wariaci, informatorzy, polska arystokracja i rosyjska wierchuszka.

PAN LEON: Potworne brednie! Stare brednie w nowych gębach!

PUŁKOWNIK: Do kogo to mówicie?

PAN LEON: Tak w ogóle... To tylko cytata... Ale przecież ksiądz Piotr to nie niewolnik klechów, tylko wytwór samobiczującego się Mickiewicza, który przybrał maskę Konrada. A Konrad to megaloman, urojeniem nadczłowieczeństwa opętany, poprzednik Raskolnikowa. I tegoż Konrada Mickiewicz prowadzi na drogę posłusznego żołnierstwa, którą poszli rzeczywiści a nie urojeni bohaterowie Rollison i Cichowski, a z nimi tłum męczenników z opowiadania Sobolewskiego. Tamże to, po knowersji politycznej, a nie mistycznej, znalazł się sam Mickiewicz, redaktor „Trybuny Ludów." Otóż to! *Dziady* zinterpretowane przez pryzmat „Trybuny Ludów" – to nowe, fascynujące zadanie dla pracowników polskiej sceny! Pan mnie rozumie, towarzyszu prezydencie?

PREZYDENT: A, rozumiem. Mówicie, że był redaktorem „Trybuny Ludu"? Kontynuujcie.

PAN LEON: „Trybuny Ludów..." W nowym ujęciu *Dziadów* chcę wprowadzić scenę przemówienia Mickiewicza z balkonu hotelu w Paryżu, w czasie Wiosny Ludów. I jakaż to znakomita klamra teatralna – na początku gromada wieśniaków...

SEKRETARZ: Jeżeli już, to chłopów pracujących i kołchoźników...

PAN LEON: Z ust mi to towarzysz wyjął... Kołchoźników. I ta gromada idzie na obrzęd dziadów. Potem są studenci. Więc można powiedzieć – inteligencja pracująca. A potem lud Paryża, lud robotniczy, ma się rozumieć. Oto więc trzy zręby mej inscenizacji trzy wielkie sceny masowe z udziałem chłopstwa, inteligencji i proletariatu! Tak to widzę, tak to słyszę! Ja chcę tak potężnie ten teatr zainaugurować, jak potężna jest ludowa rewolucja, socjalistyczna, nie bójmy się zawołać, komunistyczna, która przetacza się przez nasz kraj, niby pełna piorunów burza. Ja proszę towarzysza prezydenta o patronat nad tą premierą!

PREZYDENT: Patronatów to ja tak szybko nie udzielam. Ale nie myślcie, towarzyszu artysto, że ja z ty moi wsi nie wyniosłem głębokiego umiłownia książki i wiedzy. Ja nawet drukarzem byłem przez jakiś czas, to były moje uniwersytety. Gazety się składało i książki, i podręczniki szkolne. Czytało się co się biło. *Dziadów* nie biłem, to nie znam. Ale *Pana Tadeusza* znam. I *Trędowatą*. Nawet, pamiętam, składałem raz, tfu, Kadena Banderowskiego. Ale książki były drogie. I bilety do kina były drogie. I do teatru pewnie były bardzo drogie, choć nie pytałem.

My musimy pamiętać, że dzisiaj nie jakieś elity smakoszów sztuki, wiedzy, czy kultury działać mają na tej, potężnej, wicie, scenie dziejowych przemian. Cechą znamienną czasu budownictwa socjalistycznego jest to, że miliony prostych ludzi pragną się stać czynnymi uczestnikami życia publicznego. Aktorami, że tak powiem, żeby wam to, towarzysze artyści teatru, przybliżyć. Cóż warta byłaby sztuka, która by nie czerpała rewolucyjnych treści z entuzjazmu mas?

Upowszechnienie i uwspółcześnienie kultury, oto zadanie dla was, towarzysze, na obecnym etapie historycznym rozwoju demokracji ludowej, w drodze do socjalizmu. Musimy, towarzysze, z odwagą atakować wielkie problemy i sięgać po losy prawdziwych ludzi. Teatr nie będzie kochany ani rozumiany przez masy ludowe, jeśli nie będzie ich szczerą troską, ich walką. Potrzeba nam więc teatru agitacyjnego, teatru klasy robotniczej i pracującego chłopstwa. I ja się was teraz pytam, towarzyszu dyrektorze, czy te wasze *Dziady* mieszczą się na tej partyjnej linii, którą, że tak powiem, nakreśliłem? No jak? Na linii?

PAN LEON: Z całą pewnością. Chcę wystawić *Dziady* ludowe. Monumentalne, ale i realistyczne. Monumentalnie realistyczne i realistycznie monumentalne. Dla mas robotniczo-chłopskich i chłopsko-robotniczych. W teatrze, który wskrzesi najpiękniejsze postępowe tradycje, a jednocześnie zaangażuje się pod przewodem partii w bój o wolność wszystkich ludów, o pokój, o braterstwo ze Związkiem Radzieckim.

PREZYDENT: Taaak... A co powie towarzysz kierownik?

PUŁKOWNIK: Ja? Ja bym to ujął tak, towarzyszu prezydencie. Zadaniem naszym jest uchwycić ogniwo ludowego tematu i problemu nowego, socjalistycznego bohatera. Przewartościować tradycję. Wydobyć z niej to co postępowe, a wyeliminować reakcyjne. Ja bym zatem powiedział, że *Dziady* – tak. Ale ksiądz Piotr – nie. No i ten anioł – podejrzany.

PANI PROFESOR: Co? *Dziady* bez księdza Piotra? Wy kaniecznо szutite graf?!

PAN LEON: Cicho, Isiu! Co do księdza Piotra, to wyeliminowanie go mogło by być rzeczą poniekąd trudną, bowiem dialogi jego w scenie więziennej do samej esencji konradowych transmutacji należą. Także jego agon z Senatorem arcyważnego jest znaczenia. Ale tak zwane „widzenie" księdza Piotra można skreślić...

SEKRETARZ: A anioł? Dziś anioł w publicznym miejscu to wręcz prowokacja.

PREZYDENT: Prowokacja, mówicie?

PUŁKOWNIK: Fideizm.

PREZYDENT: Co?

PUŁKOWNIK Zabobon.

PREZYDENT: Walka z zabobonem jest jednym z głównych zadań naszej propagandy.

PAN LEON: Ja już dawno z tego anioła zrezygnowałem. Wyrzuciłem ze sceny. Mam świadków. Aktorów i teatralnych robotników. To pani profesor kazała go tu ustawić. Ale łatwo się go pozbędziemy.

PANI PROFESOR: Judasz...

PAN LEON: Towarzysze maszyniści, wynieść tego anioła ze sceny!

PREZYDENT: Zara, zara, trzeba mu się pierw przyjrzeć.

PUŁKOWNIK: Przerwać wynoszenie.

PREZYDENT: To tak łatwo, towarzysze, wynieść, aresztować, skazać, roztrzelać. Wychować trudniej.

SEKRETARZ: Ja, towarzyszu prezydencie, zawsze byłem za wychowywaniem. Dopiero jak wychowanie nie skutkuje, to w łeb.

PUŁKOWNIK: Towarzysz prezydent zawsze, w trudnych momentach przełomu, wskazywał kierunek rozwoju, korygował błędy, bezkompromisowo ukazywał klasowy charakter naszej walki o socjalistyczną kulturę. Co towarzysz prezydent zarządzi?

PREZYDENT: Przynieść... to... bliżej. Poświecić.

PANI PROFESOR: Tomku, więcej światła!

SEKRETARZ: Jak na przesłuchaniu. Po oczach. Jak na przesłuchaniu.

PREZYDENT: Ten się udał. Głodnemu chleb na myśli. Ja teraz poproszę towarzyszy o dokładne objaśnienie mi tego... anioła. Jakbym to ja był taki głupi i nic nie potrafił poniać, he, he. Tak do mnie mówcie. Muszę mieć wszystkie dane.

PUŁKOWNIK: To może towarzysz dyrektor...

PAN LEON: Anioł jest zarazem osobą i duchem. Anioły w *Dziadach*, istotnie dość liczne, symbolizują dynamikę prometejską konradowego pędu na wyżyny stworzenia. Anioł jest tu więc znakiem energii ludzkiego ducha. Ale, przyznaje, zarazem jest anioł typowo religianckim przeżytkiem. Wyprowadzony z romantycznego kosmosu na socjalistyczną scenę mógłby percepcję widza skrzywić, miast oświaty szerzyć ciemnotę. Można więc z niego zrezygnować.

PRZYDENT: Od wyciągania wniosków i decyzji to my tu jesteśmy. Może tera towarzyszka scenograf?

PANI PROFESOR: Kukły, marionety, wielkie animowane figury znają teatry różnych kultur. W teatrze starożytnym aktor występował na koturnach i w onkosię. Nadawało mu to – konieczne w ogromnych przestrzeniach orchestry i theatronu – ponadludzkie wymiary. W Europie dwudziestego wieku nadmarionetę wprowadził Craig i eksperymentował z nią w swej florenckiej szkole reżyserii. Ale przecież Chochoł w *Weselu* Wyspiańskiego to także marioneta. Nie wiemy jak widzieć chciał Mickiewicz na scenie swoje anioły. Ale, mimo iż radził współczesnym na razie o scenie zapomnieć – o scenie pudełkowej, – to pewnie wyobrażał sobie je jako jakieś figury potężne, na miarę Cyrku Olimpijskiego, który uznał za zdolny pomieścić energię romantycznego dramatu. Od wieków wędrowali po całej Polsce kolędnicy z gwiazdą, ze śmiercią, i z aniołem właśnie. My poszliśmy za wyobraźnią Mickiewicza, za wizjami Wyspiańskiego, za marzeniem Craiga, za polską ludową tradycją. Ten wielki anioł w naszej inscenizacji przedwojennej miał podnieść ton widowiska...

SEKRETARZ: Przedwojennej?

PANI PROFESOR: To jest... w tej, nad którą teraz pracujemy...

PAN LEON: Ale estetycznie ten anioł był niekonsekwencją. Inne duchy były znaczone tylko światłem. Interpretacyjnie zaś otwierałby pole do skojarzeń mistycyzujących. Więc kazałem go wynieść ze sceny. Teraz widzę jaki byłem dalekowzroczny. I jestem z tego dumny.

PANI PROFESOR: Nie bałeś się wtedy ani mistycyzmu ani mieszania konwencji. Ten anioł był tak patetycznie doskonały! Bałeś się, że recenzenci będą pisali tylko o scenografii w tym spektaklu. Nie o reżyserii. To dlatego sobie potem przypisałeś autorstwo trzech krzyży z Golgoty na szczycie podestu.

PAN LEON: Nie pamiętam. A te trzy krzyże wymyśliłaś oczywiście ty. To musi być teraz jasno powiedziane. Ja chciałem trzy dęby. Litewsk... No, dęby. Staropolskie.

PANI PROFESOR: Ty może w ogóle odrazu chciałeś trzy kominy fabryczne tam postawić! Przypomnij sobie! Postępowy artysta!

PAN LEON: Krzyży nie pamiątam. Może myślałem o kominach... Bardzo możliwe.

PANI PROFESOR: Nie pamiętasz! Zawsze masz krótką pamięć, jak nie chcesz pamiętać. A że anioła mi zabrałeś też nie pamiętasz? Zawsze byłeś zazdrosny. O moich innych mężczyzn i o moje dobre recenzje.

PAN LEON: Zawsze puszczałaś się z maszynistami! W rekwizytorni. W magazynach. Nawet na scenie. Znają cię! A recenzje ja zawsze miałem lepsze. Żywiłaś się moimi pomysłami i potem je sprzedawałaś jako swoje.

PANI PROFESOR: Nieprawda! To ja ci dawałam najlepsze pomysły. Ja ci w ogóle robiłam spektakle. Był byś zero beze mnie! A te aktoreczki, które zwabiałeś do swego gabinetu, nieraz mi opowiadały jak z koguta przemieniałeś się w kapłona.

PAN LEON: Ja zero? Ja kapłon?

PANI PROFESOR: Wałach!

PUŁKOWNIK: Może by towarzysze zaprzestali prania swoich brudów na partyjnej naradzie repertuarowej?

PREZYDENT: Wasze skargi i doniesienia zostaną zbadane sumiennie, towarzyszko scenograf. Ale teraz wracajmy do tematu. Towarzysz sekretarz? Co na temat tego anioła?

SEKRETARZ: Anioł, jak każdy widzi, skrzydła ma.

PREZYDENT: To i ja widzę. Jakieś osmalone.

SEKRETARZ: Skrzydła ma, ale i tak nie poleci.

PREZYDENT: Fakt.

SEKRETARZ: Nic więcej nie mam do nadmienienia.

PREZYDENT: Towarzysz kierownik resortu?

PUŁKOWNIK: W naszych przedstawieniach teatralnych musimy dążyć do ukazywania prawdy naszych czasów. Prawdy trudnej, kształtującej nowe w walce ze starym, rodzącej się w konfliktach klasowych. Musimy dla tej prawdy znaleźć nowy, dialektyczny wyraz, godny naszej rewolucyjnej epoki. Jeśli z tego punktu widzenia rozpatrzyć *Dziady* to, po oczyszczeniu z treści ideologicznie obcych, mogłyby się one stać pozytywnym wkładem w budowę socjalizmu. Jednak forma musiałaby by być realistyczna, ludowa, masowo dostępna. Anioł zaś, jako taki, należy do sfery formy spektaklu. A ponieważ aniołów, zgodnie z materialistycznym poglądem na świat, nie ma, więc też anioł nie mieści się w realistycznym ujęciu *Dziadów*. Ja bym zatem postulował bądź zaniechanie tego anioła, skreślenie, mówiąc po prostu, lub takie jego ukazanie, aby zmieścił się w realistycznej konwencji, nowego socjalistycznego teatru. Zresztą, ja się podporządkuję decyzji kierownictwa.

PREZYDENT: Decyzja będzie. Ale co wy, towarzyszu, osobiście proponujecie?

PUŁKOWNIK: Obciąć skrzydła.

PANI PROFESOR: Jak to, obciąć skrzydła? Co to za anioł bez skrzydeł?

PAN LEON: Nie kłóć się Isiu, posłuchaj, raz się wstrzymaj od awantury.

PREZYDENT: Kontynuujcie, towarzyszu kierowniku.

PUŁKOWNIK: Proponuję tego anioła zostawić, bo nawet to można propagandowo wykorzystać. W przedwojennej inscenizacji towarzysza dyrektora, ten anioł nie znalazł się na scenie. A czemu? Bo go nie dopuściła sanacyjna cenzura! Rządy pułkowników nie pozwalały na rozwój talentów czołowych twórców! Zdejmowali nawet anioły ze sceny na próbach generalnych. Niszczyli kulturę.

I te pe i te de. Już to towarzysze z wydziału propagandy rozpracują. A my – owszem. Anioł? Czemu nie. Ale żeby się zanadto nie kojarzył, to mu skrzydła obciąć.

SEKRETARZ: Oskubać. Ze szczętem!

PUŁKOWNIK: Formę jako taką, w sensie przestrzennym zachowamy, ale po pewnych korektach i treść będzie inna.

PREZYDENT: Forma, mówicie, skorygowana, jak mówicie, da inną treść?

PUŁKOWNIK: Murowane.

PREZYDENT: To może by w ogóle dać nową formę? Zachować, że tak się wyrażę, formę jako taką, to znaczy formalnie formę zachować, ale starą formę nową formą zastąpić? Jak to widzicie?

PUŁKOWNIK: Słowa towarzysza prezydenta zawsze otwierają nowe horyzonty przed aktywem i przed całym narodem. Stara forma to anioł. Nowa forma to anioł bez skrzydeł. Ale to już nie anioł. To symbol socjalistycznej energii, dynamiki, walki. A jeśli to już nie anioł, to, żeby nie było żadnych wstecznych skojarzeń, należy jego formę wyartykułować na nowo, rewolucyjnie, adekwatnie do socjalistycznych treści. I jest zadanie dla socjalistycznych artystów.

PREZYDENT: Dobrze gada. Co wy na to towarzysze artyści? Sprostacie takiemu zadaniu?

PAN LEON: Ja sądzę, że rozumowanie towarzysza prezydenta, jak również światłe uwagi towarzysza ministra, otwierają nowe horyzonty przed twórcami teatralnymi. Ja jestem osobiście gotów nawet najniewdzięczniejszych zadań się podjąć, jakie mi powierzy rząd i partia.

PUŁKOWNIK: To się chwali. A konkretnie, co proponujecie?

PAN LEON: Zgodzę się nawet na obcięcie skrzydeł.

SEKRETARZ: A ja to bym mu nawet sierp i młot gdzieś włożył. A co? Jak sztuka ma być socjalistyczna, to niech będzie kawa na ławę.

PANI PROFESOR: Tyrglodyta!

PAN LEON: Isiu...

SEKRETARZ: Trygolodyta?

PUŁKOWNIK, *rozbawiony, ratuje sytuację*: To jest taki, co strzela dwa, a nawet trzy razy pod rząd, rozumiecie towarzyszu sekretarzu? No, pani to się zawsze łóżkowe kawały trzymają...

SEKRETARZ: Łóżkowe? To o dupie, tak?

PANI PROFESOR: O dupie.

SEKRETARZ: Udała się nam ta towarzyszka scenograf. Przedwojenna. A jak swoja.

PREZYDENT: O dupie, towarzyszki i towarzysze, porozmawiacie po naradzie.

PAN LEON: Co do anioła z sierpem i młotem, to ja bym miał jednak niejakie zastrzeżenia. Mickiewicz miał niewątpliwie postępowe przekonania i mógł wręcz *Manifest komunistyczny* młodego Marksa czytać, ale jednak nie przewidział, nawet swym genialnym umysłem, powstania państwa radzieckiego i związanej z nim symboliki...

PUŁKOWNIK: Nie zgadzacie się? A mnie się nawet ta propozycja podoba... Perwersyjna...

SEKRETARZ: To też o dupie?

PUŁKOWNIK: Też. Oczywiście, decydujące jest zdanie towarzysza prezydenta.

PREZYDENT: Moje? Ma się rozumieć. No to zgłaszać wnioski. Najpierw artyści. Potem pion partyjny. Następnie administracja. Zaczem kierownictwo podejmie decyzje. Towarzysz dyrektor?

PAN LEON: Ja widzę szerokie możliwości pracy nad tym zagadnieniem formalnym jakie stanowi anioł. Ja się karnie dostosuję do decyzji partyjnych. Rozumiem, że stanowisko partii, której mam zaszczyt był członkiem, musi byc pryncypialne.

PANI PROFESOR: A ja nie jestem partyjna. Więc nie muszę się dostosowywać!

SEKRETARZ: Nie jest towarzyszka towarzyszką? Nie wiedziałem. To co towarzyszka robi wśród towarzyszy na partyjnej naradzie? Ktoś tu nie przejawił czujności. Musimy się tym zająć. I towarzyszka, nie będąc towarzyszką, pracuje w pierwszym reprezentacyjnym narodowym teatrze? I to w kierownictwie? I towarzysz dyrektor na to pozwala? A nawet to kryje? A towarzysz kierownik resortu zatwierdził taki etat? Ja się wam bardzo dziwię towarzysze.

PAN LEON: To jakieś niedopatrzenie... Isiu, błagam, ani słowa...

PANI PROFESOR: W pracy scenicznej decyduje ostatecznie reżyser. Ja mogę wycofać nazwisko z afisza!

SEKRETARZ: Nie reżyser decyduje, ale patia decyduje. A wasze nazwisko na żadnym afiszu już się więcej i tak nie pojawi.

PAN LEON: Ale ja potrzebuję jakiegoś scenografa.

PUŁKOWNIK: Znajdziemy wam nie jednego młodego, zdolnego, partyjnego scenografa, towarzyszu dyrektorze.

PREZYDENT: Sprawy personalne załatwicie, towarzyszu dyrektorze, z towarzyszem kierownikiem resortu. A na przyszłość obaj towarzysze wykazujcie więcej pryncypialności.

PAN LEON: Naturalnie, elementy chwiejne muszą znaleźć się za burtą historii, to jest statku, którym steruje nasza partia.

PREZYDENT: To gdzie towarzysze ostatecznie stoimy? Sekretariat?

SEKRETARZ: Ja był bym czujny z tymi *Dziadami*. To może tąpnąć.

PREZYDENT: Administracja?

PUŁKOWNIK: Jestem całkowicie zgodny z towarzyszem sekretarzem w temacie czujności. Należy jednak wziąć pod uwagę, że nazwisko Mickiewicza jest masom znane, jego poezja zbłądziła pod strzechy, a obecnie nawet pod żelbetonowe stropy hal fabrycznych. Ale jeśli by *Dziady* udostępnić to tylko na gruncie marksistowskiej laickości i umacniania sojuszy.

PREZYDENT: Decyzje są więc takie: gracie, towarzyszu dyrektorze, te swoje *Dziady*. Skreślacie tego, jak mu tam, księdza. Towarzyszy radzieckich nie tykacie. Przerabiacie anioła. Do sprawy patronatu wrócimy. Zakończyliśmy naradę. Po ptokach.

▶ **UPŁYW CZASU** ◀

▶ ▼ ◀

► CZĘŚĆ II ◄

*Scena teatru – teraz odremontowana. Dekoracja do sceny więziennej III Części **Dziadów** krata i wiązka słomy. Anioł – jak poprzednio, tylko odnowiony i za skrzydłami. Trwa akcja na scenie. Pan Wiktor gra rolę Gustawa-Konrada. Przy stoliku reżyserskim Pan Leon, Pani Profesor, Pułkownik, Sekretarz.*

GŁOS ANIOŁA:
    A Modlono się za tobą na ziemi i w niebie;
    Wkrótce muszą tyrani na świat puścic ciebie.

PAN WIKTOR – jako KONRAD:
    Ty, co bliźnich katujesz, więzisz i wyrzynasz,
    I uśmiechasz się we dnie i w wieczór ucztujesz
    Czy ty z rana choć jeden sen twój przypominasz?
    A jeśliś go przypomniał, czy ty go pojmujesz?

GŁOS ANIOŁA:
    Ty będziesz znowu wolny my oznajmić przyszli.

PAN WIKTOR:
    Mam był wolny? Tak! Nie wiem skąd przyszła nowina
    Lecz ja znam co być wolnym z łaski Moskwicina.
    Łotry…

SEKRETARZ: A Może byśmy to jednak przerwali i porozmawiali pryncypialnie, towarzyszu dyrektorze!

Pan Wiktor przerywa.

PAN LEON: Jak towarzysz uważa, ale ja byłbym zdania, że próbę jednak trzeba doprowadzić do końca. Wtedy ustosunkujemy się do całości.

SEKRETARZ: Ja tam nie muszę widzieć całego. To co widziałem już mi wystarczy.

PAN LEON: Raczej nie przerywajmy. Proszę dalej! Wiktorze, dlaczego przerwałeś?

PAN WIKTOR: Ja w tych warunkach w ogóle odmawiam grania. Głośne rozmowy obcych ludzi na widowni w czasię próby! Tego za moich czasów nie było.

PAN LEON: Spokojnie, Wiktorze. Ci Panowie chcą tylko przedyskutować pewne elementy przedstawienia.

PAN WIKTOR: To niech zaczekają do końca, a teraz siedzą cicho!

SEKRETARZ: Kto cicho? Co cicho? Widzę, towarzyszu dyrektorze, że słabą macie dyscyplinę pracy na zakładzie.

PAN LEON: Może jednak nie przeszkadzajmy aktorom?

SEKRETARZ: Aktorzy mogą zaczekać. A my sprawę przedyskutujemy teraz.

PUŁKOWNIK: Zgadzam się z towarzyszem sekretarzem. Towarzyszu dyrektorze, nakażcie przerwać próbę, a aktorów przywołajcie do porządku.

PAN WIKTOR: My tu próbujemy arcydzieło narodowej poezji, a oni głośne rozmowy. To jest skandal. Co to za nowe obyczaje?

SKEKRETARZ: Widzicie, dyrektorze, jak wychowujecie ludzi?

PAN LEON: Proszę kolegów, w próbie nastąpi mała przerwa. Światło robocze! Tomek, cztery kawy z bufetu.

PUŁKOWNIK: Kawka przydziałowa, co? Z puli rządowej. Ropieszczamy was dyrektorze, nieprawdaż? Przydział kawy, przydział konserw, służbowy samochód, służbowe mieszkanie, specjalna gaża, te ordery, te nagrody, te honory... A wy co? Jak się wywdzięczacie? Co to? W kotka i myszkę z nami gracie? Tekst sztuki miał był okrojony, a tu bez przerwy co słyszymy? Moskwa, Moskwicin, łotry. I te pe. I te de. Co by powiedział towarzysz prezydent? A jeszcze jak by na premierę przyszedł ambasador radziecki... Strach pomyśleć.

SEKRETARZ: A temu aniołowi, to aniście skrzydeł nie obcięli, ani, że tak zeznam, nie ukierunkowaliście go ideologicznie. Ja postulowałem się sierp i młot. A towarzyszka scenograf co powie? Nawet po złożeniu samokrytyki, nawet po włączeniu się do szeregów – znów stare błędy?

PANI PROFESOR: Samokrytykę złożyłam, bo uświadomiłam sobie moje błędy ideologiczne. Do szeregu się włączyłam, żeby, no, krok wyrównać... Ale na płaszczyźnie estetycznej to ja mam swój rozum.

SEKRETARZ: Rozum to ma partia. I towarzyszka teraz jako towarzyszka powinna to wiedzieć.

PANI PROFESOR: Forma tego anioła jest wewnętrznie doskonale spójna. Nie można jej zmienić.

PUŁKOWNIK: O, właśnie, forma. Z formalizmem mamy do czynienia. Podczas gdy szerzyć realizm, i to socjalistyczny, a nie burżuazyjny, jest waszym partyjnym zadaniem. Realizm socjalistyczny! Ale już mi się rzygać chce od tych dyskusji z wami, artystami. Nic nie rozumiecie. To pogadajmy inaczej. Raz, ten anioł, tak jak jest, nie przejdzie. Dwa, przedstawienie zostanie zdjęte i nie będzie w ogóle dalszych dyskusji.

PAN LEON: Przecież to już gotowy spektakl. Druga próba generalna. Tyle pracy i tyle kosztów.

SEKRETARZ: Kosztami, to wy się towarzyszu nie zasłaniajcie, w sytuacji gdy chodzi o wydźwięk polityczny.

PAN LEON: Więc co mam zrobić? Ja się zastosuję...

PANI PROFESOR: A ja się nie zastosuję!

PAN LEON: Cicho, Isia, nie kłóć się. Obowiązuje cię teraz partyjna dyscyplina.

PANI PROFESOR: Ale nie w sprawach sztuki.

PUŁKOWNIK: Właśnie w sprawach sztuki! Od tego jesteście partyjną artystką.

PANI PROFESOR: Sumienie artysty mi nie pozwoli.

PUŁKOWNIK: Sumienie macie teraz partyjne. Partia jest teraz waszym sumieniem.

PAN LEON: Towarzyszko scenograf, trzeba uważnie wysłuchać opinii partyjnego kierownictwa i podporządkować się partyjnej dyscyplinie. Co towarzysze polecają w sprawie tego anioła?

PUŁKOWNIK: Mówiłem już. Skrzydła obciąć.

PAN LEON: Tomek! Hola! Towarzysze maszyniści! Przynieść drabinę i jakąś piłę, albo siekierę.

PANI PROFESOR: Barbarzyńca! Ja protestuję.

SEKRETARZ: Protesty to możecie se do dupy wsadzić.

PANI PROFESOR: Tomek, nie słuchaj dyrektora!

TOMEK: Pana dyrektora mam nie słuchać?

PAN LEON: Isiu, nie demoralizuj mi ludzi!

TOMEK: To co robić, panie dyrektorze?

PANI PROFESOR: Tomek, ja tego anioła zaprojektowałam, ja jestem scenografem! Nie waż mi się go ruszyć!

PAN LEON: To jest jakaś horendalna sytuacja. Ja jestem reżyserem i ja jestem dyrektorem tego teatru, ja decyduję. Tomek, dawaj drabinę. Przystawiaj! Bierz siekierę!

TOMEK: Muszę słuchać dyrekcji, pani profesor. Tak mnie nauczono.

PANI PROFESOR: Ja wycofam nazwisko z afisza. Ja wyjdę z teatru. Ja trzasnę drzwiami!

Pani Profesor wychodzi.

SEKRETARZ: Jeszcze wróci i z ręki nam będzie jadła.

PAN LEON: Tomek, masz tę drabinę? Masz narzędzia?

TOMEK: Gotowe. Co działamy?

PAN LEON: Temu aniołowi trzeba uciąć skrzydła. Migiem.

TOMEK: Już się robi. Bez narkozy.

PAN LEON: Ale całości figury nie uszkodzić! Tylko skrzydła...

TOMEK: To nie potrwa długo...

PAN LEON: Jak towarzysze widzą, ja karnie, pod kierownictwem partii. Rozumiem konieczności dziejowe i pragnę aktywnie uczestniczyć w ludowej rewolucji, która toczy się przez nasz kraj i nie omija naszych scen.

PANI PROFESOR: *Przez uchylone drzwi.* Walec! Walec się toczy! *Wycofuje się.*

PAN LEON: Poszła precz! Jak mówiłem, moim gorącym pragnieniem jest włączyć nasz teatr do rydwanu rewolucji. Nowy czas w nowym kształcie scenicznym zamknąć...

PANI PROFESOR, *jak poprzednio*: Już lepiej w ogóle zamknąć teatr!

PAN LEON: Ty jeszcze tutaj? Nie ma dla ciebie miejsca w socjalistycznym teatrze! A kysz! A kysz! Tak więc, towarzysze, zapewniam, że zastosuję się do wszelkich uwag, porobię skróty, poobcinam, pochlastam, a jakże! Niech Mickiewicz przemówi poprzez nowe, laickie i marksitowskie formy.

SKEKRETARZ: No, to się rozumiemy. Tekst sztuki ma być wyczyszczony ze wszystkich tych skojarzeń, i, jak to towarzysz kierownik resortu mówi, aluzji. Tak, aluzji. Grupa chłopska na początku dobra. Upiór pierwszorzędny. Pochwalam. Co tam było potem? Acha, kobitka cyc ma, w porządku, ma co pokazać, publika to lubi. Socjalistycznej moralności to nie narusza. Akceptuję. Co dalej? Wariat dobry. Może być nawet więcej potargany. To bym doradzał. Może się także więcej rzucać. Ale potem to już wszystko źle. Żeby mi tam nie było żadnych Ruskich, żadnych więzień, żadnych aniołów. Powykreślać do szczętu.

PUŁKOWNIK: W ogóle, ja bym postulował odrazu od tych *Dziadów* romantycznych i ludowych...

PAN LEON: Wileńskich... tak...

PUŁKOWNIK: Umówiliśmy się, że tej nazwy nie będziemy używać, prawda? Więc od tej części, że tak powiem, chłopskiej, może by tak odrazu przejść do tej części, którą w waszym opracowaniu nazywacie robotniczą. A pominąć więzienia i salony. Więzienia mogłyby wzbudzać jakieś niepotrzebne skojarzenia z tym co się dzieje w kraju obecnie, a salony to burżuazyjna przeszłość.

SEKRETARZ: My, wicie, nie mamy nic przeciwko Mickiewiczowi, ani przeciwko wam, dyrektorze. Ale musimy mieć pełną jasność co do politycznego wydźwięku. I jesteśmy odpowiedzialni przed kierownictwem, a osobiście przed towarzyszem prezydentem. I wobec sojuszników. Nie może być żadnej zmyłki.

PAN LEON: Ja się naturalnie postaram... zastosuję... Ale bez sceny więziennej, bez scen salonu warszawskiego i u Senatora... to już nie będą *Dziady*...

PUŁKOWNIK: To już wasz ból głowy. Wy jesteście reżyserem. Ja nawet nie mówię, że macie to czy tamto wyciąć. Od tego jest cenzura. Z nimi się chandryczcie. My jesteśmy liberalni. My mamy zaufanie do naszych partyjnych artystów...

TOMEK: Tak będzie dobrze, panie dyrektorze?

Anioł ma już obcięte oba skrzydła.

PAN LEON: Tak... To daje tej figurze nowy wyraz. Czy was to satysfakcjonuje towarzysze?

SEKRETARZ: Nieźle. Po naszej linii partyjnej. Bynajmniej. Jak towarzysz kierownik?

PUŁKOWNIK: Mamy tu niewątpliwie do czynienia z nowymi jakościami w zakresie teatralnej formy. Jesteśmy świadkami rodzenia się formy nowej, socjalistycznej, marksistowskiej, laickiej.

PANI PROFESOR, *jak poprzednio, w drzwiach*: To jest potworne, wulgarne i obraźliwe!

SEKRETARZ: Co? Ta osobniczka jeszcze tutaj? Towarzyszu dyrektorze, nie macie tu jakiej straży przemysłowej, aby obce elementy usunąć z zakładu? Czy mam sam zadzwonić na komendę?

PAN LEON: Zaraz to załatwię, towarzyszu. Najmocniej przepraszam. Całuję rączki.

PAN WIKTOR: Ja nie będę grał w pobliżu tej poczwarnej kukły. Dialog w tej scenie byłby w ogóle niezrozumiały. Koledzy aktorzy, proszę, pozwólcie na scenę, proszę popatrzeć...

TOMEK: Chłopaki, chodźcie zobaczyć co wyszło z waszej roboty. Takeżście tego anioła chronili, reperowali, pucowali, to się przypatrzcie... To pan dyrektor kazał.

PAN LEON: Ja kazałem? To towarzysze zalecili.

PUŁKOWNIK: Mnie się zdaje, towarzyszu dyrektorze, że teraz ostro musicie popracować od nowa nad tym spektaklem. No, i podnieść dyscyplinę pracy załogi. Acha, tak czy inaczej, sprawę patronatu prezydenta będziemy opiniować negatywnie.

SEKRETARZ: Negatywnie. To się żegnamy. Do miłego. Z partyjnym pozdrowieniem.

PAN LEON: Padam do nóżek... Z partyjnym...

Pułkownik i Sekretarz wychodzą.

PAN LEON: Koniec próby. Nie będziemy teraz dyskutować o niezbędnych decyzjach artystycznych.

PAN WIKTOR: Politycznych! Politycznych.

PAN LEON: Socjalistyczna sztuka rodzi się w bólach. Ale są to bóle zapowiadające nowe, wpaniałe jutro. Koniec próby. Rozmontować dekoracje. Anioła nie wynoście...

TOMEK: Teraz to już nie anioł.

PAN LEON: A co?

TOMEK: A bo ja wiem? Ni pies ni wydra. Może on taki komunistyczny anioł? Bez skrzydeł.

PAN LEON: Musicie się zdobyć towarzyszu na wysiłek zrozumienia koniecznych rewolucyjnych przemian w sztuce teatru.

TOMEK: Jaki tam ze mnie towarzysz, panie dyrektorze. A rozumieć, to ja rozumiem więcej niż się panu wydaje. Żal mi pana.

PAN LEON: No, Tomek, nie mędrkujcie.. Ale, wiesz co... Ty... Lubisz robotę... w teatrze?

TOMEK: Pan pyta o mnie czy o siebie? Ja wiem, że bez teatru to by pan w ogóle nie wyżył. Jak pan za okupacji teatru nie miał, to choć jasełka pan w klasztorze robił. Ja wiem. I dlatego pan na to wszystko idzie. Ale nie da pan rady. Oni są silniejsi. Bo głupsi.

PAN LEON: Mądrość daje siłę, nie głupota. Coś u ciebie logika szwankuje.

TOMEK: Nie, panie dyrektorze. Mądry się zawsze głupiemu podłoży. Pamięta pan tę sztukę, co to Pan przed wojną robił, *Mądremu biada*? Liczy się siła, nie rozum. Takie czasy.

PAN LEON: Wielkie czasy. Trudne, co prawda... Trzeba politykować, kluczyć, zwodzić despotę...

TOMEK: Samym przytakiwaniem pan tego spektaklu nie uratuje.

PAN LEON: To co? Mam się sprzecić? Jak pani profesor? Na co to się zda? Oni mają siłę. Sam mówisz. Ale wywiedziemy ich w pole. I zrobimy swoje.

TOMEK: Z tym aniołem bez skrzydeł?

PAN LEON: No, jakieś małe ustępstwo, dla ratowania całej substancji...

TOMEK: Ale oni pana, za przeproszeniem, nie szanują, z powodu tego... kluczenia... zwodzenia... Czy pan tego nie widzi?

PAN LEON: Przemądrzały jesteś.

TOMEK: Ja... Zawsze panu wierzyłem…

PAN LEON: Bywajcie... Tomek... Dziękuję ci chłopcze.

TOMEK: Panie dyrektorze... Ja byłem na pana ślubowaniu zakonnym...

PAN LEON: Nie pamiętam...

TOMEK: Pan coś ślubował...

PAN LEON: No, idź już sobie... Czekaj, niech ci podziękuję...

Pan Leon obejmuje niezręcznie Tomka, a potem wypycha go ze sceny.

GŁOS ANIOŁA:
    Podwójmy straże!
    Czy zła myśl wygra, czy dobra pokona...

PAN LEON: Kto mi tu robi kawały?

GŁOS ANIOŁA: Co za szał? Brońmy go brońmy! Bracie Gloriuszu!

PAN LEON: Kto tu!

GŁOS ANIOŁA:
    Gwiazdo spadająca!
    Jaki szał w otchłań cię strąca, bracie Gloriuszu!

PAN LEON: Powiedziałem, że koniec próby!

GŁOS ANIOŁA: Już wychodzę, panie dyrektorze. Tylko tekst sobie przepowiadałem... A może już nie będzie potrzebny? Dziękuję, dobranoc.

PAN LEON: Dobranoc, dziękuję.

*Pan Leon jest teraz naprawdę sam. Bierze do ręki egzemplarz **Dziadów**.*

PAN LEON: Nie gardź mną... Milczysz... Milczysz...

▶ UPŁYW CZASU ◀

To samo miejsce. Pani Profesor, Pan Wiktor, Tomek.

PAN WIKTOR: Ciemno wszędzie, głucho wszędzie... Dobre miejsce na schadzkę. Tomku, nie zapalaj za dużo światła. Jest jeszcze ktoś w teatrze?

TOMEK: Nikogo, mistrzu. Tylko portier. Ale kazałem mu nie wychodzić z budy. Jesteśmy sami.

PANI PROFESOR: To od razu do sprawy. Ja tutaj, jak wiecie, nie mam nawet prawa przebywać. Musimy się pospieszyć. Dyrektor mnie wyrzucił. Na telefoniczne polecenie z resortu. Sekretarka do mnie zadzwoniła. Powiedziała, że mam wymówienie i zakaz wstępu do teatru. Wymówienie przyśle pocztą.

TOMEK: Z którego resortu był telefon do dyrektora? Kultury czy bezpieki?

PANI PROFESOR: Nie mówiła. Czy to nie wszystko jedno?

TOMEK: Dla dyrektora może tak. Dla pani nie. Trzeba na siebie uważać, pani profesor.

PANI PROFESOR: Znowu? Już po wojnie!

PAN WIKTOR: Nic się nie zmieniło, Isiu. Tylko mundury zaborczej armii i policji. Bo tajniacy, jak poprzednio, chodzą po cywilnemu.

PANI PROFESOR: Ty zawsze swoje. Czarnowidz. Czarna reakcja, jak to oni mówią. Ty też musisz na siebie uważać.

TOMEK: Tak, mistrzu, za dużo pan mówi... w bufecie... w garderobie... A są tacy co słuchają...

PANI PROFESOR: Koledzy, do rzeczy. W tej chwili nie jest ważne, kto co gada, a nawet kogo kiedy zaaresztują. Ważny jest teatr. Musimy się porozumieć, co do wspólnego stanowiska. Reprezentujemy tu w trójkę zespół teatru. Ty, Wiktorze, reprezentujesz aktorów. Tomek, technicznych. Ja, scenografów i reżyserów. No, nie wszystkich. Problem jest taki czy należy dalej brnąć w przygotowania do *Dziadów* — okrojonych, zdewastowanych, nie godnych ani Mickiewicza, ani Leona, ani polskiego teatru; zresztą nawet i taki spektakl może być w każdej chwili zdjęty przez władze... Czy też, odmówić pracy nad tym przedstawieniem i zrócić się do środowiska o — ponowny — bojkot publicznych scen, kontrolowanych przez komunistów.

TOMEK: Jak to, bojkot? To byłby strajk. A do strajku to oni nie dopuszczą. Wyaresztują od razu. Ile nas jest luda w teatrze? Sto kilkadziesiąt? Wystarczyłoby na nas dwie małe cele na Mokotowie. Zaraz... czy mi się zdaje, czy ktoś tu chodzi?

PANI PROFESOR: Cicho. Nie... Nie słyszę.

PAN WIKTOR: Jest tam kto?

TOMEK: Musiałem się przesłyszeć. Mówiłem o więzieniach. Wystarczyłoby miejsca dla wszystkich. I to ze wszystkich teatrów w całym kraju. Ale nikt nie chce siedzieć, znowu się ukrywać... A nawet, gdyby ktoś chciał ryzykować strajk, to z czego żyć? Pracy się teraz na lewo nie dostanie, bo wszystko reglamentuje państwo. Nie ma żadnych funduszy związkowych, zapomogowych...

PANI PROFESOR: Skromne fundusze to by się znalazły, jeszcze z kasy Tajnej Rady.

TOMEK: Techniczni na to nie pójdą. W czasie okupacji musieli sobie radzić sami. Zasiłki były dla artystów.

PANI PROFESOR: Dla chorych, najbardziej potrzebujących.

PAN WIKTOR: Ja dostawałem. Teraz mi wypominasz, Tomku?

TOMEK: Mistrz zasługiwał! Ja po prostu mówię, że ludzie mają dość wojny. Chcą normalnego życia. Nie posłuchają, gdyby ich wezwać do bojkotu... czy do strajku...

PAN WIKTOR: Obawiam się, że aktorzy myślą tak samo. A poza tym, nie dysponujemy żadną egzekutywą. Nie ma podziemnego państwa, sądów. Nie moglibyśmy infamii ogłaszać, głów golić. Kto by to miał robić? I w ogóle, nie, nie mamy moralnego prawa stawiać ludzi przed taką alternatywą. Jak wiesz, Isiu, ja byłem za przedłużeniem bojkotu. Ale teraz widzę, że nikt go nie chce. Ja sam też palę się do grania. Dlatego przyjąłem tę rolę u Leona, choć tak bardzo się różnimy. Choć mnie nie przeprosił. Grać, to powołanie aktora. To nasz żywioł. Więc grać. Ale nie zgadzać się na haniebne manipulacje cenzuralne, odmawiać grania w sztukach propagandowych, bronić narodowej klasyki, naszych *Dziadów*...

TOMEK: Ja się zgadzam z mistrzem. Grać, ale nie pozwolić ciąć, psuć...

PANI PROFESOR: To kompromis. Zapewne nieuchronny. Ale bardzo trudno ustalać jego granice... I, na przykładzie Leona, widzicie do czego prowadzą kompromisy.

TOMEK: Dyrektor dał się zastraszyć... Ale jak ich nie posłucha, to oni zdejmą cały spektakl, albo po prostu zamkną teatr.

PAN WIKTOR: To zdejmą! Ale historia teatru to zapisze my chcieliśmy *Dziady* wystawić – oni je zdjęli.

PANI PROFESOR: Jeszcze jeden polski gest? Na pokaz! Dla historii! Ale nieskutecznie.

PAN WIKTOR: Co poza gestem jeszcze nam pozostało?

PANI PROFESOR: Nie wiele... A może już nic?

PAN WIKTOR: Leon nie zdobył się nawet na gest.

PANI PROFESOR: Leon... Czy nie moglibysmy mu jakoś pomóc? Wpłynąć na niego? Jego postawa rzutuje na całe środowisko...

TOMEK: Ja już nawet raz próbowałem z panem dyrektorem gadać... Ale gdzie mnie do niego.

PAN WIKTOR: Ja go nigdy nie rozumiałem. Może był dla nas za wielki? Ale jednak się z nami liczył. A teraz? Zamiast ciebie scenografię robi jakiś pętak, tyle, że partyjny. A mnie Leon pewnie by chętnie odebrał rolę i powierzył ją komuś lepiej widzianemu. No cóż... Nie muszę grać znowu Konrada... Już go grałem... Tak. Mogę zaryzykować... Spróbuję go przekonać, aby przynajmniej bardziej siebie szanował. I szanował teatr...

Pan Leon wychodzi z mroku.

PAN LEON: Spróbuj. Spróbuj mnie przekonać.

PANI PROFESOR: Podsłuchiwałeś...

PAN LEON: To chyba jeszcze mój teatr? Mogę przychodzić kiedy chcę. Wolno mi?

PANI PROFESOR: Chcesz powiedzieć, że mnie nie wolno. Zakazałeś mi wstępu do teatru.

PAN LEON: Musiałem.

PANI PROFESOR: Nie musiałeś. Tylko to wybrałeś. Jeszcze niedawno temu twoje wybory były inne.

PAN LEON: Jeszcze nie tak dawno wszyscy żyliśmy pod ziemią, jak zaczadzeni. Konspiracją, strachem, szalonymi planami, mistyką. Ale przyszła pora się obudzić. „Ty śpisz, Brutusie, ocknij się, wstań, uderz." Nie było to przebudzenie na miarę naszych marzeń. Ale może nasze marzenia nie dorosły do tego świtu? Nie można jednak w noc wracać. Trzeba się z nowym dniem zmierzyć.

PAN WIKTOR: Deklamacje. Cytaty. Twoją miarą jest teraz miara twoich ustępstw. Wobec barbarzyństwa, chamstwa, zbrodni, po prostu... Na próby przychodzą jacyś, jak to powiedziałaś Isiu? Tryglodyci. A ty się wobec nich płaszczysz. Zwalniasz najlepszych ludzi. Odsuwasz przyjaciół.

PAN LEON: Żartowny ty. Nigdy nie miałem przyjaciół. Przymilano się do mnie z interesu. Bo dawałem pracę i dobrze płaciłem. Byłem wam potrzebny. Ot co.

PANI PROFESOR: To ty potrzebowałeś nas! Wykorzystywałeś nasze talenty i pomysły. Jeśli nas odepchniesz, a otoczysz się miernotami, to kto cię zainspiruje, kto zagra w twoich inscenizacjach?

PAN LEON: Beze mnie byliście niczem. Dopiero w moich spektaklach twoje pomysły, Isiu, lśniły pełnym blaskiem. Dopiero w mojej reżyserii, Wiktorze, twoje role okazywały się odkrywcze.

PANI PROFESOR: Kochaliśmy cię. Czy ty nie rozumiesz, że ja dawałam ci całą siebie, to wszystko, co było we mnie najlepsze? Czy ty nie odczułeś nigdy, że aktorzy szli za tobą nie z interesu, ale dlatego, że w pracy z tobą widzieli szansę na swoje aktorskie spełnienie?

PAN WIKTOR: Ufalismy ci. Cały zespół aktorski ci wierzył. Także techniczni. A teraz – wszystko się wali...

PAN LEON: I ja was kochałem.

PANI PROFESOR: Nieprawda. Kochałeś tylko siebie. Siebie w nas. Siebie w teatrze.

PAN LEON: Wszystko robiłem dla teatru. Nie dla siebie.

PAN WIKTOR: Bo utożsamiłeś sam siebie z teatrem.

PAN LEON: Ależ to wy wszyscy byliście teatrem! Ja żywiłem się wami, to prawda, ale wy żywiliście się mną! I ciągle wam było mało. Ciągłe żądania. Ról. Podwyżek. Pochwał. Ciągłe kłótnie. Montowanie koterii. Co robicie teraz po nocy w teatrze? Spisek? A ty Isiu? Burzysz z trudem budowane przeze mnie porozumienie z władzami. Czyż ja nie wiem, że to są barbarzyńcy? Wiem. Ale wiem też, że oni mają moc w ogóle nie dopuścić do działania teatru. Jednym dekretem mogą zamknąć wszystkie teatry w całym kraju. I co im kto zrobi? A teatr jest ludziom potrzebny. Jak chleb. Czasem nawet bardziej. Pamiętasz, Wiku, jak recytowałeś chłopcom w szpitalnym schronie, po akcji, w powstaniu? I ranni milkli pod wpływem twego głosu. Zapominali o bólu. A ja grałem im na fortepianie, z którego trzeba było co i rusz zgarniać sypiący się z sufitu tynk, gdy waliły tuż obok bomby. Wtedy byliśmy razem. I razem z nimi. Z najlepszymi widzami dla jakich kiedykolwiek robiliśmy teatr. Teraz też trzeba ludzi podnieść, dać im nadzieję. A ty się separujesz, ciągniesz w przeciwną stronę. Tam jest przepaść. Nie rozumiesz jaką misterną grę prowadzę? Z Maryjenburskiej wieży zadzwoniono! Chcecie mnie wszyscy pouczać? O, jeszcze Panowie maszyniści wezwą mnie do raportu.

PANI PROFESOR: Dasz ludziom nadzieję pokazując im na scenie okaleczonego anioła? Rozpoznają w nim samych siebie.

PAN WIKTOR: Zagubiłeś się podwójnie. W sobie. I w rzeczywistości, która cię otacza. Te twoje gry...

PAN LEON: Nie. Ja rzeczywistość kształtuję. A sobą kieruję świadomie. I wiem jaki jest mój najważniejszy obowiązek – ma on na imię teatr. Wykonaniu tego obowiązku podporządkuję wszystko.

PAN WIKTOR: Nawet sumienie?

PAN LEON: Ech, wara!

TOMEK: Panie dyrektorze, ja bardzo pana szanuję. Pan wie. My tu nic nie montowaliśmy przeciwko panu, tylko się mówiło, co by razem zrobić... Bo teatr to się razem robi, prawda?

PAN LEON: Już? Wygadali się wszyscy? To teraz ja wam powiem. Zdecydowałem nie akceptować żadnych cenzuralnych skrótów w *Dziadach*. Zdecydowałem nie dopuścić do żadnych cięć w inscenizacji. Zwłaszcza tak absurdalnych jak z tym aniołem. Postanowiłem nie dopuścić do żadnych zmian w obsadzie aktorskiej, tak Wiku, miałem także naciski w twojej sprawie, i w obsadzie realizatorów. Isiu, ten spektakl nie może mieć innego scenografa niż ty. Od jutra podejmujemy próby. Poznacie mnie po głosie. Wiktor... Wiesz co, byłaby pora, żebyśmy się znów czegoś razem napili, jak dawniej, co?

PAN WIKTOR: Ja nie piję... Pełna abstynencja. Ale z tobą... Daj rękę.

PAN LEON: „Przebacz mi panie, wszak rycerz prawdziwy wspaniałomyślnie uraz zapomina." Prawica. Jak dawniej. To gdzie wstąpimy? Wszędy gruzy, ale pokażę ci jedno takie miejsce...

PANI PROFESOR: Leon... Wróciłeś...

TOMEK: Szacun, panie dyrektorze.

PAN LEON Bywajcie. Isiu, Tomku, zajmijcie się naprawą anioła.

Pan Leon i Pan Wiktor wychodza. Zostali Pani Profesor i Tomek.

PANI PROFESOR: Pomogę ci z tym aniołem.

TOMEK *wchodzi na drabinę*: Proszę mi tylko podać to skrzydło.

PANI PROFESOR: To najpierw?

TOMEK: To. Widzi pani, jak się gładko pasuje? Proszę o drugie...

PANI PROFESOR: Teraz ja, Tomeczku, jestem twoim pomocnikiem.

TOMEK: Co też pani profesor... Pani profesor to nawet nie wie ile ja się od pani nauczyłem. Podpatrywałem jak pani profesor uwag w pracowniach udziela, korekty robi..

PANI PROFESOR: Właściwie, czemu nie mówisz mi, pani Isiu? Jesteś już dorosły... Albo po prostu, Isiu... Jesteś teraz kolegą...

TOMEK: Isiu?

PANI PROFESOR: Isiu. A brudershaft możemy wypić choćby zaraz, i choćby bez wódki... Buzia wystarczy.

TOMEK: Od razu buzia? Na rozkaz? Jak dawniej? To albo jestem jeszcze Tomek przynieś, wynieś, pozamiataj, majtki pani zdejm – albo już kolega?

PANI PROFESOR: Przepraszam, Tomaszu.

TOMEK: To co, przechodzimy na ty, Mario? Bez wódki?

PANI PROFESOR: Bez wódki. I bez buzi. Ale mów mi Isiu, proszę, Tomku...

TOMEK: Isiu...

PANI PROFESOR: No, zmontowałeś te skrzydła?

TOMEK: Gotowe.

Tomek schodzi z drabiny. Udał ci się ten anioł. Piękny.

Całują się.

▶ UPŁYW CZASU ◀

Scena więzienna III Części **Dziadów** *— jak poprzednio. Na scenie Pan Wiktor jako Gustaw-Konrad, oraz inni więźniowie. Maszyniści wyglądają z kulis. Pułkownik, Sekretarz i tajniacy. Pan Leon i Pani Profesor.*

PUŁKOWNIK: *Czyta.* ...i w związku z niezastosowaniem się do zaleceń urzędu cenzury, a także w związku ze złamaniem zobowiązań przyjętych przez dyrektora teatru wobec przedstawicieli partii i administracji państwowej w sprawie inscenizacyjnego opracowania rzeczonego przedstawienia, oraz w sprawie obsady osobowej realizatorów i wykonawców spektaklu, ponieważ opracowanie powyższe jest tendencyjne i może wywołać zachowania i odczucia zmierzające do dyskredytacji ustroju Polski Ludowej i spowodować niechętny stosunek do socjalizmu; wobec jawnie antyradzieckiego wydźwięku rzeczonego przedstawienia, co godzi w podstawowe sojusze; w związku z jego idealistycznym i nienaukowym fideizmem, co jest sprzeczne z laicką polityką ludowego państwa; w związku z karykaturalnym, fałszywym i oszczerczym przedstawieniem instytucji sądowniczych i więziennych, co podważa bezpieczeństwo państwa i mogłoby wzniecić nastroje i nastawienia antysocjalistyczne oraz antysojusznicze, oraz godzić w zasady polityki wewnętrznej i zagranicznej Polski Ludowej, postanawia się, spektakl pt. *Dziady* A. Mickiewicza zakazać.

PUŁKOWNIK *Kończy czytanie. Zwraca się do Pana Leona.*

Wręczam wam to pismo przy świadkach. Podpiszcie na kopii, żeście otrzymali. I data.

PAN LEON *podpisując*: Otrzymałem... tak, otrzymałem... Słuchać ślepo... I data.

SEKRETARZ: A żeby nie było żadnych wątpliwości. Dodatkowym zarządzeniem wykonawczym postanowiono natychmiast przerwać wszelkie prace nad rzeczonym spektaklem oraz zezłomować dekoracje do tego spektaklu przygotowane. Do szczętu. Wykonać.

Tajniacy przystępują do niszczenia dekoracji, na koniec przewracają anioła i niszczą go.

PANI PROFESOR: Mój anioł...

TOMEK: Chłopaki... Stać równo... Nie poradzimy nic...

PAN LEON: To dla nas sukno! Dla nas! Rozerwać je w sztuki!

PANI PROFESOR: Spokój, spokój, Leon... Jeszcze nie teraz... Będę zawsze przy tobie.

PAN LEON: Po tym wszystkim, co ja...

PANI PROFESOR: Nie bój się... Zostanę.

PAN LEON: I trzecie światło zagasło.

PAN WIKTOR: Panie, przebacz im bo nie wiedzą czy czynią...

SEKRETARZ: To by było na tyle, w sprawie *Dziadów*. Władze postanowiły jednakże dać wam, towarzysze, szansę. Osobiście wysunął tę inicjatywę towarzysz prezydent, którego umiłowanie sztuki jest rękojmią jej pomyślnego rozwoju w naszej ludowej ojczyźnie, a w tym rozkwitu socjalistycznego teatru. Towarzysz prezydent powierza wam, towarzysze, szczególne zadanie. Zamiast premiery *Dziadów* przygotujecie okolicznościową akademię na radosne otwarcie teatru. Towarzysz prezydent sam zaszczyci tę akademię swoją obecnością. Będzie i ambasador radziecki. Scenariusz został już opracowany przez zaufanych towarzyszy literatów i zatwierdzony. Realizację powierza się wam, towarzyszu dyrektorze. Traktujcie to jako polecenie partyjne. To jest ten scenariusz. Weźcie. To jest obsada. Już zatwierdzona. Scenografię wykona wasz nowy scenograf i towarzysz; zgłosi się do was jutro. Wszystko jasne?

PAN LEON: Serdecznie dziękuję za zaufanie. Słowo — rozkaz. Rozkaz — słowo. To wielki zaszczyt. Dziękuję towarzyszom. Padam do nóżek.

▶ UPŁYW CZASU ◀

Prezydent, Pułkownik i Sekretarz w loży rządowej. Na scenie trwa „akademia." Na czele zespołu Młody Aktor, który dotąd występował w Chórze. Pan Wiktor jako członek Chóru. Pan Leon widoczny w kulisie.

MŁODY AKTOR: Ty coś słońce tchnął w lutnię mą,
że słońcem błyska!
Dzięki tobie jak w żyznym cieple
kraj się zieleni.
Dzięki tobie kupują meble narzeczeni.
Dzięki tobie na kolanach babki
mruczy maleńki kotek.
Szafarzu myśli pogodnych jak kwiatki,
opiekunie bibliotek!
Stalin! Wołają dzieci.
Stalin! Ludzkość powtarza.
On nam jak słońce świeci.
On wodzem i mocarzem.

CHÓR: Piękne i groźne jest morze,
gdy pędzi po falach szkwał.
Piękny jest w niebie orzeł
Nad szczytem urwistych skał.
Piękna jest huta i stocznia
nad brzegiem bałtyckich fal.
I jak piosenka skoczna
piękne są cement i stal!

MŁODY AKTOR: Inżynierom za mosty,
za szosy, za tunele,
za noce z cyrklem, bez snu —
a górnikom za węgiel,
za eksport, za potęgę,
za stal, żelazo, cynk —
a murarzom wesołym,
za dachy, za nowe szkoły,

>
> za kielnie i za tynk!
> A partii i wodzowi
> za natchnienie, za poryw,
> a żołnierzom za krew –
> piekarzom za bochenki,
> poetom za piosenki,
> że jasne jak ognie z drew,
> że śpiewa odbudowa,
> że ojczyzna ludowa,
> że życie to dwa słowa
> praca i śpiew.

CHÓR: Słońce nad naszą ojczyzną
robotnicze i chłopskie.
Uczę się socjalizmu,
Uczę się nowej Polski.
O ten krawat czerwony
ludzie walczyli ciężko.
Nam przyszło zbierać plony,
Nam zabłysło słoneczko.

MŁODY AKTOR i CHÓR *zawiązują czerwone krawaty.*

PAN LEON: Wasze pieśni, ludzie nowi, gorzko brzmią w moich uszach...

MŁODY AKTOR: Oto nasza
myśl szopenowska,
oto nasza
warta stalinowska.

CHÓR Z PRAWEJ: Słuchaj, jak masz na imię?

CHÓR Z LEWEJ: Moskwa. A ty?

CHÓR Z PRAWEJ: Warszawa.

CHÓR Z LEWEJ: Tośmy z jednej rodziny obrzymiej.
Pogadajmy o naszych sprawach.
Co tam u was?

CHÓR Z PRAWEJ: Budujemy szkoły. A u was?

CHÓR Z LEWEJ: Robota w rękach się pali!

OBA CHÓRY: Żeby dzień za dniem wstawał wesoły,
żeby jak słońce świecił socjalizm.

MŁODY AKTOR: Patrz jak stoi uparta
Na rusztowaniu partia,
Potężna to budowa –
Nasza władza ludowa.

CHÓR: Ukochany kraj, umiłowany kraj,
Ukochane i miasta i wioski.
Ukochany kraj, socjalistyczny kraj,
Robotniczy, żołnierski i chłopski!

Długotrwałe oklaski kwitują finał akademii. Aktorzy się kłaniają. Prezydent z Pułkownikiem i Sekretarzem przechodzą z loży na scenę.

PREZYDENT: Gratuluję wam towarzysze artyści. Pokazaliscie dzisiaj, że rozumiecie głębokie, rewolucyjne przemiany jakie dokonują się w naszej umiłowanej ojczyźnie. Dziękuję wam w imieniu kierownictwa i własnym. *Do Pana Leona*: Zdolną macie młodzież, towarzyszu dyrektorze.

Do Młodego Aktora: Dobrze, dobrze gracie, młody artysto. Partia otoczy was szczególną opieką.

Do Sekretarza i Pułkownika: Rosną nam nowe kadry, towarzysze. Zanotować. Wciągnąć do szeregu.

MŁODY AKTOR: Dziękuję, towarzyszu prezydencie. Dziękuję, towarzyszu sekretarzu. Dziękuję, towarzyszu ministrze. Partia może na mnie zawsze liczyć.

PAN LEON: Opiekunowi nauki i sztuki, miłośnikowi i znawcy teatru, naszemu ukochanemu towarzyszowi prezydentowi, doprawdy, zaiste, dziękujemy. Trudno wprost wyrazić, jesteśmy zaszczyceni, cały świat zaczarowany, najserdeczniej...

SEKRETARZ: Ale towarzysz dyrektor to sam nie spiewał? Ani nie tańczył? Chrypka? Co? Nóżka może boli? A może bojkot? Stać z boku. Dlaczego? Co?

PUŁKOWNIK: Reżyser zazwyczaj stoi z boku na premierze, towarzyszu sekretarzu. Tak było zawsze w teatrze.

SEKRETARZ: Z boku? Zawsze? To trzeba zmienić. Co było dobre dawniej, w burżuazyjnym teatrze, to musi pójść na śmietnik historii. Teraz reżyserzy powinni występować razem z aktorami. Kolektywnie. Tańczyć, śpiewać. Kierownictwo powinno dawać osobisty przykład pracownikom. A nie stać z boku! No!

PAN LEON: Ja mogę zatańczyć... Proszę bardzo... Ja zawsze karnie, do dyspozycji... Ja mogę zaśpiewać... Do nóg się ścielę...

PAN LEON: *śpiewa i tańczy. Brak mu tchu.*
   Jeszcze jeden mazur dzisiaj,
   Choć poranek świta.
   Czy pozwoli panna Krysia,
   młody ułan pyta...

PUŁKOWNIK: Chwali się, chwali. A może by tak coś naszego?

MŁODY AKTOR: Zakwitali jabłoni i gruszy...

PUŁKOWNIK I SEKRETARZ: Wychadiła na biereg Katiusza / Na wysoki...

Pułkownik i Sekretarz śpiewają i klaszczą do taktu; dołącza do nich Młody Aktor. Pan Leon tańczy. Wyraźnie braknie mu tchu.

PREZYDENT: Brawo, towarzyszu dyrektorze. Gratuluję, w imieniu kierownictwa i własnym. To się nazywa świecić partyjnym przykładem.

PAN LEON: Dziękuję, towarzyszu prezydencie, z całego serca, do ostatniego tchu, pod przewodem...

PREZYDENT: Ładny macie ten teatr, towarzysze. Państwo ludowe wam go odbudowało, władza ludowa wam go powierzyła, administracja państwowa was zatrudniła, partia wam kierunek ideologiczny wytyczyła. To bardzo dobry instrument. Do was należy, abyście go zaprzęgli do służby masom. Grajcie, tańczcie, spiewajcie, deklamujcie. Twórczo, radośnie, optymistycznie. Tego od was oczekujemy. Głośno, do taktu, zbiorowo. Życzę skucesów w pracy i w życiu osobistym. A co tam szykujecie nowego?

PAN LEON: Przygotowywaliśmy *Dziady*, ale, jak towarzysz prezydent wie, zaszły pewne drobne trudnosci... Teraz mamy w próbach *Wesele Fonsia*...

PREZYDENT: A optymistyczna to sztuka?

PUŁKOWNIK: Wysoce. I sprawdzona ideologicznie.

SEKRETARZ: Potwierdzam. I śmieszna bardzo. Cały dzień mi zajęło...

PREZYDENT: To tylko nie zapomnijcie mi przysłać zaproszenia na premierę. Przyjdę. I całe biuro polityczne zabiorę. No jak tam, towarzysze, idziemy?

PAN LEON: Nie zapomnę przesłać, a jakże ... Słuchać ślepo, wierzyć święcie...

PUŁKOWNIK: Prędko, uformować szpaler załogi do wyjścia. Migiem. Oklaskiwać. Skandować.

TOMEK: Co skandować?

PUŁKOWNIK: A cokolwiek, byle głośno. No, już.

CHÓR: Wod-po-wie-dzi-na-a-to-my,
     bu-du-je-my-no-we-do-my!
 Wod-po-wie-dzi-na-a-to-my,
     bu-du-je-my-no-we-do-my!
 Wod-po-wie-dzi-na-a-to-my,
     bu-du-je-my-no-we-do-my!

TOMEK: Tylko świnie
        siedzą w kinie.
        Co bogatsze,
        to w teatrze.

PUŁKOWNIK: Co to takiego?

TOMEK: To taki okupacyjny wierszyk. Pan był za Bugiem, to pan nie zna. Ale można go uaktualnić...

PUŁKOWNIK: Co mi tu towarzysz...?

TOMEK: Na widowni,
        czy na scenie,
        zwłaszcza świnia
        jest dziś w cenie.

PUŁKOWNIK: Jak się nazywacie?

TOMEK: Sta-lin-Bie-rut-Wil-helm-Pik.

CHÓR: Sta-lin-Bie-rut-Wil-helm-Pik.
       Sta-lin-Bie-rut-Wil-helm-Pik.
       Sta-lin-Bie-rut-Wil-helm-Pik.

PUŁKOWNIK: Jeszcze się z wami policzymy.

SEKRETARZ: Cześć pracy, towarzysze artyści. A wy, towarzyszu dyrektorze, wpadnijcie do mnie jutro z rana, no, nie za wcześnie.

▶ **UPŁYW CZASU** ◀

Zespół teatru na scenie. Pan Leon przemawia.

PAN LEON: Koledzy, zebrałem was tutaj, aby poinformować, że dzisiaj rano, około godziny jedenastej, tak, dokładnie o jedenastej i siedem minut, w wiadomym gmachu, wręczono mi wymówienie z pracy w trybie natychmiastowym. Nie jestem więc już waszym dyrektorem. Wierzę jednak, że pochodnię szuki teatru poniesiecie nadal wysoko. Jesteśmy bowiem, niezależnie od tego co kto o tym sądzi, fachowcami związanymi ze swoim zawodem nie z przypadku, ale dzięki gorącemu ukochaniu naszej sztuki. Jesteśmy wszyscy pracownikami, którzy się swego rzemiosła nie najgorzej wyuczyli i jako tako je opanowali. Jesteśmy zawodowcami, którzy marnieją i giną, jeśli się ich umiłowanej pracy pozbawia i, przeciwnie, którzy objawiają olbrzymie możliwości, gdy się ich twórczość troską otacza i nie wątpi o jej społecznym pożytku. Jesteśmy tworcami znającymi wszechstronnie swój warsztat, jego granice, a także i cuda, jakie zeń wydobywać można.

Nie dano nam wystawić *Dziadów*. Zostałem wyrzucony. Bowiem w głębi serca byłem przeciwnikiem tworzenia teatru przez obcych poza plecami ludzi teatru. Odczytano moje myśli. Tak, wypowiedzmy je więc głośno. Jestem przekonany, że są to również wasze myśli.

Jesteśmy przeciwnikami decydowania o teatrze przez funkcjonariuszy teatru nieświadomych, a w swej z urzędu wynikającej sile zadufanych. Jesteśmy przeciwnikami dyktanda odgórnego w sprawach tak subtelnej natury jak teatr. Wiemy dobrze, że – parafrazując Wyspiańskiego – ze sztuką, niby ze sercem, „trzeba jak z ptaszyną... trzeba po maleńku..." Wiemy wszyscy, że murarz nie tęgi w swoim rzemiośle, nie pokieruje budową najzwyklejszego bodaj domu, a biada tym, którzy w domu takim odważą się zamieszkać.

Dziękuję wam wszystkim, którzyście nasz dom teatralny budowali. Wy jesteście budowniczowie umiejętni. Zostawiam wam nasz wspólny dom. Żyjcie w nim godnie. Niech nikt mnie nie odprowadza. Ja nie dbam. Już skończyłem. Już na nic nie czekam.

Pan Leon rusza w głąb sceny. Przystaje. Słania się i pada.

PANI PROFESOR: Leon, co tobie!?

TOMEK *podtrzymuje leżącego*: Panie dyrektorze, proszę się na mnie oprzeć, tak dobrze... Teraz lepiej? Boli? Gdzie?

PAN WIKTOR: Leonie, tutaj? Tutaj ten ból?

PAN LEON: O, jak ta drzazga kłuje aż do serca... Histerica passio... precz... Rozluźnij krawat... Zdejm ten sznur z mych bioder...

▶ **UPŁYW CZASU** ◀

Pusta przestrzeń. Pan Leon siedzi w szpitalnym fotelu na kółkach. Przewraca kartki książki. Czyta.

PAN LEON: „...Biada tobie, o moje serce! Moje wrzące serce. Serce, siedź cicho!" – „Gadasz do serca, wujaszku, jak owa kucharka do węgorzy, kiedy je żywcem w pasztet włożyła; uderzyła je po łbach kijem i zawołała <<Siedźcie cicho, figlarze!>>" – „O moja piersi, z jakiegoś jest kruszcu, żeś jeszcze cała?" – „Nie, nie będę płakał. A moje serce zdruzgoce się prędzej na milionowe części, nim zapłaczę. – O błaźnie! Bliski jestem oszalenia..."

Wchodzą Zakonnik, Pani Profesor i Pan Wiktor, oraz aktorzy w maskach kolędników – z Aniołem, Śmiercią, Turoniem i gwiazdą; niektórzy z instrumentami muzycznymi.

CHÓR: Przyszliśmy tu po kolędzie – Niechaj Jezus z wami będzie...

PAN WIKTOR: Panie dyrektorze, przyszliśmy się podzielić opłatkiem. Jak zdrowie, Leon?

PAN LEON: Ciało markotne, ale myśli zdrowe. Czasu nie tracę. Nad nową inscenizacją pracuję. *Król Lir*... Coś dla mnie teraz. Utraciłem swoje królestwo. I serce mi nawala... Ale cieszę się, że was widzę... Wiktor, bywaj... Isia, jak miło... O, ojciec prowincjał... Co to za okazja? Cały zespół... A gdzie Tomek?

PANI PROFESOR: Aresztowany. Jakieś dowcipy opowiadał. A potem doszli, że się nie ujawnił, choć był w AK... W piwnicy go trzymają... Śledztwo straszne.

PAN LEON: Tomek... No to się niedługo spotkamy...

PANI PROFESOR: Co ty gadasz, Leon! Tomek przetrzyma, a ty jeszcze niejedną premierę będziesz opijał z Wiktorem!

PAN WIKTOR: Koledzy, kolędę... Wesoło...

♪ CHÓR:
> Z narodzenia Pana dzień dziś wesoły.
> Wyśpiewują chwałę Bogu żywioły.
> Anioł budzi przy dolinie,
> Pasterzów co paśli pod borem woły.

ZAKONNIK: Bracie Gloriuszu, mam dla ciebie dobrą nowinę. Przynoszę ci oleje święte...

PAN LEON: Ja się wcale nie palę na tamten świat, ojczaszku! A zresztą jestem członkiem partii komunistycznej, ateistycznej. Nie zbliżaj się do mnie. Zionę siarką. Precz stąd na lasy, na rzeki, i zgiń, przepadnij na wieki!

ZAKONNIK: Proszę cię, bracie, nie zamykaj drzwi przed posługą Kościoła Bożego...

PAN LEON: Jakże drzwi zamknę, kiedy się ledwo ruszam... Nakazali mi bezruch. I jeszcze wzruszeń unikać. „Błaźnie, ja oszaleję..." Miejcie nade miłosierdzie. Dajcie mi wszyscy święty spokój.

ZAKONNIK: Pokój Pana spocznie na tobie.

PAN LEON: Ja nie mogę. To by było nieuczciwe. O, na tej drodze grozi mi szaleństwo. Muszę zawrócić. Kim jesteś? Dość tego...

ZAKONNIK: Mam więc odejść?

PAN LEON: Nie. Zostań. Kimkolwiek jesteś... Zostań

ZAKONNIK: Synu...

PAN LEON: Ojcze...

ZAKONNIK *przystępuje do udzielania Sakramentu Chorych.*

Asperges me, Domine, hyssopo, et mundabor lavabis me, et super nivem dealbabor. Miserere mei, Deus, secundum magnam misericordiam tuam. Amen. Salvum fac servum tuum, Domine.

CHÓR: Deus meus, sperantem in te.

ZAKONNIK: Mitte ei, Domine, auxilium de sancto.

CHÓR: Et de Sion tuere eum.

ZAKONNIK: Esto ei, Domine, turris fortitudinis.

CHÓR: A facie inimici.

ZAKONNIK: Nihil proficiat inimicus in eo.

CHÓR: Et filius iniquitatis nan apponat nocere ei.

ZAKONNIK: Domine, exaudi orationem meam.

CHÓR: Et clamor meus ad te veniat.

PAN LEON: Połóż mi dłonie na oczach... Zdław mi pięściami źrenice... Oddziel mnie od spojrzenia, co mnie rozkłada na proch...

ZAKONNIK: Extinguatur in te omnis virtus diaboli per impositionem mannuum nostrarum. Ad oculos...

PAN LEON: Nędzne twe ręce, bez kości i mięsa, przejrzyste jak woda, jak szkło, jak powietrze...

ZAKONNIK: Per istam sanctam unctionem, et suam piisimam misericordiam, iddulgeat tibi Dominus quidquid per visum deliquisti.

PAN LEON: Daj mi choć odrobinę ciemności... Nie... Światła... Światła.

♪ CHÓR *z towarzyszeniem instrumentów*:
   De profundis clamavit ad te,
   DomineDomine, exaudi vocem meam.
   Fiant aures tue intendentes,
   In vocem deprecationis meae.

ZAKONNIK *Czyniąc znaki*:.
   Ad aures...
   Ad nares...
   Ad os, compressis labiis...
   Ad manus...
   Ad pedes...
   Indulgeat tibi Dominus... Amen.

♪ CHÓR *z towarzyszeniem instrumentów*:
   Qui aupud te propitatio est
   Et proper legem tuam sustinui te, Domine.
   Sustinuit anima mea in verbo eius
   Speravit anima mea in Domino.

W czasie śpiewu Śmierć i Kolędnik z gwiazdą odłączają od reszty Chóru i tańczą powoli, solennie, poważnie.

W głębi sceny ukazuje się ogromny płonący anioł.

▶ KONIEC ◀

Amherst, Nowy Jork, 1989 r.

▶ ▼ ◀

▶ SZKŁO BOLESNE ◀

▶ OPOWIEŚĆ MATKI O POWSTANIU WARSZAWSKIM ◀

▶ DRAMAT ◀

OSOBY

    Matka, Anna Barska
    Jakub, syn młodszy
    Mirosław, syn starszy
    Elżbieta, narzeczona Jakuba
    John, Anglik
    Nike, śpiewaczka

PRZESTRZEŃ

    Warszawa – różne wnętrza i plenery – jak wskazano w tekście

CZAS

    Prolog – współcześnie
    Akcja właściwa – od grudnia 1943 do lutego 1945 roku

OD AUTORA

Szkło bolesne (tytuł zaczerpnięty z wiersza Krzysztofa Baczyńskiego) jest opowieścią opartą o fakty historyczne i prawdziwe losy ludzi – nie jest jednak sprawozdaniem, czy biograficzną rekonstrukcją.

Szkło bolesne jest hołdem złożonym bohaterom Powstania Warszawskiego.

Wyrażam gorącą wdzięczność żywym i zmarłym autorom tekstów, które wykorzystałem, lub wplotłem w mój dramat. Są wśród nich Krzysztof Baczyński, Jerzy Braun, Norman Davies, Tadeusz Gajcy, Zbigniew Jasiński, Jerzy Kirchmayer, Jan Nowak-Jeziorański, Jan Romocki, Andrzej Trzebiński. Szczególną inspiracją była dla mnie lektura zapisków i listów Jadwigi z Niklewiczów Romockiej, matki poległych Powstańców – Andrzeja Romockiego, pseudonim „Morro," i Jana Romockiego, pseudonim „Bonawentura." Wyrażam również serdeczne podziękowanie Janinie Katelbach – za zachętę do napisania tego dramatu, oraz mojej żonie, Zofii Reklewskiej Braun – za cenne inspiracje i dyskusje.

                                                                     Kazimierz Braun

▶ ▼ ◀

► PROLOG ◄

PRZESTRZEŃ

Współczesne mieszkanie.

♪ *Odzywa się dalekie bicie dzwonów.*

Matka przegląda stare fotografie – w albumach, w pudełkach. Winny być one pokazywane na ekranie.

- Przodkowie – stare portrety i fotografie.
- Fotografie ślubne jakaś para z XIX w.; para z początku XX w.; para z początku lat 1930.
- Oficer (pułkownik) na ulicy miasta.
- Twarze młodych chłopców i dziewcząt z lat 1930 (są wśród nich Mirek, Jakub i Elżbieta), jeden z młodych ludzi jest w lotniczej „pilotce" (to John).
- Seria zdjęć Warszawy z przed drugiej wojny światowej.

MATKA:
    Moje coroczne zaduszki.
    Nie, nie drugiego listopada. Nie...
    Drugiego października.
    W dniu kapitulacji Powstania Warszawskiego.
    Bo wtedy byłam już zupełnie sama.
    Sama.

♪ *Ukazuje się Nike. Dzwony milkną. Nike rozpoczyna wokalizę. Temat: „Lamentacja".*

Matka kontynuuje:

    Choć jeszcze o tym nie wiedziałam.
    Nie wiedziałam, że moi wszyscy umarli.
    Wiedziałam jednak, że zamordowano moje miasto.

Ukazuje się seria zdjęć Warszawy zburzonej w 1944 r. Matka kontynuuje:

    Wraz z Warszawą zginęły setki tysięcy mieszkańców.
    A wśród nich te wszystkie dzieci.
    Chłopcy-żołnierze.
    Dziewczęta-sanitariuszki.
    Maluchy roznoszące pocztę i prasę.
    Niemowlaki poduszone w zawalonych piwnicach.
    To wszystko były moje dzieci.
    Ojcze, bądź Wola Twoja...

♪ *Nike śpiewa.*

NIKE:
    Jeno wyjmij mi z tych oczu
    szkło bolesne – obraz dni,
    które czaszki białe toczy
    przez płonące łąki krwi.

Jeno odmień czas kaleki,
zakryj groby płaszczem rzeki,
zetrzyj z włosów pył bitewny,
tych lat gniewnych
czarny pył.   [Krzysztof Baczyński]

Nike podejmuje wokalizę.

MATKA:
Już wcześniej straciłam córkę.
Ale jeszcze miałam nadzieję, że wszyscy inni będą żyć.
Kilka nadziei.
A każda jak żywy płód, który się nosi pod sercem.
Potem... wypływała ze mnie krew nadziei...
bolesnymi upustami...
Adam. Mąż, oficer. Zamordowany w Katyniu

♪ *Odzywa się krótko werbel.*

Piotr. Syn najstarszy. Lotnik. Zestrzelony 5 sierpnia 1944 roku nad Bałkanami
W locie powrotnym z nad Warszawy do Brindisi.

♪ *Werbel.*

Jakub. Syn najmłodszy. Poeta. Znalazłam go pod śniegiem w lutym 1945 roku na Powiślu.

♪ *Werbel.*

Jadzia. Córka. Łączniczka leśnego oddziału AK. Zabita przez czerwonych partyzantów.

♪ *Werbel.*

Mirek. Syn średni. On nie był żołnierzem. Gdy się odnalazł żywy – to był jak umarły.
Później o tym powiem.
Elżbieta – nie córka, lecz synowa, więc jak córka. Zginęła pod zawalonym domem.
Nigdy jej nie znalazłam.
Męża zabili mi Sowieci.
Dwóch synów Niemcy.
Córkę komuniści.
Więc takie są moje zaduszkowe rachunki.

Żona – wdowa. Matka – bezdzietna.

♪ *Nike kończy wokalizę. Znika.*

Ale Warszawa znów żyje.
Tamci zmartwychwstaną.
A po co ja wciąż żyję?
Po co?
Może już tylko po to, aby opowiedzieć?

Matka zamyka album, wychodzi.

♪ *Odzywa się muzyka organowa Wigilii.*

► SCENA 1. WIGILIA. 24 GRUDNIA 1943 ◄

Mieszkanie rodziny Barskich w Warszawie.

Matka wraca z białym obrusem, którym nakrywa stół. Pojawia się Jakub i upycha siano pod obrus, a potem przynosi miniaturową choinkę i stawiają na środku stołu, a obok świeczkę. Ela nakrywa talerze, sztućce, kompotierki – wszystko na osiem osób. Matka przynosi talerz z opłatkiem i Pismo święte. Pojawia się Mirek. Wszyscy zajmują miejsca przy stole, przy czym cztery miejsca pozostają puste.

MATKA: Jak zawsze najpierw przeczytamy Ewangelię. Ojciec czytał, gdy był z nami. Mirek, jesteś teraz najstarszy, pod nieobecność ojca, pod nieobecność Piotra. Ta fioletowa zakładka...

MIREK: Czy to potrzebne?

MATKA: Zawsze tak zaczynamy wigilię. Wiesz o tym.

MIREK: Dlaczego akurat ja?

JAKUB: Nawet przy wigilii musisz demostrować ten swój ateizm?

MATKA: Nie kłóćmy się chociaż dzisiaj. Ojciec wróci i znów będzie czytał.

ELA: Ja mogę przeczytać.

MATKA: To należało zawsze do mężczyzny. Taka rodzinna tradycja. Kuba?

JAKUB: Tak, mamo. *Bierze z rąk matki Pismo święte. Wszyscy wstają. Jakub czyta:*

„I stało się w owe dni, wyszedł dekret cesarza Augusta, aby spisano wszystek świat. Ten pierwszy spis dokonany został przez namiestnika Syrii, Cyryna. I szli wszyscy, aby dać się zapisać, każdy do miasta swego. Poszedł też i Józef z Galilei, z miasta Nazaret do Judei, do miasta Dawidowego, które zowią Betlejem, dlatego, że był z domu i pokolenia Dawidowego, aby dać się zapisać z Marią, poślubioną sobie małżonką, brzemienną. I stało się, gdy tam byli, wypełniły się dni, aby porodziła. I porodziła syna swego pierworodnego, a uwinęła go w pieluszki, i położyła go w żłobie, bo nie było dla nich miejsca w gospodzie."

MATKA: A teraz podzielimy się opłatkiem. Jak każdego roku. *Po każdych życzeniach kładzie kawałek opłatka na kolejnym talerzu* Najpierw z nieobecnymi. Adasiu, życzę tobie, abyś przeżył, a sobie, abyś wrócił. A resztę wiesz, mężu. Piotrusiu, życzę ci dzielności i odwagi, i pamiętaj, że matka czeka. A resztę wiesz, synku. Jadziusiu, tobie życzę już tylko miłosierdzia Bożego. Módl się za nami i wspieraj nas z nieba. A resztę Pan Bóg wie. Teraz z obecnymi. Mirku, życzę ci, aby twoje serce nadążało za twoją głową. Głowę masz mądrą, synku, ale sercu matki łatwiej się z sercem syna rozmawia... Zbuduj te wszystkie swoje mosty... Ale buduj je w imię Boże i buduj je sercem...

MIREK: Mosty, mamo? To są bezwzględne bestie. Stoją na wyliczeniach. Nie na uczuciach.

MATKA: Bogu mają służyć. Ludzi łączyć. Jak arterie pełne gorącej krwi.

MIREK: Tak, tak mamo. Ja wiem. Ale rachować trzeba na zimno. Życzę mamie wszystkiego dobrego. Naprawdę.

Dzielą się opłatkiem. Matka podchodzi do Jakuba.

MATKA: Kubusiu, jestem z ciebie dumna. Tak trwaj. Przy Bogu. Przy Polsce. I uważaj na siebie.

JAKUB: Obiecuję, mamo. A ja ci życzę, mamo, powrotu ojca. I Piotrka. I żebyś się częściej uśmiechała. Zwycięstwo już blisko.

MATKA: Życzę ci także wielu pięknych wierszy.

JAKUB: Piszę je wyłącznie dla mamy.

MATKA: Wyłącznie?

JAKUB: Tak. Bo przez mamę moja droga do świata, do ludzi.

MATKA: Błogosławię twoim wierszom. I tobie.

Dzielą się opłatkiem. Matka zbliża się do Eli.

MATKA: Elżbieta... Narzeczona... Teraz z tobą. Życzę ci dobrej teściowej... Spełnienia wszystkich marzeń. I bądź dobra dla Kuby. Do serca cię przytulam. A twoi są na pewno w niebie. Pan Bóg miłosierny.

ELA: Dziękuję, mamo. Już mogę tak mówić, mamo?

MATKA: Tak trzeba.

ELA: Dziękuję za wszystko co mi mama dała. Za przechowanie mnie. Za Kubę. Będę dla niego dobra. Obiecuję.

MATKA: No, Kuby to ja ci nie dałam. Sama wzięłąś.

ELA: To on mnie wziął, mamo. To znaczy, chce wziąć.

MATKA: Jesteście po słowie. A dla niego słowo – święta rzecz.

ELA: Wiem, mamo. „Na słowie harcerza polegaj jak na Zawiszy."

MATKA: Tak, ale nie tylko to. Życzę ci, abyś zrozumiała, co jest w tym więcej.

ELA: Postaram się. A ja życzę mamie dobrej synowej. *Łamią się opłatkiem.* Za chwilę muszę się zbierać. Godzina policyjna. Do siebie już nie zdążę. Pojadę prosto do mojego szpitala. Mam ranny dyżur. Prześpię się na jakiejś kozetce.

MATKA: Nie wiedziałam, że teraz pracujesz w szpitalu.

ELA: Jako pomocnica salowej. Robota ciężka, ale papiery doskonałe. Nie wezmą mnie Niemcy w żadnej łapance. Do tego, mam praktykę jako sanitariuszka. Przyda się w powstaniu.

MATKA: Możesz zanocować u nas. W gabinecie męża.

ELA: Rodzice mnie uczyli, że nie trzeba pod jednym dachem z narzeczonym – przed ślubem...

MATKA: Dobrze cię uczyli. Ale teraz jest wojna. Dostaniesz osobny pokój. Pokażę ci...

Matka wyprowadza Elę – za chwilę wyrócą.

MIREK: Jak brat z bratem. *Dzielą się opłatkiem.* Wiesz, że się z tobą właściwie w niczym nie zgadzam. Ale życzę ci wszystkiego dobrego.

JAKUB: Ej, braciszku, nie wiem co to się w tej rodzinie porobiło. Ja w prawo, ty w lewo. Ale przynajmniej przy wigilii w jedną stronę.

MIREK: Jeszcze ci wybiję z głowy te twoje romantyzmy.

JAKUB: Jaki tam ze mnie romantyk?

MIREK: No, to postromantyk!

JAKUB: Co najwyżej postskamandryta. A teraz postman, jak mówią Anglicy... poczciarz. To znaczy listonosz. Dużo biegania z cudzymi tekstami. Dopiero po pracy mogę pisać własne.

MIREK: Jesteś poeta, to naśladuj poetów. Pisz – i chowaj głowę. Krasińskiemu tatuś nie pozwolił do kraju pojechać na powstanie. I synek usłuchał. Słowacki przed powstaniem po prostu z Warszawy uciekł. Za aprobatą mamusi. Mickiewicz do powstania jechał, jechał, ale nie dojechał, bo się w łóżku jednej pani pod Poznaniem zabałaganił...

JAKUB: Co ty mówisz o powstaniu?

MIREK: Taka ta wasza konspiracja. Wszyscy o tym mówią. Z motyką na słońce.

JAKUB: A jak inaczej krzesać iskry wolności?

Wracają Matka i Ela.

MIREK: Romantyczne gadanie. Ale przy wigilii nie będę się z tobą spierał. Choć jest o co. Jeszcze pogadamy. Wszystkiego najlepszego.

JAKUB: Wszystkiego najlepszego.

Jakub zbliża się do Eli.

JAKUB: Elu... Teraz ja. Wiesz, u nas zawsze tak było w rodzinie „z wieku i z urzędu," „po starszeństwie..." Więc podzieliłem się opłatkiem z mamą, ze starszym bratem, to teraz z tobą... Ale już niedługo, wszystko będzie się zaczynać w moim życiu od ciebie...

ELA: A w moim od ciebie. Choć ciągle nie mogę w to uwierzyć. Ale wierzę tobie.

JAKUB: A ja wierzę tobie. Czego ci życzyć?

ELA: Serio?

JAKUB: Tylko serio. Tylko tak może być między nami.

ELA: Życzę ci, abyś nigdy nie pożałował, że się ożeniłeś z dziewczyną, która nie ma nikogo i nie ma nic.

JAKUB: Ożenię się z tobą. A twoje wiano jest wielkie – ci wszyscy twoi, którzy orędują za nami w niebie. A na ziemi wejdziesz do naszej rodziny. Zobaczysz ile nas. Jak się zbierzemy w pierwsze święta po wojnie, to zliczyć nie będziesz mogła. Nas sześcioro, już łącznie z toba, do tego kilkanaście ciotek, z tuzin wujów, chmary kuzynek i kuzynków... I my dwoje też będziemy mieli dużo dzieci. Klan jeszcze wzrośnie. Życzę ci dobrego męża i...

ELA: Nie życz mi nic więcej. To dość. A ja życzę ci dobrej żony.

JAKUB: Proszę... Jeszcze wolnej Polski...

ELA: Tak. Życz mi jeszcze, abym cię coraz lepiej rozumiała. Bo... Bo ja nie do końca rozumiem tę twoją konspirację... Chęć walki... Nic nie mów teraz. Zrozumiem.

Dzielą się opłatkiem.

MATKA: Już wszyscy ze wszystkimi? To siadajmy. Ach, jeszcze życzenia dla zamorskiego gościa. Ktokolwiek przyjdzie. Tylu teraz bezdomnych, wysiedlonych, wyrzuconych, więzionych, zesłanych. Życzę każdemu z nich, aby odnalazł swój dom, swój stół wigilijny.

Matka zbliża się do swego krzesła, ale nie siada. Nike zajmuje miejsce Matki przy stole. Mirek, Jakub, Ela także siadają i zastygają bez ruchu.

Matka zwraca się do widzów.

MATKA: Potem była skromna, wojenna wigilia.
Nie było trzynastu potraw. Ale był karp, po którego
Kuba wyprawił się gdzieś pod Nadarzyn i zdołał przeszmuglować.

Były aż cztery puste krzesła i puste nakrycia.

Pierwsze puste nakrycie dla mego mężą.
W jego powrót wierzyłam niezłomnie.
To nic, że przestały przychodzić pocztówki z Kozielska.
To nic, że nie odnalazł się w korpusie Andersa.
Wywieźli go pewnie gdzieś tak daleko, że nie dotarła
wiadomość o amnestii. Wróci po wojnie... Wróci!

Drugie puste nakrycie dla Piotra.
Był pilotem, asem z dęblińskiej Szkoły Orląt.
W trzydziestym dziewiątym walczył na polskim niebie.
Zestrzelony. Przeżył. Poszedł piechotą do polskiego wojska
przez góry, w obce kraje. Do Francji? Do Anglii?
Wciąż widziałam go na wysokim niebie.
Więc gdzieś blisko. Pozostawał daleko.

Trzecie puste nakrycie dla Jadzi.
Poznała na studiach panicza ze dworu w kieleckim.
Ślub był u Panien Wizytek. Zamieszkali w jego majątku.
Był szefem okręgu „Tarczy." Ona – łączniczką.
Woziła do Warszawy ziemiańskie wsparcie dla Armii Krajowej.
Tego dnia jej męża nie było w domu. Ona szykowała się w drogę.
Pozaszywane dolary, złoto, „górale." Przyszli bandą.
Gwardia Ludowa, czy też Armia Ludowa – jeden czerwony diabeł.
Na czele skoczek sowiecki, pseudonim „Saszka."
Kazali sobie oddać wszystko. Ktoś musiał donieść. Nie chciała.
Rozebrali siłą. Z rechotem wpruwali kosztowności
z bielizny, z sukienki, z płaszcza, z paska nawet.
Służba widziała. Potem uciekła. Potem... Nie chcę myśleć.
Mąż znalazł ją w kałuży krwi.

Te trzy puste talerze.
Czwarty dla zamorskiego gościa. I też pusty.

W czasie tej wigilii byłam jakaś wyciszona, ufna.
Jadzia patrzy na nas z nieba.
Adam i Piotr wrócą.
Polska będzie.

Po drugiej stronie stołu siedzieli Mirek i Kuba, i Ela.
Niepokoiłam się o każde z nich, każdego dnia.

Kuba był poetą. Moją dumą. O niego bałam się najbardziej.
Czy matka może o jedno dziecko bać się bardziej, mniej o drugie?
Nie może ... Ale jego otwartość, prostolinijność, jasność
najostrzej zderzała się z ciemością, która nas otaczała.
Ta wojna była czymś najbardziej absurdalnym
właśnie gdy na jej tle pojawiał się on.
Absurdem też było, że wydatkował tak wiele czasu
pracując jako listonosz. Zamiast pisać.
Dawało to jednak „mocne" papiery w czasię niemieckich kontroli.

Obok Kuby – Ela. Poznał ją na tajnych kompletach.
Pochodziła z polskiej rodziny z Bydgoszczy.
Drugiego dnia po zajęciu miasta,
Niemcy urządzili krwawy pogrom Polaków.
Ocalała, bo akurat poszła do koleżanki Niemki,
piętro niżej, gdy całą jej rodzinę wywleczono
i rozstrzelano pod murem po drugiej stronie ulicy.
Widziała przez okno. Wciąż widzi po nocach.
Ojciec tej koleżanki wyrzucił ją z domu. Ale nie doniósł.
Przygarnęły ją jakieś zakonnice i przemyciły do Warszawy.
Kuba był po uszy w konspiracji. Wciągnął Elę.

Mirek, odwrotnie, odmówił jakiejkolwiek służby.
Poszedł do pracy w fabryce metalurgicznej.
Bo to zapewnia najmocniejszy „ausweis."
Po nocach siedzi w książkach i pisze doktorat.
Przynosi z fabryki lewicowe gazetki. Przestał praktykować.
O niego niepokoiłam się, nie tylko, czy przeżyje –
każdego dnia groziła wsypa na tajnym wykładzie,
czy przypadkowa kula w ulicznej strzelaninie.
Więc nie tylko, czy przeżyje – lecz czy przeżyje godnie?

Ja naturalnie też pracowałam. Na chleb. Na dokument.
Przed wojną zapraszałam do moich audycji literackich
najlepsze warszawskie aktorki. Teraz, gdy wszystkie teatry zamknięto,
zorganizowały „Kawiarnę u aktorek", aby się wyżywić,
i odwdzięczyły mi się – zostałam u nich kelnerką!
Ach, cóż za koleżanki miałam. Same gwiazdy wielkie.
„Papiery" słabe... Ale jakaż klasa i jakie towarzystwo...

Matka zbliża się do swego miejsca przy stole. Nike wychodzi. Matka siada przy stole.

Jedliśmy wigilię w ciszy. Wszystko nam smakowało.
Potem śpiewalimy kolędy, rzewne i wesołe ...
Były też prezenty. Wojenne, ubożuchne.
Jakaś chusteczka do nosa wyhaftowana przez Elę.
Podręcznik budowy mostów dla Mirka wypatrzony w antykwariacie.
Oprawka do fotografii zmajstrowana przez Kubę...

Jeszcze jedną kolęda, proszę.
Na zakończenie śpiewaliśmy zawsze „Bóg się rodzi..."

JAKUB: To będzie ostatnia kolęda! Bo szopka czeka.

♪ *Wszyscy śpiewają pierwszą zwrotkę „Bóg się rodzi." Pali się jedna świeczka przy choince.*

JAKUB: A teraz szopka!

Jakub i Mirek zbierają wszystko ze stołu. Ustawiają na nim szopkę, która zawiera figurki Jezusa w żłóbku, Marii, Józefa, Osła i Woła. Ponad szopką ustawiają „scenę kukiełkową."

W czasię przygotowań Matka mówi do Eli

MATKA: Jesteś u nas po raz pierwszy na wigilii, więc trzeba ci wiedzieć, że szopka to też nasza bożonarodzeniowa tradycja rodzinna. Po wigilii, kolędach i prezentach jest szopka. Zmajstrowalil ją

Piotruś z Mirkiem, potem dołączyli Kubusia. A teraz Kuba się nią pasjonuje, przerabia stare kolędy, pisze nowe teksty. Mirek też się nią lubi bawić – choć tyle zostało w nim z dawnego ministranta...

♪ *Matka i Ela siadają „na widowni." Jakub i Mirek ukryci za stołem animują kolejne figurki, wykrzykują, śpiewają.*

JAKUB Szopka na Boże Narodzenie 1943 roku! Ostatnie wojenne!

MIREK Szopka! Szopka się zaczyna! Panie i Panowie, ludzie i ludziska!

JAKUB I MIREK Zapraszamy, zapraszamy!

♪ *Obaj śpiewają, wprowadzając figurki dwóch Aniołów. Kolejne figurki będą się gromadziły przed żłóbkiem.*

Z narodzenia Pana
dzień dziś wesoły!
Wyśpiewują w niebo
wszystkie anioły!
Gwiazda wschodzi
przy kominie.
Niemiec zdycha,
Wojna minie!
Rusek się nawróci,
Uwielbi Pana!

♪ *Istotnie, słyszymy niewyraźnie śpiew „Stille Nacht..."*

MATKA: Ciszej! Nie wydzierajcie się tak, bo jeszcze usłyszy nasz Volksdeutch z góry.

ELA: Macie Volksdeutcha sąsiada?

MATKA: Skaranie Boskie. Urządza libacje. Zaprasza nawet gestapowców. Cicho, nawet mi się zdaje, że też świętuje wigilię...

Słyszycie? Po niemiecku kolęda. „Cicha noc..." choć to była polska rodzina...

Starajcie się być ciszej, błagam.

JAKUB *Śpiewa cicho – animując figurkę Pasterza:*

Jam jest dudka / Jezusa miłego.
Będę mu grał / z serca ochotnego.
Graj dudko, graj. / Graj Panu, graj.
   Zaraz potem – / Wybacz Matko Boska –
   Most wysadzić / Dzisiaj mamy rozkaz.
Graj stenie graj, / Graj Panu graj.

MIREK *Śpiewa, animując figurkę Harcerza:*

Do szopy, hej harcerze, / Do szopy, bo tam cud.
Syn Boży w żłobie leży, / By zbawić ludzki ród.
   Śpiewajcie Aniołowie, / Harcerze grajcie mu!
   Kłaniajcie się druhowie, / Nie zbudźcie go ze snu.

JAKUB: *Śpiewa, animując figurkę agielskiego lotnika:*

Dzisiaj w Warszawie, dzisiaj w Warszawie / Wesoła nowina.
Bo tysiąc maszyn, bo tysiąc maszyn / Leci do Berlina.
Piotrek pikuje i bombarduje, / Berlin się pali, Berlin się wali.

Pociski świstają, / Szkopy się chowają, / Cuda, cuda ogłaszają!

MATKA: Znowu. Wydzierasz się jak stare prześcieradło...

JAKUB I MIREK: *Wykrzykują, animując Heroda, Hitlera, Stalina, Aniołów i Śmierć.*

MIREK:
Jam jest Herod potężny, wielki król żydowski.
Na wieść, że jakieś dziecię w moje panowanie
Godzi, wyrżnąć kazałem wszystkie dzieci z wioski.
Teraz będę panował na wiek wieków amen.

JAKUB:
Jam jest Hitler potężny, Herodowy uczeń.
Polacy walczą ze mną? To ich ganz wytłukę!

MIREK:
Jam jest Stalin potężny, przechytrzę was obu.
Polska? Sowiecki Sojuz zamiast mapy globu.

OBAJ:
Jam archanioł! Ja drugi! Wy bójcie się Boga!
Patrzcie! Oto Kostucha czai się u proga.
Wasza władza i plany, i wasze bogactwa
Wkrótce staną się strawą wszelkiego robactwa.

JAKUB:
Tak, tak, jam jest Kostucha — wasza miłośnica,
Widzę, że wam pobladły upasione lica!
Herod, Hitler i Stalin jedna to hołota
Zarówno zmiatam was w piekielna wrota.

OBAJ:
Gloria! Gloria! Gloria! In excelsis Deo!
Gloria! Gloria! Gloria! In excelsis Deo!

Matka i Ela oklaskują. Jakub i Mirek kłaniają się.

MATKA: Brawo, chłopcy. Jak za dawnych czasów! Tata by się uśmiał...

ELA: A ten lotnik — to Piotr?

MIREK: Naturalnie. Nasz Piotrek. Już niedługo do nas przyfrunie.

Pukanie do drzwi. Nagła cisza.

MATKA: Nie mówiłam? Volksdeuch musiał usłyszeć. Muszę otworzyć. Żeby tylko nie przyszedł ze swymi kolegami z gestapo...

ELA: Gestapo...

Matka wychodzi. Po chwili wraca.

MATKA: Sąsiadka z dołu. Ostrzega, że strasznie nas słychać. Dość już tego kolędowania.

JAKUB: No dobrze... Mamo, a na zakończenie, chciałbym przeczytać mój nowy wiersz, wczoraj napisałem... Dla ciebie...

MATKA: Dla mnie...

JAKUB:
>Oddzielili cię, syneczku, od snów, co jak motyl drżą,
>haftowali ci, syneczku, smutne oczy rudą krwią,
>malowali krajobrazy w żółe ściegi pożóg,
>wyszywali wisielcami drzew płynące morze.

>>Wyuczyli cię, syneczku, ziemi twej na pamięć,
>>gdyś jej ścieżki powycinał żelaznymi łzami.
>>Odchowali cię w ciemności, odkarmili bochnem trwóg,
>>przemierzyłeś po omacku najwstydliwsze z ludzkich dróg.

>I wyszedłeś, jasny synku, z czarną bronią w noc,
>i poczułeś, jak się jeży w dźwięku minut – zło.
>Zanim padłeś, jeszcze ziemię przeżegnałeś ręką.
>Czy to była kula, synku, czy to serce pękło?

[Krzysztof Baczyński]

MATKA: Nie chcę tego wiersza... Kubusiu... nie chcę...

JAKUB: Nie chcesz, mamo? Wiersza nie chcesz ode mnie? Nie chciałem cię zasmucić...

MATKA: Uradowałeś mnie pięknym wierszem. Cieszę się, że jesteś wielkim poetą, mój mały synku. Ale przeraziłeś mnie proroctwem. Tak nie będzie, prawda?

JAKUB: Nie mamo. To tylko złe sny.

MATKA: Twoje?

JAKUB: Nie mamo, twoje. Wiem przecież.

MATKA: Skąd wiesz?

JAKUB: Sercem.

MATKA: Więc wiesz dobrze.

MIREK: Wilia, wilia – i po wilii.

MATKA *sama w ciemności*:

Niemieckie represje stawały się coraz bardziej okrutne od początku roku 1944.
Łapanki, aresztowania, wywózki na roboty do Rzeszy,
Transporty do Oświęcimia, egzekucje uliczne.
Ciemności wojny stawały się coraz ciemniejsze.
Histeria wroga rosła. Ojcze Niebieski – czy wytrwamy?

► SCENA 2. IMIENINY. 25 LIPCA 1944 ◄

To samo mieszkanie. Ukazuje się Nike i śpiewa motyw „Zwycięstwa" po czem wychodzi.

Ela, Mirek i Jakub przystrajają mieszkanie świątecznie. W tym czasie Matka zwraca się do widzów.

MATKA: W maju przyszła wiadomość o wielkim polskim zwycięstwie na Monte Cassino.
W czerwcu alianci wylądowali zwycięsko w Normandii i utworzyli drugi front.
W lipcu zaczęły dochodzić pomruki frontu sowiecko-niemieckiego.
Przez miasto toczyły się pancerne zwierzęta,
płynęła rzeka wozów, samochodów, wojska.

Ze wschodu na zachód. Niemcy się cofali. Pobici.
Bruki kąsały ich stopy. Już nikt nie czuł lęku.
Wszyscy mówili o zbliżającym się boju o Warszawę.
Piersi rozpierała radość, że wolność tuż, tuż.

Nike kończy śpiew i wychodzi.

W radosnym nastroju świetowaliśmy imieniny Jakuba
dwudziestego piątego lipca, Pańskiego Roku
tysiąc dziewięćset czterdziestego czwartego.
Wierzyliśmy, że to już jego ostatnie wojenne imieniny.
Nazajutrz, dwudziestego szóstego, jest świętej Anny – imieniny moje.
Nigdy tych imienin nie łączyliśmy, aby każdy
miał swój osobny wielki dzień w rodzinnym kalendarzu.
Ale tym razem, odstąpiliśmy od tradycji,
bo może to już jutro? Powstanie. Koniec wojny.

JAKUB: Siadaj, solenizantko.

MATKA: Nie, ty najpierw, Kuba, twoje imieniny pierwsze.

JAKUB: Jeśli już obchodzimy razem moje i twoje imieniny, to pierwszeństwo należy się tobie, mamo. Z wieku i z urzędu.

MATKA: No, dobrze. *Siada na krześle. Ela, Mirek i Jakub ustawiają się przed nią w kolejce.*

ELA: Życzę mamie wszystkiego najlepszego... Nie potrafię...słowami... Od układania słów jest Kuba, poeta... Ja taki wiersz dla mamy znalazłam, to stara pieśń kościelna:

> Witaj Pani, Matko Matki / Jezusa Pana.
> Anno święta, / Tyś od Boga / ludziom dana
> za patronkę w potrzebie / by zawsze do Ciebie
> się udawali, / pomoc brali, / O, Anno święta!

A to jest mały prezencik na imieniny... *Daje Matce wyszywaną serwetkę. Sama wyszyłam... Całuje Matkę w rękę.*

MATKA: Jesteś kochana, Elu. Dziekuję córeczko...

MIREK: Teraz ja. Ja też mam wierszyk, choć też nie mojego autorstwa...
> Ile liści na kapuście
> Ile dziadów na odpuście
> Ile palców w rękawiczce –
> tyle ci mamo kochana
> już od samego rana
> szczęścia życzę.

A to, tradycyjnie, laurka od małego Mirusia...

MATKA: Dziękuję, Mirusiu. Jesteś dobre dziecko... choć taki duży urosłeś... Ale, Mirusiu, kto cię nauczył takiego wierszyka? Pewnie jacyś niedobrzy chłopcy z podwórka?

MIREK: Takich mam teraz kolegów, mamo. Z przedmieścia – nie z warszawskiego salonu.

JAKUB: Na mnie kolej! *Czyta z kartki*:
> Niebo złote ci otworzę,
> w którym ciszy biała nić
> jak ogromny dźwięków orzech,

który pęknie, aby żyć
zielonymi listeczkami,
śpiewem jezior, zmierzchu graniem,
aż ukaże jądro mleczne
ptasi świt.

Ziemię twardą ci przemienię
w mleczów miękkich płynny lot,
wyprowadzę w rzeczy cienie,
które prężą się jak kot,
futrem iskrząc zwiną wszystko
w barwy burz, w serduszka listków,
w deszczów siwy splot.

I powietrza drżące strugi
jak z anielskiej strzechy dym
zmienię ci w aleje długie,
w brzóz przejrzystych śpiewny płyn,
aż zagrają jak wiolonczel
żal – różowe światła pnącze,
pszczelich skrzydeł hymn.

Jeno wyjmij mi z tych oczu
szkło bolesne – obraz dni,
które czaszki białe toczy
przez płonące łąki krwi.
Jeno odmień czas kaleki,
zakryj groby płaszczem rzeki,
zetrzyj z włosów pył bitewny,
tych lat gniewnych
czarny pył.

[Krzysztof Baczyński]

MATKA: Dziękuje ci, Kubusiu. Dziękuję. To jest piękne. Piszesz czyste piękno. Tylko znów w twoim wierszu... szkło bolesne... pył bitewny... Wiem... wiem, że pójdziecie do bitwy... Ale pamiętaj, że matka czeka na powrót...

JAKUB: Tak trzeba, mamo.

MATKA: Wiem.

JAKUB: Pójdę i wrócę. *Daje Matce kartkę z wierszem.* To mój prezent dla ciebie.

MATKA: Nic bardziej cennego. Teraz ty, na ciebie kolej, solenizancie!

Matka wstaje. Jakub siada na tym samym krześle. Ustawia się przed nim „kolejka" – Matka, Ela, Mirek.

MATKA: Synku, wiesz wszystko o moim sercu. A to, co wiesz, to sam lepiej umiesz ubierać w słowa niż ja. W prezencie mam dla ciebie książkę...

JAKUB: Myszkujesz po antykwariatach, mamo, niepoprawna.

MATKA: Antykwariaty coraz bogatsze, bo bibliofile coraz biedniejsi. Sprzedają książki za bezcen. To jest wydanie pism Lelewela z roku 1838. Biały kruk.

JAKUB: Lelewel... Mochnacki... Goszczyński... Belwederczycy... Wpisujesz mnie w tę linię, mamo?

MATKA: Wiem, że sam się w nią wpisujesz. Obyś to robił mądrze. Mądrzej niż oni. Ucz się od nich, ucz się na ich błędach.

MIREK: Kolejka z życzeniami czeka!

MATKA: Przepraszam, już robię miejsce...

ELA: Kubusiu, na imieniny mówi się solenizantowi wiersz. Taki obyczaj w twoim domu, prawda? Ale jaki wiersz mówi się poecie? Najlepiej jego własny! Nauczyłam się na pamięć!

Recytuje:
Niebo zmalałe w łunie
na ciebie i na mnie czeka,
jak kubek srebrny w studni
albo o zmierzchu twa ręka.

    Modlimy się dłonie łącząc
    o pamięć otwartą jak pejzaż
    niech dźwiga nas dalej młodość,
    choć z ognia, głodu, powietrza.

Kiedy ognista kropla
spłynie zachodem jak liściem,
niebo jak scieżka ogrodu
wróci nas sercu – i przyjmie.

                                                  [Tadeusz Gajcy]

JAKUB: Dziękuję Elu. Świetnie recytujesz. Jeszcze mi aktorką zostaniesz po wojnie.

ELA: A nie chciałbyś?

JAKUB: Byłbym o ciebie stale zazdrosny.

ELA: Zazdrosny?

MIREK: No, jakbyś się całowała z kimś innym – na scenie, albo przed kamerą.

ELA: Paskuda jesteś!

MIREK: Nie paskuda, tylko realista. A raczej inżynier. Co robicie z Kubą w pokoju taty?

JAKUB: Jak możesz! Świnia!

MIREK: Ja? Czy ty?

ELA: Jesteś wstrętny, ohydny. Mamo, nie wierz mu!

MIREK: A ty jesteś dziewica orleańska? Co?

JAKUB: Obrażasz moją narzeczoną. Nie ujdzie ci to na sucho.

MIREK: Służę satyfkacją, panie rycerzu!

MATKA: Mirek! Kuba! Wtydzilibyście się obaj! Jeszcze w taki dzień...

JAKUB: Przepraszam, mamo...

MIREK: No, zgoda. Teraz moje życzenia. Najdroższy bracie, na twoje imieniny chciałem ci także wyrecytować wierszyk, ale nie znalałem odpowiedniego. Mam jednak prezent. Bardzo cenny. *Pokazuje dokument.* To jest przepustka na wyjazd z Warszawy do Lublina. Taki „ausweiss."

ELA: Co ty gadasz? Przecież to za frontem. W Lublinie już Ruscy.

MIREK: No właśnie. Tam już po wojnie. Przechowasz się. Dla przyszłych pokoleń czytelników.

JAKUB: Nigdzie nie wyjadę!

MATKA: Skąd to masz? Kupiłeś na czarnym rynku? Podrobione? Autentyk?

MIREK: Nabrali się! Wszyscy się nabrali! Sam to napisałem i podpieczętowałem.

JAKUB: Żartowny ty... Jak mawia książę Konstanty w dramacie Wyspiańskiego...

MIREK: Tramwajem na Pragę, a potem, z moim glejtem, furmanką – na Lublin. Chciałbym, abyś się nam uchował.

JAKUB: Chcesz abym zwiał przed bitwą?

MIREK: Rzecz w tym, braciszku, że ja naprawdę dobrze ci życzę, na imieniny, i na co dzień. Więc – jeśli jednak nie pojedziesz do Lublina – to życzę ci, abyś się przynajmniej dobrze pilnował jak już dojdzie do rąbanki, a najlepiej, abyś zszedł do podziemia. Podwójnego, poniżej tej twojej konspiracji...

ELA: I mojej konspiracji!

MATKA: Naszej! Nas wszystkich.

MIREK: Ale nie mojej. Więc nie „nas wszystkich." Mnie nie liczcie. Ja nie wierzę w to wasze powstanie! Ja mam ochotę przeżyć i na coś się przydać po wojnie. A wasze powstanie przeczekam gdzieś w piwnicy.

JAKUB: Aby się przydać po wojnie, trzeba wojnę najpierw wygrać!

MIREK: Skończycie tak jak ci w Gettcie.

JAKUB: Powstanie w Gettcie było aktem rozpaczy. Nasze będzie dobrze przygotowaną akcją wojskową. W Gettcie było kilka setek bojowników. Nas jest kilkadziesiąt tysięcy.

MIREK: Zginęli wszyscy.

JAKUB: Niektórych udało się nam wyprowadzić. Wiesz, że Armia Krajowa pomagała powstańcom Getta. Dostarczaliśmy im broni. Kilka naszych oddziałów przedarło się do Getta i walczyło razem z Żydami przeciw Niemcom.

MIREK: Bez skutku.

JAKUB: Powstańców żydowskich było za mało. Choć walczyli bohatersko.

MIREK: Was za to jest dużo, więc pójdziecie z gołymi pięściami na tanki!

JAKUB: Mamy broń.

MIREK: Jeden pistolet na pluton, co? Jesteście zbieraniną cywili, która się porywa na uzbrojoną po zęby armię.

JAKUB: Nawet dwie armie! Wypędzimy Niemców z Warszawy. Pokażemy swoją siłę Rosjanom.

MIREK: Z Rosjanami trzeba się ułożyć. Nie szczerzyć do nich zębów.

MATKA: Chłopcy! Znowu kłótnia? Mamy imieniny podwójne. Mirku, jeśli nie możesz zgodzić się z Kubą, to choć moich imienin nie popsuj.

MIREK: Dobrze, już dobrze, mamo. Ale do białej gorączki mnie doprowadza to romantyczne bujanie w obłokach. To jest dobre w poezji. Nie na wojnie. On będzie strzelał brylantami słów. Do niego będą strzelali ołowiem.

JAKUB: Ciebie, to mogę po prostu strzelić w mordę.

MIREK: A ja mogę oddać.

MATKA: Przestańcie!

JAKUB: Przepraszam, mamo...

MIREK: Przestaję, przestaję... To jaki jest następny punkt programu imienin? Potańcówka? Bankiet?

MATKA: Mam ziemniaki i kwaśne mleko. Będzie uczta!

MIREK: Zacznijmy od potańcówki. Nastawię patefon.

♪ *Mirek nastawia patefon. Odzywa się popularna melodia okupacyjnego walczyka.*

Proszę, wszystkie pary tańczą! Par nie ma wiele, ale jakoś się uzbiera. Narzeczony z narzeczoną, ja z mamą. Proszę, walczyk okupacyjny!

♪ *Mirek śpiewa. Pozostali dołączają*

> Na dworze jest mrok,
> W pociągu jest tłok,
> Zaczyna się więc sielanka.
> On objął ją w pół,
> Ona gruba jak wół,
> Pod paltem schowana rąbanka.
>   Teraz jest wojna,
>   Kto handluje, ten żyje.
>   Ja wiozę rąbankę,
>   Słoninę, kaszankę,
>   I bimbru się też napiję.
>   Teraz jest wojna...

Odzywa się pukanie. Śpiew się urywa. Mirek zatrzymuje płytę.

MIREK: Kto to może być? Zaprosiliście jeszcze kogoś, solenizaci?

JAKUB: Nie.

MATKA: Ja też nie.

ELA: A może to – już?

MIREK: Albo gestapo.

Znów pukanie.

JAKUB: Może to łączniczka?

ELA: O Boże, zaczęło się!

Znów pukanie.

MATKA: Trzeba otworzyć. Ja pójdę. Siadajcie do stołu. Udawajcie, że gracie w „Chińczyka." Prędko...

Mirek, Jakub i Ela pospiesznie ustawiają „Chińczyka." Słychać głosy Johna i Matki.

JOHN: Czy nie potrzebuje pani węgla?

MATKA: Węgla? W lipcu?

JOHN: A to bardzo przepraszam. Ale czy pani na pewno nie potrzebuje węgla? Było zamówienie na transport pod ten adres.

MATKA: Zaraz, zaraz, zapytam syna, to jest domowników, może ktoś z nich zamawiał.

JOHN: Ja zaczekam.

Matka wraca.

MATKA: Ktoś obcy. Podaje jakieś dziwne hasło.

MIREK: Niemcy?

JAKUB: Prowokator?

MATKA: Już wiem co zrobię! *Biegnie do drzwi.* Proszę pana, jest pan tam jeszcze? A czy pan lubi czereśnie?

Nadal tylko głosy:

JOHN: Czereśnie?

MATKA: Czy pan lubi czereśnie?

JOHN: Tak. Tak! Ja bardzo lubię czereśnie. A czy pani lubi czeresznie?

MATKA: Tak. Lubię czereśnie.

JOHN: Pani Anna?

MATKA: Tak. Niech pan wejdzie. Proszę tędy.

Wchodzi John, za nim Matka.

JOHN: To trafiłem. W tamto mieszkanie, co się ukrywałem, wpadli Niemcy. Zabrali wszystkich. Ja przeczekałem w kryjówce na pawlaczu. Podwójna szcianka. Zaraz potem wyjście. Mam ten adres i hasło, i pani imię. Najpierw mi dali jedno hasło, potem drugie hasło...

MATKA: A pan jest? Nie, przepraszam, o nic nie pytam.

JOHN: Proszę bardzo. Ja opowiem. Ja opowiem wszystko. Jak pani jest pani Anna i pani lubi czeresznie, to ja mogę opowiedzieć pani.

MATKA: Nikt pana nie widział na schodach?

JOHN: Mam nadzieję, że nie.

MATKA: To są moje dzieci. Im pan też może opowiedzieć wszystko. To synowie, to narzeczona syna...

JONH: Bardzo mi przyjemnie. Jestem John. *Podaje dłoń wszystkim po kolei – wszyscy wymieniają swoje imiona.* Bardzo mi przyjemnie. Jestem brytyjski pilot.

MATKA: Lotnik?

JOHN: Lotnik.

MATKA: Mój syn też lotnik.

JOHN: Który z nich?

MATKA: Jego tu nie ma. Jest w Anglii. Pański kolega...

JOHN: Może ja go znam?

MATKA: Nazywa się Piotr Barski. Jest pilotem.

JOHN: Znam jego. Bardzo mi przyjemnie. Jest w tym samym dywizjonie. Stacjonujemy w Brindisi. Italia. Spotykam go na briefing, w kasynie. Whisky. Mocna głowa. Polak.

MIREK: Wesołe bractwo!

MATKA: Cicho, Mirek. Chcę usłyszeć więcej...

JOHN: Więcej?

MATKA: Więcej o nim... Więc zna go Pan?

JOHN: Znam go nie tak dobrze. Mocna głowa.

MATKA: Więc żyje. Zdrowy?

JOHN: Bardzo zdrowy. Bardzo zadowolony. Bardzo wesoły. Od Italia my latamy na Jugoslawia. Na Polska.

MATKA: On też?

JOHN: On lata na Polska, ale wraca. Moja załoga zestrzelona.

MATKA: Był tu nad nami... Boże ...

JOHN: Niech się pani nie martwi. Niech się pani raczej cieszy, że on nie zestrzelony. Na Polska jest latać bardzo daleko i bardzo niebezpiecznie. Ja ledwie przeżyłem. On jeszcze do pani przyleci. Teraz mnie pani ma zamiast niego. Temporalnie.

MIREK: Pan... jest...pilotem? Pan skoczył? Spadochron? Parachute?

JOHN: Parachute! Yes. Spadochron.

MIREK: Więc pan skoczył?

JOHN: Skoczki lecieli z nami. Skoczyli. Zaraz potem ja byłem trafiony. Ale nie zabity. Ogień samolotu. W nocy. Parachute. Wszyscy. Nie wiem co z resztą załogi. Szedłem długo. Las. Noc. Village. Ludzie dobrzy. Zawiadomili Armia Krajowa. Łącznik do Warszawy. Niedawno tu.

JAKUB: Wiesz co, John, pewnie jesteś głodny? Hungry?

JOHN: Jestem bardzo hungry. Bo zanim tamtych wzięli, to robili rewizję. Bardzo długo. Przyszli o szóstej przed ranem. Wyszli o szóstej pod wieczorem. Ja w kryjówce.

ELA Ja coś podam. *Wychodzi. Pozostali rozmawiają z Johnem.*

MIREK: Dobrze pan mówi po polsku.

JOHN: Dobrze to nie mówię. Ale mam narzeczoną Polkę w Szkocji. To mnie uczy. Polscy lotnicy mają panny Angielki. A ja, angielski lotnik, mam pannę Polkę. Dobre, co? Z rodziną tam mieszka, jeszcze od przedwojny. Piękna panna. A teraz, tutaj, w Warszawie, to się cały czas uczę i cały czas rozmawiam po polsku. Całe trzy dni. I już nauczyłem się wiele. Taki zdolny jestem.

MIREK: Nie tylko jesteś zdolny, ale i wesoły. To grunt.

JOHN: Grunt?

MIREK: Ziemia.

JOHN: Jestem zdolny i wesoły jak ziemia.

MIREK: Mamo, coś mi nie wyszła ta lekcja polskiego. Może specjalistka od pięknej polszczyzny mi pomoże.

JOHN: Pani jest specjalistka od pol... szyzny...

MATKA: W pewnej mierze. Pracuję w radio, to znaczy pracowałam przed wojną. Robiłam audycje literackie. Byłam też spikerką.

JAKUB: Mama miała sławę najpiękniej mówiącej po polsku spikerki radiowej!

JOHN: Bardzo mi przyjemnie. Pani pracuje w radio? Spikerka?

MATKA: Przed wojną. Teraz jestem kelnerką. Teraz Polskie Radio jest zamknięte przez Niemców, oczywiście.

JOHN: O, to szkoda. Ale pięknie po polsku mówi? To mnie pani będzie uczył pięknie po polsku, dobrze? Bo, ja tu u pani zostanę, dobrze?

MATKA: Dobrze. Zostanie pan u nas i będę pana uczyła. Mamy osobny pokój. Po mężu. Teraz zajmuje go Ela, ale może się przenieść do mnie.

JOHN: Gdzie jest mąż pani?

MATKA: Poszedł na wojnę w trzydziestym dziewiątym roku. Nie wrócił.

JOHN: Zabity?

MATKA: Zaginiony.

JOHN: Wróci.

MATKA: Wróci na pewno.

Wraca Ela z kromką chleba na talerzu i kubkiem.

ELA: Jest chleb z masłem i kwaśne mleko. Ziemniaki jeszcze nie gotowe. Próbował pan kwaśnego mleka?

JOHN: Kwaśne? To niedobre.

ELA: Bardzo dobre. My je bardzo lubimy. Niech pan spróbuje.

John próbuje kwaśnego mleka.

JOHN: Bardzo niedobre. Ale wypiję. Ucze się polskiego języka. Uczę się kwaśnego mleka. Co to jest kwaśnego mleka?

ELA: Mleko, tyle, że skwaszone. Kwaśne mleko. Bardzo dobre. Często jest u nas na kolację.

JOHN: Kwaszne mleko. Bardzo dobre.

JAKUB: Możesz nie pić, jak ci nie smakuje.

JOHN: Owszem. Smakuje. Bardzo niedobre.

JAKUB: Jedz, pij, i opowiadaj.

JOHN: Co opowiadaj?

JAKUB: Wszystko. My tu czasem tylko słuchamy radia, nie zawsze dochodzą gazetki, za to szaleją plotki. Czy to prawda, że Anglicy sprzedali nas Rosjanom?

MIREK: Brat jest bardzo szybki... Niech mi pan powie, czy powstanie, uprising, które się szykuje w Warszawie, jest Anglii na rękę?

JOHN: Na rękę?

MIREK: Czy się z niego ucieszy.

JOHN: Się zmartwi.

JAKUB: Jak to?

JOHN: Wy może nie wiecie, ale publiczna opinia angielska jest prorosyjska. Bardzo. Rząd bardzo chce, aby Rosjanie szybko bili Niemców. A wy robicie kłopoty Rosjanom. Zarzucacie im, że zabili waszych oficerów w Katyniu. Stalin mówi, że to Hitler zabił. Churchil wierzy Stalin.

JAKUB: Co ma piernik do wiatraka?

JOHN: Wiem! To co powiedziałeś, to znaczy co ma te dwie rzeczy razem! Prawda? Te dwie rzeczy to jest – jedna rzecz Polska, a druga rzecz – Rosja. Anglia uważa, że Polska ma być alianci z Rosja. Razem. Przeciwko Niemcy. A nie osobno.

JAKUB: My chcemy z Rosjanami współpracować. Ale oni chcą nami rządzić. Trzy dni temu ustanowili w Lublinie jakiś komitet, który jest niby komunistycznym rządem polskim. Chcą nam narzucić ten rząd. Chcą nam narzucić komunizm. My komunizmu nie chcemy. Dlatego musimy się przeciwstawić Rosjanom. Rozumiesz?

JOHN: Ja ciebie rozumiem, jak ty mi to mówisz. Ale Churchil cię nie rozumie. On chce, aby Stalin pobił Hitler. A wy Stalin osłabiacie. Stalin się na was gniewa. Depeszuje do Churchil.

MATKA: ...Churchila...

JOHN: ...do Churchila. I Churchila się na was gniewa.

JAKUB: My pokażemy Churchilowi, nie tylko Stalinowi, jaką mamy siłę. Będzie musiał się z nami liczyć. Nasza akcja „Burza" wywoła burzę w światowej polityce!

JOHN: To będzie burza w szklance z wodą.

MATKA: Mówi się – w szklance wody...

JOHN: W szklance wody... To nie zmieni polityki Zachodu, ani wobec Polski, ani wobec Stalin. Wy macie zrobić pokój ze Stalin.

MATKA: ...ze Stalinem...

JOHN: ...ze Stalinem. Na razie macie siedzieć cicho.

JAKUB: To miasto jest jak beczka dynamitu. Byle przytknąć zapałkę, to wybuchnie. Rozumiesz? Bang! Wielki bang! Powiem ci więcej. Jeśli nawet dowództwo AK nie da rozkazu do powstania, to ono wybuchnie samo. Czy ty sobie wyobrażasz, że będziemy stali bezczynnie, gdy Rosjanie będą walczyć z Niemcami na ulicach Warszawy, naszej Warszawy? Albo, abyśmy dali się ubiec komunistom w rzuceniu hasła do walki? Wtedy cały świat by uwierzył sowieckiej propagandzie, że Armia Krajowa tylko stała z bronią u nogi. Że, jak oni mówią, „góra Armii Krajowej" kolaboruje z Niemcami! Albo jeszcze lepiej, a raczej jeszcze gorzej, radzisz nam abyśmy dali się teraz Niemcom wyłapać i wywieźć bez oporu do Rzeszy? My nie możemy się zachować biernie. Jesteśmy gotowi!

JOHN: Może jesteście gotowi, ale nie jesteście mądrzy.

JAKUB: My nawet chcemy dołączyć do Rosjan. Chcemy razem z nimi bić Niemców. Ale w naszym kraju chcemy rządzić się sami. Dlatego sami musimy wyzwolić Warszawę od Niemców. I wtedy przyjmiemy tu wojska sowieckie. Jako gospodarze. I pójdziemy razem z Rosjanami, aż do Berlina.

MIREK: Nie słuchaj go, John. Ja ci powiem jak jest. Armia Krajowa chce przechwycić władzę w Warszawie, w całej Polsce, po to, aby zaprowadzić przedwojenny, kapitalistyczny ustrój, ustrój społecznej niesprawiedliwości, wyzysku klasy robotniczej, ucisku mniejszości narodowych. A towarzysz Stalin, na bagnetach Armii Czerwonej niesie nam nowy ustrój – sprawiedliwości społecznej i demokracji. Obiektywnie, powstanie w Warszawie, wymierzone jest w ten nowy ustrój. Jest antyradzieckie!

MATKA: Mirek! Co ty mówisz? Gdzieś ty to wyczytał?

MIREK: Nie w waszym „Biuletynie Informacyjnym"! Mam lepsze źródła. Najwyższy czas, abyście i wy zrozumieli na jakim świecie żyjecie. W rzeczywistości chcecie tego powstania nie przeciwko Niemcom, ale przeciwko Związkowi Radzieckiemu. Zrozum to mamo! A to się nie uda. Stalin na pewno już wasze rachuby rozszyfrował. Wy liczycie na jego pomoc w oczyszczeniu Warszawy z Niemców. Tak? A jak on może wam pomóc, skoro wy ustawiliście się na pozycji jego wrogów? Jesteście bezgranicznie naiwni.

MATKA: My walczymy o wolną Polskę, z każdym wrogiem tej wolności. A z Rosjanami chcemy się ułożyć jak wolni z wolnymi.

MIREK: Towarzysz Stalin niesie Polsce wolność nie tylko od Niemców, ale i od kapitalistów i obszarników!

JAKUB: Mirek, nasłuchałeś się komunistycznej propagandy. Ot co. I to mój brat...

MIREK: Opamiętaj się, Kuba! To ty dałeś się omamić. Góra Armi Krajowej chce wykorzystać was, młodych, ciebie, Elkę, dla swoich politycznych celów. Im nie chodzi o dobro narodu. Oni chcą przejąć władzę. A ja chcę ciebie, was wszystkich, nas wszystkich, uchronić od jakiejś strasznej katastrofy.

JAKUB: Od wywózek na Sybir? Jak tych we Lwowie, a potem w Wilnie? Armia Krajowa i polska administracja ujawniły się tam i chciały współpracować z Sowietami. Rozbroili ich, wyaresztowali, wytłukli, resztę wywieźli. Tu, w Warszawie, będzie inaczej. Jest nas tysiące. Nie odważą się. Ale po to musimy się trzymać razem. Wszycy. AK i ludność. Musimy się zespolić. To jest nie tylko kwestia organizacji wojskowej i cywilnej. Musi powstać, wielka, solidarna zmowa całego narodu. Bez podziałów politycznych, społecznych, pokoleniowych. Warszawa jest sercem tej zmowy. Jest sercem narodu. Cały naród jednoczy się wokół Warszawy i Warszawa musi dać przykład.

MIREK: Już podzieliliście naród. Wielu wybiera demokrację.

JAKUB: Demokracja – tak. Komunizm – nie.

MIREK: Demokrację niesie nam komunizm.

JAKUB: Sami ją zaprowadzimy.

MIREK: Ale, zrozum człowieku, tu wejdzie Armia Czerwona, czy wywołacie powstanie, czy nie! *Zwraca się do Johna.* Czy chociaż ty rozumiesz, John, o czym ja mówię?

JOHN: Nie rozumiem. Za szybko mówisz.

MIREK: To powoli. *Demonstruje – posługując się pionkami „Chińczyka."* Tu Polacy. Tu Niemcy. Tu Rosjanie. Tu Zachód. Polacy przeciw Niemcom – dobrze. Polacy przeciw Rosjanom – niedobrze. A Zachód – daleko. Takie jest moje zdanie.

JOHN: Rozumiem. Nasza prasa też tak pisze. Churchil tak mówi.

MIREK: To znaczy, że Churchil nie pomoże Kubie, i Mamie, i Eli, przeciw Stalinowi? Tak?

JOHN: Przeciw Stalinowi? Churchil nie pomoże. Churchil tu nie przyjdzie.

Odsuwa dalej pionki „Zachodu."

MATKA: To co mamy robic? Czekać bezczynnie? Nie! Nie może my już dłużej czekać. Powstanie będzie, bo taka jest wola Warszawy. To jest jak fala powodzi. Widzisz, synu, nasze pokolenie było „urodzone w niewoli, okute w powiciu", ale żyło już w wolnym kraju. Wasze pokolenie przyszło na świat w wolnym kraju. My jesteśmy zdobywcami wolności. Wy jesteście dziećmi wolności. Będziemy wspólnie walczyć o wolną Polskę.

MIREK: I ginąć. Za co? Po co?

JAKUB: A choćby i zginąć. Za co? Za Polskę, za wolność. Po co? Aby Polska przetrwała, choćby tylko w pieśni. Aby wolność pozostała celem. Kiedyś się spełni.

MIREK: To jest pieknoduchowe gadanie, panie poeto. Gdyby to było tylko gadanie, to pół biedy. Ale to się może przełożyć na okrutne konkrety. Mamo, ty im nie pozwól iść do tego powstania. Ktoś tu musi okazać mądrość. Oni wszyscy wyginą w beznadziejnej walce. Warszawa legnie w gruzach.

Przewraca pionki „Polaków."

MATKA: Nie kracz!

MIREK: Będziecie walczyć przeciwko Niemcom, demonstrując w ten sposób przeciwko Rosjanom, na dodatek udowadniając Anglikom, że maja się z wami liczyć. A zarazem będziecie oczekiwać pomocy – i od Rosjan, i od Anglików. Jaka w tym logika?

JAKUB: Logika obowiązku.

MIREK: Wy się aż rwiecie do tej bitwy. Pójdziecie jak na majówkę.

JAKUB: Nie. Pójdziemy z ciężkim sercem.

ELA: Ja się tego wręcz boję... Ja nie chcę iść do powstania... Ale...

JAKUB: Ale to jest obowiązek. Spełnimy go. To wielki, zbiorowy obowiązek – jak mówi Norwid. Twój też.

MIREK: Mnie go nie narzucisz!

Z kuchni dobiega jakiś hałas. Ela się podrywa.

ELA: Ziemniaki! *Wybiega.*

MIREK *Kontynuuje*: Rosjanie mają wam pomóc w zajęciu Warszawy, tak? Anglicy przysłać wojska na spadochronach, tak? Nie dostaniecie pomocy ani ze wschodu, ani z zachodu. Ani od Stalina, ani od Churchila. A Roosevelt w ogóle nie wie gdzie jest na mapie globu ta jakaś Warszawa. Polska go nie obchodzi. On się szczyci przyjaźnią dobrego wujka Józia Stalina...

JOHN: Rozumiem! Uncle Jo. Good uncle Jo. Tak mówi prezydent Roosevelt.

MIREK: Widzicie! Dobry wujek Józio! Tak o nim mówią na Zachodzie. A wy go nienawidzicie.

JAKUB: To jest morderca!

MIREK: To jest nasza nadzieja! Ja sobie już teraz pójdę. Nie mógłbym dłuże j mieszkać z wami pod wspólnym dachem. Zresztą niedługo ten dach się zawali. Pewnie i cały dom.

JAKUB: To cegły z niego przydadzą się na barykady, jak kamienie na szaniec.

MATKA: Nie tak sobie wobrażałam moje ostatnie wojenne imieniny...

JAKUB: Nigdzie nie pójdziesz. Ja pójdę do powstania, a ty zostaniesz z mamą. Będziesz się nią opiekował. Zrozumiałeś!?

MIREK: Możesz rozkazywać swojemu wojsku. Ja jestem cywil.

JAKUB: Nie rozkazuję ci. Mówię do ciebie jak brat. Zostaniesz z mamą, bracie.

MIREK: Mama też przecież pójdzie do powstania. I Ela poleci za swoim narzeczonym oficerkiem, na oślep. Jak ćma w ogień.

MATKA: Pójdę. Do służby radiowej. Przydasz mi się do pomocy. Zostań.

JAKUB: Zwyciężymy prędko. To będzie tylko parę dni. I, tak! Wesprze nas spadochronowa brygada generała Sosabowskiego, specjalnie na ten cel szkolona. Przyleci z Anglii. I, tak! Wokół miasta są setki oddziałów partyzanckich, które się z nami złącza. W samym środku kraju powstanie wielka, niepodległa Rzeczpospolita Polska...

Ela wraca z kuchni.

ELA: Ziemniaków dziś nie będzie.

MIREK: Pierwsza z serii katastrof!

JAKUB *Kontynuuje*: Sowieci chcą nam zabrać połowę Polski. Albo w ogóle całość. Przerobić na swoją siedemnastą republikę. Pokrzyżujemy ich plany. Oni liczą się tylko z siłą. Pokaże my im naszą siłę. Polska będzie wolna. I od Niemców i od Sowietów.

MIREK: Niemcy was wytłuką. Rosjanie was dobiją.

JAKUB: Więc musimy się pospieszyć. Czekamy tylko na znak. Rozkaz przyjdzie lada godzina.

MIREK: Do mnie nie dojdzie. *Zabiera się do wyjścia.*

MATKA: Mirek, stój. Zaraz będzie godzina policyjna. Gdzie ty się podziejesz, dziecko?

JAKUB: Idź sobie. Tchórz.

MIREK: Bohater.

JAKUB: Po prostu, żołnierz.

MIREK: Głupiec.

MATKA: Mirek, Kuba, obraza Boska!

JOHN: O czym wy wszyscy mówicie?

MATKA: Bracia się kłócą. A matka próbuje rozdzielić. Kuba, Mirek, Ela, i ty, John. Siądźcie na chwilę przy stole. Proszę. Tak. A teraz pomilczmy. Niech każdy pomyśli – nie jak postawić na swoim, ale jak wyciągnąć rękę. Proszę. Rozumiesz, co ja mówię, John?

JOHN: Rozumiem. Podać rękę. Proszę bardzo. Podaje rękę po kolei każdemu. Śmieje się głośno.

MIREK: I co z tego? To dziecinne.

JAKUB: Ja nie zmienię swojego zdania. Ale brat nie przestanie mi być bratem.

MIREK: I ja nie zmienię swojego. Jak można był tak krótkowzrocznym?

MATKA: Znowu? Nie możemy się rozstawać w gniewie. Może się już nigdy nie zobaczymy...

ELA: Mamo, czy ja mogę coś powiedzieć?

MATKA: Może ty jakoś ich pogodzisz...

ELA: Mam taki pomysł... To rzeczywiście może był nasz ostatni wieczór... Ostatni...razem. Niech będzie dobry... Niech każdy powie jakie ma plany... Na... po... wojnie...

MATKA: Dobrze. Zgoda? Kto zaczyna?

ELA: Mama...

MATKA: Ojciec wróci. Wszędzie będzie potrzebny. W wojsku, w rządzie. W wojsku jego następny stopień będzie generał. Był przed wojną ministrem, może znów to go czeka? Zresztą, jak go znam, to pójdzie po prostu tam, gdzie będzie najbardziej potrzebny. A ja? Ja wrócę do radia, do mojej redakcji literackiej. Będę jeszcze bardziej przekonana, że trzeba ludziom pokazywać w polskiej literaturze to, co najpiękniejsze, najlepsze, co podnosi ducha i kształtuje charakter.

ELA: Piękne marzenia i piękne plany pracować dla innych, uczyć innych.... A mamy własne plany?

MATKA: W moim pokoleniu nauczyliśmy się identyfikować nasze własne plany ze służbą innym.

ELA: Tego uczycie i nas...

JOHN: *Przerywa im.* Słyszę coś... Można posłuchać z balkonu?

MATKA: Tylko ostrożnie.

♪ *Wszyscy nasłuchują. Słychać warkot samolotów.*

JOHN: To myśliwce. Sowieckie! Sowieckie! Dwa, dwa, dwa... Patrol.

MIREK: Widzicie! Już panują na naszym niebie. Niemcy nie ośmielą się wysłać ani jednego samolotu nad Warszawę. Już wkrótce Armia Czerwona zaatakuje.

JAKUB: To tylko znak, że bój o Warszawę już blisko.

JOHN: Odlecieli. Odlecieli...

MIREK: Znów przylecą.

MATKA: Wracamy do planów na przyszłość?

ELA: Teraz Mirek, po starszeństwie — twoje plany?

MIREK: A John?

JOHN: Co, John?

MIREK: Ile masz lat, John?

JOHN: Jak jestem stary?

MIREK: Tak. To znaczy, jak jesteś młody?

JOHN: Jestem na pewno starszy od ciebie.

MIREK: To na ciebie kolej.

JOHN: Kolej? Kolej szynowa? Pociąg? Uu-uu-uu...

MIREK: Nie. Nie pociąg. Kolej, to znaczy, że teraz ty masz mówić.

JOHN: Co mam mówić?

ELA: Jakie masz plany na przyszłość. Na po wojnie?

JOHN: Mam bardzo dobre plany. Przed wojną studiowałem na dyplomatę. Brakuje mi tylko rok do końca. Na początku wojny poszedłem do Royal Air Force. Szkolenie. Jestem pilot.

♪ *Z ulicy dolatują nagle strzały.*

JAKUB: Słyszycie? Wszyscy nasłuchują. Ponowne strzały.

ELA: To gdzieś daleko. Boże ... A może to już? *Ponowne strzały.*

JAKUB: Niemożliwe. Otrzymałbym rozkaz. W tych dniach rozwozi się broń po mieście – na punkty wypadowe. Może jakaś grupa starła się z niemieckim patrolem?

JOHN: Transportują broń?

♪ *Znów strzały.*

MIREK: Powstanie się zbliża, John. Powstanie Kuby i Eli. Może się dołączysz? Jeszcze z angielskiego lotnika przerobisz się na polskiego piechura. Ja ci radzę, lepiej się dobrze zadekuj?

JOHN: Zadekuj?

MATKA: *Przerywając.* Pomódlmy się za nich. W ciszy.

♪ *Cisza. Strzały. Cisza.*

John, mów dalej. O twoich planach.

JOHN: Po wojnie mógłbym zostać intruktor pilotów w wojsku. Albo pilot na comercial airlines. Ale nie. Wrócę na studia i zostanę dyplomata. Przyjadę do Polski jako sekretarz embassy of Great Britain. Albo i ambasador. Bo znam wasz język. Bardzo dobrze znam wasz język, prawda?

MATKA: Bardzo dobrze. A poznasz go jeszcze lepiej.

JOHN: Takie mam plany.

ELA: Dziękuję, John. Gdy będę się wybierać do Anglii po wojnie, to przyjdę do ciebie po wizę. Teraz Mirek.

MIREK: Jak wam powiem, to Kuba na mnie naskoczy, a mama się zmartwi.

JAKUB: Może jak powiesz, jak sam usłyszysz, co powiedziałeś, to się nad tym jeszcze raz zastanowisz.

MATKA: Nie możesz mnieć złych planów. Nie ty.

MIREK: Mam powiedzieć?

ELA: To nasz ostatni taki wieczór.

MIREK: Zaraz po wojnie zrobię doktorat. Mam już cały napisany. Piszę na maszynie przez kalkę. Jeden egzemplarz noszę stale przy sobie. *Wyciąga schowany na plecach maszynopis, pokazuje.* Dwa zakopałem w dwóch różnych miejscach, na wypadek, gdyby się dom spalił...

MATKA: Co ty mówisz!

MIREK: Jak wywołacie to swoje powstanie, to nie wiadomo co się może zdarzyć. W trzydziestym dziewiątym przekonaliśmy się, że bomby nie wybierają...

ELA: A co dalej?

MIREK: Teraz tłumaczę ten mój doktorat na niemiecki. Gdyby mnie z tekstem zgarnęli Niemcy, to będę mógł im wytłumaczyć, że jestem uczony, a nie konspirator. Jak już obronię doktorat, po wojnie, to zostaną adiunktem na Politechnice. Zaraz potem napiszę habilitację. Zostanę profesorem.

Zaprojektuję nowy most przez Wisłę, albo i dwa. Warszawa potrzebuje więcej mostów. A po to, żeby mój projekt został zatwierdzony i skierowany do realizacji zapiszę się do partii rzadzącej...

JAKUB: Cynik. Mam nadzieję, że to nie będzie partia komunistyczna.

MIREK: Zapewne będzie. I nie cynik. Pragmatyk. Prawdę mówiąc... Już się do niej zapisałem. Teraz nazywa się PPR. To mi się przyda po wojnie.

MATKA: Niemożliwe, ty w partii komunistycznej? Zapomiałeś kto zabił twoją siostrę? I co by ojciec na to powiedział?

MIREK: Ja, mamo... Ja w ten sposób nie tylko sam się ustawię, ale i pomogę wam wszystkim, ochronię was, gdy rządy obejmą komuniści.

JAKUB: Nie dopuścimy do tego. Jeszcze jeden powód, aby zacząć powstanie. Nie tylko, aby obronić kraj, ale żeby nie dać się braciszkowi zbakierować.

MIREK: To zbyt błahy powód, braciszku. Widzisz, nie masz lepszego.

ELA: Nie pokłóćcie się znowu! Ja ciągle wierzę, ze nie będzie powstania. Teraz Kuba...

JAKUB: Po wojnie... Po wojnie skończę polonistykę. Będę nadal pisał wiersze. Wejdę do redakcji jakiegoś czasopisma literackiego. A może sam je stworzę. A może poszukam pracy w jakimś wydawnictwie. Będę jeździł po kraju z wieczorami autorskimi, czytał wiersze, i opowiadał o powstaniu. Jak trudno było do niego pójść... Tak, Elu... Wszystkim było trudno... Ale także – jakie było piękne. Ile wyzwoliło w ludziach dobra, solidarności, ofiarności, bohaterstwa.

MIREK: A jak będzie nie piękne? Jak będzie brudne, z braku wody w kurku, cuchnące nieopatrzonymi ranami i rozkładającymi się na bruku trupami? I jeśli wyzwoli w ludziach bestialstwo, bezwzględność, okrucieństwo?

ELA: Mirek, przestań. Co jeszcze Kubusiu?

JAKUB: Będę miał piękną żonę, coraz piękniejszą. Będziemy wiecznie młodzi, bo odrodzimy się wiele razy w naszych dzieciach. Będziemy cieszyć się sobą, dziećmi, Polską...

MIREK: Będziesz miał dzieci? A kiedy ślub?

JAKUB: Ślub weźmiemy zaraz po zwycięstwie.

MIREK: Ryzykowne plany. Możesz zostać starym kawalerem, bezdzietnym.

ELA: Mirek!

MIREK: A ty starą Panną.

JAKUB: Już wyznaczyliśmy datę. Na 15-go sierpnia. Tak, mamo... W rocznicę zwycięstwa nad Wisłą. Zgodzisz się?

MATKA: Nareszcie... Jakub i Ela całują Matkę w rękę. Cieszę się wami...

MIREK: Tym razem nie będzie cudu nad Wisłą.

JAKUB: Mam już przygotowane obrączki. *Pokazuje.* Ołowiane. Chłopcy z plutonu zrobili mi taki prezent. Wytopione z kul. Przymierzaliśmy... trochę za duże...

ELA: John, zapraszamy cię na nasze wesele.

JOHN: Wesele? Co to jest wesele?

MIREK: Wedding. Wedding party.

ELA No, jak dwoje ludzi...

JAKUB: Wymienia obrączki!

Demonstrują wraz Elą wymianę obrączek.

ELA: Na zawsze.

JOHN: Rozumiem. Na zawsze.

MIREK: Przypadek beznadziejny. Elu, przyszła żono, a twoje plany?

ELA: Ja mam tyle planów, że trudno je ogarnąć... Napierw będę studiować... Nie, nie pójdę do szkoły teatralnej, nawet jakby mi Kuba pozwolił... Pójdę na medycynę! Mam już praktykę szpilaną, jestem sanitariuszką... Zostanę pediatrą. Jak będziemy mieli dużo dzieci, to się przyda. Na studiach będę miała mnóstwo przyjaciół, koleżanek i kolegów. Oczywiście wszyscy będziemy harcerzami. Będziemy jeździli na obozy, spływy, wyprawy... Kuba będzie instruktorem... Ja pewnie już wtedy też... Będziemy uczyć młodych ludzi harcerskich ideałów i zasad – służba Bogu, ojczyźnie, ludziom. Służba! Wychowywanie i samowychowanie przez służbę. Będziemy palili ogniska, śpiewali... Kuba będzie mówił gawędy i czytał swoje nowe wiersze... Ja będę opowiadała, jak to w czasach wojny „służba" stała się jednoznaczna z „walką." Czy tak, Kuba? Z walką o wolną Polską. Byliśmy wychowywani przez walkę. Twarda szkoła...

MATKA *Zwraca się do widzów*:
Tak trwał ten wieczór. Ciepły, lipcowy, odświętny...
Nagle uspokojony i bezpieczny, mimo trwającej wojny.

♪ *Wchodzi Nike. Śpiewa temat „Nadzieja."*

Nadzieją sięgaliśmy poza próg wojny.
Nieobecni – wrócą.
Obecni – przeżyją.
Patrzyłam na nich jak na jakieś tajemnicze, cudowne zjawisko.
Tacy byli wszyscy czworo tego wieczora
młodzi, dorodni, radośni, piękni, ufni,
niezachwianie wierzący w przyszłość.

Że będzie.
Że będzie życie.
Pięć dni później przybiegła łączniczka.

♪ *Nike przerywa śpiew i woła.*

NIKE: Godzina „W"! Godzina „W" o godzinie siedemnastej 1 sierpnia 1944 roku!

MATKA: Godzina wybiła!

♪ *Nike podejmuje temat „Nadziei".*

♪ *Zaczynają dochodzić odgłosy dalekich wybuchów i strzałów.*

Kuba, Mirek, John i Ela wychodzą spiesznie.

Kuba i Ela pobiegli na zbiórki swoich oddziałów.
Mirek zszedł do piwnicy – ze swym maszynopisem.
Ja zostałam.

♪ *Nike kończy śpiew i wychodzi. Trwają odgłosy dalekiej walki.*

W naszym mieszkaniu urządziliśmy studio radiowe.
Zastawiliśmy stołem okno, z wybitymi już od wybuchów szybami.

Zasiadłam przed mikrofonem jako spikerka. Jak przed wojną.
Ludzie słuchali zachłannie. Przemówiło znów wolne Polskie Radio.
Johna zatrzymałam ze sobą. Spadł nam – dosłownie – z nieba.
Czytał wiadomości po angielsku – dla zagranicy.
Długo jednak nie wytrzymał – i pobiegł na barykady.

MATKA bierze do ręki mikrofon i nastawia płytę.

Tu Polskie Radio Warszawa.

♪ *Rozlega się Mazurek Dąbrowskiego. Matka staje na baczność.*

▶ PRZERWA ◀

▶ ▼ ◀

▶ SCENA 3. RADIO. SIERPIEŃ 1944 ◀

Na krzesłach są ustawione: nadajnik radiowy, patefon, mikrofon. Na jednym z krzeseł siedzi Matka, ma na ramieniu biało-czerwoną opaskę z inicjałami AK. Obok niej siedzi John, ma również taką opaskę, chełm przy pasie, pistolet maszynowy na ramieniu. W ciągu całej tej sceny słychać dalsze i bliższe wybuchy i strzały.

MATKA: Tu Polskie Radio Warszawa. Jest dziś 9 sierpnia 1944 roku. Dziewiąty dzień Powstania w Warszawie. Po prawie pięcioletniej przerwie Polskie Radio wznawia nadawanie audycji. Będziecie nas mogli słuchać o godzinie 10.55 rano o 18.30 wieczorem, na fali krótkiej 43,4 metra. Ponieważ okupanci ogołocili kraj z odbiorników radiowych, zainstalowaliśmy w różnych punktach stolicy głośniki, w celu obsłużenia jak największej liczby słuchaczy. Ci, którzy przechowali radia, niech wystawiają je w oknach.

Zaczynamy od skrótu wiadomosci. Armia Krajowa rozpoczęła Powstanie powszechne w Warszawie dnia 1 sierpnia 1944 roku. W ciągu pierwszych czterech dni walki powstańcy opanowali rozległe obszary śródmieścia, łącznie z Wolą i Starym Miastem, oraz Powiślem i Czerniakowem, a także część Żoliborza na północy i Mokotowa na południu. Na wyzwolonych terenach stolicy ujawniła się, zorganizowana w podziemiu, polska administracja. Działają urzędy, sądy, prasa, poczta, straż pożarna, wszelki służby miejskie, a także szpitale. W kościołach odprawiane są nabożeństwa, które gromadzą tłumy; odbywają się też msze polowe dla walczących oddziałów. Duch Warszawy jest wspaniały. Od dnia 5 sierpnia Niemcy rozpoczęli przeciwnatarcie, odzyskując część Woli, gdzie dopuścili się staszliwych zbrodni na ludności cywilnej, mordując tysiące ludzi, między innymi cały personel lekarski i pomocniczy w liczbie około 60 osób i około 300 pacjentów Szpitala Wolskiego. Tam gdzie wejdą, palą domy, roztrzeliwują mieszkańców, pędzą ludzi przed swoimi atakującymi czołgami. Odcięli również Stare Miasto od śródmieścia.

JOHN: This is the Polish Radio from Warsaw. News in brief. September 1st 1944, the Polish Home Army started the Rising in Warsaw. During the first four days of fighting, the insurgents took control over vast quarters of Warsaw's downtown, including districts of Wola, the Old City, and the Vistula River banks, as well as the Zoliborz on the north and Mokotow at the south. In the liberated districts of the city the Polish Administration, organized secretly, came from undergroud. The city agencies, courts, the press, the postal service, the fire departments, all services, as well as hospitals are operational. Churches offer services attended by large crowds; field masses are celebrated for the fighting troops. The spirit of Warsaw is great. Beginning August 5th, the Germans mounted a counter attack, recapturing parts of the Wola district where they committed heinous atrocities, murdering thousands of civilians, including the entire medical and supporting staff, about 60 people, and all patients, totaling about 300 people, of the Wola Hospital. Wherever the Germans enter, they burn houses, execute tenants, and they herd the civilians in front of their attacking tanks. The Germans also cut off the Old City from the Downtown area.

Po przeczytaniu wiadomości, John wychodzi na palcach nakładając hełm na głowę.

MATKA: Odczytam teraz odezwę władz stolicy do ludności. „Od dawna oczekiwana godzina wybiła. Oddziały Armii Krajowej walczą z najeźdźcą niemieckim we wszystkich punktach Okręgu Stołecznego. Wzywam ludność do zachowania spokoju i zimnej krwi we współdziałaniu z walczącymi. Równocześnie zarządzam 1. Poległych, zarówno Polaków, jak Niemców, po rozpoznaniu grzebać prowizorycznie – dokumenty przechowywać. 2. Wszelkie samosądy są zakazane. 3. Wrogowie narodu polskiego, Niemcy i Volksdeutsche, będą ukarani z całą surowością prawa. Tymczasem należy ich unieszkodliwić, zatrzymując w zamknięciu. 4. Mienie władz i obywateli niemieckich należy zabezpieczyć protokolarnie. Podpisano Komisarz Cywilny w imieniu Dlegata Rządu na miasto stołeczne Warszawa. Komendant Okręgu Stołeczmegp Armii Krajowej."

A teraz piosenka. Zaśpiewał ją dla państwa jeden z oddziałów powstańczych, a nasi doskonali technicy radiowi nagrali ją natychmiast na płytę.

♪ *Matka nastawia ptytę na patefonie i zbliża do niego mikrofon*:

Nie grają nam surmy bojowe
I werble do szturmu nie warczą,
Nam przecież te noce sierpniowe
I prężne ramiona wystarczą.
    Niech płynie piosenka z barykad
    Wśród ulic, zaułków, ogrodów,
    Z chłopcami niech idzie na wypad,
    Pod rękę przez cały Mokotów.

Ten pierwszy marsz ma dziwną moc,
Tak w piersiach gra, aż braknie tchu,
Czy słońca żar, czy chłodna noc,
Prowadzi nas pod ogniem z luf.
    Ten pierwszy marsz tak dzień po dniu,
    W poszumie drzew i w sercach drży,
    Bez próżnych skrag i zbędnych słów,
    To nasza krew i czyjeś łzy!   [Mirosław Jezierski]

W czasie piosenki Matka wychyla się poza stół i woła:

Ela? Elu, jesteś tam? Teraz idzie piosenka, chodź już do studia, zaraz po piosence zapowiem ciebie. Zacznij mówić od razu, to jest przecież wszystko „na żywo."

Wchodzi Ela. Jest w „pantercie,"w chełmie, z opaską i torbą sanitariuszki. Zdejmuje hełm. Siada przy mikrofonie. Mówi szeptem.

ELA: Cześć, mamo.

MATKA: Ściskam cię...

Po zakończeniu piosenki Matka mówi:

MATKA: Zaprosiliśmy do naszego studia łączniczkę „Weronikę." Ma dla państwa relację z pierwszej ręki.

ELA Biegłam akurat z rozkazem na Nowy Świat, przez Świętokrzyską. Ludzie budowali barykadę, aby zagrodzić drogę niemieckim czołgom, które w każdej chwili mogły się pojawić od strony Woli. Kilkunastu mężczyzn kopie rów, a dziesiątki ludzi znosi ze wszystkich stron co popadnie. Płyty wyrwane z chodnika i kawałki krawężników. Z balkonów lecą szafy, stoły, nawet garnki kuchenne. Wszystko idzie na barykadę. Barykada rośnie w oczach. W tłumie następuje całkowite zjednoczenie. Obok siebie pracują uczony i robociarz, starzy i młodzi, mężczyźni i kobiety. Ukazuje się ktoś z biało-czerwoną flagą. Woła „Przechowałem ją w piwnicy przez pięć lat!" Zatyka flagę na barykadzie. Rozlegają się spontaniczne oklaski tłumu. W oknach pojawiają się inne flagi. Wybucha entuzjazm. Ludzie odrzucają kilofy i łopaty, i zaczynają śpiewac *Warszawiankę* „Oto dziś dzień krwi i chwały!" Śpiewa cała ulica – ci co na jezdni i ci, co na chodnikach, ludzie na balkonach, w oknach. Ogarnia i mnie uniesienie, jakiego nie doznałam jeszcze nigdy. Za tę chwilę oddałabym życie. Jesteśmy znowu wolni!

MATKA: Dziękujemy łączniczce „Wronice" za tę relację z barykady. Usłyszymy się niebawem ponownie. *Matka wyłącza aparaturę.* Możesz zostać jeszcze na chwilę, Elu?

ELA: Muszę lecieć. Niosę rozkaz. Zatrzymałam się tylko na chwilkę.

MATKA: Dawno widziałaś Kubę?

ELA: Trzy dni temu. Był cały i zdrowy. Ach, mamo, ale on się tak strasznie naraża. Stale w pierwszej linii... W największym ostrzale... A ja... Ja się ciągle tak boję... Potwornie...

MATKA: Módlę się nieustannie za niego, za ciebie, za was wszystkich... Może i Piotrek nam pomaga z nieba. Bo były zrzuty kilka dni temu, nocą, i znowu tej nocy.

ELA: Trzymamy się, mamo. Choć tylu już padło. Chłopcy, dziewczęta. Tysiącami mordowana jest ludność cywilna. Ciągle brak broni, choć wiele zdobyliśmy na wrogu. Przyślą nam spadochroniarzy z Anglii, prawda mamo?

MATKA: Na pewno. Kiedy zobaczysz znowu Kubę?

ELA: Nie wiem. Jak będę wracała to znowu do mamy wpadnę. Czas na mnie.

MATKA: Z Panem Bogiem. Uważaj na siebie, dziecko.

Ela wychodzi. Ukazuje się John. Przynosi jakąś kartkę.

JOHN: To sa chyba złe wiadomości. Niech pani przeczyta. Łączniczka mi powiedziała, że to trzeba podać przez radio po polsku i po angielsku.

MATKA *Czyta po cichu, po czym oddaje kartkę Johnowi.* Tak, to są złe wiadomości, ale naszym zadaniem jest podawać wiadomości prawdziwe – dobre czy złe. Weź to i szybko sobie przetłumacz. Niech ci ktoś z obstawy radiostacji pomoże. Jak będziesz gotowy to zaraz wracaj. Na razie dam piosenkę.

John wychodzi. Matka nastawia płytę. Włącza mikrofon.

♪ Tu Polskie Radio Warszawa. Włączamy się ponownie, aby nadać dla państwa kolejną powstańczą piosenkę.

> A jeśli bzy już będą, to bzów mi przynieś kiść
> I tylko mnie nie całuj i nie broń, nie broń iść,
> Bo choć mi wrosłaś w serce, karabin w ramię wrósł
> I ciebie z krabinem do końca będę niósł.

> To wymarsz Uderzenia i mój i mój i mój
> W ten ranek tak słoneczny piosenka nasza brzmi.
> Słowiańska ziemia święta poniesie nas na bój.
> A Polska gdy powstanie to tylko z naszej krwi.
> A jeśli będzie lato, to przynieś żyta kłos
> Dojrzały i gorący i złoty jak twój włos.
> I choćby śmierć nie dała bym wrócił kiedyś żyw,
> Poniosę z twoim kłosem słowiańskich zapach żniw.
> A jeśli przyjdzie jesień, to kalin pęk mi daj
> I tylko mnie nie całuj i nie broń iść za kraj.
> Bo choć mi wrosłaś w serce, karabin w ramię wrósł
> I ciebie z karabinem do końca będę niósł.
> Poniosę nad granicę kaliny, kłosy, bzy
> To z nich granice będą, z miłości, a nie z krwi.
> Granice mieć z miłości, w żołnierskich sercach tu!
> Nasz kraj się tam gdzieś kończy, gdzie w piersiach braknie tchu.
>
> [Andrzej Trzebiński]

♪ *Piosenka trwa, gdy wbiega Jakub, jest w panterce, hełmie, z pistoletem automatycznym.*

JAKUB: Nie było tu Eli?

MATKA: Cicho! Zaczekaj...

♪ *Trwa śpiew*:

> To wymarsz Uderzenia i mój i mój i mój
> W ten ranek tak słoneczny piosenka nasza brzmi.
> Słowiańska ziemia święta poniesie nas na bój.
> A Polska gdy powstanie, to tylko z naszej krwi.

♪ *Matka zatrzymuje płytę. Mówi:*

Tu Polskie Radio Warszawa. Za chwilę połączymy się ponownie. *Do Jakuba*
Jesteś... *Obejmują się.* Ela wyszła przed chwilą. Musieliście się minąć. Pomknęła gdzieś z rozkazem.

JAKUB: Może ją jeszcze dogonię.

MATKA: Biega szybko. Ma wrócić. Zostań ze mną chwilę.

JAKUB: Tak, mamo.

Siada naprzeciwko matki i bierze ją za ręce. Chwilę milczą oboje.

Muszę mamie powiedzieć... Dwie sprawy... Pierwsza, musi mama wiedzieć... Jest źle. Niemcy z godziny na godzinę wzmagaja nacisk. Mamy straszne straty. Ja sam nie mam już połowy plutonu. Zabici. Ranni. Idą na nas czołgi, bombardują nas samoloty, ogniem na wprost strzelają armaty, a ciężka artyleria i „krowy" ze stanowisk ledwie o kilkaset metrów dalej. Nie mamy ciężkiej broni, zwłaszcza przeciwpancernej, „piaty" są na lekarstwo, granatów zabraknie za dwa, trzy dni. Wygląda na to, że bez pomocy z zewnątrz nie tylko nie opanujemy całego miasta, ale i nie utrzymamy się długo. A już definitywnie wiadomo, że Sowieci zatrzymali ofensywę. Ich myśliwce znikneły z nad Warszawy i Niemcy bombardują nas bez przeszkód.

MATKA: Właśnie dostałam o tym wiadomość. Niedługo ją podam.

JAKUB: Nasłuch radiowy wskazuje i na to, że nie będzie desantu z Anglii... Pomoc w zrzutach jest znikoma...

MATKA: Co robić?

JAKUB: Trwać. Jak zawsze. Po polsku. Jest i druga sprawa, mamo. Mieliśmy wziąć ślub z Elą po zwycięstwie, planowaliśmy w rocznicę cudu nad Wisłą, we wtorek, 15 sierpnia... Wie mama... Mamy gotowe obrączki...

MATKA: Teraz trzeba to chyba przełożyć... Jeszcze będzie drugi cud nad Wisłą... Jak nie w sierpniu... to we wrześniu... Trzeba wierzyć.

JAKUB: Ale nie wiadomo kiedy. Chcielibyśmy się pobrać zaraz.

MATKA: Zaraz? Pod bombami?

JAKUB: Tak, będzie nam raźniej walczyć – jako małżeństwu.

MATKA: Jeśli się pobierzecie teraz... Będziecie się o siebie jeszcz bardziej niepokoić... Każde rozstanie będzie jeszcze bardziej bolało...

JAKUB: Nie bardziej niż teraz. Ofiarujemy sobie nawzajem ten ból. Łatwiej będzie też razem spotkać... koniec...

MATKA: Nie mów tak. Nie chcę tego słuchać.

JAKUB: Ela myśli tak samo.

MATKA: Kochasz ją?

JAKUB: Tak jak i mamę. To znaczy nie można więcej. Pobłogosławisz nas?

MATKA: Pobłogosławię. Tylko musi wasz związek pobłogosławić także i kapłan.

JAKUB: Naturalnie. Kapelanów jest pełno. Zajęci głównie przy pogrzebach. Ale na pewno któryś wykroi parę minut na ślub... Jeszcze jedno, mamo, zapomniałem... Przyniosłem nowy wiersz...

MATKA: Może chcesz go przeczytać przez radio? Mamy głośniki w całym sródmieściu.

JAKUB: On jest raczej adresowany do Londynu, do Zachodu...

MATKA: Pokaż... Może nas ktoś usłyszy i w Londynie...

Bierze kartkę od Jakuba, przebiegają wzrokiem.

Czemu tyle gniewu? Czy jest aż tak źle.

JAKUB: W tej chwili nie jest jeszcze aż tak źle. Ale będzie gorzej. Poeta to wie.

MATKA: Obyś się mylił.

JAKUB: Owszem, obym się mylił. To może nie czytać tego wiersza?

MATKA: Czytaj. Tylko czytaj z nadzieją, a nie z goryczą.

Matka włącza mikrofon. Mówi:

Tu Polskie Radio Warszawa. Wznawiamy nadawanie naszych audycji. Do studia zaprosiliśmy poetę, porucznika „Barda," który przeczyta nam swój nowy wiersz.

JAKUB:
    Tu zęby mamy wilcze, a czapki na bakier,
    Tu u nas nikt nie płacze w Walczącej Warszawie.
    Tu się Prusakom siada na karku okrakiem
    I wrogów gołą garścią za gardło się dławi.
        A wy tam wciąż śpiewacie, że z kurzem krwi bratniej,
        I że w dymie pożarów niszczeje Warszawa,
        A my tu nagą piersią na strzały armatnie,
        Na podziw wasz, na śpiewy i na wasze brawa.
    Czemu żałobny chorał śpiewacie wciąż w Londynie,
    Gdy tu nadeszło wreszcie oczekiwane święto!
    U boku swoich chłopców walczą tu dziewczęta
    I małe dzieci walczą, i krew radośnie płynie.

Ukazuje się Ela. Matka daje jej znak milczenia – kładąc palec na ustach.

    Halo! Tu serce Polski! Tu mówi Warszawa!
    Niech pogrzebowe śpiewy wyrzucą z audycji!
    Nam ducha starczy dla nas i starczy go dla Was!
    Oklasków też nie trzeba! Żądamy aumunicji!   [Zbigniew Jasiński]

MATKA: Poeta, porucznik „Bard", przeczytał nam swój nowy wiersz. Dedykujemy go polskiemu Londynowi i aliantom Polski na całym świecie. Usłyszymy się ponownie wieczorem o godzinie 18.30. *Matka wyłącza mikrofon.*

ELA: Kuba! Jesteś. John mi powiedział...
Chce się rzucić Jakubowi na szyję, ale hamuje ją obecność Matki. Jakub otwiera ramiona.

JAKUB: Elżbieta... Chodź do mnie... Mama się zgadza.

ELA: Mama wie, że ja go nie opuszczę aż do śmierci. W tych dniach to brzmi bardzo konkretnie... I tak właśnie o tym myślimy oboje... I dlatego chcemy być żoną i mężem już teraz. I na wieczne teraz.

MATKA: Ale pamiętajcie, ja nie chcę, żeby wasze małżeństwo trwało tylko tę powstańczą chwilę. Ja chcę doczekać wnuków... Obiecajcie...

JAKUB: Obiecujemy, co Ela?

ELA: Obiecujemy.

MATKA: Klęknijcie oboje. Pobłogosławię was. Także w imieniu ojca.

Młodzi klękają. Matka dotyka ich głów. Czyni dwukrotnie znak krzyża.

Teraz tylko musicie szybko znaleźć jakiegoś księdza. Zanim noc nastanie.

ELA: Mamo...

JAKUB: Mama po prostu zna życie! Tak, jeszcze dzisiaj znajdziemy gdzieś księdza. Tylko nie wiem, czy uda się przesłać mamie zaproszenie na ślub...

MATKA: Będę z wami modlitwą...

JAKUB: Idziesz z meldunkiem, Elu? Ja do oddziału, na placówkę. Mama zostaje w swoim studio, prawda?

MATKA: Dzielimy to studio z radiem powstańczym, „Błyskawica." Zaraz będzie ich kolej. Ale, tak, zostaję w domu. Trzeba przygotować wieczorną audycję. To moja placówka.

♪ *Głośny wybuch gdzieś w najbliższej odległości. Wpada John. Jest ranny w ramię. Słychaći warkot silników i chrzęst gąsiennic zbliżających się czołgów.*

JOHN: Idzie na nas natarcie. Czołgi. Piechota. Dostaliśmy rozkaz natychmiastowej ewaukacji radia do piwnicy. Będzie obrona.

MATKA: John, jesteś ranny?

JOHN: To nic. Tylko trochę. Tylko jedna ręka.

ELA: Trzeba opatrzyć.

JOHN: Później.

♪ *Słychać serie karabinów maszynowych.*

JAKUB: Prędko. Zabieramy co się da.

♪ *Jakub, Ela i John wynoszą pospiesznie urządzenia radiowe. Kolejny wybuch.*

MATKA *Zwraca się do widzów*:
    Nawet nie zdążyłam się z nimi pożegnać.
    Natarcie niemieckie szło za natarciem.
    Każde odpierane było z ogromnymi stratami.
    Ale kolejna obrona musiała się w końcu załamać.
    Na dachy spadał ognisty deszcz. Domy płonęły rzędami.
    Nasza radiostacja przenoszona była to tu, to tam,
    bo kurczył się obszar wolnego miasta.

♪ *Wchodzi Nike. Śpiewa temat „Ślubu". Ukazują się Jakub i Ela.*

    Ślub ukochanego dowódcy z łączniczką.
    W wypalonym kościele bez dachu
    zebrało się setki młodzieży. Zajęli zwęglone ławki.

Jakub i Ela idą powoli gdzieś w głąb.

    Młodzi szli środkiem zrujnowanej nawy, po szkle z rozbitych witraży.
    Ojciec Tomasz w panterce na sutannie, ze stułą na panterce,
    czekał przed osmalonym ołtarzem,
    nad którym wisiał ogromny na wpół-spalony krucyfiks.
    Ela narzuciła na głowę płat gazy opatrunkowej, jak welon.
    Miała w dłoniach ogromny bukiet lilii gdzieś ocalałych.
    Ojciec Tomasz przemówił do młodych.
    Wskazał, że zaślubiny w czasie,
    gdy tyle dookoła śmierci i nienawiści,
    są szczególną afirmacją życia i miłości.
    Małżeństwo jest bowiem
    sakramentem życia i znakiem miłości.
    Związał ich ręce stułą.

Jakub i Ela wymieniają obrączki.

    Wymienili ołowiane obrączki.
    Przysięgli sobie i Bogu.

♪ *Jakub i Ela znikają. Nike kończy śpiew i wychodzi.*

Więcej nie miałam od nich, i o nich, wieści.

Matka wychodzi.

► SCENA 4. BARYKADA. WRZESIEŃ 1944 ◄

Powstańcza barykada.

Jakub siedzi ukryty za barykadą, czoło ma obandażowane, pisze coś w notesie.

♪ *Przez całą scenę słychać dalekie wybuchy i strzały.*

JOHN: *Gdzieś z zewnątrz* Panie poruczniku! Panie Poruczniku!

JAKUB: *Cichym głosem* Cicho! Niemcy są po drugiej stronie barykady. Nie wydzieraj się. Czego chcesz, John?

John podczołguje się do Jakuba. Ma całą rękę w bandażu.

JOHN: Panie poruczniku... Kuba... Chłopcy złapali szpiega. Miał jakieś plany i dokumenty po niemiecku. Jedni chcieli go odprowadzić do sądu, drudzy rozwalić na miejscu. Ja go poznałem. To Mirek, twój brat. Powiedziałem im, żeby najpierw zaprowadzili tego szpiega do dowódcy odcinka. Niech on go zbada i zdecyduje, co z nim zrobić. Była straszna awantura. O mało sam bym podpadł, bo ciągle nie mówię dobry polski. Ale go obroniłem. Trzymają go pod lufą tuż obok. Każ go dać tutaj. Zobaczysz, co w tych papierach.

JAKUB: Jasne. Daj go tu.

John wyczołguje się i natychmiast wraca z Mirkiem, który ma ręce związane z tyłu. John przynosi także gruby maszynopis.

JOHN, *głośno*: To jest ten szpieg, panie poruczniku, według rozkazu. *Ciszej.* Miałeś szczęście, Mirek. Twój brat jest tu dowódcą. Zostawiam was. Pogadajcie sobie. Jak brat z bratem. Tylko się pospieszcie. Natarcie niemieckie na pewno ruszy o świcie.

Wyczołguje się.

JAKUB *Ściska Mirka*: Mirek, braciszku, żyjesz!

MIREK: Już mnie pochowałeś? Teraz będziesz miał okazję dopilnować, żeby tak się stało. Każesz mnie rozstrzelać, panie dowódco?

JAKUB: Co ty gadasz! Nie wiedziałem, co się z tobą dzieje. Mama też...

MIREK: Chciałem się przechować. I chciałem przechować mój doktorat.

JAKUB: Doktorat? Pamiętam.

Rozwiązuje ręce Mirka.

MIREK: Już mam prawie cały po niemiecku. Są tam też plany i opisy warszawskich mostów.

JAKUB: I ten doktorat przy tobie znaleźli? Rozumiem. Czemu im nie wytłumaczyłeś?

MIREK: W dniach klęski każdy jest podejrzany. Tłumaczyłem. Ale to na nic. Gość ma plik papierów po niemiecku, jakieś plany – i mówi, że pisze pracę naukową. Teraz? Wyśmiali mnie. Chcieli mnie z miejsca rozwalić.

JAKUB: Nie dziw się. Niemcy dopuszczają się na każdym kroku takich bestialstw... Nienawiść rośnie i z naszej strony.

MIREK: Doprowadziliście do tego sami. Sprowokowaliście ich.

JAKUB: Nasza walka była sprawiedliwa. My przestrzegamy konwencji genewskiej. Jeńców traktujemy po ludzku. Najlepszy dowód, że ciebie ostatecznie moi chłopcy nie zlikwidowali. A Niemcy mordują jeńców, rannych, bezbronnych.

MIREK: Ale to wy wywołaliście to powstanie. Wy zaostrzyliście konflikt. Trzeba było czekać, aż Rosjanie przepędzą Niemców.

JAKUB: „Czekać z bronią u nogi"? O to nas oskarżała cały czas sowiecka propaganda. A zarazem, Sowieci najpierw zachęcali do powstania, co było prowokacją, a potem odmówili nam pomocy, co było zbrodnią.

MIREK: Przecież wysłali desant na Czerniaków, łodziami, przez Wisłę.

JAKUB: Znikomy. Ale jeszcze raz okazujemy dobrą wolę, pomagamy ich wojskom, które lądują na naszym brzegu. Już dostałem rozkaz, aby się wycofać na Czerniaków, nad Wisłę.

MIREK: Weź mnie. Daj mi opaskę. Dołącz do swojego oddziału.

JAKUB: Przecież nie chcesz walczyć.

MIREK: Chcę wynieść swój maszynopis. Chcę przeprawić się przez Wisłę. Przeżyć. A potem służyć Polsce jako inżynier, jako uczony, jako budowniczy mostów. A nie poledz bez sensu!

JAKUB: Mnie pewnie nic innego nie czeka. Ale widzę w tym sens.

MIREK: Miasto leży w gruzach. Dziesiątki tysięcy, nie, pewnie setki tysięcy ludzi zginęło. Wśród nich moi profesorowie i koledzy z Politechniki, twoi mistrzowie i przyjaciele pisarze, ci wszyscy – byli, lub przyszli – lekarze, prawnicy, architekci, politycy, nauczyciele, nie da się zamknąć tej listy... Kto będzie odbudowywał Polskę, kto ją urządzi, po wojnie, jak wszyscy najlepsi pójdą na śmierć?

JAKUB: Jeśli nie rzucimy wszystkiego co najlepsze, wszystkich, którzy są najlepsi, na szaniec przeciw Niemcom, to wejdą tu Rosjanie i oni wyaresztują, wygubią, wywiozą, wytracą tych najlepszych...

MIREK: Jeśli uznają ich za wrogów. Do Rosjan trzeba wyciągnąć dłoń. Słuchaj... Ja mam plan. Ja chcę się dogadać z Rosjanami. Pomóż mi w tym. Ty, oficer AK. Będziesz dla nich wiarygodny. Zróbmy to obaj.

JAKUB: Tak. Chcemy ułatwić im desant.

MIREK: Nie rozumiesz mnie. Nie mam na myśli ich pomocy wojskowej. Na to nie ma już co liczyć. Chodzi o współpracę polityczną.

JAKUB: Poza plecami dowództwa Armii Krajowej? To byłaby zdrada. Nie.

MIREK: Pomóż mi po prostu, jak brat bratu.

JAKUB: Nie pomogę bratu przeciw Polsce.

MIREK: Pomagając bratu pomożesz Polsce. Przecież Rosjanie tu wejdą, tak, czy siak.

JAKUB: Jeszcze walczymy z Niemcami!

MIREK: Były już przecież rozmowy o kapitulacji powstania.

JAKUB: Zerwane.

MIREK: Będą następne. Bo pomoc z Zachodu też nie przyszła.

JAKUB: Nie przyszła.

MIREK: I nie przyjdzie.

JAKUB: Nawet jeśli poddamy się na polu walki Niemcom, to nie poddamy się na pobojowisku Rosjanom.

MIREK: Układasz tylko piękne słowa. Puste.

JAKUB: A to z Lelewela „Ostatnią twierdzą Narodu jest jego serce – twierdzą nie do zdobycia."

MIREK: Nie obronicie już żadnej twierdzy. Ani przed Niemcami, ani przed Rosjanami. Jak nie do Oświęcimia, to pójdziecie na Sybir.

JAKUB: Twierdzy serc nie oddamy.

MIREK: Zrozum! Po Niemcach będą tu rządzić Sowieci. Sami, i przy pomocy swoich namiestników i pomocników.

JAKUB: To byłaby agentura.

MIREK: Zostań więc agentem — we własnym kraju. Dla dobra kraju.

JAKUB: Łudzisz się, albo zakłamujesz. Dobro Polski nigdy nie zostanie utożsamione z jej niewolą. Pozostaniesz obcy — we własnym kraju.

MIREK: Takich jak ja znajdą się tysiące. Dołączą miliony. To ty zostaniesz na marginesie, albo i poza marginesem, i życia, i historii.

JAKUB: Jeśli przeżyję.

MIREK: Na co zda się twoja śmierć?

JAKUB: Krew zawsze była ziarnem. Ale nie myśl, że szukam śmierci. Nie. Tak bardzo pragnę przeżyć... Jednak — nie za wszelką cenę...

MIREK: Frazesy. Zejdź na ziemię.

JAKUB: Siedzimy na niej, czuję jej twardość.

MIREK: A nie boisz się? Po prostu, bez poetyzowania. Nie boisz się śmierci?

JAKUB: Boję się. Tak. Boję się także o mamę, o żonę, ale i o Warszawę, o Polskę...

MIREK: Mnie wystarczy mój własny strach. Przyznałeś — i ty się boisz. To nas przynajmniej łączy...

Ukazuje się Ela.

ELA: Mirek? Tutaj? Chłopcy mi powiedzieli, że dowódca bada szpiega...

MIREK: To właśnie ja.

ELA: Co ty gadasz?

MIREK: Nakryli mnie na tłumaczeniu mojego doktoratu na niemiecki.

ELA: Ach tak... Kuba, trzeba go odesłać na tyły.

JAKUB: Oczywiście, to nieporozumienie. Ale on chce iść z nami na Czerniaków.

ELA: Z nami?

JAKUB: Przeciwko nam.

ELA: Nie rozumiem.

JAKUB: Z nami na Czerniaków. Przeciwko nam za Wisłę.

ELA: Co postanowiłeś?

JAKUB: Jest moim bratem.

ELA: Jeśli jest przeciwko tobie to już nie jest twoim bratem. Jest twoim wrogiem.

MIREK: Nie wygłupiaj się, Elka. Jestem jego bratem, a twoim szwagrem, który chce przeżyć. I tyle.

JAKUB: Wiecie co? I tak mamy rozkaz bronić tej barykady jeszcze przez cały dzień. Jak się sciemni, zostaniemy zluzowani i pójdziemy na Czerniaków. Jeszcze wiele może się zdarzyć. Już wstaje świt. Mirek, musisz tu zostać i trzymać się blisko mnie, bo jeszcze kto by ci zrobił jaką krzywdę jako podejrzanemu o szpiegostwo. Lepiej przeczytam wam wiersz... Tu go pisałem...

MIREK: Jeszcze ci się nie odechciało poezji? Podobno wojna nie sprzyja muzom.

ELA: Może właśnie w czasie wojny muzy mówią pełnym głosem?

JAKUB *czyta z wymiętej kartki*:

> Od wojny, nędzy i od głodu
> Sponiewieranej krwi narodu
> Od łez wylanych obłąkanie
> Uchroń nas Panie!
>> Od nieprawości każdej nocy
>> Od rozpaczliwej rąk niemocy
>> Od lęku przed tym, co nastanie
>> Uchroń nas Panie!
> Od bomb, granatów i pożogi
> I gorszej jeszcze w sercu trwogi
> Od trwogi strasznej jak konanie
> Uchroń nas Panie!
>> Od rezygnacji w dobie klęski
>> Lecz i od pychy w dzień zwycięski
>> Od krzywd, lecz i od zemsty za nie
>> Uchroń nas Panie!
> Uchroń od zła i nienawiści
> Niechaj się odwet nasz nie ziści
> Na przebaczenie im przeczyste
> Wlej w nas moc, Chryste!   [Jan Romocki]

Cisza.

ELA: Dziękuję ci, Kuba, mężu... Dziękuję ci. Może to jest największy heroizm? Przebaczyć?

MIREK: To nie jest heriozm, tylko głupota.

JAKUB: Mądrość świata przez ciebie przemawia. Jest od niej wyższa wiedza...

♪ *Rozlega się – nie głośno – pojedynczy strzał. Mirek łapie się za twarz, między jego palcami zaczyna ściekać krew.*

ELA: Mirek, co tobie? To snajper!

♪ *Mirek osuwa się na ziemię. Odzywa się głośny wybuch. Po chwili – następne. Słychać czołgi i serie z broni maszynowej.*

JAKUB Mirek! Bracie, już dobrze... Będzie dobrze...

JOHN *Wbiega.* Rozpoczęli natarcie! Czołgi, piechota! *Spostrzega Mirka.* Co mu się stało?

JAKUB Dostał kulą wyborowego strzelca. Wszyscy na barykadę! *John wybiega.* Musimy go gdzieś przenieść...

MIREK, *ledwie słyszalnie*: Moja głowa... pomóż...

ELA: Kuba, leć do oddziału. Nie ma chwili do stracenia. Chłopcy potrzebują dowódcy. Ja zostanę z Mirkiem.

JAKUB: Nie możesz tu zostać.

ELA: Muszę go opatrzyć. Idź!

JAKUB: Nie mogę was tak zostawić! Kobieta i ranny.

ELA: Jesteś dowódcą. Tam jesteś potrzebny. Idź!

JAKUB: Idę. Kocham cię, żono.

ELA: Kocham cię, mężu.

Jakub i Ela dotykają swoich ust.

JAKUB: Zobaczymy się niedługo. *Wybiega.*

♪ *Ela przyklęka przy Mirku i robi mu opatrunek głowy. Słychać silniki czołgów i chrzęst gąsiennic. Serie.*

MIREK: Opatrujesz brata marnotrawnego...

ELA: Najpierw morfina... *Robi mu zastrzyk.* Teraz założymy opatrunek... fachowo... jak na kursie sanitariuszek... Straciłeś kawałek brody, szwagrze... ale mózg chyba cały... Wyliżesz sie...Jeszcze będziesz budował swoje mosty...

♪ *Nowe wybuchy – głośniejsze.*

ELA: Ta barykada chyba długo nie wytrzyma. Musimy się ewakuować. Chodź bracie...

♪ *W tym momencie następuje głośny wybuch. Pokazuje się dym. Ela zostaje trafiona w nogę. Pada.*

ELA: Teraz ja... *Nakłada sobie z trudem opatrunek*

Coś za dużo tej krwi... No, oberek już nie dla mnie... A teraz w drogę...

Wyciąga Mirka.

ELA: Ciężki jesteś braciszku... Nie wiem, czy dam radę... Wiesz co, głowę masz zepsutą, ale nogi i ręce w porządku. Pomóż mnie... W tę stronę...

Mirek podtrzymuje Elkę. Oboje wychodzą.

♪ *Głośny wybuch. Dym. Barykada się wali.*

Matka ukazuje się w ciemności.

MATKA: Niemcy, ukryci za czołgami, atakowali dzień po dniu.
Po kolei padały kamienice-twierdze, barykady-reduty, dzielnice-czworoboki.
Bohaterski bój o Stare Miasto zakończył się 2 września.
Nasze położenie stawało się coraz bardziej rozpaczliwe.
Nie poprawiła go, właściwie pozorowana i nieudana, akcja
Sowietów i Berlingowców opanowania przyczółka na Czerniakowie.
Wiedziałam, że Kuba z resztką swojego oddziału właśnie tam poszedł.
O Eli słuch zaginą, ale wierzyłam, że są razem.
Ja zostałam ze swoim radiem w śródmieściu.

♪ *Ukazuje się Nike. Śpiewa. Temat wokalizy „Klęska"*:

24 września 1944 roku ostatni powstańcy polegli na Czerniakowie.
27 września 1944 roku padł Mokotów.
27 września 1944 roku wyginęła partyzancka grupa „Kampinos" idąca na pomoc stolicy.
30 września 1944 roku padł Żoliborz.
Nie wierzyłam kiedyś w poetyckie prorokowanie Jakuba o losie Warszawy.

♪ *Nike śpiewa:*

NIKE:

;

    W Bożym zniszczone zamyśle
    w pustynię obrócę Powiśle.
        Posypią się ludzkie głowy,
        jak liście na plac Zamkowy.
    Gdziem pomagał ci dźwigać Trzy Krzyże,
    tam twą pychę na zawsze poniżę.
        Gdziem ci prawdę ukazywał dziejów,
        twój Plac Unii popiołem zasieję.
    Gdziem przed tobą błysnął Nowym Światem
    z ruin czarną zlutuję ci kratę...

[Jerzy Braun]

MATKA: A teraz proroctwo się spełniało. I wypełniło.

♪ *Nike knotynujue wokalizę – temat „Klęska" – znacznie ciszej.*

2 października 1944 roku o godzinie 21.00 Warszawa skapitulowała.
Epopea sześćdziesięciu dni heroicznej walki dobiegła kresu.

♪ *Nike podejmuje głośno śpiew na krótką chwię, potem wychodzi.*

4 października zakończyliśmy nadawanie audycji i rozbiliśmy nadajnik.
W siąpiącym deszczu wyszłam w tłumie wypędzonych.
Miasto było jedną wielką raną.
Przez trzy miesiące tułaczki szukałam wiadomości o dzieciach.
Pytałam, nasłuchiwałam, wypatrywałam.
Natrafiałam na strzępy relacji – strasznych.
Gdzie, kiedy, jak ginęli.
Ale nikt nie był świadkiem naocznym.

Więc ciągle żywiłam nadzieję.
że może Kuba i Ela dostali się do niewoli,
że Mirek przeżył, że Adam i Piotr wrócą.
A John, którego pokochałam jak syna –
Co z nim?

► SCENA 5. WARSZAWSKA PIETA. LUTY 1945 ◄

Gruzy Warszawy. Wiatr.

Matka kontynuuje opowieść.

MATKA: W lutym 1945 roku wróciłam do Warszawy –
wśród przysypanych śniegiem gruzów szukać ich ciał...
Ciał wszystkich moich warszawskich dzieci.

Matka szuka czegoś. W ciemności widzimy tylko jej twarz. Rozumiemy, że pochyla się nad ciałem Jakuba. Jej dłoń omotana jest różańcem. W jej palcach ukazuje się ołowiana obrączka.

Ołowiana obrączka Kuby. To on.
Skarżył się, że za luźna...

♪ *Ukazuje się Nike – wybucha śpiew – temat wokalizy „Lamentacja."*

    Ojcze... bądź Wola Twoja...
Jak mam żyć bez ciebie, synu?

Śnieg na twarzy... Łzy lodu.
„I wyszedłeś, jasny synku, z czarną bronią w noc."
„Czy to była kula synku? Czy ci serce pękło?"

Ojcze... bądź Wola Twoja...

Byłam z ciebie tak dumna, tak bardzo dumna,
i tak bezmiernie przez ciebie szczęśliwa.
W najśmielszych marzeniach, i ja, i ojciec,
nie umieliśmy sobie ciebie wyobrazić takim, jakim się stałeś.
Przeszedłeś nasze oczekiwania. By dojść aż tu.

Ojcze... bądź Wola Twoja...

Iskra Boża rozpaliła się w tobie wielkim płomieniem,
który promieniował na nas, na tylu twoich przyjaciół, czytelników,
otworzył przed tobą tyle serc, dał ci dar krzesania iskier radości...

Ojcze... bądź Wola Twoja...

Teraz trzeba cię z pod gruzu odkopać.
Jesienny deszcz cię obmył.
Zimowy śnieg ustroił.
Teraz kolej na matkę,
aby obmyła, ubrała do trumny.

♪ *Nike kończy śpiew i wychodzi.*

▶ EPILOG. CMENTARZ. PO WOJNIE ◀

♪ *Cmentarz na Powązkach. Dalekie organy. Matka stoi nad grobem.*

MATKA:

Odnalazłam cię na Powislu.
Pochowałam cię na Powązkach.

Ten sam grób dla ciebie i dla twej żony.
Jej nigdy nie znalazłam.

Ten sam grób dla twojego ojca.
Przyszła wiadomość – zamordowany w Katyniu.

I dla twojego starszego brata.
Dostałam list – zginął nad Bałkanami
W locie powrotnym z nad Polski.

A nie wiedziałam, że czwartego sierpnia
tysiąc dziewięcset czterdziestego czwartego
pilotował jeden z samolotów, które w nocy
dokonały zrzutów nad powstańczą Warszawą.
Nie widzieliśmy ich. Tylko słychać było palbę
przeciwlotniczych dział i daleki warkot silników.

Ustał. Nie wiedziałam, że wkrótce ustanie twe serce.

Adama, Piotra, Eli ciał tu nie ma.
Są imiona – wyryte.

Matka ustawia krzyż u szczytu płyty nagrobnej. Przynosi cztery znicze i stawia na płycie.

Adam. ♪ *Odzywa się werbel.*
Piotr. ♪ *Werbel.*
Jakub. ♪ *Werbel.*
Elżbieta. ♪ *Werbel.*

Jak ma żyć wdowa, matka bezdzietna?
Jak żyć? Po co, dlaczego?
Po co, komu, potrzebny mój ból?

Przychodzę tu w każde imieniny każdego z was,
bo dat śmierci żadnego z was nie znam.
Przychodzę też w rocznicę wybuchu Powstania.
I przychodzę na moje powstańcze zaduszki –
w rocznicę kapitulacji Warszawy.
I w zaduszki wszystkich dusz zmarłych,
gdy cmentarz się jarzy jak wielki, ofiarny stos.
Najwięcej świateł w powstańczej kwaterze,
najwięcej ludzi, najsurowsze twarze.

Wchodzi Mirek – w ciemnym płaszczu, przynosi znicz i bukiet, składa je na grobie.

To Mirek. Przeżył, choć był ranny. Czasem tu przychodzi.
Jest członkiem partii. Profesorem Politechniki.
Buduje mosty. Żyje własnym życiem.
Chce być dla mnie dobry. To też syn.
Już się spowiadałam z najstraszniejszego grzechu matki
mam mu za złe, że przeżył, a tamci zginęli.

MIREK: Powstanie Warszawskie nie miało sensu, mamo.
Trzeba się z tym już zgodzić... wreszcie... i pogodzić...
Nie możesz życia spędzać stale na cmentarzu.

Wchodzi John – jeden z rękawów płaszcza ma włożony w kieszeń – nie ma jednej ręki. Również przynosi znicz i bukiet. Staje z dala.

MATKA: Pogodzić? Nie ma zgody na śmierć.

MIREK: Powstanie było klęską wojskową.
Powstańcy polegli, poszli do niewoli.
Pole bitwy wróg objął.
Powstanie było klęską polityczną.
Nie wyrwało Niemcom ani skrawka Polski.
Nie przeszkodziło Sowietom w podbiciu całej Polski.
Powstanie było klęską materialną.
Warszawa w gruzach. Co w mieście – spalone
drzewa i obrazy, archiwa i książki, meble i pamiątki.
Powstanie było klęską społeczną, w tym demograficzną.
Na Woli zabitych piętnaście tysięcy.

Na Starówce trzydzieści tysięcy.
W całej stolicy dwieście.
Więcej niż w Hiroshimie i Nagasaki razem.
W tym przeszło dwadzieścia tysięcy
Powstańców – kwiat młodzieży.

MATKA: Dokładnie zliczyłeś?

MIREK: Taki mój zawód, mamo. Muszę dobrze liczyć,
kiedy mosty buduję.

MATKA: Zliczyłeś straty. A zyski?
John podchodzi – składa znicz i kwiaty na płycie.

JOHN: Powstanie nie było klęską, lecz było tragedią.
Nieuchronnym konfliktem interesów,
programów, wartości, ideałów, dążeń.
I jak w tragedii – starcie przyniosło zniszczenie,
załadę, katastrofę, zniszczenie i śmierć.
Śmierć bohaterów.

MATKA To John, Anglik. W Powstaniu stracił rękę
– zbyt późno opatrzoną. I on jest dla mnie dobry.
I jemu nie mogę przebaczyć, że żyje. A to też syn mój...
Do Johna: Johnny... Chodź i uściskaj twoją polską matkę...

JOHN: Twój Johnny, mamo. Ten sam co i zawsze.
A teraz ambasador. Przyrzekłem, że wrócę.

MATKA: A oni nie wrócili.

JOHN: Bohaterowie antycznej tragedii.

MATKA: Ale tragedii można zapobiec! Przestrzec! Uchronić od niej!

JOHN: Jak, mamo?

MATKA: Przebaczeniem, pojednaniem, miłością.

JOHN: To prawda. Ale tego pragnąć muszą obie strony.
Jedna nie wystarczy. Jedna jest bezsilna. Pozostaje bezbronna.
A mechanizm tragedii gdy raz w ruch puszczony
Działa już nieuchronnie. Zatrzymać się nie da.
Tym bardziej, że tutaj los związał kilka tragedii naraz.

MATKA: Lecz gdzie ludzka wolna wola? Wolność wyboru?

JOHN: Człowiek może siać piasek w tryby historii.
Ale Bóg szanuje wolną wolę ludzką. Pozwala mu uruchamiać
mechanizmy tragedii. Posłuchaj mnie mamo...
Konflikt polsko-niemiecki miał charakter tragedii
Był hodowany przez wieki – „Drang nach Osten"
Prusy, Druga Rzesza, Trzecia, stałe parcie na wschód.
Polska decyzja w sierpniu czterdzieści i cztery
wynikała logicznie z odrzucenia żądań
niemieckich w maju trzydzieści dziewięć,
z wrześniowej epopei wojny tegoż roku.

Konflikt polsko-rosyjski był także tragedią
Zabory i powstania; atak Bolszewików –
„po trupie Polski" cwałem, jak chciał Tuchaczewski,
na Europę w roku tysiącc dziewięcset dwudziestym,

Stalin z Hitlerem wspólny czwarty rozbiór Polski.
Paradoksalna łączność ich celów w rozprawie z Powstaniem.
Sowieci chcieli podbić Polskę – Powstanie im w tym pomogło.
Sami wymordowali dwadzieścia tysięcy polskich inteligentów
w Katyniu, i gdzie indziej. W Warszawie, celowo wspomogli
niemiecki mord dwudziestu tysięcy polskich inteligentów.

Tragiczny był także konflikt Polski z Zachodem,
w tej chwili, gdy pomoc Zachodu była Polsce potrzebna.
Lecz poparcie Polski groziło zerwaniem ze Stalinem.
Churchil, Roosevelt zadecydowali do tego nie dopuścić.
De facto Zachód wszedł wtedy w konflikt z Polską – wiernym aliantem.
A w tym konflikcie Polska musiała przegrać.

Był jeszcze jeden wymiar tragedii – domowy, bratobójczy.
Choć ogromna większość Polaków dążyła do wolności,
to znikoma mniejszość upatrywała swój interes w oddaniu jej obcym.
Ta mniejszość zyskała na Powstaniu Warszawskim. Cały naród stracił.

MATKA: Tyle tragedii... Czy przyniosą katharsis?
JOHN: Tylko ci, co przeżyli mogą doznać katharsis.
MIREK: Dla Johna to działanie mechanizmu.
Dla mnie to wynik rachunku. Na jedno wychodzi.
MATKA: A ludzie w tym rachunku? W tym mechanizmie?
A gdzie w tym Opatrzność? Gdzie Polska? Gdzie serce matki?
JOHN: Polityka jest grą o władzę nie pyta o serce.
MIREK: Matematyka w ogóle nie zna uczuć ludzkich.
MATKA: Nie można ludzkich losów zamykać w rachunku.
MIREK: Można rachunkiem przyszłość przewidywać.
JOHN: Można z historii wyciągać naukę.
MATKA: To ja wam powiem. Ja, matka powstańców.
W obliczu świadków – w obliczu umarłych.
Powstania się nie da zrozumieć tylko jako polityki.
Powstania się nie da zanalizować tylko rachunkiem.
Powstania nie da się sprowadzić do mechanizmu,
który raz w ruch puszczony działa nieuchronnie,
czy zredukować do struktury tragicznej, więc mitu.

My, jako naród, w ogóle byśmy nie przeżyli,
gdybyśmy wyszli z wojny z przetrąconym krzyżem
moralnym, upokorzeni, pozbawieni wiary –
w Boga, w siebie i w Polskę. W wyższość ducha.
W zmartwychwstanie po śmierci.
Po to, dlatego, musiało wybuchnąć Powstanie:

przechowaliśmy ducha, tożsamość, ideały, wiarę.
Taki jest owoc Powstania. I jego testament.

MIREK: Nie wszyscy go czytali... mamo... nie wszyscy.
Zrozumieli go może nieliczni... ale zapomnieli...
Inni nie chcą pamiętać.
Całuje Matkę w rękę. Za rok znów tu przyjdę.
Gdyby mamie było czegoś trzeba — to proszę dwonić. *Wychodzi.*

JOHN: *Całuje Matkę w rękę.* Ja także, jakby trzeba, zawsze dopomogę.
Niech mama na mnie liczy. *Wychodzi.*

Matka zostaje sama nad grobem.

MATKA: Tu, przy waszym grobie nabieram tchu
na dalsze dni, których już tyle... tyle bez was.
Zostałam tylko po to, aby opowiedzieć...

♪ *Nike śpiewa.*
NIKE:

    Jeno wyjmij mi z tych oczu
    szkło bolesne — obraz dni,
    które czaszki białe toczy
    przez płonące łąki krwi.
    Jeno odmień czas kaleki,
    zakryj groby płaszczem rzeki,
    zetrzyj z włosów pył bitewny,
    tych lat gniewnych
    czarny pył.

♪ *Ukazuje się Jakub. Jest w bieli. Słychać dzwony.*

JAKUB:
I wyszedłeś, jasny synku, z czarną bronią w noc,
i poczułeś, jak się jeży w dźwięku minut — zło.
Zanim padłeś, jeszcze ziemię przeżegnałeś ręką.
Czy to była kula, synku, czy ci serce pękło?

Jakub pochyla się nad Matką.

MATKA Synku? Synku... Wróciłeś?

♪ *Odzywają się dzwony. Nike wyprowadza Jakuba.*

▶ **KONIEC** ◀

~ Buffalo – Łódź 2003-2004

▶ ▼ ◀

► ▼ ◄

VOLUME 4.

THEATER OF MEMORY

► ▼ ◄

▶ UNCONFESSED CONFESSIONS ◀

▶ A COMEDY ◀

Paris, 1730. A dressing room of the Italian Theatre Company of the Riccoboni's family. The star of the troupe, Sylvia, puts her makeup. She is in undergarments. Pierre brakes in with a bare épée in one hand and a manuscript in the other.

PIERRE: Insolent! Fake comedian! Trashy Italian! He dears to try to stop me! To raise his hand on me! Me, who brings you, lady, a treasure so much desired by you. He would not try this anymore!

Pierre locks the door and barricades it with some furniture.

SYLVIA: You've killed him?!

PIERRE: No. I've only flogged him with my épée!

SYLVIA: Who?

PIERRE: Who? That bastard who didn't allow me to open your door. I'll kill him if he tries to come again.

SYLVIA: Dark hair, curled?

PIERRE: So, what?

SYLVIA: Big nose?

PIERRE: So, what?

SYLVIA: An ear-ring in left ear?

PIERRE: An ear-ring—so, what?

SYLVIA: My husband!

PIERRE: Your husband? So, what?

SYLVIA: Don't repeat after me every time this "so, what", as Brighella after a parrot in the scene of robbing doctor's Graziano treasury. How dare you to brake in a lady's dressing room! Get out! I'm not clothed. It was my husband, Maestro Riccoboni.

PIERRE: I've drove out the scoundrel!

SYLVIA: No doubt he's going to come back soon and you'll be in trouble. How could you be so undiplomatic with the manager of the theatre?

PIERRE: I didn't recognize him. He didn't have his mask and he did not wear his costume as usual on stage. He was in a night-gown. Forget about him. I brought you my new play.

SYLVIA: It's he who buys or rejects the plays.

PIERRE: I thought that you rule here. You are the star. I've written a play for you. With dialogues and monologues. Not some scenario with only descriptions of the movement and the activities. I've written this play out my love to you, my most profound and most sincere love. Here it is. *He shows the manuscript.*

SYLVIA: A play with dialogues?

A loud knocking to the door.

MALE VOICE: Open the door, Sylvia! Open immediately! That wretched playwright Marivaux is here. I know it. I'll rip his guts! He dared to attack me in my own theatre! We don't need any playwrights here. Open the door! Now!

Loud knocking.

SYLVIA, *to Pierre:.* I told you. He's back. The boss! He must have other actors with him. And they surely have heavy clubs. They'll break the door. They'll break your bones. You'll finish your playwright's career before it began.

PIERRE: A few Italian comedians? They'll see what it means to offend a French nobleman. Go ahead! Open the door. This épée has never failed me!

Loud knocking.

SYLVIA: Shut up! Hide yourself here!

In spite of his protests she hides Pierre behind a rack with costumes.

It's you Ricardo? I'll open the door my love, give me a sec, but I'm undressed and you are in company. You know my modesty. One moment, please!

She goes to the door. She moves some of the furniture blocking it and opens it—but only a bit. She speaks gently.

Ricardo, dearest, I know that this impertinent Marivaux dared to raise his hand on you. He did not recognize you. You didn't wear your mask and costume is which he saw you on stage. And now, when he heard that you've returned to punish him, he got scared and jumped out off the window. He's not here. It's a coward. I have to change myself. I love you. Ciao!

She shuts the door.

MALE VOICE: Open at once! And two of you run downstairs. If that coward lies there with broken legs, break in addition his neck! Open, Sylvia, dear!

PIERRE: I—coward!? *He appears from his hiding.* And you said that you love him!

SYLVIA: Silence! Hide yourself!

PIERRE: I—coward!? *He goes to the door.* I'll show him this coward.

SYLVIA: *To Pierre.* Shut up, please! *She puts her hand over Pierre's mouth and shouts.* He is not here, this coward! He must be rotting in the mud under the window, or he escaped under the cover of the night. I am changing my costume. I'll see you on stage. I love you, Ricardo. I love only you. Ciao!

MALE VOCE: Don't be late! Ciao, bellissima, cara mia! Amore mio!

PIERRE: So, you love him? Is this true? And what about me?

SYLVIA: Surely, I love him, not you.

PIERRE: Fine. I go. And I throw this play into the River Seine. Or to the fireplace. By Jove! You love him! Hard to believe!

SYLVIA: He is my husband.

PIERRE: So, what? Your husband! You're as perverse as all Italian women. To love your husband!

SYLVIA: I'm his wife. He's my husband.

PIERRE: And I'm your lover!

SYLVIA: Oh, no, no. You are not my lover and you shall never be!

PIERRE: I might not be your lover yet, but you shall be my mistress, and soon! My love to you is a fact. Cold, or rather hot, fact. The whole regiment of husbands will not change that.

SYLVIA: One woman has one husband—not a regiment. Besides, one woman might have a regiment of lovers.

PIERRE: I'll divorce you! I'll be your only husband and your only lover.

SYLVIA: You're far from it. Poor, unknown playwright. Do you know what requirements one has to meet to become a candidate for a lover of a great star? Not talking about a candidate for a husband?

PIERRE: I'm a nobleman. I'll be a famous and rich playwright if only you start playing in my plays. The whole Paris would storm this theatre. You'll find what a great playwright I am when you read my play. Or better I'll read it to you. It will not take more than one hour. Of course, you can find out what a great lover I am even sooner.

SYLVIA: Did you indeed wrote a play for me?

PIERRE: Yes! Voila! Here it is! It's a play about love—my love for you. There's a great role for you in this play. The role of a mistress.

SYLVIA: Whose mistress?

PIERRE: Mine! Of course, I don't appear under my name. But love of my hero, I gave him the name Celio, is my own love. Profound as an abyss, vast as an ocean, violent as a storm. I will perform this role, of course. That is myself. Listen…

He opens the manuscript.

SYLVIA: You will perform? On stage? You're not an actor!

PIERRE: It's easy, I guess.

SYLVIA: Easy? My dear sir, acting is a profession. It must be learned for years.

PIERRE: For years? I want to have this play produced now! With you in the lead.

SYLVIA: I must have a professional partner. I always have.

PIERRE: Fine. I'll give Celio's role to one of the actors of your company.

SYLVIA: My husband then. He usually performs the lovers in our troupe.

PIERRE: Your husband? Again, this Italian perversion. A husband performing a lover.

SYLVIA: He is an actor. Professional actor. He can play any role.

PIERRE: All right. All right. I agree. If only you take the leading female role. May I read my play to you now? You'll see what marvelous dialogues and monologues I've written.

SYLVIA: Words? Your play has words? Dialogues? Monologues?

PIERRE: Of course!

SYLVIA: You've forgotten that we, Italian actors of Commedia dell'Arte performing in Paris, are not allowed to speak on stage. If your play has words it's good for the Comedie Française, not for us. We are permitted to perform only silent actions, pantomimes, fights. We can also sing but only five songs per show. Not more. And they must be in French. For staging a play with words we would need a special permit which costs a lot.

Besides, we don't need words. We are able to express a blazing passion or a hell of hate using one gesture, a look, or a movement. Behold, such silent scenes as the medical exam of an epileptic, a theft of a purse from a sleeping drunkard, a chase of a meek husband by an angry wife, a fight of two clumsy servants, or a courtship of two timid lovers—these are our best. They always make the spectators laughing, clapping, and shouting with wonder. We don't need dialogues or monologues—that empty gossip. We communicate perfectly and unmistakably without words.

PIERRE: That's vulgar. That's a theatre for the rubble. That's not acting—only pantomime, acrobatics, juggling, fighting, or stilts-walking.

SYLVIA: Pantomime is a very noble art! Our physical skits require a lot of training and nevertheless remain dangerous!

PIERRE: These skills are good for circus performers or street fire-eaters. Performing in my play you can retain your physical proficiency, but the role I've written for you shall give you an opportunity to do more, to plunge deeper and to fly higher. I want to enhance your acting. I want to make it whole. How? By using words. I bring you these words. Words as subtle as a breeze of an evening wind, as delicate as an early spring bird's song, as mysterious as a forest's pond, and, at the same time, as tight and strong as the stay-lace of your corset.

SYLVIA: Corset? Corset! Pull it tight on me! My scene is coming!

PIERRE: What scene?

SYLVIA: I don't remember. But there is a note in the wings with the order of the scenes of the show. I'll find out. Quick. Now, that dress.

PIERRE: So, you'll glance at a note and you'll know what to perform?

SYLVIA: Sure. The note says whom I meet and what I do. Do I need more?

PIERRE: Yes! You need words!

SYLVIA: To learn words before entering the stage? To memorize them? Oh, no. I'll improvise whatever came on my minde moving, gesticulating…

PIERRE: You need words. Words which I'll put down and you'll deliver… Ah, believe me, these words shall change you and they shall change your acting. These words are beautiful, delicate, subtle, exquisite, uplifting. They are sharp as a dagger and poignant as an arrow. They are woven out of fogs and shadows. They are drawn from the colors of rainbows and sparkles of fairy's mirrors. They are picked from the tips of lightings and harnessed from galloping wild horses. I heard them in the murmur of sea-shells, in the whispers of my heart, and in the rumbling of armies marching across a bridge. Delivering my words your soul will resonate like a harp. You will be able to abandon your abrupt movements, exaggerated gestures, artificial smiles, mannerisms, jumps, bends, and curtsies. You'll say "I love you, Celio" and you confess your love to him using most colorful, most refined, most delicate, and most sophisticated words. You'll tell him how you feel waiting for him, what your heart prompts you when you see him approaching, what you sense when he departs… Let me read it to you…

SYLVIA: I have to run on stage. You read me when I'll be back, although I doubt that you'll convince me to memorize the lines. Lock the door and don't open to anybody. If someone should knock, pretend that you are Lizzette, you know, she performs older ladies in our company. Oh, you can dress in her costume and put her mask. When I'll return, I'll knock four times. Two and two. Two and two. Like this. *She demonstrates.*

PIERRE: I have to dress like a woman? I, the tiger of Paris? I, your lover? Never! I am not one of these feminine foppish king's favorites! Not me! Or perhaps you prefer lovers of the same sex? Tell me. I demand!

SYLVIA: You doesn't have any rights neither to my secrets nor to my bed. Hurry up! Put that dress on!

PIERRE: I don't wear it! I'll rather die!

SYLVIA: I respect your scruples, but dressing for a woman might save you manhood, not counting your head. Quick! I am late!

PIERRE: Stop. Think what do you feel abandoning me? In what words would you envelop your feelings?

SYLVIA: Words? I'll be late. Ciao!

PIERRE Stop, please. Listen. You think that you love me and you can't leave me, but the call of your acting duty is equally strong. You are torn between your feelings and your responsibilities. For the last time you chose theatre. But the next time you are going to chose love. Therefore, me! Listen how my heroine speaks about her love…

SYLVIA: I'll listen when I'll be back.

Sylvia runs out.

PIERRE: She did not want to listen. Yet, these words of mine are pearls, diamonds, rubies. Every actress on earth would yearn for such a line. *He reads.* "O, Celio, is it love? Est-ce l'amour? You gazed at me and you hurt me. My heart bleeds. I love you. Je t'aime. Only your love can heal me. If you don't love me—I'll die. And with my death the whole world will die. A world without love shall perish. Ice shall cover the globe. But no! You love me. Sun raises over the frozen desert. Ice melts. Grass springs all over. Love turns an indifferent into a passionate, makes a cruel—a meek, an indolent—a diligent, a lustful—a modest, a brute—a gentle, a criminal—a low-abiding…" *Closes the manuscript.* Reading my own words I could not believe that anybody listening to them would not be taken by awe… It's a great dramatic literature! It's ravishing! Isn't it?

Knocking to the door—two and two, two and two. Pierre quickly finds Lizetta's costume and dresses himself. He wears the mask. He speaks imitating female's voice.

PIERRE: Sylvia is not here! She is on stage! Nobody's here! That is only me, Lizetta. If it's you, Monsieur Marivaux, I advise you to run away as quickly as you can. We perform her the Italian improvised comedy and we don't need any playwrights. We do not memorize the lines! If the manager, Maestro Ricobboni, finds you here he'll cut you to pieces!

Sylvia tries to interrupt Pierre.

SYLVIA: It's me, Sylvia. Pierre, open, please. It's me…

Pierre finally hears her and opens. She enters and burst out laughing.

SYLVIA: Look at yourself! Do you look as my lover? I'd prefer to sleep with my husband.

PIERRE: You ordered me to dress like this. *He takes off the costume and the mask.* Were you late?

SYLVIA: I was late on stage for the first time in my life. Because of you! Your fault! They went on to perform the next scene.

PIERRE: So, you've returned for my love!

SYLVIA: I've returned for your play. Can I get it? I can read French.

PIERRE; It's the moment I've been dreaming for the eternity. I'll read it for you. Or we'll read in characters. I'll read the lines of the hero. You'll read the heroine. Sit down here, close to me, forget about the whole world.

SYLVIA: Let me browse through your manuscript. *She does it*. So many words. All of them have to be memorized? And in French?

PIERRE: You'll drink them as the best wine. Oh, how savory, how dazing, how intoxicating, how illuminating they are. They'll penetrate you, they'll enter your heart, they'll take over your head, they'll swirl your tongue. They will make you a different person—a character in my play. Listen, the story starts in a country inn. A beautiful, as beautiful as you, inn-keeper swipes the floor, cleans the bar, rinses the glasses. A wanderer enters the inn. Is he tired? Perhaps, wounded? He sits in a dark corner. The inn-keeper approaches him to take the order. Her name is Sylvia.

SYLVIA: Sylvia? My name?

PIERRE: No other. It's the most beautiful name in the world. The leading lady in a play about love couldn't have a different name.

SYLVIA: So, this play is about love?

PIERRE: There's no other subject worthwhile to write about.

SYLVIA: You're wrong. There are so many other interesting plots. So many fascinating characters. You could write as we have in our Commedia skits—about an old miser, a lustful tartuffe, a cowardly soldier, a charlatan doctor, a jealous husband…

PIERRE: A jealous husband! True! A husband might be jealous because his wife has a lover whom she loves more.

SYLVIA: A husband might only think that she has a lover, while in truth she is virtuous, as I am!

PIERRE But all this is about love. A wife's lover might be jealous of the husband. A husband of his wife's lover. A wife of his husband's mistress. A master can lust for his female servant while she loves another soubrette. And so on. The number of permutations is infinite. The crux of the matter is that there's no other subject, topic, problem or plot more interesting than love. Love stratagems, love intrigues, love traps, love adventures, love's fireworks, love germinating and love fading away, love's follies and love's loyaty. My two heroes are suddenly falling in love with each other. *He opens the manuscript.* Sylvia comes to the table where Celio sits and says "I'm about to close the inn. The stove is cold. But, heavens, your jacket is wet with blood. Oh, blood's dripping on the floor. You suffer. I see it. You need the doctor." He replies "Don't bother with the doctor. Be a nurse for me. Besides, looking at you and listening to your amiable voice I feel better." Yes, it's love from the first sight. They need to talk about their love. Read here.

SYLVIA, *reading:* I dress your wounds. Take of this jacket. Take of your shirt. I'll help you. Blood all over. Your front is hot. You must have fever. Were you attacked by the bandits? I bring you wine to strengthen you. I bring a slop-basin with water to bathe your wounds.

PIERRE: There is a stage direction "She goes and returns with a slop-basin. She washes his wounds." *He reads*. "Your very presence, fair lady, has a healing power. Yes, I was attacked by the bandits. They robbed me and wanted to kill me, but I was able to escape thanks to my swift horse. How delicate are your fingers. I'm better. This ray of moon which pierces through the window makes your eyes beaming with strange light."

SYLVIA, *reading:* "The moon has enveloped both of us and put us in a golden nest." *She interrupts reading.* I like it.

PIERRE: You see? They are already burning with love. They are swinging in that golden nest high on a branch of an enchanted tree, delicately moved by the gentle night's breathe. They are both in a state of inexplicable joy.

SYLVIA, *reading:* "My scarf shall serve as a dressing of your wound. I'm tearing my apron for a bandage."

PIERRE, *reading:* "A most caring nurse. A miraculous cure."

Loud knocking at the door.

MALE VOICE: Sylvia? Are you still there? You must go on stage. Presto! Presto!

SYLVIA: I'm not well. Leave me alone. Send Ottolina to perform with Vittorio the skit about looking for a lost necklace.

MALE VOICE: The public wants you. You must appear on the stage. Otherwise there might be riots, they might burn the theatre. Vieni subito!

SYLVIA: All right. I'll put my costume and come.

MALE VOICE: Be quick. I announce your performance. That skit about the necklace lost in your décolletage. Ciao carrissima!

SYLVIA: Here you have it! The public loves these simple, rude, word-less lazzi from the old Commedia. It wouldn't be easy to turn them to your subtle dialogues. I'll go. But I'll come back to listen to your play. Is the rest of it as good as the beginning?

PIERRE: Of course! I wrote the entire play! I! It's a masterpiece.

SYLVIA: Be quiet here. Don't fight with anybody. I want to see you again alive.

PIERRE: Heavens! You want me to live for you!? As a lover?

SYLVIA: No. As a playwright. I'll be back soon.

♪ *Sylvia exits. Pierre locks and barricades the door. He places a rack with Sylvia's dress in the center of the stage, takes a guitar from a shelf and accompanying himself sings as to Sylvia.*

PIERRE: Music to hear, why hear'st thou music sadly?
Sweet with sweets war not, joy delights in joy.
Why love'st thou that which thou receiv'st not gladly,
Or else receiv'st with pleasure thy annoy?
> In the true concord of well-tuned sounds,
> By unions married, do offend thine ear,
> They do but sweetly chide thee who confounds
> In singleness the parts that thou shouldst bear.

(*Shakespeare, Sonnet 8*)

A familiar knocking is heard. Pierre hears it, kneels at the door, and whispers.

PIERRE: Sylvia, listen to me. I brought you this play as a token of my love. But it is not only the text. It's me. I am hidden in the shells of words, I am dressed in skin of sentences, I am undressed in the dialogues, I'm present in every exclamation mark. Listen…

SYLVIA, *behind the door:* That's fine, that's good, Pierre. I'll gladly listen to you, but open the door, please. Do you want my husband finds me at the door of my own dressing-room where my lover barricaded himself.

PIERRE: You said "lover"!

SYLVIA: Did I? Its only a word. Slip of tongue.

PIERRE: You said it! Words have power to create reality. I open the door, my love. I open the gates of paradise. I open the door and I open my heart.

Pierre opens the door, revealing a figure of a man. It is Sylvia in the patchy costume and mask of Arlechino, with a sword in hand. Sylvia speaks using male voice.

SYLVIA: I have you wretched scribe! Now you'll not escape my wrath, you coward! Draw your sword!

PIERRE: Ricobboni!? You? Italian comedian! Damn cuckold! You dear to confront a French nobleman? You'll regret to try to stand in the way of the greatest love ever known to world literature! *He attacks Sylvia, who defends herself, takes off the mask, and screams*:

SYLVIA: Stop it! You could hurt me!

PIERRE: Sylvia?

SYLVIA: You've forgotten that I'm an actress. I can perform whatever I like. Even my own husband.

PIERRE: Thus you can perform love to me as well?

SYLVIA: I could. But I don't want. By now I would like to continue reading your play. That role of Sylvia—it might be indeed a role for me. Let's go on reading. Or you can read it to me, if you prefer. *She takes off Arlechino's costume.* I'm listening. Open your manuscript.

PIERRE: I don't feel like reading it to you now.

SYLVIA: What? You don't? Than get out!

PIERRE: Not so fast. I'm teasing you. Apparently you're not familiar with love games, with subtexts contradicting the texts, with words' double meanings. You're accustomed to a flat, descriptive gesture. Yet, words can open mysterious caskets with seven bottoms. Touch a word carefully and you'll find how delicately feelings, emotions, desires pulsate in it. At the same time it is the pulse of an erupting volcano. Listen to a love whisper and you'll hear a deafening scream.

SYLVIA: Do you want to give me a lecture or to give me a role? But I warn you—when I take your words I will turn them into my own. This Sylvia of yours shall be mine, or even more, she shall be me. She will inhabit me and I will give her life. My life. I blend your words with my own blood as different liquors in one drink and I'll serve that mixture to the public. I intoxicate them! You don't know the power of acting!

PIERRE: Bravo! Brava! Brava! How beautiful you are in your rage! Combine the power of your acting with the power of my words. There'll be an explosion!

SYLVIA: Give my your play. I don't know the whole of it, but my acting instinct prompts me that it is something for me.

PIERRE: With so many French words?

SYLVIA: I'll take all of them.

PIERRE: Are you taking me as well—as a lover?

SYLVIA: I take you as a playwright. Basta.

PIERRE: Can't you take both the play and the playwright?

SYLVIA: No. Basta, I said. Basta e basta.

PIERRE: Why are you taking my play not me?

SYLVIA: It's my actor's duty to take best plays. Not best lovers. Basta!

PIERRE gives her the manuscript.

Loud knocking to the door.

SYLVIA: Ricardo, its you? Don't knock so hard. I'll open. We're going to have a new play by Master Marivaux. Full of gorgeous French words. The permit to speak on stage is costly but the earnings shall bathe us in gold.

MALE VOICE: A play? With words? With words to memorize? Never! As I'm a Commedia dell'Arte actor! Never!

SYLVIA: It'll be necessary to learn them by heart, dear, I'm sorry. All of them. Worthwhile effort. I assure you.

MALE VOICE: By heart? No! Did you agree to do so?

SYLVIA: I agreed. There's a great role for me. You'll perform my lover. Come, Ricardo, caro… I'm opening the door.

A loud noise is heard from behind the door. Sylvia opens the door.

SYLVIA: Ricardo? What happened to you?

To Pierre: He fainted when he heard that there'll be words to memorize. Too much for a Commedia actor. Help me to revive him. Don't worry. We'll stage your play. The spectators, not actors, are going to faint.

▶ **THE END** ◀

▶ ▼ ◀

▶ RADIATION ◀

▶ THE STORY OF MARIA SKŁODOWSKA-CURIE ◀

▶ A PLAY ◀

CHARACTERS

    MARIA

    EVE, her daughter

PLACE

The veranda of the tuberculosis sanatorium in Sancellemoz in the French Alps and the places of flashbacks

TIME

Summer of 1934

▶ ▼ ◀

I offer this play as an homage to a great Pole and scholar, Maria Skłodowska-Curie. My play is based on her biography and works. It is not, however, a factual narrative, but rather a "historical fiction."

I express my deep gratitude to those—alive and dead—whose writings I used. The are, in particular Maria Skłodowska-Curie, Eve and Irene Joliot-Curie, Józef Hurwic, Zofia Kata, and Helena Skłodowska-Szalay. I am profoundly grateful to Maria Nowotarska, who encouraged me to write this play, and to my wife, Zofia, for invaluable inspirations and discussions. I extend my thanks to Dr. Alicja Lisak and Dr. Mary Anne Rokitka for their expert scientific advise.

Kazimierz Braun

► PART 1 ◄

Summer of 1934. The veranda in the tuberculosis sanatorium in Sancellemoz in the French Alps. A table covered with papers — with paper-weights on them; a chair. Separately, a garden table and armchairs. Enters Eve, in light, summer dress. She goes through the papers on the table, she reads them, looks at the photographs.

EVE: What should I write about her? That she's a genius? It's true, and at the same time, its vapid. That she discovered Polonium and Radium? It's in black and white in every encyclopedia. That she's a world famous scholar? Everybody knows that. That schools, institutes, universities are being named after her? Everybody passing by sees it.

Talking with her for hours—now we have especially a lot of time—I'm trying to grasp what a person she is... What kind of woman... When I ask her questions, she treats me with well known stories, shares anecdotes... She closes herself in an "armor"—it's her own saying. If I'd write that book about her, the outcome might be only an external image. A biography embellished with funny stories, moving quotes from letters, and sensational headlines from the press. A photograph meticulously retouched. While I, I would like to show her without retouching, a true one, as she really was...

The riches of her intellect are infinite. She continually writes and lectures, in addition to giving away her own ideas to others. But what are the reserves of her heart? Does she love people, or only science? Perhaps, she loved her husband as a scholar, her older daughter, Irene, because she became a scholar, all these young physicists for the value of their brains, the wounded soldiers, whom she X-rayed by the thousands, because they confirmed in practice her scientific theories? What about me?

I, the younger child, was excluded from her attention because I did not turn a physicist, chemist, or mathematician. I was an ugly duckling, well, rather a beautiful duckling... Yet, she was for me most tender, most concerned about me.

In the depth of my heart I wanted to follow her laboriousnes, precision, thoroughness, punctuality. And because I could not match her—I rebelled and manifested my rebellion. I was fussy as a child. Lazy as a girl. Extravagant as a woman.

— "Eve, my little, don't splash the cereal. Irene eats everything so nicely."
— "Eve, darling, come back from the garden. Irene is already doing her homework."
— "Eve, dear, enough of that thumping the keys. It's time for fingering exercise."
— "Eve, daughter, I'm leaving for a lecture. Don't be late for school."
— "Eve, I'm sorry, but not too much of this rouge on your cheeks?"
— "Eve, forgive me, wouldn't you break a leg on these high heels?"
— "Eve, allow me to, wouldn't you get a pneumonia of these decoltages in front and back?"
— "Eve, oh my God, you're driving much too fast!"
— "Eve, it's you? Why so late from the concert? You smell of champagne..."
— "And you, mom, you're still on your figures? Can't you sit at the desk, as a serious scholar, must you put all these papers, notes, books, notebooks, instruments on the floor?"
— "You, a French citizen for forty years, you're still counting in Polish?"
— "Can't you be late today in the lab? Can't you miss the meeting of the Medical Academy? Can't you make students wait for you?"

Impossible. Out of the question. How could I be late? How might I neglect the editing of a book? How's possible not to finish a calculation?

Many times I wanted to provoke her. To have a real quarrel. In vain. Maybe, having a very strong will she instinctively backed up encountering somebody else's will? Or, perhaps, she didn't understand that my fussing was in truth a cry for help? Or, maybe, a strong person is not able to empathize with the weak?

As far as my memory goes back, she was closed, secretive, she wore a mask and the costume of an eternal mourner. Is it possible that this mask and this costume is a true her? That she is simply only a scientist, and only a mourner? No. It must be different. This great scholar certainly has a great heart. A heart equally sensitive and delicate as penetrating and bright as her intellect. How to get to her heart? How it is inside of her? Who is she?

Well, we're ready for the afternoon session.

She exits and soon returns with Maria who wears eyeglasses in a heavy frame. Her hands are covered by gloves and from time to time they shrink with a nervous tick. She holds a manuscript and a thermometer in her fingers. Eve sits her on a chair.

EVE: Are you all right here?

MARIA: Yes. In my room it would be better, though.

EVE: You don't go to a sanatorium for that.

MARIA: Wind. It might steel the pages of my manuscript.

EVE: Give me your thermometer.

MARIA: My temperature has fallen. See? Look. *Eve looks at the thermometer.*

EVE: Only 34 Celsius. It's too low. *She puts away the thermometer.*

MARIA: I'm a little bit weak. But that buzzing in the ears ceased. I feel better. It's not the medicines of doctor Tobé. It's the mountains, space, air. I think that the crisis is behind us and now it'll only be better. We have to cut the stay here short and return to the lab. I can't go about without it. Sancellemoz is beautiful, but enough of this laziness.

EVE: It is beautiful!

MARIA *changes her glasses into the "long view" ones.*

EVE: Again?

MARIA: Yes. In these glasses I at least see the patches of the forests, I see where's the snow and where's the sky. Go. Tell me.

EVE: I'll tell you if you promise…

MARIA: I promise, I promise…

EVE: And you don't keep your word.

MARIA: I'll keep it today. Go.

EVE: The Alps. The panorama. From the right Augille de Bionassay, Augille du Goûter and Dome de Goûter, Augille du Midi, Mont Jolie and Mont Joux, and finally, her majesty the queen, Mont Blanc… The "White Mountain" in a cape of snow. Further to the left…

MARIA: Enough. Augille de Bionassay, Augille du Goûter and Dome de Goûter, Augille du Midi, Mont Jolie and Mont Joux, Mont Blanc… What about that? My memory doesn't fail me. Only those eyes.

EVE: And a few other problems. These mountains shall cure all of them. Do you remember what's on the left of Mont Blanc?

MARIA: I do.

EVE: Tell me.

MARIA: No.

EVE: So, you don't remember.

MARIA: Augille du Drut! Below—Prairion. That path, that one which I don't see, of course, but I know that it begins in the lower Saint-Gervais... We walked that path once with Albert…

EVE: Einstein?

MARIA: Yes. The path gently climbs among the spruces. Gently, but it is a walk several hours up, more than one thousand meters difference in altitude. The forests end. Still a half an hour to the peak. Prairion. A wonderful view of the whole mountains chain, crowned with Mont Blanc in snow. A rest. A repast. From Prairion, a descent to Col de Voza and again a little up hill to Bellevue. And it's already evening. From there, the telepheric, that is, the cable car, down to Les Houches. For the night. Do you see this path?

EVE: No...

MARIA: Yet it's there. For sure.

EVE: It's as it was with your Radium. Yes? For four years you knew that it was there but you didn't see it. You wanted to see it. That's why you moved ten tons of ore by a shovel.

MARIA: Eight. For four years we knew that it is there. We couldn't see it, measure it, weigh it, touch it. But it was there. We knew if from the calculation. We believed that it exists. No. It wasn't faith. It was knowledge.

EVE: Are you talking about those four years in the old laboratory?

MARIA: Yes. The most hardt and the most beautiful years of my life.

EVE: *She sits and takes notes.* Tell me, Mé, how it was with those labs? In the proper sequence of the events. I want to put it in order. First, you worked in papa's lab, in his school, yes?

MARIA: Tell me the colors.

EVE: You know them well.

MARIA: The colors.

EVE: Oh, well. Mont Blanc is already slightly yellow, for the sun is going down.

MARIA: And then?

EVE: The yellow shall turn into orange, then pink, later into purple, to eventually absorb the dark blue of the night... Happy? So, let's get to work. I asked you about your laboratories…

MARIA: Old days. *She changes her glasses.* No time for memories. I have my work too. *She starts editing her manuscript.*

EVE: You've promised!

MARIA: Tomorrow, perhaps. I still have about two hundred pages of this manuscript to edit.

EVE: You've promised.

MARIA: Why do you insist?

EVE: As always. For your good.

MARIA: You're not good to me.

EVE: I mustn't be good to you in order to make my book on you good.

MARIA: My book on the radiation must also be good. Leave me alone.

EVE: Listen! Your book on the radiation will be read by a few hundred of scholars the most, in addition to, let's say, a few thousand of students. While my book on you will be a bestseller. I've spoken to Gallimard. First edition half of a million copies. Simultaneous publications in French and in English, for the Americans. Our friend Maloney, on whom we can always count, will sell it.

MARIA: Fine. So, write it. Profit from me. I never made any money.

EVE: I know. You rejected, both of you, you and father, you rejected the American offer to patent you method of producing Radium. Foolishness.

MARIA: No. Principle.

EVE: Your legendary decision to resign of the patent for the Radium, and, consequently, to resign of a fortune! Tell me sincerely why did you do it? You did received that offer from an Uranium Processing Plant in Buffalo, in America. The contract was on the table. Ready for your signature. Millions were sitting on your table. Having money you would have been able to build and equip as many laboratories as you wished, fund so many scholarships... You could have established a Curie Prize, more prestigious than the Nobel.

MARIA: We didn't feel like owners of Radium's mystery. Radium belongs to nature. And technologies invented by humans—to the whole humanity.

EWA: Yet everybody does it. People exploit nature for their own profit. They profit from their inventions.

MARIA: Do you know Żeromski?

EVE: Who's Żeromski?

MARIA: Stefan Żeromski—a great Polish writer. Your Polish literature knowledge is inadequate. Well, one of Żeromski's heros, asked why he took a very strange and altruistic decision, replies simply "I did my own way."

EVE: I didn't read it. So, it was you own capriciousness?

MARIA: A decision.

EVE: The father's?

MARIA: Mine too.

EVE: You took it under papa's dictate?

MARIA: No! We had equal influence over each other. We decided in harmony.

EVE: That sounds also like a legend. A legend of your prefect marriage. I'd prefer to know the truth.

MARIA: Indeed? Facts, documents, figures, chemical models *are* the truth. That's that. We really did not accept this patent. Period.

EVE: Well... You didn't refuse to accept the Nobel Prize. Neither both of you, nor you, individually. Later you accepted awards, diplomas, honorary degrees, these two grams of Radium, each worth one hundred thousand dollars...

MARIA: Not for myself! I accepted all that not for myself! You certainly know that I gave the first gram of Radium to the Curie Institute in Paris, demanding categorically a precise legal wording in the pertinent document. The second gram went to the Radium Institute in Warsaw. And all those diplomas, honorary degrees... I realized that they are actually not given to me... The science was honored... Each honorary degree which I hold... embarrassed... while somebody was addressing me in Latin had no value for me... But it boosted the development of physics, chemistry, medicine... It helped dozens, hundreds of scholars, thousands of students. It supported their work, it paved their way. I shouldn't hamper them. The other way around—I wanted to help them. Parading in the funny robes I was only a symbol. An unbefitting role.

EVE: Even your monuments were built.

MARIA: Bad luck. I'm still alive! Besides... Oh, how all these ceremonies were tiresome for me—physically, mentally. Every time I had to force myself to smile, to give speeches, to pose for photographs, to give interviews. You accompanied me at these two so called "travels of triumph" across America, so you know what I'm talking about.

EVE: I do now, Mé. I know how hard were these travels on you. While for Irene and me they were fabulous. Skyscrapers of New York. The abyss of the Grand Canyon. The power of Niagara Falls... The marble of the White House... How proud I was when crowds cheered you, when thousands paraded in front of you, when scholars and presidents alike bowed their heads in your presence. And you, in the midst of all that, you were somehow alienated... Why it did not delight you? I was thinking that I really didn't understand you...

MARIA: Sometimes I did not understand myself...

EVE: And now? Do you understand yourself?

MARIA: Now? You mean—on the trash-hold of death?

EVE: No!

MARIA: Now, tell me the truth. You had that thought, did you? You thought that I'm mortally ill and it's time to confront the truth about my own self.

EVE: You'll get over it. You've said that you feel better.

MARIA: Answer me!

EVE: Yes.

MARIA: Thank you for your honesty. I'll reciprocate. You know, not this illness, so, the next. But perhaps it's this one. Yes, these days I'm thinking about many things I didn't think for a long time. I'm asking myself questions which did not come to my mind for years.

EVE: From the field of physics?

MARIA: Physics too. There are so many specific problems to formulate and to solve. Yes. But I think also about the future of physics in general terms, and about the future of science. You see, the research which we initiated along with Pierre, soon brought good fruits. But it prepared a soil... which might bring poisonous fruits as well.

EVE: I don't understand…

MARIA: The breaking of the atom can release the unimaginable amounts of the energy. This energy has a destructive potential on a scale unknown to the human race until now. We spoke about this with Pierre before his… These are distressing perspectives. Ominous, indeed.

EVE: Your research could bring ill effects?

MARIA: Yes.

EVE: I'll never believe that.

MARIA: Further research might confirm my misgivings. Many scholars work on these matters. I wonder what are they going to find? *A pause.* Don't drag me into a small talk. Nobody will replace me in this editing.

EVE: Don't change the subject.

MARIA: You want to talk with me about myself. It doesn't interest me at all. I think about the future of science. There are questions about the sense of scientific progress. More important—about the sense of life. Most important—about the sense of death.

EVE: If so, why you don't want to talk with me?

MARIA: About death?

EVE: About life!

MARIA: About life? Work made my life. Work never stopped. With work I overcame Pierre's death. There were so many of these deaths in my life… Each of them I conquered by work.

She works on her manuscript. Eve gives up and goes to her table. She sorts out her notes. Maria starts "thinking out loud."

MARIA: Death… I was sitting for hours at my dying mother's bed. I didn't know that time what a terminal illness is… Nor I understood the sense of suffering… I was eleven years' old. Yet, I understood that a sick person should be helped. Even by sitting as their bed. Mother was not well for years. Then, there was this terribly long time of separation. Father said several times that mama has gone to be cured and she'll return healthy. When a woman appeared at the door of a rail-car from Nice at the Warsaw railway station and father rushed towards her, for a fraction of a second I didn't understand why he was in such a hurry. A moment later I understood. Next moment, I got terrified that I did nor recognize her at first. That woman was my mother. Something happened to her face. It was as if somebody else possessed her. Death? Since then she was more in bed than on her feet. There was always a lot to do—there were five of us, and, additionally, these four boys taken in for lodging to mend father's meager salary.

Suddenly, one of them got sick. Doctor's diagnosis typhus. Soon Zosia and Bronia went to bed. Infected.

A few days later some men in black suits emerged from the girls room with a coffin. Inside Zosia, in a white dress, without hair, cut off during her illness, her face transparent, light, smooth, peaceful. I thought that she looked like an angel. For papa said "She's now with God, with the angels." The worst moment was when these men in black threw dirt on Zosia's coffin. It was the first death—so close.

Then, Bronia's health began to improve, and mama's deteriorated. Every evening, we knelt at the entrance to her room and prayed. The rosary, a litany to Mother of God, We Fly to Thy Patronage o Holy Mother of Good, Ten Commandments. My knees hurt. It was hot. A first wave of Spring heat, too early.

One day, as I was kneeling, I heard a bell and felt a hand on my neck. I shuddered. I looked back. It was a sacristan in a white surplice. Behind him a priest in a biretta and a purple stole over the surplice. The sacristan moved us aside. The priest entered mama's room and closed the door. As if he would steal her from us. Papa said that mama is confessing and receiving Jesus.

Kneeling at these closed doors I offered my life to Good for mom's life. He did not take it.

Again, men in black. It was the second death—so close. Even closer. A funeral. Long kneeling in the church. Cold floor. For the first time I thought that that kneeling was futile. The graveyard. Crowded with crosses. Throwing dirt on the coffin. As if on mom's face. And God allows that? He does not exist!

EVE: Mother… Come back…

Maria returns to her work.

EVE, *buried in her notes*: L'homonde was your fourth laboratory? Yes? Tell me.

MARIA: No. The third. When I received the commission to research the magnetic strength of different types of steel, I started to experiment in professor Lippman's lab. But there was not enough space on the shelves for my dishes, and soon the very shelves became too small… Then, my friends introduced me to professor Curie from the Industrial School of Physics and Chemistry, and he kindly allowed me a work place and permitted me to use instruments in his lab, so I could continue my research.

EVE: This was your second laboratory then. You were working in it from 1893 until 1898, yes?

MARIA: I don't remember the dates. Better ask me for an atomic weight of any element.

EVE: I have here all the dates. In these index cards. In 1898 that small workshop turned to be too small again, and father's school gave him that shed in the yard at Rue L'homondem number 12, which previously served as a prosectorium. Yes? It was a both charitable and disrespectful gesture. Nobody took these experiments of yours seriously, even, if you have already discovered Polonium and Radium. Theoretically. The scientists made fun of your "discovery." You learned that your discovery has no merit until you produce a material sample of the new element. So, that shed at L'homonde came in handy, after all. It was your third lab, yes?

MARIA: A roof dripping in fall and winter. Made of glass. So, in summer it was a Turkish bath or a greenhouse. When it was cold, the only one iron oven with a long pipe was not enough. When it was hot, ventilation was inadequate. Our beloved shed. I'd not exchange it for a palace. There we saw for the first time the heavenly light of Radium.

EVE, *taking notes*: L'homonde… The third lab… 1898… Cold… Hot… *She continues writing.*

MARIA *Turns to the public*: Radium… After the last crystallization, it was the crystallization number 5677, yes, 5677, we kept a precise log, so, after the crystallization 5677, first, we waited the whole night, napping nervously, I on a sofa, and Pierre with his head on a table with a book which I handed him as a small pillow… At dawn the bowl was empty. Empty. Only a minuscule spot at the bottom. Disaster.

We left the lab as a battle-field after a lost battle. Defeated. We returned home without a word. For the first time in four years we haven't anything to do. For the first time we did not rush to the lab, which from an arch of hope and a cradle of dreams suddenly changed into a hostile, hateful spot, a witness to our humiliation. We felt like caged. With the sense of a terrible catastrophe.

Incomprehensible, yet real. Four years of shoveling the uranium blend. Four years of heating the stove for the boiling liquid. Four years of steering it in a large bowl. Those five thousand six hundred seventy seven crystallizations. And the empty dish. A despair. Compromise in the scientific milieu. Personal hopes shattered. Defeat. Defeat on all fronts…

I could not accept it. The very next night—dreadful, sleepless—it suddenly occurred to me that the amount of Radium after the last crystallization produced such a small amount of it that it was invisible, only that little stain… But it is there. It must be there. We couldn't made such a grave error in our calculations. It's there.

I woke up Pierre. "We have to check again!" We dressed in a hurry, communicating without words. We ran to the laboratory. The courtyard. The key. Already through a window we saw light. We entered. Over the bowl, smilingly empty, a light gleam shined. Radiation. How beautiful. It was the most beautiful view and the most happy moment of my life. It was the Radium.

Later, we carried out many further experiments. Dishes, beakers, mortars, whatever was touched by Radium radiated light. When we've been entering the laboratory at night, lights greeted as from the shelves, from the tables. We called it "fire-flies."

Radium… A wonderful, incomprehensible matter. Its radiation is a constant, dramatic, prodigal creativity… It is two million times stronger than the radiation of Uranium, it pierces even most impenetrable bodies…

Radium… It produces heat and a particular gas, an emanation. It affects the photographic plate. It allows air to transmit electricity. When put close to many materials it gives them the phosphoresce. It activates everything around material objects and plants, animals and people…

Radium… It spontaneously provokes never ending atomic cataclysms… It pulsates with a rhythm of unstoppable births and unavoidable deaths… It's it all the time in motion.

EVE: You proved that Radium exists. You defended your doctoral theses on the radiation. Immediately you got the Nobel. Immediately afterwards you got a superb new laboratory.

MARIA: No! We did not get any lab! We begged, we importuned, we wrote petitions to the French authorities, we paid countless visits to the university, to the various offices… To no avail. Eventually, only when Pierre became professor at the Sorbonne, he got two tiny rooms for a lab. Out of utter "generosity" the university allowed me to use them as well...

EVE: So, this was your third shared lab, and lab number four for you? Yes?

MARIA: Too small. Poorly equipped. They promised to add two rooms. Pierre never saw them. Eventually I got them, when I took over Pierre's position at the university. By your reckoning it was my lab number five. Unworthy of Pierre's memory, unbefitting for my work. Only later...

EVE: I have this date. 1909.

MARIA: Only later they began construction of a new lab. Finally, a true, modern laboratory. A whole Curie Radium Institute.

EVE: The one which was opened in 1914?

MARIA: Yes. But already before the war, Poland decided to built a laboratory for me in Warsaw.

EVE: In 1912

MARIA: I guess so. *She interrupts.* Do you hear these bells?

EVE: Yes, it's from pastures in the mountains...

MARIA: The music of spheres. When I was looking in the darkness on the light on the Radium I thought that I heard music... some harmony... *A pause.* What were we talking about?

EVE: About the Warsaw lab.

MARIA: It was dragging…. First, Warsaw was still under the Russians. Then, the independent country had more important things—the defense of its independence, and more necessary expenditures—arms, food. I placed the cornerstone no sooner than in 1925.

EVE: Let's continue this path…

MARIA: You were there. You know everything. The Radium Institute on Wawelska street was opened two years ago. But only half of it, the medical half. Two units, as in Paris, are planned. The physics labs are still under construction. I'm worry about the progress of the construction. I didn't have a letter from them for a long time. You steel my letters.

EVE: What?

MARIA: Admit!

EVE: The postman brought something this morning, I suppose.

MARIA: You've admitted!

EVE: I want to spare your nerves.

MARIA: Show it.

EVE: Not much of this. *She gives letters to Maria.*

MARIA, *goes through the letters*: You're isolating me from the world while I'm needed. In Paris. In Warsaw. A postcard from Zakopane… From aunt Bronia… she wishes me good health… From Paris… From Cotelle... I asked her to properly store the Actin X until my return in the state I left it. No new experiments! I must personally supervise the readings. In order to obtain Actin completely pure and free of radiation the centrifugation must be controlled to a fraction of a second. In the meantime they might work on the Alpha rays. *She feels week but tries not to show it.* From Warsaw… You know what… Please, read this letter to me…

EVE: Are you OK?

MARIA: It's nothing. It'll pass. Read it…

EVE: From doctor Łukaszczyk… *She reads skipping some sentences.* The clinical unit is operating on a full scale…. The physics unit is under the roof… We've already installed gas and water pipes, as well as electric power in all laboratories. We're going to have a permanent line with alternating current and two back-up lines... Until the end of this year we plan to install windows and to start heating the building. In Winter we'll locate instruments in the labs. State of the art. It'll be the best equipped research facility in the world. We'll start hiring personnel including assistants, doctoral candidates—four of them are training presently with you in Paris… On November 11th, 1935, we should be ready for the official opening. With your presence, of course. For Poland's independence day. You're one of the symbols of our independence…

MARIA: Here we go again! A symbol. I'm a symbol not a woman.

EVE: …You made great discoveries in a total freedom, while Poland was still suffering bondage. In this way you've been sustaining the independent spirit of the nation. You drew nearer the nation's independence. We don't lose hope that—when all labs are ready—you'll consider moving to Warsaw. Permanently. You have your apartment in the first pavilion. You know it. You liked it…

MARIA: A lot of green behond the windows… Bright, spacious rooms… I'd like it… I'd like to live in Warsaw again...

EVE: What? To move to Warsaw?

MARIA: I was born in Warsaw. It might be right to die there.

EVE: And our new home in Sceaux?

MARIA: You don't allow the old mother to dream... *She turns to the public.*

My country... I didn't want to leave my country at all. But in Warsaw, under the Russian rule, women were not allowed to attend universities. One more Russian trick to prevent the Poles to form their elites... So, if I wanted to study at a university, and I wanted it badly, oh, I was hungry for knowledge, so, I had to study abroad. Hence, Paris... But only for the time of my studies. I didn't want to stay in France. I believed that my duty is to return to Poland, work in my country, sacrifice for my nation. Staying abroad I saw as a betrayal of my motherland. Yet, I betrayed?

I met a man. He was a French. A physicist. A professor. We felt good in each other's company, we liked talking... about physics... Gradually we discovered that our personalities matched. Both of us were workaholics, accurate, stubborn... Also our differences complimented each other. I was belligerent and full of ideas. He was reserved and punctilious. He proposed to me. He said that our union will be as the Chloride of Sodium, $NaClO_2$, a substance in which all the particles remain in a perpetually balanced harmony. But, the fact that he was French made marriage with him impossible for me. Because this would mean remaining with him in France. I rejected him...

I told him that my duties were in Poland. I must return to Poland, become a teacher and take care of my elderly father. "And science?" He exclaimed. "I will not sacrifice my ideals on the altar of science. I won't turn science into an idol!" I hurt him. I terribly regretted it. He didn't deserve to suffer—because of me. I understood that for him science was not an idol. It was god. But it happened. I returned home.

After a few weeks he, that Frenchman, wrote to me that he decided to resign of his university career, he is ready to come to Poland, to work as a teacher of French, oh, and he even put down a few sentences in Polish, promising that he'll learn Polish, for me...

It was incredible. For me? To leave one's own country? And if he decides to leave his country for me, so, can't I do the same for him? Can't I forsake my country for him? What more, he, moving to Poland, would be forced indeed to abandon research, to cease to be a scholar. While I, moving from Poland to France, conversely, could resume my scientific work, serve science of physics better than a physics' teacher in Warsaw. His renouncement would be greater. What an awful egoist I was! I thought about myself—not about science. Even if I believed that science will redeem the world. And I was thinking about myself—not about him. I'm an abomination!

I realized that the love of two people might be larger than a love to this or that country, and at the same time, that love for science knows no boundaries. A scholar serves the whole humanity. It doesn't mean an abandonment of the mother country. Love to all people doesn't exclude love to one nation. I'll move to France! I'll marry him!

Yet, I acknowledge, I was terribly sorry when Pierre ordered that I'll not have a white wedding gown with a white veil, that there will be no wedding rings, and no priest... It turned out that he was an atheists. Later... He didn't allow me to baptize our children... I was raised Catholic. But after my mother's death I broke with the Church. There's no heaven. There's only earth. Its mysteries and riches awaiting discovery.

Later... Later... My compatriots invited me to Warsaw. I've been already the Sorbonne professor... I received my second Nobel prize... My heart pulled me to my country. The return would be a fulfillment of a patriotic duty. Duty! In my whole life I've always based my decisions on a sense of duty. I silenced my heart. I made an analysis of my duties. I came to a conclusion that my most important duty is to serve science. I wouldn't be able to do such a research in Warsaw as in Paris. I stayed in Paris. We are often confronted with a conflict between heart and mind. We have to choose. But some times it is even more complex. When we face the choice between two loves. I loved Poland and I loved science. Which love was larger?

EVE: You planned to return to Poland immediately after your graduation at the Sorbonne, that is in 1894. A killer of a time table: beginning of studies in 1891, license in physics in 1893, license in mathematics, 1894. Now we have 1934. Forty years. Even. I have you these index cards.

MARIA: An artist, a pianist, a writer, a journalist, yet a strict mind. So, it's already forty years? *Long pause.* No. We're not going to look back. What matters is the future. Do you remember Asnyk?

> "Let's with the living forward move,
> Reaching for novel forms of life,
> And not into the withered groove
> Hiding our heads, keep what is rife."

EVE: Bravo!

MARIA: Moving forward with the living means to work. Allow me to return to my editing.

EVE: Sure. But, please, check if I have all that in order. *She reaches for her notes.* This chapter should be still worked out… "Madame Curie in the Pantheon of Science." *She quotes from her notes.* "Albert Einstein discovered the inseparable union between time and space. Madame Curie discovered the inseparable union between matter and energy. Maria Curie came after Copernicus, Galileo, Newton… <<Copernicus halted the sun and moved the earth>>, Maria Curie moved the atoms. Galileo…

MARIA: What nonsense!

EVE: I have bibliographical data.

MARIA: Don't dare to quote this trash. Besides, I don't like that whole idea. To write a book on me when I'm still around? When I die, I'll be not able to protest, or send corrections to newspapers. You would be free to write whatever you wish. The fanciest fantasies. The most absurd nonsense.

EVE: Don't be angry at me, mom. What I'm putting down are not fantasies and nonsense. I base everything on sources, authentic statements, quotes from the press. I found your old letters, father's notes. You promised me authorization.

MARIA: I'll authorize nothing!

EVE: Why?

MARIA: Because these are stories, anecdotes, memoirs—somebody might remember something this or that way. I only can put my signature under the facts. I can only sign verified scholarly data.

EVE: Don't you understand that the text of you biography authorized by you will have a triple, what I'm saying, a ten times higher market value?

MARIA: Market?

EVE: Yes.

MARIA: You know that I've never cared for money!

EVE: Don't you understand that already once, not selling the patent for the Radium, you disinherited me, Irene, our children, our grandchildren!

MARIA: I've told you that it was our joint decision. Father's and mine.

EVE: Stupid, egoistic decision!

MARIA: Don't you dare to speak about father like this.

EVE: I'm speaking about you! Giving me the authorization of your biography you can at least partially fix this.

MARIA: I can't fix many other more grave errors.

EVE: You could at least not disinherit me!

She exits.

MARIA *alone. She whispers*: You didn't become a physicists like Irene. You didn't become a physician like aunt Bronia. You didn't make a doctorate as uncle Joseph. So, be a writer, so, be it… But you must included Pierre to your Pantheon of science… He wouldn't claim his place himself. He never claimed anything… for himself…

♪ *The music of the mountains*

▶ INTERMISSION ◀

▶ ▼ ◀

▶ PART 2 ◀

♪ *The music of the mountains as before the break. Maria in the chair—as before. Maybe she's sleeping. Suddenly different music comes on— violent, dramatic. Maria wakes up.*

MARIA: Pierre… When they brought him on a stretcher and put on a table in the living room my heart understood what happened, but my brain could not. "Pierre is dead? Is Pierre really dead?"

Motionless, with his wrapped head… His whole face with sheets of mud and rain on his cheeks… Eyes wide open. As in a contemplation… The bandages cover only forehead and that which was over it… Which was… Because the bandages hide that part of his head, which is no more. Somebody said that he was hit by a wheel of a cart. Heavily ferruled. His skull smashed… How it is possible? No more? No more of what? Pierre's head?

The facts were telling that he is dead. Yet, I didn't want to accept that. I didn't want to acknowledge that. And, with every moment, every heart beat I was realizing that it is so and it'll not change—he's dead and he'll not live again—I was plunging into despair. Still deeper because I didn't believe in resurrection after death. And since a belief in life in spite of death was unacceptable for my intellect, there was nothing... There was only nothingness, emptiness, darkness, penury.

Someone put a hand on my shoulder. Someone raised me up. Someone took me out of the room. I did not resist—physically, but everything resisted inside me. Because I was still alive, while he… An overwhelming feeling of wrong. His. Mine. Undeserved. Ineffable wrong.

When I was led back Pierre was lying calmly. As a wounded soldier. He looked as he was resting. It was a completely new appearance, because he never rested. Even during our excursions—he would speed up pushing hard pedals of his bicycle, or, while hiking, he would go first, talking all the time, he formulated problems, which he would immediately solve by himself, or he would turn to me with a question, and not interrupting his fast marching with bent head, listened to my answer, analyzed it, sometimes debated, sometimes accepted as right. He was incessantly active, busy mentally, physically, emotionally... He never rested.

His face, below the bandage, was now calm, serene. Only his lips were coarsely curved in an unknown to me contour. Oh, these hungry lips... During all those years of our marriage, our short marriage. Your hungry lips over my body... And mine over yours. You were giving me your body with the same unlimited trust as I gave mine to you. How many times you whispered that you love my hair. You discussed, pretending it to be a scientific problem, what color are they? "Golden? Flaxen? Blond? No. Not golden, because this could suggest that you're red-haired, which is not true. Not flaxen, for this would imply that they faded, while their color is very intense. Not blond, for their color is stronger than blond." You whispered so, spreading strands of my hair on a pillow, as rays around my head. "We have to give name to the color of your hair, Maria, the same way you named our discoveries the Polonium, the Radium. Perhaps, your hair has a Radium ingredient, for it radiates light..."

How it's possible that we're not going to the lab again together? That I will not be able to cast a glimpse at you bended over a calculation on a table. How many times, feeling my gaze, you raised your eyes from a notebook and we exchanged looks, as a beam of radiation, assuring each other of our everlasting love, and, in the very next second, returning to work, which also was an expression of our love. We worked together, we lived together, we dreamt together. We were created for each other. Our union was an imperative. Like a result of a correctly conducted experiment. Like an element of a given, invariable structure...

The coffin was slammed shut. The cemetery. There was no priest, not a funeral mass. As at our wedding. They placed the coffin into the grave. They wanted to walk me from the graveyard. I didn't allow it. I was watching when they immured Pierre.

I was left alone. How am I going to live? Alone? How am I going to work? Without you? Suddenly, I recalled Pierre's words "If there would be a lack of one of us, the other one must carry on research." The very next day after the funeral I went to the laboratory...

The wound remained open for years. It didn't heal. I tried to stop the bleeding with work. I buried myself in work. So as to not remember. So as to not return. So as to overcome that paroxysm of despair provoked by every thought about him, every memory, every association, any object, which he used, any book, which he quoted, the very sound of his name... People spoke and wrote about me: Brave widow—how dignified she is in her mourning... A temperate scientist—she lectures in spite of her personal tragedy... Un unbroken scholar—she conducts her research regardless of the loss of her best collaborator...

Paul... He alone discerned these repeated pangs of a heart, of a wounded heart of a woman, under my heavy mourning dress, under a mask of a lecturer focused on her topic. He offered me graciousness, while others only politeness. He was tender, while others only understanding. He let me know that he believes in me—in me, not only in my theories and discoveries. Besides, he was so gentle, handsome, elegant, and virile. I realize that I need a man. It was as if I'd discover him—for I knew him for years. Paul stopped my falling into the abyss of solitude. We were equal on the scientific ground. We respected each other. Albert... Albert Einstein, with whom I spent so much good time and had so many fascinating discussions, so, Albert once said that if he, Albert, would not announce his relativity theory in 1905, Paul would do it in 1906. They were reaching the same results.

For the first time, after losing Pierre I could have a partner for conversations on my research. Paul listened and understood. Competently, he pointed out to not yet fully resolved problems. He asked inspiring questions. Constantly we had opportunities to meet. Our offices at the universitie were door to door. We used the same libraries. The nearest *bistro* for a hasty *dejeneu* was as near for me as for him. Soon, we began to change accidental encounters into planned dates, having a coffee and a *croissant* at the same time. We felt good about each other.

An anonymous letter interrupted all that. It shocked me. I found it on my desk. Somebody wrote that I indecently impose myself on a married man with four children, that I am shameless, that I'm stealing a husband from a wife, a father form his children. I have to sober up. I crumpled it. I threw it into the trash.

I decided to avoid Paul. Yet, he began write letters to me. I couldn't not reply. He asked me for a meeting. I couldn't refuse. He was depressed. He said that his wife is threatening him with divorce. "So, he'll be free"— I thought to myself. For I was free. "My wife will endeavor to get a court judgment of my guilt"— he said—"She wants to ruin me... and my reputation..." I felt that I have to rescue him. We rented a flat where we secretly dated. We exchanged letters. More and more tender.

Suddenly a terrible thing happened. A tabloid published my letters to him. With a vitriolic commentary. Was it Paul who gave these letters to a journalist, wanting to put blame for the disintegration of his marriage on me? Was he such utterly flimsy person? Or, perhaps, he simply lost these letters? Someone has stolen them from him? I don't know. I don't know until today. Yet, I suspect the worst.

A dreadful clatter of broken glass window! In my house, and in the apartment where we had our secluded dates.

Panic!

Paul's wife stops me on a street and threatens to kill me!

Friends abandon me!

A press explodes with a campaign. "A secret romance of the Nobel laureate."—"Scandal in the academic world."—"A libertine with a Ph. D." I'm not only a wanton, but a foreigner—a Pole? A Russian? A German? Probably a Jew? From the pride of French science I became its disgrace. I'm now a usurper, who broke in the research field of Becquerel and Curie, who appropriated part of their Nobel Prize, climbed to the doctoral degree on Curie's back, out of pity for her she was allowed to inherit his professorship, and finally she unmasked herself as a scholarly thieve and a moral scandalizer. She destroys French family! She corrupts French science! She's a threat to France's honor!

This what was published about me on the front pages. On the third, or fourth page the same newspapers announced in small print a news item: "Stockholm. December 6th, 1911. By a staff correspondent. The Swedish Academy of Sciences bestowed the Nobel Prize in chemistry on Madamame Curie for separation of the particle of Radium as a metal."

When I was already sitting in a train ready to depart from Gard du Nord a newsboy broke into the compartment shouting "Curie unmasked as Langevin lover!"

I killed Paul. I killed Paul in my heart. I never talked to him again. Not a word. I saw him in the university hallways, at the scholarly conferences. He remained somebody alien, unknown. I took him for dead. As for me, I decided that I shall never have a man again. It was as if I killed the woman in me.

It was the seventh, no, eight funeral. One by one: sister, mother, a child (that one which I miscarried), father, husband, husband's father, and finally, how should I call him, because not "a lover", as the tabloids called him, maybe "a second husband to be?" And now, finally, I, or rather the woman in me. A lot for one small heart. For there's a limit on how much suffering a heart can tolerate. How much pain. There's a point at which a heart is not capable of absorbing more pain. At this moment it turns into stone.

EVE returns with an afternoon tea. She serves Maria tea and sits at her notes.

EVE: Tell me… Who, among the greatest contemporary scholars, from that "Pantheon of science" was especially dear to you?

MARIA: No one.

EVE: And yet….

MARIA: I repeat: no one. Yet… It was a whole menagerie. What magnificent types. Encounters and collaborative works at the International Commission of Intellectuals in Geneve, at the Solvay Committee in Brussels, at the innumerable conferences. Vacations of this whole band in Bretagne. Seingnobos was the best rower among the scientists and the best scientist among rowers. Of course, the most distinguished scholar I've ever known was your father.

EVE: And besides him? Paul?

MARIA: I told you. Nobody.

EVE: I have to extract everything form you. So, tell me who?

MARIA: Albert Einstein, if you insist. There was nothing personal between two of us. But I'd single him out because of his extraordinary intellect and remarkably honest attitude. He was a great partner in both discussions and excursions.

EVE: You know what? You're awful. You tell me some trivia about Einstein, that he's a tourist, about Seingnobos, that he's a rower… Besides, we can leave them alone. But I don't give up asking questions about yourself. About you! Otherwise, my book will be good for nothing. I must learn something essential about you. About your soul.

MARIA: Psychoanalyses? Doctor's Freud little sofa?

EVE: Perhaps I'm not as stupid, as you think, even if I'm not a physicist!

MARIA: You want to find out something about my soul, do you? My body interests me more at this moment. My illness… The best Paris' doctors sent me to this tuberculosis sanatorium because, supposedly, I had a pneumonia. Here, the specialists excluded a lung illness. So, it's not that. The analysis reveal a catastrophic drop of red blood cells, and recently of the white too. Doctor Tobé speaks about an anemia. Anemia? No. Not that either. And what about the cataract on my both eyes? My sudden fainting spells? Dramatic oscillations of my temperature? And so on, and so forth.

EVE: So, what is this?

MARIA: We're dealing here with a cycle, accelerating for years. My burned hands after handling radioactive materials. They either too dry or they fester. Professor Becquerel's accidental scalding. Pierre's deliberate scalding and the far-reaching conclusions, or rather hypothesis, which he drew form this experiment. Four wartime years of constant exposure of my organism to the Roentgen radiation, probably even more dangerous than that of the Radium. Oh, how many times I switched on the Roentgen lamp over a wounded soldier and looked for shrapnels. The surgeons operated based on my directions. So many boys were saved. So many died. Several of my staff and assistants at the Institute also died. All on leukemia. But in my case it's most probably not the leukemia. Yet, my present condition must have a logical connection with years of being exposed to radiation.

EVE: But the Radium cures! It's a whole new branch of medicine Curie-therapy. A therapy with the Radium.

MARIA: Yes. But the Radium heals by killing. It kills sick cells. We also know that improperly dosed and used it kills healthy cells too.

EVE: So, this is a sickness resulting of the excessive radiation?

MARIA: "Radiation Sickness?" We'll call it "Radiation Sickness!" Great! My malady is the Radiation Sickness. I like that!

EVE: How to cure it?

MARIA: It's necessary to formulate a procedure for removing the radiation in the same way that we are able to infuse it into an organism. It's an excellent material for a few doctoral dissertations. My assistants will be ecstatic. The science will make progress. See, I invented a few topic for doctorates on the spot. Let me tell you what I suspect—radiation…

EVE: I'll not understand. Too high regions of science. I have one more question for you…

MARIA: Not now, please…

After a pause.

MARIA: Science… The future of science…. I recently read in report of the German Academy of Science with a communiqué of doctor Otto Hahn. I know him well. He's a serious scholar. He experimentally proved that the atom of the Uranium exposed to neutrons disintegrates, releasing great energy and a beam of new neutrons, which, in turn, are able to defuse the nuclei of atoms of Uranium. He called this process the "nuclear reaction." It's a grave matter. Hahn follows my footsteps. Along with Pierre, I proved that atoms are not stationary, stable, as it was previously believed. The Radium, according to your research, emitted utterly small particles of negative electric power, with its potential energy gradually dispersed. How does it happen? As a result of the atom's transformation. We made the atoms dance! Hahn's next experiments will probably focus on measuring the quantity of the atomic energy released in the process. Even now, we can infer that this energy is enormous. Unimaginably larger than any artificial eruption known until this day. It's a very dangerous. Pierre addressed that problem when we accepted the Nobel. He pointed to two possible applications of the Radium—as a benefit, and as a curse for the human race Do you have the that Pierre's speech in Stockholm?

EVE, *surprised*: Let me look... *Goes through the documents on the table.* Yes. I have it. The speech of doctor Curie delivered on June 6th, 1905, at the extraordinary session of the Swedish Academy of Science. Yes... First, he spoke about the impact of the Radium's discovery on physics.. yes... a revision of several basic laws of physics... On chemistry... revealing new sources of radiation... On meteorology... Explanation of many unexplainable until now phenomena... On biology... a perspective of curing cancer... Yes... Here!

"Considering great, and indeed countless and impossible to grasp advantages of the Radium, we have to also express our concern that in the hands of malefactors the Radium will become a dangerous agent, and, therefore, we have to consider whether the human cognizance of nature's mysteries brings good to humanity. Is humanity matured enough to take advantage of them, or, conversely, is this cognizance harmful for her? The example of Nobel's discoveries is telling—

mighty explosive means allowed people to accomplish splendid works, but they are a terrible means of destruction in the hands of great villains, who drag nations into a whirlpool of wars…"

She interrupts reading.

EVE: Without Nobel's nitroglycerine and dynamite there wouldn't be a Transamerican or Transsyberian railway, Suez Canal or Panama Canal, the tunnels under Alps!

MARIA: And there would not be those horrible destructions of the Great War! Pierre foresaw that. I thought about it many times going with my Roentgen machine towards front lines, looking at all these towns in ruins… Bitter fruits of Nobel's dynamite… And what if shells that turned those towns into ashes had the power of releasing nuclear reaction? If they were nuclear shells?

EVE, *taking notes*: Nuclear… shells…

MARIA: We two, Pierre and I, set in motion that chain reaction of discoveries which have been leading to this point… To the beginning of a road towards a new, dreadfully destructive weapon. It's most probable that there will be madmen who decide to use such a weapon. The Hitler's Germans… The Stalin's Soviets… In addition to the Japanese, who just begun the conquest of China. It is known that all those regimes have scientists on their payrolls. Yet, science must not be subject to any governments directives. It must remain independent. Otherwise, it'll cease to be science.

EVE: Are you delivering a lecture at some pacifists conference?

MARIA: Don't confuse me… I don't want to loose my focus…. So, the menaces of science… Science is under external threat. It is threatened by the governments which desire to control research and profit from it. But there's another threat. The internal one. It comes from every scientist consciousness. Yes. Besides questions about application of scientific discoveries—should they serve evil or good—questions arise about the very morality of research in certain domains. Precisely there, where research encroaches on the territory of the basic laws of nature and attempts to put them on hold, or alter them. Yes! We are not allowed to do science apart form morality. Morality means more then intellect. Alfred Nobel gave thought to this problem. Pierre Curie thought about it. Yes! We probably have to point out that research in certain domain must have limits. The scholars must make a choice. Yes!

♪ *We hear the "music of the mountains." Maria hears it but continues as in a trans.*

We have to make a univocal choice. Should we consider nature as a mechanical matter or as rational creation. And if it's creation it implies creativity of the Creator. Yes!

EVE: Mom… I didn't want to interrupt… But… Have a look, please… It's a view, which lasts only a few minutes.

MARIA: A look? I see almost nothing.

EVE: Sorry.

MARIA: Tell me.

EVE: It's the moment when the light of the day transfigures into the light of the evening. The snowy peak of Mont Blanc anticipates the coming of night. It loses orange. It wears pink, and soon it'll begin emanating purple… In a while—it'll be indigo… Finally—dark blue…

Silence.

MARIA: Beauty. Pure beauty. Science must be pure too. This view prompts us that there must be a perpetual harmony between the beauty of nature and the beauty of science on nature. Nothing should disturb that harmony. We should not bring down science, that flower of human culture, to the level of utilitarian, soul-less, technical civilization. We have to defend science. Eve, could you take a note for me... I have an idea...

EVE: Only don't dictate me some chemical models. I'd mix them up.

MARIA: No. It's more then chemistry. It's, let it be, my last will...

EVE: Your last will?

MARIA: A world congress of scientists in the defense of science... It must be organized in Warsaw in connection with opening of the Radium Institute in 1935. Not much time left. We have to start working on it immediately. Courage! The congress' program... We have to again ask the fundamental questions. What is matter? What is nature? What is the correlation between existence and creation of existence? How the subjectivity of a scientist relates to the objectivity of his research?

EVE: Not so fast, please...

MARIA What is the role of ethics in science? Should moral values set the scope of research? Courage... We have to debate the very notion of truth. I will deliver the opening paper. *Her voice weakens.* I'll address the topic of... *She interrupts.* I'll address the topic of... *After a pause.* I don't feel well...

EVE: Give me your hand. I'll check you pulse. *She checks it and puts her hand over Maria's head.*

MARIA: It'll soon pass...

A pause. Maria breathes heavily.

EVE: We need a doctor... That indefatigable energy of yours...

MARIA: The radiation energy?

EVE: Your energy.

MARIA: Maybe it's the same?

EVE: Yes. The same. Let's go to the doctor...

MARIA: Not to Warsaw?

They both exit.

♪ *We hear sheep's bells distant, then near. Then—church's bells, and eventually only one bell of a cemetery chapel. Wind blows and makes the papers fly. Light fades.*

EVE runs in. She wears a black coat. She tries to catch the papers. She speaks to spectators:

This book about my mother... Now, I have to put these papers in order... Throw some away... Correct some... Add something... I can't put down our last conversation. Nobody would believe... Besides, mother didn't authorize the text. I'll somehow finish it and publish. But would anybody learn from this book who Maria Curie really was?

She addresses the public:

Maria Skłodowska-Curie passed away on July 4th 1934, in the sanatorium of Sancellemoz in the French Alps. She was buried at the Sceaux's cemetery near Paris. The funeral was modest. Only the nearest family. In 1935, in the presence of the President of the Republic of Poland, Ignacy Mościcki, a monument of her was unveiled in the courtyard of the fully completed Radium Institute in Warsaw. In 1995, her remains, along with the remains of her husband, Pierre Curie, were transferred to the Pantheon in Paris, where they were laid to rest next to Victor Hugo and other French national heroes. The Presidents of France and Poland were present at the ceremony.

In her last hours before death, Maria thought about returning to her mother country and settling down in Warsaw. Indeed, she lives in Poland. In the memory and hearts of Poles.

► THE END ◄

Buffalo – Toronto, 2005

► ▼ ◄

▶ PADEREWSKI'S CHILDREN ◀

▶ A PLAY IN TWO PARTS ◀

CAST
PART 1

    Colonel LePan
    Lieutenant John Chwalski
    Second Lieutenant Zgmunt Dygat, pianist
    Sergeant Cox
    Mary
    Soldiers of The Kościuszko Army
        Soldier 1
        Soldier 2
        Soldier 3
        Soldier 4
        Soldier 5
        Soldier 6
    Girls–Members of Vocal & Leonce Ensemble of the Buffalo's Mickiewicz Society
        Mary
        Girl 1
        Girl 2
        Girl 3

PART 2

    Professor Zygmunt Dygat (previously Sec. Lieut. Dygat)
    Colonel John Chwalski (previously Lieut. Chwalski)
    Zofia, Professor Dygat's wife
    Members of The Clandestine Theater
        Mieczysław, director
        Danuta, actress
        Hala, actress
        Barbara, actress
        Leon, pianist
        Bogdan, actor
    Hala's son, five years old
    Germans
        Plain cloth agent
        Gestapo man
        Gestapo man

PLACES AND TIMES
Part 1. The military camp at Niagara-on-the-Lake, Ontario, Canada in 1918.
Part 2. A home at the suburb of Cracow, Poland, Summer and Fall of 1941

NOTES
- The character of Ignacy Paderewski is presented as a marionette. The marionette is about 35 inches tall.
- Live piano music performed in the play is its indispensable element. Because of this the character of the Second Lieutenant Zgmunt Dygat (later Professor Dygat) should be performed by and actor-pianist.

▶ ▼ ◀

▶ PROLOGUE ◀

A projection of the beginning of the film "The Moonlight Sonata" (about three minutes) in which we see Ignacy Paderewski giving a piano concert.

▶ PART 1 ◀

The military camp of the Polish Kosciuszko Army at Niagara-on-the-Lake, Ontario, Spring 1918.

- *A large entrance gate with an inscription on top "The Polish Kosciuszko Army Camp. Niagara-on-the-Lake. 1918. Za wolność naszą i waszą."*
- *A fragment of an assembly ground in the camp.*
- *A military canteen with a small stage and a piano.*
- *The office of Colonel LePan, the commander of the camp: a Colonel's desk, Sergeant Cox desk, a stand with three flags Polish, Canadian, American*

▶ SCENE 1 ◀

♪ *Military band is playing a march off stage.*

The projection of the Niagara Falls view form the Canadian side.

The Colonel is talking on the phone. Sergeant Cox is busy with paperwork. On the assembly ground Soldiers go through morning drill.

COLONEL: Yes, yes, yes... You've already told me that six times. Yes, general. I do keep a log of my phone calls. You've promised me six times to ship an additional 4 000 rifles and 280 000 rounds of munitions. What's more, you've promised me... how many times.. yes... I got it... you've promised me nine times to ship 22 000 gas masks, yes, 22 000. Yes, general, I understand the war situation, I understand that the Americans equip their own troops first, but we have a signed agreement, president Wilson is personally looking after this Polish Army, and I can't accept any more delays. These boys must be properly equipped and trained before I send them into the trenches in Europe. I want...

Lieutenant Chwalski enters, salutes, and waits at the door. The Colonel keeps talking. The military band gradually fades out.

I won't let them be caught in a round of German gas without these masks. I simply refuse to ship them over to France. Yes, general, you can call it insubordination! You can court-martial me! I will take full responsibility. I am expecting you to phone me back within a few hours with a clear statement as to when I'm going to get these masks. What? The troopships are scheduled to sail from Montreal in four weeks? You're telling me to be ready? I'm telling you to allow me to be ready! I will not be ready without rifles and, especially, not without gas masks. If I am not going to get them by next week, I will call Maestro Paderewski and he'll certainly call President Wilson. And the President will ask you what happened. You. Not me. Good bye, sir.

He puts aside the telephone.

Lieutenant Chwalski?

LIEUTENANT: Yes, sir. Lieutenant Chwalski, as ordered, sir.

COLONEL: Let's hear your report.

LIEUTENANT: Sir, you ordered me to prepare the master plan for Maestro Paderewski's visit for the review of the troops just before they embark for Europe, sir.

COLONEL: There'll be no visit unless we get these gas masks.

LIEUTENANT: Sir? *Pause.* Should I scrap the plans then?

COLONEL: No. But don't be surprised if they're scrapped at the last minute.

LIEUTENANT: Yes, sir. Do you want to hear what I propose, in case Maestro's visit goes on as scheduled.

COLONEL: Report. Quickly. I have several calls to make.

LIEUTENANT: Yes, sir. Maestro Paderewski and his party will travel by automobiles from Buffalo, arriving before noon. I propose, A, to put up an arch of honor at the entrance to the camp with a suitable inscription; B, to have all men in full battle dress and gear...

COLONEL: We're lacking four thousand rifles. Not to mention gas masks. Continue, please.

LIEUTENANT: ...all men in formation on the Parade ground. At the very moment Maestro's car stops, they'll shout "Hurrah!" and "Niech żyje," that's in Polish, and they'll continue shouting until the Maestro gets out of the car and is greeted by you, sir.

COLONEL: Very good. Go on.

LIEUTENANT: Then the troops will be dismissed and you'll invite the Maestro and his party to lunch in the officers' canteen.

COLONEL: All right. Go on.

LIEUTENANT: After lunch the Maestro will attend the military parade of the troops. The marching band will play. Maestro might make a speech.

COLONEL: A parade? The There's not enough arms. I told you. Go on.

LIEUTENANT: In the afternoon, you, sir, you propose to the Maestro and his party's a visit to Niagara Falls and you accompany him.

COLONEL: All right. Go on.

LIEUTENANT: You'll return and there will be a regimental dinner with the Maestro, Madame Paderewska, other officials, the press, and you, sir, presiding. You, sir, will make a toast and Maestro Paderewski, I presume, will make a speech.

COLONEL: All right. Accepted. Thank you, lieutenant.

LIEUTENANT: Sir, you're welcome, sir. But that's not all, sir.

The soldiers have finished the morning drill.

COLONEL: After dinner all are dismissed. The troops to the barracks. The guests to the hotel. Thank you, lieutenant.

LIEUTENANT: Sir, you're welcome, sir. But there's one more point of the program after dinner.

COLONEL: What's that? Rapport.

LIEUTENANT: Sir, I propose to prepare a theater production in honor of the Maestro, sir.

COLONEL: Theater? We don't have such nonsense here.

LIEUTENANT: Sir, if you'll allow me to explain, sir?

COLONEL: Theater? Do you have a stage? Do you have a play? Do you have actors?

LIEUTENANT Sir...

COLONEL: All right. Go ahead. But I'm busy.

LIEUTENANT: Sir, a theater can be put together in the canteen. As far as the play is concerned, I'm a poet, I never mentioned that because it did not matter from a military point of view, but, yes, I'm a poet, and, actually, I have written a play about Maestro's life and works. Some of the boys would make fine actors, and, to tell the truth, I have already enquired about the women. Because we would need women too. They are available, sir.

COLONEL: Available? Women? In this camp? I'll never allow that! It's a barracks, not a brothel.

LIEUTENANT: But, sir, I'm not talking about... women... you know… such women… I'm talking about actresses and dancers. As I said, I made an inquiry. There's a theater and dance company in Buffalo. Just across the border. They are called "The Mickiewic Society."

COLONEL: Mickiewic? (*He mispronounces.*) I never heard about her.

LIEUTENANT: Him, sir. He was a poet. Poland's greatest poet. A man, sir. Mickiewicz.

COLONEL: Mickiewicz? So, what about this Mickiewicz, poet? Does he live in Buffalo? Why not have him write a play for us, since he is the greatest Polish poet?

LIEUTENANT: Sir, it's impossible, sir. He's dead.

COLONEL: Dead? What happened?

LIEUTENANT: He died on cholera in France years ago.

COLONEL: In France? That's where many of our boys will die... We must get this armament. Proper training will diminish our losses...

LIEUTENANT: Yes, sir. To get back to my project. The girls from "The Mickiewicz Society" can act in my play, but only, of course, if you, sir, agree and give me authorization to go ahead with the project.

♪ *The telephone rings. The Colonel picks it up.*

COLONEL: Colonel LePan. *He listens.* Yes, sir. I will be ready, sir. I thank you, general.

He puts down the phone.

The rifles are coming from the Buffalo Armory tomorrow, by the direct order of president Wilson. I like that. The gas masks will be delivered in three days. I like that even more. Maestro Paderewski offered to pay for them out of his own pocket. His visit is on. He'll arrive this Saturday. You have five days to prepare everything.

LIEUTENANT: Yes, sir. But what about my theater project?

COLONEL: Do whatever you want, lieutenant. I put you in charge. But if you don't make the Maestro happy, you'll find out how miserable life in a penal squad can be.

LIEUTENANT:~Yes, sir. I'll not disappoint you, sir. May I submit the play for your approval, sir?

COLONEL: No. I don't have time. You're responsible. As I said.

♪ *Telephone rings.*

COLONEL: Dismissed.

Lieutenant Chwalski salutes and exits. Colonel LePan picks up the phone.

COLONEL: The poet in uniform... No! No poet here. It's Colonel LePan. I'm listening. I can't take any more volunteers, general. No. We are already overcrowded. We're lacking beds, arms, everything. Open another camp, general, for these newcomers. Now, when America finally gets into the war you can establish it on your territory. In Lewiston, across the river, or somewhere. *He listens for a long time.* Yes, sir. If there's is an agreement between Britain, Canada, the United States, and Poland... Yes, sir. I'll open a new sub-camp for them. But you furnish the uniforms, those blue French ones, the arms, and don't forget about the gas masks. I'll cable you the numbers once I've seen these new recruits, given them the medical, and made my selection. I can turn them into soldiers in three months. Those who make it through the training will be ready by September. Yes, this year, 1918. *He throws the telephone.* Not enough money in Washington, but they keep sending me men.

Sergeant approaches the Colonel.

COLONEL: What's that, sergeant?

SERGEANT: Sir, this lieutenant Chwalski fellow, the poet, he's going to bring disgrace and disorder to the camp, sir.

COLONEL: How?

SERGEANT: These boys must train hard and deep in the Canadian mud here if they are to survive over there, in the French mud and trenches, sir. Not to make stage plays. Chwalski may keep soldiers from drill and training. And he wants to bring women into the camp? It's just not done, sir. There are special military brothels for this. There'll be trouble, sir.

COLONEL: You shall see to it that the drill, rout marches, and morale are not compromised by the theater.

SERGEANT: Is that an order, sir?

♪ *The telephone rings. Colonel picks it up.*

COLONEL: hat? An accident in training? Amputation? All right, doctor, I'm on my way to the hospital. Poor boy. He'll not see France. Word of comfort needed.

He exits, followed by the sergeant.

♪ *The Military band plays a march.*

► SCENE 2 ◄

Five days later. Soldiers in dirty training uniforms with rifles, backpacks, and gas masks hurry in the canteen. They put aside their gear and get to work, preparing the canteen for the rehearsal. They stand at attention in a line in front of the stage as lieutenant Chwalski enters. The lieutenant carries a marionette of Ignacy Jan Paderewski.

LIEUTENANT: At ease! Is everything ready for the rehearsal?

SOLDIERS: Yes, sir!

SOLDIER 1: Sir, may I ask a question, sir?

LIEUTENANT: Speak.

SOLDIER 1: Sir, we are preparing a show. But Sergeant Cox says he's not going to allow it. He says this is a military camp, not a brothel.

LIEUTENANT: Sergeant Cox, like everybody else, must obey orders. And we have been ordered by the colonel to get the show ready. Maestro Paderewski's coming tomorrow. This is our last rehearsal. Do you know your lines?

SOLDIER 1: I do, sir.

LIEUTENANT: And the rest of you?

ALL SOLDIERS: Yes, sir.

SOLDIER 2: Sir, I have a proposal, sir. I play Maestro's Paderewski's music teacher in Warsaw. I feel awkward saying "You, dumb head, you'll never be a pianist." I would rather say, "You, honorable Maestro, you'll never be a pianist." This will sound more polite. Or, even better, "You, honorable Maestro, you'll make a fine career as a pianist."

LIEUTENANT: But the point is that the Maestro was not yet a Maestro at that time and nobody believed that he was going to make a fine career. Do you understand?

SOLDIER 2: No. The Maestro is a Maestro. I don't want to offend him.

LIEUTENANT: Simply shut up, and say what you've been told to say.

SOLDIER 2: Yes, sir. "You dumb head Maestro, you'll never be a pianist."

LIEUTENANT: Shut up. Not now. And cut "Maestro." Only "dumb head." Got it?

SOLDIER 2: Yes, sir. "You dumb head," sir.

All soldiers laugh.

SOLDIER 3: Sir, is it true that Maestro Paderewski is a real millionaire, sir?

LIEUTENANT: Why?

SOLDIER 3: Because if he was a real millionaire, why would he care about buying us gas masks?

LIEUTENANT: He can pay for our gas masks precisely because he is a millionaire. He bought them for our safety and for the good of our country.

SOLDIER 3: What country, sir?

LIEUTENANT: Poland, of course.

SOLDIER 3: Not America, sir?

LIEUTENANT: America too. America and Poland are allies. Got it?

SOLDIER 3: I don't get it. Real millionaires don't give their money away for any country. They keep it for themselves.

LIEUTENANT: No. These are the false millionaires. The misers. The real ones are generous. They support their countries. Enough of these stupid questions.

SOLDIER 1: Sir?

LIEUTENANT: Yes?

SOLDIER 1: Sir, what do you have, there, under your arm, sir? Is this the puppet of Maestro Paderewski?

LIEUTENANT: It's not a puppet. It's a marionette.

SOLDIER 1: Of the Maestro? Does he have such red hair? Like a red fox. *All laugh.*

LIEUTENANT: Be quiet. The Maestro doesn't have red hair. He has golden hair.

SOLDIER 2: But that one has carrot red. The troops will love it. *All laugh.*

LIEUTENANT: Quiet. Silence.

SOLDIER 4: Sir, one more question, sir, please?

LIEUTENANT: What is it, now?

SOLDIER 4: Is it true that Madame Paderewski has a chicken farm in Switerland? And she sends the Maestro to feel hens for eggs? *He suddenly bursts into a chicken imitating sound*: Co... coo... co... co... coo... *All Soldiers laugh.*

LIEUTENANT: Attention. This yank mockery of Maestro Paderewski will cease! You should be proud to have the honor of performing for Maestro and his honorable wife...

Second Lieutenant Dygat enters.

LIEUTENANT DYGAT: I'm not late, am I?

LIEUTENANT: You are, indeed. You were supposed to bring the girls in from the check point. Where are they?

LIEUTENANT DYGAT: The guards didn't want to let them in. But here they are, waiting...

Lieutenant Chwalski goes to the entrance and calls.

LIEUTENANT: Ladies... Sorry... Girls... I'm sorry... Actresses... Dancers... Singers... Whatever... This way, please.

A group of young girls in traditional Polish folk costumes ("stroje krakowskie") enter. They are shy and keep close together. They curtsy and run to a corner of the space.

LIEUTENANT: Thank you for coming... Well... Are we all ready?

The women look at each other and suddenly burst into song and dance of "The Last Mazur."

LIEUTENANT, *gently interrupts them after a few bars*: It's nice that you prepared that song and dance, but we have to proceed in the proper order. It comes later in the show. Everybody! Places, please!

The girls take their positions in the wings. The Soldiers stay motionless at attention.

LIEUTENANT: What happened? Go! What's wrong with you?

SOLDIER 1: Sir...

LIEUTENANT: Yes?

SOLDIER: You didn't order the troops "At ease." We are still on "Attention."

LIEUTENANT: All right, all right... At ease, then. Places.

Four soldiers run onto the stage and disappear behind the curtain. Two others—assigned to technical tasks—go to the curtain and the light board.

LIEUTENANT: Zygmunt, to the piano!

Lieutenant Dygat sits at the piano and immediately starts playing a Polka.

LIEUTENANT: Not the Polka! Not now! Not the Polka! Stop it! Get ready to play the introductory piece first, and, then the "March of the Falcons." But wait for the cue. You know it?

LIEUTENANT DYGAT: Sure...

LIEUTENANT, *loud*: Everyone, we are going to start the rehearsal. It's our last rehearsal, so be focused and do precisely what you were told. Music! Lights! Curtain!

♪ *Lieutenant Dygat plays a military march. The lights focus on the curtain. The curtain opens. The Soldiers march onto the stage, stop, and stand at "Attention" on one side of the stage. The women enter marching, stop, and stand still at the other side. Lieutenant Chwalski appears in the center. After a while he starts shouting*

LIEUTENANT: Stop, stop playing. Stop.

Music stops. When you see me here you have to stop playing. I'll have a speech now. Got it?

LIEUTENANT DYGAT: Sure...

LIEUTENANT: Honorable Maestro! Madame Helena Paderewska! Colonel LePan! Distinguished guests! Ladies and gentlemen! Soldiers! We are happy to be visited by our most beloved leader and father, Maestro Ignacy Paderewski, creator of this Polish Army, which is going to fight Poland's enemies and liberate our motherland from the oppression of Prussia, Austria, and Russia. Welcome Maestro! *He poses and looks at Lieutenant Dygat who—in turn—looks at him, smiling.*

After a while, Lieutenant Chwalski shouts: Dygat! "The Falcons!" Remember! Play now!

♪ *Dygat plays the "March of the Falcons" and all on stage sing.*

Music and song end. Lieutenant continues:

In honor of our honorable Maestro, his honorable wife, and his honorable staff and guests, as well as for the enlightenment of the troops, we have prepared a modest production presenting the life of the Maestro. But an insurmountable obstacle appeared. Nobody dared to impersonate the Maestro. Indeed, the greatest actors would tremble at the very thought of playing a character of such magnitude. We are only simple amateurs. What to do? Out of necessity we decided to use a marionette to represent the Maestro. A marionette is an ancient, noble, and artistic device. We hope that you, Maestro, will accept and bless our efforts.

After a pause, he shouts: Curtain! "Our efforts" was the cue for closing the curtain. *The curtain closes and Lieutenant steps in front of it.* Here we go... Dygat! Music! Mazurka!

Lieutenant Dygat plays the nostalgic Chopin's Mazurka in A minor Op. 59, No 1, while Lieutenant Chwalski starts the narration.

NOTE: The following scene is a clumsy amateur theatre. The performers—the soldiers and the girls. use exaggerated gestures and speech. Lieutenant Chwalski delivers the narration and operates the marionette of Paderewski.

LIEUTENANT: Maestro Ignacy Paderewski was born in 1860, in Eastern Poland—which was at that time under Russian rule—to an ancient, noble, yet impoverished, family.

Curtain opens and we see a crib rocked by Mother (performed by Woman 3). A Father (played by Soldier 4) stands on the other side of the crib. Two Soldiers hold a sign Kurylovka Estate, Poland, 1860.

LIEUTENANT: Alas, the Maestro's mother died soon after giving birth, and his father was arrested for supporting the Polish uprising against the Russians.

The woman on stage falls to the floor. Two Russian soldiers (Performed by Soldier 1 and Soldier 3) put chains on Father's hands and take him away. Curtain closes and music stops.

LIEUTENANT *continues*: Upon his release from prison the Maestro's father educated him at home and hired a piano teacher for him. Seeing the musical talent of his son, he sent him to the Music Institute in Warsaw.

Curtain opens. A small piano (a toy size) sits in the center. Two Soldiers hold a sign Warsaw 1872. *Lieutenant Chwalski introduces the marionette of Paderewski on the stage and sits it at the piano. The marionette "plays" piano making awkward and funny movements.*

♪ *Lieutenant Dygat plays Bach's Italian Concerto—he hits the keys too hard and stumbles every other bar. Piano Teacher (performed by Soldier 2) appears and listens.*

PIANO TEACHER, *interrupting Paderewski*: No, no, no! Your playing is horrible. You, honorable Maestro, you'll never be a pianist. That is, you, dumb head redhead, you'll never be a pianist. Sorry, Lieutenant, I couldn't help...

LIEUTENANT: I told you! And there's no "redhead", only "dumb head." Take it again and continue.

PIANO TEACHER: No, no, no! Your playing is horrible. You, dumb head, you'll never be a pianist. You'd better play a trombone or a horn. Never the piano. Never.

Paderewski's (marionette) knocks his head on the piano—Lieutenant Dygat hits several keys at once. The curtain is drawn. Lieutenant Chwalski appears in front of the curtain.

LIEUTENANT: Young Paderewski was terribly ashamed and disappointed, yet the professor's remarks did not crush him. On the contrary, he worked even harder than before. He mobilized his will power, his famous will power which would eventually lead him to stardom. He soon graduated from the Warsaw Music Institute *Magna Cum Laude*, was employed as a professor of piano there, and started to give public concerts, to critical acclaim.

♪ *Curtain opens. Two Soldiers hold a sign* Warsaw, 1878. *Young Paderewski (marionette) plays Chopin's Scherzo No.1 in B-minor, Op. 20.(The marionette is operated by Lieutenant Chwalski and Lieutenant Dygat plays piano.) Only a few bars of the opening are played. Curtain closes.*

LIEUTENANT: Paderewski himself knew that he was playing well, but he also knew that he had to learn more to improve his technique. Yet he was poor and had no money to study abroad. Providential assistance came from Helena Modjeska, a famous actress, who, after a brilliant career on the Polish stages, had emigrated to America and become a star there. During one of her visits to the mother-country she heard Paderewski play. She was enchanted.

♪ *Curtain opens. Two soldiers hold a sign* Cracow, 1884. *Young Paderewski (marionette) plays Chopin's Scherzo No. 2 in B-flat minor, Op. 31. (Again, the marionette is operated by Lieutenant Chwalski; Lieutenant Dygat plays piano.) Helena Modjeska (performed by Mary) stands at the piano and listens.*

HELENA MODJESKA: Ignacy, you have a talent like fire. You must develop it into conflagration. You're skills are great, but they must be perfected. Here's what we'll do. We'll give a joint concert. I'll play scenes from my most famous roles and you'll play Chopin and Liszt. The public will come to see Modjeska, of course, and they'll pay generously for the tickets. With the money from the show—I'll add something to it—you'll go to Vienna for master classes with the finest European pedagogue, Theodore Leszetycki. You'll conquer Vienna. Then you'll go to Paris, London, and then, I hope, you'll come to my America. I see for you a great career. I believe in you. Have courage and work hard!

Curtain closes. Lieutenant Chwalski appears.

LIEUTENANT: So Modjeska raised money for Paderewski's studies in Vienna. But once again, he had to learn the hard way...

♪ *Curtain opens. Two Soldiers hold a sign* Vienna, 1885. *Young Paderewski (marionette) is again at the piano playing Beethoven's Sonata in B-flat, Op. 27. Professor Leszetycki (played by Soldier 1) enters and listens. Again, Lieutenant Chwalski operates the marionette and Lieutenant Dygat plays piano.*

PROFESSOR LESZETYCKI: *Interrupting Paderewski* You have a certain technique, Mr. Paderewski, but you make horrible mistakes. Your hands were not trained properly by your previous teachers. You're already twenty-five. You're too old to start building your technique from scratch. You'll never be a real pianist, no! I don't have time for you. Good bye.

Curtain draws. Lieutenant Chwalski appears.

LIEUTENANT: What a terrible blow! Once again, the future Maestro mobilized his entire will power. He convinced professor Leszetycki to give him lessons. He practiced day and night for twelve, or even seventeen hours without rest. After two years of intense training he made his international debut in Vienna. He received enthusiastic applause from the public and acclaimed reviews from the critics. But this was only his first step. Paris was the music capital of the world at that time.

♪ *Curtain opens. Two Soldiers hold a sign* Paris, 1888. *Paderewski is again at the piano and plays Chopin's from No. 16 in B-flat minor of the "24 Preludes" Op. 28. Again, Lieutenant Chwalski operates the marionette and Lieutenant Dygat plays piano. Paderewski finishes. All Men and Women appear on stage applauding loudly. A newspaper boy (played by Soldier 4) runs in front of the stage and distributes newspapers to the men and women. They read them, shouting from the stage to the public, while Lieutenant Dygat accentuates each statement with a strong chord on the piano.*

- "Paris, March 4, 1888. Yesterday's concert in Salle Erard by Ignacy Paderewski was an all out victory for the young Polish pianist. The public was carried away... "

- "The esoteric essence of music transpires through his hands. Like Shakespeare's Prospero he rules spirits and nature."

- "The notes drop from his fingers as tears of the mythical Niobe, or fall as blood's drops of the fighting Olympic heroes. His music brings to mind endless Odysseus's journeys on the stormy waves, or on the calm harbor of Ithaca."

- "His music climbs the highest peaks of heaven and provokes thunder. Then, he envelops the enchanted listeners with a sky full of clouds, now light, now stormy."
- "Paderewski's mastery, his wonderful touch, a completely fresh combination of intellectualism with sensualism, a song drawn from the piano, and the incredible power of his strokes overwhelm the listeners."
- "He is a poet of the piano, and he plays piano as he would play all the instruments of a symphonic orchestra at once."
- "Paderewski is a genius who, in addition, plays piano."

Curtain closes.

LIEUTENANT: After Paris, London fell to its knees. Queen Victoria invited the young virtuoso to play for her in her private apartments in Windsor. Society ladies, artists, gentlemen, and politicians wanted to meet him. The famous painters begged him to model for them. But there was another step to take on the way to the stars. America.

♪ *Curtain opens. Two Soldiers hold a sign* New York, 1891. *Paderewski (the marionette) at the piano. Lieutenant Dygat plays Chopin's Etude No.12 in C-minor, Op. 10. Soldiers and Girls applaud. Mr. Steinway (played by Soldier 3) appears at the piano.*

MR. STEINWAY: My name is Steinway. Yes. It's me, in person. The owner and head of the famous Steinway piano manufacturing company. My dear Paderewski, you came, you played, you conquered. America is at your feet. What's more, there's a lot of money at your feet. I propose a tour of 109 concerts over 130 days, one thousand dollars per concert. Not bad, eh? You'll be playing on my pianos exclusively. The Steinway marquee and your endorsement—"Steinway is the best piano in the world"—will appear on every poster and program, and you'll mention Steinway, the name of my company, in every interview. Deal?

Curtain closes.

LIEUTENANT: Paderewski's first tour of America made him a star, the second, two years later, a legend. But it was still an uphill struggle. During this second tour, practicing, as usual for hours day and night, Paderewski injured his finger. The fourth finger of his right hand. The doctors' treatment did not help. The next sold out concert was approaching rapidly.

♪ *Curtain opens. Two Soldiers hold a sign* Boston, 1893. *Paderewski (the marionette) at the piano, his right had covered by white scarf. Dygat shows how Paderewski tries to play the same piece as before, but makes errors. Doctor (performed by Soldier 4) appears.*

DOCTOR: I categorically forbid you to play. If you play, you may lose the muscle control in your right hand. For life. I order you to completely abstain from piano playing for at least three months.

Curtain closes.

LIEUTENANT: In spite of the doctors' warning, the pianist decided to play. And he did. But during the concert blood poured from his finger, and toward the end the keys were covered in blood. Another aspect of Paderewski's character was revealed he was a fighter. He would never give up. Never...

♪ *Suddenly, a loud sound of a whistle is heard outside, followed by the military band playing a march. The Sergeant runs in.*

SERGEANT: General alarm! General alarm! Fall in on the assembly ground in full battle gear immediately! Move out now! Now!

LIEUTENANT: We have a rehearsal here, sergeant.

SERGEANT: The rehearsal is over, sir. The commander's order. General alert. Last drill prior to departing for Europe.

LIEUTENANT: But Maestro Paderewski's coming tomorrow. The cast members are excused from drills.

SERGEANT: No, sir. They are not excused. Commander's order, sir.

LIEUTENANT: Lieutenant Dygat and I were personally excused by Colonel LePan.

SERGEANT: If you say so, sir. Oh, and all civilians are to leave the camp immediately. *He turns to the Soldiers.* Fall in on the assembly ground. Full gear. Five minutes. Dismissed!

Without a word all six Soldiers grab their gear and run outside followed by the Sergeant. The two Lieutenants and four girls are left confused.

LIEUTENANT: I'm so sorry... and embarrassed... We can't continue the rehearsal tonight. Please, come tomorrow in the afternoon. I'll try to arrange another rehearsal just before the show.

WOMAN 1: If there'll be a show at all.

LIEUTENANT: We'll perform tomorrow. I give you my word.

WOMAN 2: You don't have the final say here, lieutenant, I'm afraid.

LIEUTENANT: I'll convince the colonel. He wants the Maestro's reception to be royal. And what better way to entertain an artist than with art?

WOMAN 3: I don't think we are going to perform. Let's go.

MARY: I hope we will! Can't we at least practice our dances and songs now?

LIEUTENANT: Why not? Of course! Lieutenant Dygat, will you play?

LIEUTENANT DYGAT: Sure. *He sits at the piano.*

LIEUTENANT: What do you want to practice?

WOMAN 1: This song we have in the scene where we welcome the Maestro to Buffalo, you know, when he comes to visit our local Polonia, and a huge crowd meets him at the railway station... "War, o War..."

LIEUTENANT: All right. Dygat, did you get that? Go!

♪ *Lieutenant Dygat plays piano and girls begin the dance and sing.*

Sergeant appears and shouts, interrupting the song.

SERGEANT: I said, all civilians must immediately evacuate the camp. I've checked with the colonel. No one is excused from the drill. The lieutenants must immediately report to their units. It's an order. This is a military camp and we are at war, sir.

He exits.

LIEUTENANT: I am so sorry. But orders are orders.

All girls prepare to leave.

LIEUTENANT DYGAT: This way. I'll accompany you to the gate.

LIEUTENANT, t*o Mary*: Could you stay a moment?

MARY: Me? Why?

LIEUTENANT: Yes, you, Mary, please, stay one moment...

LIEUTENANT, to *Lieutenant Dygat*: Please, take them to the checkpoint... Go!

Lieutenant Dygat and three girls leave. Mary stays behind.

Pause.

LIEUTENANT: We never had a chance to speak alone. Your name is Mary, am I right?

MARY: And we are not going to have that chance now. Yes, I'm Mary. I have to hurry. The sergeant is going to arrest me.

LIEUTENANT: I can't wait to tell you...

MARY: I'd like to hear it. But not now...

LIEUTENANT: Yet, please... I have a feeling that they will cancel the play tomorrow... and we may never meet again. "O, think'st thou we shall never meet again?"

MARY: You speak in verse to me?

LIEUTENANT: So, I have to tell you now... When I saw you for the first time dancing... That radiant smile of yours...

MARY: My smile?

LIEUTENANT: "The brightness of your cheek would shame the stars..."

MARY: You're a poet...

LIEUTENANT: I'm only quoting Shakespeare... *Romeo and Juliet*.

MARY: I'm not Juliet.

LIEUTENANT: For me, you are.

MARY: I...?

They hold their hands. They are about to kiss, but they don't do it.

MARY: I have to run, now. You have to report to your unit. It's war time. We'll talk more when it's over.

LIEUTENANT: After the war? I don't know if I will return from the battlefields.

MARY: No, when the drill's over. Or rather tomorrow, after the play. If we do play it...

They kiss delicately.

LIEUTENANT: Now, we must. Please, come tomorrow. Bring your friends. Now we have to hurry.

They exit.

► SCENE 3 ◄

♪ *Next day. The Military band plays a march. Soldiers hang a sign over the gate "Welcome Maestro Paderewski."*

Colonel LePan appears at his desk and Sergeant Cox at his. Lieutenant Chwalski enters and salutes.

LIEUTENANT: Lieutenant Chwalski, sir. As you ordered, sir.

COLONEL: Right. At ease. You were late for the general alarm. You prepared a show that ridicules Maestro Paderewski. You solicited permission for women to enter the military installation. You used a theater rehearsal to cover up your improper behavior. That is, let me be blunt, to cover your amorous affairs. Enough for a court martial. Which you will have. For now, you're under house arrest. You're confined to the quarters. Dismissed.

LIEUTENANT: Sir. May I say something, sir?

COLONEL: Be quick. The Maestro's expected any minute.

LIEUTENANT: Sir, indeed, I was late for the alarm, because, first, I thought that I had been excused, and, second, I had to escort one of the artists to the gate. As for the show, I vehemently reject the charge that it ridicules the Maestro. Whose opinion is this? You, sir, you did not see the show, although I invited you to the last rehearsal and previously offered you the script for review. My private relationships have nothing to do with the service, and I ask you respectfully, sir, not to listen to any unfounded gossip about me.

COLONEL: All right. You'll surely be disciplined for your tardiness. That's military routine. The show is a graver matter. Is this true that you presented Maestro Paderewski as a puppet? We have a witness.

LIEUTENANT: Nobody saw the show.

COLONEL: Sergeant Cox!

Sergeant Cox stands at his desk.

Did you see the Maestro presented as a puppet?

SERGEANT: Yes, sir. I did. A puppet. Redhair. Very funny.

COLONEL: Thank you, sergeant. *Sergeant sits back.* Did you hear it, lieutenant? You wanted to ridicule, to discredit, to offend the Maestro, our great leader and benefactor. He not only convinced president Wilson to permit this Polish army to organize, but he's constantly looking after its welfare, just this week he bought 22,000 gas masks for us with his personal check.

♪ *The telephone rings. The Colonels picks it up.*

COLONEL: Yes, general. We are ready, sir. Thank you, sir.

He puts down the telephone.

COLONEL: General Davis called from the customs post at the bridge over the Niagara river. They are on their way from Buffalo. Maestro Paderewski, Madame Paderewski, their retinue, and three cars full of the international press. They'll be here in about twenty minutes. What did you want to tell the press, lieutenant, with your show? What did you want to tell the world!? That Maestro is a not a person, but a puppet? A puppet of the American government, perhaps? A puppet of the American Polish community? Or even a puppet of the enemy? Some puppet? It's horrifying. Paderewski's a puppet! For heaven's sake, man, do you understand what you're doing?

LIEUTENANT: Sir, it was not a puppet. It was a marionette. A noble and ancient artistic means of expression. Sir, the classical Greek theater presented characters as marionettes. Their actors in stiff costumes and masks, wearing the onkos and cothurnus, looked like huge marionettes. The marionette is known in many highly artistic Asian theater forms. Recently the visionary reformer of theater in Europe, the famous Englishman, Gordon Craig, called for the restoration of the marionette to the stage in order to elevate theater to the highest realm of art...

COLONEL, *interrupting*: What? What's all this about? Have you gone mad, poet? What do the Greeks, the Asians, and that Brit fellow, Braig or Graig, have to do with the show you are putting on here, in Niagara-on-the-Lake? I don't have time for your confabulations. Official visit in any minute! Tell me did— you present the Maestro as a puppet? Yes or no?

LIEUTENANT: No, not a puppet. A marionette.

COLONEL: Doesn't make any difference to me. So, you admit it. And your love affair? Do you deny that you kissed a woman in the barracks?

LIEUTENANT: Sir. My officer's honor does not permit me to...

COLONEL: Sergeant Cox!

Sergeant Cox stands at his desk.

COLONEL: We have a witness to that too. He saw it by the window. So, do you deny it?

LIEUTENANT: No.

COLONEL: Here we have it. This woman could be a spy. Not so long ago the French executed a woman named Mata Hari, a German spy. Who knows what this one here was after. This woman could be... a woman. We're going to arrest her if she appears at the camp gate. Dismissed.

LIEUTENANT: You've ordered to arrest her, sir?

COLONEL: Indeed. She'll be arrested, interrogated, put in jail, she'll testify at your court martial, and then she'll be tried herself. Dismissed, I said.

LIEUTENANT: Sir. One last word, sir?

COLONEL: Last word.

LIEUTENANT: Sir...

At this moment two armed soldiers bring Mary, in handcuffs, to the office.

COLONEL: What's this?

SOLDIER 1: Sir, we arrested this woman at the gate, as ordered. She says that she came for the rehearsal, or something. Here she is, sir.

COLONEL: Right. Put her here. And take off those handcuffs. Dismissed.

Soldiers unlock the cuffs and leave.

COLONEL, *suddenly polite*: I am sorry for the handcuffs, but this is the procedure. Sergeant, a chair! *Sergeant brings his own chair.* Sit down, please.

MARY: Thank you, sir. Your are very kind, sir. May I ask, sir, why I was arrested?

COLONEL: Yes, of course. That is, no. That is, yes. Pardon the old soldier, but I must be blunt. There are witnesses who say that you made love with an officer in the barracks.

MARY: Oh, Lord. It's a lie.

LIEUTENANT: Sir, I protest!

COLONEL: Shut up, lieutenant. I am sorry, miss, but time is short. So, you deny it? Could you tell me what you were doing in the barracks and what is the nature of the relationship between you and the lieutenant here present?

LIEUTENANT: Sir, what a *faux pas*! To ask a lady such a question...

COLONEL: I did not ask you for your opinion, lieutenant. *After a pause.* Sergeant! Tell the officers that the Maestro, General Davis, and their party are coming. They'll arrive in about fifteen minutes. The troops must be ready.

SERGEANT: Yes, sir. *He leaves.*

COLONEL: Now, miss, I want to hear from you.

MARY: Sir, I'm going to answer your question. But first…

COLONEL: Of course, but be brief. Duty calls, that is, Maestro Paderewski will be arriving any moment.

MARY: Sir, lieutenant Chwalski is a great poet, and a wonderful playwright too, and a smart director. His piece about the Maestro's life was fast running and funny…

COLONEL: I know. There was a funny puppet ridiculing the Maestro. Could you get to the point, please.

MARY: Yes. The lieutenant presented the Maestro as a marionette, because, he said, no actor in the world would dare to play such a great personality as the Maestro. It was so clever! Entertaining and awesome. It worked perfectly in the first act. Then, in the second part of the show we, the soldiers and the girls from Buffalo and the villages around here… We were telling stories about the Maestro… The stories we learned from our grandparents and parents, and the ones we knew ourselves. Lieutenant Chwalski took down our stories and rewrote them. He gave them such a beautiful expression.

When I was telling my story I could not help but cry. I heard it from my father, a second-generation American, born here, he barely spoke Polish. He went to a concert the Maestro was giving in Buffalo. Listening to the Maestro playing Chopin, my father started to realie he was still a Pole, that this music, took him back home, to the old country. It was like Chopin infused the pianist's hands with his love of his motherland, Poland, and Paderewski was giving that love back, to my father, to all the Poles in the audience, as a daily bread, sharing with them this great, sacrificial, mystical love. Chopin's love to Poland multiplied by Paderewski's love to Poland…

And after the concert, after round after round of applause, the Maestro stood up and gave a speech on the present predicament of Poland suffering under the oppression of three voracious neighbors—Russia, Germany and Austria—and he said that Poland must be resurrected, and that America should make this resurrection possible, and all Americans, and first of all, all Americans of Polish descent, must give their hearts, money, and, if necessary, blood for the Polish cause.

Sir, my father was carried away. The whole public stood up and clapped and clapped. They chanted Paderewski's name.

Sir, my two brothers and my two cousins are your soldiers. They heard Paderewski's call for a Polish Army and they joined up. I also want to give what little I have to my country, out of my love to the Maestro. And lieutenant John Chwalski too… He wrote that play and directed it out of sheer love for Poland and for the Maestro…

COLONEL: Did you have a monologue like that, indeed? Did others speak with love and respect about the Maestro from the stage? I thought, that is, I was told, that there was only this comic puppet show.

MARY: No. The first part was funny yet full of reverence. The second part was serious and moving. But the last rehearsal was interrupted by the general alert and whoever saw the show saw only the first part.

COLONEL: I see…

MARY: Sir, may I say something more?

COLONEL: Yes, please.

MARY: Sir, you asked me what was the nature of the relationship between myself and the lieutenant. I can tell you that, sir. I love him, sir. I do.

LIEUTENANT: Mary... You never told *me* that...

SERGEANT *runs in*: Sir, Maestro Paderewski is here! The cars are approaching the checkpoint.

COLONEL: Coming! *To lieutenant:* Lieutenant Chwalski, join your unit for the welcome parade. After the parade you'll make final preparations for your show. I'll come with the Maestro to see it after dinner, as scheduled.

LIEUTENANT: Sir?

COLONEL: It's an order. *To Mary*: If that officer returns from Europe after the war and if you're willing to wait for him, I offer to be a witness at your wedding. Off we go, sergeant.

SERGEANT: Congratulations, sir!

All run out; Lieutenant Chwalski and Mary stay behind.

LIEUTENANT: You told the colonel that you love me. You only wanted to save my skin, didn't you? Thank you anyway. It was kind of you. Of course, you did not mean it...

MARY: I did mean it.

LIEUTENANT: Truly? Do you mean it now?

MARY: I do. But *you* didn't tell me if you do...

LIEUTENANT: I do... I do. From ever till ever.

They kiss delicately.

MARY: Ever? At least until the end of the war. I will be waiting for you.

LIEUTENANT: I shall return.

They kiss passionately.

I'll be late for the Maestro's welcoming.

They kiss again and run out.

♪ *Military band plays a march. Soldiers in gas-masks stand in "Present Arms" position. Two of them hold a banner "Thank you for the gas-masks, Maestro." Girls join them clapping and waving.*

♪ *Suddenly all lights fade and only one spot is focused on the piano. Lieutenant Dygat comes to the piano and plays Chopin's Etude No.12 in C minor, Op. 10 in its full length.*

At the end of the piece lights fade out.

► **PART 2** ◄

Cracow, Poland, June 30, 1941, late evening.

- *A projection of the panoramic view of the city of Cracow with an inscription* Kraków, Poland, 1941.
- *A living room in a house in Kraków: A piano (Steinway) covered by blankets, several armchairs, chairs, bookcases, a table, and a dresser.*

- *A gate to the garden with a mailbox.*
- *A fragment of the sidewalk and a street sign* Ulica Królowej Jadwigi. Dzielnica Bielany. Kraków.

► SCENE 1 ◄

In the darkness the Gestapo Agent, standing under the street sign, lights a match. He checks a notebook, then, using the same match, he lights a cigarette. We hear aircraft-bombers flying overhead. This sound will be repeated several times during the first scene.

♪ *Professor Dygat plays piano—Paderewski's Menuet in G-major, Op. 14, No. 1. The sound is soft because it is dulled by the blankets. Agent exits.*

Danuta appears at the gate and checks the mailbox. She picks up a note, reads it, takes it with her, and exits. Knocking at the door is heard: three knocks, a pause, and again three knocks. The Professor doesn't hear it, so the knocking is repeated several times. Zofia opens the door. Danuta enters. They hug.

DANUTA: Everything's all right? I hope I'm not late? Nobody's here?

ZOFIA: Nobody. You're the first.

DANUTA: I heard there were mass round-ups from the people running out of the city center. I came on foot from my suburb to yours avoiding downtown. The Germans are cooking up something big again. These bombers are continually flying to the east. Wave after wave.

ZOFIA: They fly to Russia. I heard on the radio that Germans are making rapid progress. They overwhelmed the whole of Europe, now they beat the Soviets.

DANUTA: Not long ago they were friends. *Pause. They listen to the aircrafts.* I'm afraid for the rest of the cast and the director.

ZOFIA: They'll come. God is merciful. Let me take the "Safe Entry" note back to the mailbox for the next arrivals. I'll be back.

She takes the note from Danuta and goes outside. She appears at the gate, looks around, and puts the note in the mailbox. In the meantime Danuta goes to the piano and speaks to the Professor.

DANUTA: Paderewski? Now only Paderewski?

PROFESSOR *stands up and hugs her*: Yes, Paderewski.

♪ *He returns to the piano and begins a new piece, this time Paderewski's Cracovienne fantastique, Op. 14, No.1.*

DANUTA: Only him? Why?

Professor doesn't answer. He only smiles. Zofia returns.

During the following scene the Agent returns to the mailbox. He opens it, reads the note and puts it back. He exits.

ZOFIA: What is going on in the city?

DANUTA: I don't know. Perhaps they are taking more hostages? Or hunting people down for slave labor in Germany? It's frightening.

♪ *Pause. Machine gun shots are heard in the distance.*

ZOFIA: Another street execution?

DANUTA: Or a skirmish with Home Army combatants?

♪ *They listen. More machine gun shots. Silence. Professor plays all the time.*

ZOFIA: People are dying... somewhere...

DANUTA: And professor is playing piano... In the midst of all this...

ZOFIA: My husband refused to accept the fact that we are at war, that the country is occupied by the Germans and the Soviets, that the Music Academy is closed, that many of his colleagues and students have been arrested, sent to Auschwitz, killed. He almost stopped speaking. He gives private lessons, which allows us to keep going, and he spends all the rest of his time at the piano, playing Paderewski. It's an obsession. He keeps saying that Paderewski's music is the ultimate expression of the Polish soul and the Polish love of the mother country. He says that Paderewski served Poland by serving music and served music by serving Poland.

♪ *They both listen to the music.*

By playing Paderewski, my husband thinks, he carries the torch.

DANUTA: Paderewski? He's in America, so far away. How can he help us here?

ZOFIA: By playing Paderewski—he brings him home—my husband says.

DANUTA: So, he lives in his own world. Good for him.

ZOFIA: But I am worried that one day the outer world will invade his inner world. This will be the end of the whole world for both of us.

DANUTA: You live on a small, quiet street. They aren't looking for the Home Army in such places.

ZOFIA: A German patrol might hear the piano. We put a few blankets over it to dull the sound, but still, someone may overhear. There are Gestapo agents wandering everywhere. And recently we have had so many guests...

DANUTA: Perhaps we should move our rehearsals to someone else's house? What we do is absolutely forbidden. I'd hate to endanger you. If the Germans broke in on a rehearsal or, even worse, a show, everybody would be arrested. Prison, interrogation, torture... If not death... Auschwitz not far...

ZOFIA: We want to be part of the resistance at least in this modest way—to allow an underground theater company to rehearse and perform in our living room. Such a minute contribution. Some fight with guns. You use words. We give you shelter.

Pause.

DANUTA: Nobody's coming.

Pause.

ZOFIA: They'll come. We have to trust. God *is* merciful.

Pause.

Do you want tea? There's no real tea, of course, but I have some delicious herb tea.

DANUTA: Thank you, with pleasure.

ZOFIA: I'll fetch you a cup.

♪ *Zofia leaves. Danuta approaches the Professor, who is still softly playing piano.*

During the following lines we see Mieczysław and Hala arriving at the gate. Mieczysław checks the message in the mailbox, takes it, and they go to the door.

DANUTA: Professor Dygat… Professor... *The Professor doesn't answer and continues playing piano.* Professor... Only Paderewski? And what about Chopin?

♪ *We hear the secret knocking. Danuta goes to the door but is unable to open it. Zofia emerges from the kitchen and opens the door. Enter Mieczysław and Hala, both shaky. Hala in tears.*

ZOFIA: Thank God, you've made it. What happened?

Without a word Mieczysław leads Hala to an armchair. He knees in front of her and holds her hands in his. He turns to the others.

MIECZYSŁAW: Something terrible happened. Olek was killed.

ZOFIA: Oh, my God.

DANUTA: When? Why? What happened?

MIECZYSŁAW *to Hala*: Tell them. Tell them everything. They must know. And the professor, too.

He goes to Professor Dygat, gently puts his hands over the keys of the piano which interrupts Professor playing. Professor, please, listen. You have to hear this. Your best student was killed. Olek was killed.

♪ *Professor looks at him and—without a word—stands up, grabs the blankets and pulls them off the piano. He opens the cover of the piano, returns to his stool and starts playing Paderewski's Variations and Fuga in E flat minor, Op 23. The sound is very loud. The Gestapo Agent appears on the street and listens. Mieczysław, joined by Zofia and Danuta, run to stop the Professor. Zofia hugs him. Mieczysław shuts the piano cover. Danuta puts the blankets back on it. The Agent disappears. All turn to Hala as she begins to speak in a monotonous, lifeless voice.*

HALA: I was a few steps from him lying in a pool of blood. At first it was a small, narrow stream slowly making its way on the stones of the street, coming from under his body, for he fell on his face, the blood must have been pouring out of his stomach. Gradually the stream formed a pool, that pool grew. I was hypnotized by how fast it grew. I could not move. No, I could, I felt that I had to, but I was afraid. I knew that if I moved they would shoot me too, so I remained frozen, motionless, when he was dying there, within my reach, dying, because that blood was still pouring out, and—I saw it with my very eyes—his fingers were making small movements, as if he was scratching the stones, or as if he was delicately touching the keys of the piano.

She interrupts. Then, she speaks loud almost hauling out the words.

No, no, no, don't tell me that I am not guilty. I am. I did not stop his bleeding. I did not protect him. I did not help him.

She bursts in tears. Zofia and Danuta go to her and try to comfort her.

♪ *A new wave of airplanes is flying over.*

ZOFIA: Please, that's enough. Be quiet. Please...

HALA: *She now speaks as absent, but gradually with more energy.* No. I have to tell you how it happened. We were on our way to the rehearsal, here. We were crossing the Matejko Square, part of the crowd on a late afternoon... A throng of people returning home from work, rushing to do some last-minute shopping, taking themselves to their homes, streetcar stops, the railroad station... We were around the place where the Grunwald Victory Monument stood, the old glory of Poland carved in marble and iron, before the Germans blew it up, because it was a memorial of their defeat.

Olek said, "What a coincidence. We are passing the Grunwald Victory Monument, raised by Paderewski, going to professor Dygat, Paderewski's student." And then he said, "Look Hala, there's an empty spot where the monument stood and I wonder how long it will take for the two of us to rebuild it."—"The two of us?" I asked.—"Yes," he smiled, "because there are two things which are guaranteed in my life. One, that the two of us will be together for ever," you know, we married only three months ago, "and second, that we will rebuild this monument after the war."—"After the war?" I asked.—"Are we going to live to see the end of the war?"—"Yes," he burst out. "It'll end soon. We'll win. And we'll rebuild this monument. The whole country."

At that moment we noticed that passers-by were not longer rushing in all directions. Suddenly a wave of people running from the opposite side of the square stopped us. People were running towards us and screaming: "Turn back, turn back, the Germans are closing the square, they're rounding-up people!" We immediately turned and started running the opposite way. But a moving row of uniforms and machine guns appeared in front of us. There were dogs too, barking like mad. We stopped with others, helpless. All the streets were closed. We were trapped.

The lights fade out and only one spot remains on Hala.

♪ *We hear dogs barking and German soldiers screaming*:

"Halt! Halt"—"Hände hoch!"— "Schnell! Schneller!"—"Alle raus! Raus!"

The soldiers and some plainclothes agents quickly broke the crowd into several sections, beating, kicking, pushing, and put them up against walls of the surrounding the square buildings. They ordered us to keep our hands up. Then, they started to systematically check everyone's identity documents, one by one, one by one, selecting some, for no obvious reason, and leading those selected to the side streets where the trucks were waiting to swallow up the arrested. They packed people like cattle. Dogs were yapping, children were screaming, Germans were yelling. Pandemonium.

I stood with Olek near the corner of a street closed by a row of soldiers, but behind them the street looked empty and not far away there was an intersection with another street. We were helplessly waiting for the approaching officers. I had a good, of course forged, document stating that I am an employee of the city hall, and should not be detained in any circumstances, and I knew that Olek had a similar one.

Suddenly he whispered in my ear "I have a gun with me. We were scheduled to have a night action just after the rehearsal." I was petrified. A gun found on him meant immediate death. He whispered again "I'll outsmart them." He smiled. "Stay put. If something happens, you don't know me. Remember. Promise." My heart started to pound like a bell. "I promise." I whispered. He saw how pale I was and he added, these were his last words "I'll see you at the rehearsal."

I suddenly felt like fainting, was it my early pregnancy? I don't know. I started to pray desperately for him. The Gestapo were close. They approached me first. I pulled out my I.D. An officer examined it for a long time and returned it to me without a word. I was free. He moved to Olek. And after that it's like a slow motion silent movie.

♪ *Sound effects stop.*

Olek lowers his right hand to his chest as he was reaching for his I.D. He puts his hand in the pocket. He pulls it out and his hand holds a gun. He shoots the Gestapo officer in his chest. The German's body shakes and his face looks like he is trying to swallow something which he could not swallow. He starts to fall down. Olek immediately turns back and sneaks behind the row of soldiers closing the street. They had not expected anybody to try to flee and before they turn and start to shoot at him, he makes it to the corner of the intersection and disappears down a side street. Thank God.

The very next second or two I heard shots, one, one, then a series, another series, and he appeared again moving backwards, already wounded, and from that side street, his escape route, a group of soldiers emerged shooting at him with machine guns.

DANUTA: We heard these shots even here.

HALA: I saw his body jerked by the bullets. His gun slipped from his hand. And he slowly fell on the pavement. He contracted his body, pulling his knees and elbows toward his stomach, like an embryo. The soldiers stopped shooting. Silence. He relaxed, prone on his face. And that blood started to flow out. His blood. I felt as it was my blood. But no, it was his. I am still alive. I did not move. I did not help him. Why?

♪ *Another wave of bombers.*

DANUTA: How could you? They would have shot you too. And your baby. You have to live.

HALA: Without him?

♪ *Lights return to normal. Professor starts playing, this time very softly, Paderewski's Variations and Fuga in E flat minor, Op 23. Zofia brings a glass of water for Hala. Mieczysław speaks with Danuta aside.*

MIECZYSŁAW: After making the arrests they ordered some men to carry Olek's body to a truck. We'll never even know where his grave is. We can't have a rehearsal tonight.

DANUTA: Naturally. Besides, Karol didn't come either. I'm so worried about him. Was he was arrested in the same round-up?

ZOFIA: I'll take the "Safe Entry" note to the mail-box for him.

MIECZYSŁAW: He will not come.

ZOFIA: So no one else is expected. Why won't Karol come?

MIECZYSŁAW: He wasn't arrested. He's safe.

DANUTA: What happened?

MIECZYSŁAW: I'll tell you at the right time.

DANUTA: Conspiracy secrets? But tell me at least if he is going to play in our new production?

MIECZYSŁAW: No.

DANUTA: Is he leaving our theater?

MIECZYSŁAW: He has left.

DANUTA: The most talented actor of the company. You really can't tell me what happened?

MIECZYSŁAW: No. I am sorry. I'll tell everybody soon. But not today.

DANUTA: Well. On the same day we lost our two leads. I'm afraid we'll have to close our theater.

MIECZYSŁAW: Close the theater?

DANUTA: How are we going to replace our two best actors? It's the end.

MIECZYSŁAW: We will find replacements. The show must go on.

DANUTA: I don't know. There's no hope.

MIECZYSŁAW: This is our way to win this war. It's our duty to keep the theater alive. In spite of deaths, difficulties, threats, and most of all against our own weakness.

DANUTA: You're a naive idealist.

MIECZYSŁAW: No. I am a strong believer. I believe that in these times of bondage art has the power to set us free. Us, and our spectators too. That's why we must do theater. We must.

DANUTA: Words against bullets?

MIECZYSŁAW: Yes. This is our weapon. The word is the emblem of the spirit. The spirit will prevail the barbarism. Beauty...

Zofia suddenly stands up and interrupts.

ZOFIA: It's already nine. Time for the evening news. The curfew is at ten. You must all go soon. Zygmunt, come, listen to the news.

♪ *She goes to the dresser and opens a secret hiding container in it. All, except Hala, approach the dresser. A radio appears. Zofia turns it on. We hear a short fragment of a military march and the characteristic signal of B.B.C. from London "Bum, bum, bum, bum." It is repeated several times. Then we hear:*

"Twenty hours, Greenwich Mean Time. From London, this is the B.B.C. Evening news. Last night, June 29, 1941, at 11.45 PM, Ignacy Paderewski had died in his apartment in the Buckingham Hotel in New York."

♪ *The news shocks all present, while the broadcast continues.*

"Paderewski was a world renowned pianist and composer, statesman and diplomat, leader of the American Polish community, and the highest political and moral authority of the Polish nation. The Poles in Poland and throughout the world mourn his passing and pay him tribute. The Polish Government in Exile in London held a special session in honor of Paderewski, who was President of the Council of Ministers of Poland in 1919. The American President Roosevelt issued a special proclamation emphasizing the invaluable contribution of Paderewski to the Allies victory in World War I and to establishing peace after it. President Roosevelt also decided to bestow on Paderewski the honor of a military funeral and burial at the Arlington National Cemetery. The heads of states of the Allied nations are sending condolences to the Polish Government. The representatives of American Polonia are expressing their deepest sorrow. This is the B.B.C. from London. News continues. The armed conflict between Germany and the Soviet Union is now in its ninth day. The Germans are reported to making rapid advances on all fronts. They use their superior air power and..."

♪ *Zofia turns off the radio. All remain silent. Another wave of bombers.*

DANUTA: This is our third loss today. How can we make up for this one? I quit.

HALA: No. We will stand tall. Against all odds.

♪ *After a while she starts humming "The March of the Falcons." The Professor goes to the piano and accompanies her. Gradually all create a circle and join in the song. While they are singing in soft voices, the Gestapo Agent appears at the street sign and listens. Lights fade out.*

► SCENE 2 ◄

♪ *Three months later. Night. The faint sound of a propeller airplane somewhere high above. Anti-*

aircraft search lights appearing and combing the sky. Anti-aircraft gun fire and air-raid sirens are heard.

♪ *In his living room professor Dygat plays piano Paderewski's Tatra Album, Op. 12, No. 1. The airplane sound slowly fades out. Professor Dygat continues playing. Blackout. Music fades off.*

► SCENE 3 ◄

A day later. Cracow's panorama projected on the screen. Around the table in the living room sit Colonel Chwalski, Mieczysław, Zofia, Danuta, Hala (her pregnancy is visible), and three new characters Barbara, Bogdan, and Leon. Professor Dygat sits in an armchair near the piano, with notes on his lap. He flaps the pages and, from time to time, he moves his hands as conducting an orchestra.

♪ *From a distance we hear a German military band playing marches. This sound will be a constant background for the few first minutes.*

MIECZYSŁAW: I am opening the meeting. *To Collonel* Sir, I welcome you cordially, as an honorable guest. Yet, please, allow us first to cover the theatre business.

COLONEL: Of course. It will be for me an interesting lesson, demonstrations how the conspiracy in the country works.

MIECZYSŁAW: Thank you very much. First then, Barbara, Bogdan, and Leon submitted their requests to become members of our theatre. If accepted, they will be sworn-in. Two active members must introduce a new member. Barbara is sponsored by Zofia and Hala. Zofia, do you recommend Barbara, here present, to be accepted and sworn?

ZOFIA: I do recommend her. I have known Barbara for years. I know her parents too. They are both teachers and good people. Barbara began acting just before the war in the Słowackiego Theater. She performed only one small role before the theater was closed. She is talented, focused, hard-working. I hope she'll be an asset to our company. As a person she is reliable and honest. I recommend her.

MIECZYSŁAW: Hala?

DANUTA *interrupting*: Do we really need this funny ritual...

MIECZYSŁAW: We do. And it's not funny. Hala, do you recommend Barbara?

DANUTA: Childish...

HALA: Barbara is a close friend. We were at the same high school. We can count on her. I trust her. I recommend her.

MIECZYSŁAW: Thank you. Bogdan is sponsored by Danuta and myself. Danuta, do you recommend Bogdan, here present, to be accepted and sworn?

DANUTA: I'd rather abstain.

MIECZYSŁAW: Bogdan told me that you're going to recommend him.

DANUTA: Must we replace the lost friends so hastily?

MIECZYSŁAW: So, you refuse to let Bogdan join the company?

DANUTA: Why such strong words? I'm simply not ready for the changes in the company... Besides, it makes me laugh... All these formalities, all these...

MIECZYSŁAW: Bogdan, I'm sorry. You have to leave the meeting.

HALA: I don't understand you, Danuta. I know Bogdan well. I can...

BOGDAN: Thank you, Hala. But, if I'm not wanted... I'll go...

MIECZYSŁAW: Stay. Hala, do you recommend Bogdan?

HALA: I do. I know Bogdan as a good actor and a reliable friend. Before the war he was a member of the Old Theater acting company and, even young, he played several leads. He was beloved by his colleagues and the public. We need him in our ensemble. I trust him.

DANUTA: I trust him too. But I question...

MIECZYSŁAW: I preside over the meeting, Danuta. I'll let you speak later. I am Bogdan's second sponsor. I have known him for a long time, indeed, since his early youth. He has always shown honesty and care for others. I do recommend him. Leon is sponsored by Zofia and myself. Zofia, do you recommend Leon, here present, to be accepted and sworn?

DANUTA: Here we go again...

ZOFIA: Yes, I do. Leon is my husband's piano student, from the same master-class as Olek... He is hard working. Always prepared. Besides Olek, he was Zygmunt's best student. I never heard any complaint about his conduct. I recommend him.

MIECZYSŁAW: Thank you. I am Leon's second sponsor. I met him just a year ago, when we were already at war. We met, so to speak, underground. The circumstances are of a sensitive character, so I will not disclose them. I have found him serious and courageous. I do recommend him. Does anybody have any questions for the sponsors or to the candidates?
Silence. Danuta? You may speak now.

DANUTA: What about? This is sickening.

MIECZYSŁAW: Is that all you wanted to say?

Danuta doesn't answer.

Anybody else? *Silence.* We're going to proceed then. Barbara, Bogdan and Leon—stand up and raise your right hands.

Barbara, Bogdan, and Leon follow instructions and then repeat after Mieczysław. Danuta raises her hand too and waves it, but Mieczysław doesn't pay attention to her.

MIECZYSŁAW: I solemnly swear...

BARBARA, BOGDAN, AND LEON: I solemnly swear...

MIECZYSŁAW: To work and fight tirelessly and courageously for the good of my country and for the good of the theater...

BARBARA, BOGDAN, AND LEON: To work and fight tirelessly and courageously for the good of my country and for the good of the theater...

♪ *Suddenly, we hear airplanes flying low over the house. The noise is so laud that people must outshout it.*

MIECZYSŁAW: To obey all the rules of this company, which I know and accept...

BARBARA, BOGDAN, AND LEON: To obey all the rules of this company, which I know and accept...

MIECZYSŁAW: And the orders of the superiors...

BARBARA, BOGDAN, AND LEON: And the orders of the superiors...

MIECZYSŁAW: I also swear to keep strictly all secrets...

BARBARA, BOGDAN, AND LEON: I also swear to keep strictly all secrets...

MIECZYSŁAW: Until death...

BARBARA, BOGDAN, AND LEON: Until death...

MIECZYSŁAW: So help me God.

BARBARA, BOGDAN, AND LEON: So help me God.

MIECZYSŁAW: Congratulations, Barbara. Congratulations, Bogdan. Congratulations, Leon.

They shake hands.

DANUTA *imitating Mieczysław, but, instead of shaking hands, she salutes Barbara, Bogdan, and Leon*: Congratulations, Barbara. Congratulations, Bogdan. Congratulations, Leon.

MIECZYSŁAW: Danuta! Stop it! It's not enough that the Germans have another victory parade in the city square, this time, after taking Smoleńsk, I guess. Orchestras, tanks, plains, columns of infantry...

♪ *Another group of aircrafts. The noise is deafening. They disappear.*

Does any new member want to say something?

BARBARA: I simply thank you. It's such a joy to be in a theater company again. When my theater was closed by the Germans it was like the whole world ended. Years of training wasted. Great expectations shattered. I loved so much that moment of entering the stage and feeling the warmth of the lights and the delicate breeze coming from the auditorium, full of people, alive, clapping, laughing. I always wanted to give them the very best I had. And suddenly the stage was closed. I'm homeless. I volunteered to tell fairy tales in a children's hospital. For a living, I worked as a nurse's aid. It was like hibernation. And now you offer me the theatre again, even if underground. I am alive again.

DANUTA: I don't know if I'm alive...

♪ *Yet another group of aircrafts.*

MIECZYSŁAW: Bogdan?

BOGDAN: I am an actor, in peace or war. War stopped me from performing. You're giving me a chance to perform. For me the war has ended today. Thank you.

MIECZYSŁAW: It's not so simple. We still have a long way to go before the war is over, or rather, before we bring it to its end.

♪ *At this moment the German military band stops.*

ZOFIA: Finally. I hope that the Germans have finished their parade.

COLONEL: The next one might celebrate their taking of Moscow. The Russians are in constant retreat.

Silence.

LEON: May I say something now?

MIECZYSŁAW: Sure. Wait! Didn't I hear something on the street? Silence, please. *Pause.* No. Go ahead.

LEON: I am aware that I am to replace Olek. It is a great challenge. I promise you to work as hard as he had and be brave as him. Hala, I swear this directly to you, I will avenge Olek's death. I will...

DANUTA, *interrupting*: I protest. Karol would never tolerate even a thought about revenge. He was always talking about loving our enemies. I didn't understand him, to be frank. Yet, even if he is not with us, we have to respect his point.

BOGDAN: Love the killers?

DANUTA: He was adamant about that. He repeated that killing will not end killing, hate will not stop hate. Only love. Mieczysław, is Karol going to come today?

MIECZYSŁAW: No. But I will tell you something about him. In a while. I think that since our new members have been sworn in, we can proceed with the meeting. I am happy that despite the irreparable losses we suffered, our company survives and even grows. On the agenda we have still two items: one, a welcome to Colonel Chwalski and his talk on Paderewski; two, news about Karol. Then—the rehearsal.

DANUTA, *interrupting*: Can't you say it now, don't let us wait!

MIECZYSŁAW: May I proceed with the agenda? We have a formal meeting.

DANUTA: No! I don't care for your funny formal protocol. If you know something about Karol, just tell us.

MIECZYSŁAW, *to Chwalski*: Colonel, will you agree to move your item of the agenda down?

COLONEL: Sure. I can wait. Oh, and don't call me colonel all the time.

DANUTA: Thank you, colonel... That is, sir... Mieczysław, please tell us about Karol...

MIECZYSŁAW: Karol is safe and in good health. He left the theater because he decided to enter the seminary for priests.

DANUTA: The seminary is closed, like all other schools. Something's wrong here.

MIECZYSŁAW: I won't enter into details, Danuta. But think for a while. Universities, colleges, high schools, and even elementary schools above the fourth grade were shut down by the German and Soviet occupiers. All theaters were closed. But we are preparing shows underground and we perform them in secret. Underground instruction goes on and scores of students continue their studies on all levels. So...

DANUTA: So, he is in a clandestine seminary, yes? Yes?

MIECZYSŁAW: I did not say that.

DANUTA: Come on! Don't you trust us?

MIECZYSŁAW: It's not a matter of trust but of the rules of secrecy. We're playing a very dangerous game underground. Don't forget—any violation is punished by death.

DANUTA: Didn't Karol leave a message for me? That is, for us...? Didn't he tell you to pass something on to me...? He disappeared like a morning fog. Without a word. Without a...

MIECZYSŁAW: He asked me to say hello to everyone...

DANUTA: Say hello?

MIECZYSŁAW: Yes. And to tell that his choice is firm and he is very happy to have made it. He'll keep praying for all of us.

DANUTA: So, we're going to have a chaplain for our theater in a few years.

HALA: He's so smart and hard working that he'll became a bishop, I tell you.

DANUTA, *sarcastically*: Or maybe a pope!

All laugh.

MIECZYSŁAW: May I proceed?

DANUTA: Proceed. According to the rules. *She suddenly stands up and runs to the kitchen, crying.*

MIECZYSŁAW: What's wrong with her?

ZOFIA: You don't know? Men don't notice anything. *She follows Danuta to the kitchen.* I'll be back. *She exits.*

MIECZYSŁAW: Come back as soon as you can, we're going to lose our quorum. In the meantime, I'll proceed. Returning to the agenda. Item number three: Discussion of our next production. Item number four: Other business. Do you accept the agenda?

HALA: Without objections. I'll take minutes.

MIECZYSŁAW: Thank you. Let's proceed. Item three. Welcome to Colonel Chwalski. Colonel, that is, sir... We are very happy that you agreed to meet with us. We heard about you a lot from professor Dygat. So, we are excited to have the opportunity to meet you personally, a hero of the Great War. I am not supposed to disclose anything about your current mission beyond this: Our guest arrived via the sky and a parachute...

Zofia and Danuta return. Mieczysław continues:

The Colonel's first contact in Poland was his old friend and fellow veteran professor Dygat. We're using the Dygats' home for the rehearsals. Thanks to this coincidence we have the privilege of meeting the Colonel. It is indeed an honor. Welcome.

COLONEL: Thank you, Mieczysław. It's good to be in the old country after so many years. Even under the circumstances of war. As you know, Zygmunt, that is professor Dygat and I served together in the Paderewski's Kosciuszko Army in America during the Great War. We were shipped to the battlefields of France, then transported to Poland, where we fought the Bolsheviks. Except for some minor wounds, both of us survived, as you see.

ZOFIA: John, you're not telling them that because of your bravery and military talents you quickly advanced from lieutenant to colonel. Zygmunt stayed a lieutenant...

COLONEL: But after the war Zygmunt became a professor at the famous Music Academy in Cracow while I was a reporter for a Buffalo newspaper and director of theatre at the Mickiewicz Society. After the war, that first war, Zygmunt fell in love in Poland, married a Polish girl, and stayed here. I returned to my Polish girl in America. When the present war began I followed my old ways. I tried to volunteer for the Polish army. But unlike the Great War, there was no Polish army in America. To make the long story short—I became an aide to Maestro Paderewski when he arrived to America last year. I heard his last speeches. Then, I marched in his funeral.

BARBARA: Colonel... We listen to the B.B.C. from time to time... But we are in the dark... Tell us... Are we going to win this war? The Germans rule over the whole continental Europe and now are beating the Soviets. The Japanese are wining in China. America is still neutral. Will she join? When?

COLONEL: I don't know when. But America will wake up again and tip the scale. As during the first war.

DANUTA: Will America help Poland to resurrect? Paderewski no longer knocks to the American doors for help.

COLONEL: Paderewski's loss is irreparable, for sure. But it is you, who are going to decide the fate of Poland–your generation, here, in the country.

MIECZYSŁAW: We know that. Because of this we do theater.

A moment of silence.

HALA: You heard, of course, Colonel, that professor Dygat studied with Paderewski in the thirties in Switzerland.

COLONEL: Of, course, I did.

HALA: But you may not know that Paderewski considered the Professor his best student, he spoke about him as his "adopted son-in-the-piano." My late husband was the Professor's student... A good one...

COLONEL: Your late husband?

MIECZYSŁAW: Hala's husband fell in action three months ago.

COLONEL: Paderewski's "grandson-in-the-piano..."

HALA: Paderewski was my husband's idol, for he combined absolute devotion to music with untiring service to his country. My husband wanted to follow that...

ZOFIA: He was like that.

COLONEL: Paderewski would have been proud of him.

MIECZYSŁAW: Colonel...

COLONEL: Colonel, again?

MIECZYSŁAW: Sir... Would you like to tell us more about Paderewski? You knew him well. You were close to him.

COLONEL: You certainly know from the professor, that it all started when the two of us prepared a production in honor of Maestro at the Kościuszko Army training camp at Niagara-on-the-Lake, near the famous Niagara Falls. It was an awkward and funny show. I represented him, the great master, in the form of a marionette. It was a risky concept. I almost faced a court martial for that. But Maestro loved it. Old story...

Without a word Zofia leaves and after a while returns with a large object covered by a rug and gives it to professor Dygat while Colonel continues.

Zygmunt Dygat played piano in the show. Paderewski found his performance very promising. That prepared the ground for the professor's further studies with the Maestro, later on. But then, in 1918, we went to war. I took the Paderewski marionette with me to France, then to Poland. Zygmunt and I were giving shows for the troops. I'd tell them about Paderewski and operated the marionette, Zygmunt played piano. Of course, if a piano could be found somewhere near the lines...

Professor and Zofia's approach Colonel who interrupts his talk.

ZOFIA: I'm sorry, John, for interrupting... We have a surprise for you. Remember, leaving Poland you left something with Zygmunt...

PROFESSOR: Here...

Zofia unwraps the object and we see the Paderewski marionette—the same as in Act 1.

COLONEL: What a surprise. Marvelous. My old marionette. How did you preserve it?

He starts operating the marionette. He walks it to the piano, sits it on the stool and pretends that the marionette plays piano.

ZOFIA: It was a memento of Zygmunt's first encounter with Paderewski. We guarded that marionette like a treasure. It survived the bombardments...

COLONEL: Thank you. Old times come alive. Zygmunt, what about a concert for four hands?

♪ *Professor takes a chair, moves to the piano, sits down and starts playing Paderewski's Krakowiak Op. 5, No. 1, while Colonel operates the marionette. It looks like two people are playing piano. The Gestapo Agent appears at the street and listens. All present in the living room listen and, when the piece is over, applaud. The Agent goes off. The Colonel walks the marionette to the table, mounts the table, and operates the marionette as if Paderewski was giving a speech.*

COLONEL: Ladies and Gentlemen, you asked me to talk about my life and works. It is a humbling request. I can respond to it only with simplicity, brevity, and truth. First, were twenty-five years of schooling and studies. Next, came twenty-five years of a virtuoso career...

LEON, *gently inserting his comments*: It was a brilliant, astonishing, irresistible, world career. He won attention, respect, and praise from critics and connoisseurs, he inspired the love and adoration of audiences. He became an idol and a celebrity. He played at monarchs' courts and presidents' mansions. He traveled all over the world...

COLONEL: I am aware that my piano performances, as well as my compositions, were favorably accepted by some. I myself knew that I have had to work hard round the clock...

MIECZYSŁAW: Excuse me, for a sec... Silence, please. *He listens.* No... Please, go on...

LEON: His phenomenal technique provided a solid foundation for his personal interpretations, crowned by ecstatic and entrancing play.

COLONEL: To tell the truth, I felt embarrassed many times by the interest I aroused...

LEON: He was a handsome, attractive, tall man; his golden-red hair gave him an unusual look and an aura of angelic beauty. He became the object of a cult, known as "Paddymania..." Once, two young ladies sneaked into his dressing room and, in spite of his desperate resistance, cut of a tuft of his hair...

COLONEL: During the Great War I switched from music to politics. I was elevated to the position of the leader of the Poles in America, and soon after, of all Poles. I returned to Warsaw and became the President of the Council of Ministers of Poland.

LEON: President Wilson once said about him "He conquered America with his music and then he convinced me to restore independent Poland. I thought to myself: If Poland breeds such excellent artists, such great minds, and such hard working people as Paderewski, she certainly deserves to be an equal member of the family of the world's civilized nations."

♪ *Suddenly, we hear alarm sirens and anti-aircraft gun fire. After a while we also hear a faint sound of a propeller airplane somewhere high above—all as at the beginning of scene 2. Anti-aircraft search lights appear and comb the sky.*

COLONEL: A companion for me is coming from England, or what?

♪ *All sounds gradually fade off.*

COLONEL: Let's return to our story. When Poland was resurrected my political objectives were fulfilled and I could return to the piano. But, because of my political duties, I neglected keyboard...

LEON: It was known that, preparing for concerts, Paderewski practiced days and nights, from twelve to sixteen hours at the key board.

COLONEL: I did not give concerts for a long time. My fingers refused to obey me. I was considering quitting music. Yet, I finally I decided to return to the concert halls.

LEON: His first performance, after the long hiatus, took place in Carnegie Hall in New York, November 22, 1922. This concert is described as one of the greatest moments in world music history. A universally respected statesman appeared on the stage. The auditorium rose in respect. Then a virtuoso gave a concert, playing with absolute mastery. Audiences, fellow artists, critics, impresarios, fans—all were enchanted, fascinated, overwhelmed, and enraptured with joy. It was the ultimate victory.

COLONEL: I was humbled by the reception of my performance... I toured again. Most frequently in America, for crowds of thousands and for closed circles of connoisseurs, or at the White House...

LEON: Paderewski played for and befriended all American Presidents of his time: Theodore Roosevelt, Woodrow Wilson, Calvin Coolidge, Franklin Delano Roosevelt...

COLONEL: The attack of Germany and Soviet Union on Poland in 1939, and the outbreak of the new war forced me to return to politics once more. I came to America to again mobilize public opinion in support of my mortally endengered country.

LEON: But an exhausting schedule of meetings, conferences, and speeches was too much for the old man. A "Modern Immortal," as he was called by many, died on June 29, 1941.

Colonel, operating the marionette, performs a pantomime scene: Paderewski walks, speaks, he feels pain in his chest and slowly falls down.

♪ *At the beginning of the pantomime professor Dyga—apparently understanding the Colonel's intentions—plays softly the beginning of Paderewski's Variations' and Fugue in E flat minor, Op. 23.*

Silence.

Zofia goes to the piano and stands at its side.

ZOFIA: Zygmunt knows all Paderewski's works. Zygmunt, please, play the famous *Menuet à l'Antique...*

Professor nods in agreement.

This piece is a summary of the best of Paderewski. It is sad, yet not pitiful; it is noble and elegant; it is light and graceful; it is strong and powerful.

♪ *Professor starts playing the Menuet in G major, Op. 14, No. 1, while Zofia keeps talking. The Agent appears for a moment under the street sign and then walks away.*

ZOFIA: The *Menuet* begins as if someone would test the smoothness of the dance floor with light touches of the foot, once and twice, once and twice. The theme is introduced in the first bars. It is simple, graceful, dancing, melodious. Then, an opposition arises between delicacy, moderation, and restraint—and the temptation to sing loud, dance fast, and explode with unlimited vigor. This is Paderewski! He could not miss an opportunity to run through the keys with wild abandonment and display his amazing technique. At core part, the *Menuet* mutates into an—almost—Chopinian *Mazurka*. The echoes of Chopin wake the echoes of a Polish landscape in early autumn, here and there illuminated by rays of sun, fraught with the mysterious and unutterable Polish nostalgia. The country panorama seems to enlarge and embraces a ballroom in a castle, where airy shadows swirl. But immediately the composition returns to a musical whisper. It poses clouded and enigmatic questions, repeats them and transforms, never answering with any certainty. We are left with the feeling of a mysterious ceremony in a palace of beauty, of which we are allowed only a glimpse as if through a half-open door...

A pause.

COLONEL: Thank you, Zofia! Thank you, Zygmunt!

A pause.

You surprised me with my old marionette. I have a surprise for you too.

From a hidden pocket he pulls up a small tape-player:

See this wonder? The tape and voice recorder. The military has them now. I guess, they'll be in mass productions in twenty years or so. I brought you Paderewski's voice. Listen...

♪ *He pushes the button and Paderewski's voice is heard:*

(PADEREWSKI'S VOICE ON THE TAPE. A RECORDING OF PADEREWSKI'S LAST SPEECH SOLICITING POLITICAL AND ECONOMIC HELP FOR POLAND. (THE RECORDING AVAILABLE IN THE INTERNET.)

When the tape is over, the Colonel comments on it.

COLONEL: It's Paderewski's last recorded speech. Even a few days before his death he was pleading for help to his country.

A pause.

Mieczysław, you wanted me to speak. I could go on... But your have to proceed with your meeting...

DANUTA: With the agenda!

MIECZYSŁAW: Thank you, sir, thank you out of my, out of our, hearts. *Suddenly.* Hold on! Leon, check around the house and come back. *Leon immediately goes to the door but he is unable to unlock it. Zofia comes to help him.*

ZOFIA: A lock in the door jams. It doesn't want to open. It's so difficult to get someone to repair things like this these days... Only I know how to operate it...

She opens the door. Leon exits. All wait. Leon returns.

LEON: Nobody.

MIECZYSŁAW: Thanks. Now, back to our agenda...

DANUTA: I told you. The agenda!

MIECZYSŁAW: Sure. Point number four: What to do next? The cast of *King-Spirit* by Słowacki is shattered. Olek... departed... Karol quit... Hala's expecting... We have three new members ready to substitute for them. That's great. But we have to consider also other options, that is, the preparation of other shows.

DANUTA: If we are going to still function at all, which might be impossible...

MIECZYSŁAW: We have to keep going.

DANUTA: If we are going to do anything, we have to revive *King-Spirit* first. We owe this to Olek and Karol. And Hala would be able to perform in it too, after her delivery. She can alternate with Barbara. Am I right, Barb?

BARBARA: Sure. I will gladly take Hala's role and give it back to her when she's ready.

HALA: No, no, we'll perform in turns. One show for you, the next for me.

BOGDAN: I can take the role left by Karol in *King-Spirit*, but, perhaps we should do another show. Why not a Shakespeare?

MIECZYSŁAW: Shakespeare? In our theater we focus not on the action but on the text. Not on creating characters but on the delivery of the word in the name of a character. As far as new material is concerned I'm currently working on an adaptation of *Pan Thaddeus* by Mickiewicz.

HALA: Beautiful!

DANUTA: Karol would have played Pan Thaddeus if he had still been with us. Perhaps he'd return if you offer him such a great lead?

MIECZYSŁAW: He has already made his choice.

DANUTA: I'm only joking. *She laughs hysterically. Nobody else laugh. Silence.*

LEON: It seems to me that a revival of *King-Spirit* would be better. It'll be our tribute to Olek and a sort of continuation of Karol's presence in the theater.

MIECZYSŁAW: Any more thoughts? I have another proposal. We heard the Colonel's story on Paderewski. Professor was his student. Olek was, and Leon is, his follower. Both the professor and Leon can play piano in a show. Why can't we prepare a play based on Paderewski's life? Something similar to what the Colonel and the Professor did back then in America. If the Colonel would be so kind to help me, I could come up with an appropriate scenario. Our audiences would love to hear about Paderewski and listen to his music.

LEON: I'm all for it.

DANUTA: I could play Madame Paderewska. After all, who's a star in this company?

BARBARA: He had many female fans and enthusiasts. I could be one of them.

BOGDAN: Will there be a role for me?

MIECZYSŁAW: It depends on the script. Perhaps there shall be a role of Sylvin Strakacz, maestro's faithful personal secretary.

ZOFIA: A play on Paderewski? It's a fine idea. I even have a title for it, *Paderewski's Children*.

MIECZYSŁAW: Perhaps *Paderewski's Children and Grandchildren*?

ZOFIA: No. *Paderewski's Children*. To the point, stronger, and more general as well. It would be about all who recognized Paderewski's spiritual leadership and his artistic mastery.

MIECZYSŁAW: You're right. But first we have to have the play.

COLONEL: I would love to help you. But I won't be staying long in Cracow. I have other orders.

MIECZYSŁAW: I'll ask you only for a few hours. I'll come with a notebook. Or, perhaps, we can use the recorder?

COLONEL: Perfect. This little box can play a voice and can record it.

MIECZYSŁAW: Thank you very much advance.

ZOFIA: I'll put the toy in my safe place.

MIECZYSŁAW: It's settled, then. Other proposals? *He waits a while.* We will revive *King-Spirit* in the near future. We will begin preparations for *Pan Thaddeus*. Our next show, however, will be *Paderewski's Children*. Is there any other business? *He pauses. Nobody speaks.* All right. I adjourn the meeting.

DANUTA: I adjourn the meeting, too! Thank you all for a productive conference.

MIECZYSŁAW: The curfew is near. We have to be leaving in a hurry. As always, individually, or in small groups. Hala, accompanied by Barbara, you go first. I'll be the last. Colonel, it was an honor to meet you. I'll come back tomorrow to listen to you. Zofia and Zygmunt, thank you for your hospitality.

♪ *Professor goes to the piano and starts playing Paderewski's Mazurka in E minor, Op. 5, No. 2. All hug, shake hands and leave. The Agent observes in the shadows.*

Blackout. Music fades off.

▶ SCENE 4 ◀

♪ *Night. Propelers's sound—as in Scene 2—anti-aircraft guns, sirens, search-lights.*

♪ *In the leaving room Professor plays Paderewski's Tatra Album Op. 12, No. 1. Noises and lights fade off.*

▶ SCENE 5 ◀

Two months later. Late Fall. Afternoon. The panorama of Cracow—as before. Zofia and Professor prepare the room for the show. Zofia is in an evening gown and Professor in a dress coat.

ZOFIA: The opening night!

They take the Polish national flag from the hidden drawer in the dresser and put it on the wall. They rearrange the furniture and bring additional chairs for spectators. The marionette of Paderewski sits in the corner of the room. They dialogue during these activities.

ZOFIA: The national flag. A venerated treasure. Prohibited by the enemies. Once, before the war high on a mast in front of the home. Nowadays preserved in a hidden place. In the Paderewski's show it will make a most appropriate set. What else? Zygmunt, could you bring roses from the kitchen?

Professor brings two roses in a flower-pot.

PROFESSOR: Roses. White and red.

ZOFIA: National colors. How many people, I mean, spectators, should we expect? Twenty?

PROFESSOR: Thirty, or so. Mieczysław knows all of them. No written lists, of course.

ZOFIA: If more come, they can sit on the floor. Anything else? All's ready. Although there are no posters around the city, no newspapers' adds, and spectators were invited individually by word of mouth, it's a grand opening. "Paderewski's Children"! I did not write it, but I'm getting credit for the title. The actors should start coming in about an hour. The spectators in about two hours. Why don't we have a cup of tea, while we wait?

♪ *She goes to the kitchen. Professor sits at the piano—covered by blankets—and plays Paderewski's Krakowiak in B flat major, Op. 5, No. 3. The Gestapo Agent appears on the street, listens, and goes off. After a while Zofia returns with tea. She puts one cap on the piano. She sits and sipping tea listens to the music.*

The Agent appears at the mailbox. This time he is accompanied by two Gestapo soldiers in full gear. The Agent checks the note and they go off. Zofia speaks:

I'm so happy that they've prepared that show on Paderewski. The country is completely cut off from any information from abroad, except for illegal radios. Not too many of us have them. The underground press is also a rarity. People are hungry for news. For the theater too. They are going to get both tonight. *A pause.* If only all the actors arrive safely. *A pause.* I hope that the Colonel is safe, somewhere. *A pause.* On an afternoon like this I can almost forget the war, the menace. *A pause.* I feel so secure and happy. *A pause.* The war will end. You'll return to the Academy. Mieczysław and his group will open their theater and perfrom for thousands. I will form a committee for rebuilding the Grunwald Monument. Olek's last wish must be fulfilled. *A pause.* We'll go hiking in the Tatra Mountains again. Quiet and silent. Without the air-raid sirens. *A pause.*

Remember, Zygmunt, our last morning in Paderewski's mansion in Switzerland? Paderewski invited me, the unknown wife of his already famous student, for your final concert after your successful completion of the four stages of his "master class." I remember them so well as if it was me, not you, learning from the master: Perfecting technique, structuring the piece to be played, working on the separate elements, and putting all these elements together, forgetting about them, play in ecstasy, following your emotions and your soul's steers. I learned these stages from your letters. The month long master-class was crowned with a concert in the Maestro's private studio.

It was a calm, joyful, long evening. Both a farewell celebration and an opening of a new era in our life. As Paderewski's favorite student and with his recommendation you were to start an European piano tour in the fall. I were to travel with you. We were to start in Paris in the Fall of 1939. It did not happened. War broke out. Bombs. Killed. Wounded. Desperate. Horror. *A pause.*

But then, it was still early Spring of 1939. Early morning. We stood on the balcony of the Paderewski's palace looking at the pink and orange patches of snow painted by the rising son on the laces of the Alpine peaks. A delicate fog was brewing at our feet over the Geneva Lake and ascending into the sky in the form of small, disappearing clouds, light like angel feathers. There was something overwhelmingly peaceful and mysterious in nature, in us too. I said, "Let it last." You understood me, and you said. "It will last. From ever till ever."

In that moment we escaped from time. We were only for ourselves. Time ceased to pass, run, fly, to be measured, to vanish, and to confront the past with the future. It stopped. No, it rather merged with eternity. It became a time without time...

♪ *Characteristic secret knocking at the door. Zofia still smiling to his dreams goes to the door..*

ZOFIA: Who's here so early? She goes to the door. She opens. She screams. She raises her hands.

The Agent with a gun in his hand appears, followed by two Gestapo soldiers.

AGENT: Shhh... Quiet. No stupid moves, no screaming. Alles wird in Ordnung sein. Go to that chair—*he points out*—sit down and put your hands on your neck. Go! Schnell! *To Professor* Professor, Guten Abend, sir, good evening. Playing Paderewski? Stop it. *Professor interrupts his playing.* Stay there at your stool. Don't move.

He orders the Gestapo soldiers: You! Hier. You, Hier. *He walks around the room.*

Well, well, well... Everything prepared for the show. But there will be no show. The Polish flag. Forbidden. There's no such thing as Poland any more. Illegal theater production, to make things worse... Chairs for spectators. How many guests do we expect? There's plenty of room in Auschwitz. *He suddenly tears dow the national flag, makes a ball of it, and throws it to Zofia.* Here, put it in your secret drawer along with your radio and recorder. *Zofia catches the flag and systematically folds it on her knees. The Agent picks the roses, a red and a white, from the flower pot.* From your own garden? How nice. I like roses. But yours have the wrong colors. *He breaks the roses.* We're going to wait. We'll let everybody in. We'll be hospitable. Yet, nobody will leave alone. We'll wait. *He sees the marionette.*

What a surprise... Maestro Paderewski? Of course, Paderewski. I listened to him in Hamburg, and again in Dresden. He performed Beethoven and List splendidly. Chopin too, but I did not like Chopin. Paderewski. Great pianist. But, unfortunately he turned out an enemy of the Third Reich. Adolf Hitler offered Paderewski the presidency of Poland as a German protectorate. It was one more expression of the Führer's utter generosity and a guarantee of peace for Poland, for Europe, for the world. But the old, stupid, and stubborn man refused. So, he's the enemy. He was, rather. He went to hell along with his lofty ideals.

Professor, play something for me, please.

♪ *Professor begins to play Paderewski's Mazurka in E minor, Op. 5, No. 2.*

No! Not this! I despise these Slavic lunatics Chopin, Paderewski, Opieński, Szymanowski. No, no, not that. Play for me a good German master. Wagner, Beethoven, Handel, Bach. Oh, yes. Bach for me, please. Let's return to healthy German roots.

♪ *Professor starts playing Bach's Italian Concerto.*

Good. I like that. This music is so structured, so clear, so pure, so strict, so orderly.

♪ *He sits and listens while Professor continues to play.*

Danuta, Barbara, Bogdan, Leon and Hala with a baby-carriage appear on the street at the gate. Danuta checks the note in the mailbox. They are about to go to the entrance of the house when Leon stops them.

LEON: Listen... Do you hear what the professor is playing?

DANUTA: He's playing piano, as usual, for hours no end.

LEON: No. It's not that he is playing. It's what he is playing.

DANUTA: What? A piece. Let's go.

LEON: No, no, no. It's Bach. Nowadays professor plays only Paderewski. Never any German composers. Even if he loves them and played them before the war. He was a Bach specialist. No more. And now he's playing Bach's *Italian Concerto.* It's Bach. Definitively Bach.

DANUTA: So what? He changed his repertoire for today.

LEON: No, no. There must be something to it. I don't know what.

BOGDAN: Paderewski or Bach, let's go and see what is going on. The "Safe Entry" note was in its place. The way is open. Let's go.

LEON: Stay. Don't go. It must be something unusual. I'm telling you.

BARBARA: I'll go and find out. You stay and wait. I'll return if everything is all right. If I don't return, don't enter.

HALA: I'll go too. If there's a problem the baby will be my alibi. As I dropped by to a friend to show her the new baby...

BOGDAN: What problem? What problem?

BARBARA: Maybe there's nothing to it. But simply, let's play it safe. I'll go and I'll tell you.
To Hala: You stay. You must be careful for the two of you.

HALA: If I must...

DANUTA: Don't let us wait to long. It's cold.

BARBARA: Sure. I'll be back in a minute.

She takes the "Safe Entry" note from the mailbox, goes to the door and knocks using the secret code. Agent and Zofia stand up. Professor keeps playing.

AGENT: *To Zofia*: Sit down and keep quiet. How nice... We have our first guest.

He pulls the gun out and goes to the door, He wants to open the door but the lock is jammed.

AGENT: What's that? *To Zofia, whispering:* The lock is jammed. You, landlady, be so kind to open. Move! And don't try to play any tricks on me.

Zofia slowly unlocks the door. The Agent brutally moves her to the side. He opens the door. Barbara appears.

The Agent whispers to her: Hände hoch! Hands up. Come in. Shut the door behind you. Welcome. Come in. Close the door behind you, I tell you. The professor might get a cold.

Suddenly Barbara turns and runs away, slamming the door. She disappears. Agent fires and runs after her, followed by Gestapo men, but they are stopped by the closed door which stops their chase. They try to open the lock. Professor stops playing. The Agent forces Zofia to open the lock. Barbara appears at the gate. She is wounded.

BARBARA: Run, run, the Gestapo's inside... Run away...

She collapses. Hala kneels at her side.

Save your baby, please... Run... Leave me...

DANUTA: Oh, no. We'll not leave you... *She helps her stand up.* Here...

BOGDAN: *Takes the note "Safe Entry" and tears it into pieces.* Let's go! Disperse! All directions!

All run away to different directions—Hala with the baby carriage, Danuta and Leon helping Barbara. Agent and Gestapo men appear.

AGENT: Damn it! Follow them! Fire! We must stop them! Stop! Stop!

All run to different directions. Shooting is heard.

Zofia runs to the hall and returns in a coat, caring Professor's coat.

♪ *Professor looks at her and starts playing Chopin's Etude No.12, C minor, Op. 10 (Revolutionary). Zofia slowly takes off the blankets off the piano and opens the cover—the sound bursts. She takes off her coat and throws Professor's coat on a chair. She places Paderewski's marionette on an armchair and sits on another armchair. Smiling, she listens to the music.*

Mieczysław appears at the mailbox and checks for the "Safe Entry" note. He doesn't find it. He looks around, find the pieces of the note on the ground. He quickly exits.

♪ *Lights focus on Professor playing piano.*

Lights fade out.

▶ ▼ ◀

► EPILOGUE ◄

♪ *Professor continues to play.*

Mieczysław, Danuta, Barbara, Bogdan, Leon and Hala appear in the auditorium. Hala holds a five-year old boy by the hand who holds two roses—white and red.

Colonel Chwalski walks Paderewski's marionette in. The marionette listens to the music.

The Soldiers and the Girls (form Part I) surround the marionette. All other actors joins them.

When Professor finishes playing—they applaud him.

The Boy offers the roses to Professor.

Professor takes the Boy by hand leads him to the marionette, gives him the roses and the Boy offers the roses to the marionette.

► THE END ◄

Buffalo – Niagra-on-the Lake 2003

► ▼ ◄

PADEREWSKI RETURNS

A PLAY

CHARACTERS

Ignacy Paderewski

Helena Paderewska, his wife

Miss Gloria, owner of "Hotel Paso Robles"

Miss Wonderwrite, music critic

Sylwin Strakacz, Paderewski's personal secretary

Doctor Fronczak

The Mayor of the town Ciężkowice in Poland

Stephen Trojanowski, Paderewski's plenipotentiary

PLACE

"Hotel under the Star" in Paso Robles, California

TIME

The play is a story of the night of May 21-22, 1922

MUSIC

Music of Chopin and Paderewski

AUTHOR'S NOTES

- The play is based on true historical facts. It uses actual documents and quotes real statements. It is, however, a literary fiction.
- Events of Act 1 and the beginning of Act 2 occur simultaneously.
- Ignacy Paderewski is called in this play "The President", because this was his official title in Poland in 1919, "The President of the Council of Ministers". We have to explain that Poland at that time did not have the office of "The President". The Head of State was Józef Piłsudski who used the title of "The Leader" ("Naczelnik"), in reference to the title used by Tadeusz Kościuszko.

► PROLOGUE ◄

♪ *In darkness we hear Paderewski's "Menuet à l'Antique." Ignacy Paderewski appears in a spotlight: He listens to the music. He puts his finger to his lips. The music fades off.*

PADEREWSKI: It used to be... It's the past...

They were saying that music sings through his hands... That he is a piano charmer... Or, that under his touch the piano sounds like a whole symphonic orchestra... Indeed, he worked out—and a work it was: hours, days, years of practicing—he worked out his own, unique, secret technique, known only to him. Nobody else could imitate it. Behold: when his right hand played one melody, and the left another, he was able, accelerating or slowing down—for a fraction of a second—the tempo of one or the other hand in order to play both melodies separately, and, at his will, to combine them, or to split them. This was his famous "Tempo rubato". This very secret provided his performance an incredible melodic richness, giving his listeners the impression that they were hearing the entire orchestra. Many proclaimed him a genius. The old Saint-Saëns, quibbled: "Paderewski is a genius who, additionally, plays piano." Both of them laughed. Paderewski was compared to the Shakespearian Prospero, who rules over the spirits and nature. Others wrote that, as Homeric Odysseus, he once navigates the turbulent Aegean sea waters, once a calm surface of the Ithaca harbor. Still others said that he plays as carried away by Promethean bursts of fire, here and there pierced by the Zeus' thunders... He was praised for combining intellectualism with sensualism, clashing the pianissimo whisper with Titanic power of his strokes... It was that way. No more.

A pause. Paderewski continues:

In the spring of 1922 Ignacy Paderewski found himself in the small town of Paso Robles in California, located midway between San Francisco and Los Angeles, near two ranches he owned, Rancho San Ignatio and Rancho Santa Helena; both of them abundant with wine groves, and their soil expecting to be pregnant with oil. Paderewski stayed in the "Hotel under the Star." Actually, he rented the entire hotel.

Born in 1860, he was—at that time—sixty two years old. Behind him stretched long years of learning and growing as a pianist and composer; about a quarter of a century of a brilliant, successful carrier of a virtuoso, whose fame spread all over the world; several years of a political career as leader of Polish-Americans, and then as leader of all Poles—the President of the Council of Ministers of Poland. He resigned from music for politics, then, he was forced to resign from politics. He found himself as the crossroad.

All characters of the play appear one by one.

MISS WONDERWRITE: I am Miss Wonderwrite, music critic. Master! The concert halls all over the world, are calling you, are inviting you. The realm of music is ready for the restoration of your reign. Critics, impresarios, followers, enthusiasts are anxiously waiting for your return.

PADEREWSKI: But, after so many years of non-practice the pianist's fingers had lost their dexterity. Would it be possible to achieve full control of them again?

STRAKACZ: I am Sylvin Strakacz, personal secretary to the President Paderewski. Mister President, the office of the President of Poland is awaiting for you in Warsaw. You are the best candidate in the upcoming presidential election the most experienced, the most virtuous, the most worthy. Supporters, friends, admirers, and, indeed, crowds, call you back to Poland. Mister President, please, return to Poland and took the helm of the nation!

PADEREWSKI: But there were many other contenders for power in Poland. So many foes...

TROJANOWSKI: I am Stephen Trojanowski, Ignacy Paderewski's plenipotentiary. Rich Californian soil is promising you, sumptuous harvests of wine and offers you uncountable reserves of oil. Develop wineries! Drill for the black gold!

PADEREWSKI: But my artist's soul demurred on the very thought that instead of a pianist and composer I should become a wine grower and oil producer.

MISS GLORIA: I am Miss Gloria, owner of the "Hotel under the Star" in Paso Robles, Paderewski's home in California. The town of Paso Robles wants to keep you as its citizen, counting that your very name would attract tourists and business. We are offering you lucrative deals and tax brakes for your vineries, for your oil industry.

PADEREWSKI: I'm not yet ready to live the life of a pensionary cashing in only on my past.

FRONCZAK: I am doctor Fronczak of Buffalo, US Army colonel, personal physician and political advisor of Ignacy Paderewski. I suggest another option—to run for a political office in America, counting on the votes of the thousands of Polish-Americans.

PADEREWSKI: But to become a politician in America, rather than in Poland seems awkward to me...

HELENA: I am Helena Paderewska, yes, it's me. First a lover, than, the wife of the Maestro. You haven't forget, my dear, I hope, our beautiful, quiet chateau in Riond Bosson, in Switzerland, as well as my hen farm there, my lovely hens...

PADEREWSKI: No, I haven't forget. That beautiful spot on the Geneva Lake shore was always a quiet harbor. Helena had her hen farm there. Her eccentric and costly hobby. Yet Riond Bosson demanded enormous sums of money for the upkeep. And there was no money in my coffers in 1922. I had given away my savings to the starving compatriots during the Great War, and spent them on running my office in Warsaw, refusing to accept the Presidential salary in Poland... In 1922, I, once a millionaire, had close to nothing...

MAYOR: I am the Mayor of the town of Ciężkowice in Poland. Mister Paderewski, we beg you, return to us. Not to the Warsaw Palace, but to your manor in Kąsna. We'll help you to start again. You'll help us to economically rise up the whole area. We'll built a spa, we'll attract people, we'll attract business...

PADEREWSKI: Yes. That was another option. To return to Poland. Not to Warsaw. But to the country. A country—loved, missed, longed for... To settle down in Kąsna, where I had an estate, to live a quiet life, to invite piano students, to culturally and economically upgrade the whole region... So, what? Music? Business? Politics? Heart? Duty? What this night should bring?

Blackout.

▶ ▼ ◀

► ACT 1 ◄

The lobby of the "Hotel Paso Robles."

Miss Wonderwrite scribes in a notebook. Miss Gloria is busy at the counter. Strakacz brings two huge suitcases, an overcoat, and an umbrella. He returns a key to Miss Gloria.

STRAKACZ: Here's my key, Miss Gloria. The room is vacant. I shall probably never be back. Soon, the President's apartment will be empty too. In three-four weeks a telegram will come from Warsaw calling him to return...

MISS GLORIA: The postman brings all telegrams addressed to the hotel to me. And I will not give such a telegram to the President.

STRAKACZ: This would be a crime. There's no censorship of correspondence in America. You're joking.

MISS GLORIA: Of course, I'm joking. I'll take your telegram immediately to him and I personally run to the post office with a reply that he will not go. I know how I'm going to keep him here. I know, but I'll not tell you. You, Sylvin, you can return to that Warsaw of yours. Have a nice trip. Or rather, have good weather on the Atlantic.

STRAKACZ: Thank you, Miss Gloria. I will have good weather and the President will have good weather too. He'll cross the Atlantic before the Autumn storms arrive.

MISS GLORIA: To run across the political storms in Poland! He'll go nowhere. He's well off here.

STRAKACZ: The President never chooses what is "well" for him. He is guided by the common good. I have to say goodbye to him. Who is going to replace me as his personal secretary?

MISS GLORIA: I will. I will replace you. Don't worry.

STRAKACZ: Precisely this very perspective worries me the most. Is there anybody to see him?

MISS GLORIA: Miss Wonderwrite, the famous journalist. She has been waiting since noon. *She smiles at Miss Wonderwrite, who returns the smile. Miss Gloria lowers her voice*: You know, that crazy bitch, who is following the President everywhere... In love with him... Like all these "Paddymaniacs," you know, all of them are crazy about Paderewski...

STRAKACZ: Are you not a Paddymaniac yourself?

MISS GLORIA: I'm a business woman. Investments, dividends, losses, gains. But if there were a profit in sight I would be ready to contract Paddymania.

STRAKACZ: I'm afraid that you see such profit on the horizon. The more I'm worry about the President.

MISS GLORIA: I'll take care of him. I'll prevent all the intruders from wasting his time. Especially that one...

STRAKACZ: The President might like to talk to Miss Wonderwrite. He highly values her writing. He gave her several interviews...

MISS GLORIA: Let her wait and rot. Besides, Mr. Trojanowski came first. There's also doctor Fronczak. He went for a walk. The President wants to see him tonight.

STRAKACZ: Yes, I know. The President wants to see him last, to have unlimited time for him. You, Miss Gloria, you should scrupulously screen all visitors—who, why, what for? Only letting in those who the President would decide to receive. Not who came first, but whom the President wants to see first.

MISS GLORIA: That woman might sit here until midnight. I also have an urgent matter to discuss with the President.

STRAKACZ: Personal? Never disturb him with any personal affairs, please.

MISS GLORIA: It's not personal. It's public. The town's business. I suppose, you know that I'm a member of the Paso Robles Town Council.

STRAKACZ: Of course, I know. But I don't know if you know how to segregate personal from public affairs. Remember that public matters are always first with the President.

He addresses Miss Wonderwrite:

Hello, Miss Wonderwrite. My name is Strakacz, Sylvin Strakacz, President Paderewski's personal secretary. How nice to meet you. How do you do? How was your trip from New York? What's new in the grand world of music?

MISS WONDERWRITE: So, this is Mr. Strakacz? I finally get to meet you. I've heard so much about you. So, you are this famous, invisible master of ceremonies, who pulls all the strings and hides himself in the shadows? The indispensable personal secretary of the Maestro? What a handsome young man. I'd love to have in interview with you. Are you leaving?

STRAKACZ: I don't give interviews. Ever. That's up to the President. Yes, I'm leaving. There are pressing matters in Warsaw. The President has ordered me to go. I'm on my way to say goodbye to him now. Would you excuse me...

MISS WONDERWRITE: What is the purpose of your trip?

STRAKACZ: It's a delicate mission...

MISS WONDERWRITE: A secret mission? You're an emissary? I know that from Poland's crazy history. The emissary from the oppressed country sneaks out through the borders to travel to the free world. An emissary from abroad creeps into the country under the foreign rule. Are there still such conspiracies going on in Poland? Like during the times of the partitions?

STRAKACZ: Now it's not conspiracy but diplomacy. In a free and independent country. Excuse me, please. The President is waiting for me...

MISS WONDERWRITE: Please, tell him that I'm here. *To Miss Gloria*: I will not leave without seeing him. *To Strakacz*: I have some very important documents for him.

STRAKACZ: Documents? Perhaps I can deliver them?

MISS WONDERWRITE: Oh, no. I must do it personally. From my hand to his. I'll wait.

STRAKACZ: As you wish.

Strakacz is about to exit. At the same time the Mayor enters. He carries a valise and a bag. Strakacz looks at him and leaves. The Mayor goes to the counter.

MAYOR: Zimmer... Bitte...

MISS GLORIA: Are you German?

MAYOR: No, Polish.

MISS GLORIA: Don't you speak English?

MAYOR: Niks. Deutch sprechen. We were under Austrian rule. English a little bit. Albo po polsku.

MISS GLORIA: Polish? Fine. We all speak Polish here. The entire hotel is rented by the President.

MAYOR: President?

MISS GLORIA: President.

MAYOR: Paderewski?

MISS GLORIA: Paderewski.

MAYOR: Ignacy?

MISS GLORIA: Ignacy.

MAYOR: Znalazłem go!

MISS GLORIA: What did you say?

MAYOR: It was in Polish. I'll try English. But don't laugh at me.

MISS GLORIA: I won't. So, what did you say?

MAYOR: I found him! My uncle, living in Los Angeles writing me Paderewski staying in Paso Robles. I coming to see him all the way from Poland. Paderewski.

MISS GLORIA: To see Paderewski? Did you write with a request for an audience?

MAYOR: No...

MISS GLORIA Did you send a telegraph?

MAYOR No...

MISS GLORIA Did you phone to reserve a room?

MAYOR: No...

MISS GLORIA: So, you have to look for another hotel. We're booked. And you're not to get an audience with the President any time soon. He's extremely busy. There are many people waiting in line.

MAYOR: But I come, or rather I swim, from far away. From Europe. From Poland. From Kąśna.

MISS GLORIA: From where?

MAYOR: From Kąśna.

MISS GLORI:A Koushna? Never heard of it.

MAYOR: Kąśna. Or, Ciężkowice, rather. Would you, please, only tell him that the honorable Mayor of the town of Ciężkowice has arrived. The town of Ciężkowice. Near the city of Tarnów. With a delegation, that is, with a deputation, that is, with a plea... He'll know where I am from. He'll take me right away.

MISS GLORIA: First, I have to "take you..." Or not to take you... I own this hotel.

MAYOR: My dear lady, my fair lady, I beg you, might you have a free room for me?

MISS GLORIA: A free room? No.

MAYOR: That is, an empty room, an available room? I will pay you, of course. A small room? Very small?

MISS GLORIA: All right. Perhaps, I'll find a room for you. But as far as the audience with the President is concerned, you have to talk to me first and explain who, why, and what for. That is, who are you, why do you want to see the President, and what is your purpose. I'm now the President's personal secretary. I'll submit your case to him. Or, I'll not submit it. And only if I submit it, then, and only then, the President will decide whether to see you, or not.

MAYOR: What? First, I had to take a carriage from Ciężkowice to Tarnów, then I traveled three days and three nights by train from Tarnów to Bremen. Then, nine days by ship on the water to New York. Again three days by train to Los Angeles. I did not stay long with my uncle, only to drink a flask. And still one whole day to rich here. Almost two weeks. I even skipped Sunday Holy Mass. And you say "I'll submit" or "I'll not submit." It's almost like Austrian bureaucracy. Travel is expensive, even if the town is paying. I thought America was a free country and anybody could talk to anybody at their own will.

MISS GLORIA: Why so much noise? Why such nerves? It is precisely that freedom that allows us to meet whomever we like, and not to meet those whom we don't like. No Austrian Emperor is going to order us around.

MAYOR: So, I have to go? Two weeks again? For nothing? Well, that's fine. I'll return to Ciękowice and tell everybody. I'll even write a letter to a newspaper in Kraków, about how I was treated in America! What a viper secretary President Paderewski has! What is this famous American democracy!

MISS GLORIA: Poland would be better off learning the American democracy!

MAYOR: The old Polish saying has it "Thin or fat anybody can be an aristocrat." A mayor is no worse than a president.

MISS GLORIA: All right, all right. We'll talk about democracy later. About America too.

MAYOR: I not coming to argue about America. I coming to speak with the President about Poland. I want to humbly submit to the President our sincere request that he returns to Kąsna. The Ciężkowice Town Council and the whole population asked me to ask the President to coming back. He may now building a spa in Kąsna, as he wanted years ago. Yes, a spa, a new bridge, the ponds need fish, the stables horses...

MISS GLORIA: Not so fast. You'll submit all that to the President. Now, I give you the key. You'll unpack, change, shave... And then come down. I'll see what I can do for you. Maybe the President will even see you tonight?

MISS WONDERWRITE: I'll go first! I've been waiting since noon!

MISS GLORIA: The President will decide who goes first. Mr. Mayor, sir, here's your key. Room number four. Upstairs left.

She gives the key to the Mayor who leaves.

MISS WONDERWRITE: What is Mr. Strakacz doing there for so long? He's going to miss his train.

Dr. Fronczak enters and passes the lobby. Miss Wonderwrite stops him.

MISS WONDERWRITE: Doctor Fronczak? We met in Buffalo, in 1917, I believe.

FRONCZAK: And you are? Oh, yes, you are the famous music critic who, as the maestro once told me, understands his music best... Miss...

MISS WONDERWRITE: Miss Wonderwrite. That's me. Did the master indeed say that?

FRONCZAK: Yes. He thinks very highly of you.

MISS WONDERWRITE: I'm thrilled. He is the best pianist in the world. But he doesn't perform any more. Doctor, would you like to help me convince him to return to the piano? Without playing he'll wither, he'll fall ill...

FRONCZAK: I know. But, can he find enough strength to submit himself to the regimen of practicing twelve or more hours per day, as he did when he was at his zenith?

MISS WONDERWRITE: I'm sure, he will. I have an offer which might tip the scale. *She looks around and whispers in his ear.* How's that?

FRONCZAK: I have another offer for him, I can tell you. It'll be for him to choose. It's late and he probably wont see me tonight. I'll go to bed. Would you excuse me?

MISS WONDERWRITE: I will wait. And Euterpe too.

FRONCZAK: The muse of music?

MISS WONDERWRITE: You're a learned man, doctor. Euterpe longs to be embraced by him, again. I only want see his visage.

FRONCZAK; Good lack to both of you. Your and Euterpe.

Exits.

MISS WONDERWRITE: Charming gentleman.

Trojanowski stands up.

TROJANOWSKI: The President wanted to see me urgently. I'll go next.

MISS WONDERWRITE: I'll not allow this! You certainly have some economic business. I need to talk to him about art. The President always chooses art over anything materialistic.

MISS GLORIA: The President is now talking with Mr. Strakacz. Last meeting before the campaign. Both of you have to wait.

MISS WONDERWRITE: What campaign?

MISS GLORIA: You don't know? Mr. Strakacz is going to Warsaw to inaugurate the Paderewski's electoral campaign for Poland's presidency.

MISS WONDERWRITE: Mr. Strakacz did not tell me...

MISS GLORIA: He didn't tell you... But don't worry. We send Strakacz to the old country to get rid of him. Paderewski stays with us. Here. In America. We'll not allow him to go. We need him here.

MISS WONDERWRITE: Here? In this Californian god-forsaken hole? He'll stay in America! But not here. He'll stay in concert halls of the greatest cities.

MISS GLORIA: Everybody knows that he hasn't given concerts for years. How many? Seven, eight years?

MISS WONDERWRITE: He did not give solo recitals for seven years, four month, and—*she checks a notebook*—fourteen days, yes, fourteen. But he played either at political rallies or for small circles of the dearest friends, at the White House too. I heard him so many times...

MISS GLORIA: He's abandoned even that since his departure to Europe in 1918. He's been mute for more then three and half years. Correct? He returned to America more then a year ago, yet, he did not return to concert halls. Why? You don't know that either? The walls have ears. I've heard it many times. He sits at the piano, he starts playing, and immediately he blunders. That's why. Not the same fingers. He's not going to be a pianist anymore. Forget about a Paderewski virtuoso. There's no fuel for your Paddymania. He belongs to us now.

MISS WONDERWRITE: Are you his owner? You? He still has a wife, Madame Helena.

MISS GLORIA: Not I. Not I. We. The whole of Paso Robles population. We are his family now. He'll stay with us. You'll see. Besides, we have means to keep him here.

TROJANOWSKI: I don't know what means you are talking about, Miss Gloria, but I know what I'm holding for the President. Wine grows around. Crude oil bubbles under the soil. "Paderewski Zinfandel" will conquer the market, thanks to both its name and its taste. Oil doesn't even need a name. It's a dark gold.

MISS WONDERWRITE: He'll not stay here. I know him. He'll brake from the cage. He'll fly. As in old times. On music's wings... He... The modern immortal...

MISS GLORIA: Journalistic poetry. Cheap. We are preparing something real for him. With a dollar value on it. He's always liked to earn big money.

MISS WONDERWRITE: Money has never been his objective. Ever! If he earned it, he immediately gave away.

MISS GLORIA: Right. He gave away everything. Now, he'll need to accumulate again. We'll help him. We'll allow him to earn. Am I right, Mr. Trojanowski?

TROJANOWSKI: I concur. That's the deal.

MISS WONDERWRITE: The deal! The earnings! The money! It's all below the artist.

TROJANOWSKI: He is such an artist who knows how to count money. I was his impresario, before I became his plenipotentiary. I organized Maestro's concerts in Buffalo. Ten of them. Before of that I was in the oil industry.

MISS WONDERWRITE; Buffalo? I was there. I was there every time. I remember that famous concert in 1917, after which the Maestro called upon the Polish Americans to enlist to the Kościuszko Army.

TROJANOWSKI: Many responded…

MISS WONDERWRITE: Yes, yes, I remember. Big posters with only PADEREWSKI on them. And only the place and the hour.

TROJANOWSKI: It was my idea. PADEREWSKI. Enough!

MISS WONDERWRITE: The biggest room in the City Hall cramped. Poles. Americans. Workers from the steel mill, priests, military, old, young.

TROJANOWSKI: Yes, many young…

MISS WONDERWRITE: Entusiasm! Enters Maestro. Deafning ovation. Maestro sits at the piano. Deep silence. The Maestro performs Chopin. Outbreakes of cry. It was… It was as Chopins filled Paderewski's hands with love to Poland and Paderewski was giving this love to all listeners. This great, boundless, sacrificial, mystic love… And after the concert, after the endless ovations the Maestro gave a speech about the predicament of Poland, her sufferings under three cruel partitioners, and he said that Poland must be resurrected, that America must support that, and that all Polish-Americans must give their hearts, their money, and, if needed, their blood…

TROJANOWSKI: They gave blood…

MISS WONDERWRITE: That recruitment points to the voluntary Polish army in America are open—he annouced...

TROJANOWSKI; The first point was in Buffalo. A long line formed just after the concert...

MISS WONDERWRITE: Entusiasm. Chanting his name...

TROJANOWSKI: I know. I was there. And my son too. He went to that line...

MISS GLORIA: Did he enlist?

MISS WONDERWRITE: He did. I organized Maestro's meetings later on too.

MISS GLORIA: Meetings?

TROJANOWSKI: He gave speeches. He performed too. Every time he had to have his Steinway. A delicate task is was to move such a heavy piece from the train station to a hall. Half a day of tuning. He always checked himself.

MISS WONDERWRITE: So, you are my soulmate! You understand me. Help me, please, to convince the Maestro to return to music.

TROJANOWSKI: I will not. It would be too much for him now. He suffered enough at the keyboeard.

MISS WONDERWRITE: He was happy at the keyboard.

TROJANOWSKI: He was paying a too great price.

Enters Strakacz.

MISS GLORIA: He's not an artist anymore. He's a former artist.

TROJANOWSKI: And, alas, a former politician too.

MISS GLORIA: He's beginning to understand that.

MISS WONDERWRITE: You have no right to speak like this about him! I forbid you!

STRAKACZ: Some emotions? Quiet, please. These walls are paper thin, Miss Gloria. Every word is heard upstairs.

MISS GLORIA: It's the best hotel in California. Only you don't like it.

STRAKACZ: I doesn't matter to me. What matters is calm and good working conditions for the President. I'm leaving, anyway. The President will see Mr. Trojanowski now.

MISS WONDERWRITE: And what about me? Did you tell him that I'm waiting?

STRAKACZ: Yes. The President is very grateful to you, Miss Wonderwrite, for your visit and he will try very hard to find some time for you. But before this would be possible, he must look into some economic matters and take care of business. Mr. Trojanowski, the President is waiting for you.

TROJANOWSKI: I go... I go... *Exists.*

STRAKACZ: Did the automobile come for me?

MISS GLORIA: No, not yet. *To Miss Wonderwrite* Didn't I tell you? Economy, business, money—this is what preoccupies the President now. Not music.

MISS WONDERWRITE: So, I have to wait? I am ready for any sacrifice.

Enters Mayor—refreshed, changed.

MAYOR: *To Miss Gloria* How are things going? May I see the President?

MISS GLORIA: Not now. You have to wait. This lady is waiting too. And there are other visitors.

MAYOR: All right. I'll wait.

STRAKACZ: *To Miss Gloria* Who's this?

MISS GLORIA He came to see the President. He introduced himself a the Mayor of the town Tchenshkovitze, near the city of Tarnoof in Europe. Have you heard about Tarnoof?

STRAKACZ: I have. It's a famous city. In Poland. *To Mayor*: I'm happy to welcome the Mayor of Ciężkowice. I'm Sylvin Strakacz, personal secretary to President Paderewski. How can I help you?

MAYOR: That lady said that she is the secretary.

MISS GLORIA: Because Mr. Strakacz is leaving. I'll substitute for him.

STRAKACZ: I haven't left yet. So, you came to see President Paderewski?

MAYOR: Yes, sir. I told that lady. I coming to beg President Paderewski to return to Kąsna. The Ciężkowice Town Council sending me and paying for the travel. Kąsna belongs to Ciężkowice, you know. All the people asking me to go. All saying—tell Mr. Paderewski to return. He had a manor there, forests, fields, ponds. The ponds need fish. The stables horses. The people investments. Present owner of the estate is ready to sell it back. The town is ready to sell as much of the land as Mr. Paderewski would wish to buy for construction, for parks, for roads. Here's the Councils resolution. Years ago the Town Council did not want to sell him the grounds for building a spa, because, they said, people from abroad would come, walking around they would trample our pastures, they would be parading around undressed, what would they do in the bushes, who knows? Morality of the community would deteriorate. So, the Council opposed selling him more ground. He got angry and sold everything. We got nothing. Now we have a new Town Council. Now we understand progress. A huge progress is rolling through the world, as a snowball. Huge, fast progress. And we were left behind. So, we decided to ask Mr. Paderewski for pardon, to beg him for return, to bring money, to bring investments, to bring progress. I have all the documents. I have poems written by school students beseeching Mr. Paderewski... Here...

Strakacz interrupts him gently.

STRAKACZ: I understand. I understand, Mr. Mayor. It's a beautiful plan and a very interesting proposal. You have to present it to the President. He might consider it. If he would return to the country, that is to Warsaw... not to Kąsna... he might want to offer his patronage to the program of Kąsna's development, reconstruction... progress... as you said. It is an option. It could have a certain symbolism. It could have political clout. Yes. You have to talk to the President.

♪ *An automobile horn is heard.*

It's for me. *He quickly exits and immediately returns.* Yes. It's my taxi. But I'll go inform the President that you're here, Mr. Mayor...

MISS GLORIA: I'll go. You'll be late for your train to Los Angeles.

STRAKACZ: It's an important political matter. I'll be back.

MISS GLORIA: You don't trust me?

STRAKACZ: All right. As soon, as Mr. Trojanowski returns, please, go to the President, introduce him to the Mayor's offer, and suggest that he sees him. I recommend him. Do you understand? I gave my permission for this meeting.

MISS GLORIA: I understand. And when the next clients come to see the President, I will cable you in Warsaw with a question of whether you recommend them or not.

STRAKACZ: Miss Gloria, please, don't joke about such serious matters. Please, consider your duties as the President's secretary with utter solemnity. I'll settle this last matter personally. *Exits.*

MISS GLORIA: *Shouts after him* You don't trust your closest collaborators! *To Mayor* He's right. He'll get you an audience right away, while I would think twice before I'd let you see the President.

MAYOR: A sharp gun. As a governor or a senator. Frightening.

MISS GLORIA: You're not sharp? With your Town Council?

MAYOR: It's different at home. The whole community backs me.

MISS GLORIA: And he is backed by the President.

MAYOR: President Paderewski, you mean? So, I am supposed to see him?

MISS GLORIA: This is what you came for. Isn't it?

MAYOR: I'm scared.

Returns Strakacz with Trojanowski.

STRAKACZ: The President will see you now, Mr. Mayor.

MAYOR: Me?

STRAKACZ: Right away.

MAYOR: Must I go?

STRAKACZ: He'll listen to you. Please, speak clearly and concisely. You brought some documents with you, yes? Show them and explain. You address the President, "Mister President." Good luck. I hope to see you in Poland soon. I'll cable you from Warsaw. If you receive such a telegram, you must prepare yourself for a state visit: Men on horseback at the city gates, school children on the town main square with flowers, firemen orchestra, church choir singing *Gaude Mater Polonia*, welcome speeches, not too long, but at least three the pastor, the mayor, the school-master. A reception in the best restaurant. Official talks in the Town Hall.

MAYOR: A state visit?

STRAKACZ: The President would came as the President of Poland. Now, you go to invite him. Upstairs!

MAYOR: Upstairs? The President of Poland?

STRAKACZ: Don't blow this opportunity. Good bye. *He greets all present.* Mister Mayor. Mister Plenipotentiary. Miss Wonderwrite. Miss Gloria. I'm counting on you, Miss Gloria! Check the correspondence carefully. Most of all the telegrams from Warsaw. Good bye.

He exists with his suitcases.

MISS GLORIA: A perfect secretary. A martinet, yet a good man. He'd go through fire and water for the President. But he's gone. Now we are at the helm. Go. The President is waiting.

MAYOR: I have to go?

MISS GLORIA: You asked for it.

MAYOR: Yes. But now I'm scared. Directly to the President? How about tomorrow?

MISS GLORIA: No. Now. It's his order.

MAYOR: Saint Michael, guard me!

MISS GLORIA: Don't lag. He might change his mind. This way!

MAYOR: This way? *He exits.*

MISS GLORIA: Bumpkin! I hope the President doesn't listen to his offers.

TROJANOWSKI: The President's in a very bad mood. Something is eating at him. He's weighing some heavy decisions.

MISS GLORIA: How did you do with him?

TROJANOWSKI: The reports from the wineries and the oil wells are good. He was pleased, but it didn't cheer him up. He ordered three new wells. But he doesn't want to visit them. You can feel oil under your feet, Miss Gloria. I remember once, in Texas, I got up early and went straight to the wells. We had a whole forest of them there. Gorgeous. The sun's orange flame is rising behind their tusswork making them dance in the air. I'm waking their direction. Suddenly, I feel that I have to turn and go back. Not to the rising sun, but the other way. West. The heat is mounting on my neck. I go a long way. And, it's like a chill. Something stops me. I know that this is the spot. When we drilled there, a black fountain gushed as high as I've ever seen. I'll find it here.

Helena Paderewska enters. She carries a box.

HELENA: Miss Gloria, how do you feed such birds? I found him on the balcony. He has a broken wing. He's all red. Look. Don't let him go.

MISS GLORIA: It's a Cardinal.

HELENA: Cardinal? What a name? It's somehow disrespectful. The Holy Church's prince?

MISS GLORIA: Cardinal. That's the name. You can find them all over America. Especially on the East Coast. Southern California too. Cardinal. The name surely comes from this red. Broken wing?

HELENA: He was grappling all over the balcony, but couldn't fly. I tossed a scarf on him and caught him. Then into a box. We have to bind his wing, immobilize it. What does such a Cardinal eat?

MISS GLORIA: Grains. From the bushes. There's plenty in front of the hotel.

TROJANOWSKI: Water too. Give him some water.

MISS GLORIA: I'll fetch a glass. Madame Helena, please, sit down. I'll be right back.

Helena sits down.

HELENA: Poor little one. Without me he would die. *She looks around.* Is this Miss Wonderwrite?

MISS WONDERWRITE: Yes, madame, its me. So good to see you.

HELENA: What are you doing here so late?

MISS WONDERWRITE: I simply wait. But I don't count time waiting for the Maestro.

HELENA: He won't see you, Miss. Why? He's no longer performing. You have nothing to write. We're about to leave for Switzerland. Escape from the journalists. My hens are waiting.

MISS WONDERWRITE: There's no escape from music lovers.

Miss Gloria returns with a glass of water. Helena takes it and unintentionally drinks.

HELENA: Thank you, Miss Gloria. And you, Miss Wonderwrite, what did you say? No escape from music lovers? Lovers? Why are you thrusting yourself on him all the time? Why do you pursue him from place to place? I tolerated it when he gave concerts. I tolerated it, because it helped his career. Somebody had to inform the public what a great pianist he was. But now? Enough. You have to go now. I'll tell him not to see you. Good night.

MISS WONDERWRITE: I also wrote about your great philanthropic deeds, madame Helena. You were so kind, so warm, so compassionate... You were a mother for all those young boys of the Kościuszko Army, for the orphans in Poland, for the hungry... I've always admired you! I worshiped you!

HELENA: Did you? Indeed?

MISS WONDERWRITE: You're a wonderful woman, madame Helena. You're brave. You're tender. Now you take care of this bird. The Cardinal. What a heart!

HELENA: My heart?

MISS WONDERWRITE: A most gentle heart! I wrote about your heart. And how good looking you were in that uniform of the "Polish White Cross" nurses' unit. A silver eagle on your chest and on the chest of the eagle a white cross. What a profound symbolism.

HELENA: Your wrote about me? You're so kind...

MISS WONDERWRITE: Entire stories, columns, news...

HELENA: There's nothing to write about anymore. The war is over. The wounded left hospitals. The dead stayed in the graveyards. America does not need us. Poland does not want us. So, Switzerland. We'll be leaving soon for Riond Bosson.

MISS WONDERWRITE: I'd like to present to the Maestro some offers, though. They are tempting. Perhaps the Maestro will consider...

HELENA: He has nothing to consider. I want Switzerland. You're getting on my nerves. Miss Gloria, please, call somebody to take her away. Arrest her! Do not allow her to see my husband. Prohibited. Get out! Get out! I hate you. *She smashes the box.* You've stolen my husband, all of you. I cant stand it! I cant look at you. Get her out of my sight. No. I shall go. A journalist. A Paddymaniac.

MISS WONDERWRITE: Madame Helena, calm down, please... You crushed the box...

A pause. Helena looks into the box.

HELENA: The bird. He is not moving.

She exits crying. A pause. The Mayor appears.

MAYOR: We had a good talk. He took the documents. He ordered me to stay for the night. He'll see me again tomorrow. That's nice. Kąśna will rejoice. Ciężkowice will grow.

♪ *A telephone rings at the reception desk.*

MISS GLORIA: Yes sir, yes, mister President. Right now? With cream? As usual. I'll send it right away in a hurry. *She puts down the receiver.* The President's ordered his evening coffee. It means a long night. *Exits.*

TROJANOWSKI: *To Miss Wonderwrite*: Maybe he'll call you now. Or the colonel.

MISS WONDERWRITE: Colonel Fronczak?

TROJANOWSKI: He has arrived this morning, summoned from Buffalo. The President greeted him warmly and asked him to wait. He might see him again tonight.

MISS WONDERWRITE: I know. That charming doctor-politician.

TROJANOWSKI: The same. Personal physician and personal political adviser. They both must be planning some new political action.

MISS WONDERWRITE: Politics again? I thought that the Maestro had enough of politics. He is an artist.

TROJANOWSKI: Now he is an industrialist. But who knows? He is obviously struggling with something. Or, God forbid, he is ill and that was the reason to have doctor Fronczak coming? I don't know. *To Mayor*: You, Mr. Mayor, have some rest. Two weeks journey. You deserve it. I'll go to bed too.

MAYOR: I'm not sleepy. I'll have a walk before I go to bed.

TROJANOWSKI: Only be careful. The streets are not well lit. Good night. *Exits.*

MAYOR: Does the President always stay so late?

MISS WONDERWRITE: Always. But in the old days he played the piano nightly. Now he gives audiences to people. He ponders over...

♪ *She interrupts, because the piano is heard from behind the scenes. We hear the beginning of Paderewski's "Variations and Fuga in E flat minor, Op 23", but soon after the beginning, the pianist errs. After a while, he resumes, this time slower, obviously too slow, he plays longer, but errs and interrupts again. He starts for the third time, he makes an error again, for a while he struggles, and gives up.*

MISS WONDERWRITE: Did you hear that?

MAYOR: I did. Is't the Maestro playing the piano?

MISS WONDERWRITE: It's him. He struggles. He hasn't play for years. But he'll return. Thank you Apollo!

MAYOR: He'll return to Kąśna. I'm telling you. *Exits to the outside.*

♪ *The telephone rings. Miss Gloria runs in and answers.*

MISS GLORIA: I am sorry, mister President, the cook left for the night, the kitchen is closed, but I'm just boiling water for your coffee... I'm sorry... Yes, I'm listening. How can I help you? Colonel Fronczak? Of course, I'll connect you with his room. Thank you, mister President. The coffee will be ready any minute. I know. Doctor Fronczak doesn't drink coffee. I'll have a glass of water for him. *She places a call to Dr. Fronczak's.* Doctor Fronczak? Colonel? Yes, sir, It's me, Gloria. I'm sorry to wake you up but the President wants to see you now. You're welcome, sir. I'll ring him. *She makes another call.* Mr. President? It's Gloria. I've just called Dr. Fronczak. He was already sound asleep. But he is getting ready. He asked you to excuse him, this will take some time. Yes. I'll have the coffee for you soon. You're welcome, sir, Mr. President. *She exits.*

♪ *We hear again the beginning of Paderewski's Variations and Fugue in E-flat minor, Op 23 and—similarly to the previous occurrence—we note the struggle of the pianist to play it right. Enters Miss Gloria with a tray: a pot of coffee, a cap, sugar, milk, glass of water, etc. Miss Gloria and Miss Wonderwrite listen. Music stops.*

MISS WONDERWRITE: He's playing again. He's playing. He's returning.

MISS GLORIA: No. He's only testing his fingers. And they do not work. Here's the coffee for him. Good beginning of my tenure as a personal secretary.

MISS WONDERWRITE: A very large tray. I'll help you. *She tries to grab the tray.*

MISS GLORIA: Don't touch it. You're going to smash my best china!

MISS WONDERWRITE: Yet, I'd like to serve the Maestro. Don't tug it! You'll spill the coffee.

MISS GLORIA: Let it go, you crazy graphomaniac!

MISS WONDERWRITE: I'm holding firm! You let it go! You, geek!

The Mayor returns. They do not notice him.

MISS GLORIA: Loose it up!

MISS WONDERWRITE: I wont!

MISS GLORIA: A damn Paddymaniac!

MISS WONDERWRITE: A secretary-voluntary!

MISS GLORIA: Stop this nonsense!

MISS WONDERWRITE: It's not nonsense for me!

They wrestle silently for a while.

MISS GLORIA: We'll go together then.

MISS WONDERWRITE: All right. Together.

MISS GLORIA: We'll see from whom the President would like to get coffee.

MISS WONDERWRITE: We'll see. Let him decide.

MISS GLORIA: Carefully.

MISS WONDERWRITE: Very carefully.

On her way Miss Wonderwrite grabs her bag. They exit.

MAYOR: Hysterical women. If I were Mister Paderewski I'd kicked both their butts. Or I'd take both to bed. They would reconcile. *Exits.*

The stage is empty for a while. Helena enters with the box.

HELENA: The Cardinal must have a proper burial. The prince of the birds. What will become this red? Only white. *She puts her shawl on the box.* What else? Candles. There should be candles somewhere in the hotel in case of a power outage.

She finds candles at the counter. She lites them and puts them at either side of the box.

Did I strangle him? I surly did not want to. I wanted to fix his wing, to feed him, to heal him.

A pause. I never had a son.

▶ ▼ ◀

► ACT 2 ◄

Paderewski's apartment in "Hotel under the Star."

Paderewski is sitting at the piano with the cover closed. He moves his fingers, as if playing.

PADEREWSKI: Dumb wood. Dumb fingers.

Knocking at the door.

PADEREWSKI: Come in, please.

Enters Strakacz.

STRAKACZ: Have I disturbed you, Mr. President?

PADEREWSKI: No. You never disturb me, Sylvin.

STRAKACZ: I came to say goodbye.

PADEREWSKI: I bless you and your mission.

STRAKACZ: Thank you, Mr. President.

PADEREWSKI: As I said, act delicately and prudently.

STRAKACZ: I'll follow all your instructions verbatim.

PADEREWSKI: In Paris you'll meet Mr. Dmowski. I gave you a letter for him. Do you have it?

STRAKACZ: Of course, Mr. President.

PADEREWSKI: Don't add anything to it. Only listen to the reply. Telegraph me immediately. In Warsaw you pay the visits precisely in the prescribed order: His Eminence Archbishop Primate Edmund Dalbor, the Commander Piłsudski, Chairman Witos, Chairman Daszyński, General Józef Haller, General Władysław Sikorski, and the Prime Minister, professor Nowak. During each visit use my Memorandum, which you have. You can quote it. But don't leave it with anybody. Don't leave any written note. After every visit you'll telegraph me. I'll send you further instructions.

STRAKACZ: I remember your Memorandum word for word, Mr. President. You know that I have a photographic memory.

PADEREWSKI: I've always esteemed your talents.

STRAKACZ: "Paragraph One. The historic hour. Independent Poland must elect a president. Based on the Constitution of March 17th, 1921, parliamentary elections will be held on November 5th, 1922. On November 12th, 1922, the National Assembly, consisting of the Sentae and the Sejm, will gather to elect a president. It is our historic, patriotic, national, and indeed our sacred duty to make a right and honest deicsion for the good of the coutnry...."

Helena enters without knocking. She carries a box.

HELENA: Look, Ignacy, I found this bird on the balcony. All red. He must have a broken wing. O, Sylvin, you're here, look...

STRAKACZ: Poor little one. A peculiar bird. I've never seen such red plumes. We have to fix his wing, feed him, water him... I can take him downstairs to Miss Gloria. She will certainly help...

HELENA: How kind of you. I will take care of him myself. Ignacy, don't stay too long.

PADEREWSKI: All right, Helena, all right. I'll come to bed soon...

HELENA: Sylvin, are you leaving?

STRAKACZ: I go to Warsaw.

HELENA: Not to Riond Bosson?

PADEREWSKI: Sylvin will visit Riond Bosson too, for sure...

HELENA: Goodbye then. Give my love to my hens. Adieu. *She exits.*

PADEREWSKI: Let's return to my Memorandum.

STRAKACZ: "Paragraph Two. Major forces of the nation. In historical order I list first the National movement of Chairman Roman Dmowski, who produced the Polish National Committee, based in Paris, recognized by the Allies as the legitimate representation of Poland. Chairman Dmowski, and myself worked hard at the Peace Conference in Versailles for the just frontiers of the newly restored Poland. The American government supported Poland, while the imperial arrogance of the British, the international Masonry and the Jews conspired against us... Secondly, the Socialist movement, headed by Commander Józef Piłsudski..."

PADEREWSKI, *interrupting delicately:* You remember it perfectly...

STRAKACZ: I do. So, after quoting your Memorandum, I'll move to my own message. I want your approval of its contents. I will say that above all the mass movements, political parties, and various factions, there is a moral movement, which stands above politics, above party lines, above the regional divisions. That movement is lead and represented by you, Mr. President. You—I'm going to continue—only you, are both beloved by the masses in the country and respected by the world leaders, only you look for the common good. Your utter unselfishness and benevolence even led you to offer, indeed, distribute, your own fortune to your suffering compatriots...

PADEREWSKI: I forbid you to speak about this.

STRAKACZ: I'm sorry. I'll follow your orders. I'll continue: Ignacy Paderewski is a man of God's Providence for Poland. He is a statesman and a diplomat, he is a world renowned artist and a soul of the highest order...

PADEREWSKI: To much about me. You have to address first of all the needs of the country and the challenges Poland faces. My humble figure must be situated only within this context.

STRAKACZ: I'll return to the Memorandum then "Only the unity and solidarity of all who are in the nation the best, the wisest, the most altruistic, and the most generous might overcome current divisions and steer the country towards progress and prosperity. The President should be this unifying force..."

PADEREWSKI, *interrupting delicately again:* Thank you, Sylvin. I have full confidence in your wisdom and tact. Even more than in your memory. You are prepared. You can go.

STRAKACZ: I go with hope. I know from the telegraphs that the number of your supporters is growing. All the more, because the present—both political and economic—situation of the country is really bad. The government has lost confidence. The economy is drowning. Prices are sky rocketing. Corruption spreads. It's a perfect time for you to return to Poland, and to launch the presidential campaign promising to change all that. Which you will! Our people in Warsaw vow that if only you announce the date of your return they will immediately start to rally the public opinion on your side. Your election is certain. I see these crowds greeting you at the Warsaw railway station. They will be even bigger than in 1919, when you triumphantly returned from America...

PADEREWSKI: But won't I hear hostile whistling of Piłsudski's officers?

STRAKACZ: Piłsudski knows that you always have respected him and never opposed him. Why should he oppose you now?

PADEREWSKI: And the Daszyński's labor-unions? They know how to stage street demonstrations.

STRAKACZ: A demonstration might be confronted by a counter-demonstration. If only you permit me...

PADEREWSKI: I will not patronize street fights. I would return not to divide but to unify the nation. And what about the communists?

STRAKACZ: They unmasked themselves as the Bolsheviks agents during the war of 1920. They do not matter, although they are still dangerous.

PADEREWSKI: I sailed from England to Gdańsk through mines fields in 1918... The Germans shot at my hotel windows in Poznań... I'm not afraid.

STRAKACZ: Everybody knows your courage and your constancy.

PADEREWSKI: This might not be enough to win the majority.

STRAKACZ: I go to create that majority.

PADEREWSKI: Go. Travel safely. Act carefully. Inform me about your every move. And remember the final decision about declaring myself as a candidate for the Presidency belongs only to me.

STRAKACZ: Yes, Mr. President. I understand. Oh, Miss Wonderwrite, that music critic from New York is waiting downstairs. Would you like to see her?

PADEREWSKI: What for? I don't perform anymore. But we have to be courteous with women. Please, tell her that I would like to talk to her and I will do my best to have time for her. But first I must see Stefan Trojanowski.

STRAKACZ: I repeat that. Good bye Mr. President. I shall see you in Warsaw.

PADEREWSKI: Goodbye. Godspeed.

Strakacz exits.

Paderewski circles the piano. Knocking at the door.

PADEREWSKI: Come in.

Trojanowski enters.

TROJANOWSKI: You called me, Mr. President. Here I am.

PADEREWSKI: Yes. It's late. I'm sorry. Yet, I've decided to reach certain decisions tonight. So, let's talk business. Oh, wait a second... Did you receive any reply from Warsaw about that military pension... After you son...

TROJANOWSKI: I did.

PADEREWSKI: Tell me.

TROJANOWSKI: Refusal.

PADEREWSKI: Impossible.

TROJANOWSKI: Flat-out refusal. I have this document. *He pulls the document out.* They say that my son was an American citizen, so Poland is not obliged to pay me any retribution, any pension. I have to write to the US government, thy tell me.

PADEREWSKI: He was an American, but he volunteered for the Polish army, organized under the American auspices. He considered himself a Pole even if he was born in America and had American citizenship. He was a Polish soldier. He died in Poland. For Poland.

TROJANOWSKI: I wrote them that. Just as you told me. Word for word. I attached your supporting letter with your signature. They did not respect even you.

PADEREWSKI: I don't matter here. What matters is honesty and justice. What matters is that you're wronged at present, and the memory of your son is distorted for the whole future of Poland's history. What was his name? Stanislaus?

TROJANOWSKI: Stan. Stanislaus. From the first group of the volunteers from Buffalo. They spent the whole winter in the Niagara-on-the-Lake camp under the tents. At training they were so hot that snow melted when they crawled.

PADEREWSKI: I know. I visited them. Oh, how they marched in that parade. The Polish army. After a century of bondage! Polish soldiers once again! Infantry. In their blue uniforms, puttees on their legs, rifles with bayonets in hand... But I saw in them the galloping horseback the winged calvary...

TROJANOWSKI: On the battlefields they were no worse then the winged knights. First, in France. Then, in Poland. There he fell. On his motherland bosom.

PADEREWSKI: Don't cry for him. He gave his life for Poland. And Poland lives again.

TROJANOWSKI: I know, Mr. President. But it's hard to swallow. In Poland they took him for a foreigner. There's no justice there since you left.

PADEREWSKI: Listen. I promise. I solemnly promise you that if I return to Poland, I will find this pension for the American father of the Polish soldier even under ground. Perhaps, it's the most important reason for me to return. Yes. Definitely. I must return to the county and demand justice for your, for your son, for the ten thousand who fell. And for all those betrayed, humiliated, deceived...

TROJANOWSKI: Don't go anywhere, Mr. President. Forgive me, but they do not want you in Poland. It's different here. America respects you. You have land here. Your own land. Wine will give you fruit. Oil will burst under your feet. It's a munificent country.

PADEREWSKI: Is this your advice? Maybe you're right. Yet, Stan's case mustn't remain unsolved. How could I pay you back, all of you, who send your children to war, death, wounds, all of you who returned from the war disabled?

TROJANOWSKI: You hired me and gave me a living. You send help to others. People know that. You're our father.

PADEREWSKI: People know?

TROJANOWSKI: They do. Here, in America, you are among your own, your Polish flock. And the Americans are your own too. They will not harm you. You can settle down here.

PADEREWSKI: I love America. Yes. What a beautiful country. How free the people are. I came to love America because she is as she is, and because of Poland. Do you know that during the times of captivity, America was the only country on the globe where Poles could live as free people, enjoying the same freedom as everybody else? For this freedom Poles flocked to America. And America strengthened their faith that Poland might be a free country too. A free country again. Because of this belief your son volunteered for the Polish army in America.

TROJANOWSKI: Yes. He believed that. The fact that he was an American did not stop him from giving his life for Poland.

PADEREWSKI: So, there's no contradiction between being an American and loving Poland? Is that your advice for me?

TROJANOWSKI: Yes, Mr. President. You are yourself, which means you are a Pole. But in America you are at home. You are an American. There's no conflict. Look into the books and the reports from the wineries, form the oil fields. It's all yours. Your America.

They both look into the books opened by Trojanowski.

PADEREWSKI: Thirty barrels of red "Paderewski Zinfandel" to San Francisco. Thirty barrels of the red... to Los Angeles... Ten barrels of the red to San Louis Obispo port... French vessel... "Princess Margot" of Tulon... Isn't too bold—to ship Californian wine to France?

TROJANOWSKI: Red "Paderewski Zinfandel" will stand the competition.

PADEREWSKI: Even if it is good, the French would not admit it.

TROJANOWSKI: We're shipping it to the world wine fair in Aix-en-Provence, with an international jury. Blind wine tasting. Everybody will think that it's some new Provencal variety. And here surprise. California! "Paderewski Zinfandel!" I believe in gold medal. The French will be forced to buy these ten barrels, and order more!

PADEREWSKI: All right. And what about white "Zinfandel?"

TROJANOWSKI: I'm not shipping it to France. We're working day and night. But it must take time. In five years we'll be sure of it. Maybe earlier. Please, taste. May I pour?

PADEREWSKI: Yes, please.

Trojanowski opens two bottles and pours wine to four glasses. They taste.

TROJANOWSKI: First, the red.

PADEREWSKI: No objections. We'll conquer France.

TROJANOWSKI: You are a connoisseur.

PADEREWSKI: Now, white.

TROJANOWSKI At your service...

PADEREWSKI: It is not a white. It is a sort of an amber. Or a Sequoia skin from Yellowstone...

TROJANOWSKI: Not a Sequoia, rather a gold, a genuine, dark, Californian gold.

PADEREWSKI: Too sweet.

TROJANOWSKI: You're right. But we'll get there. And when we finally balance it right it will be unique. Neither France nor Italy would have such. This is going to be our gold streak. To your health. To our liquid gold.

PADEREWSKI: Liquid gold? So, what about oil?

TROJANOWSKI: It'll explode! Neighboring wells are already pumping like crazy. We'll strike it too. It's a matter of days. Come with me for a walk in the fields. You'll find it yourself.

PADEREWSKI: I prefer walking the wine groves.

TROJANOWSKI: Nevertheless, I would suggest, we have to drill, let's say, five new wells.

PADEREWSKI: How much is one well?

TROJANOWSKI: About five thousand dollars.

PADEREWSKI: All right. Order two new wells. We have to be careful with money.

TROJANOWSKI: As you decide. But I guarantee that there's gold. Black gold.

PADEREWSKI: Are you sure?

TROJANOWSKI: It's waiting for you.

PADEREWSKI: Well... Invest in three wells then. Inform me about the progress.

TROJANOWSKI: Yes, Mr. President. Immediately. Gold...

Knocking at the door.

PADEREWSKI: Come in.

Strakacz enters.

STRAKACZ: Excuse me, Mr. President, it's me, once more... The Mayor of the town of Ciężkowice has just arrived. You remember, Ciężkowice near Kąśna in Poland?

PADEREWSKI: Kąśna? So many years... What does he want?

STRAKACZ: He wants to petition you to return to your former estate of Kąśna.

PADEREWSKI: What an idea! It's a forgotten affair. Impossible.

STRAKACZ: Yet, in a certain constellation, this might be politically advantageous. To own a land again in Poland, a country estate.

PADEREWSKI: I loved that place. The manor. The forests...

STRAKACZ: Thus, it could also be emotionally beneficial. Please, consider receiving this Mayor. I would recommend it.

TROJANOWSKI: I would not. The President has his land here. And a profitable one. Kąśna was a well without a bottom—to only throw money in.

STRAKACZ: I understand Mr. Plenipotentiary's position, but on one side of the scale we have economy, certainly important, on the other side we have political profits and something so volatile as love of the country.

PADEREWSKI: I'll see him. Call him, please. And once more have a good journey.

STRAKACZ: Thank you, Mr. President.

TROJANOWSKI: I'll go too. I did report to you all facts and figures.

PADEREWSKI: Thank you, Stephen. Thank you, Silvin. God be with you.

Exit Strakacz and Trojanowski.

Paderewski sits at the piano. Knocking at the door. Paderewski stands up.

PADEREWSKI: Come in, please.

Mayor enters hesitantly.

PADEREWSKI: The Mayor of the town of Ciężkowice, am I right? My secretary has informed me. Welcome. Such a long way. How are you? How are things going in Kąśna? How are the Kordębskis?

MAYOR: They barely make ends meet. They want to sell the estate.

PADEREWSKI: To sell?

MAYOR: To you, Mr. President.

PADEREWSKI: Really? I'm not rich enough. Besides, I'm spoiled by the honest business practices in America, and I don't know how I would deal with Polish swindlers. Years ago, when I was buying Kąsna and running it, they robed me in broad daylight. No. I tried Kąsna once and I was nipped. There will be no encore.

MAYOR: Encore?

PADEREWSKI: Additional performance. It's a beautiful countryside. Kąsna... Ciężkowice... Forests... the manor... the fields... But as far as the economy of it was concerned, I remember only investments with no profit. I learned the hard way that I didn't have adequate money for the upkeep of that estate. Even my lucrative American piano tournées didn't bring enough.

MAYOR: Turnes?

PADEREWSKI: Travels. Travels and concerts all over America. I had to sell.

MAYOR: We know that something did not work that time. You were only spending money and you earned nothing. We know. It's all in the books. You restored the manor. New roof. Fireplaces. Plumbing. Bathrooms. Electricity. Even a telephone. A dam on the river and a dynamo. Brick factory. Mechanical diary. A quarry. You stocked the ponds with fish. You brought horses and cows. You bought farming machinery. And the land reclamations, the gardens, stables, cowsheds, hen houses...

PADEREWSKI: Hen houses were the priority...

MAYOR: We know everything. We remember everything. We are grateful for everything. For the kindergarten, for the library, for the new bell on the church's tower. For those parties which you were throwing at the end of harvest. The whole countryside was attending. Those hams, those sausages, those sirloins, that vodka... We are grateful for all.

PADEREWSKI: A little late this gratitude comes...

MAYOR: Mea culpa! Nostra culpa! Our fault. But it was twenty years ago. Our grandfathers and fathers were ungrateful. We shall be thankful. We know that besides all the investments in the estate you wanted to build a spa. The Town Council would not allow that. But now we will. We will not only give you permission, but we beg you to do it. The Town Council of Ciężkowice asks you to build a spa, bring people. Let them sow money, we'll harvest it. And you, Mr. President, you will sit at the piano in the manor, only you thump the keys, go to the balcony, look at that whole progress, you return to the piano, strike a note, you drink coffee, you play bridge, you entertain guests, you enjoy yourself. The children of Kąsna also ask you to return. The memory is passed from generation to generation that, those twenty years ago, you once took all the children from the surrounding villages to a circus in Tarnów. So our children beseech you to return and take them to a circus...

PADEREWSKI: To a circus?

MAYOR: Yes. Thus, I came here to submit to you, Mr. President, that we want you to return. We humbly ask you. Here's the petition with all the signatures of the citizens. Here is the initial calculation of how much money you should bring, because money, of course, would be needed. For construction, bridges, roads, ponds, and the manor.

PADEREWSKI: Indeed, years ago I wanted to invest in Ciężkowice, to build a spa...

MAYOR: I know. But the Councilmen were stupid. They didn't understand what progress is rolling all over the world, how to do business. So, they opposed you. They didn't want the spa. They said that people from the big cities would come, they would walk everywhere, trample the pastures, dress indecently, and who knows what they would do in the bushes? Morality would deteriorate, hell's gates would open and devour all. But now we have a new Town Council. We understand what is new in the world, we want progress, development, growth, modernity, money. We implore you on our knees. *He kneels.* Please, return!

PADEREWSKI: Mr. Mayor. What are you doing! We're in America. Democracy! Get up!

MAYOR: I'll stay on my knees until you, Mr. President say that you shall return.

PADEREWSKI: I'll not say that. Not now. Enough of this. Sit down. I am very happy that I am well remembered in Kąśna...

MAYOR: And in Ciężkowice, in Tarnów, in Kraków, and everywhere around!

PADEREWSKI: Thank you. Thank you very much for you kindness. When you return home, tell everybody...

MAYOR: But will you return?

PADEREWSKI: It is not excluded. But a special constellation should shape for that... If I were to return to the country... That is to Warsaw... Perhaps, Kąśna could be my summer residence...

MAYOR: Deo Gratias! So, we can have hope?

PADEREWSKI: Only if so many various elements would fit together. They are beyond your control. Mine too. Kąśna... Tarnów... Kraków And what about the rest of the Galicia?

MAYOR: The whole country!

Helena enters without knocking.

HELENA: Good night, sir Mayor. Enough of this audience. We are not going to Kąśna. *To Paderewski* You, Ignacy, don't stay so late. To bed, to bed. Time to sleep. Other clients might tarry until tomorrow. I'm waiting. *To Mayor*: I said, good night.

MAYOR: I beg your pardon, Madame?

HELENA: Good night. *She exits.*

PADEREWSKI: Leave me these documents, Mayor. I'll examine them. We'll talk again tomorrow. Good night.

MAYOR: I humbly thank you, Mr. President. Most humbly.

♪ *Mayor exits. Paderewski lites two candles and puts them on the piano. He opens the cover of the keyboard. Places his fingers on the keys. He begins playing his "Variations and Fuga in E flat minor, Op 23", but soon after the beginning, he errs. After a while, he resumes, this time slower, obviously too slow, he plays longer, but errs and interrupts again. He starts for the third time, he makes an error again, he struggles for a while, and gives up.*

PADEREWSKI: My fingers don't work. The doors to the concert halls are shut. I have to send this chest back to its owner, Mr. Steinway. Instead of a piano, I should set a coffin here. Lay in it voluntarily. And not wait for a pianist resurrection. Who am I tonight? A statesman? A virtuoso? A businessman? A fugitive? I'm nobody. So, whom should I be? Tomorrow? In a year? Until the end of my days?

♪ *He—again—begins playing his "Variations and Fuga in E flat minor, Op 23", but soon after the beginning, he errs. He resumes, but errs and interrupts again. He starts for the third time, he makes an error again, for a while he struggles, and gives up.*

PADEREWSKI: No. I'm not a pianist anymore. But how should a virtuoso not performing any more? The tunes, the music, the silence of the audience and its ovations are for him the indispensable doses of oxygen. Without them he suffocates. And how to abandon the piano—a fierce enemy whom I have always conquered, the only true friend who never betrayed me, the only discrete confidant?

Knocking at the door. Paderewski stands up and goes to the balcony. He shouts from there:

Come in, please.

Enter Miss Gloria and Miss Wonderwrite carrying the tray with coffee.

MISS WONDERWRITE: You've ordered coffee, Maestro...

PADEREWSKI: At the reception desk.

MISS GLORIA: Yes. I receive your call. Here's some delicious coffee.

MISS WONDERWRITE: I wanted to help Miss Gloria, to bring it...

MISS GLORIA: Sylvin departed, so, I took over his duties. I made your coffee myself.

MISS WONDERWRITE: But I brought it.

MISS GLORIA: Not asked to do it.

PADEREWSKI: I thank you. I thank both of you. Please, put it down, somewhere. You're so kind.

MISS WONDERWRITE: Silvin's departure truly creates a need for a personal secretary for you, Maestro. I can substitute for him. You require a secretary who understands you and who understands art. I wrote about you, Maestro... I interviewed you so many times... I attended your every concert.

PADEREWSKI: There will be no concerts anymore.

MISS GLORIA: You just need a professional, business help, Mr. President. Sylvin appointed me your personal secretary. I would like to introduce you to some matters which demand your immediate attention...

MISS WONDERWRITE: There will be concerts, Maestro! I firmly believe in this. I had to come here and share this faith with you, Maestro. And, perhaps, to just pen down some of your new thoughts on art... on music...

MISS GLORIA: Don't interrupt!

MISS WONDERWRITE: I also brought some very interesting proposals from Mr. Steinway...

MISS GLORIA: Mr. Paderewski is not interested in any proposals from Steinway. As I was saying... There are some pressing matters.

I have the braking news from a session of the Paso Robles Town Council. We won! All my motions were accepted and passed by unanimous vote. I counted on the Republicans, but the Democrats, usually unsensitive to business, also understood that there are great things about to happen—investments, infrastructure, tourists inflow and, consequently, dollar influx. They voted "yea" too. Please, listen...

She looks into her notebook.

First, the Town Council voted to offer you significant tax brakes for twenty five years in case you increase investments in wine production. Let "Paderewski Zinfandel" flood California, America, France, the whole world. Wine groves, wineries, cellars... The same refers to oil production. Tax brakes for twenty five years. I see these never ending trains of vats with oil. We'll build a pipe-line to a see terminal...

MISS WONDERWRITE: Don't listen to her, maestro. It's not in your sphere. Let's talk about music. Your famous "tempo rubato." I was the first to understand how you use it. I was the first to write about it, based, of course, on an interview with you. Did you approve my interpretation, master?

PADEREWSKI: Yes. You had it right. "Tempo rubato..." Yes... I explained to you that this Italian term, "Tempo rubato," can't be translated literally, as a "stolen tempo," or "robbed tempo." Such a translation is not acceptable. Nobody steels anything from anybody. Nobody robs anybody. Yet, "Tempo rubato" means a certain disregard to generally accepted rules of the rhythm and the tempo. Chopin used to use "Tempo rubato" frequently as a performer. So did List.

MISS WONDERWRITE: And then you, master.

MISS GLORIA: Try my coffee, sir, please. Milk? Sugar? The usual? Returning to the business.

Number two: the town of Paso Robles, expecting your settling down here, wants to organize a world, yearly festival of music and wine. The town invites you to accept the role of the honorary president of such a festival and to invite well known virtuosos, critics, impresarios—your friends—from all over the world. Wine and oil producers should be invited too. For giving us permission to use your name for advertising the festival, we will pay you one hundred thousand dollars for each festival, every year, not bad, huh? In addition, you'll get a certain percentage of the profits from the festival. Depending on the attendance, from ten to twenty percent. The more guests and emptied bottles of wine, and cisterns of oil sold, the more for you. What do you think?

PADEREWSKI: What do I think? I have always thought that the "Tempo rubato" is a necessary means of expression of a virtuoso. The rhythm is the life of a musical work. A piece which I play must live its own life. What did you say, Miss Gloria?

MISS GLORIA: One hundred thousand dollars for your name for advertising the festival, and from ten to twenty percent from total gains.

PADEREWSKI: One hundred thousands…ten… twenty…

MISS WONDERWRITE: Back to "Tempo rubato!" Initially, you were criticized for its use. Even George Bernard Shaw wrote in 1890, after your concert in London, that your "Tempo rubato" bordered to a haphazard interpretation.

PADEREWSKI: I did not always agree with Mr. Shaw, although I consider him a good playwright. "Tempo rubato" was my, let's call it that way, because we are in America, well, "Tempo rubato" was my "Trade mark." Or my "specialité de la maison," as the French say.

MISS GLORIA: A "Trade Mark!" Fantastic! We can call our festival "Paderewski's Tempo Rubato in Paso Robles."

MISS WONDERWRITE: How trivial! How dare you! We are talking about art. Master, don't listen to her. Tell me, rather, why did you pay such an importance to your "Tempo rubato?"

PADEREWSKI: Because, only by using "Tempo rubato" was I able to give the works of different composers my own expression. "Tempo rubato" was a duality of the tempo of the right hand and of the left hand. A duality of a fraction of a fraction of a second. And it is I who rules over that fraction. Now, I even think that using "Tempo rubato" was indeed "steeling" those works from their composers. I became "owner" of those works. When I played them—they became my own. You see, there's a subtle, difficult to apprehend, yet, absolutely clear border between a piano player and a piano virtuoso. A performance might be excellent, but it remains an interpretation. The virtuosity is a creation.

MISS GLORIA: Returning to the festival "Paderewski's Tempo Rubato in Paso Robles..." Oh, I would forget… The Town Council decided to bestow on you the "Honorary Citizeship" of the Town of Paso Robles. We'll announce it when you decide…

MISS WONDERWRITE: Yes! Virtuosity is creation. The critics gradually comprehended that your "Tempo rubato" doesn't destroy the composition you play, but rather gives it a new, revealing iridescence.

MISS GLORIA: Number three. I already have a small concert hall in my hotel. The very day you agree to enter into a business partnership with the town—the town will start the construction of a new, large concert hall with two thousand seats and will pay for the whole project. If necessary, we'll build a whole philharmonic hall, and later, perhaps an opera. Money will come!

MISS WONDERWRITE: Money!

MISS GLORIA: So, what, Mr. Paderewski? You're not going to get such an offer anywhere in the world. Only in Paso Robles. Naturally, I will be appointed the general manager of the festival. You'll be the honorary president. Deal?

PADEREWSKI: It's truly a very generous offer.

MISS GLORIA: Profitable, first of all. Profitable!

PADEREWSKI: Profitable. I agree.

MISS GLORIA: We'll call a press conference tomorrow and announce the big news.

PADEREWSKI: I'd like to have some time to ponder on it...

MISS WONDERWRITE: Certainly! How can you be so pushy, Miss Gloria. How can you hasten the Maestro? Business. Percentages. Dollars. These are not the issues worthy of the Maestro's attention. Master, your entire past binds you to art!

MISS GLORIA: Don't look back, Paderewski. It's America. Here we only look forward.

PADEREWSKI: I've been admiring America and the Americans since my first visit.

MISS GLORIA: You're one of us. We have to combine our forces.

MISS WONDERWRITE: You're an artist. Souls' ruler. Don't listen to the call of money.

PADEREWSKI: You always were very kind to me, Miss Wonderwrite. I've valued your opinions about my music, my interpretations... But, indeed, this belongs to the past.

MISS GLORIA *to Miss Wonderwrite:* I told you. What counts is the future.

MISS WONDERWRITE: From that past, you, Master, you will throw a bridge to your future artistic triumphs. You have to return to your lyre, that is to the piano.

PADEREWSKI: It's out of the question.

MISS GLORIA: See!

MISS WONDERWRITE: Without you the music world is shadowy and pale. It's lacking something without which it can't live a life full and vital. There are many good pianist around, but there's only one Paderewski.

PADEREWSKI: I'm already a history. I am forgotten.

MISS WONDERWRITE: No! Here's the proof. She pulls out a poster from her bag. She hads it to Paderewski.

PADEREWSKI: What's this?

MISS WONDERWRITE: The Steinway Company sends a poster for your acceptance with a photograph of you—you, their most famous customer. See, Master, these two inscriptions: "Steinway the Instrument of the Immortals" and "Paderewski and His Steinway." The company wishes the Maestro good health and kindly asks when the Maestro might condescend to give a concert in New York. They propose November 1922. They will underwrite all the production costs. Signed Steinway and Sons, Șteinway Hall, 109 East Fourteen Street, New York.

Paderewski takes the poster, examines it, and tears it into pieces which he throws on the floor.

MISS GLORIA: Bravo maestro! There's a real man of action.

MISS WONDERWRITE: Maestro... You shouldn't do this...

PADEREWSKI: I do not think about giving concerts anymore. It's a closed book.

MISS WONDERWRITE: No. These can't be words of a Master, the public's deity, the critics' favorite, the impresarios jewel. Your were celebrated, praised, worshipped, loved...

MISS GLORIA: You are unmasking yourself, Miss Wonderwrite. Hysterical Paddymaniac.

MISS WONDERWRITE: You've already unmasked yourself. Insensitive business woman.

PADEREWSKI: Miss Wonderwrite, I thank you for your encouragement. Miss Gloria, I'm grateful to you for opening these new horizons for me.

MISS GLORIA: My pleasure.

PADEREWSKI: But, I must tell both of you I am not ready. Neither for the piano, nor for the business.

MISS WONDERWRITE: Yet...

PADEREWSKI: Miss Wonderwrite, I've always been open with you. So, this time I'm also going to tell you the truth. My fingers are not fit. I haven't played for too long. Rather, I haven't practice. You know, perhaps only you know, that the virtuoso's practice—these six, eight, or sometimes twelve, or even seventeen hours per day—is a very hard labor. It's a slavery. It's an extortion of time and effort which a virtuoso imposes on himself. It happened sometimes, that I hadto work, yes, yes, for seventeen hours—with only one hour for eating and six for sleep. This necessity to constantly practice is a dark, even tragical side of the life of a musician-artist. Hidden from the public. But without it there's no success. Without it I would not begin a concert.

MISS WONDERWRITE: Yes, Master. I know. Perhaps I am the only one who understands...

PADEREWSKI: I haven't practiced that way in almost eight years. Every performance requires such an incredible amount of physical work and mental effort... I'll be flat honest with you, Miss Wonderwrite, and with you, Miss Gloria, too. I'm sixty two years old. I've got arthritis. The fourth finger of my left hand is still not fully sound, after I overworked it during my second American tour in 1893.

MISS WONDERWRITE: I know. I saw blood on the keyboard after your concert in Boston. After unending rounds of applause and encores, ah, I knew that each one was torture for you, when you walked off stage for the last time, I made my way through the throng, I climbed on the stage and collected blood from the keys with my handkerchief. Your blood... Then, following you step by step, from one city to another, from one concert to another, I repeated that twenty two more times... These handkerchiefs... I keep them in a special case... a reliquary...

PADEREWSKI: I am moved... I knew that my admirers were able watch for me for hours... Once, two of them attacked me in my dressing room and, in spite of my desperate resistance, cut of a tuft of my hair... But to collect my blood... Those concerts with a bleeding finger might be called a "heroic tour"—borrowing the title from Beethoven, of course...

MISS WONDERWRITE: Your playing was always heroic. I heard pain in it. I knew that hurting your finger to the point of bleeding you suffered physically. But your music was expressing a metaphysical suffering of the human spirit struggling with the gravity of the matter. A fight you've always won. I heard in your playing a lament for your tormented country. You resurrected Poland. Now, you, yourself have to resurrect as a virtuoso.

PADEREWSKI: As a virtuoso? Not a composer?

MISS WONDERWRITE: As a composer too! The public awaits your new compositions, the conductors wait for them, the managers of the opera houses, the singers... I know, that having such a busy schedule as a virtuoso you were not able to compose enough. But now, after retiring from politics, and returning to the concert halls...

PADEREWSKI: I know nothing about that return.

MISS WONDERWRITE: ...after your triumphant return to the piano! As a virtuoso, you came after List and Rubinstein. You surpassed them. As a composer you came after Mozart and Chopin. You can surpass them too. You've composed masterpieces, but there's not enough of them. You've entered on the peaks, but you can create new heights, exploding your Titanic energy...

PADEREWSKI: Too much enthusiasm...

MISS GLORIA: Funny Paddymaniac!

MISS WONDERWRITE: No, not too much! Who composed *Menuet à l'Antique*? That is, Menuet G-dur, Opus 14, number 1? When you played it for the first time, Mozart's connoisseurs took it for an unknown Mozart's work. Chopin's lovers argued that it was a lost Chopin's composition discovered. They didn't want to believe that you wrote it. It was the most "Paderewski" composition of Paderewski. Inspired by Mozart, illuminated by Chopin, and yet totally original. Yours. I know it by heart. Can you play it for me?

PADEREWSKI: I can't.

MISS WONDERWRITE: Oh, there are so many recordings of it. You must have one, Maestro, somewhere.

♪ *She looks for a record, she finds it, she puts it into a pathephone and—when music starts—she speaks:*

The *Menuet* begins as if someone would test the smoothness of the dance floor with light touches of the foot, once and twice, once and twice. The theme is introduced in the first bars. It is simple, graceful, dancing, melodious, joyful… It greets and invites… Then, an opposition arises between delicacy, moderation, and restraint and the temptation to sing loud, dance fast, and explode with unlimited vigor. Now! This is Paderewski! He could not miss an opportunity to run through the keys with wild abandonment and display his amazing technique. At the core part, the *Menuet* mutates into an, almost, Chopenian Mazurka. The echoes of Chopin wake the echoes of a Polish landscape in early autumn, here and there illuminated by rays of sun, fraught with the mysterious and unutterable Polish nostalgia. The country panorama seems to enlarge and embrace a ballroom in a castle, where airy shadows swirl. But suddenly the composition returns to a musical whisper. It poses clouded and enigmatic questions, repeats them and transforms, never answering with any certainty. We are left with the feeling of a mysterious ceremony in a palace of beauty, of which we are allowed only a glimpse as if through a half-open door... If a youngster could compose such a perfect work, an experienced artist will lead us to...

PADEREWSKI: That's that. A juvenile exercise.

MISS WONDERWRITE: No! A juvenile spark of a genius. *Menuet à l'Antique* was published first in Berlin in 1888 by Bote and Bock publishers.

PADEREWSKI: How do you know?

MISS WONDERWRITE: I know everything about you... You so often played it for an encore. I've heard it so many times... Now another surprise for you.

She pulls out from her bag an album with an inscription on the cover:

<blockquote>
Ignacy Paderewski – Menuet à l'Antique
Theodore Pressler Publisher, Philadelphia, 1921.
A Homage to a Great Man and Great Artist.
Published in Memoriam of Maestro Paderewski's
Return to the World Concert Halls.
</blockquote>

MISS WONDERWRITE: Theodore Pressler from Philadelphia published this *Menuet* again. In an enclosed letter Mr. Pressler begs you to accept this album hoping that he will be able to hand it over to you publicly after your next concert.

Paderewski browses the album.

PADEREWSKI: It's a well orchestrated plot. Steinway, Pressler, you... Anybody else?

MISS WONDERWRITE: Crowds. Crowds awaiting you! The whole music world is waiting for your return. We'll organize the first concert in Carnegie Hall in New York.

Miss Wonderwrite tries to put together the pieces of the poster scattered on the floor.

I beseech you, accept Steinway's proposal, listen favorably to Presslers' plea, trust me! You'll make a stunning success. You'll surpass all your past triumphs. You'll open a new chapter in the history of music. Please, agree, Master.

A pause.

PADEREWSKI: I won't agree.

MISS GLORIA: Good for California!

PADEREWSKI: In any case, not now. Please, understand, Miss Wonderwrite, that the decision to return to the life of a virtuoso would mean a return to the unbearably hard regimen of practice, which, by the way, this time, would not guarantee a success. Perhaps, it's too late? Perhaps I wouldn't be able to achieve full perfection of my fingers and absolute focus of my nerves, necessary to transform the potential energy of a performed piece into a real energy sent to the listeners? I don't know if I have enough strength to do it. I don't know if I have enough will power...

MISS WONDERWRITE: You do. I'm positive!

MISS GLORIA: I'm positive too. But we direct your will power to different goals. Fame of the Festival "Paderewski's Tempo Rubato in Paso Robles" will spread all over the world, as well as the reputation of the "Paderewski Zinfandel." Miss Wonderwrite, that poster is for nothing. Garbage! Mr. Paderewski does not need to travel anywhere to play and earn money. Money will come to him here. Of course, if he would like to play sometimes during the festival, or on a picnic, why not?

PADEREWSKI: Why not? Because, as I told you, the pianist must practice before playing in public. My fingers…

MISS GLORIA: Fingers? All right. I have an idea then. We will hire a pianist who will record your pieces on a mechanical piano—your know there are devices like that—and you, Mr. Paderewski, you will be sitting at the piano and pretending that you are playing while the mechanism does all the work. Nobody will know.

MISS WONDERWRITE: Barbarism!

PADEREWSKI: Great idea. You know how to do business, Miss Gloria.

MISS GLORIA: Yes! Together, we'll make millions. You and me.

MISS WONDERWRITE: And what about me? Or, rather, what about the music?

Knocking at the door.

PADEREWSKI: Come in, please.

Enters Fronczak.

FRONCZAK: May I?

PADEREWSKI: Please, you are welcomed. The ladies were about to leave. I've been waiting for you.

MISS WONDERWRITE: Before I go, please, maestro, give me your permission to cable Steinway.

PADEREWSKI: I permit you nothing.

MISS WONDERWRITE: Only that you're considering that November's concert? It's May now. You'd have half a year of…

PADEREWSKI: Half a year only? After eight years of non playing?

MISS WONDERWRITE: I beg you, master, in the name of music! In the name of love… of all music lovers.. Please, think it over…

PADEREWSKI: I shall think it over. This I can promise. But be patient. Good night.

MISS GLORIA: Till tomorrow, Mr. Paderewski. I called a press conference about our festival for ten in the morning. Oh, you didn't drink you coffee. Cold. I take it.

MISS WONDERWRITE: Till tomorrow. I'll not sleep a wink. May god Apollo watches over you. And Morpheus too. Good night.

Miss Wonderwrite and Miss Gloria exit.

PADEREWSKI: Doctor Fronczak! Thank you, my friend for coming from so far away, and thank you for waiting for such a long time.

FRONCZAK: Good to see you again, sir. Always good to see you. Shall we have a little exam, before we talk?

PADEREWSKI: The patient must obey the doctor. As you wish. But we can still talk.

FRONCZAK: Only a short routine.

During several following lines he examines Paderewski—he checks his pulse, listens to his breathing, looks into his eyes and mouth, examines his hands, and so on.

PADEREWSKI: How's Buffalo?

FRONCZAK: Always faithful to you. Buffalo has a plan for you, sir. In case you decide neither to return to Poland, nor to the piano.

PADEREWSKI: There's also a Californian option.

FRONCZAK: Mineral waters? They did so much good to you. A spa in Paso Robles might be a medical hit.

PADEREWSKI: They prefer a bigger scale: wine and oil.

FRONCZAK: Are you considering it?

PADEREWSKI: It's tempting. Yet repulsive. There are also two retirement options. One in Switzerland, the other in Poland. But to retire one needs a capital to live on. My coffers are empty.

FRONCZAK: I understand. So, the choice is between music and politics?

PADEREWSKI: It looks that way. Music, paradoxically, would be a very difficult choice for a musician. I know best how difficult it would be. To run for Poland's presidency—not any easier. Uncharted waters. May I be franc with you?

FRONCZAK: As always.

PADEREWSKI: I feel cornered.

FRONCZAK: I came to show you another way out.

PADEREWSKI: I can't guess.

FRONCZAK: What if you choose politics, but not in Poland?

PADEREWSKI: The presidency of the League of Nations?

FRONCZAK: It might be a position for you. But to run for it you must be a nominee of your country.

PADEREWSKI: The present Polish government would not like to have me in such position.

FRONCZAK: Thus, Geneva is a dead end. I know that you are contemplating Warsaw and I support that. I would be only too delighted if it works. But there's also Washington.

PADEREWSKI: What do you mean?

FRONCZAK: Here's the plan. You are the unquestionable leader of the American "Polonia." All Polish-Americans respect you, love you, believe in you. This can translate into about ten million votes.

PADEREWSKI: To run for the American presidency one has to be born in America.

FRONCZAK: Yes. But there's no such a condition for a senator.

PADEREWSKI: Explain it to me, please.

FRONCZAK: There are two states in the Union where Polish-Americans might make a difference. Illinois, with Chicago, and New York, with Buffalo. You would be a perfect candidate for New

York's senator in the next year's elections. We have already organized a secret committee in Buffalo. Just a few people involved. Total confidentiality. We've evaluated the situation. There's a very good chance for your victory. You can count on all Polish votes and some Italian. Many Americans—Democrats, who remember your association with President Wilson, would vote for you too, and many Republicans as well, for they know how much President Warren Harding respects you. In addition, you could get many independents behind you. It wouldn't be necessary for you to join any political party. As in Poland, you could remain an independent. Of course, in politics as usual, you would be attacked. By the Germans, by the Irish, and by some Jews, who would like to denounce you for antisemitism, because of your loyalty to Roman Dmowski, considered, even if falsely, to be an antisemite. We would not debate Dmowski's views, but we would be able to dismiss any charges against you, proving they are completely unsubstantiated. Not only weren't you an antisemite, but you always spoke with respect about Jews. All together, you could be easily elected to the US Senate.

PADEREWSKI: From Buffalo?

FRONCZAK: From the state of New York. Of, course, you have to have the state's residency.

PADEREWSKI: I have my wine groves in California, and oil fields too.

FRONCZAK: Western New York also has wine plantations. And natural gas. You could make a trade. We can find you a fine estate on the Lake Erie shores or in the Orchard Park hilly forests. People are friendly and hospitable. So many Poles. Polish parishes, churches, schools. You'll love it.

PADREWSKI: And the weather? I heard bad things about Buffalo's weather? I shivered a few times there.

FRONCZAK: Myth. For you the Buffalo weather would be the closest to what you remember from Poland—four real, different seasons, not that Californian eternal Spring, or Florida's unending Summer. Of course, you wouldn't be stuck in Buffalo. As a senator, you'd spend most of the time in Washington. In a warmer climate.

PADEREWSKI: You think that I'm worthy of the American people trust?

FRANCZAK: I do. I know that you wouldn't disappoint them as senator.

PADEREWSKI: I never thought about it before. But...yes... such an office could allow me to repay all that goodness which I, and Poland, have received from the American people. I could work for their good.

FRONCZAK: And you could help to improve the lives of millions of Polish-Americans, help them to fulfill their American dream. You could also continue influencing the fate of the Poles in the old country, by supporting Poland on the international scene, by sending economic help. You could mend many American problems too...

PADEREWSKI: So, instead of a Polish politician I should become an American one?

FRONCZAK: Not forgetting your Polish roots, of course, not betraying your love of Poland.

PADEREWSKI: But I still feel that my mission in Poland was left unfulfilled. Interrupted. In 1918, I returned to Poland simply to serve. Not to get power. Not to profit. I clashed with the conspiratorial ways of Piłsudski and the parliamentary tricks of Witos. I wanted to set a way in full sunlight—public, transparent, open. I dreamed about a Poland just, democratic, secure. Justice for all, regardless of nationality or race. Democratic, yet not divided along the party lines. Secure, because of the rule of law not the fear of the ruler. I gave Poland all I had—my name, my energy, my international connections and influences, along with my money. I kept nothing for myself. Including my music. With nothing I left. My name was defamed. My energy squandered. My influences disregarded. My money wasted. Who did it? Easy to manipulate crowds, biased journalists, parliamentary demagogues, military dumbheads. Things are bad in Poland now. Corruption of the political elites, scandals in corporations, disdain of the wealthy towards the poor, degeneration of the press. No end to the list... Am I not to return and confront the evil?

FRONCZAK: Your way of thinking is noble. Yet not realistic. You can't do politics without using political means...

PADEREWSKI: Tricks, hoax, deception, cynicism, lies?

FRONCZAK: Yes...

PADEREWSKI: So, what would be the difference between politics in Poland and in America?

FRONCZAK: We don't have paradise here either. Yet, we, the people of this country, ultimately decide our own destiny. Democracy is embedded here. In Poland—still to be implemented.

PADEREWSKI: Would I not be able to implement it there?

FRONCZAK: You could try. But you've tried already once and failed. You have to face that truth. Now, you could enter on the American political stage.

PADEREWSKI: I'm infinitely grateful to you for opening this door for me. Yet...

FRONCZAK: I understand. As in the old days—you have to think it over alone. By the way, I give you a clean bill of health. Your arthritis is under control. Your fourth finger seems to be healed.

PADEREWSKI: Thank you. You're a real friend. You understand me so well. Thank you again. We'll talk more tomorrow.

Fronczak exits.

PADEREWSKI: God knows that I wanted to serve Poland. Should I start serving America now? And what about serving music?

♪ *He goes to the piano. Opens the cover of the keyboard and plays one strong chord. A female's cry is heard behind the wall. Paderewski goes to the wall and knocks.*

PADEREWSKI: Helena? Helen? What happened? Do you need me, my dove?

Helena runs in.

PADEREWSKI: Helena, it's late. You can't sleep?

HELENA: How can I sleep if you are making noise all the time? Piano? People? What are you brooding about? What are you talking about? With these women? With those visitors? Some laughs? I heard them. I heard them laughing, how could I not hear, these walls are paper thin, these laughs are so awful.

    What of? Of me? Of my dogs? Of my parrots? Of my hens? Why did you open that piano cover again? *She closes it.*

    No more piano. No more concerts. Let's go to Switzerland. We'll settle on the Geneva Lake. The hens will feed us. The guest will entertain us. You'll have time for bridge, for the movies. We'll be at home, finally. Not in all these hotels, railway-cars, ship-cabins. What a strange fantasy—to sail with a piano to Australia, New Zealand, to play for the savages. The worst was the Royal Castle in Warsaw. Stairs too large, rooms to wide, doors to high, everywhere chambers not bedrooms, everyone enters and exits at their own will, and all run to you for decisions, for a signature, for advise, and, surely, for the money. Meetings, delegations, representatives, senators, ambassadors, ministers, beggars—get lost all or you!

And now these two women, oh, I know them, one is following you to every concert hall, sitting in the first row, clapping first. The other one is now crouching at the reception and screening all your moves, eves dropping on all your phone calls, bothering all your visitors. Both of them ready to jump into your bed. Don't stay any longer. Don't make me wait.

She exits.

A pause.

PADEREWSKI: Yes, Helena. Yes. I'm coming. Yes. We'll return to Switzerland. We'll watch from our bedroom window the pink dawns and the orange sunsets painted on the snows of Mt. Blanc. Clouds crowning Alpine peaks' laces. Fogs effacing the lake's silver plateau. Nobody and nothing will part us. Neither people, nor politics, not even music. Only death.

I remember, when we were still young, yes, we were young sometimes, hard to believe it now, it was before our marriage, you were the wife of... of somebody else... I came to see you in the evening... That is, I came to see my son, whom you so devoutly cared for, but he was already asleep. Your husband was not at home. I brought a poem written for you. I was ashamed to give it to you. I was afraid to stay with you. I suggested to you a walk.

We stopped at the river Seine's bank. Gas lamps reflections floated deep in the water. An accordion was heard from the shadows. Paris... thus an accordion... something so banal, yet immersing in such an overwhelming, nostalgic mood...

It was early May. Chestnuts' smell. I felt like kissing you, I put my hand on your shoulder, and you turned yourself to me... ready... and I knew that you wanted the same... and more... to return home, dismiss the servants... and I, instead of kissing you, I said, Helen, it's time to stop the time... and you looked at me... your big, radiant eyes... as two coins at the bottom of the Trevi fountain in Rome... when we threw them... under the moon... and you said, yes, it's time... For—I said—we've been together from ever, so, we have to stay together for ever... So, it happened. The time became timeless, transforming itself into a time of my love to you... Love—a total, undivided, all inclusive love of you, music, Poland.

Later, it started to divide. Music and Poland remained one chord. You became a dissonance. Then, music and Poland went two different ways, as the left and the right hand which do not play in tune. For a pianist—it's horrifying. So, you try to catch the harmony, but it get worse, it's no longer a "Tempo rubato," but a sheer cacophony, you desperately struggle to balance the tempos of the two hands, but you fail, fingers freeze...

Music, Poland, you... Which love? You'll not be the same as years ago. We'll not stop time. Now I know it. Poland from a dream-country transformed into its caricature. There's no way back. Music? Only music is eternal. It lasts. Its abyss is a way to the peak. Falling into its depth I could climb again.

Paderewski goes to the phone.

PADEREWSKI: Miss Gloria? Yes. I'm sorry, it's so late... But, would you be so kind to drop by to my apartment? Yes. Now. Is Miss Wonderwrite still there? Please, invite her too. Sylvin has left, has he? Yes. Please, call Mr. Trojanowski and Doctor Fronczak. Please, tell them that I am very sorry, but I need them now. Oh, I almost forgot, please, wake up that visitor from Poland, that Mayor. No. Don't wake up my wife. She must be very tired. Yes. I'm waiting.

♪ *Paderewski goes to the pathephon and sets a record Chopin's Etude No. 12 in C minor, Op. 10. He sits in an armchair and listens. One by one other characters come in. Paderewski invites them to sit. When the piece ends—he stands up.*

PADEREWSKI: Ladies and gentlemen, I'm very sorry to bother you so late. Yet, I need to share with you some thoughts... decisions... I did not want to delay.

Miss Gloria, you are so kind to play the role of my personal secretary, temporarily... Please, send a telegram to Sylvin, addressing it to Pan-American Express Railroad System, to be delivered in the train, please, put down "Warsaw's mission aborted. Stop. Continue travel to Europe. Stop. From Bremen go directly to Riond Bosson. Stop. Prepare the chateau for the coming of myself and my spouse next year. Stop. Detailed instructions will follow. Stop." My signature.

Miss Gloria, since I'm talking to you... Please, express my profound gratitude to the Paso Robles Town Council for their generous offers, and, please, accept my most sincere thanks for your kindness and help, yet, I will not be able to take advantage of them. My destiny is different. At the same time, I ask you to extend renting me the hotel for... yes... for the next six months, counting from today.

Mr. Plenipotentiary, I rescind my decision for drilling three new oil wells. Please, prepare all the necessary documents to put both the Ranch San Ignatio and the Ranch Santa Helena on the auction. Everything will go—land, wineries, wells, all. You'll start a search for the best bidders. The price must be fitting.

Mr. Mayor, I thank you for undertaking such a long journey. It was a pleasure to meet you. Mr. Plenipotentiary will pay you for all your travel expenses, in order not to expose the town of Ciężkowice to a financial loss. I am utterly grateful for the invitation to Kąśna. Only God knows how much I loved, I love, that place. God knows that, and I want you to tell this to all of your fellow citizens, including children. You reminded me that once I invited the children from the neighboring villages to the circus in Tarnów. Please, tell the children that I love them, that I long for them, but I can't come to see them. Nevertheless, to give them some proof of my love I send them a gift, a sum of one thousand dollars for the a trip to the circus. Mr. Plenipotentiary will write for you a check.

Doctor Fronczak, old, reliable, good friend, I am sorry, but I can't accept the offer from the Buffalo committee. I will not enter into the details of what kind of offer it was. A very generous one. Please, tell all Buffalonians that I cherish in my memory all the concerts I gave there. They were great audiences and hospitable people. I send them my most respectful greetings. I hope, I will be able to return to Buffalo again, in the future... Not for settling down, though… Yes...

Miss Wonderwrite, I thank you for you legation—in the name of music, the American music lovers, as well as the Steinway and the Pressler companies. Yet, it is not your prompting, but my own sense of duty which orders me to return to the concert halls. This will happen. Please, be so kind to inform Mr. Steinway that I accept his proposal. He may organize my concert in Carnegie Hall in New York. When? We may set the date. Today is May 21st, no, its already May 22nd. I need half a year for preparing myself. That will be half a year of twelve or more hours a day at the keyboard. You know that, do you? Yes, I pledge to appear in Carnegie Hall on November 22nd 1922.

You can give Mr. Steinway my initial repertoire, I'll confirm it soon. I'll begin with a Schubert, I'll play Chopin, of course, a waltz perhaps, some etudes, then List, probably "The Hungarian Rhapsody," what else, Wagner, "Liebestod," and my "Menuet," no doubt. I'll choose the encores later. You know that encores must be also practiced for months... Even if the virtuoso pretends that he is driven only by inspiration in choosing them...

What more? Please, inform Mr. Pressler that after the concert I shall be ready to accept his album, publicly. And you can inform the public that Padrewski returns.

Now, my dear friends, I'm not asking you for your opinions about my decision. I know that some of you are happy, some sad. I, myself, I have a heavy heart. I take this decision, as always, with a sense of duty. But believe me, this time it is not only the duty. It is love. Thank you, ladies and gentleman. Now, I'd like to be alone.

All present, who have been listening and reacting to Paderewski's words each on his/her own way—with a smile, a tear, a sigh, a joy, a sorrow—leave.

♪ *Paderewski goes to the piano and touches the keys, as caressing them. He sets a record. It's again his "Menuet à l'Antique." He goes to the armchair, sits, and listens.*

▶ ▼ ◀

▶ AN ALTERNATIVE EPILOGUE ◀

Paderewski goes to the piano and opens the cover of the keyboard. He stands behind the piano. A Young Pianist enters. He sists at the keyboard. He starts performing Paderewski's "Menuete". Paderewski goes to the auditorium and sits in the front row. The Young Pianist performs the whole work. He stands up and bows to the public. Paderewski joins him. The rest of the cast joins.

▶ THE END ◀

▶ ▼ ◀

► AFTERWORD ◄

► THE LIFE AND WORKS OF IGNACY PADEREWSKI ◄

Ignacy Paderewski is Poland's pride. He was one of the three major Polish statesmen who worked out and secured Poland's independence in 1918. These three were Ignacy Paderewski, Roman Dmowski and Józef Piłsudski.

Ignacy Paderewski was purposely forgotten by Poland's ruling class in the interwar period and totally erased from the history books by the Communists after the war. Even today a lot of false or misleading information about him circulates in the Internet. There's still lack of a complete and unbiased monographical book about Paderewski. This great Pole should be reintroduced to the Panteon of Poland's greatest sons.

Ignacy Paderewski was a truly outstanding and extraordinary man, who profoundly influenced the history of Poland, the history of the Polish community in America, the history of music, and indeed, the history of culture on the global scale. He was a pianist-virtuoso, composer, statesman, and philanthropist. Above all, he was a noble, generous, hard working, and good human being. His contemporaries called him "immortal." As an artist he was undoubtedly a genius. But who, really, was Paderewski? Who is he for us today? How can he help us to live better lives? What was his vision of Poland? What do we owe him? Trying to answer these questions and to reflect on Paderewski we ought, first, to recall the major facts about his life and works.

The life of Ignacy Paderewski (1860-1941) was clearly divided into four periods.

The first (1860-1888) were the twenty eight years of schooling, studies, preparations of a pianist and composer, years, when he wrote his first works and started to perform in public.

The second (1888-1915) spanned about a quarter of a century of a brilliant, irresistible, world career of a pianist-virtuoso and, at the same time, a period of intensive, creative work of a composer.

The third (1915-1921) came six years of active involvement in politics among the North American Polish emigrée population, in Poland, and on the international scene.

The fourth (1922-1939) lasted for seventeen years during which Paderewski was again giving concerts all over the world; he was a master of his instrument and the highest moral and national authority.

After these four active phases, a short epilogue concluded this long and fruitful life, For two years (1939-1941) Paderewski returned to public service.

He was born in a family of good, yet impoverished, nobility in eastern Poland. His mother passed away when he was only a few months old. He grew up on a simple and modest country estate of his father. He received his initial education at home from his father and resident teachers, who taught him the basics of different subjects as well as foundations of piano playing. He also obtained a first hand patriotic instruction, for his father was imprisoned for one year for the participation in the January 1863 uprising against Russia. Young Paderewski was constantly imbuing stories of heroic fights of the uprising, of the glorious past, and the present suffering of Poland partitioned among Russia, Prussia, and Austria. At twelve, Paderewski was sent to a music school in Warsaw. His professors did not consider him especially talented, and one of them even advised him to discontinue piano playing, and to take up another instrument, such as the trombone.

Nevertheless, at the age of eighteen, Paderewski successfully completed the Warsaw Music Conservatory (1878) and was immediately hired as a piano teacher in the lower classes at his alma mater. He started to compose. He aspired to a career as a concert pianist, but, having no means for further study, had to support himself by giving lessons.

He married and soon had a son. His wife passed away, however, less than two years into their marriage. His son, Alfred, suffered from a very poor health, needed a lot of care, and eventually passed away in the young age.

A break through in his life and career came after a meeting with Helena Modjeska (Modrzejewska), a famous actress, and a Polish and American star. Living and performing in America, she occasionally visited Poland. Paderewski was introduced to her during one of her tours in the country. She was intrigued by the young pianist's talent, energy, ambition, and looks. In 1884, Modjeska arranged a concert for Paderewski in Kraków. Her personal involvement attracted a large crowd. She recited poetry; he played piano.

The earnings form the concert, augmented by Modjeska's stipend, allowed Paderewski to go to Vienna in 1885 and take lessons with a renowned pedagogue, Theodore Leszetycki. The master-teacher did not believe that Paderewski could reach the highest ranks of piano performance. At twenty five, he was too old, according to Leszetycki, to overcome some bad technical habits acquired earlier. Despite this opinion of the pedagogue Paderewski eventually climbed to the top. Hard work and strong will power enabled him to make progress. He made it quickly. From Leszetycki he went on to teach again, this time in Germany, and returned to Vienna once more in 1887, to prepare for his first public concert.

This time, Lesczetycki highly appreciated his skills and gave him his support which, together with the recommendation of the teacher's wife, a great singer—one of many women who loved the dashing pianist and helped him in his career—allowed Paderewski to appear in Paris in 1888. He made a stunning success. That immediately opened for him concert the halls of Belgium, England, Germany and, finally, the United States in 1891.

He won the attention, respect, and praise from critics, attracted music connoisseurs, and inspired the love and adoration of audiences, especially by women of all ages. He became an idol and a celebrity. His phenomenal technique—yes, against Leszetycki's initial predictions, he developed it—provided a solid, unshakable foundation for his personal and innovative interpretations, crowned by ecstatic and entrancing play. He was a handsome, attractive, tall man; his golden-red hair, or rather lion-like hairdo, as it was called, gave him an unusual look and an aura of angelic beauty. Since his conquest of major artistic centers in the big cities of Europe and America, Paderewski became a world-class virtuoso and the object of a cult, known as "Paddymania." He also attracted attention as a composer. He frequently played his own works, especially for "encores." Most often included among his never ending "encores" was his *Menuet à l'Atique, Opus 14, Number 1* (1884). It is one of the most typical for Paderewski's compositions exposing and demonstrating Paderewski's original style. The *Menuet* is a summary of the best of Paderewski—it is sad, yet not pitiful; it is noble and elegant; it is light and graceful. It is also a display of his phenomenal piano technique.

Preparing for performances, Paderewski practiced days and nights, continually imposing on himself a rigid work schedule. Indeed, hard work was always the basis for his achievements. During about a quarter of a century, he was floating high on top of fame, from triumph to triumph, earning the praises of critics, acclaim of listeners, and financial fortunes. He played at monarchs' courts and presidents' mansions, he received decorations and honorary degrees, he traveled all over the world, giving ten long tours in North America, visiting Latin America, Australia, and New Zealand. He bought several properties, among others, a country estate in Kąśna near Tarnów in Poland, two ranches in California and a mansion in Riond-Bosson in Switzerland.

He donated large sums to charities and stipends, he created foundations, he supported his family and friends. Paderewski's munificence and love of the mother-country took a both practical and symbolic form when he founded a monument in Cracow commemorating the five hundredth anniversary of the battle at Grunwald (1410-1910), the famous victory of Poland over the Teutonic Knights. It was a significant and widely resounding deed, which showed to Poland, and also to the anxious partitioners (Russia, Germany, Austria), another Paderewski: a zealous patriot, inspired speaker, a leader able to capture hearts and focus attention of the masses. The opening of the Grunwald monument gathered thousands of Poles, who came to Cracow from all three partitions. At the feet of the monument they experienced their unity as one nation.

In this happy for the artist period, there were also moments of grief and sorrow. His father, Jan, passed away in 1894. His son, Alfred, died in 1901. Paderewski himself entered into a relationship with Helena Górska, a married woman. Her marriage broke up and, after a divorce, Paderewski married her in 1899. They did not have any children. She became an inseparable companion of his life, travels, activities. At first, certainly a source of joy, later, in the eyes of many, she started to affect negatively her husband's works and relationships with people.

Founding the Grunwald monument and gathering masses at its opening, Paderewski recalled the glorious past of Poland and set forth a vision of a better future for his mother-land. He repeated these themes in a speech in Lwów (1910) at the celebrations of Chopin's birth centenary. Deeper and deeper, he identified himself with the sufferings and aspirations of his nation. The Poles all over the world were proud of him, relished in his successes, recognized his benevolence, and gradually were pushing him into a leadership position. During that time, besides continuing his piano tours, he undertook intense, specific, and broad in scope self-studies of Poland's history, geography, culture, ethnic problems, and economy. Preparing himself in this way to a next task which he decided to take on— to lead Poland to restoration of her independence.

In the years of the First Word War (1914-1918), Paderewski, residing in the USA (since 1915), became active in several areas:

(1) Paderewski was helping Poland materially by creating the Polish Relief Found, which he personally founded and raised money for it, additionally contributing to it from his own fortune.

(2) Paderewski joined various political activities oriented towards Poland's resurrection as an independent country. He became a member of Roman Dmowski's Polish National Committee in Paris and its representative for the United States. The Committee was a seed of the future Polish government and, as such, was recognized by the Allies in 1917.

(3) Paderewski took on the task of unifying the multitude of Polish organizations, associations and clubs in America, which allowed the American Polonia to speak with one strong voice on Polish matters. He, himself, became an informal, yet unquestionable, leader of all Poles and Polish-Americans leaving in the USA.

(4) Paderewski developed a wide-spread action to popularize the Polish cause in the United States on two levels. First, he mobilized the public opinion on the side of Poland. He invented an unusual means of action, accessible only to him— a piano concert connected with a political meeting. Paderewski would indeed announce and give a concert, attracting thousands by his very name of a world-class virtuoso. After the concert, he would stand up and give a speech on Poland, illuminating Poland's predicament and her right to be independent and free again. Second, he established contacts with the American government. Upon personal request

of President Woodrow Wilson, Paderewski prepared a Memorandum on Poland, in which he demonstrated and explained the historical, ethical, geographical, and political reasons for her restoration as a free and independent state. It was thanks to Paderewski's efforts and advice, that the point 13 of Wilson's peace plan called for a Poland independent, unified, with just borders and access to the Baltic sea (January 1918).The Paderewski's Memorandum and President Wilsons' plan introduced the Polish cause into the orbit of the war and post-war objectives of the Allies fighting with Germany—the USA, Great Britain, France, and later on Italy. These states defined restoration of independent, free Poland as one of the important elements of the world order after the war.

(5) Paderewski put forth a plan of organizing a Polish Army in America, fighting side by side with the Allies. After many delays and mounting obstacles, The Kościuszko Army was created. It had a force of about 22 thousand men. It was trained in Canada, at Niagara- on-the-Lake (The USA did not formally took part in the war until April 6, 1917). The Army was shipped to France in May 1918. Its political umbrella was the Polish National Committee in Paris, which nominated general Józef Haller as the Army's commander. The Army fought bravely on French battlefields, where it incorporated gradually the Poles, prisoners of war and deserters from the German and Austrian units. Eventually it swelled up to 100 000 men, earned Poland a place in the victory parade in Paris in 1918, and—transported to the country—became a significant force in the war with the Bolsheviks in 1920.

All these great works and their beneficial fruits designated Paderewski in a natural way to the next task: to lead all the Poles, in Poland and abroad, across the partitions' borders and across the political party lines, to unite the best Polish elements in the country and among the emigration.

After the war Paderewski decided to return to Poland. The Allies supported him politically and practically. They provided him with a navy cruiser to go to Gdańsk. From Gdańsk, Paderewski arrived in Poznań on December 26, 1918, where his very appearance provoked an uprising and, consequently, the reunification of large territories of the former German partition with the motherland.

On January 1, 1919, Paderewski arrived to Warsaw. The population greeted him as a redeemer, perhaps even more enthusiastically than they had welcomed Piłsudski returning from German prison six weeks earlier, for Paderewski, besides his legend as a world-class artist, a staunch patriot, and a generous philanthropist, was expected to bring with him a strong Army from France, open western credits and economic help, and secure for Poland large territories and peaceful borders. At the time, Paderewski possessed a qudruple mandate: the will of the American Polonia, the hope of majority of Poles in the country, the formal authorization on the Polish National Committee in Paris, and the support of the victorious Allies.

Józef Piłsudski had already ruled Poland since November 12, 1918. He patronized a socialist government of Jędrzej Moraczewski. Initianlly, Piłsudski did not want to share power with Paderewski. But soon, he wisely understood the personal charisma and political assets Paderewski had to offer. Piłsudski named Paderewski the President of the Council of Ministers and Minister of Foreign Affairs (January 16, 1919).

Paderewski took on the gigantic task of setting in order the legal system, the administration, and the economy of the country devastated by the war and crippled by the century of foreign rule. He then participated in the Peace Conference in Versailles, where Roman Dmowski was initially the Polish Representative. These two such different men, Paderewski and Dmowski, understood each other well and productively cooperated in the name of the national interest. Paderewski acknowledged Dmowski's leadership in the Polish National Committee in Paris and his enormous contribution to the international diplomatic recognition of Poland. Dmowski respected and valued

Paderewski's personal authority and rapport with the Allies. As a result, Dmowski did not hesitated to hand over to Paderewski the office of he First Polish Representative at the Peace Conference, himself taking the position of the Second Representative.

There was something incredible, inspiring, almost mystical in the fact that the newly resurrected Poland was represented by an artist. All participants of the Peace Conference knew that he was an world-class virtuoso and absolute master of his instrument. Yet in the harsh diplomatic confrontations, his virtuoso status did not matter at all. So there was something different, which established Paderewski's position at the negotiating table—it was his great, powerful personality. The same at the concert halls—the same at diplomatic offices. It was a personality whose iron will was inseparably linked with sensitivity; a broad knowledge and understanding of history, geography, and economy was permeated by a creative inspiration, unfailing intuition, and brisk intelligence; he easily established direct and open contact with people; he himself was open and compassionate; he was able to listen to others without compromising his own opinions or convictions. All that was founded on his fanatical hard work, refined culture, impeccable manners, and supported by fluency in English, French, and German. He was equally respectful towards the representatives of world powers and towards Poland's weak neighbors. He interacted with everyone on a practical level, but also moved every problem in question to the level of universal justice, common good, and general human values. Because of that, he often had to contend with cynicism, ruthlessness, and the rule of force, which the "big" impose on the "little." Nevertheless, at the Versailles Conference, Paderewski and Dmowski obtained for Poland much more than anybody else could, in terms of the territory and borders. For them it was not enough, but they understood that nothing more was possible.

During the Peace Conference Paderewski was preparing the transfer of his Blue Army (as it was called because of the blue uniforms furnished by France) to Poland. In spite of German and British objections the Army was eventually transported to Poland and its soldiers were a decisive force in the war with the Bolsheviks in 1920.

Upon his return to Warsaw in July 1919, Paderewski was accused of surrender to the Allies, neglect of the Polish cause, and even misuse of public funds. Piłsudski did not need him anymore. Wincenty Witos, the leader of the peasants party, withdrew his support. He did not understand Paderewski, who operated above party lines. Dmowski remained loyal, but he was far away in Paris. Paderewski found himself abandoned. Suddenly, the Polish hell opened in front of him. December 10, 1919, he resigned from his offices.

In February 1920, he departed from Warsaw—never to return again. He settled in Switzerland. When the Bolsheviks approached Warsaw's gates, Paderewski, once more offered his services to the homeland. He took the post of the Ambassador at the League of Nations in Geneva. He fought for Poland as a diplomat. After the victorious war with Red Russia he ceased to be useful and he felt useless again. At the beginning of 1921, he resigned and left for America. He took up residence in Paso Robles, California, where he owned two ranches. For about half a year, pondered what to do next. He had not performed as a pianist for about seven years. His fingers, put to the keys of the piano, refused to obey him. His public and political service were terminated. He considered devoting himself to wine growing or oil drilling. A fine brand of *Zinfandel,* available in exclusive liquor stores, is testimony to those months.

Eventually, in May 1922, he decided to return to the world of music. In the following six months he subjected himself to an austere regimen of practice, playing and repeating the same bar hundreds of times, preparing a new repertoire. His first, after the long hiatus, performance in Carnegie Hall in New York on November 22, 1922, is described as one of the greatest moments in world music history. A universally respected statesman appeared on the stage. The auditorium rose in respect. Then a virtuoso gave a concert, playing with absolute mastery. Audiences, fellow artists, critics, impresarios, fans—all were enchanted, fascinated, overwhelmed, and enraptured with joy. It was the ultimate victory. Thus, Paderewski returned to the concert halls and ruled them for several years. He toured Europe and America. He was applauded all over the world, except in Poland—where he did not perform. Only once did he come to Poznań, always faithful to him, to accept an honorary degree at the university. Many called him "immortal." Indeed, a book titled *Paderewski, The Story of a Modern Immortal* by Charles Phillips was published in New York in 1933.

In Poland, though, a curtain of silence surrounded him. The ruling camp treated him as still—a potential—rival who may suddenly return and claim the Presidency of the country. They kept him at bay. The gap between the Polish political circles and Paderewski grew deeper when he agreed to support the efforts of generals Władysław Sikorski and Józef Haller, along with Wincenty Witos (at that time in opposition) to heal the situation in the country. Along with these man (and a few others), Paderewski created, a so called, Front Morges, in 1936.

He lived as a silent, and, *de facto,* exiled statesman, and as an active virtuoso. Only from time to time reports of his successes penetrated the country. A British film with his participation, *The Moonlight Sonata,* was shown in the movie-theaters. He invited pianists form Poland to his Swiss residence and gave them lessons. He supervised the edition of Chopin's collected works.

The disastrous war with Germany and Soviet Union in 1939, and the collapse of the pre-war political system, once more made Paderewski's authority indispensable for the Polish cause. He felt too weak to accept, offered him, Presidency, but did not decline to chair the Polish Parliament in Exile in Paris in 1940. Soon, as an emissary of the Polish government, he once again went to America to mobilize the public opinion in support of the mortally enLeongered Poland. He died in 1941, after a year of exhausting meetings, travels, conferences, and speeches. Based on the personal decision of President Roosevelt, he was buried with highest military honors becoming a head of state at Arlington Military Cemetery.

For the second time a curtain of silence was shut upon Paderewski by the Communist regime installed by the Soviets in Poland after Second Word War. For Paderewski figured on those pages of Polish history which the Communists wanted to erase from text books, as well as from the hearts of the Poles. Thus, any references to either Paderewski's role in the resurrection of Poland after the First World War or his participation in the fight for independent Poland during the Second World War, were prohibited.

The memory of Paderewski also bothered the Communists, because the main custodian of Paderewski's legacy, both spiritual and material, was Sylwin Strakacz, an emigree. For over 30 years, Strakacz served as Paderewski's utterly loyal and competent personal secretary, his travel companion, representative in the country, and assistant and deputy in political affairs. He was a crystal character, an unblemished and selfless person. In times of war, he won love and respect as Consul General of Poland in New York, untiring in his service to the Polish-Americans. After the war, Strakacz stood firm as a defender of Paderewski's good name, fame, and last will; he hampered the Communists efforts to put their hands of Paderewski's estate. Hence, Strakacz was singled out by the Communists as an enemy and became the object of defamatory attacks and all sorts of slander. These ricocheted on Paderewski. Eventually, Strakacz was fired from his office in America by the Warsaw's regime. Only for American Polonia Paderewski was a unvarying cause of pride. His heart was ceremonially moved to the National Sanctuary on Our Lady of Częstochowa in Doylestown, Pennsylvania in 1986.

Only the changes in Poland, the collapse of the Communist system in 1989, made it possible to return to Paderewski as well allowed him to return to Poland. For the time came when it was possible to tell the truth about the history of Poland, without the filters applied before the war and the censorship prohibitions after the war. In 1992, the remains of the Great Pole were brought back to his motherland and placed with honors in the crypt of the Warsaw Cathedral. The Polish Parliament (Sejm) gave special tribute to Ignacy Paderewski in 2001, commemorating the 60th anniversary of his death.

The life and works of Paderewski have been a source of hope and wisdom for many. He was also a thorn in the consciousness of those who did not live up to the high ideals he practiced and proclaimed. Of all the Poles, before the Pope, John Paul II, Ignacy Paderewski was the best known and most celebrated personality in the world. At home he focused for several years the love and enthusiasm of the crowds as well as the aversion of political elites. For some he was a great statesman, for others an unskilled politician. For the music lovers and connoisseurs—he was always a master virtuoso and excellent composer. For the majority though, he has been fading out into oblivion. Only the American Polonia has always remembered him vividly.

In Poland independent again, it is fitting to recall Paderewski, a man who so significantly contributed to Poland's resurrection a century ago. We can still return to him with pride and gratitude for encouragement and inspiration. It is our noble duty to give Ignacy Paderewski justice.

Kazimierz Braun

▶ ▼ ◀

▶ AN ANGEL IN FIRE ◀

▶ THE STORY OF LEON SCHILLER ◀

▶ DRAMA IN TWO PARTS ◀

CHARACHTERS

Sir Leon, director

Lady Professor, set designer

Sir Victor, actor

Young Actor

Tom, theater technician

Colonel

Secretary

President

Monk

Chorus

NOTES

1. This drama refers to the history of Poland and to the actual actions of people; it uses authentic statements and texts. However, it is not a historical chronicle.

2. The Chorus—composed of men and women—performs the roles of actors, monks, theater technicians, undercover officers, President's bodyguards.

3. The set design should be composed from old, used, and broken sets elements, furniture, and props. The angel is a huge, tall marionette.

▶ ▼ ◀

▶ PART 1 ◀

*The theater stage in ruins. Broken and burned sets. Naked walls with bullet holes and marks. The Monk, Sir Leon, Lady Professor, Tom; Monks with candles in their hands; Actors in costumes and masks from the **Nativity play**; among them an Angel, Death, Dragon and a Star holder.*

Some actors have musical instruments on which they play accompanying the Chorus.

MONK: Brothers and sisters, we are gathered today for a special celebration. The great artist of the Polish stage—his name, for safety reasons, will not be mentioned here—will in a moment take the vows of the Third Order of our Holy Father Francis. It was the artist's wish that we perform this ceremony here, on this ruined theater stage, where years ago, in a free country, he created great works. It is the right place, for hopefully the spies of the German occupier would not wander through these ruins. Our brother is about to take his vows which will be a visible sign of his spiritual transformation. However, he wants this transformation to become a part of all Polish art. We accompany him in this desire. May this ceremony, celebrated in the midst of a terrible war, on the ruins of a city and in the ruins of a theater, herald the future resurrection of both this edifice and the entire country.

CHORUS *sings:*
 Angel to the shepherds said,
 Christ is born—sing jubilation.
 In Bethlehem, a small town.
 In the manger he was laid.
 Lord of all creation.

MONK: Please, come closer. The Church, together with the Franciscan Family, rejoices in the resolution of every soul wishing to live a perfect evangelical life. What name do you desire to take as a member of our Family?

SIR LEON: I wish to take the name Glorius.

MONK: Brother Glorius, are you ready to make your profession?

SIR LEON: I am ready.

MONK: Brother Glorius, what are you asking for?

SIR LEON: I am asking to be accepted into the Secular Franciscan Family, so that I may live a Gospel life among the world, according to the spirit and example of the Holy Father Francis and his holy followers.

MONK: Do the brothers and sisters present here accept this request?

CHORUS: We accept it.

MONK: Thanks be to God. Let us ask God for light in the words of Saint Francis spoken on the day of his conversion.

CHORUS AND SIR LEON:
 Most high and glorious God,
 lighten the darkness of my heart.
 Give me, Lord, true faith,
 unshakable hope,
 perfect charity,

> That I may fulfill
> Your holy will.
> Amen.

MONK: Place your hand on the Gospel and repeat: For the glory of God almighty....

SIR LEON: For the glory of God almighty....

MONK: In honor of the our holy Father Francis....

SIR LEON: In honor of our holy Father Francis....

MONK: In the presence of the brothers and sisters...

SIR LEON: In the presence of the brothers and sisters...

MONK: I pledge....

SIR LEON: I pledge...

MONK: Throughout my whole life....

SIR LEON: Throughout my whole life....

MONK: To live according to the Gospel...

SIR LEON: To live according the Gospel...

MONK: Keeping the known to me rule of the Third Order of Saint Francis....

SIR LEON: Keeping the known to me rule known to me of the Third Order of St. Francis...

MONK: And God help me and His Gospel on which I hold my hand....

SIR LEON: And God help me and His Gospel on which I hold my hand....

MONK: Amen.

CHORUS AND SIR LEON: Amen.

MONK: By the authority vested in me, in the name of the Church and the Order, I accept your profession. In the name of our entire Family, I welcome you with joy as a brother. Take these symbols. This white robe. Put it on you now, and always wear it in spirit as a sign of purity, truthfulness and perseverance.

Sir Leon puts on the white surplice.

MONK: This cord. Hang it on your hips as a sign of valor.

Sir Leon ties the cord around himself.

MONK: Remember your commitments. Depart in peace.

CHORUS:

> Gloria, Gloria, Gloria
> In excelsis Deo!
> Gloria, Gloria, Gloria
> In excelsis Deo!

LADY PROFESSOR: Congratulations to you, Leon, this is a great moment.

SIR LEON: Not anymore Leon.... Brother Glorius...

LADY PROFESSOR: I admire you Brother Glorius.... You epitomize the great transformation of Polish theater.... Forgive me, I've never been to any church ceremony and I don't know how to behave. We didn't get married either. Sorry. I splashed something not à propos.... Well, can I kiss you?

SIR LEON: On the cheek.... On the cheek... Yes, sister, the Polish theater will be a great edifice of the spirit.

LADY PROFESSOR: What a sister I am to you. For me you will remain Leon.

SIR LEON: From today I will be Leon transformed. Snatched from the jaws of the lion.

TOM: On behalf of the technical staff, my best wishes, Sir.

SIR LEON: Thank you, brother Thomas, I hug you to my heart. You too will be needed in the service of the national spirit.

CHORUS: Long live our master! Long live our master!

SIR LEON, *interrupting and silencing:* Thank you, thank you brothers and sisters. Thank you from the heart. The Lord be with you. But hush, hush! Let's disperse, as always, from our secret meetings—in small groups. Go in peace.

Everyone leaves. Sir Leon, wearing a surplice put on over a suit, was left alone.

▶ TIME LAPSE ◀

Enter the Colonel and the Secretary.

COLONEL: I knew where to look for the master! In the theater, of course. On the stage. In your old dominion? The master is getting down to work? Such zeal is commendable, admirable. The master recognizes me I hope. Yes, it's me.... Before the war a modest writer, and now the head of a ministry. Minister, one would say in bourgeois terminology. But bourgeois terminology, like all bourgeois content—now to the trash. I welcome the master.

SIR LEON: I recognize you. What a uniform. What a complexion. I guess it's on American canned goods?

COLONEL: Plus Soviet aqua vitae.

SIR LEON: Wellcome... Yes, I remember you. Lwów's congress of culture!

SECRETARY: Lwów you said?

COLONEL: It was a leftist event, comrade.

SECRETARY: There are instructions not to mention Lwów at all. Have you forgotten comrade? Delete that name and that's it.

COLONEL: You see, master, we not only have a new vocabulary, but we don't even have certain words at all. We are creating not only a new regime but also a new language. Meet comrade Secretary.

SIR LEON: Hello, Mr. Secretary. Indeed, I would like to get my stage up and running as soon as possible. That's what I'm pondering on this rubble.

SECRETARY: We are on the same page, comrade master. Although this stage now is state-owned, you know. It's not badly preserved, although with some holes.

COLONEL: All theaters, master, just like land, water, air, forests, banks, factories and so on and so forth, were nationalized by successive decrees. This, so that we have full clarity.

SECRETARY: Nationalized to the last. To the very end.

SIR LEON: That means my theater—is no longer mine?

COLONEL: So that we have full clarity: It's a state theatre now. But we need you, master, to rebuild and run this theater, masterfully, masterfully as before. Though in a new way.

SECRETARY: In a new way, you know.

SIR LEON: "He who gives and takes away, goes to wallow in the hell!"—as the old saying says.... And here you, gentlemen, are giving me my theatre, but you are taking is from me, So this is what this communist paradise of yours looks like?

COLONEL: Paradise? What an old pun... Well... Well... Too old for new times, though.

SIR LEON: I had in mind a theatrical paradise.

SECRETARY: I haven't heard such a thing, what paradise?

COLONEL: A theater paradise. Good! The paradise in a theatre is the last, the highest balcony, comrade Secretary. But there must have been a lot of showgirls in that theatre paradise, huh?

SECRETARY: Who's that? Showgirls?

COLONEL: Whores, comrade, whores, to put it in our language.

SECRETARY: Really? So that paradise is a brothel, yes?

COLONEL: A brothel? Yes, comrade Secretary. Well... Well... But now—to the business.

SIR LEON: To the business. I would like to get the theater up and running as soon as possible. However, some funds are needed. I do not have any at my disposal myself. Besides, as you mentioned, it's no longer my theater.

COLONEL: Not yours, but yours. We brought you the nomination for the job of the general manager of your theater. There is no one more worthy, no one more deserving such a position than you, master. The document was signed by the President himself.

SIR LEON: By the President? It's a great honor. I don't know if I can handle it. "Here's a high mountain indeed—climbing it is a great deed..." I am ready.

COLONEL: Great. Here's the document. We are about to ceremoniously hand it over to you. Before that, however, there is a small detail.... We do not put any conditions, but the position of the general manager of the first national stage obliges. It would be well received... by the highest authorities, by the President.... that the had of this stage should be a member of the communist party, the Polish Workers Party, as it is called.

SIR LEON: I understand... But I am unfortunately not a member...

COLONEL: But you already belonged to the party in your heart before the war. In you mind. Who was it that person the police of the bourgeois regime arrested for distributing communist leaflets in the theater? You, master. And whom the bourgeois reviewers attacked for Bolshevik's staging? And who gave that fiery speech to the congress in Lwów.... sorry.... well, at that gathering of leftist activists? And who was interrogated by a prosecutor after visiting the jubilee at one of Moscow's theaters? You, master!

SIR LEON: It was the jubilee of Stanislavsky, an old friend....

SIR LEON: Your beliefs, master, have long been progressive, more, they were leftist, more, they were Bolshevik's. And now you just need to formalize it, so to speak. Enter the ranks. Step into the marching troop. Accept the party's ideological leadership. Submit to its steadfast will.

SIR LEON: Let me consider... It is not so difficult for someone who has never denied his adhesion to the militant proletariat, to accept in spirit the ideological leadership of the party now standing at the head of Polish workers and peasants. It is not difficult for him to subordinate himself to the authority of the party leading the historical changes. For he has always been an ardent supporter of the popular masses and of the progress, an enthusiast of the Soviet Union, an advocate of revolution. In fact, if he did not formally belong to the communist party, he adhered to it with his heart, and now, having finally seen through, he is peeling off the remnants of the bourgeois whitewash from his eyes and is ready to join the ranks, as you said, step into the marching troop, yes, raise the red banner high.

SECRETARY: Oh, geez... He's got talking...

COLONEL: Excellent. So, comrade manager, to get things in order, here is the application to the party. Sign it. Yes, thank you. We expected you to sign up, so the decision to accept you has already been made. Here is the party card. Sign on it. Yes. And sign the receipt. Thank you. And here is the red tie. First, sign the receipt. Yes. And now tie it.

Sir Leon signed one by one everything that the Colonel gave him, and now he ties the red tie with difficulty.

SECRETARY: I will help you.... Oh yes, here… under… here over... now, under the collar... And what is that white something you have on your jacket?

COLONEL: It was called a surplice, according to the old religious terminology, comrade Secretary. But in a situation of market shortages, one can use it as a shirt. As long as it is wear under the coat, not on top. And that string? I understand. War time misery. But you will soon recover as a manager. You will buy yourself a belt. And new shoes. Now pull up your tie....

SECRETARY: Not bad, not bad.... Done.

COLONEL: Here is the appointment for the position of the theater general manager. Please. Sign, comrade, on the copy. I received... And the date... Yes. Thank you. And here is the first salary, comrade, in this envelope. Count it. The sum, as on the payroll. Is it correct ? Then sign your name on the payroll. And the date… Thank you.

Sir Leon signs all documents.

SECRETARY: The salary as for a secretary! The President himself decided.

COLONEL: Well, then we've settled the formalities. In a week, you will report to me, comrade manager, to the ministry, with a season repertoire, a proposal of the budget. You should produce socialist plays. Your should hire only ideologically sure people. We do not limit the budget. We will approve it. And to work. The President is interested. He announced that he will pay a working visit to your theater. Well, here we go.

SECRETARY: The party will always be with you, comrade manager. If you have any problems, call me. Directly. Good bye, now.

SIR LEON: Thank you, gentlemen.... comrades... I will not disappoint you. You can trust me. Indeed. Good day to you.

Colonel and Secretary exit.

Sir Leon is left alone. He unties the cord and takes off the surplice.

▶ TIME LAPSE ◀

Enter Tom, followed by Lady Professor.

TOM: This way, professor, we have found this angel from *The Forefathers' Eve*.

LADY PROFESSOR: So dark here.... Rubble... Legs can be broken...

TOM: I'll help... This way... When the sets warehouse caught fire the guys started to move what they could to the stage. That angel... Then a bomb hit the stage. The angel all in flames! In an instant. But the sprinkler still worked. We poured tones of water. The angel got so soaked that it didn't get burnt. And we saved the stage. Only then did the ceiling fell....

SIR LEON: There was no angel in *The Forefathers' Eve*! The colleague is mixing things up. Mary... How happy I am...

LADY PROFESSOR: Leon! Of course, already on stage. How are you?

TOM: What do you mean it wasn't there, sir? It was. It was ready and put on the stage on time. The professor praised highly our work on this angel.

LADY PROFESSOR: But then the director threw him off the stage. Don't you remember? At the third general rehearsal.

TOM: Sure, I remember. The whole carpentry shop was cursing. And the props-men were even crying. People were getting worked up, and here at the third general suddenly the director shouted from the audience "Take this angel out! Get it off the stage!" So much work for nothing.

SIR LEON: I don't remember at all. I think it was the professor who told you to take it out. I even liked that angel.

LADY PROFESSOR: What are you talking about, Leon! Have you no shame? I took it off the stage? Me? You're the one who insisted.

TOM: The crew got so mad that later on, at the opening night, they took twice as long to make the changes of the sets. The whole show dragged on until three in the morning. Half the public left. The boys kept that angel and didn't let it be disposed off even when the play was already down and the pieces of the sets were being used to build new set—from *The Forefathers' Eve* to *Fonsio's Wedding*.

LADY PROFESSOR: Where is this angel? Let me see.

TOM: Here, under this rubble. I think he's just a little bit damaged. But rather whole. There you see. Here it is.

LADY PROFESSOR: It needs to be repaired....

TOM: Guys, technicians, help me, please.

LADY PROFESSOR: Remove the pieces carefully... so as not to damage.... Little by little... My angel...

SIR LEON: I don't understand why you're so enthusiastic. A piece of an old set and that's it.

LADY PROFESSOR: But it's from our *Forefathers' Eve*! I'm sure you'll want to stage it again. This time you absolutely must use this angel. I will no longer agree to throw it away.

SIR LEON: I want to stage *Forefathers' Eve*, but in a new way. It was your angel not mine. And Jupiter warned me that I didn't let it be left on stage. How would I explain myself now? And so religious were those pre-war *Forefathers' Eve*... Those three crosses of yours. I wanted three oaks.

LADY PROFESSOR: Thank you for at least now acknowledging to me the authorship of these crosses. Before the war, in all the interviews, you claimed, that it was your idea.

SIR LEON: I don't remember. Before the war? It was centuries ago. In any case, now such religious interpretation would not be appropriate. Nowadays you have to interpret *The Forefathers' Eve*... materialistically, as, of course, it was written.

LADY PROFESSOR: You can call your interpretation whatever you want, but you would be a fool not to take the best elements of our old staging.

SIR LEON: Exactly! That angel wasn't in that production.

LADY PROFESSOR: It was! It was until the second general. You threw him out on the third. The perfduction was crumbling for you. You wanted to shorten it by force. You cut the angel in order to make the changes of the sets shorter. Or you did it against me? That angel would speak so powerfully. It shall speak loud now. Everything in ruins. This angel will be a symbol of survival. Hope for resurrection.

SIR LEON: The phoenix from the ashes? Apollo arriving on a chariot of fire? Savior? "Bow your heads for HE is coming with the angel?" Remember that? Well, boys, try to put this angel up!

TOM: This minute, sir! Slowly, guys. Little by little...

LADY PROFESSOR: Put it up carefully....

SIR LEON: It's the same angel, you say, Mary?

LADY PROFESSOR: Tom, don't you have some kind of a spotlight on hand here?

TOM: There are a few stored... I've already bought a few bulbs.

SIR LEON: Some light! Direct the light on that angel....

In the middle of the stage, among the rubble and broken sets, stands a huge, slightly damaged angel, lit by a spotlight.

SIR LEON: We will stage the great national arch-drama again in this theatre.

MISS LADY PROFESSOR: My angel.... guardian...

► TIME LAPSE ◄

The same ones. Sir Victor enters.

SIR VICTOR: The same angel.... Leon, hello, thank you for getting me out of my rural hideaway. I didn't really want to come out... You look emaciated... And this is May? Hello Lady Proessor. Always the same one. So lovely...

LADY PROFESSOR: Not always and not the same. Shattered like everyone else. And you charmer as before. Leon is holding up well. He was in hiding during the war at a monastery...

SIR LEON: I fasted. I meditated. But you did not gain the weight either, Vic.... The most important thing is that you're alive. You've stored yourself.

SIR WIKTOR: I was kept by good people, landowners, in their manor. I repaired my lungs a little. I taught diction in seminaries for priests. I wrote ...

SIR LEON: "And here we have a big stage....Twenty paces along and across…" The theatre survived the pogrom. Only the ceiling collapsed. The set warehouses burned down. We will rebuild. We have to perform. As soon as possible.

TOM: We saved this angel from the fire, sir. A true pre-war angel.

SIR VICTOR: Tom ? I remember you, boy... And all of you, boys.... And you... And you...

TOM: The master remembers me? I was only on an errand that time. Sometimes I brought the master a flask.

SIR WIKTOR: Well, that's something you don't recall now. Now full abstinence. But I remember you. You're alive. Where have you been? Here? In the forest?

TOM: In the city and in the forest, and then again in the city, in the Warsaw Uprising. And then in the German oflag as a POW. But I came back. The theater is opening. Will the master join?

SIR WIKTOR: We'll talk about it with the boss....

SIR LEON: Gentlemen technicians, thank you for now. A break for a cigarette.

TOM: Thank you, sir. We have some cheapest ones...

The crew leaves.

SIR LEON: Will you join us, Vic?

SIR VICTOR: We need to have a serious talk. I have thought a lot over these years...

LADY PROFESSOR: I will leave you tête à tête....

SIR VICTOR On the contrary, these are public matters.

SIR LEON: I have been thinking a lot too. I've been drawing big, cosmic indeed, projects. But now all crashed. Everything is different than dreamed. But we have to do theatre in spite of everything.

SIR VICTOR: To plunge into the old moral swamp?

SIR LEON: Nothing old exists anymore. All is new. We have to perform for the new spectator.

SIR VICTOR And for the new patron? Yes?

SIR LEON: Yes. It's the time of the revolution, led by new powers. You have to make theater for the popular masses, so with that powers, not against them.

SIR VICTOR: But this is the power of foreigners. They rode in here on Russian tanks. Supported by the Soviet secret police and the Red Army.

SIR LEON: For the record they had American tanks. Even from under the red five-pointed stars, the white six-pointed ones shone through on their armor. A manifestation of the commonality of the Allied effort.

SIR VICTOR: Of the anti-Polish Allied conspiracy rather! Tehran! Yalta! Yalta!

SIR LEON: We have a Polish government! President. He signed my appointment himself.

SIR VICTOR: I congratulate you on the honor. We have a government brought from Moscow! This president is a Soviet agent!

LADY PROFESSOR: Gentlemen, we are here to do theater, not politics. Theater!

SIR VICTOR: But before we start doing it, we have to know who we're making it for and why.

SIR LEON: We're going to do theater for the masses, and we're going to do it to rebuild spiritually the nation. Already a great effort of physical, material reconstruction is underway. People are working with their bare hands, they show the utmost dedication. We have to strengthen them. We must serve them. They will come in large columns to the theater, straight from the mason's trowel and the plow!

SIR VICTOR: You want to harness yourself to strengthen the power of the Bolsheviks in Poland? But you, after all, you were leaning towards communism before the war....

SIR LEON: And what do you want? To fight the Bolsheviks? To shoot? Don't you have enough of the casualties of the war? Communism is a great progressive idea. Yes. I was convinced of that a long time ago.

SIR VICTOR: But during the war you changed your convictions! You joined a religious order. I admired your decision.

SIR LEON: First you reproach me for my leftist past, and then praise me for my Catholic conversion. Stop interfering with my conscience. I answer to myself.

SIR VICTOR: As an artist, you are a public figure. Just like all of us—theater people. Your words and actions have the value of example and symbol.

SIR LEON: I want to steer others in the right direction.

SIR VICTOR: In an unjust cause!

LADY PROFESSOR: Gentlemen.... To the point... We'll talk about ideas over vodka.... Now we have to talk about practical matters. About getting the theater up and running.

SIR VICTOR: I don't drink anymore. Have a drink yourself with Leon. And leave me alone. I'm going back to my cave.

LADY PROFESSOR: We won't allow you. We need you. Leon wants to open the theatre with *The Forefathers' Eve*. I'll do the set design, as before war. We already have that angel. And you have to perform the lead, Konrad. Also like back ten. You won't refuse that, I hope.

SIR LEON: Yes, that's the most important thing now. The theatre. We have to rise above all disputes. The theater, the theater shall overcome. We have to open the theater as soon as possible. And right away from the upper C. The times are great. So a great work. *The Forefathers' Eve*.

SIR VICTOR: May I be honest with you?

SIR LEON: From heart to heart.

LADY PROFESSOR: Whom are you asking...

SIR VICTOR: So honestly. I have doubts whether we should open theaters. Whether we should perform in public at all. The boycott of all public stages is still mandatory. No public performances. You yourselves participated in the implementation of the boycott decision.

LADY PROFESSOR: But it was a boycott of the stages run by the German occupiers!

SIR VICTOR: And now we have the Soviet occupiers!

SIR LEON: The Soviet army liberated our country.

SIR VICTOR: Leon, don't lie to yourself. One occupation was exchanged for another. The underground Polish leadership was imprisoned. Millions of people were exiled deep into Russia. Thousands of people prowl in prisons in the country. Clusters are hiding in the forests like wild animals. There are still fights with the invaders. Who is being killed there? The Poles. As before. Only that those who kill them also speak Polish. But they have Soviet weapons.

SIR LEON: You are the one who is lying to yourself. You have acquired a predilection for underground, clandestine theater. You're afraid to go out on the big stage and stand before a crowd of spectators again. I'll tell you why. Because you don't understand what's new. Because you're afraid that the popular masses won't accept your old-fashioned acting—good only in a small living room.

SIR VICTOR: And you are dreaming of the Olympic Circus again. The great staging theater. Empty—because people are not interested in the gimmicks of the theater artist. So now you want to get full houses—full of people whom the communist authorities order to see your show.

SIR LEON: And you want to continue to perform your Eleusinian mysteries in a narrow circle of insiders, including your female admirers who squeal just to touch at least the edge of your robe. The Constant Prince, Tartuffe!

SIR VICTOR: You're insulting great poetry and its priests.

SIR LEON: Don't be ridiculous, father preacher!

SIR VICTOR: And now you insult me personally, you convert!

SIR LEON: You can't even be insulted, mister prude. Because the slap will slip off your face!

SIR WIKTOR: Let you try, master!

SIR LEON: And how about this, master!

Sir Leon slaps Sir Victor in the face.

SIR VICTOR: How could you....

LADY PROFESSOR: Leon! Apologize, apologize immediately! Victor! Don't go! He didn't mean it. Leon, speak up ... Victor, come back!

SIR LEON: My nerves are ruined ... He's the one who started ...

LADY PROFESSOR: Both of you have your nerves shattered ... And so have I... However, we have to communicate somehow.

SIR VICTOR: A personal insult I could forgive.... But in the matters of theater... I make a formal motion to convene the Secret Council of the Polish Stage.

SIR LEON: Very well. We'll see how the majority of the community thinks and feels.

LADY PROFESSOR: It can't be done so suddenly.... People have scattered... They open theatres all over the country...

SIR VICTOR: And yet this is necessary. You are the chairman. I demand it. And before that, my foot will not stand here.

SIR LEON: Go get drunk. Like you used to. I'll go for a vodka too. Alone.

Sir Victor and Sir Leon leave in two opposite directions.

Lady Professor is left alone. She looks at the angel.

LADY PROFESSOR: Tom ! Tom... *Tom enters.* This angel needs to be fixed.... cleaned it up... so that it takes flight again.... You remember...

TOM: Wings... Its wings were spread wide.... It can be done.

LADY PROFESSOR: And what do you think about opening theaters? Be honest with me.

TOM: Privately?

LADY PROFESSOR: As a colleague. Objectively? As if we never were close...

TOM: I haven't forgotten....

LADY PROFESSOR: So you remember.... Come here closer, little Tom....

TOM: The lady needed me only sometimes.... When there was no one better around.

LADY PROFESSOR: Don't blame me... But you were the best.

TOM: And you were the fast one.

LADY PROFESSOR: There was never time for ceremonies. We had to prepare the biggest productions in four weeks.

TOM: Sometimes you wanted it even on stage. I was afraid.

LADY PROFESSOR: And now—are you also afraid?

TOM: You did not change....

LADY PROFESSOR: I have changed. The gray hair. The weight on the wartime food. Pre-war underwear I tore out, so that now I would even be ashamed to undress. Well, enough memories. So, what? To play or not to play? That's the question.

TOM: To my mind, it's—to play.

LADY PROFESSOR: From the heart you say that?

TOM: From the heart and from the head. I earned the underground high school diploma. Then the Home Army secret cadet school... Then service in the forests, and finally in Warsaw Uprising. I survived somehow. I would like to go to the Academy of Fine Arts, as soon as they open it. Maybe I'll also become a stage designer, like you. Now I came back to the theater—to have a job, for living. All these years of war.... there was one objective.... to win the war.... and two words.... Now difficult to utter.... sacred words... Not to pass them for a laugh.... Freedom... Poland... We did not win the war. We did not regain freedom. But Poland is. Not that one for which we fought. But it's still Poland—if only some patch of it, a beachhead. We must consolidate on it. To dig in. To enlarge it. And not give it away to strangers. It won't be easy. A long way again. Maybe the next five years?

LADY PROFESSOR: Maybe more....

TOM: But what we have must be kept. This theater we have. So, we have to perform. In Polish.

LADY PROFESSOR: But how? If they order us to lie in Polish? During the war we declared the boycott precisely so as not to stain the mouths of actors with lies. So it's not so easy—to peform. Sometimes you have to get off the stage. To be silent.

TOM: But sometimes you have to call loud. Even just before they plaster your lips.

LADY PROFESSOR: I've seen such people calling out at the wall in a Warsaw street just before the execution.

TOM: I've seen them, too. And then the silence cries. Even louder.

LADY PROFESSOR, *after a while:* And this angel has to be taught to fly again.

▶ **TIME LAPSE** ◀

Same place. Sir Leon, Sir Victor, Lady Professor, and a few more people.

LADY PROFESSOR: I am opening the meeting of the Secret Council of the Polish Stage. Thank you all for coming. Those who are absent are excused by the lamentable state of communications.

The agenda provides for only one item, submitted by Sir Victor. He demands a resolution to extend the boycott. You will probably want to discuss other problems. But I propose to postpone them until the second part of the meeting.

SIR LEON: I reserve the right to make another motion. I will present it later.

LADY PROFESSOR: The others? I don't see any objections. I give the floor to Victor.

SIR VICTOR: No introductions. Because this is not the time for orations. Some years ago, in the face of a threat to the nation's existence and under menace of suppressing all expression of the national spirit, we decided to forbid ourselves to perform publicly on stages licensed by the German occupier. We passed a boycott resolution.

In this way, we joined our modest forces to the heroic efforts of the whole nation. We preserved the dignity of the Polish theater. However, we were performing underground. We gave secret productions. We taught acting. At meetings of this council we floated plans for theater in a free Poland.

I ask you now—is Poland free? And, therefore—can we carry out these plans? I ask you—is the nation's existence still not threatened? And, therefore, has our mission been fulfilled? I ask you—is the free expression of the national spirit now possible?

You are silent. I will tell you what my opinion is. We are not free. I see around Poles killed, exiled to Siberia, imprisoned, killed. I see all around me lies and meanness. Among ourselves as well. The terrible purgatory of war has not burned a slave in us. We are again waiting for someone to hire us. We are already donning butler's vests. Conscience, therefore, we need. We still need to carry the torch of the national spirit. I submit a motion to extend the boycott and not to open theaters under communist occupation.

LADY PROFESSOR: Thank you. The first to speak is Leon.

SIR LEON: Colleague Victor says he sees all around him this or that. He doesn't see. He imagines something. Because he is terrified. Because his old world has collapsed. Because he has been blinded by the brilliance of what is new and progressive. In love with mysticism and martyrology, he would like to prolong the hibernation of Polish theatre, to make the secret, underground theater the sole terrain of his missionary activity, and forbid us all the creation of a public theater for the masses. He is alien to proletarian way of life, he is still up to his ears in decadence, he is unable to see the enormity and power of the revolution that is going on around us.

SIR VICTOR: I protest! These are personal attacks!

LADY PROFESSOR: Colleague Victor should not interrupt. Colleague Leon should avoid personal touches.

SIR LEON: We, workers on the Polish stage, must take part in this revolution. Otherwise history will throw us into the dustbin… We, the citizens of the new Poland, we can create a theater better than before the war. If only we remember that we create it for the popular masses and fight for socialism with it, which is more than Hekuba for the Elsinor comedians. Reject the relics of bourgeois thinking! Leave the playwrights of the bourgeois Poland in oblivion! Unmask Anglo-American agents! Promote Soviet dramaturgy! Interpret the Romantic heritage from the standpoint of Marxist-Leninist-Stalinist criticism!

SIR VICTOR: Ridiculous.

LADY PROFESSOR: Don't interrupt.

SIR LEON: We must portray the new reality in the productions fighting for peace, for socialism, for the international brotherhood of the proletariat! We have to create the theater for the working masses! A theater of new revolutionary content and a new popular form. These are the tasks. And not to be stuck in the underground and darkness. We should firmly reject colleague Viktor's proposal. I put forward another motion: To appeal to all theater people at home and abroad to immediately declare their enthusiastic access to the new reality, to open theaters, to produce new plays and perform them for the masses.

LADY PROFESSOR: I open the discussion on the motions that have been submitted.

▶ TIME LAPSE ◀

LADY PROFESSOR: I thank all colleagues for their statements. I close the discussion. It has shown emphatically that, in essence, the two motions that have been tabled are to each other's liking. Colleague Victor calls for continuation of the underground activity and the boycott of public stages. Colleague Leon calls for an unconditional vote of confidence in the new government. Both of these motions want submit theater to what surrounds it....

SIR VICTOR: I demand the subordination of the theater to morality and the national couse.

SIR LEON: I demand that the theater be opened to great historical changes.

LADY PROFESSOR: I did not interrupt you, colleagues.... Thank you. Well, if we want to submit theatre to some moral codes....

SIR VICTOR: Some?

LADY PROFESSOR: Or if we want to submit theatre to current politics....

SIR LEON: To history! History!

LADY PROFESSOR: ...then in both cases theatre is considered a servant, a tool, a mirror—at best. Yet, can't the theater be independent? Shouldn't we, theater people, first serve the theater itself, and only then serve anything around it? What does your artistic conscience tell you?

Long pause.

LADY PROFESSOR: Now we will vote. The old custom is to vote openly, everyone takes full responsibility for his vote.

Who is in favor of extending the boycott and not leaving the underground? Please raise your hand. One vote. Victor. Who is against? All the others. I am also against. Who abstained. No one. The motion failed.

Who is in favor of opening theaters immediately and perform in public? I am counting the votes. I also vote "for". Who is against. Victor. Who abstained? None. The motion passed.

SIR VICTOR: As a rank and file member of the theater community, I will abide by the Council's decision. As a Christian, I forgive those who do not know what they are doing.

LADY PROFESSOR: Are there any other motions?

SIR LEON: I have one. I make a formal motion to self-dissolve our Council. The occupation is over. Everyone is coming out.

SIR VICTOR: Not everyone! There are still underground troops fighting.

SIR LEON: But we, theater people, we are going out into the full light of the ramp. It makes no sense for the Council to continue.

SIR VICTOR: I think we should keep all secret structures in case....

SIR LEON: Another war?

PAN WIKTOR: A national need!

SIR LEON: Any clandestine structures are now ipso facto illegal. We, on the other hand, in accordandce with our own resolution, we undertake public activity. We cannot act in a split. Consciences and deeds. Here overt activity, and there clandestine plotting. Here cooperating with the regime, and there fighting it. Here performances on grand stages for mass audiences, and there performances for selected few, in monasteries, in churches, in private homes. We must fully declare ourselves on the side of the new. I demand a vote on my motion.

LADY PROFESSOR: Again, two extreme positions. Does anyone wish to speak? I don't see. So I shall say something...

Colleagues, when other nations, especially western nations, emerging from the German occupation, regain freedom and proceed to live according to their own laws and rules, Poland, as a result of the war, in which it suffered the greatest sacrifices—and they included Polish theater as well—found itself under a new occupation, with a government imposed by the Soviets. However, this government was recognized by the Western powers, and many people of goodwill are cooperating with it in the country. We too, have decided to join in rebuilding the country under the new regime. I myself, and I know that I am not the only one, do so full of concern. However, the logical consequence of such decisions is the dissolution of our Council. Unfortunately. It is with a heavy heart that I put colleague Leon's motion to a vote.

Who is in favor of dissolving the Secret Council of the Polish Stage? I am counting the votes.
Who is against. Victor. One vote.
Who abstained? Me. One vote.
Our Council has ceased to exist.

SIR LEON: I would just like to inform my colleagues that in accordance to the plans put forth during the war, I intend to stage *The Forefathers' Eve* for the inauguration of this stage. Naturally, in a new interpretation.

LADY PROFESSOR: We will, however, use the best elements of the old production of this play. The angel from our staging from before the war has been preserved....

SIR VICTOR: Will the Bolsheviks allow *The Forefathers' Eve*? I doubt it. And with the angel...

▶ TIME LAPSE ◀

Enter President, Colonel, Sscretary, Body Guards. They are accompanied by Sir Leon and Lady Professor.

SIR LEON: This way, Mister President....

COLONEL: You should say Comrade President....

SIR LEON: This way, Sir Comrade President....

COLONEL: Comrade…

SIR LEON: Comrade, please, this way....

COLONEL: Comrade President.

SIR LEON: Comrade President.

COLONEL: Well, at last. The master is learning somehow very slowly the new...

SECRETARY: And what is that standing, there, in the middle?

SIR LEON: The angel.

SECRETARY: The angel?

SIR LEON: The angel.

SECRETARY: I don't understand. That wasn't here when we hired the master. Comrade head of the ministry, what is it?

COLONEL: I think it's a piece of sets.... What is this, comrades artists?

LADY PROFESSOR: We wanted to show Mister President this angel in order to practically introduce him to the monumental direction that the staging is going to take. In terms of the means of stage expression, do you understand?

SECRETARY: Of course. Not at all. I do understand.

COLONEL: Well, that's cleared up. So, Comrade President, we have already toured the entire theater. The walls are sound. The roofs will be repaired. Management is tried and tested. All that remains is to discuss the issue of play for the inauguration. Why don't we return to the main office?

PRESIDENT: I like it here. I've never been in a theater before, you know. And never on the stage, of course. Are you playing here, comrade artists? Is this really the stage? And over there is the audience, isn't it?

COLONEL: Yes. And in the auditorium there is a box for the executives. Comrade President will sit there at the opening night. There, in the middle. Full security. I can just add bulletproof glass from the front. I'll order it right away.

PRESIDENT: No glass. Just a couple of snipers on the balconies. Direct contact with the masses first thing. Holding meetings in the field. Solving problems on the spot. These are my principles.

SIR LEON: Then why don't we discuss the matter of our inaugural production right here?

COLONEL: I don't know if it's comfortable here.... At least some armchairs would be useful.... Some carpets... Anyway, as Comrade President decides....

PRESIDENT: You know, I even like it. I'll sit myself on the stage, not in any box. The box is a bourgeois relic, isn't it?

LADY PROFESSOR: Tom, boys—presto, a couple of armchairs, preferably those from the Senator's living room. And carpets, from *A Revolution in Pikutkovo*.

The technicians bring in the carpets and the armchairs. Those gathered are seated.

PRESIDENT: Well, what do you have there, comrade Manager, on your bosom, so to speak? The important thing—the opening of a new stage in a new homeland, under a new government.

COLONEL: Comrade Master has already submitted production plans to me. The list of the employees does not raise any major objections. We have deleted only a few names of people connected with the reactionary underground. The budget is appropriate. We will not skimp. However, the repertoire is questionable. There are Soviet plays, which is praiseworthy. There are contemporary Polish plays, reflecting socialist transformations, which is commendable. But the Master also insists on *The Forefathers' Eve* for the inauguration.

PRESIDENT: Who wrote it? Party writer or some petty bourgeois?

SECRETARY: Mickiewicz. Adam. The one who wrote *Pan Thaddeus*.

PRESIDENT: *Pan Thaddeus*? I heard about it. That's very good. We support it, don't we, comrades?

SECRETARY: But the comrade Head of the Ministry of Culture points out to the anti-Soviet content in this Mickiewicz.

PRESIDENT: The one from *Pan Thaddeus*?

SECRETARY: The same one.

PRESIDENT: That's something we don't support. If there is anti-Soviet content, then ban it. And we're done with it.

SECRETARY: But it's the same Mickiewicz. From *Pan Thaddeus*.

PRESIDENT: Explain it to me, comrade Minister.

COLONEL: There is some anti-Tsarist contents in *The Forefathers' Eve*. And it could be read today as anti-Soviet contents. Allusively.

PRESIDENT: How?

COLONEL: Allusively. That is, a Tsar could be taken by some petty bourgeois spectator as the leader of humanity, the father of nations... Yes... Yes... And a senator named Novosiltzov could be compared to.... Hair stands on the head.... when one thinks to whom...

PRESIDENT: To whom?

COLONEL: I must reserve this information exclusively for Comrade President.

He whispers in the President's ear.

PRESIDENT: Who else? This one too? Yes? And me too? Such shoes...

COLONEL: It's an ideologically uncertain play, those *Forefathers' Eve*.

PRESIDENT: Then why bother? Cut.

COLONEL: But it's Mickiewicz after all.

SECRETARY: The one from *Pan Thaddeus*.

PRESIDENT: Comrade Master, how is it with this Mickiewicz. Is he a party or an anti-party writer. It had to be clearly stated.

SIR LEON: In its progressive traditions, Polish theater has always been a book of the nation's struggle for a better and more beautiful future. For years, Polish theater has strived to make the great ideas of the past, the simple words of the present, and the powerful visions of communism as the hope of the future great arc that helps man understand life and its objective, materialistic truth, helps to create oneself as co-creator of the socialist nation. The seeds of these ideas have been shaped since the Renaissance, and shone especially in the great emigration Romanticism...

PRESIDENT: Emigration?

SIR LEON: The third part of the *Forefathers' Eve*, unfortunately, I regret, was written at the emigration, in Dresden…But the Wilno part....

PRESIDENT: Vilnius? The capital of the Lithuanian Soviet Republic? Comrade Head of the Ministry of Culture, was this play even read by the comrades censors? Emigration? Vilnius? I need to take a closer look at your Ministry.

COLONEL: I warned you, comrade Master, not to propose *The Forefathers' Eve* at all. But you want not only that Vilnius part, but also the émigrée part! You have betrayed the party.

SIR LEON: What is it all about? About Wilno? About Dresden? About the spirits of the dead? About the angels? About the tsar's executioners?

COLONEL: If we are talking about details of this play, so, yes, we have to look closely at Vilnius, at the angels, at all these ghosts, about political trials, and about Father Piotr in particular!

SECRETARY: I read the play, well, not the whole thing, Comrade President. It is in verse. It's hard to read. I spend the whole day. But its my job. There are angels and there are two priests, one of them is Peter. This one is quite dangerous. The rest are peasants, prisoners, convicts, lunatics, informers, Polish aristocracy, and Russian elite.

SIR LEON: Monstrous nonsense! "Old nonsense in the new mouth!"

COLONEL: Who are you talking about?

SIR LEON: It's just a quote… Yet, Father Piotr is not a slave of the priests, but a product of Mickiewicz's self-flagellation. He assumes the mask of Konrad. And Konrad is a megalomaniac, obsessed with delusions of being a super-man, a predecessor of Raskolnikov. And this Konrad is led by Mickiewicz on the path of obedient service, followed by real and not imaginary heroes—Rollison and Cichowski, and with them the crowd of martyrs from Sobolewski's story. Mickiewicz himself, the editor of "Trybuna Ludów", "The Peoples' Tribune" wanted to follow the same path. That's it! *The Forefathers' Eve* seen through the prism of "The Peoples' Tribune"! This is a new, fascinating task for the workers of the Polish stage!

COLONEL: To many words…

SIR LEON: Do you understand me, Comrade President?

PRESIDENT: Ah, yes, yes, I understand. You say he was the editor of "The People's Tribune". It's the party newspaper. That's good. I know it. Carry on.

SIR LEON: In the new approach to *Forefathers' Eve,* I want to introduce the scene of Mickiewicz's speech from the balcony of a hotel in Paris, during the Spring of Nations. And what a wonderful theatrical brace: at the beginning a bunch of peasants...

SECRETARY: Workers of state agriculture estate, rather.

SIR LEON: Sure…And this group celebrates their grandparents' remembrance. Then there are the students. So you can say—working intelligentsia. And then the people of Paris, working class, of course. So here are the three foundations of my staging, three great mass scenes with the participation of the peasantry, the intelligentsia, and the proletariat! "Yes, I see it, yes, I hear it!" I want to inaugurate this theater as powerfully as powerful is the people's revolution, socialist revolution, communist revolution—let us not be afraid to call it that—which is sweeping through our country like a thunderstorm. I am asking comrade President for patronage over this grand premiere!

PRESIDENT: I don't give patronages so quickly. But do not think, comrade artists, that I have not developed in my village a deep love of books. Later on I was a printer for a while—that was my university. We printed newspapers, books for reading, and school textbooks. I read what I printed. I didn't print Mickiewicz, so I don't know him. But the books were expensive. And movie tickets were expensive. And the theater tickets were probably expensive too, although I didn't ask. We must remember that today literature it is not for some elite readers but for the masses. A characteristic feature of the time of socialist revolution is that millions of simple people want to become active participants in public life, in the artistic life too. The dissemination and modernization of culture is the task for you, comrades' artists, at the present historical stage. We must, comrades, boldly attack great problems and reach for the fate of real people. Theater will not be loved and understood by the masses if it would not deal with their sincere concerns, their struggles. So, we need a propaganda theater, a theater of the industrial workers and the working peasantry. And now I'm asking you, comrade artist, whether your *Forefathers' Eve* fits into the party line, so to speak? What? On the line?

LEON: Absolutely. I want to stage peoples' *Forefathers' Eve*. Monumental yet realistic. Monumentally realistic and realistically monumental. For the worker-peasant and peasant-worker. In a theater that will revive the most beautiful progressive traditions, and at the same time engage, under the leadership of the party, in the fight for the freedom of all peoples, for peace, for brotherhood with the Soviet Union.

PRESIDENT: Yeah... What will Comrade Minister say?

COLONEL: Me? I would put it this way, Comrade President. Our task is to establish the link between the old folk theme and the new socialist hero. Reevaluate tradition. To extract from it what was progressive and eliminate the reactionary. So I would say *Forefathers' Eve*—yes. But Father Piotr—no. And this angel—very suspicious.

LADY PROFESSOR: What? *Forefathers' Eve* without Father Piotr? You must be joking!

SIR LEON: Quiet, Mary! As Father Piotr is concerned, eliminating him could be somewhat difficult, because his dialogues in the prison scene belong to the very essence of Konrad's transmutations. But the so-called "vision" of Father Piotr can be cut...

SECRETARY: And what about the angel? Today, an angel in a public place is a provocation.

PRESIDENT: Provocation, you say?

COLONEL: Fideism.

PRESIDENT: What?

COLONEL: Superstition.

PRESIDENT: The fight against superstitions is one of the main tasks of our propaganda.

SIR LEON: I gave up on this angel a long time ago. I got kicked it off the stage. I have witnesses—actors and technicians. It was the Lady Propfessor, here present, who put it there. But we can easily get rid of him.

LADY PROFESSOR: Judas...

SIR LEON: Comrades technicians, get this angel off the stage!

PRESIDENT: Not so fast, not so fast. I have to look at it first.

COLONEL: Stop the removing!

PRESIDENT: It's so easy, comrades, to remove, arrest, convict, shoot. It's harder to educate.

SECRETARY: I, Comrade President, I have always been for education. It's only when upbringing doesn't work—smack in the head.

COLONEL: Comrade President always, in difficult moments of a crisis, showed the right direction, corrected mistakes, uncompromisingly explained the political aspect of our struggle for socialist culture. What will Comrade President order?

PRESIDENT: Bring... this... closer. Put some light on it.

LADY PROFESSOR: Tom, more light!

SECRETARY: Like an interrogation. At the eyes. Like in an interrogation.

PRESIDENT: Interrogation? The hungry thinks of bread. I will now ask comrades to explain to me this... angel... in detail. As if I was so stupid and could not get anything, he, he. Talk to me. I need all the facts.

COLONEL: Perhaps comrade director of this production...

SIR LEON: An angel is both a person and a spirit. Angels in *Forefathers' Eve*, quite numerous indeed, symbolize the Promethean dynamics of Konrad's rush to the heights of creation. The angel is therefore a sign of the energy of the human spirit. But, I should admit, an angel is a typically religious relic. Taken out of the romantic cosmos onto the socialist stage, it could distort the viewer's perception, spread ignorance instead of education. Concluding, I can resign of it.

PRESIDENT: For drawing conclusions and decisions, we are here. Maybe comrade set designer will say something?

LADY PROFESSOR: Puppets, marionettes, huge animated figures were known to the theaters of various cultures. In the ancient Greek theater, the actor performed on coturns and with an onkos, that is high soles and a huge wig. This gave the actor, necessary in the vast spaces of the orchestra and theatron, superhuman dimensions. In the twentieth-century Europe, the super-marionette was introduced and experimented with by Gordon Craig in his Florentine school of directing. But after all, the character of the Mulch in Wyspiański's *Wedding* is also a marionette. We do not know how Mickiewicz wanted to see his angels on stage. But even though he advised his contemporaries to forget about the stage for the time being—about the box stage—he probably imagined them as some kind of powerful figures, on par with the Olympic Circus, which he considered able to contain the energy of a romantic drama. For centuries, carol singers with a star, with death, and with an angel have wandered all over Poland. We followed Mickiewicz's imagination, Wyspiański's visions, Craig's dream, and Polish folk tradition. This great angel in our pre-war staging was supposed to raise the tone of the spectacle...

SECRETARY: Pre-war?

LADY PROFESSOR: That is... In the production we're working on right now...

SIR LEON: But aesthetically this angel was an inconsistency. Other spirits were only marked with light. At the same time it would suggest religious associations. So I had him taken off the stage. Now I see how farsighted I was. And I'm proud of it.

LADY PROFESSOR: You weren't afraid of religious associations or mixing conventions then. This angel was so pathetically perfect! You were afraid that the reviewers would write only about the stage design in that production. Not about directing. That's why you attributed to yourself the authorship of the three crosses from Golgotha at the top of my platform.

SIR LEON: I don't remember. And these three crosses were, of course, invented by you. That must be clear now. I wanted three oaks. Lithuanian... well... oaks... Old Polish oaks.

LADY PROFESSOR: Maybe you wanted to put three factory chimneys there! Remind yourself! Progressive artist!

SIR LEON: I don't remember crosses. Maybe I was thinking of chimneys... Very possible.

LADY PROFESSOR: You don't remember! You always have a short memory if you don't want to remember. And that you stole the angel from me then, you don't remember? You were always jealous. About my other men and about my good reviews.

SIR LEON: You were always hanging out with the technicians and the stage hands! In the prop-room. In warehouse. Even on stage. And I've always had better reviews. You fed on my ideas and then sold them off as yours.

LADY PROFESSOR: That's not true! I gave you the best ideas. I used to put on shows for you. You would be zero without me! And those actresses you lured to your bed often told me that you could not get hard.

SIR LEON: Me?

LADY PROFESSOR: Gelding!

COLONEL: Perhaps the comrades would stop washing their dirty linen at the party's meeting?

PRESIDENT: Your complaints and allegations will be investigated diligently, comrade designer. But now let's get back to the business. Comrade secretary? What about this angel?

SECRETARY: An angel, as everyone can see, has wings.

PRESIDENT: I can see that too. Badly charred.

SECRETARY: It has wings, but it won't fly anyway.

PRESIDENT: Fact.

SECRETARY: I have nothing more to say.

PRESIDENT: Comrade, Minister?

COLONEL: In our theatrical productions, we must strive to show the truth of our times. A difficult truth, shaping the new in the fight against the old, born in class struggle. We must find a new dialectical expression for this truth, worthy of our revolutionary era. *The Forefathers' Eve,* considered from this point of view, could become a positive contribution to building socialism after cleaning it of ideologically foreign content. However, the form of a production based on this play must be realistic, popular, and widely accessible. The angel, as such, belongs to the sphere of the production's form. And since there are no angels, according to the materialistic view of the world, an angel does not fit into the realistic rendering of *The Forefathers' Eve*. Therefore, I would propose either abandoning this angel, deleting it, to put it simply, or presenting it in such a way that it would fit into the realistic convention of the new socialist theatre. Anyway, I shall submit to the presidential decision.

PRESIDENT: The decision will be made. But what do you, comrade, propose?

COLONEL: Clip the wings.

LADY PROFESSOR: How come—clip the wings? What's an angel without wings?

SIR LEON: Don't argue, Mary, refrain from arguing for once.

PRESIDENT: Go on, comrade Minister.

COLONEL: I propose to leave this angel on stage, because even that can be used for propaganda purposes. In the pre-war staging directed by comrade Master here present, this angel was not on the stage. Why? Because the censorship of the capitalistic regime did not allow it. That regime did not allow the leading artists to develop their talents. It was destroying the culture. It even took the angels off the stage at dress rehearsals. And so forth. Comrades from the propaganda department will work it out. And we support art. An angel on stage? Why not. But in order to give it a new meaning, its wings should be clipped.

SECRETARY: Pluck as a goose!

COLONEL: We will keep the form as such, in the spatial sense, but after some adjustments, the content will be different.

PRESIDENT: The form, you say, corrected, you say, will give a different content?

COLONEL: For sure.

PRESIDENT: So, we need a new form, yet taken from the old one. The form as such should be preserved, but the old form should be replaced by a new form. Is this what are you recommendig?

COLONEL: The words of comrade President always open up new horizons for the party and for the entire nation. The old form is an angel. The new form is an angel without wings. But it's no longer an angel. It is a symbol of socialist energy, dynamism, and growth. And if it is no longer an angel, then in order to avoid any backward associations, its form should be re-articulated, revolutionary, adequate to the socialist content. And this is a task for the socialist artists.

PRESIDENT: He talks well. What do you comrade artists say? Will you be up to this task?

SIR LEON: I believe that comrade President's reasoning, as well as comrade Minister's remarks, open up new horizons for theater artists. I am personally ready to undertake even the most thankless tasks that the party and the government will entrust to me.

COLONEL: That's commendable. Specifically, what do you propose?

SIR LEON: I'll agree to clipping the angel's wings.

SECRETARY: I'd even put the sickle and the hammer on this angel somewhere. Why not? If art is supposed to be socialist, let it be crystal clear.

LADY PROFESSOR: Troglodyte!

SIR LEON: Mary...

SECRETARY: Troglodyte? Who's this?

COLONEL, *amused, he saves the day*: This is the one that shoots two or even three times in a row, you understand comrade secretary? Well, lady, you always have dirty jokes in store…

SECRETARY: Dirty? It's about ass, right?

LADY PROFESSOR: About ass.

SECRETARY: Superb this lady designer. Kind of pre-war, but up-to date!

PRESIDENT: About asses, comrades, you will talk after the meeting.

SIR LEON: As for the angel with the sickle and hammer, I would have some reservations. Mickiewicz undoubtedly had progressive convictions and could even read young Marx's *Communist Manifesto*, but he did not foresee, even with his brilliant mind, the creation of the Soviet state and the symbolism associated with it...

COLONEL: Don't you agree? I even like this proposal... Perverse...

SECRETARY: Perverse? Is that about ass too?

COLONEL: It is. Of course, the opinion of comrade President is decisive.

PRESIDENT: Mine? All right. So, submit your proposals. Artists first. Then the party officials. Next the administration. Then I will announce the decision. Comrade director?

SIR LEON: I see wide possibilities of working on this formal issue which is an angel. I will submit to party decisions. I understand that the position of the party of which I have the honor of being a member must be unequivocal, and I shall agree with it.

LADY PROFESSOR: I'm not a party member. So I don't have to agree!

SECRETARY: Why? The comrade is not a comrade? I did not know. So what does a comrade do among comrades at a party meeting? Someone wasn't paying attention. We have to take care of it. And you, not being a party member, work in this theater? And the comrade manager allows it? Does he even cover it? And comrade Head of the Ministry of Culture approved it? I am very surprised at you, comrades.

SIR LEON: It's an oversight... Mary, I'm begging you, not a word...

LADY PROFESSOR: In stage work, the final decision is made by the director. I can take my name off the poster!

SECRETARY: It's not the director who decides, but the party who decides. And your name will never appear on any poster again.

SIR LEON: But I need a set designer.

COLONEL: We'll find for you more than one young, talented, party stage designer, comrade.

PRESIDENT: You will settle the personnel matters of your theater, comrade Manager, with comrade Minister. And in the future, both comrades, show more class vigilance.

SIR LEON: Of course. Foreign elements must be thrown overboard of history, that is, overboard of the ship that our party steers.

PRESIDENT: So, where, comrades, do we finally stand? Comrade Secretary?

SECRETARY: I'd be careful with *The Forefathers' Eve*.

PRESIDENT: State administration?

COLONEL: I am in complete agreement with comrade Secretary. However, it should be taken into account that Mickiewicz's name is known to the masses, his poetry has wandered under the thatched roofs, as he himself wished it, and now even under the concrete ceilings of factory halls. But if that play was to be made available, it would be only on the basis of Marxist, secularism, and strengthening the alliance with the Soviet Union.

PRESIDENT: So the decisions are: You produce, comrade artist, your *Forefathers' Eve*. You cut out the priest. You do not touch Soviet comrades. You're redoing the angel. We will return to the issue of patronage. We have finished the meeting.

▶ ▼ ◀

▶ PART 2 ◀

Theater stage—now renovated. Sets for the prison scene of Part III of the "Forefathers' Eve". The prison bars and a bundle of straw. Angel—as before, but renewed and with wings. Sir Victor performs the role of Konrad. At the director's table: Sir Leon, Lady Professor, Colonel, Secretary.

THE VOICE OF AN ANGEL:
   On earth and in heaven you have been prayed for—
   Soon the tyrants must let you free into the world.

SIR VICTOR-KONRAD:
   You who torture, imprison and slaughter our youth,
   You're smiling every day long and feast every night
   Do you even recall your dreams getting up?
   Wallowing in your lies you're afraid of truth.

THE VOICE OF AN ANGEL:
   You will be free again—we have come with news.

SIR VICTOR-KONRAD:
   I'll be free? Yes! I don't know where the news came from
   But I know what dishonor is being freed by grace
   Of Moscovites. You, rogues…

SECRETARY: Perhaps we should break it off and talk in principle, comrade director!

Victor interrupts.

SIR LEON: As comrade wishes, but I would be of the opinion that the rehearsal must go on. After the end we'll discuss the whole thing.

SECRETARY: I don't need to see the whole thing. What I've seen is enough for me.

SIR LEON: Let's not interrupt. Please keep going! Victor, why did you stop?

SIR VICTOR: I refuse to perform in these conditions. Loud conversations of strangers in the audience during the rehearsal! What new manners are these?

SIR LEON: Take it easy, Victor. These gentlemen just want to discuss certain elements of the show.

SIR VICTOR Let them wait until the end. And now be quiet!

SECRETARY Who—quiet? What—quiet? I can see, comrade director, that you have a weak work discipline in your plant.

SIR LEON: Maybe we shouldn't disturb the actors after all?

SECRETARY: The actors can wait. And we're going to talk about it now.

COLONEL: I agree with comrade Secretary. Comrade director, order the rehearsal to stop and call the actors to order.

SIR VICTOR: We're trying a masterpiece of national poetry here, and they're talking loudly. This is a scandal. Are these the new communist manners?

SECRETARY: Shut up, you, artist! Do you allow this, comrade director?

SIR LEON: Colleagues, there will be a small break in the rehearsal. Work light! Tom, four coffees from the buffet.

COLONEL: Coffee? From the government pool, I guess. We're spoiling you, Master, aren't we? You get coffee, you get canned American beef, you got a car, you got an apartment, you got a hudge salary, you are getting all these decorations, these awards, these honors... And how you're giving thanks? What's that? Are you playing cat and mouse with us? The text of the play was supposed to be shortened and cleased up, but what do we hear all the time? Moscow, Muscovites, rogues, shackles, prisons. And so on. And so forth. What would Comrade President say? And if the Soviet Ambassador would came to the premiere ... It's scary to think.

SECRETARY: And you didn't cut off these angel's wings, or, so to speak, you didn't give it an ideologically correct direction. I advised sickle and hammer. And what will the stage designer comrade say? Even after self-criticism, even after joining the ranks of the communist party—old mistakes again?

LADY PROFESSOR: I submitted a self-criticism because I realized my ideological errors. I joined the ranks of the party to, well, to even the step ... But on the aesthetic level, I have my own mind.

SECRETARY: The party has mind. And the comrade as a comrade should now know that.

LADY PROFESSOR: The form of this angel is internally perfectly consistent. It cannot be changed.

COLONEL: Oh, that's right, form. We are dealing with formalism. While your party's duty is to promote realism, and not bourgeois realism, but socialist realism! I want to puke from these discussions with you, artists. You don't understand anything. Let's talk differently. One, this angel, as it is, will not pass. Two, if you will not change it—the show will be prohibited and there will be no further discussion at all.

SIR LEON: It's now a ready production. Second dress rehearsal. So much work and so much cost.

SECRETARY: Don't cover yourself behind the costs, comrade, when it comes to politics.

SIR LEON: So what should I do? I will comply...

LADY PROFESSOR: And I will not comply!

SIR LEON: Quiet, Mary, don't argue. You are now bound by party discipline.

LADY PROFESSOR: But not in the matters of art.

COLONEL: Precisely in the matters of art! That's why you're a party artist.

LADY PROFESSOR: My artist's conscience won't let me.

COLONEL: Your conscience is a party conscience now. The party is now your conscience.

SIR LEON: Comrade set designer, you need to carefully listen to the opinion of the party leadership and submit to the party's discipline. What do comrades recommend about this angel?

COLONEL: I already told you. Cut the wings.

SIR LEON: Tom! Hello! Comrades technicians! Get a ladder and a saw or some other tool.

LADY PROFESSOR: Barbarity! I protest!

SECRETARY: You can stick your protests up your ass.

LADY PROFESSOR: Tom, don't listen to the director!

TOM: Should I not listen to the director?

SIR LEON: Mary, don't demoralize my people!

TOM: So what to do, Master?

LADY PROFESSOR: Tom, I designed this angel, I am the set designer! Don't you dare touch it!

SIR LEON: This is a horrendous situation. I am the director and I am the general manger of this theater. I decide. Tom, on the ladder! The saw or the ax! Or something…

TOM: I must listen to the management, Lady Peofessor. That's how I was taught.

LADY PROFESSOR: I will withdraw my name from the poster. I will leave the theater. I'm slamming the door!

Lady Professor leaves.

SECRETARY: She'll come back again and eat out of our hand.

SIR LEON: Tom, are you ready with this ladder? Do you have tools?

TOM : I'm ready. What do we do?

SIR LEON: This angel's wings need to be clipped.

TOM: Doing… No anesthesia…

SIR LEON: But don't damage the whole figure! Only wings...

TOM: It won't be long...

SIR LEON: As comrades see, I follow the orders. I submit myself to the leadership of the party. I understand the historical necessities and I want to actively participate in the revolution that is rolling over our country and does not miss our theatres.

LADY PROFESSOR, *through the ajar door*: Roller! The roller is rolling! *Retreats.*

SIR LEON: Go away! As I said, it's my ardent desire to harness our theater in the chariot of revolution. Join the rush of the new time's winds new time...

LADY PROFESSOR, *as before*: It's better to close the theater altogether!

SIR LEON: You still here? You have no place in the socialist theater! Get out! Get out! So, comrades, I assure you that I will comply with all remarks, I'll make cuts, I'll cut, I'll slash, I'll change! Let Mickiewicz speak through the new, secular and Marxist forms.

SECRETARY: Well, then we understand each other. The text of the play must be cleared of all these associations and, as the comrade Minister says, allusions. Yes, allusions. A peasant group at the beginning—good. The ghost—excellent. I approve. What was later on? Yes, the woman has boobs, all right, she has something to show, the public likes it. It does not violate socialist morality. I accept. What's next? Madman—good. He may even be more disheveled. That's what I would advise. He can also tussle more. But then—it's all wrong. I wish there were no Russians, no prisons, no angels.

COLONEL: In general, I would suggest to go straight from those Romantic and folk *Forefathers' Eve...*

SIR LEON: Wilno *Forefathers'*…Wilno... yes...

COLONEL: We agreed not to use that name, didn't we? So, from this, so to speak, peasant scene, we could go straight to the scene of the working class. And skip the prisons and other locations. Prisons might arouse some unnecessary associations with what is going in the country now, and aristocratic salons are a bourgeois past.

SECRETARY: We, you know, have nothing against Mickiewicz, nor against you, the director. But we must be absolutely clear about the political message. And we are, as you know, accountable to the party leadership, and personally to Comrade President. And towards the Soviet ambassador as well. There can be no mistake.

SIR LEON: I will of course try... I'll do my best... But without the prison scene, without the scenes in Warsaw and Wilno—oh, I'm sorry—Vilnius, again...—I'm sorry, that city... Without the Senator... it won't be the *Forefathers' Eve*...

COLONEL: This is your headache. You are the director. I'm not even saying you have to cut this or that. That's what the censorship is for. Hang out with them. We are liberal. We trust our party artists...

TOM: It'll be all right, sir?

The angel has both wings already clipped.

SIR LEON: Yes... This gives this figure a new expression. Are you satisfied with this, comrades?

SECRETARY: Good. On the party line. How's comrade Minister?

COLONEL: We are undoubtedly dealing here with new qualities in theatrical form. We are witnessing the birth of a new, socialist, Marxist, secular form.

LADY PROFESSOR *as before, at the door*: This is monstrous, vulgar, and offensive!

SECRETARY: What? This woman still here? Comrade director, don't you have some kind of guard here to remove foreign elements from the plant? Should I call militia myself?

SIR LEON: I'll get to it right now, comrades. I'm so sorry. I kiss your hands.

SIR VICTOR: I will not play near this monstrous effigy. The dialogue in this scene would be incomprehensible. Fellow actors, please, come in, please, watch...

TOM: Guys, come and see. You protected this angel, repaired it, polished it... So, take a look... It was the director who ordered it.

SIR LEON: I ordered it? This was ordered by the comrades.

COLONEL: It seems to me, comrade director, that now you must work hard again on this production. Well, and improve the work discipline of your personell. Oh, by the way, we will give a negative opinion on the matter of the president's patronage.

SECRETARY: Negative. We're saying goodbye. See you later. With the Party greetings.

SIR LEON: I'm falling to my feet... With the Party...

Colonel and Secretary leave.

SIR LEON: End of the rehearsal. We will not discuss the necessary artistic decisions now.

SIR VICTOR: Political decisions! Political!

SIR LEON: Socialist art is born in pain. But these are pains that herald a new, wonderful tomorrow. End of the rehearsal. Disassemble the sets. Don't take the angel...

TOM: It's not an angel now.

SIR LEON: What then?

TOM: I don't know. Neither dog nor otter... Maybe it's a communist angel? Without wings.

SIR LEON: You must make an effort, comrade, to understand the necessary revolutionary changes in the art of theatre.

TOM: What a comrade I am, sir? And I understand more than you think. I'm sorry, sir.

SIR LEON: Well, Tom , don't be so smart... But, you know what... You... Do you like work... in the theatre?

TOM: Are you asking about me or about yourself? I know that without theater you wouldn't survive at all. When you didn't have a theater during the war, you prepared the *Nativity Plays* at a monastery. I know. And that's why you're going for all this. But you can't prevail. They are stronger. Because they're dumber.

SIR LEON: Wisdom gives strength, not stupidity. There's something wrong with your logic.

TOM: No, sir. The stupid will always defeat the wise. Do you remember that play you did before the war, *Woe to the Wise*? It's power that counts, not brains. Such times.

SIR LEON: Great times. Difficult times, it is true... You have to dodge, to deceive the despot...

TOM: You won't save this show by acquiescing all the time.

SIR LEON: So what? Should I argue? Like the Professor? What will it do? They have the power. You said that. But we'll outfox them. And we'll do what we want.

TOM: With that angel without wings?

SIR LEON: Well, a little concession to save the substance...

TOM: But they don't respect you, excuse me, sir, because of these concessions... this twisting... dodging... Can't you see that?

SIR LEON: Don't be so smart.

TOM: I... I always believed you, sir...

SIR LEON: Come... Tom... Thank you, boy.

TOM: Master... I was at your religious vows...

SIR LEON: I don't remember...

TOM: You've promised something…

SIR LEON: Well, go away... Wait, let me thank you...

Sir Leon awkwardly embraces Tom and then pushes him off the stage.

VOICE OF AN ANGEL:
   Let's double the guard!
   Will a bad thought win or good one prevails...

SIR LEON: Who's playing pranks on me here?

ANGEL'S VOICE: What madness? Let's protect brother Glorius!

SIR LEON: Who's here!

ANGEL'S VOICE:
   Shooting star!
   What frenzy plunges you into the abyss, brother Glorius!

SIR LEON: I said rehearsal is over!

ANGEL'S VOICE: I'm on my way out, Master. I'm just repeating my text... Or maybe it won't be needed anymore? Thank you. Goodnight.

SIR LEON: Good night, thank you.

Sir Leon is really alone now. He picks up a copy of "The Forefathers' Eve."

SIR LEON: "Do not despise me... You are silent..." You are silent...

▶ TIME LAPSE ◀

The same place. Lady Professor, Sir Victor, Tom.

SIR VICTOR Dark everywhere, deaf everywhere... A good place for a tryst. Tom, don't turn on too much light. Is there anyone else in the theater?

TOM Nobody, master. Only the door keeper. But I told him not to leave his shed. We are alone.

LADY PROFESSOR So, straight to the point. I, as you know, have no right to be here. We need to hurry up. The Master kicked me out. By telephone order from the ministry. The secretary called me. She said I had a notice and I was banned from the theater. The document will be sent by post.

TOM From which ministry was the phone call to the director? Culture or security?

LADY PROFESSOR She didn't say. Doesn't it all matter?

TOM For the Master, maybe yes. For you, no. If it was the security. You have to be careful.

LADY PROFESSOR Again? After the war!

SIR VICTOR Nothing has changed, Mary. Only the uniforms of the occupying army and the police. Secret agents, as before, wear civilian clothes.

LADY PROFESSOR You are always the same. Black seer. You also have to be careful.

TOM Yes, master, you talk too much... in the theatre buffet... in the dressing room... And there are those who listen...

LADY PROFESSOR Colleagues, to the point. Right now, it doesn't matter who's saying what, or even when who is arrested. Theater is important. We need to agree on a common position. We represent the theater company here. You, Victor, represent the actors. Tom, technical staff. Me, set designers and directors. Well, not all of them. The problem is: should we continue to prepare *The Forefathers' Eve*—truncated, devastated, not worthy of Mickiewicz, Leon, or Polish theatre. Besides, even such a lame production can be taken down by the authorities at any time... Or, should we refuse to work on this production and ask the theatre community to boycott public stages controlled by the communists. To boycott again...

TOM Today the boycott would be a strike. They will not allow a strike. They'll arrest all of us right away. How many of us work in this theater? One hundred dozen? Two small cells in Mokotów prison would be enough for us. Wait... I believe someone is walking around here?

LADY PROFESSOR   Quiet... No... I can't hear anything.

SIR VICTOR Is anyone there?

TOM I must have misheard. I was talking about prisons. There would be enough space for everyone. Even for all people from all theatres of the whole country. But no one wants to go to jail, or hiding again... And even if someone would like to risk a strike—what would they live on? You won't get any job because everything is regulated and controlled by the state. There are no union funds, no relief funds...

LADY PROFESSOR   Modest funds would be found, even from the treasury of the Secret Council, the one we dissolved...

TOM Technicians won't go for it. During the war, they had to fend for themselves. Stipends were for artists.

LADY PROFESSOR   For the sick, the most needy.

SIR VICTOR I got it. Are you reproaching me now, Tom?

TOM The Master deserved it! I'm just saying that people are fed up with war. They want a normal life. They won't go for a boycott... or a strike...

SIR VICTOR I'm afraid actors think the same way. Besides, we have no executive. There is no underground state, no courts. We could not announce infamy, shave heads as punishment, as during the war. Who would do it? And, in general, we have no moral right to put people before such an alternative. As you know, Mary, I was in favor of extending the boycott. But now I see that nobody wants it. I'm also keen to play. That's why I took this role offered me by Leon, even though we are so different, even though he didn't apologize to me. Acting is an actor's vocation. It's our element. So we have to perform. But we should not to agree to shameful censorship manipulations, we should refuse to appear in propaganda plays, we have to defend national classics, our *Forfathers*...

TOM I agree with the master. Play, but don't let cut, spoil...

LADY PROFESSOR   It's a compromise. Probably inevitable. It's very difficult to set the boundaries of a compromise. With Leon as an example, you can see where compromises lead to.

TOM The Master let himself be intimidated... But if he doesn't listen to them, they will take down the whole show or simply close the theatre.

SIR VICTOR They'll take it down! Fine! But the history of the theater will record it: we wanted to stage *The Forefathers' Eve*—they prohibited it.

LADY PROFESSOR   Another Polish gesture? For show! For history! But to no avail.

SIR VICTOR What is left to us apart from a gesture?

LADY PROFESSOR   Not much... Or maybe nothing?

SIR VICTOR Leon didn't even make a gesture.

LADY PROFESSOR   Leon... Couldn't we help him somehow? Persuade him? His attitude affects the whole company, the whole theatre milieu.

TOM   I've even tried to talk to the director once... But who am I to advise him...

SIR VICTOR I never understood him. Maybe he was too big for us? But he still cared about us. And now? Instead of you, Mary, the stage design is made by some punk, but member of the party. As for me, Daniel would probably gladly replace me and give my part to some party member. Well... I don't have to perform Konrad again... I've performed that before... Yes. I can take a chance... I'll try to convince Daniel to at least respect himself more. And respect the theater...

SIR LEON *Comes out of the darkness.* Try it. Try to convince me.

LADY PROFESSOR   You were eavesdropping...

SIR LEON I guess it's still my theater? I can come whenever I want. Can I?

LADY PROFESSOR   You remind me that I'm not allowed to be here, yes? You banned me from the theater.

SIR LEON I had to.

LADY PROFESSOR   You didn't have to. You just chose it. Not long ago, your choices were different.

SIR LEON Not so long ago we all lived underground, as if in a smoky, dark night. Conspiracy, fear, crazy plans, mysticism. But it's time to wake up. "You are sleeping, Brutus, wake up, get up, strike!" It was not the awakening of our dreams. But maybe our dreams have not matched this dawn? In any case, we cannot return to the night. We have to face a new day.

SIR VICTOR   Beautiful words. Quotations. Your measure now is the measure of your concessions. In the face of barbarism, brutality, rudeness, crime... Some individuals—how did you call them, Mary? Troglodytes—come to rehearsals. Interrupt. And you are humiliating yourself... You fired the best people. And you grovel to them. You fire your best people. You push away your friends.

SIR LEON Funny you. I've never had friends. People wanted to be with me because I gave jobs and paid well. I was needed by you.

LADY PROFESSOR   It was you who needed us! You used our talents and ideas. If you push us away and surround yourself with mediocrities, who will inspire you? Who will act in your productions?

SIR LEON Without me you were nothing. It was only in my productions that your ideas, Mary, shone with full brilliance. Only uder my direction, you, Victor, you performed your best roles.

LADY PROFESSOR   We loved you. Don't you understand that I gave you all of me, all that was best in me? Have you never felt that actors followed you not out of business, but because they saw an opportunity for their acting to grow—working with you?

SIR VICTOR   We trusted you. The entire company believed you. Technicians as well. And now—everything is collapsing...

SIR LEON I loved you too.

LADY PROFESSOR   That's not true. You only loved yourself. You loved yourself in us.

SIR LEON I did everything for the theatre. Not for myself.

SIR VICTOR   Because you have identified yourself with the theatre.

SIR LEON You were the theatre! I fed on you, it is true, but you fed on me! And you still didn't have enough. Constant requests—roles, raises, praises. At the same time—constant quarrels among you. Assembling coteries. What are you doing now at night in the theater? Conspiracy? And what do you do, May? You are destroying the consensus with the authorities that I am trying to build. Don't I know they are barbarians? I know. But I also know that they have the power to prevent the theater from operating at all. With one decree they can close all theaters across the country. While people need theater! Like bread. Sometimes even more. Do you remember, Vic, how you recited to the boys in the hospital shelter, after the action, during the Uprising? And the wounded fell silent under the influence of your voice. They forgot about the pain. And I played for them piano, from which they had to swipe off the plaster falling from the ceiling during the bombardments. We were together then. And with them. With the best audiences we've ever made theater for. Now we also need to lift people up, give them hope. And you're walking your own ways, you're pulling in the opposite direction. Don't you understand the intricate game I'm playing? You all want to teach me?

LADY PROFESSOR   Will you give people hope by showing them a mutilated angel on the stage? They recognize themselves in it.

SIR VICTOR You got lost twice. In itself. And in the reality that surrounds you. Your games...

SIR LEON No. I shape reality. And I guide myself consciously. And I know what my most important duty is: it's called the theatre. I will submit everything to the fulfillment of this duty.

SIR VICTOR Even conscience?

SIR LEON Wow!

TOM   Master, I respect you very much. You know it. We didn't mount anything against you, we just tried to find what to do together... Because theater is done collectively, right?

SIR LEON Did everyone talk? I'll tell you now. I have decided not to accept any censors' cuts in *The Forefathers' Eve*. I have decided not to allow any cuts of the staging. Especially as absurd as with this angel. I decided not to allow any changes in the cast. Yes Vik, I was pressed in your case. And any changes in the creative team. Yes, Mary, this show can't have any other set designer than you. We're rehearsing again from tomorrow. "You'll know me by my voice". Victor... You know what, it would be time for us to drink something together again, like we used to, eh?

SIR VICTOR I don't drink... Full abstinence. But with you... Give me your hand.

SIR LEON "Give me your pardon, sir. I've done you wrong. But pardon't as you are a gentleman". Right? Like in the old days. Where are we going? There are ruins everywhere, but I'll show you one spot...

LADY PROFESSOR Leon... You're back...

TOM My respects, sir.

SIR LEON Mary, Tom, take care of repairing the angel.

Sir Leon and Sir Victor exit. Lady Professor and Tom stay.

LADY PROFESSOR I'll help you with this angel.

TOM *Climbs the ladder.* Just give me that wing.

LADY PROFESSOR This one first?

TOM Yes. See how smooth it fits? Second wing, please...

LADY PROFESSOR Now, Tom, I am your assistant.

TOM What are you saying, professor... You doesn't even know how much I've learned from you. I watched how you were giving notes in the studios, made corrections..

LADY PROFESSOR Actually, why don't you call me... You're already an adult... Call me Mary... You're a collegue now...

TOM Mary?
LADY PROFESSOR Mary. And we can drink the brudershaft right away, even without vodka... A kiss is enough.

TOM A kiss right away? Like in the old days? So either I'm still Tom—bring, carry, sweep, take off my panties, or already a collegue?

LADY PROFESSOR Sorry, Mister Tom.

TOM So, what, are we going to do? Are we going to call each other by name without vodka?

LADY PROFESSOR No vodka. And no kiss. But call me Mary, please, Tom ...

TOM Mary...

LADY PROFESSOR Well, did you assemble these wings?

TOM It's ready. *Tom gets off the ladder* You got this angel. Beautiful.

They kiss.

▶ TIME LAPSE ◀

The prison set of Part III of The Forefathers' Eve—as before. On stage: Sir Victor as Konrad, and other prisoners. Technicians look from the wings. Colonel, Secretary and undercover agents. Sir Daniel and Lady Professor.

COLONEL *Reads.* ... and in connection with failure to comply with the recommendations of the censorship office, as well as in connection with the breach of the obligations assumed by the director towards representatives of the party and the state administration regarding the staging of the said production, and regarding the staffing of this production, because the above production is biased and may evoke behaviors and feelings aimed at discrediting the system of People's Poland and cause a hostile attitudes towards socialism; because the openly anti-Soviet overtones of the production, which undermine the alliance with the Soviet Union; in connection with its idealistic and unscientific fideism, which is contrary to the secular politics of the socialist's state; in connection with the caricature, false, and slanderous presentation of judicial and prison institutions, which undermines the security of the state and could incite anti-socialist and anti-Soviet sentiments and attitudes, and undermine the principles of the internal and foreign policy of People's Poland, it is decided that the production entitled *The Forefathers' Eve* by Adam Mickiewicz is prohibited.

Colonel finishes reading. He turns to Sir Daniel.

I'm giving you this document in front of the witnesses. Sign on the copy you—received, and date.

SIR LEON *Signing*: Received... yes, received... Listen blindly... And the date.

SECRETARY And let there be no doubts. In an additional executive order, it was decided to immediately stop all work on the production in question and to destroy the scenery prepared for this production. Perform!

The undercover agents proceed to destroy the sets, finally knocking over the angel.

LADY PROFESSOR My angel...

TOM Guys...Stay still... We can't help it...

SIR LEON "It's cloth for us! For us! Tear it apart!"

LADY PROFESSOR Calm down, Leon... Not yet... I'll always be with you.

SIR LEON After everything I've...

LADY PROFESSOR Don't be afraid... I'll stay with you.

SIR LEON "And the third light went out."

SIR VICTOR Lord, forgive them for they do not know what they do...

SECRETARY So much for *The Forefathers' Eve*. However, the authorities have decided to give you, comrades, a chance. This initiative was personally put forward by comrade President, whose love of art is a guarantee of its successful development in our people's homeland, including the flourishing of socialist theater. Comrade President entrusts you, comrades, with a special task. Instead of *The Forefathers' Eve*, you will prepare an occasional show for the joyful opening of this theatre. Comrade President himself will honor this show with his presence. The Soviet Union ambassador will also attend. The script has already been written by trusted party playwrights and approved. The production of this show is entrusted to you, comrade director. Treat it as a party order. This is that script. Take it. This is the cast. Already approved. Set design will be done by your new set designer and comrade who will contact you tomorrow. All clear?

SIR LEON Thank you very much for your trust. "Word—order. Order—word." It's a great honor. Thank you comrades. I'm falling to your feet.

▶ TIME LAPSE ◀

President, Colonel and Secreatry in the government box. The show is being performed on the stage—reciting, singing, and dancing.

At the head of the ensemble Young Actor, who has performed in the Chorus so far. Sir Victor as a member of the Chorus. Sir Leon visible in the wings.

YOUNG ACTOR:
>You breathed the sun into my lute,
>That it shines as the sun!
>Thanks to you ripens all fruit.
>Thanks to you we have great fun.

CHORUS:
>Thanks to you, the bride and groom
>Buy cookwere china, furniture.
>Thanks to you the orchards blooms
>Thanks to you we're richer and richer.

YOUNG ACTOR:
>Thanks to you on grandma's lap
>purrs tiny kitten. With love we're calling
>You who are as pure water cup!
>O, great, o, benefactor, o, Stalin!

CHORUS:
>Beautiful and rough is the sea,
>as it races on the waves of the squall.
>An eagle hovers higs over trees.
>Beatiful is sickle and maul.

YOUNG ACTOR AND CHORUS:
>Beatiful are cement and steel.
>The steelworks and the shipyards bloom.
>Socialism is our ideal,
>It's our dreem. We want it soon!

YOUNG ACTOR:
>Sun rises over our homeland
>I'm learning socialism,
>I'm learning a new Poland
>It feels me with optimsm.

CHORUS:
> For wearing that red tie
> people fought long and hard.
> Now it is harvest time
Now we can wear it with pride.

YOUNG ACTOR and CHORUS *tie red ties.*

SIR LEON: "Your songs, new people, sound bitter in my ears..."

YOUNG ACTOR:

> Here's ours
> Chopin thought,
> here's ours
> Stalinist fraught.

CHORUS ON THE RIGHT: Hallo, what's your name?

CHORUS ON THE LEFT: Moscow. And yours?

CHOIR ON THE RIGHT: Warsaw.

WHOLE CHORUS: We are one giant family.

CHORUS ON THE RIGHT: What's up with you?

CHORUS ON THE LEFT: We build schools. And you?

CHORUS ON THE RIGHT: Work makes us happy!

WHOLE CHORUS:

> So that day after day we would wake up cheerful,
> So socialism would shine like the sun.

YOUNG ACTOR:

> Watch how stubborn she stands
> On the scaffolding—Party!
> Let of us join hads—
> It maks us strong and hearty!

CHORUS:

> O, beloved country, our beloved country,
> Beloved cities, villages, and towns.
> The country of workers and peasants.
> Socialism dawns over us!

Long applause concludes the show. The actors bow. The President with the Colonel and the Secretary pass from the box to the stage.

PRESIDENT: I congratulate you comrades artists. You have shown today that you understand the profound, revolutionary changes taking place in our beloved county. Thank you on behalf of the Party and myself.

To Sir Leon : You have talented youth, comrade director.

To the Young Actor: You performed brilliantly, young artist. The Party will take special care of you.

To the Secretary and the Colonel: The new generation is with us, comrades. Take this one to the Party.

YOUNG ACTOR: Thank you, comrade President. Thank you, comrade Secretary. Thank you, comrade Minister. The Party can always count on me.

SIR LEON: To the guardian of science and art, theater lover and expert, our beloved comrade President, we express our most sincere thanks. We are honored, "the whole world is enchanted," most cordially...

SECRETARY: But comrade director didn't sing himself? Didn't dance? Why? Hoarse throut? What? Legs hurting? Or a boycott? Standing aside? Why? What?

COLONEL: The director usually stands aside at the opening night, comrade Secretary. This has always been the case in the theater.

SECRETARY: At the side? Always? This needs to be changed. What was good in the bourgeois theater in the past must go to the dustbin of history. Now directors should perform alongside actors. Collectively. Dance, sing. Management should set a personal example for employees. Not stand aside! Yeah!

SIR LEON: I can dance...Why not... I'm always disciplined, available... I can sing... I'm lying at your feet...

♪ *SIR LEON sings and dances the old Polish song. He's out of breath.*
   One more last Mazurka's circle,
   Even though its dawning.
   Will Miss Krysia give me her hand
   Asks young lancer bowing.

COLONEL: Excellent! Bravo! Or maybe something of ours?

♪ *YOUNG ACTOR sings and dances a popular Russiant song.*
   Trees of apples, trees of jucy peers
   Were in bloom ready to bear fruit.
   Ashore Katy walking now appears
   Girl so buxom, pretty, sweet and cute.

♪ *Colonel and Secretary join Young Actor—singing and claping to the beat. Sir Leon joins them— he is clearly out of breath.*

PRESIDENT: Bravo, comrade director. Congratulations, on behalf of the Party and myself. What a shining example.

SIR LEON: Thank you, comrade President, with all my heart, until my last breath, under the leadership of...

PRESIDENT: Nice theater you have here, comrades. The people's state rebuilt it for you, the people's government entrusted it to you, the state administration employed you, the Party gave you an ideological direction. It's a wonderful instrument. It is up to you to harness it to the service of the masses. Play, dance, sing. Creative, joyful, optimistic. This is what we expect from you. Loud, to the beat, collectively. I wish you success at work and in your personal life. And what are you preparing now?

SIR LEON: We've been preparing *The Forefathers' Eve*, but as comrade President knows, there have been some minor difficulties... Now we're rehearsing *Fonsio's Wedding*...

PRESIDENT: Is it an optimistic play?

COLONEL: Highly. And ideologically tested.

SECRETARY: I confirm. And very funny. It took me all day...

PRESIDENT: Then don't forget to send me an invitation to the opening. I will come. And I'll take the entire Polit Bureau. So, comrades, are we leaving?

SIR LEON: I won't forget to send you the invitation, Comrade President, of course ... "Listen blindly, believe firmly..."

COLONEL: Quickly, form a line of the crew for the exit of the President. Applaud.Chant.

TOM: What to chant?

COLONEL: Anything but loud. Now!

CHORUS:

> In-res-ponse-to-your-bombs
> We-build-homes-we-build-homes!
> In-res-ponse-to-your-bombs
> We-build-homes-we-build-homes!

COLONEL: More! More!

TOM: Sta-lin-Bie-rut-Wil-helm-Pik.

CHORUS:

> Sta-lin-Bie-rut-Wil-helm-Pik.
> Sta-lin-Bie-rut-Wil-helm-Pik.
> Sta-lin-Bie-rut-Wil-helm-Pik.

SECRETARY: Good work, comrades artists. And you, comrade director, come to my office tomorrow morning, well, not too early.

President and his entourage exit.

▶ TIME LAPSE ◀

Theater company on stage. Sir Leon is speaking.

SIR LEON: Colleagues, I have gathered you here to inform you that this morning, at about eleven o'clock, yes, precisely at eleven and seven minutes, at the Ministry of Culture, I was fired from my job, that is, I received a document informing me about the immediate termination of my work.

So I am no longer your manager, your director. However, I believe that you will continue to carry high the torch of the art of theater. We are, regardless of what anyone thinks about us, professionals connected with our profession not by chance, but thanks to the passionate love of our art. We are all workers who have learned their craft not badly and have mastered it to some extent. We are professionals who languish and perish if they are deprived of their beloved work and, on the contrary, who reveal enormous possibilities when their creativity is cared for and its service to the nation is not questioned. We are artists who comprehensively know our craft, its limits, as well as the wonders that can be extracted from it.

We were not allowed to produce *The Forefathers' Eve*. I got kicked out. Because deep down in my heart, I was against creating theater by strangers behind the backs of theater people. My thoughts have been read. So let's say it out loud. I am sure these are your thoughts as well.

Yes, we are opponents of decisions about the theater made by functionaries who don't know theatre. Yes, we are opponents of top-down directives in matters as subtle as theatre. We know very well that—to paraphrase Wyspiański—with art, as with heart, "you have to do it like with a bird... you need to go little by little..." We all know that a constructor who is not skillful in his craft will not manage the build even the most ordinary house, and woe to those who dare to live in such a house.

Thank all of you who built our theater edifice. You are skillful builders. I leave you our common home. Live in it with dignity. Let no one go with me. "I don't care. I'm done. I'm not waiting for anything anymore."

Sir Leon goes towards the back of the stage. He stops. He falls over.

LADY PROFESSOR: Leon, what happened?

TOM *supports Sir Leon lying down:* Master, master, please, lean on me, that's good... Better now? Does it hurt? Where?

SIR VICTOR Leon, is it here? This pain here?

SIR LEON: "Oh, how this splinter stings into my heart... Histerica passio... go away... go..." Loosen that tie... Take this rope off my hips...

▶ TIME LAPSE ◀

Empty space. Sir Leon in a hospital wheelchair. He turns the pages of a book. He reads.

SIR LEON: "...O me, my heart! My rising heart. But down."—"Cry to it, uncle, as the cockney did to the cels when she put 'em I'th' pas alive. She knapped 'em o'th' coxcombs with a stick, and cried 'Down, wantons, down!'"—"O my heart, what metal is it made of, that you are still whole?"—"No, I won't cry. And my heart will shatter into a million pieces before I cry."—"Oh, fool! I'm close to going crazy..."

Enter the Monk, Lady Lady Professor, Sir Victor and actors in masks and in costumes of a Nativity Play—with the Angel, Death, Dragon and a Star; some with musical instruments.

CHORUS: We came here to sing the Christmas carols! May Jesus be with you...

SIR VICTOR: Master, we've come to share the Cristmas' wafer with you. How are you, Leon?

SIR LEON: A moody body, but a healthy mind. I don't waste time. I'm working on a new staging. *King Lear...* Something for me now. I have lost my kingdom. And my heart is failing... But I'm glad to see you... Victor, come by... Mary, how nice... Oh, Father Provincial... What's this occasion? The whole company... Where's Tom?

LADY PROFESSOR: Arrested. He was telling some jokes. And they found out that he was in the Home Army during the war... They keep him in prison... Terrible investigation...

SIR LEON: Tom ... Well, we'll meet soon...

LADY PROFESSOR: What are you talking about, Leon! Tom will survive, and you will drink again after the opening with Victor!

SIR VICTOR: Colleagues, a carol... Merry...

♪ CHORUS *Sings*:

> With the birth of Jesus, this day's happy day.
> The elements sing praises to the God Lord high.
> Angel wakes-up shepperds guides them on the way—
> To the new born Jesus sent us from the sky.

MONK: Brother Glorius, I have good news for you. I brought you holy oils...

SIR LEON: I'm not in a hurry for the other world at all, father! And anyway! I am a member of the communist, atheist party. Don't come near me. I breathe sulfur. "Go away to the forests, to the rivers, and perish, be lost forever!"

MONK: Please, brother, do not close the door to the ministry of the Church...

SIR LEON: How can I close the door when I can barely move... They ordered me to be still. And avoid emotions. "Fool, I'm going mad..." Have mercy on me above all. Give me peace, everyone.

MONK: The peace of the Lord will rest upon you.

SIR LEON: I can't. That would be unfair. "Oh, on this road I am threatened with madness. I have to turn back." Who are you?

MONK: Shall I leave then?

SIR LEON: No. Stay. Whoever you are... Stay.

MONK: Son...

SIR LEON: Father...

MONK *proceeds to administer the Sacrament of the Sick.*

MONK: Asperges me, Domine, hyssopo, et mundabor lavabis me, et super nivem dealbabor. Miserere mei, Deus, secundum magnam misericordiam tuam. Amen. Salvum fac servum tuum, Domine.

CHORUS: Deus meus, sperantem in te.

MONK: Mitte ei, Domine, auxilium de sancto.

CHORUS: Et de Sion tuere eum.

MONK: Esto ei, Domine, turris fortitudinis.

CHORUS: A facie others.

MONK: Nihil proficial inimicus in eo.

CHORUS: Et filius iniquitatis nan apponat nocere ei.

MONK: Domine, exaudi oraționem meam.

CHORUS: Et clamor meus ad te veniat.

SIR LEON: "Put your hands over my eyes... Smash my pupils with your fists... Separate me from the gaze that breaks me to dust..."

MONK: Extinguatur in te omnis virtus diaboli per impositionem mannuum nostrarum. Ad oculos...

SIR LEON: "Wretched you hands, boneless and fleshless, transparent as water, as glass, as air..."

MONK: Per istam sanctam unctionem, et suam piisimam misericordiam, iddulgeat tibi Dominus quidquid per visum deliquisti.

SIR LEON: "Give me just a little darkness..." No... I desire light... Light... Light...

♪ *CHORUS, accompanied by instruments:*

> De profundis clamavit ad te, Domine
> Domine, exaudi vocem meam.
> Fiant aures tue intendentes,
> In vocem deprecationis meae.

MONK, *making signs:*

> Ad aures...
> Ad nares...
> Ad os...
> Ad manus...
> Ad pedes...
> Indulgeat tibi Dominus... Amen.

♪ CHORUS, *accompanied by instruments:*

> Qui aupud te propitatio est
> Et proper legem tuam sustinui te, Domine.
> Sustinuit anima mea in verbo eius
> Speravit anima mea in Domino.

♪ *During the singing, Death and the Caroler with a star separate from the rest of the Choir and dance slowly, solemnly.*

A huge burning angel appears in the back of the stage.

► **THE END** ◄

Amherst, New York, 1989

► ▼ ◄

THE WARSAW UPRISING

A MOTHER'S STORY

A PLAY

CHARACTERS
  Mother, Anna Barska
  Jakub, Younger Son
  Mirek, Older Son
  Ela, The Fiancé of Jakub
  John, An Englishman
  Nike, Singer

PLACE
  Warsaw—various interiors and outdoors—as indicated in the text

TIME
  Presently—From December 1943 to February 1945—Presently

PROLOGUE

♪ *A contemporary apartment. The bells of many churches ringing.*

Mother is looking through old photographs in albums, in boxes—They should be shown on a screen.

- Ancestors—pictures and photograph.
- Wedding photographs a copule from the 19th Century; from the beginning of the 20th century; from the 1930s.
- An officer (colonel) in the uniform on a street.
- Faces of young man and women from the 1930th (among them Mirek, Jakub, Ela); a young man in a flying helmet (John)
- A series of pictures of Warsaw from before Word War II.
-

MOTHER My annual All Souls' Day.
No, not November second. No...
October second.
The day of the capitulation of the Warsaw Uprising.
Because on that day I was already alone.
Alone.

NIKE *appears. The bells fall silent.*
♪ *Nike starts vocalizing. Theme: "Lamentation".*

Mother continues:
Though I didn't know that.
I didn't know that all my loved ones were dead.
But I knew that my city, Warsaw, was murdered.

A series of photographs of Warsaw destroyed in 1944.

And with the city thousands of Warsaw's citizens.
And among them all those children.
Soldier-boys. Girl-nurses.
Kids serving as postmen.
Babies smothered in the collapsed basements.
They were all my sons, my daughters.

♪ NIKE *sings*:

Only draw out of my eyes
Painful shard—image of days,
which rolls on white skulls throughout
bloody meadows set ablaze.
Only change this crippled hour,
cover graves with river's shawl,
wipe out battles' dust of hair,
those years' ire,
this black dust.

              [Krzysztof Baczyński]

MOTHER: Earlier I lost my daughter, Jadzia.
But I still hoped that all the others survived.
A few hopes.
Each of them was as an unborn carried under my heart..
Later... Later, the blood of hope gushed out of me in painful bursts.

♪ Adam. *We hear a roll of a drum.*
My husband, an officer. *A photograph of an officer—as before.*
Murdered by the Soviets in Katyn.
For five years, and I didn't know it.

♪ Jadzia. *A drum roll.*
Daughter. A liaison officer of the forest unit of the Home Army. Killed by red bandits.

♪ Piotr. *A drum roll.*
My oldest son, a pilot. *A photograph of the pilot—as before.*

Shot down on August 5th 1944, at dawn over the Balkans
on a return flight from Warsaw to Brindisi.
I learned about it only after the war.

♪ Jakub. *A drum roll.*
My youngest son, the poet. *A photograph of Jakub.*
As I was leaving Warsaw in a crowd of refugees
I deluded myself that he survived.
I found him under the snow
in February 1945, on the banks of the Vistula.

♪ Elżbieta. *A drum roll.*
My daughter-in-law, so like my daughter. *Ela's photograph.*
She died under a collapsed house.
I learned about it only after the war.
I never found her.

Mirek, my third son. *Mirek's photograph.*
Got lost somewhere in the Uprising—
lost, not killed. He wasn't a soldier.
I waited for him too. I'll tell you about him later...

The Soviets killed my husband.
The Communists killed my daughter.
The Germans killed my two sons and my daughter in law.

So, these are my All Souls' Day reckonings.
A widowed wife. A childless mother.

Mother finishes looking through photographs.

But Warsaw lives again.
All of them will be resurrected.
And why do I go on living?
Why?

Perhaps only to talk about it. To tell their story.

▶ SCENE 1. CHRISTMAS. DECEMBER 24th 1943 ◀

Mother enter carrying a white table cloth. She sets the table. Jakub puts some hay under the tablecloth, brings a miniature Christmas tree and puts it on the table along with a candle. Ela sets the plates for eight people. Mother brings a plate with Christmas Wafers and the Bible. Mirek enters. All sit at the table. Four chairs remain empty.

MOTHER: As usual, we'll first read the Gospel. Father used to read it when he was home. Mirek, you are the oldest. In your father's absence, in Piotr's absence. This red bookmark...

MIREK: Is this necessary?

MOTHER: This is how we always begin the Vigilia supper. You know that.

MIREK: Why me?

JAKUB: Even on Christmas do you have to proclaim your atheism?

MOTHER: Let's not argue at least today. Father will come back and he'll read again.

ELA: I can read.

MOTHER: It's always been the men's duty. A family tradition. Jakub?

JAKUB: Yes, mother. *He takes the Bible from her. All stand up. He reads*: "In those days a decree went forth from Caesar Augustus that all the world should be enrolled. And all went to be enrolled, each to his own city. And Joseph also went up from Galilee from the city of Nazareth, to Judea, to the city of David, which is called Bethlehem, because he was of the house and lineage of David, to be enrolled with Mary his betrothed, who was with child. And while they were there, the time came for her to deliver. And she gave birth to her first-born son and wrapped him in swaddling clothes, and laid him in a manger, because there was no place for them in the inn."

MOTHER: Now we'll share the holy wafer. As we do every year.

First with those absent. Adam, I wish you to survive, and myself I wish your return. And you know the rest, husband.

Piotr, I wish you fortitude and courage, and, please, remember that your mother is waiting for you. And you know the rest, son.

Jadzia, I wish you only God's mercy. Pray for us and support us from heaven. And God knows the rest.

Now with those present. Mirek, son, I wish that your heart matches your brain. You have a head full of profound thoughts. But know that a mother's heart talks easier with her son's heart, than his brain. Build all the bridges you want. But build them in God's name and build them with your heart.

MIREK: Bridges, mother? They are heartless beasts. They stand on calculation not on feelings.

MOTHER: They have to serve God and unite people. As do arteries carrying blood.

MIREK: Yes, mother. I know. But calculations must be made in cold blood. I wish you, mom, all the best. Truly. *They share the wafer.*

Now, Mother shares the wafer with Jakub. Mirek approaches Ela—we don't hear their dialogue.

MOTHER: Jakub, my little one, I am so proud of you. Keep your faith in God. In Poland. And be careful.

JAKUB: I promise, mam. I wish you dad's return. And Piotr's. And more smiles. Victory is near.

MOTHER: I wish you many beautiful poems.

JAKUB: I write them only for you.

MOTHER: Only for me?

JAKUB: Yes. Because my way to the world is through you.

MOTHER: I bless your poetry. And you.

They share the wafer.

MOTHER: Ela, fiancée... Now, with you... I wish you a good mother-in-law. I wish you the fulfillment of your dreams. Be good to Jakub. I keep you close to my heart. Your parents and family are certainly in heaven. God is merciful. I thank him for you.

They share the wafer.

ELA: Thank you, mother. I can call you mother, can I?

MOTHER: You must.

ELA: Thank you for everything. For giving me shelter, for giving me Jakub. I'll be good to him. I promise.

MOTHER: I did not give him to you. You took him yourself.

ELA: Rather, it was he who took me. That is, he wants to take me.

MOTHER: You exchanged vows. For him a vow is sacred.

ELA: I know. "The word of a scout is as good as gold."

MOTHER: Yes. But not just that. I wish you to understand that there is more to it than that.

ELA: I'll try. I wish you, mother, a good daughter-in-law. I must be going soon. The curfew's near. I won't be able to make it home. I'll go directly to the hospital. I'm on a call in the morning. I'll sleep somwhere.

MOTHER: I didn't know that you're now working in a hospital.

ELA: I'm a nurse's aide. Hard work, but excellent papers. Germans wouldn't take me in a round-up. Also, I'm getting practice. It'll be useful in the uprising.

MOTHER: You can stay here. In my husband's room. The apartment is large.

ELA: My parents taught me that a maiden should not live under one roof with her fiancée—before the wedding.

MOTHER: They taught you well. But it's war time. You'll have a separate room. I'll show you…

They exit.

MIREK: *To Jakub* As Brother to brother. *They share the wafer.* You know, I disagree with you on virtually everything. But I wish you the best in everything.

JAKUB: I really don't know what has happened in this family. I—to the right. You—to the left. But on Christmas Eve at least—in one direction.

MIREK: I will knock that Romanticism off your head.

JAKAB: I, a Romantic?

MIREK: A Post-Romantic, then.

JAKUB: Now, only a postman. A lot of running around with other people's writings. Only after work can I write my own stuff.

MIREK: You're a poet, so, imitate other poets. Write, but save your head. Krasiński's father did not allow his son to go to Poland and join in the uprising—and the son obeyed. Słowacki just ran away from Warsaw before the uprising. Mickiewicz was going to take part in the uprising, he was going, and going, and going, but did not arrive on time because he lingered too long in a lady's bed near Poznań.

JAKUB: An uprising? What uprising are you talking about?

MIREK: Everybody is talking uprising. You'll go on a wild-goose chase.

JAKUB: We want to strike sparks of freedom.

Ela returns.

MIREK: I'll not argue with you on Christmas Eve. We'll talk more about it. All the best.

JAKUB: Many times. All the best.

JAKUB: Ela... Now with you... You know, it was always our family rule: "seniority..." So, I shared the wafer with mom, with older brother, and now I'm ready for you. But soon everything in my life will start with you...

ELA: And mine with you... I can't believe it. But I believe you.

JAKUB: And I believe you. What shall I wish you?

ELA: Seriously?

JAKUB: Only seriously. This is the way it must be between us.

ELA: Wish me a good husband. I wish you that you never regret that you betrothed a girl who is nobody and has nothing. And then, that you married her.

JAKUB: I betrothed you because you are who you are. For the same reason I'll marry you. And your dowry is abundant—all your family members who intercede for us in heaven. On earth–you'll join my family. You'll see after the war how numerous we are. When we gather for the first Christmas Eve after the war, it'll be hard to count. There are six of us at home, including yourself, in addition to dozens of aunts and uncles, and a throng of cousins. At least two grand-mothers, and one grand-grand-mother... We too are going to have scores of children. The clan will grow. I wish you a good husband. As well as...

ELA: Don't wish me anything more. It's enough. I wish you a good wife.

JAKUB: I beg you, wish me a free Poland!

ELA: Sure. Wish me also that I understand you better and better. Because... I don't fully understand that conspiracy of yours... Your willingness to fight... Don't say anything now... I'll understand...

They share a wafer. Mother returns.

MOTHER: Everybody with everybody? So, let's sit down. Oh, I forgot. Wishes for a guest from oversees. Whoever comes. There are so many homeless, refugees, imprisoned, deported. I wish everyone a safe return home to their Christmas table. Let's sit.

Mother approaches her chair but does not sit down. Nike appears and takes Mother's place at the table. Mirek, Jakub, Ela also sit down and freeze.

Mother addresse the spectators.

MOTHER: And then we had a Christmas Eve supper, a "Vigilia" in Polish.
We didn't have the traditional "thirteen courses,"
but there was a customary carp bought by Jakub
somewhere in the country and smuggled to the city.
There were four empty chairs and four empty covers.

The first empty chair was for Adam.
I faithfully believed that he would return.
It's nothing that postcards from Kozielsk stopped coming.
It's nothing that he didn't join General Anders' corp.

His name did not appear on the German Katyń list. Thanks God!
I dreamed that he escaped, took of his uniform
of a colonel, found a civilian clothing.
And even if Russians would caught him,
perhaps they would not recognize him,
for he spoke perfect Russian born in Poland under the Russian rule.
He'd tell them that he is a teacher—he looked as an intelligent man…
And they deported him so far that the news
about the amnesty did not reach him…
He'll return after the war. He'll come back.

The second empty chair was for Piotr.
He was a pilot, a top-gun at the Dęblin "School of Eagles."
In 1939, he fought on the Polish sky.
Shot down, he survived. He went on foot in search of the Polish army
across mountains, to foreign countries. To France? England?
I saw him still in the high sky.
So, somewhere near. He remained far away…

The third empty chair was for Jadzia.
As a student she fell in live with an landowner from the Kielce region.
After a wedding in Warsaw, they settled in his country estate.
During the war he was head of the underground group raising support
for the Home Army. She was a courier,
frequently travelling to Warsaw's Home Army headquarters.
That day he wasn't home. She prepared to leave.
She had gold, dollars, money hidden in her clothes.
A band of them came "The People's Army"
or "The People's Guard"—both from hell.
Their commander was a Russian paratrooper named "Saschka."
They knew all about her. Somebody betrayed.
They ordered her to give everything. She refused.
They stripped her naked.
Laughing, they extracted the valuables
from her skirt, coat, underwear even.
The servant saw it. Then they escaped. Then…
I don't want to think about it…
Her husband found her in a pool of blood.

On the other side of the table sat Mirek, Jakub, Ela.
I was concerned about every one of them, every day.

Jakub was a poet. My pride. I worried about him the most.
Can a mother worry more for one of her children than for another?
She can't. But his openness, straightforwardness, brightness
contrasted the most with the darkness around us.
This war was something so absurd
especially when he appeared on its backdrop.
It was also absurd that he had to work as a mailman
for long hours, instead of writing. But all had to work.
Besides, work at the post office gave him a "strong"
document which was a safeguard against German inspections.

At Jakub's side was Ela. He met her at the underground high school.
She came from a Polish family from Bydgoszcz.
On the second day after the fall of the city
the Germans made a bloody "pogrom" of the Poles.
Ela survived. She was visiting her friend, a German.
Yet, she saw her family dragged to a wall
on the other side of the street and shot.
She watched it through the window. She still sees it in dreams.
The German, father of that friend, ordered her to leave.
She was afraid to return home.
She wandered about the town.
Some nuns gave her shelter.
Then, they smuggled her to Warsaw.

Mirek refused to join the underground.
He worked at a metal factory.
That provided him with very strong documents.
He spent every free moment in books.
He was writing his doctoral dissertation.
He was bringing home from his factory some communist leaflets.
He stopped practicing his faith. I worried about him—
all the while he too was in danger:
Gestapo intrusion during an underground lecture;
a stray bullet in a street shoot out.
I worried not only for his survival,
but if he would survive as an honest human being?

I also worked. For bread. For documents.
Before the war I invited Warsaw's best actresses
as lectors to my radio literary shows.
During the war, when all the theaters were closed
they established an "Actor's Café" to earn their living,
and they paid me back by hiring me as a waitress.
What co-workers I had! Only stars! Barszczewska,
Ćwiklinska, Zaklicka, Lubienska, Leszczyńska...
My documents were "weak", but as a big bonus—high class company...

We ate the supper in silence.
Then we sang Christmas carols—moving and merry...
We had some Christmas gifts too, as in war time—poor...

Mother returns to the table. Nike exits. Mother sits at the table.

One more Christmas carol, please. To close we've always sung "God is born..."

JAKUB: This must be the last carol, because the *Nativity play* is ready.

A candle is burning on the table. Mother, Ela and Jakub sing "God is born..." (in Polish). Mirek doesn't open his mouth. Just after the carol, Jakub and Mirek clear the table, take everything out and bring a small "Creche" which they put on the table. The "Creche" contains small figurines of Jesus in the manger, Mary and Joseph, a Donkey and an Ox. Over the "Creche" they set a small puppet theater stage. During the preparations Mother speaks to Ela.

MOTHER You're with us for your first Christmas, so you should know that a "Nativity Play" is our family tradition. We have it every year after the "Vigilia", the carols, and the gifts. Piotr and Mirek made it, then Jakub joined them. Now, Jakub is passionate about it. He writes new songs. But Mirek still likes it. At least that remained in him from his years as an altar boy.

Mother and Ela sit as spectators. Jakubs and Mirek, hidden behind the table, animate the figurines, shout, and sing.

JAKUB: "The Nativity Play" for Christmas 1943! The last war-time Christmas!

MIREK: "The Nativity Play"! We begin, we begin! Ladies and gentlemen! People of all ages! Attention!

JAKUB AND MIREK: All are invited! Come! Come!

♪ *Both of them sing, introducing two figurines of Angels.*

God is born this evening
We are merry all!
All angels of heaven
Sing a joyful song!
A star's rising
at the chimney
German rottens
War is dimming
Russian will converting
He'll praise Newly Born!

MOTHER: Quiet! Don't sing so loud. Our neighbor from upstairs, a Volksdeutch, might hear.

ELA: You have a Volksdeutch neighbor?

MOTHER: He throws parties, inviting Gestapo officers. Quiet... It seems to me that they too are celebrating "Vigilia..."

♪ *Indeed, we hear a distant singing of "Stille Nacht..."*

Do you hear it? They sing in German a carol, "Silent night." Try to be quiet, I beg you.

♪ JAKUB: *Sings softy, animating the figurine of a Shepherd*:
I am a trumpet
of Jesus beloved.
I'll will play him
From my heart impatient.
Play trumpet, play
Play, for Jesus, play.

> Just from grotto—
> Mary, please, forgive me—
> We have orders
> To blow up two bridges.
> Play my gun, play,
> Play for Jesus, play.

MIREK *sings, animating a figurine of a Boy Scout*:
To Christ's crib rush the Boy Scouts.
God shows here His good grace.

God's Son lays in the manger
To save the human race.

> Sing Angels and Cherubim,
> Sing Boy Scouts and Scouts Girls,
> Give praise to him all nations,
> Miracle here occurs.

♪ JAKUB *sings, animating a figurine of an English airman*:
This day in Warsaw, this day in Warsaw
People whisper smiling:
A thousand bombers, a thousand bombers
To Berlin are flying.

> Peter is diving, bombs are exploding
> Berlin is burning, Berlin is smoking.
> Fires are spreading, buildings are flaming.
> Good news, good news we're proclaiming.

MOTHER: Again? You scream like... I told you softer...

Jakub and Mirek shout, animating Herod, Hitler, Stalin, Angels and Death.

JAKUB:
> I am Herod powerful, the king of all Jews.
> Hearing that a child threatens my rule and dominion
> I've ordered to destroy all babes and all children.
> Now I will govern for ever and ever.

MIREK*:*
> I am Hitler powerful, Herod's student keen.
> Those Poles oppose me? I'll shatter them all.

JAKUB*:*
> I am Stalin powerful, I outsmart you both.
> Poland? The Soviet Union rules over the globe!

JAKUB and MIREK*:*
> I'm archangel! I'm second! You all must fear God!
> Look, Old Man Death awaits you at the door.
> Your power, plans, and riches will soon be destroyed.
> Your bodies worms will eat, your souls go to hell.

JAKUB*:*
> Yes, I'm Death, I'm your lover and your final fate.
> I see your legs are trembling and your cheeks grew pale.
> Herod, Hitler, and Stalin—one stinking bunch of rubble!
> Hell's door's await you—go and forever burn!

JAKUB AND MIREK*:*
> Gloria! Gloria! Gloria! In excelsis Deo!
> Gloria! Gloria! Gloria! In excelsis Deo!

Mother and Ela applaud. Jakub and Mirek bow.

MOTHER: Bravo! Bravo, boys! Just like in the old days! Dad would laugh...

ELA: That airman was Piotr, your brother?

MIREK: Of course. He'll fly back to us soon!

Knocking at the door. Sudden silence.

MOTHER: I told you! The Volksdeuch must've heared us. I must open the door. If only he did not come with his Gestapo companions...

ELA: Gestapo...

Mother goes out and soon returns.

MOTHER: A neighbor from the floor below. She came to warn us. We're too noisy. Enough of these carols.

JAKUB: All right, all right... Mom, for the closing, I want to read my new poem. I wrote it yesterday. For you.

MOTHER: For me?

JAKUB*:*
They cut you off, little son, from dreams—trembling butterflies.
They embroidered your grim eyes with the russet blood.
They painted landscapes with yellow stitches of fires.
They sow with hanged people trees' sea floating clad.

> They have taught you, little son, your motherland by heart,
> when you cut with iron tears your trails through her skin.
> In the darkness they have reared you, with fear they fed
> You had to grope most chastened ways with all akin.

And you went out, little son, with black weapon, in the night,
and you felt in ringing minutes the bristling of vile.
Before you fell, you made a cross over the earth.
Was it a bullet, little son, or did your heart has just burst?

MOTHER: I don't want this poem... Jakub... I don't want...

JAKUB: You don't want, mother? You don't want a poem from me? I didn't mean to upset you...

MOTHER: You delighted me with your beautiful poem. I am so happy that you are a great poet, my little son. But you frightened me with your prophecy. It will not happen, am I right?

JAKUB: No, mom. It's only bad dreams.

MOTHER: Yours?

JAKUB: No, mom, yours. I know it.

MOTHER: How do you know?

JAKUB: My heart tells me.

MOTHER: So, you're right.

MIREK: Christmas coming, Christians going, gone...

MOTHER, *alone in the darkness*:

The German's repression grew even more cruel since the beginning of 1944.
Round-ups, arrests, forced labor in Germany,

deportations to Auschwitz, street executions.
The darkness of the war's night grew darker.
The enemy's hysteria mounted. Lord... Will we survive?

▶ SCENE 2. NAMEDAY PARTY. JULY 25ᵗʰ 1944 ◀

The same apartment. Nike appears and sings the theme "Victory," then she exits.

MOTHER: May brought the news of the great Polish victory at Monte Cassino.
June saw the Allies victoriously landing at Normandy, opening the second front.
July brought murmurs from the German-Soviet fightins.
Armored beasts rolled through the city,
a river of cars, artillery, troops.
All from the east to the west.
The Germans retreated. Beaten.
The streets bit their feet. Fear diapered.
Everybody was talking about the fight for Warsaw.
Joy overwhelmed us. Freedom seemed so near.

In joyful mood we celebrated Jakub's name-day

July twenty fifth, Anno Domini
one thousand nine hundred forty four.
We believed that this is his last war nameday.
The very next day was Saint-Ann's day. My nameday.
We always celebrated these two feasts separately
allowing both of us to have our own big day.
But this time we made an exception from that tradition.
For, perhaps, there would be no time to celebrate the other nameday?
Perhaps, the Uprising will start tomorrow? The Uprising. End of the war.

JAKUB: Sit down, mom, its your nameday.

MOTHER: No, you first, your nameday goes first. Mine is tomorrow.

JAKUB: Since we celebrate mine and yours on the same day, you have to have priority, mom. Seniority rule!

MOTHER: All right. *She sits in a chair. A line of good-wishers forms in front of her: Ela, Mirek, and Jakub.*

ELA: I wish you, mom, all the best. I don't have enough words to express it... Jakub is a word-master here... But I found that old song for you. Let me read it.

O, hail, Mother of Mother
Jesus Lord's,
Anne Saint.
You are given by God
To the people
As a patroness,
So they can beg you
In need
In fear.

O, Saint Anne!

    And here, I have a little present for you... *She gives Mother a small tablecloth.* I embroidered it by myself... *She kisses Mother's hand.*

MOTHER: You're so kind to me. Thank you, thank you, daughter...

MIREK Now my turn. I also have a little poem, also not written by me...
As many leaves has cabbage,
As many beggars at fair,
As many fingers in gloves–
So many times dear mother
From early morning till night
I wish you happiness this day.

    And here's a little congratulatory scroll from little Mirek.

MOTHER: Thank you my little son. You're a good kid. Even if you've grown up. I thank you... But, little Mirek, who taught you such a poem. Some bad boys from the neighborhood?

MIREK: These are my buddies now, mom. From the inner city, not from fancy neighbourhoods...

MOTHER: Be careful, please.

JAKUB: My turn! *He reads from a piece of paper.*
I'll open for you the golden sky,
in which the silence's blank thread
as a huge nut full of sounds,
which will burst to life
with small green leaves,
with singing lakes, dusk's music,
revealing its milky kernel
bird's dawn.

    I'll transform for you firm ground
    into sow-thistles' soft, gushing flight,
    I'll bring out shadows from all things,
    which arch their backs as lazy cats,
    their sparking furs envelop all
    in storms' shades, in leaves' hearts,
    in rains' plait.

Only draw out of my eyes
painful shard–image of days,
which rolls on white skulls throughout
bloody meadows set ablaze.
Only change this crippled hour,
cover graves with river's shawl,
wipe out battles' dust of hair,
those years' ire,
this black dust.

    [Krzysztof Baczyński]

MOTHER: Thank you, Jakub. Thank you. It's beautiful. You're writing pure beauty. Yet, again in your poem... painful shard... ire... battles' dust... I know... I know that you are going to go to the battle... But, remember, that I'll be waiting for your return.

JAKUB: It must be so, mother.

MOTHER: I know.

JAKUB: I'll go and I return. As a gift, I don't have anything but this text. *He gives Mother the poem.*

MOTHER: There's nothing more precious. Now, it's you turn! Your nameday!

Mother stands up. Jakub sits in the same chair. A line forms in front of him: Mother, Ela, Mirek.

MOTHER: You know, my little one, everything about my heart. And what you know, you know better how to dress in words. As a gift I have a book for you.

JAKUB: You are sniffing in the second-hand bookshops, mom, you are uncorrectable!

MOTHER: Second-hand bookshops are becoming richer day by day, because the book-lovers grow poorer and poorer. They sell books for next to nothing. This is an edition of Lelewel's works published in 1838. High rarity.

JAKUB: Lelewel... Mochnacki... Goszczyński... The "Belvedere" band... Do you see me in this line, mother?

MOTHER: I know that you see yourself as a member of that group. If only you did it wisely! More wisely then them. Learn from them. Learn from their mistakes.

MIREK: The line is waiting!

MOTHER: I'm sorry. I'm letting you in...

ELA: Jakub, it's a tradition here to say a poem for the person celebrating their nameday, am I right? But what poem for the poet? The best—his own! I memorized it. *She recites*

A diminished sky glow
is waiting for you and me,
as a silver cup in a well,
or at sunset your hand.

>   We pray joining hands
>   for memory open as a stage
>   let youth still carry us on
>   even though famine, flame, dread.

When a fiery drop
Flows sunset as a leaf down,
the sky as garden's path
will give us back our hearts.

[Tadeusz Gajcy]

JAKUB: Thank you. You recite beatifully. You could be an actress after the war, I'm afraid.

ELA: Would you like me to be an actress?

JAKUB: I'd be jealous all the time.

ELA: Jealous?

MIREK: If you would kiss somebody on the stage, or in front of a camera.

ELA: You're a knave.

MIREK: Not a knave, rather a knight, lady. Or, more precisely, an engineer. Tell me, what were you doing with Jakub in dad's room.

JAKUB: How dare you. Pig.

MIREK: Me? Or you?

ELA: You're outrageous, dirty. Mother, don't believe him.

JAKUB: You're offending my fiancée. You wan't get away with it.

MIREK: I'll offer you satisfaction, gentleman!

MOTHER: Mirek! Jakub! You should be ashamed of yourselves. On a day like this...

JAKUB: Sorry, mom...

MIREK: O.K. It's my turn now. Dearest brother, I wanted to recite a poem for you on your nameday, but I didn't find any appropriate one. I have a gift for you, though. Very precious. *Shows a document.* This is a pass allowing you to leave Warsaw and go to Lublin. An "ausweiss," as the Germans say.

ELA: What are you taking about? It's behind the front line. The Russians are already in Lublin.

MIREK: That's the point. The war is over there. You'll save yourself. For the future generations of readers.

JAKUB: I'm going nowhere.

MOTHER: How did you get it? You bought it? It's a forgery? A genuine one?

MIREK: It's a hoax! It worked! I myself made and sealed it.

JAKUB: How funny!

MIREK: A streetcar to Prague, then a carriage to Lublin—with my pass. I want you to survive.

JAKUB: You want me to run before the battle?

MIREK: The truth is, my dear brother, that I really wish you well for your nameday and everyday. So, if you are not going to Lublin, I wish you at least to take good care of yourself in the days to come. The best would be to go underground. I mean, double underground, below that underground of yours.

ELA: And mine too!

MOTHER: Ours. Everybody belongs to it.

MIREK: Not me. So, not everybody. Don't count me in. I don't believe in that uprising of yours. I want survive and be useful after the war. I'll sit out your uprising in a basement.

JAKUB: To be useful after the war one must win it first!

MIREK: You'll end up as the Jews in their Ghetto.

JAKUB: The Ghetto uprising was an act of despair. Ours is going to be a well prepared military operation. There were only a few hundred of fighters in the Ghetto. Our army is dozens of thousand strong.

MIREK: They all perished.

JAKUB: We saved some of them. You know that the Home Army was helping Jews. We sent them arms. Our units even forced their way into the Ghetto and fought arm in arm with the Jews against Germans.

MIREK: To no avail.

JAKUB: There were too few of them, yet they fought bravely.

MIREK: There are many of you, so, you'll go bare hands against tanks!

JAKUB: We have arms.

MIREK: One gun for every platoon? You're a bunch of civilians which stands against an army of professional soldiers armed to their teeth.

JAKUB: We'll stand against two armies. We'll chase the Germans out of Warsaw. We'll show our force to the Russians. We'll control our own home.

MIREK: You have to negotiate with the Russians. Not to provoke them!

MOTHER: Boys! Quarreling again? Mirek, if you can't agree with Jakub, at least don't spoil my celebration.

MIREK: All right, mom. But that unrealistic walking in the clouds makes me mad. It's good in poetry. Not in war. He will shoot at them with the diamonds of his words. They will shoot him with lead.

JAKUB: Instead of shooting, I can simply hit you in the face!

MIREK: I can hit you back. Be careful.

MOTHER: Stop it. I can't listen to it.

MIREK: I'll stop, I'll stop. So... What is the next point on the agenda? A little dance? A banquet?

MOTHER: I have potatoes and sour milk. We'll have a feast.

MIREK: We'll dance first. I'll set the gramophone.

♪ *Mirek sets the gramophone. We hear a popular melody of a 1940s waltz.*

Ladies and gentlemen, all couples dance! We haven't many couples, but we'll manage somehow. The fiancée with his fiancée. I'll dance with mom. "I kiss your marble hand madame..." A wartime waltz. Everybody!

♪ *Mirek sings, others join him*:
The darkness outside,
The crowd in the train
All have the time of their lives.

>   He clasped her fat hip,
>   She's ready to strip,
>   Into meat and sausage they dive.

We are at war,
Who's trading that thrives.
I carry pork, beef, stake
Lard, sirloin, and bacon,
And vodka will make me brave.

We are at war...

There's knocking at the door. They stop singing and dancing. Mirek stops the record.

MIREK: Who's that? Did you invite anybody?

JAKUB: Me—not.

MOTHER: I didn't, either.

Knocking again.

JAKUB: A courier?

ELA: Oh, my God, it's the beginning!

MOTHER: We must open. I'll get it. You sit at the table and pretend playing "Chinese." Quick. It's in the drawer.

Mirek, Jakub and Ela set "Chinese" game in a hurry, while we hear voices of John and Mother.

JOHN: Do you need coal, madame?

MOTHER: Coal? In July?

JOHN: I'm very sorry. Are you sure you don't need some coal? We received an order for a delivery at this address.

MOTHER: Wait a second, please. I'll ask my son, that is... Perhaps he placed an order.

JOHN: I'll wait.

Mother returns.

MOTHER: A stranger. He gave me a strange password..

MIREK: Is it a German?

JAKUB: A provocateur?

MOTHER: I know! I know what I'll do…

She rushes to the door. We hear voces:

MOTHER: Sir, sir, are you there? Do you like cherries?

JOHN: Cherries?

MOTHER: Do you like cherries?

JOHN: Yes, Yes, I love….that is, I like cherries very much! And do you like cherries?

MOTHER: Yes. I like cherries.

JOHN: Mrs. Anna?

MOTHER: Yes. Anna. Come in. I'll lock the door. Please, this way.

Enters John, followed by Mother.

JOHN: I made it. The Germans broke into the apartment in which I was hiding. They rounded up everyone. I waited in a hide-out behind the wardrobe. A double wall. I left as soon as they departed. I had this address, the password, and your name. First, they gave me one password… and then the other…

MOTHER: And you forgot the second? And you are?... No, I'm sorry. I shall ask nothing.

JOHN: You're welcome. I'll tell you. If you are Mrs. Anna and you like cherries, I can tell you everything.

MOTHER: Nobody saw you in the stairway?

JOHN: I hope not.

MOTHER: These are my children. You can tell them everything as well. That is, these two are my sons, that is my son's fiancée.

JOHN: It's a pleasure. I'm John. *He shakes hands with all— they say their names.* Happy to meet you. I'm a British pilot.

MOTHER: Pilot?

JOHNv Pilot.

MOTHER: My son's a pilot too.

JOHN: Which one?

MOTHER: He's not here. He's in England. Your colleague, perhaps?

JOHN: I might know him.

MOTHER: His name is Piotr Bracki.

JOHN: I know him. It's a pleasure. We're in the same wing. We're stationed in Brindisi, Italy. I meet him at briefings, in the casino, over a glass of whisky. He has a strong head. Mocna głowa. Polak. A good Pole.

MIREK: Merry band!

MOTHER: Shut up, Mirek. I want to hear more.

MIREK: More?

MOTHER: More about him. You know him...

JOHNv I do. Strong head.

MOTHER: Alive? Healthy?

JOHN: In good shape. Happy. Merry. From Italy we fly over Yugoslavia, over Greece.

MOTHER: Over Poland, too?

JOHN: I flew over Poland.

MOTHER: He didn't?

JOHNv He did. He did fly over Poland. But returned. My crew was shot.

MOTHER: He would be with us... Oh, my God...

JOHN: Don't worry, madame. Be glad that he wasn't shot. Flying over Poland is very far and very dangerous. I barely survived. But he's going to come some day. Now you have me instead of him. Temporarily.

MIREK: Are you... a... parachutist?

JOHN: We carried parachutists, that is couriers. Skoczki. They jumped. Soon after we were shot. Yet not killed. It was night. We all jumped. I don't know what happened to the rest of the crew. I hid myself in a forrest and later good people gave me shelter. They took me to Warsaw not long ago.

JAKUB: Sit down, John, you must be hungry?

JOHN: Yes. Głodny. Before they took my hosts, they made a search. Rewizja. Bardzo długo. A very long one. They came at six in the morning, they left at six in the evening. Wieczór.

ELA: I'll get something... *She exits.*

MIREK: You speak good Polish.

JOHN: Not so good. Only words. But I have a Polish fiancée in Scotland. She taught me. Many Polish airmen have English girls, and I, an English airman, have a Polish girl. Funny, isn't it? She has lived in Scotland with her family, even before the war. A beauty. Now, in Warsaw, I was learning Polish all the time. Uczyłem się polski. All three days. Trzy dni. And I learned it. Już się nauczyłem. I am so talented.

MIREK: You're not only talented, but funny. Wesoły.

JOHN: I'm talented and funny! Vaesoly?

MIREK: Mom, I'm not a good teacher. Perhaps a specialist of the beautiful Polish language could help me.

JOHN: Are you a specialist of Polish language, madame?

MOTHER: I work in a radio station. That is, I worked before the war. I prepared literary shows. I was also a presenter.

JAKUB: Mother was known as the most beautifully speaking radio presenter.

JOHN: That's great.

MOTHER: Now I'm a waitress. The Polish Radio was closed by the Germans, of course.

JOHN: Oh, I'm sorry to hear that. But you still speak Polish beautifully!

MOTHER: I hope so.

JOHN: It's a pleasure to hear it. Would you like to teach me good Polish? Because I would like to stay here. Can I?

MOTHER *After a pause*: Yes. You stay and I will teach you. We have a spare room—my husband's. Now Ela lives there, but she may move to my room.

JOHN: Where's your husband?

MOTHER: He went to war in 1939. He didn't return.

JOHN: Killed?

MOTHER: Missing.

JOHN: He'll come back.

MOTHER: For sure. But presently his room is available.

Ela returns with bread on a plate and a cup.

ELA: I have bread and sour milk. The potatoes aren't ready yet. Did you ever try sour milk, John?

JOHN: Sour? That doesn't sound good.

ELA: But it is good. It's very good. We like it. Try it.

JOHN: Very bad. But I'll drink it. I'm learning Polish. I'm learning sour milk. What is sour milk?

ELA: Milk. The fermented milk. Very good. We have it often for supper.

JOHN: Sour milk. Very good.

JAKUB: Don't drink it, if you don't like it.

JOHN: I like it. Very bad.

JAKUB: Eat, drink, and talk.

JOHN: Talk? About what?

JAKUB: About everything. We only rarely listen to the radio, the underground press is a rarity, there's plenty of rumors. Tell us, is this true that the English sold us to the Russians?

MIREK My brother is too impatient. Tell us rather—will England support the uprising, which is brewing in Warsaw?

JOHN: Support?

MIREK: Will England be happy with it?

JOHN: England will be very unhappy.

JAKUB: How come?

JOHN: You might not know, but British public opinion is pro-Russian. Extremely. Our government wants Russians to beat the Germans in earnest. And you are creating problems for the Russians. You accuse them of exterminating your officers in Katyn. Stalin says that it was Hitler who killed Polish officers. Churchill believes Stalin.

JAKUB: So what?

JOHN: I'll tell you. The English think that Poland must be an ally with Russia. Together. Against Germany. Not separately.

JAKUB: We want to cooperate with the Russians. But they want to rule over us. Three days ago they established a sort of a committee in Lublin, which has a character of a communist Polish government. They want to impose that government on us. They want to impose communism on us. We don't want communism. Because of this we have to oppose Russia. Do you understand?

JOHN: I understand it, as you explain this to me. But Churchill doesn't understand you. He wants Stalin to batter Hitler. And you're weakening Stalin. Stalin is angry at you. He sends a cable to Churchill. And Churchill is angry at you.

JAKUB: We're going to show Churchill, not only Stalin, how powerful we are. He'll be forced to acknowledge us. Our Action "Storm" is going to produce a storm in the world's politics.

JOHN: It's going to be a "storm in a glass of water." It'won't change the policy of the West, neither towards Poland, nor towards Stalin. You have to make peace with Stalin.

JAKUB: This city is a barrel of dynamite. You only have to touch it with a match and it'll burst. Do you get it? A bang? Big bang! I'll tell you more. Even if the command of the Home Army doesn't order the uprising, the city will rise by itself. Do you imagine that we're going to sit and watch Russians fighting Germans on the streets of Warsaw? Our Warsaw? Or, to permit the Communists to steal a march on us and call for the uprising? In such case, the whole world would believe the Soviet propaganda that we stood with arms down, that the Home Army collaborated with Germans? Or even worse scenario: to allow Germans to round us all up and, without resistance, deport us to the Reich? We can't be passive. We're ready!

JOHN: Perhaps you're ready, but you're not wise.

JAKUB: We even want to join forces with the Soviets. We want to beat the Germans hand in hand with the Soviets. But we want to be at home in our own country. Because of this we must liberate Warsaw from the Germans by ourselves. And we'll greet the Soviet army here as hosts.

MIREK: Don't listen to him, John. He's right when he says that the Home Army wants to grab the power in Warsaw, in the whole country. *He pulls out a leaflet from his pocket and reads from it* "The Home Army wants to take power in order to restore in Poland the pre-war, capitalist system of social injustice, working class exploitation, ethnic minorities oppression. Comrade Stalin, on the bayonets of the Red Army, brings us a new system of social justice and democracy."

MOTHER: Mirek! God forbid! Where did you get that?

MIREK: It's high time for all of you to understand in what world you live. In truth, you don't want an uprising against Germans. You want a uprising against the Soviet Union. Don't you see it, mother? But it won't work. Comrade Stalin certainly deciphered your scheme. You count on his aid in clearing Warsaw of Germans? Yes? How can he help you, if you are declaring yourself as his enemies? You're infinitely naive.

MOTHER: We are fighting for free Poland with every enemy of this freedom.

MIREK *reads*: "Comrade Stalin brings us freedom not only from Germans, but from the capitalists and the landlords too!"

JAKUB: Mirek, that's the Communist propaganda. My brother...

MIREK: Wake up, Jakub! It's you who were brain-washed. The top of the Home Army wants to use you, young people, you, Ela, for their political objectives. They don't care for the good of the nation. They want power. And I want to save you, and all of us! To protect you from a terrible catastrophe...

JAKUB: From deportation to Siberia? Like those in Lwów, and later in Wilno? The Home Army and the Polish legitimate administration came out from the underground and wanted to cooperate with the Soviets. The Soviets disarmed them, arrested, shot some, and deported the rest. Here, in Warsaw, it's going to be different. There are thousands of us. They would not dare. But we must stick together. Everyone. The Home Army and the population. We have to be united. It's not only a problem of military and civilian organization. A great conspiracy of solidarity of the entire nation must be formed.

MIREK: You've already divided the nation. Many choose democracy.

JAKUB: Democracy—yes. Communism—no.

MIREK: It is communism which brings us democracy.

JAKUB: We'll establish democracy by ourselves.

MIREK: But understand, man, the Red Army will enter here, regardless of your uprising. *He turns to John.* Do you understand me, John?

JOHN: No. You're talking too fast.

MIREK: All right. Slowly then. *He demonstrates using the "Chinese" pawns.* Here–Germans. Ther–Russians. Poles against Germans–good. Poles against Russians–no good. This is my opinion.

JOHN: I get it. Our press sings the same tune. Churchill agrees.

MIREK: It means that Churchill will not help Jakub, mom, and Ela to oppose Stalin?

JOHN-: Oppose? No. Churchill will not help them.

MOTHER: So, what should we do? Motionlessly wait for new German round-ups, deportations, street executions? And then humbly wait for the same from Russians? No. We can't wait any longer. There shall be an uprising, because such is the will of Warsaw. It's like a tide, like a flood. You'll see it son. Our generation was "born in bondage and chained in the cradle," as Mickiewicz had it, but we, my generation, we have lived in a free country. Your generation was born in a free country. We are the conquerorrs of freedom. You are the children of freedom. We will fight together for a free Poland.

MIREK: And to die? For what? Why?

JAKUB: To die for a cause. For Poland, for freedom. Why? For the survival of Poland even if only in poetry. For freedom as a noble goal for next generations.

MIREK: It is poetic nonsense, you, poet. And if it was only a poetic nonsense I wouldn't care. But it might turn into a grim reality. Mother, you should not allow them to participate in this uprising. Somebody must be wise here. They all are going to die in a hopeless battle. Warsaw is going to be turned into rubble.

MOTHER: Don't predict the worst!

MIREK: You're going to fight Germans, demonstrating in this way against Russians, and proving to the English that you are worthy of their attention. And, at the same time, you're going to expect help from both Russians and English. Is there any logic in all this?

JAKUB: The logic of the duty.

MIREK: You can't wait for this battle. You'll go to is as for a dance.

JAKUB: No. We'll go with hard heart.

ELA: I'm simply afraid of it… I don't want that uprising… But…

JAKUB: But it is the duty. We'll carry it. It's a common national duty, as Norwid has it. Yours too.

MIREK: You'll not going to impose it on me.

There's a noise in the kitchen. Ela stands up.

ELA: Potatoes are burning! *She runs out.*

MIREK: Russians have to help you in taking over Warsaw, yes? English have to send you paratroopers, yes? We're not going to get any support, neither from the east, nor from the west. It's not in the interest of either Stalin or Churchill. In addition to this, Roosevelt doesn't even know where is this damn Warsaw on the map of the globe. He doesn't care for Poland at all. He is proud to be a friend of Stalin.

JOHN: Roosevelt, Stalin? Uncle Joe. Good Uncle Joe. President Roosevelt calls him such. I know from the newspapers.

MIREK: You see? Good Uncle Joe. He is Good uncle Joe for the people of the West. While you despise him.

JAKUB: He's a murderer.

MIREK: He's our hope. Think it over. I go now. I can't live with you under one roof. Soon, this roof will collapse, anyway. The whole house as well.

JAKUB: The bricks from it will serve to build barricades.

MOTHER: I did not expect my nameday to turn this way…

JAKUB: You'll go nowhere. I'll go to the uprising. Ela too. And you'll stay with mother and take care of her. Understood?

MIREK: You can give orders to your army. I'm a civilian.

JAKUB: I'm not ordering you. I speak to you as a brother to a brother. You'll stay with mom, brother.

MIREK: Mom is also going to join the uprising. And Ela will run after her fiancée-lieutenant blindfolded, like a moth into a flame.

MOTHER: Yes. I'll go. I'll rejoin the radio service. You could help me. Stay.

JAKUB: We'll win quickly. It's only a mater of days. And—yes! The special paratrooper Polish brigade of general Sossabowski will come from England, especially trained for this. And—yes! There are hundreds of units of the Home Army around Warsaw. They'll join us. Everywhere, in the whole country, an independent, free Republic of Poland will rise.

Ela returns from the kitchen.

ELA: There won't be any potatoes.

JAKUB: The Soviets would like to capture our country, to turn it into their seventeenth republic. We'll obliterate their plans. We'll show them our strength. Poland shall be free. Both from Germans and Soviets.

MIREK: Germans will massacre you. Russians will terminate you.

JAKUB: We have to hurry to prevent that. We're waiting only for a signal. The order will come any hour.

MIREK: It'll not reach me. I'll be gone. *He prepares to leave.*

MOTHER: Mirek, stay. The curfew's near. Where are you going to go, child?

JAKUB: Go! A coward!

MIREK: A hero!

JAKUB Simply, a soldier.

MIREK: Idiot.

MOTHER: Mirek, Jakub, stop it!

JOHN: What are you talking about, all of you?

MOTHER: The brothers quarreling. As usual. Mother always tries to make peace. Jakub, Mirek, Ela, and you, John—nNow we're going to keep quiet. Everybody, please, think not about your own position, but about that of the other... Think how not to keep your own ground, but to extend a hand. Please... Wyciągnąć rękę… Do you understand, John?

JOHNv I do. Extend a hand? That's easy.

He shakes hands with all present and laughs loudly.

MIREK: And what? It's childish.

JAKUB: I'm not going to change my view. Yet, a brother will remain a brother for me.

MIREK: And I'm not going to change my view either. How can you be so shortsighted?

MOTHER: Again? For God' sake, we can't part in anger. We might not see each other again.

ELA: Mom, can I say something?

MOTHER: Speak. Maybe you'll restore peace between two brothers.

ELA: I have an idea. It might be our last evening, indeed. The last—together. It should be good... Let each of us tell what their plans are... for... after the war...

MOTHER: Good idea. All right. Who's first?

ELA: You, mom... According to seniority.

MOTHER: Father will return. He's going to be needed everywhere. In the army, in the government. In the army his next rank shall be general. Before the war his was a minister. Maybe he'll return to the that post? In any case, as I know him, he'll go where he'll be most needed. And I? I return to the radio, to my literary division. I'll be even more then before convinced that we have to broadcast what is the most beautiful, uplifting, and character building in Polish literature. When I approach retirement, Jakub's poetry shall be included into the schools reading lists. And this will be the crowning of my long lasting radio career: to prepare programs based on my son's poems...

JAKUB: Mama... How can you...

MOTHER: Allow mother to dream.

ELA: Beautiful dreams. Good plans to teach others. And your own plans, mother?

MOTHER: In my generation we learned to identify our own plans with service to others.

ELA: My parents taught us that too.

JOHN *interrupting*: I hear something... May I listen from the balcony?

MOTHER: Only be careful.

♪ *All listen. They move towards the open door of the balcony. Airplanes' propellers are heard.*

JOHN: Yes. Fighters. Soviet! Soviet! Two... two... two... A patrol.

MIREK: You see! They are already ruling the sky. Germans will not dare to send their aircraft over Warsaw. Soon, the Red Army will attack.

JAKUB: It's the sign that the uprising is near.

JAKUB: They've gone... gone...

MIREK: They'll return.

MOTHER: Let's return to our plans for the futuer.

ELA: Now—Mirek. According to seniority. What are you plans?

MIREK: Why me? What about John?

JOHN: What—John?

MIREK: How many years are you, John?

JOHN: You mean, how old am I?

MIREK: No. Yes. How young are you?

JOHN: I'm certainly older than you.

MIREK: So, it's your turn.

JOHN: What turn?

MIREK: You have to speak.

JOHN: Speak? What?

ELA: Tell us what your plans are for the future. For after the war.

JOHN: I have excellent plans. Before the war I studied diplomacy. I'm one year short of graduation. At the beginning of the war I joined the Royal Air Force. I like flying.

♪ *Suddenly, shots are heard from the street.*

JAKUB: Do you hear it?

All listen. More shots.

ELA: It's somewhere far away. My God... It's the beginning?

♪ *New shots.*

JAKUB: Impossible. I would get an order. These days, so much weaponry is being moved to the future attack points. Perhaps a group ran across a German patrol?

JOHN: They transport weapons? What for?

♪ *More shots.*

MIREK: The uprising approaches, John. Jakub and Ela's uprising. Would you join them? You can switch from an English pilot to a Polish infantry man. I'd advise you rather to go into hiding.

JOHN: Hiding?

MOTHER *interrupting*: Let's pray for them. In silence.

♪ *More shots. Silence.*

MOTHER: John, talk about your plans...

JOHN: After the war I could remain in the RAF as an instructor. Or became a pilot on a commercial airline. But—no. I'll finish my studies and become a diplomat. I'll come to Poland as a secretary of the Embassy of Great Britain. Or even as ambassador. I know you language. I know it very well, what do you think?

MOTHER: You know it well and you'll learn it perfect.

JOHN: These are my plans.

ELA: Thank you, John. When I'll travel to England after the war, I'll ask you for a visa. Now—Mirek.

MIREK: If I'll tell you, Jakub might scold me, and mother might worry.

JAKUB: Maybe if you tell us, if you hear it yourself, you'll reconsider?

MOTHER: You can't have bad plans. Not you.

MIREK: Should I tell you?

ELA: It's our last evening.

MIREK: Just after the war I'll finish my doctorate. I have my dissertation ready. I typed it with carbon copies. I carry one copy all the time on me. *He shows the manuscript.* I buried two others in two different places, in case this house would burn...

MOTHER: What?

MIREK: Who knows what will happen when you start your uprising? In 1939 we found out that bombs are falling randomly...

ELA: Maybe there'll be no uprising at all. What else?

MIREK: Now I'm translating my dissertation into German. If Germans would round me up, I could prove that I'm a scholar, not a fighter. When I get my doctoral degree, I'll become an associate professor at the Polytechnic University. I'll immediately write another book and become a professor. I'll design a new bridge over the Vistula river, or even two. Warsaw needs more bridges. And, in order to have my design approved, I'll join the ruling party...

JAKUB: You're cynical. I hope it will not be the communist party?

MIREK: Most probably it will be that. I'm not cynical. I'm practical. To tell the truth, I've already joined the communist party. This will boost me after the war.

MOTHER: That's impossible. You? Have you forgotten who murdered Jadzia? What would father say? What is he going to say when he returns?

MIREK: I, mom... I'm going to make it to the top this way. In addition, I'll help you to survive when the communists take over.

JAKUB: We'll prevent it. It's one more reason to start the uprising not only to save the country, but to save a brother from a bad future.

MIREK: Such a trifle, little brother? Your don't have a better reason for your uprising?

ELA: Don't quarrel again. It's your turn, Jakub.

JAKUB: After the war... After the war I'll graduate from my Polish Literature Department at the University. I'll continue writing poetry. I'll join a literary magazine, or I create one? Or I'll work at some publishing house? I'll travel all over the country for book signing, I'll read poetry, and tell people about our uprising. How difficult it was to go to it. Yes, Ela… It was difficult for everybody… And also… How beautiful it was. How much good, solidarity, generosity, heroism it revealed...

MIREK: It wont be beautiful. It will be dirty for lack of water in the faucet. Smelling from untreated wounds, from decaying bodies on the streets? It will reveals bestiality, barbarism, cruelty.

ELA: Stop it, Mirek. What else, Jakub?

JAKUB: I'll have a beautiful wife, day by day more beautiful. I'll love her, day by day, more. We'll be eternally young, because we'll reincarnate several times in our children. We'll enjoy life, kids, Poland...

MIREK: You're going to have a wife? Children? Is there a date for a wedding?

JAKUB: We'll marry just after the victory.

MIREK: After the victory? Risky plan. You might remain a bachelor, childless...

ELA: Mirek!

MIREK: And you a single.

JAKUB: We've already set a date. August fifteenth. Yes mother, on the anniversary of the Victory at the Vistula river in 1920. Will you agree?

MOTHER: At last! *Jakub and Ela kiss Mother's hand.* I'm so happy for you...

MIREK: On the anniversary of the "Vistula Miracle" as it is called. This time there will be no miracle.

JAKUB: We already have wedding rings. *He shows.* Of lead. The boys from my platoon know that I'm getting married. They gave me this gift. They're made of bullets. We tried them. A little bit to large...

ELA: John, we are inviting you to our wesele.

JOHN: To a wesele? What is "wesele"?

ELA: The wedding party... When two people...

JAKUB: ...exchange rings...

ELA:...forever...

MIREK: A helpless case. And you, Ela, the wife to be? What are your plans?

ELA: I don't have plans... Really... That is, I have so many of them... It's hard to sort them out... First, I'll study. No, I'll not go to an acting school, even if Jakub would permit me... I'll study medicine. I already have some hospital practice, I am a nurse... I'll became a childrens' doctor. If we're going to have children it'll be handy... I'll have tons of good friends. Of course, all of us, Scouts. We'll go kayaking, hiking, camping... Jakub shall be the Scout Master. I'll be an instructor. We'll teach the young scouting ideals and values: service to God, service to country, service to people. Upbringing and self-upbringing through service. We'll have camp-fires, we'll sing. I'll be explaining how "service" in the times of war became synonymous with "combat." With the fight for a free Poland. We were formed by combat. A stern school. It produced characters as crystal, as steel.

MOTHER *addresses the spectators*:
That July's evening continued... Warm... Festive...
Suddenly calm and safe, in spite of the war all around.
Our hopes were reaching beyond that day...

♪ *NIKE enters. She sings the theme "Hope."*

All of them—my children—were so young,
handsome, joyful, beautiful, hopeful,
they firmly believed in the future–
that there will be a future,
that there will be life.

Five days later a courier came with the news!

♪*NIKW interrupts singing and calls:* The "W" hour 5 PM, August 1st, 1944.

♪ *Nike resume singing „Hope."*

MOTHER: The hour has struck!

♪ *Sounds of explosions and shutting are heard.*

Jakub and Ela run to join their units.
Mirek went to the basement with his manuscript.
I stayed.

Jakub, MirEk, John, Ela exit in a hurry.

♪ *Nike finishes singing and exits.*

♪ *The sounds of distant fighting continue.*

Our apartment became a studio.
We blocked the bslcony door with a table.
I kept John with me. He was a heaven's gift—literally.
He read news in English—for listeners abroad.
He did not last long, though—he ran to fight at the barricades.
I sat at the microphone as a lector. As before the war.
People were listening to us—hungry for true news.
A free Polish Radio spoke again.

Mother speaks to a microphone:

Here is Polish Radio from Warsaw.

♪ *We hear Polish national anthem—in Polish. [Available on the Internet.} Mother stands to Attention.*

▶ SCENE 3. RADIO. AUGUST 1944 ◀

The same apartment. The balcony door is blocked with the table. On the chairs—radio equipment. Mother sits on one chair, she has a white-red band with A.K. letters on her forearm. John stand behind her—he has a similar band, a helmet, a machine gun.

♪ *We hear explosions—near and far.*

MOTHER: This is Polish Radio from Warsaw. Today is August 9th, 1944. The ninth day of the Uprising in Warsaw. After nearly five year's Polish Radio resumes its broadcasts. You are going to hear us at 10.55 AM and 630 PM on short waves, 32,8 and 52,1, as well as medium waves 224 or 251 meters. Because the German occupiers robbed the country of radio sets, we have installed loudspeakers in various locations in the city in order to allow more people to listen to us. Those, who saved their radios, are asked to put them in the open windows.

  We begin with the news brief. The Home Army initiated the uprising in Warsaw on August 1st, 1944. During the first four days of fighting, the insurgents captured vast regions of Downtown, the Boroughs of Wola, Old City, Powiśle and Czerniaków, as well as some parts of the Żoliborz at the north and Mokotów at the south. In the liberated areas of the capital the Polish administration came out of the underground. The courts, the newspapers, the postal service, the fire brigades, as well as city services and hospitals are operational. The churches offer masses, which gather big crowds; in addition, field masses are celebrated for the troops. The spirit of Warsaw is high.

  Beginning August 5th, the Germans started their counter attacks, regaining control over parts of Wola, where they committed heinous atrocities, murdering thousands of civilians, among them the whole medical staff, about 60 people, and about 300 patients of the Wola Hospital. Wherever they enter, they burn houses, execute the tenants, and use people as human shields for their tanks attacking the insurgents. They also managed to cut off the Old City from the Downtown. At the end of the broadcast we are going to repeat the news for the listeners abroad. *She gives a piece of paper to John who takes it and exits.*

  Now, I'm going to read you a proclamation to the people of Warsaw. "The long awaited hour has struck. The units of the Home Army are battling the German invaders in various locations of the Capital District. I call upon all to maintain calm and cooperate with the troops. I order as follows 1. The fallen, both Poles and Germans, after proper identification should be temporarily buried; their documents shall be preserved and shown at the request of the authorities. 2. Any lynching is prohibited. 3. The enemies of the Polish nation, be it German, or Volksdeutch, are going to be persecuted by the courts. In the meantime they should be detained. 4. Material possessions of those above must be formally secured. Signed The Administrative Commisioner in the name of the Government of the city of Warsaw. The Commander of the Home Army in the Capital city of Warsaw."

And now a song. One of the insurgent units sang it for you and our magnificent radio technician managed to register it on a disc. It is "The March of Mokotów".

♪ *Mother sets the disc. We hear "The March of Mokotów" in Polish. (Availabe on the Internet).*

Nie grają nam surmy bojowe
I werble do szturmu nie warczą,
Nam przecież te noce sierpniowe
I prężne ramiona wystarczą.
    Niech płynie posenka z barykad
    Wśród ulic, zaułków, ogrodów,
    Z chłopcami niech idzie na wypad,
    Pod rękę przez cały Mokotów.
Ten pierwszy marsz ma dziwną moc,
Tak w piersiach gra, aż braknie tchu,
Czy słońca żar, czy chłodna noc,
Prowadzi nas pod ogniem z luf.
    Ten pierwszy marsz tak dzień po dniu,
    W poszumie drzew i w sercach drży,
    Bez próżnych skrag i zbędnych słów,
    To nasza krew i czyjeś łzy!
                   [Mirosław Jezierski]

Literal translation:
We don't hear the trumpets for battle
And assault drums don't growl for us.
These August's nights are all which we need
Strong shoulders will carry us forward.
    Let the song flow from the barricades
    Among the streets, alleys, and grows,
    Let it go on attack with the boys,
    Hand in hand throughout whole Mokotów.
This first march has a strange power,
It plays so in our chests that we run out of breath,
Whether the heat of the sun or the cool night,
It leads us under gun fire.
    This first march, day after day,
    In the rustle of trees and tembling of our hearts,
    Without vain cries and useless words,
    It's our blood and somebody's tears!

At the end of the song Mother calls:

MOTHER: Ela, are you there?

Ela enters—she is in a "Panther" blouse, in a helmet, with an A.K. band and with a nurse's bag.

ELA: How are you, mom. Ruling over your radio, as in the old days?

MOTHER: The radio had been my home for so many years, and now the studio is set in my own home. I'll introduce you just after the song. Start speaking immediately…

♪ *The songs ends. Mother announces*: We invited to our studio the courier "Veronica." She has for you a first hand story from the battle field.

ELA: I ran with an order to Nowy Świat street, through Świętokrzyska. People were building a barricade to stop German tanks, which appeared from the direction of Wola. Several men dig a trench, and dozens of people bring whatever comes handy. Others throw from balconies what they could—wardrobes, tables, even pots and kettles. Everything goes to the barricade, which rises rapidly. I feel a complete unity of the crowd. All work arm in arm—an intellectual and a worker, old and young, men and women. Bare hands, they tear out slabs from the sidewalks and carry them to the pile. Somebody with a national flag appears. He shouts "I was hiding it for five years in my basement." He puts the flag over the barricade. People spontaneously applaud. I see other flags in the windows. People got enthusiastic. They throw away hacks and spades. They start singing the Warsaw song *It's the day of blood and glory...* The whole crowd sings. Everybody—on the street, on the sidewalks, on the balconies, in the windows. I'm overwhelmed as never before. For that moment I'd give my life. We are free again."

MOTHER: We thank "Veronica" for this account from the barricade. We are going to resume the program soon. *She shuts off the microphone.* Can you stay a while, Ela?

ELA: I have to run. I'm carring an order.

MOTHER: Did you see Jakub recently?

ELA: Three days ago. He was well and sound. But, Mother, he puts himself in danger all the time. Always in the front line... And I... I'm so terribly scared… All the time… So terribly…

MOTHER: I pray for him continually. For you, for all of you... Maybe Piotr is helping us from heaven because there were drops three days ago, in the night, and this night again.

ELA: We hold ground. Yet, so many have fallen. Girls, boys. Civilians are murdered by the thousands. We're lacking weaponry, even if we take much from the enemy. Are they going to send us paratroopers from England, are they? What do you think, mom?

MOTHER: For sure. When will you see Jakub again?

ELA: I don't know. Upon my return, I'll drop by again. Time to go.

MOTHER: God be with you. Be careful, child.

Ela exists. John enters and hands Mother a piece of paper.

JOHN: Bad news. Am I right? The courier told me that we should announce it by the radio.

MOTHER *reads silently*: Yes. Bad news. But it's our duty to broadcast true news–good or bad. Take it and translate it. Somebody from the unit protecting the radio should help you. When you're ready come back. I'll play a song now. *John exits. Mother sets a record on the gramophone.* This is Polish Radio Warsaw. We resume our broadcast to give you another Uprising's song.

♪ *A song "And if the lilacs..."—in Polish. (Available on the Internet.)*

;

A jeśli bzy już będą, to bzów mi przynieś kiść
I tylko mnie nie całuj i nie broń, nie broń iść,
Bo choć mi wrosłaś w serce, karabin w ramię wrósł
I ciebie z krabinem do końca będę niósł.
      To wymarsz Uderzenia i mój i mój i mój
      W ten ranek tak słoneczny piosenka nasza brzmi.
      Słowiańska ziemia święta poniesie nas na bój.
      A Polska, gdy powstanie, to tylko z naszej krwi.
A jeśli będzie lato, to przynieś żyta kłos
Dojrzały i gorący i złoty jak twój włos.
I choćby śmierć nie dała bym wrócił kiedyś żyw
Poniosę z twoim kłosem słowiańskich zapach żniw.
      A jeśli przyjdzie jesień, to kalin pęk mi daj
      I tylko mnie nie całuj i nie broń iść za kraj.
      Bo choć mi wrosłaś w serce, karabin w ramię wrósł
      I ciebie z karabinem do końca będę niósł.
Poniosę nad granicę kaliny, kłosy, bzy.
To z nich granice będą, z miłości, a nie z krwi.
Granice mieć z miłości, w żołnierskich sercach tu
Nasz kraj się tam gdzieś kończy, gdzie w piersiach braknie tchu.

                                                  [Andrzej Trzebiński]

Litterary translation
And if there are lilacs, bring me a bunch of lilacs
And just don't kiss me and don't defend me to go.
You've grown into my heart, yet the rifle has grown into my shoulder
And I will carry you and the rifle to the end.
      It's the march of our troop and mine, and mine, and mine.
      On this morning so sunny the song sounds.
      The Slavic holy land will carry us into battle.
      And when Poland shall rise—it will be of our blood.
And if it's Summer, bring an ear of rye
Ripe and hot, and golden like your hair.
And even if death wouldn't let me come back alive,
With that ear I will carry the Slavic harvest smell.
      And if the Fall will come, give me viburnum bunch
      And just don't kiss me and don't defend me to go.
      You've grown into my heart, yet the rifle has grown into my shoulder
      And I will carry you and the rifle to the end.
I will carry viburnums, spikes, lilacs to the border.
It's from them that the borders we'll built, out of love, not blood.
We must have borders of love in our soldiers' hearts.
Our country ends where ends breath in the chest.♪ *The song continues as Jakub runs in, wearing a camouflage uniform, a helmet. He has an automatic pistol.*
JAKUB: Ela wasn't there?

MOTHER: Quiet! Wait...

♪ *Singing in Progress*:

To wymarsz Uderzenia i mój i mój i mój
W ten ranek tak słoneczny piosenka brzmi.
Słowiańska ziemia święta poniesie nas na bój.
A Polska gdy powstanie to tylko z naszej krwi. MOTHER *stops the record and says*: Here is Polish Radio Warsaw. In a while we resume the program. *To Jakub*: Good to see you! *She hugs him.* Ela has left just a minute ago. You must have missed each other. She ran somewhere with an order.

JAKUB: I could catch her...

MOTHER: She runs fast. Stay with me for a while.

JAKUB: Yes, mom. *He sits in front of her and takes her by hands.* I have to tell you... Two things. First, you should know... The situation is bad. Germans increase their pressure by the hour. We suffer terrible loses. I, myself, lost half of my platoon. Killed. Wounded. We are attacked by tanks, bombers, artillery from close distance shooting directly from positions merely few hundred meters away. We don't have heavy arms. Especially anti-tanks guns are scarce. We're running out of grenades. It looks like without external help we well not be able to capture the whole city, we'll not last long. It's now absolutely clear that the Soviets stopped their offensive. Their aircrafts disappeared from Warsaw's sky and Germans bomb us at will.

MOTHER: I've just got that news. I'm going to read it soon.

JAKUB: There will be no air paratroopers from England, either. Air drops are a minimal help...

MOTHER: What should we do?

JAKUB: To stand our ground. As always. The Polish way. There's another thing, mom. Ela and I planned to marry after the victory, on the anniversary of the "Vistula Miracle," on Tuesday, August 15th, you know... We have wedding rings ready...

MOTHER: Now, you have to postpone it... There will be another "Vistula Miracle"— if not in August... in September... We have to have faith.

JAKUB: But we don't know when it'll come. We want to marry anyway. Now.

MOTHER: Now? Under fire?

JAKUB: Yes. We would feel better as a couple.

MOTHER: If you'll marry now... You'll be worried for each other even more... Each separation will be more painful...JAKUB: Not more then now. We'll offer each other this pain. It'll be easier to meet the end... together...

MOTHER: Don't say such things. I don't want to hear it.

JAKUB: Ela thinks the same way.

MOTHER: Do you love her?

JAKUB: As I do you, mom. Which means that it's impossible to love more. Will you bless us?

MOTHER: I will bless you. But there must also be a priest to bless you.

JAKUB: Sure. There's many chaplains around. They are busy mostly at funerals. But one of them will find a few minutes for a marriage. One more thing... I forgot... I brought a new poem...

MOTHER: Do you want to read it on the radio? We have loudspeakers everywhere.

JAKUB: It is rather addressed to the Polish government in London, to the West...

MOTHER: Show it to me. Perhaps, somebody will listen to it in London... *She takes the poem from Jakub and reads it quickly.* Why so much anger? Is the situation so bad?

JAKUB: Presently, it is not yet so bad. But it'll be worse. The poet knows it.

MOTHER: I wish you were wrong.

JAKUB: I wish that too. So, maybe I shouldn't read this poem.

MOTHER: Read it. But read it with hope, not with bitterness.

Mother opens the microphone:

This is Polish Radio Warsaw. We resume our broadcast. We invited to our studio the poet, lieutenant "Bar," who will read us his new poem.

JAKUB*:*
We have wolves's teeth here and we look up high.
In fighting Warsaw no one these days weeps.
Here we look Prussians boldly in the eye.
We chock the enemy. Under boot them keep.
    Why, London, mourning songs do you broadcast still?
    When here we cherish long awaited feast?
    Here girls and boys fight, their love is like steel,
    And children fight, and death is as tryst.

Ela runs in. Mother gives her a sign to be quiet.

Here Poland's heart is speaking! Here is Warsaw wave!
Cut off your mourning songs! And stop applauding us!
Our spirit flies up high. We are bold and brave.
For us and for you too! We need only arms!
                      [Zbigniew Jasiński]

MOTHER: The poet, lieutenant "Bar", read us his new poem. We are dedicating it to the Polish Government in London and to Poland's allies all over the world. We will broadcast again at 6:30 PM. *Mother shuts off the microphone.*

ELA: Jakub! Here you are... John has told me...

She is about to embrace Jakub, but she stops because of Mother's presence. Jakub opens his arms.

JAKUB: Ela... Come... *They embrace.* Mother agrees.

ELA: You know, mother, that I shall not abandon him until death. These days it sound very real. We think about it precisely this way. Both of us. And because of this we want to be wife and husband now. And for eternity.

MOTHER: But, remember, I don't want your marriage to last only the uprising's while. I want to see my grandchildren. Promise me, to be careful... For yourself... for me...

JAKUB: If for you... We promise. Am I right, Ela?

ELA: We promise.

MOTHER: Kneel, both of you. I'll bless you. In the name of the father, too.

Jakub and Ela kneel. Mother touches their heads and makes two times a cross over them.

Now, you have to quickly find a priest. Before the night falls.

ELA: Mom, how can you?

JAKUB: Mom simply knows life. Yes, we'll find a priest. I only don't know if I'll be able to mail an invitation for the wedding on time to you...

MOTHER: I'll be with you. In prayer.

JAKUB: You run with a report somewhere, Ela? I go to my unit, to my outpost. You stay in your studio, mama?

MOTHER: Yes, I stay at home. I have to prepare the evening broadcast. This is my outpost.

♪ *A loud explosion nearby. John runs in. He's wounded in an arm. We here a noise of approaching tanks.*

JOHN: They're attacking us. Tanks, infantry. We got an order to immediately evacuate the radio studion to the basement. The house will be defended.

MOTHER: John, are you wounded?

JOHN: It's nothing. Only a little bit. Only one arm.

ELA: I have to dress it.

JOHN: Later.

♪ *Series of machine guns.*

JAKUB: Quick. We take whatever we can.

♪ *Jakub, Ela and John take away radio equipment in a hurry. Another explosion.*

MOTHER: *Speaks to the spectators*: I didn't even manage to say goodbye.

♪ *Sounds of the battle continue.*

One German attack followed another.
Each was fought off with great loses.
But the defense had to finally fail.
The rain of fire dripped on the roofs.
Our radio station was moved here and there,
for the territory of the free city shrank.

♪ *Jakub and Ela appear followed by Nike who sings the theme of "The Wedding".*

A wedding of a beloved commander with a courier.
In a ruined church without a dome
Dozens of youth gathered in the charred pews.

Jakub and Ela walk slowly in darkness.

The groom and the bride walked slowly in the nave
Crushing lying on the floor the shattered stained glass windows.
Father Tomasz in a military jacket over the cassock, with stole,
Waited in front of the smoked altar,
over which a huge half-burned crucifix hung.
Ela put a piece of antiseptic gauze on her hair, as a veil.
She carried a bouquet of white lilies which somehow survived.

Father Tomasz addressed the couple
saying that the wedding in these times
of death and hatred is a special affirmation of life and love.
For marriage is indeed a sacrament of life and a sign of love.
He bound their hands with the stole. He married them,

Jakub and Ela exchange wedding rings.

They exchanged the wedding rings.
They pledged their vows to themselves and to God.

Jakub and Ela exit. Nike finishis singing and exits.

I did not receive more news about them, or from them.

She exits.

▶ SCENE 4. THE BARRICADE. SEPTEMBER 1944 ◀

Jakub, with his forehead dressed, writes in a notebook. Throughout the whole scene we hear explosions and shots from far away.

JOHN, *from outside*: Lieutenant! Sir! Lieutenant!

JAKUB, *in a low voice*: Quiet! The Germans will hear you. What do you want, John?

JOHN: *Crawls near Jakub— his hand is in a cast.* Lieutenant... Jakub... The boys caught a spy. He had plans and documents in German. Some wanted to take him to the court, some wanted to shoot him on the spot. I recognized him. It's Mirek, your brother.

JAKUB: Mirek? Here?

JOHN: I told them to take this spy first to the outpost commander, so he could interrogate him and decide what to do with him. There was a fierce quarrel. They jumped at each other. I myself almost got shot, since my Polish is still not good. But I saved him. They keep him still under the gun. Order them to bring him here. You'll find out what's the matter. You'll look into these documents.

JAKUB: Sure. Bring him here.

John crawls out and immediately returns with Mirek, who has his hands tied. John also brings a thick manuscript.

JOHN, *loud*: Here's this spy, sir! As ordered, sir! And here are these documents! *Soft*: You were lucky, Mirek. Your brother is a commander here. I leave you. Talk it over as two brothers. Hurry up. The German attack will certainly kick off at dawn. *He crawls out.*

JAKUB *hugs Mirek*: Brother, Mirek, alive!

MIREK: You've buried me already? Now you'll have an opportunity to see to it. You're going to order me shot, are you, sir? Commander?

JAKUB: What are you talking about! I didn't know what happened to you. Mom doesn't know either. You disappeared.

MIREK: I went into hiding. I wanted to save my doctoral dissertation.

JAKUB: Dissertation? Yes, I remember. *He unties Mirek.*

MIREK: I have almost the whole text translated into German. There are also plans and descriptions of Warsaw's bridges.

JAKUB: And my boys found this manuscript on you? Right? Why didn't you explain to them?

MIREK: In the days of defeat everybody is suspicious. I tried to explain. But it was an unlikely explanation—a fellow has a manuscript in German, some drawings, and he says that it is a scholarly work. Scholarly? Now? They laughed at me. Then they wanted to shoot me on the spot.

JAKUB: Don't be surprised. Germans commit such atrocities everywhere... Hatred rises on our side too.

MIREK: You provoked it. You provoked them.

JAKUB: Our fight is a just one. We fight fair. We observe the Geneva convention. We treat prisoners humanely. The best proof is that my boys did not exterminate you, while Germans murder prisoners, wounded, unarmed.

MIREK: But it was you, who started this uprising. You escalated the conflict. It was better to wait until the Russians would chase out the Germans.

JAKUB: "To wait arms down?" This was the accusation of the Soviet propaganda against us. They first encouraged us to rise, which was a provocation, and when we rose, they refused to help us, which was a crime.

MIREK: They made a landing operation in Czerniaków on boats, across the Vistula river.

JAKUB: Small force. But once more we show our good will, and we help their troops which are landing on our side of the river. I've already got an order to go there with my unit. We'll defend this barricade, and off we go to Czerniaków.

MIREK: Take me. Give me Home Army arm-band. Include me into your unit.

JAKUB: How come? You didn't want to fight.

MIREK: I'll tell you as a brother. If I manage to the Vistula bank, maby I'll be able to make it across the river. To escape this hell.

JAKUB: And take your manuscript with you?

MIREK: And take my manuscript with me! Yes. Survive. And then, to serve Poland as an engineer, a scholar, a bridge designer. Not to die senselessly.

JAKUB: I shall die, I guess. But I see a sense in it.

MIREK: The city is in ruins. Dozens of thousands, no, probably hundreds of thousands of people died. Among them my professors and fellow students from the University, your masters and friends, old and young writers, scores of those—present or future—physicians, lawyers, architects, politicians, teachers... There's no end to this list... Who is going to rebuild Poland after the war? Who is going to rule it if all the best are going to die?

JAKUB: If we do not throw everything the best we have, and the best people against the Germans, the Russians will enter and they will arrest, destroy, deport those best.

MIREK: If they'll take them for enemies. We have to extend our hand to the Russians. I want to make friends with them. Listen... I have a plan. I want to talk to the Russians, to collaborate with them. Help me. As an officer of the Home Army you'll be worthy of belief for them. Let's do it together.

JAKUB: Behind the back of the command of the Home Army? This would be treason. I won't touch that.

MIREK: Help me simply as a brother to a brother.

JAKUB: I'm not going help my brother against my country.

MIREK: Helping your brother you'll help your country. Look, Russians will enter anyway.

JAKUB: We're still fighting Germans.

MIREK: There were already talks about capitulation.

JAKUB: Broken!

MIREK: There will be more. Help from the West did not come, either.

JAKUB: No.

MIREK: And it'll not come.

JAKUB: Even if we surrender to Germans on the battlefield, we shall not surrender to Russians on the graveyards.

MIREK: You only put together beautiful words. They are empty.

JAKUB: A quote from Lelewel "The last stronghold of a Nation is its heart—an unconquered stronghold."

MIREK: You're not going to defend any more strongholds. Neither against Germans, nor Russians. If not to Auschwitz, you'll go to Siberia.

JAKUB: We'll not surround the stronghold of our hearts.

MIREK: Listen! When the Germans are gone, the Soviets will rule here! They'll rule helped by their local substitutes and aides.

JAKUB: Soviet agents.

MIREK: I'll become a Soviet agent then—in my own country. For the good of the country.

JAKUB: You delude and kid yourself. The good of Poland will never identify with its bondage. You'll remain a stranger in your own country.

MIREK: There will be thousands like me. Millions will join. It will be you, who will be marginalized, or simply swept away beyond the margin, both in the present times and in history.

JAKUB: If I survive.

MIREK: What good will come from your death?

JAKUB: Blood has always been a seed. But don't think that I'll look for death. No. I'd like to live so much... Yet, not at any price...

MIREK: Heroics! Wake up. Come down to earth.

JAKUB: We sit on it. I feel how hard it is. We are embedded in wreckage.

MIREK: Aren't you afraid? Truly. Without poetical cover-ups. Aren't you afraid of death?

JAKUB: I am afraid. Yes. Instinctively, I'm afraid for myself. I'm afraid for mother, for my wife, and for Warsaw...

MIREK: I have enough of my own fear. You acknowledged it. You are afraid. Perhaps this is a common ground on which we can understand each other. This at least connects us...

Ela enters.

ELA: Mirek? Here? The boys told me that the commander is interrogating a spy...

MIREK: It's me.

ELA: What are you talking about?

MIREK: They caught me translating my doctoral dissertation into German.

ELA: Oh, yes? Jakub, you have to release him immediately... Send him to a safe place...

JAKUB: Of course, its a misunderstanding. But he wants to go with us to Czerniaków.

ELA: With us?

JAKUB: Against us.

ELA: I'm not getting it. Besides... It doesn't matter. I'm so tired.

JAKUB: With us to Czerniaków. Against us across the Vistula river.

ELA: What did you decide?

JAKUB: He's my brother.

ELA: If he's against you, then, he's no longer your brother. He's your enemy.

MIREK: Are you crazy, Ela? I'm your brother-in-law who wants to survive. That's all.

JAKUB: You know what? We have the order to defend this barricade for the whole day. At dusk we're going to be replaced and we'll go to Czerniaków. A lot might happen. It's already dawn. Mirek, you have to stay here and keep close to me, for somebody might hurt you, as a supposed spy. First, we have to make it until evening. I'll better read you a poem.. I wrote it here...

MIREK: Still writing poetry? They say that war is not sympathetic to the muses.

ELA Or, precisely during the war the muses speak up! They speak the truth.

JAKUB *reads*:
From the war, poverty and famine,
From the dishonored nation's blood
From tears for which to blame a gremlin.
Save us, o Lord.
    From bombs, grenades, and from fires
    And even worse—a heart's fear chord,
    From death prolonged and your ire.
    Save us, o Lord.
From giving up in time of loss,
And from pride in the victory feast
From wrong, from vengeance for our cross.
Save us o Christ.
    Save us from evil and from hatred,
    Stop our retaliatory sword,
    For a forgiveness than hate grater
    Give strength, Christ Lord.

[Jan Romocki]

Silence.

ELA: Thank you, Jakub... husband... Thank you. This may be the greatest heroism to forgive...

MIREK: This is not a heroism. It's stupidity.

JAKUB: The wisdom of the world speaks though you. There's wiser wisdom than the world's.

♪ *There is a—not too loud, singular—shot. Mirek catches his face. Through his fingers blood starts dripping.*

ELA: Mirek? What happened? It's a sniper! *Mirek falls.*

♪ *There's a loud explosion, followed by many more as well as gun machine series.*

JAKUB: Mirek! Brother! Quiet... You'll be OK...

JOHN: *Runs in.* They're attacking! Tanks, infantry. *He sees Mirek.* What happened to him?

JAKUB: He got a bullet from a sniper. All on the barricade! *John hurries out.* We have to move him...

MIREK: My head... help me...

ELA: Jakub, run to the boys. There's no time to lose. They need their commander. I'll take care of him.

JAKUB: You can't stay here.

ELA: I'll make it. I have to dress his wound. Go!

JAKUB: I can't leave you. A woman and a wounded.

ELA: You're a commander! They need you there. Go!

JAKUB: I go. I love you, my wife.

ELA: I love you, my husband.

They kiss delicately.

JAKUB: I'll see you soon. *He leaves. Ela dresses Mirek's chin.*

♪ *Approaching tanks are heard.*

MIREK: You are caring for a prodigal brother.

ELA: The anesthetic first... *She gives him an injection.* Now, the dressing... professionally... as in the first aid class... You've lost a piece of your chin, brother-in-law... But your brain should be whole... You'll make it. At most—you're going to get dentures.. You'll build your bridges...

♪ *New, louder explosions.*

These old walls won't last long. We'll have to evacuate... Come, brother...

♪ *Very loud explosion and smoke. Ela is hit in her leg. She falls.*

Now, my turn... *She tries to dress her wound.* Too much of that blood... Dancing is no longer for me, at least not now... But we'll dance with Jakub sometimes... Let's go...

She pulls out Mirek.
You are quite heavy, little brother... I don't know if I'm going to make it.. You know what? Your head is damaged, but your legs are fine. Get up. Go. This way. I'll try to rescue myself...

♪ *Loud explosion. The barricade collapses.*

Mother appears in the darkness.

MOTHER: Germans, hidden behind the tanks, attacked day after day.
One by one they were overpowering
houses-strongholds, barricades-fortifications, districts-fortresses.
The heroic fight over the Old City ended September 2nd.
Our situation became more desperate by day.
An unsuccessful and simulated rather then real attempt
of the Polish troops under the Soviet command
to seize a foothold on Czerniaków did not help at all.
I knew that Jakub went there, with the remnants of his unit.
I heard nothing about Ela, but I believed that she was with him.
I stayed Downtown with my radio.

♪ NIKE *appears and sings "Calamity".*

September 24th, Czerniaków fell.
September 27th, Mokotów fell.
September 27th, "Kampinos," a Home Army Unit coming to Warsaw's rescue, perished.
September 30th 1944, Żoliborz fell.

I did not believe in the poetic prophecies of Jakub on Warsaw's fate…
So many of his poems I knew by heart...

♪ NIKE *sings*:
Destroyed in the Lord's plan—
Powiśle turns into wasteland.
  Under the Castel Square cleves—
  I'll throw dead heads as leaves.
Where I helped you Three Crosses lug—
I'll stike your pride, your smug.
  Where I showed you the truth of your past—
  Union Square shall vanish in blast.
Where I gave you on the New World glimps—
out of ruins I build bars and crimps.
            [Jerzy Braun]

MOTHER: Now, the prophecy was fulfilling itself.

Nike soflty resumes "Calamity".

October 2nd, 1944, at 9:00 PM Warsaw capitulated,
after sixty three days of heroic struggle.
October 4th, we finished broadcasting
and we destroyed the transmitter.

♪ *Nike sings for a moment very laud, then exits.*

Under persistent drizzle I left Warsaw
walking in the crowd of refugees.
The city was one vast wound.
During three months of homelessness
I was searching for any news about my children.
I asked. I listened. I looked.
I ran across bits and pieces of the terrible tidings.
Where, when, and how they died.
But nobody was a direct witness.
So, I still cherished hope.
Maybe Jakub and Ela were captured?
Maybe Mirek survived?
Maybe Adam and Piotr will come back?
And John, that brave Englishman,
whom I came to love as a son,
what has happened to him?

▶ SCENE 5. THE WARSAW'S PIETA. FEBRUARY 1945 ◀

Ruins of Warsaw.

♪ *Wind.*

MOTHER: In February 1945, I returned to Warsaw
to search for their bodies in the snow covered ruins—
bodies of all my Warsaw's childern.

Mother is searching for something. Her hand is entangled with the rosary. In the darkness we see only her face. We understand that she bends over a body. In her fingers appears the lead wedding ring.

Jakub's lead wedding ring. It's him.
He complained that it's too large.

♪ *Enters Nike and sings "Lamentation".*

Father, Thy will be done.
Is it possible that I shall live without you, son?
Snow on your face. Tears of ice.
"And you went out, little son, with black weapon, in the night."
"Was it a bullet, little son, or your heart has just burst?"
Father, Thy will be done.

I was so proud of you, so very proud,
and so infinitely happy because of you.
In our boldest dreams, I, and your father,
could not imagine you—the way you've become.
You've surpassed our expectations. To come here.
Father, Thy will be done.
God's spark ignited in you an immense flame,
which has radiated on us, and on so many friends of yours,
it opened so many hearts for you, it gave you a gift of giving joy to all.
How can I concede to the fact that all of that is the past?
Father, Thy will be done.
Now, I have to dig you out of the rubble.
A rain washed you, ice enveloped you, snow adorned you.
Now it's mother's turn to wash, envelop, adore.
Father, Thy will be done.

♪ *Nike ends singing and exits.*

▶ SCENE 6. A CEMETERY. AFTER THE WAR ◀

The Powązki Cemetery in Warsaw.

♪ *Distant organ is playing.*

Mother stands over a grave.

MOTHER: I found you in Powiśle.
I buried you at Powązki.
The same grave for you and for your wife.
I've never found her.
The same grave for you father.
The news came he was murdered in Katyn.
The same grave for your brother.
I got a letter he perished over the Balkans.

I didn't know that on August fourth
he was at the controls of one of those aircrafts
which made drops over embattled Warsaw.
We didn't see them. We only heard
antiaircraft guns and the roar of engines.
If faded out. I didn't know that soon
Your heart would fade, son.

The bodies of Adam, Piotr, Ela are not here.
Their names are—carved in stone.

Mother sets up a cross at the top of the tombstone. She brings four candles and puts them on the slab.

Adam. ♪ *We hear a roll of a drum.*
Piotr. ♪ *A drum.*
Jakub. ♪ *A drum.*
Elżbieta. ♪ *A drum.*

I live. What for? Why? Who needs my pain?
I come here every nameday of each of you,
for I don't know the dates of your deaths.
I also come at the anniversary of the Uprising's outbreak,
at the anniversary of the Uprising capitulation,
and in the All Souls Day of all souls departed,
when the cemetery glows as a huge sacrificial bonfire.
The most light is in the Insurgents' quarter,
most people, the sternest faces.

Enters Mirek in a dark coat. He brings a candle and a bouquet of flowers which he puts on the grave.

It's Mirek. He survived. He comes from time to time.
He's a Communist Party member. A University professor.
He designs and builds bridges. He lives his own life.
He wants to be good to me. He's my son too.
I'm often confessing the most horrible mother's sin—
to reproach him that he lives—while those others perished.

MIREK: The Warsaw Uprising didn't make any sense, mother.
You have to finally accept that... Accept....
You can't spend your life at the graveyard.

Enters John. He has one of the sleeves of his coat put in the pocket—he doesn't have one hand. He brings a candle and a bouquet. He stands afar.

MIREK *Continues*: The Uprising was a military calamity.
The insurgents fell, or were imprisoned.
The enemy captured the battlefield.

The Uprising was a political calamity.
It did not liberate even a piece of Poland from the Germans,
it did not prohibit the Soviets from conquering Poland.

The Uprising was a material calamity.
Warsaw was demolished. Everything was burned down—
trees and pictures, archives and books, furniture and relics.

The Uprising was a social calamity.
Fifteen thousand killed at Wola.
Thirty thousand at the Old City.
Two hundred thousand in the whole capital.
More than in Hiroshima and Nagasaki together.
Among them twenty thousand
were insurgents—the bestf our youth.

MOTHER: So, you counted them all?

MIREK: It's my profession, mother. I have to count
precisely when I design bridges.

MOTHER: You've counted losses. What about the gains?

John approaches the grave—deposits the candle and the bouquet.

JOHN: The Uprising was not a calamity. It was a tragedy–
an inevitable conflict of interests, programs, values, aspirations, ideals.
And as in a tragedy—the clash resulted in destruction, extermination, death–
death of the heroes. Both good and evil, the just and the unjust.

MOTHER: It's John. He lost an arm in the Uprising—dressed too late.
As Mirek, John also is good to me, helping.
But I can't forgive him that he lives. My little Johnny, my son...
To John:
Johnny come, embrace your Polish mother...

JOHN: Your Johnny, mother... The same as always. *They hug.* Now ambassador. I promised to return.

MOTHER: They did not return.

JOHN: The heroes of the classical tragedy.

MOTHER: But a tragedy may be avoided! Prevented! Heroes warned!

JOHN: How, mother?

MOTHER By forgiveness, reconciliation, love.

JOHN: That's true. But this may happen only if both sides of the conflict want it.
One side is not enough. One side is helpless. And it remains defenseless.
Tragedy's mechanism once set in motion—performs inevitably.
It's impossible to stop it. There's an irrefutable destiny in it.

MOTHER: Where then is human free will? Freedom of choice?

JOHN: Man can sow sand in the history cogs.
But God respects human free will. He allows man
to set the destructive tragedy's mechanism in motion. Listen, mother...

The German-Polish conflict was a tragedy
it was embedded in centuries of "Drang nach Osten"
Prussia, the Second Reich, the Third—all the time "Nach Ost.".
The Polish decision to rise in nineteen forty four
derived logically from Poland's opposition to Hitler's demands
in May of thirty nine and to go to war with him in September.

The Russian-Polish conflict was also tragic for centuries—
the partitions; the attack of Bolsheviks on Europe in nineteen twenty
"Through the cadaver of Poland"— as Tuchatchevski proclaimed;
Stalin's and Hitler's partition of Poland in thirty nine;
their paradoxical unity in forty four when they both wanted the Uprising defeated.

Tragic and paradoxical was also Poland's conflict with the West
in the very moment when Western help was so crucial for Poland.

But the West's interest was to defeat Germany
as fast as possible with Russian cannon-fodder.
Support of Poland threatened the Allies with conflict with Stalin.
Churchill, Roosevelt decided not to let that happen.
Thus, de *facto,* the West entered into a conflict
with Poland—its most faithful ally.

In all these conflicts Poland was the weaker side. She was doomed.
There was one more dimension of the tragedy domestic, fratricidal.
The overwhelming majority of Poles strove for freedom,
yet a small minority saw their interest in submission to the foreign power.
That minority profited from the Warsaw Uprising. The whole nation lost.

MOTHER: So many tragedies... Will they bring *catharsis*?

JOHN: Only the survivors and these who will come,
can experience *catharsis,* take advantage of its fruits.

MIREK: For John all that is a historical mechanism.

For me it's the result of calculation. Besides, it's the same.
MOTHER: Where are people in this calculation? In this mechanism?
Where is God's providence? Where's Poland? Where's a mother's heart?

JOHN: Politics only instrumentally use such notions as God, nation, heart.
Politics is only a play of power. A struggle for rule over a country, the world.

MOTHER: It's a bad politics.

JOHN: Bad politics is only politics of the weak.

MIREK: Mathematics doesn't know human feelings at all.

MOTHER: Human fate can't be shaped mathematically.

MIREK: But it is possible to forecast the future using mathematics.

MOTHER: Now, I will tell you. I, a mother of insurgents.
In front of witnesses—in front of the dead.
The Warsaw Uprising can't be understood only as a political scheme.
The Warsaw Uprising can't be understood only using calculation.
The Warsaw Uprising can't be narrowed only to a mechanism,
which once set in motion performs by its own logic,
or be reduced to a tragical structure, and thus, a myth.

We, as a nation, we wouldn't survive
if we would emerge from war with a broken
moral spine, humiliated, deprived of faith—
in God, in ourselves, in Poland, in the superiority of spirit,
in resurrection after death.

This is why the Uprising had to erupt.
We preserved the spirit, identity, ideals, faith.
This is the fruit of the Uprising. And this is its last will.

MIREK: Not all read it, mom, not all. Not too many understood...
Others forgot. Others don't want to remember. *He kisses mother's hand.* I'll be back in a year.

If you need anything, mother, please, call me. *He exists.*

JOHN: *He kisses mother's hand.* Me too... If you need anything, I'll always help. Please, count on me, mother. *He exists.*

Mother remains alone at the grave.

MOTHER: Here, at your grave I take a breath for the coming days.
So many of those days without you... It's hard to carry on the solitude...
I live only to tell your story...

♪ *We hear singing of Nike*:

> Only draw out of my eyes
> painful shard—image of days,
> which rolls-on white skulls throughout
> bloody meadows set ablaze.
> Only change this crippled hour,
> cover graves with river's shawl,
> wipe out battles' dust of hair,
> those years' ire,
> this black dust.

Jakub appears behind mother's back. He is in all white—shirt, white trousers; he is barefoot.

JAKUB:
...And you went out, little son, with black weapon, into the night,
and in minutes' ring you felt the bristling of vile.
Before you fell, you made a cross over the earth.
Was it a bullet, little son, or did your heart has just burst?

Jakub bends over Mother.

MOTHER Sonny? Sonny... You've returned?

♪ *Bells ring.*

► **THE END** ◄

Buffalo – Łódź 2003-2004

► ▼ ◄

▶ NOTA O AUTORZE ◀

Kazimierz Braun jest reżyserem, pisarzem, historykiem teatru. Reżyserował w kraju i za granicą. Był dyrektorem teatrów w Lublinie i we Wrocławiu. Wykładał na Uniwersytecie Wrocławskim oraz uczył aktorstwa i reżyserii w PWST Kraków-Wrocław. Zwolniony z pracy przez władze komunistyczne w 1984 roku z powodu działalności opozycyjnej, reżyserował w Stanach Zjednoczonych, Irlandii i Kanadzie oraz wykładał i uczył reżyserii na uniwersytetach amerykańskich. W jego dorobku znajduje się reżyseria ponad 150 przedstawień teatralnych i telewizyjnych oraz publikacja ponad 80 książek, w tym powieści, dramatów i poezji oraz prac naukowych. Jego teksty dramatyczne – sztuki i adaptacje – wystawiane były w Polsce, Irlandii, Kanadzie i USA.

▶ ▼ ◀

▶ NOTE ABOUT THE AUTHOR ◀

Kazimierz Braun is director, writer, and theater historian. He directed in Poland and abroad. He was General Manager and Artistic Director of theaters in Lublin and Wrocław. He lectured at the University of Wrocław and taught acting and directing at the School of Drama Kraków-Wrocław. Dismissed from work by the communist authorieties in 1984, due his opposition activities, he directed in the United States, Ireland, and Canada, and lectured and taught directing at American universities. His theatre, literary, and scholarly output include directing over 150 theater and television productions, and publishing over 80 books—novels, dramas and poetry, as well as scholarly studies. His dramatic texts—plays and adaptations—have been staged in Poland, Ireland, Canada, and the USA.